中國國家圖書館編

# 國家圖書館藏敦煌遺書

第七十二冊　北敦〇五三三六號——北敦〇五四〇〇號

北京圖書館出版社

**圖書在版編目(CIP)數據**

國家圖書館藏敦煌遺書・第七十二册/中國國家圖書館編;任繼愈主編. —北京:北京圖書館出版社,2007.12

ISBN 978-7-5013-3224-3

Ⅰ.國… Ⅱ.①中…②任… Ⅲ.敦煌學—文獻 Ⅳ.K870.6

中國版本圖書館 CIP 數據核字(2007)第142218號

| | |
|---|---|
| **書　　名** | 國家圖書館藏敦煌遺書・第七十二册 |
| **著　　者** | 中國國家圖書館編　任繼愈主編 |
| **責任編輯** | 徐　蜀　孫　彦 |
| **封面設計** | 李　璀 |

| | |
|---|---|
| **出　　版** | 北京圖書館出版社　(100034　北京西城區文津街7號) |
| **發　　行** | 010-66139745　66151313　66175620　66126153<br>66174391(傳真)　66126156(門市部) |
| **E-mail** | cbs@nlc.gov.cn(投稿)　btsfxb@nlc.gov.cn(郵購) |
| **Website** | www.nlcpress.com |
| **經　　銷** | 新華書店 |
| **印　　刷** | 北京文津閣印務有限責任公司 |

| | |
|---|---|
| **開　　本** | 八開 |
| **印　　張** | 44.75 |
| **版　　次** | 2007年12月第1版第1次印刷 |
| **印　　數** | 1-250册(套) |

| | |
|---|---|
| **書　　號** | ISBN 978-7-5013-3224-3/K・1451 |
| **定　　價** | 990.00圓 |

# 目錄

心希望離欲　无有餘希望　勤精進知足　如是名行禪
若心喜樂欲　常貪於飲食　是著袈裟賊　不名為比丘
若比丘說相　常思惟星曜　近王衣食行　非比丘相應
鑿師畫師業　聞惡法讚詠　興惡者同處　則失比丘法
憎嫉禪讀誦　愛樂多語說　貪供養財利　則失比丘法
推求諸寶性　愛樂多知識　復貪餘財物　退失比丘法
離貪諸飲食　我慢不問他　希望人讚歎　退失比丘法
若不近一切　捨離於惡衆　水草食知足　是名真比丘
時諸境界已　棄之如捨火　除斷我慢過　是名真比丘
與衆俱寂靜　智光明莊嚴　持戒不覆身　是名真比丘
遠離世間法　不動如須弥　一切世間愛　是名真比丘
三宿住城内　饒人處皆尒　上住山谷中　名解脫比丘
畏惡不近地　上行心不動　智審諦寂靜　是獨行比丘
不懼常愛語　捨離惡知識　不樂多所作　名解脫比丘
彼如是比丘　得脫於有過　知世間涅槃　等心不希望
心常喜樂智　及以善寂靜　於生老病死　怖畏中得脫
如是比丘得阿羅漢　若不尒者　唯名比丘　為
自妨礙　墮於嶮岸　此第六法　如是妨礙若善
沙門不應為作
又復沙門　虛沙門者　於第七法　不應為作　何
者第七　所謂唯集飲食滿藏　此多貪瞋捨離

BD05336號　正法念處經（兌廢稿）卷四九　（2–1）

遠離世間法　不動如須弥　一切世間愛　是名真比丘
三宿住城内　饒人處皆尒　上住山谷中　名解脫比丘
畏惡不近地　上行心不動　智審諦寂靜　是獨行比丘
不懼常愛語　捨離惡知識　不樂多所作　名解脫比丘
彼如是比丘　得脫於有過　知世間涅槃　等心不希望
心常喜樂智　及以善寂靜　於生老病死　怖畏中得脫
如是比丘得阿羅漢　若不尒者　唯名比丘　為
自妨礙　墮於嶮岸　此第六法　如是妨礙若善
沙門不應為作
又復沙門　虛沙門者　於第七法　不應為作　何
者第七　所謂唯集飲食滿藏　此多貪瞋捨離
一切禪誦等業　唯在大林空坐而已　衆僧所
攝林卧敷具病藥所須盡受用　尒在家時
懈怠嬾惰畏諸作業　是故出家　唯貪味常
伺他會求望飲食　或樂境界　如是比丘是
死比丘　所謂比丘不能坐禪讀誦經律　毀破淨
戒自餘死者　唯棄其身　毀戒比丘　一切善法
皆悉破壞　唯能坐林　心生憍慢　自謂為好　唯
有比丘形服而已　其實无戒　雖於正戒所言

BD05336號　正法念處經（兌廢稿）卷四九　（2–2）

那落迦苦從地獄出希得人身生於貧賤家
於母胎即无兩目
尒時善住天子聞此聲已即大驚怖身毛皆
竪愁憂不樂速疾往詣天帝釋所悲啼號哭
惶怖无計頂礼帝釋二足尊已白帝釋言聽
我所說我與諸天女共相圍繞受諸快樂聞
有聲言善住天子却後七日命將欲盡命終
之後生瞻部洲七返受傍生身受七身已即
墮諸那落迦從地獄出希得人身生貧賤家
无其兩目天帝云何令我得免斯苦
尒時帝釋聞善住天子語已甚大驚愕即自
思惟此善住天子受何七返惡道之身尒時
帝釋須臾靜住入定諦觀即見善住當受七
返惡道之身所謂猪狗野干獼猴蟒蛇烏鵰
等身食諸穢惡不淨之物尒時帝釋觀見善
住天子當墮七返惡道之身極助苦惱痛割
於心諦思无計何所歸依唯有如來應正等
覺令其善住得免斯苦
尒時帝釋即於此日初夜分時以種種華鬘

BD05337號　佛頂尊勝陀羅尼經（佛陀波利本）　（10–1）

返惡道之身所謂猪狗野干獼猴蟒蛇烏鵰
等身食諸穢惡不淨之物尒時帝釋觀見善
住天子當墮七返惡道之身極助苦惱痛割
於心諦思无計何所歸依唯有如來應正等
覺令其善住得免斯苦
尒時帝釋即於此日初夜分時以種種華鬘
塗香末香以妙天衣莊嚴執持往詣誓多林
園於世尊所到已頂礼佛足右遶七匝即
於佛前廣大供養佛前䠒跪而白佛言世尊
善住天子云何當受七返傍生惡道之身
具述前說
尒時如來頂上放種種光遍滿十方一切世
界已其光還來繞佛三匝從佛口入佛便微
咲告帝釋言天帝有陁羅尼名為如來佛頂
尊勝能淨一切惡道能淨除一切生死苦惱
又能淨除諸那落迦閻摩路迦傍生之苦又
破一切地獄能迴向善道天帝此佛頂尊勝
陁羅尼若有人聞一經於耳先世所造一切
地獄惡業悉皆消滅當得清淨之身隨所
生處憶持不忘從一佛刹至一佛刹從一天
界至一天界遍歷三十三天所生之處憶持
不忘天帝若人命欲將終須臾憶念此陁羅
尼還得增壽得身口意淨身免苦痛隨其福
利隨處安隱一切如來之所觀視一切天神恒
常侍衛為人所敬惡鄣消滅一切菩薩同心

BD05337號　佛頂尊勝陀羅尼經（佛陀波利本）　（10–2）

界至一天界遍歷三十三天所生之處憶持
不忘天帝若人命欲將終須臾憶念此陁羅
尼還得增壽得身口意淨身无苦痛隨其福
利隨處安隱一切如來之所觀視一切天神恒
常侍衛為人所敬惡鄣消滅一切菩薩同心
覆護
天帝若人能須臾讀誦此陁羅尼者此人所
有一切地獄傍生閻摩路迦餓鬼之苦破壞
消滅无有遺餘諸佛刹土及諸天宮一切菩
薩所住之門无有鄣礙隨意遊入尒時帝釋
白佛言世尊唯願如來為有情說增益壽
命之法
尒時世尊知帝釋意心之所念樂聞佛說具
足陁羅尼即說呪曰
那謨薄伽伐帝一 啼𠽖路迦稽哪鉢囉底毗失
瑟吒(長聲)哪二 勃陁(長聲)哪薄伽伐帝三 怛姪他四 唵(長聲)
五 毗輸馱哪娑摩三漫多縛(縛佉反)婆(長聲)娑六 破羅
拏揭底揭訶那娑婆(長聲)縛輸提七 阿鼻詵(去聲)
者八 蘇揭多伐闍羅那阿蜜㗚多茇𠽖雞九 阿訶
羅(長聲) 阿訶羅十 瑜散陁(長聲)囉尼十一 輸馱耶輸馱
耶十二 揭揭那鞞輸提十三 烏瑟尼沙毗逝耶輸提
十四 娑訶娑囉喝囉失泯珊珠地帝十五 薩婆多
他揭多地瑟吒(長聲)那阿地瑟耻帝慕姪𠽖十六
跋折羅迦(長聲)耶僧訶多那輸提十七 薩婆
伐羅拏毗輸提十八 鉢羅底䄂㖿怛耶阿(長聲)

BD05337 號　佛頂尊勝陀羅尼經（佛陀波利本）　（10–3）

羅(長聲) 阿訶羅十 瑜散陁(長聲)囉尼十一 輸馱耶輸馱
耶十二 揭揭那鞞輸提十三 烏瑟尼沙毗逝耶輸提
十四 娑訶娑囉喝囉失泯珊珠地帝十五 薩婆多
他揭多地瑟吒(長聲)那阿地瑟耻帝慕姪𠽖十六
跋折羅迦(長聲)耶僧訶多那輸提十七 薩婆
伐羅拏毗輸提十八 鉢羅底䄂㖿怛耶阿(長聲)
瑜輸提十九 薩末耶阿地瑟耻帝廿 摩尼摩尼
廿一 怛闥多俱胝鉢㗚輸提廿二 毗薩普吒
勃地輸提廿三 逝耶逝耶廿四 毗(条迦反)逝耶毗逝耶廿五 薩
末囉薩末囉勃陁阿地瑟耻多輸提廿六 跋折㓾
喝鞞廿七 跋折濫婆伐都廿八 𪐝𪐝(受持人自稱名) 薩婆薩
埵寫迦(長聲)耶毗輸提廿九 薩婆多他揭多三摩尸
縛(縛佉反)娑 婆地瑟耶帝卅 勃陁(地耶反) 勃陁(同上) 蒲陁耶
蒲陁耶三漫多鉢㗚輸提卅一 薩婆多他揭多地瑟
吒(長聲)那地瑟耻帝卅二 莎婆(長聲)訶
佛告帝釋言此呪名淨除一切惡道佛頂尊
勝陁羅尼能除一切罪業等鄣能破一切穢
惡道苦天帝此陁羅尼八十八殑伽沙俱胝百
千諸佛同共宣說隨喜受持大如來智印印
之為破一切有情穢惡道義故為一切那落
迦傍生閻摩路迦有情得解脫故臨急苦
難墮生死海中有情得解脫故短命薄福无
救護有情樂造雜染惡業有情故說又此陁
羅尼於贍部洲住持力故能令地獄惡道有
情種種流轉生死薄福有情不信善惡業失

BD05337 號　佛頂尊勝陀羅尼經（佛陀波利本）　（10–4）

之爲破一切有情穢惡道義故爲一切那落
迦傍生閻摩路迦有情得解脫故臨急苦
難墮生死海中有情得解脫故短命薄福无
救護有情樂造雜染惡業有情故說又此陁
羅尼於瞻部洲住持力故能令地獄惡道有
情種種流轉生死薄福有情不信善惡業失
正道有情等得解脫義故
佛告天帝我說此陁羅尼付囑於汝汝當授
與善住天子復當受持讀誦思惟受樂憶念
供養於瞻部洲一切有情廣爲宣說此陁羅
尼亦爲一切諸天子故說此陁羅尼印付囑
於汝天帝汝當善持守護勿令忘失天帝若
人須臾得聞此陁羅尼千劫已来積造惡業
重鄣應受種種流轉生死地獄餓鬼傍生閻
摩路迦阿素洛身藥叉羅刹鬼神布單那羯
吒布單那阿波娑摩羅蚊蝱龜狗蟒蛇一
切諸鳥及諸猛獸一切蠢動含靈乃至蟻子
之身更不重受即徃生諸佛如来一生補處
菩薩同會處生或得大姓婆羅門家生或得
大刹利種家生或得豪貴最勝家生天帝此
人得如上貴處生者皆由聞此陁羅尼故轉
所生處皆得清淨天帝乃至得到菩提道場
最勝之處皆由讚美此陁羅尼功德如是天帝
此陁羅尼名善吉祥能淨一切惡道此佛頂
尊勝陁羅尼猶如日藏摩尼之寶淨无瑕穢

BD05337號　佛頂尊勝陀羅尼經（佛陀波利本）　（10–5）

人得如上貴處生者皆由聞此陁羅尼故轉
所生處皆得清淨天帝乃至得到菩提道場
最勝之處皆由讚美此陁羅尼功德如是天帝
此陁羅尼名善吉祥能淨一切惡道此佛頂
尊勝陁羅尼猶如日藏摩尼之寶淨无瑕穢
淨等虛空光焰照徹无不周遍若諸有情持
此陁羅尼亦復如是亦如閻浮提金明淨柔
軟令人喜見不爲穢惡之所染著天帝若諸
有情持此陁羅尼亦復如是乘斯善淨得生
善道天帝此陁羅尼所在之處若能書寫流
通受持讀誦聽聞供養能如是者一切惡道
皆得清淨一切那落迦苦悉皆消滅
佛告天帝若人能書寫此陁羅尼安高幢上
或安高山或安樓上乃至安置窣堵波中天
帝若有苾芻苾芻尼鄔波索迦鄔波斯迦族
姓男族姓女於幢等上或見或與相近其影
映身或吹風陁羅尼上幢等上塵落在身上
天帝彼諸有情所有罪業應墮惡道那落
迦傍生閻摩路迦餓鬼阿素洛身惡道之苦
皆悉不受亦不爲罪垢染汙天帝此等有情
爲一切諸佛之所受記皆得不退轉於阿耨
多羅三藐三菩提
天帝何況更以多諸供具華鬘塗香末香
幢幡蓋等衣服瓔珞作諸莊嚴於四衢道

BD05337號　佛頂尊勝陀羅尼經（佛陀波利本）　（10–6）

為一切諸佛之所受記皆得不退轉於阿耨
多羅三藐三菩提
天帝何況更以多諸供具華鬘塗香末香
幢幡蓋等衣服瓔珞作諸莊嚴於四衢道
造窣堵波安陁羅尼合掌恭敬旋遶行道歸
命礼拜天帝彼人能如是供養者名摩訶薩
埵真是佛子持法棟梁又是如來全身舍利窣
堵波塔
尒時閻摩羅法王於時夜分來詣佛所到已
以種種天衣妙華塗香莊嚴供養已遶佛七
匝頂礼佛足而住是言我聞如來演說讃持
大力陁羅尼者我常隨逐守護不令持者墮
那落迦以彼隨順如來言教而讃念之
尒時護世四天大王遶佛三匝白佛言世尊
唯願如來為我廣說持陁羅尼法尒時佛告
四天大王汝今諦聽我當為汝宣說此陁羅
尼方法亦為短命諸有情說當先洗浴著新
淨衣白月圓滿十五日時持齋誦此陁羅尼
滿其千遍令短命眾生還得增壽永離病
苦一切業障悉皆消滅一切地獄諸苦亦得
解脫諸飛鳥畜生含靈之類聞此陁羅尼一
經於耳盡此一身更不復受
佛言若人遇大惡病得聞此陁羅尼即得永
離一切諸病亦得消滅應墮惡道亦得除斷
即得往生寂靜世界從此身已後更不受胞



解脫諸飛鳥畜生含靈之類聞此陁羅尼一
經於耳盡此一身更不復受
佛言若人遇大惡病得聞此陁羅尼即得永
離一切諸病亦得消滅應墮惡道亦得除斷
即得往生寂靜世界從此身已後更不受胞
胎之身所生之處蓮華化生一切生處憶
持不忘常識宿命
佛言若人先造一切極重罪業遂即命終
乘斯惡業應墮地獄或墮傍生閻摩路迦
或墮餓鬼乃至墮阿鼻地獄或生水中或生禽
獸異類之身取其亡者隨身分骨以土一把
誦此陁羅尼廿一遍散亡者骨上即得生天
佛言若有人能日日誦此陁羅尼廿一遍應
消一切世間廣大供養捨身往生極樂世界
若常誦念得大涅槃復增壽命受勝快樂
捨此身即得往生種種微妙諸佛剎土與諸佛
俱會一處一切如來恒為演說微妙之義一切世
尊即與授記身光照曜一切佛剎佛言若誦
陁羅尼法於其佛前先取淨土作壇隨其大
小方四角作以種種草華散於壇上燒眾名
香右膝著地胡跪心常念佛作慕陁羅尼印
屈其頭指以大母指押合掌當其心上誦此陁
羅尼一百八遍訖於其壇中如雲王雨華能
遍供養八十八俱胝殑伽沙那庾多百千諸佛
彼佛世尊咸共讃言善哉希有真是佛子

香右膝著地跪心常念佛作摹陁羅尼印
屈其頭指以大母指押合掌當其心上誦此陁
羅尼一百八遍訖於其壇中如雲王雨華能
遍供養八十八俱胝殑伽沙那庾多百千諸佛
彼佛世尊咸共讚言善哉希有真是佛子
即得无障礙智三昧得大菩提心莊嚴三昧
持此陁羅尼法應如是
佛言天帝我以此方便令一切有情應墮那
落迦道令得解脫一切惡道亦得清淨復
令持者增益壽命天帝汝去將我此陁羅尼
授與善住天子滿其七日汝與善住俱來見我
尒時天帝於世尊所受此陁羅尼法奉持還
於本天授與善住天子尒時善住天子受此
陁羅尼已滿六日六夜依法受持一切願滿
應受一切惡道等苦即得解脫住菩提道
增壽无量甚大歡喜高聲歎言希有如來
希有妙法希有明驗甚為難得令我解脫
尒時帝釋至第七日與善住天子將諸天衆
嚴持華鬘塗香末香寶幢幡蓋天衣瓔珞
微妙莊嚴往詣佛所設大供養以妙天衣及
諸瓔珞供養世尊遶百千匝於佛前立踊躍
歡喜而坐聽法
尒時世尊舒金色臂摩善住天子頂而為
說法授菩提記佛言此經名淨一切惡道佛
頂尊勝陁羅尼汝當受持尒時大衆聞法歡

BD05337號　佛頂尊勝陀羅尼經（佛陀波利本）　（10–9）

於本天授與善住天子尒時善住天子受此
陁羅尼已滿六日六夜依法受持一切願滿
應受一切惡道等苦即得解脫住菩提道
增壽无量甚大歡喜高聲歎言希有如來
希有妙法希有明驗甚為難得令我解脫
尒時帝釋至第七日與善住天子將諸天衆
嚴持華鬘塗香末香寶幢幡蓋天衣瓔珞
微妙莊嚴往詣佛所設大供養以妙天衣及
諸瓔珞供養世尊遶百千匝於佛前立踊躍
歡喜而坐聽法
尒時世尊舒金色臂摩善住天子頂而為
說法授菩提記佛言此經名淨一切惡道佛
頂尊勝陁羅尼汝當受持尒時大衆聞法歡
喜信受奉行

佛頂尊勝陁羅尼經一卷

BD05337號　佛頂尊勝陀羅尼經（佛陀波利本）　（10–10）

BD05337 號背　雜寫　　（1–1）

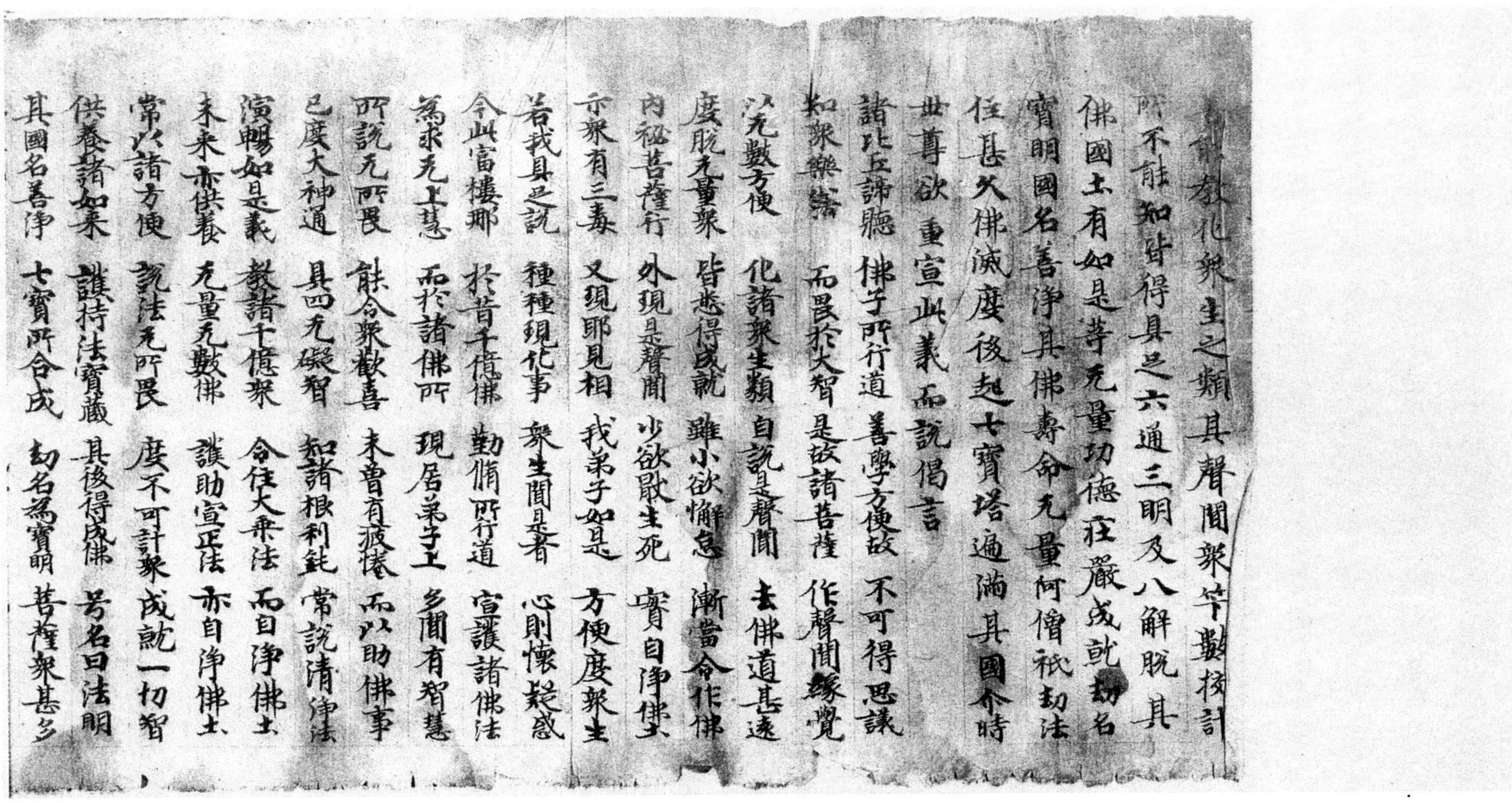

皆教化衆生之類　其聲聞衆　筭數校計
所不能知　皆得具足　六通三明　及八解脫　其
佛國土有如是等　无量功德　莊嚴成就　劫名
寶明　國名善淨　其佛壽命　无量阿僧祇劫　法
住甚久　佛滅度後　起七寶塔　遍滿其國　尒時
世尊欲重宣此義　而說偈言
諸比丘諦聽　佛子所行道　善學方便故　不可得思議
知衆樂小法　而畏於大智　是故諸菩薩　作聲聞緣覺
以无數方便　化諸衆生類　自說是聲聞　去佛道甚遠
度脫无量衆　皆悉得成就　雖小欲懈怠　漸當令作佛
內祕菩薩行　外現是聲聞　少欲厭生死　實自淨佛土
示衆有三毒　又現耶見相　我弟子如是　方便度衆生
若我具足說　種種現化事　衆生聞是者　心則懷疑惑
今此富樓那　於昔千億佛　勤脩所行道　宣護諸佛法
爲求无上慧　而於諸佛所　現居弟子上　多聞有智慧
所說无所畏　能令衆歡喜　未曾有疲惓　而以助佛事
已度大神通　具四无礙智　知諸根利鈍　常說清淨法
演暢如是義　教諸千億衆　令住大乘法　而自淨佛土
未來亦供養　无量无數佛　護助宣正法　亦自淨佛土
常以諸方便　說法无所畏　度不可計衆　成就一切智
供養諸如來　護持法寶藏　其後得成佛　号名曰法明
其國名善淨　七寶所合成　劫名爲寶明　菩薩衆甚多

BD05338 號　妙法蓮華經卷四　　（6–1）

[illegible]
所說无所畏　能令眾歡喜　未曾有疲倦　而以助佛事
已度大神通　具四无礙智　知諸根利鈍　常說清淨法
演暢如是義　教諸千億眾　令住大乘法　而自淨佛土
未來亦供養　无量无數佛　護助宣正法　亦自淨佛土
常以諸方便　說法无所畏　度不可計眾　成就一切智
供養諸如來　護持法寶藏　其後得成佛　號名曰法明
其國名善淨　七寶所合成　劫名為寶明　菩薩眾甚多
其數无量億　皆度大神通　威德力具足　充滿其國土
聲聞亦无數　三明八解脫　得四无礙智　以是等為僧
其國諸眾生　婬欲皆已斷　純一變化生　具相莊嚴身
法喜禪悅食　更无餘食想　无有諸女人　亦无諸惡道
富樓那比丘　功德悉成滿　當得斯淨土　賢聖眾甚多
如是无量事　我今但略說
尒時千二百阿羅漢心自在者作是念我等
歡喜得未曾有若世尊各見授記如餘大弟
子者不亦快乎佛知此等心之所念告摩訶
迦葉是千二百阿羅漢我今當現前次第與
授阿耨多羅三藐三菩提記於此眾中我大
弟子憍陳如比丘當供養六萬二千億佛然
後得成為佛號曰普明如來應供正遍知明
行足善逝世間解无上士調御丈夫天人師
佛世尊其五百阿羅漢優樓頻螺迦葉伽耶
迦葉那提迦葉迦留陁夷優陁夷阿㝹樓馱離
婆多劫賓那薄拘羅周陁莎伽陁等皆當
得阿耨多羅三藐三菩提盡同一號名曰普
明尒時世尊欲重宣此義而說偈言

BD05338號　妙法蓮華經卷四　（6–2）

行足善逝世間解无上士調御丈夫天人師
佛世尊其五百阿羅漢優樓頻螺迦葉伽耶
迦葉那提迦葉迦留陁夷優陁夷阿㝹樓馱離
婆多劫賓那薄拘羅周陁莎伽陁等皆當
得阿耨多羅三藐三菩提盡同一號名曰普
明尒時世尊欲重宣此義而說偈言
憍陳如比丘　當見无量佛　過阿僧祇劫　乃成等正覺
常放大光明　具足諸神通　名聞遍十方　一切之所敬
常說无上道　故號為普明　其國土清淨　菩薩皆勇猛
咸昇妙樓閣　遊諸十方國　以无上供具　奉獻於諸佛
作是供養已　心懷大歡喜　須臾還本國　有如是神力
佛壽六萬劫　正法住倍壽　像法復倍是　法滅天人憂
其五百比丘　次第當作佛　同號曰普明　轉次而授記
我滅度之後　其甲當作佛　其所化世間　亦如我今日
國土之嚴淨　及諸神通力　菩薩聲聞眾　正法及像法
壽命劫多少　皆如上所說　迦葉汝已知　五百自在者
餘諸聲聞眾　亦當復如是　其不在此會　汝當為宣說
尒時五百阿羅漢於佛前得受記已歡喜踊
躍即從座起到於佛前頭面礼足悔過自責
世尊我等常作是念自謂已得究竟滅度今
乃知之如无智者所以者何我等應得如來
智慧而便自以小智為足世尊譬如有人至
親友家醉酒而卧是時親友官事當行以无
價寶珠繫其衣裏與之而去其人醉卧都不
覺知起已遊行到於他國為衣食故勤力求
索甚大艱難若有所得便以為足於後親
[illegible]

BD05338號　妙法蓮華經卷四　（6–3）

乃知之如无智者所以者何我等應得如来
智慧而便自以小智為足世尊譬如有人至
親友家醉酒而卧是時親友官事當行以无
價寶珠繫其衣裏與之而去其人醉卧都不
覺知起已遊行到於他國為衣食故勤力求
索甚大艱難若有所得便以為足於後親
友會遇見之而作是言咄哉丈夫何為衣食
乃至如是我昔欲令汝得安樂五欲自恣於
某年日月以无價寶珠繫汝衣裏今故現在
而汝不知勤苦憂惱以求自活甚為癡也汝
今可以此寶貿易所須常可如意无所乏短
佛亦如是為菩薩時教化我等令發一切智
心而尋廢忘不知不覺既得阿羅漢道自謂
滅度資生艱難得少為足一切智願猶在不
失今者世尊覺悟我等作如是言諸比丘汝
等所得非究竟滅我久令汝等種佛善根以
方便故示涅槃相而汝謂為實得滅度世尊
我今乃知實是菩薩得受阿耨多羅三藐三
菩提記以是因緣甚大歡喜得未曾有尒時阿
若憍陳如等欲重宣此義而說偈言
我等聞无上　安隱授記聲　歡喜未曾有　礼无量智佛
今於世尊前　自悔諸過咎　於无量佛寶　得少涅槃分
如无智愚人　便自以為足　譬如貧窮人　往至親友家
其家甚大富　具設諸餚饍　以无價寶珠　繫著內衣裏
默與而捨去　時卧不覺知　是人既已起　遊行詣他國
求衣食自濟　資生甚艱難　得少便為足　更不願好者
不覺內衣裏　有无價寶珠　與珠之親友　後見此貧人



我等聞无上　安隱授記聲　歡喜未曾有　礼无量智佛
今於世尊前　自悔諸過咎　於无量佛寶　得少涅槃分
如无智愚人　便自以為足　譬如貧窮人　往至親友家
其家甚大富　具設諸餚饍　以无價寶珠　繫著內衣裏
默與而捨去　時卧不覺知　是人既已起　遊行詣他國
求衣食自濟　資生甚艱難　得少便為足　更不願好者
不覺內衣裏　有无價寶珠　與珠之親友　後見此貧人
苦切責之已　示以所繫珠　貧人見此珠　其心大歡喜
富有諸財物　五欲而自恣　我等亦如是　世尊於長夜
常愍見教化　令種无上願　我等无智故　不覺亦不知
得少涅槃分　自足不求餘　今佛覺悟我　言非實滅度
得佛无上慧　尒乃為真滅　我今從佛聞　受記莊嚴事
及轉次受決　身心遍歡喜

妙法蓮華經授學无學人記品第九

尒時阿難羅睺羅而作是念我等每自思惟
設得受記不亦快乎即從座起到於佛前頭
面礼足俱白佛言世尊我等於此亦應有分
唯有如来我等所歸又我等為一切世間天
人阿脩羅所見知識阿難常為侍者護持法
藏羅睺羅是佛之子若佛見授阿耨多羅三
藐三菩提記者我願既滿眾望亦足尒時
學无學聲聞弟子二千人皆從座起偏袒右
肩到於佛前一心合掌瞻仰世尊如阿難羅睺
羅所願住立一面尒時佛告阿難汝於來世
當得作佛号山海慧自在通王如来應供正
遍知明行足善逝世間解无上士調御丈夫天
人師佛世尊當供養六十二億諸佛護持法

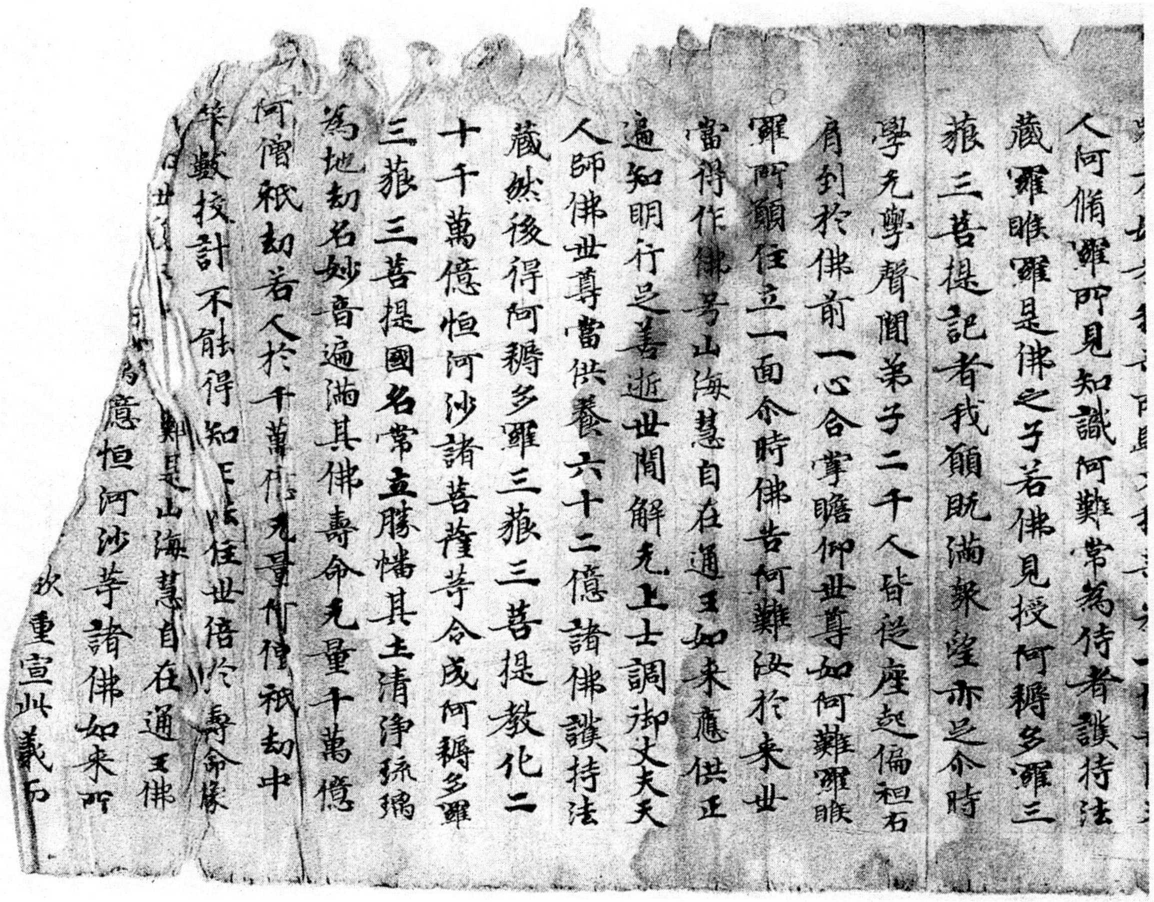

人何備羅所見知識阿難常為侍者護持法
藏羅睺羅是佛之子若佛見授阿耨多羅三
藐三菩提記者我願既滿衆望亦足尒時
學无學聲聞弟子二千人皆從座起偏袒右
肩到於佛前一心合掌瞻仰世尊如阿難羅睺
羅所願住立一面尒時佛告阿難汝於來世
當得作佛号山海慧自在通王如來應供正
遍知明行足善逝世間解无上士調御丈夫天
人師佛世尊當供養六十二億諸佛護持法
藏然後得阿耨多羅三藐三菩提教化二
十千萬億恒河沙諸菩薩等令成阿耨多羅
三藐三菩提國名常立勝幡其土清淨琉璃
為地劫名妙音遍滿其佛壽命无量千萬億
阿僧祇劫若人於千萬億无量阿僧祇劫中
算數挍計不能得知正法住世倍於壽命像
是山海慧自在通王佛
億恒河沙等諸佛如來所
欲重宣此義而

BD05338 號　妙法蓮華經卷四　（6–6）

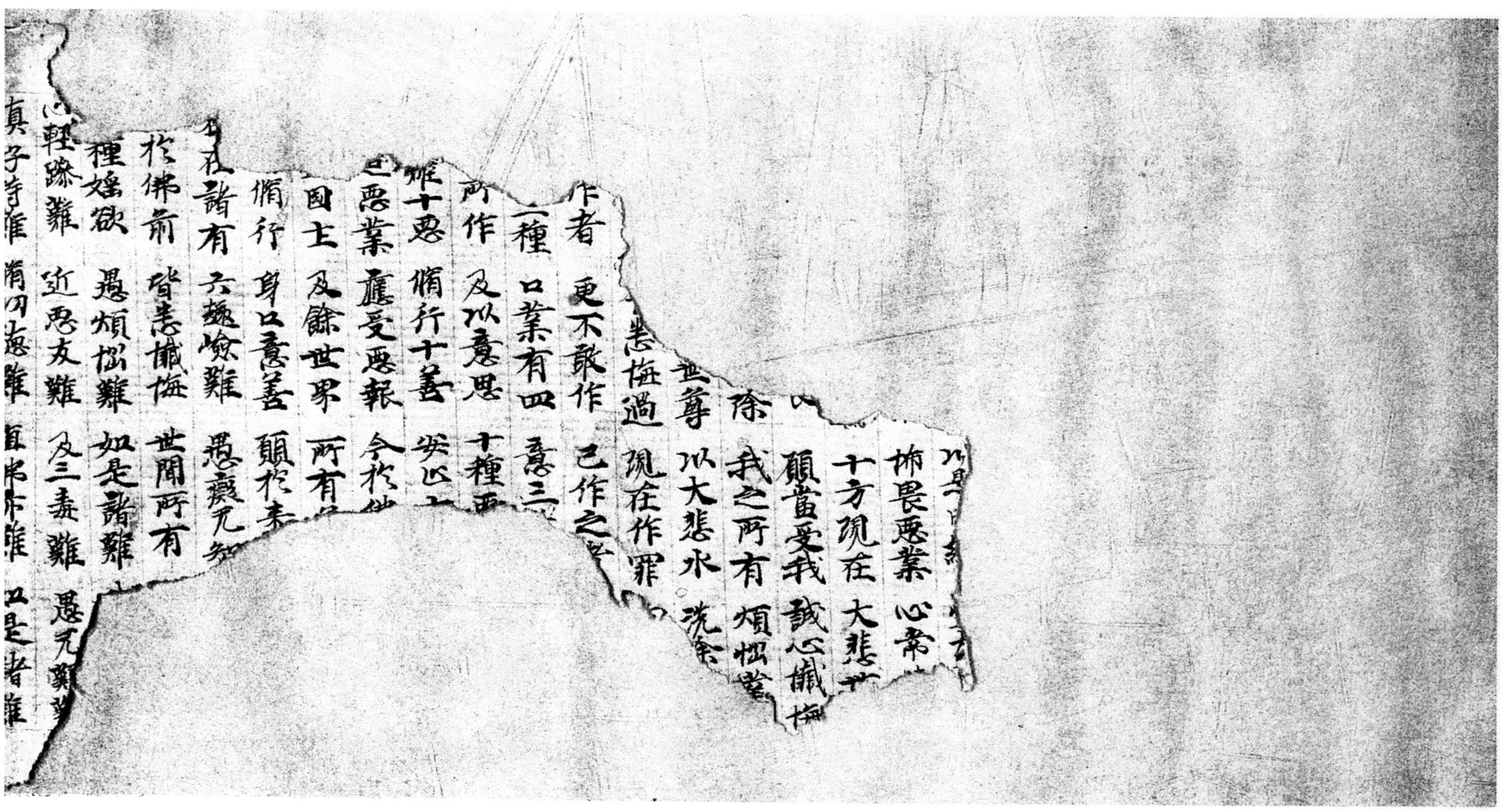

怖畏惡業　心常
十方現在　大悲
願當受我　誠心懺悔
除　我之所有　煩惱
世尊　以大悲水　洗除
悲悔過　現在作罪
作者　更不敢作　已作之
一種　口業有四　意三
所作　及以意思　十種
雖十惡　脩行十善　安止
之惡業　麁受惡報　今於佛
國土　及餘世界　所有
脩行　身口意善　願於未
在諸有　六趣險難　愚癡无知
於佛前　皆悉懺悔　世間所有
種婬欲　愚煩惱難　如是諸難
心輕躁難　近惡友難　及三毒難　愚无
真子等難

BD05339 號　金光明經卷一　（8–1）

國土 及餘世界 所
脩行 身口意善 願於未來
在諸有 六趣嶮難 愚癡无知
於佛前 皆悉懺悔 世間所有
種種欲 愚煩惱難 如是諸難
心輕躁難 近惡友難 及三毒難 愚无翼
值好時難 脩功德難 值佛亦難 如是諸難
今悉懺悔 諸佛世尊 我今依止 是故我今
敬礼佛海 金色晃曜 猶如須弥 是故我今
頂礼歸依 其色無上 猶如真金 眼目清淨
如紺琉璃 功德威神 名稱顯著 佛日大悲
滅一切闇 善淨无垢 離諸塵翳 无上佛日
大光普照 煩惱大熾 令心燋熱 唯佛能除
如月清涼 三十二相 八十種好 莊嚴其身
視之无猒 功德巍巍 明網顯曜 安住三界
如日照世 猶如琉璃 淨无霞穢 妙色廣大
種種各異 其色紅赤 如日初出 頗梨白銀
校餝光網 如是種種 莊嚴佛日 三有之中
生死大河 潦水波蕩 惱亂我心 其味苦毒
最為麁澁 如來網明 能令枯涸 妙身端嚴
相妙殊特 金色光明 遍照一切 智慧大海
弥滿三界 是故我今 稽首敬礼 如大海水
其量難知 大地微塵 不可稱計 諸須弥山
難可度量 虛空邊際 亦不可得 諸佛亦尒
功德无量 一切有心 无能知者 於无量劫
極心思惟 不能得知 佛功德邊 大地諸山
尚可知量 毛渧海水 亦可知數 諸佛功德
无能知者 相好莊嚴 名稱讚難 如是功德
我以善業 諸因緣故 來世不久

BD05339號　金光明經卷一　（8–2）

難可度量 虛空邊際 亦不可得 諸佛亦尒
功德无量 一切有心 无能知者 於无量劫
極心思惟 不能得知 佛功德邊 大地諸山
尚可知量 毛渧海水 亦可知數 諸佛功德
无能知者 相好莊嚴 名稱讚難 如是功德
令衆皆得 我以善業 諸因緣故 來世不久
成於佛道 講宣妙法 利益衆生 度脫一切
无量諸苦 摧伏諸魔 及其眷屬 轉於无上
清淨法輪 住壽无量 不思議劫 充足衆生
甘露法味 我當具足 六波羅蜜 猶如過佛
之所成就 斷諸煩惱 除一切苦 悉滅貪欲
及恚癡等 我當憶念 宿命之事 百生千生
百千億生 常當至心 正念諸佛 聞說深妙
無上正法 我因善業 常值諸佛 遠離諸惡
脩諸善業 一切世界 所有衆生 无量苦惱
我當悉滅 若有衆生 諸根毀壞 不具足者
悉令具足 十方世界 所有病苦 羸瘦頓乏
無救護者 悉令解脫 如是諸苦 還得勢力
平服如故 若犯王法 臨當刑戮 无量怖畏
愁憂苦惱 如是之人 悉令解脫 若受鞭撻
繫縛枷鏁 種種苦事 逼切其事 无量百千
愁憂驚畏 種種怨懼 擾亂其心 如是无邊
諸苦惱等 願使一切 皆得解脫 若有衆生
飢渴所惱 令得種種 甘美飲食 盲者得視
聾者得聽 瘂者能言 裸者得衣 貧窮之者
即得寶藏 倉庫盈溢 无所乏少 一切皆受
安隱快樂 乃至无有 一人受苦 衆生相視
和顏悅色 形貌端嚴 人所喜見 心常思念

BD05339號　金光明經卷一　（8–3）

諸苦惱等 願使一切 皆得解脫 若有衆生
飢渴所惱 令得種種 甘美飲食 盲者得視
聾者得聽 瘂者能言 裸者得衣 貧窮之者
即得寶藏 倉庫盈溢 无所乏少 一切皆受
安隱快樂 乃至无有 一人受者 衆生相視
和顏悅色 形貌端嚴 人所喜見 心常思念
他人善事 飲食飽滿 功德具足 隨諸衆生
之所思念 皆願令得 種種伎樂 箜篌箏笛
琴瑟鼓吹 如是種種 微妙音聲 江河池沼
流泉諸水 金華遍布 及憂鉢羅 隨諸衆生
之所思念 即得種種 衣服飲食 錢財珎寶
金銀琉璃 真珠璧王 雜廁瓔珞 願諸衆生
色貌微妙 各各相於 共相愛念 世間所有
資生之具 隨其所念 悉令具足 願諸衆生
願諸衆生 隨有求索 如是所須 應念即得
香華諸樹 常於三時 雨細末香 及塗身香
衆生受者 歡喜快樂 願諸衆生 常得供養
不可思議 十方諸佛 無上妙法 清淨无垢
及諸菩薩 聲聞大衆 願諸衆生 常得遠離
三惡八難 值无難處 覲覩諸佛 无上之法
願諸衆生 常生尊貴 多饒財寶 安隱豐樂
上妙色像 莊嚴其身 功德成就 有大名稱
願諸女人 皆成男子 具足智慧 精進不懈
一切皆行 菩提之道 懃心脩集 六波羅蜜
常見十方 无量諸佛 坐寶樹下 琉璃座上
安住禪定 自在快樂 演說正法 衆所樂聞
若我現在 及過去世 所作惡業 諸惡險難
……願悉盡滅 令无有餘

BD05339 號　金光明經卷一　（8–4）

上妙色像……
願諸女人 皆成男子 具足智慧 精進不懈
一切皆行 菩提之道 懃心脩集 六波羅蜜
常見十方 无量諸佛 坐寶樹下 琉璃座上
安住禪定 自在快樂 演說正法 衆所樂聞
若我現在 及過去世 所作惡業 諸惡險難
應得惡業 不適意者 願悉盡滅 令无有餘
若諸衆生 三有繫縛 生死羅網 弥密牢固
願以智力 割斷破壞 除諸苦惱 早成菩提
若此閻浮 及餘他方 無量世界 所有衆生
所作種種 善功功德 我念深心 隨其歡喜
我念以此 隨喜功德 及身口意 所作善業
願於來世 成无上道 得淨无垢 吉祥果報
若有敬礼 讚歎十方 信心清淨 无諸疑冈
能作如是 所說懺悔 便得超越 六十劫罪
諸善男子 及善女人 諸王剎利 婆羅門等
若有恭敬 合掌向佛 稱讚如來 并讚此偈
在在處處 常識宿命 諸根具足 清淨琉璃
種種功德 悉皆成就 在在處處 常為國王
輔相大臣 之所供養 非於一佛 五佛十佛
種種功德 聞是懺悔 若於无量 百千万億
諸佛如來 種諸善根 然後及得 聞是懺悔

金光明經讚歎品第四

尒時佛告地神堅牢善女天過去有王名金
龍尊常以讚嘆去來現在諸佛
我今尊重 敬礼讚歎 去來現在 十方諸佛
諸佛清淨 微妙寂滅 色中上色 金光照曜
於諸聲中 佛聲最上 猶如大梵 深遠……

BD05339 號　金光明經卷一　（8–5）

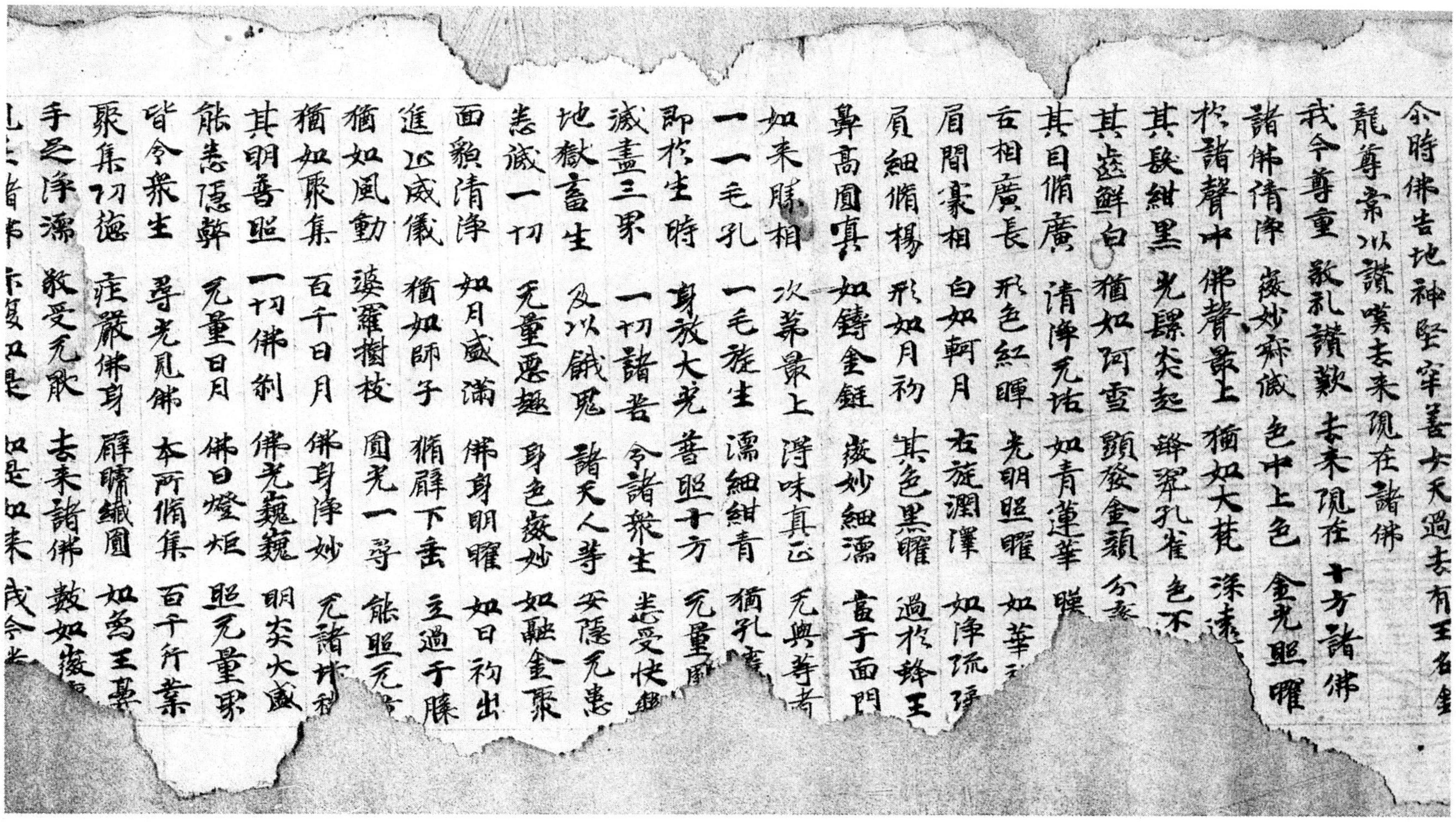

尒時佛告地神堅牢善女天過去有王名金
龍尊常以讚嘆去來現在諸佛
我今尊重　敬礼讚歎　去來現在　十方諸佛
諸佛清淨　微妙寂滅　色中上色　金光照曜
於諸聲中　佛聲最上　猶如大梵　深遠
其髮紺黑　光踝炎起　蜂翠孔雀　色不
其齒鮮白　猶如珂雪　顯發金顏　分
其目脩廣　清淨无垢　如青蓮華　
舌相廣長　形色紅暉　右旋潤澤　如華
眉間豪相　白如珂月　光明照曜　如淨琉璃
眉細脩揚　形如月初　其色黑曜　過於蜂王
鼻高圓直　如鑄金鋌　微妙細潔　當于面門
如來勝相　次第最上　得味真正　无與等者
一一毛孔　一毛旋生　柔細紺青　猶孔雀
即於生時　身放大光　普照十方　无量國
滅盡三界　一切諸苦　令諸眾生　悉受快樂
地獄畜生　及以餓鬼　諸天人等　安隱无患
悉滅一切　无量惡趣　身色微妙　如融金聚
面貌清淨　如月盛滿　佛身明曜　如日初出
進止威儀　猶如師子　脩臂下垂　立過于膝
猶如風動　婆羅樹枝　圓光一尋　能照无
猶如聚集　百千日月　佛身淨妙　无諸塵穢
其明普照　一切佛剎　佛光巍巍　明炎大盛
能悉隱蔽　无量日月　佛日燈炬　照无量界
皆令眾生　尋光見佛　本所脩集　百千行業
聚集功德　莊嚴佛身　辟瞻纖圓　如為王
手足淨潔　敬受无猒　去來諸佛　數如微
現在諸佛　亦復如是　如是如來　我今

BD05339號　金光明經卷一　（8–6）

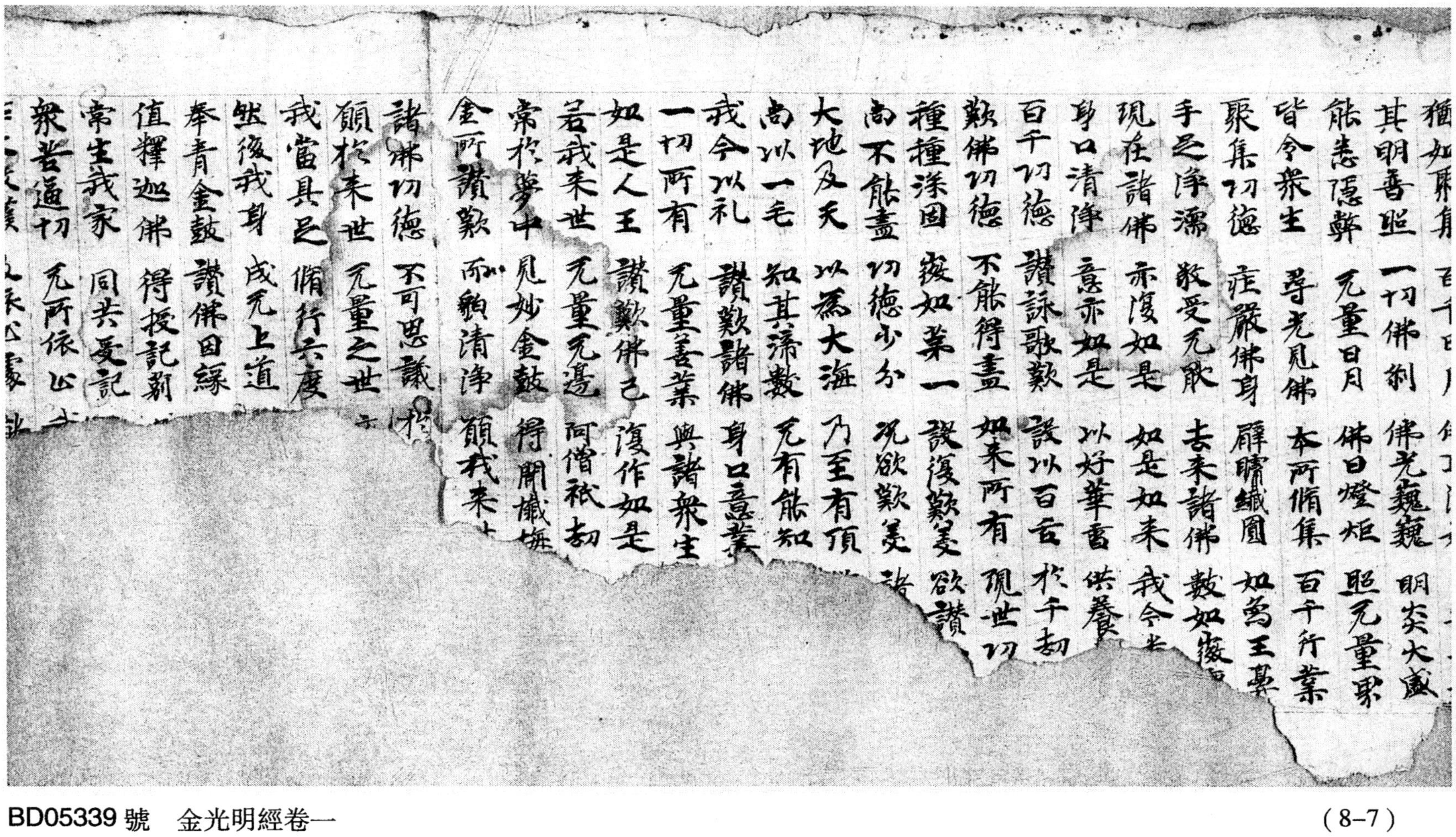

猶如聚集　百千日月
其明普照　一切佛剎　佛光巍巍　明炎大盛
能悉隱蔽　无量日月　佛日燈炬　照无量界
皆令眾生　尋光見佛　本所脩集　百千行業
聚集功德　莊嚴佛身　辟瞻纖圓　如為王
手足淨潔　敬受无猒　去來諸佛　數如微
現在諸佛　亦復如是　如是如來　我今
身口清淨　意亦如是　以好華香　供養
百千功德　讚詠歌歎　設以百舌　於千劫
歎佛功德　不能得盡　如來所有　現世功
種種深因　微妙如來　設復歎美　欲讚
尚不能盡　功德少分　况欲歎美　諸
大地及天　以為大海　乃至有頂
尚以一毛　知其渧數　无有能知
我今以礼　讚歎諸佛　身口意業
一切所有　无量善業　與諸眾生
如是人王　讚歎佛已　復作如是
若我來世　无量无邊　阿僧祇劫
常於夢中　見妙金鼓　得聞懺悔
金所讚歎　而獲清淨　願我來
諸佛功德　不可思議　於
願於來世　无量之世
我當具足　脩行六度
然後我身　成无上道
奉青金鼓　讚佛因緣
值釋迦佛　得授記莂
常生我家　同共受記
眾苦逼切　无所依止

BD05339號　金光明經卷一　（8–7）

常於夢中 見妙金鼓 得聞懺悔
金所讚歎 亦願清淨 願我來
諸佛功德 不可思議
願於未世 无量之世
我當具足 脩行六度
然後我身 成无上道
奉青金鼓 讚佛因緣
值釋迦佛 得授記莂
常生我家 同共受記
衆普遍切 无所依止
作大救護 及依止處 能
施與衆生 諸善安樂 我
不計劫數 如盡本際 以
使我惡海 及以業海 煩
我功德海 願悉成就
无量功德 助善提
以此金光 懺悔
慧光无垢
功德成
諸功

BD05339 號　金光明經卷一　　（8–8）

佛說阿弥陀經
如是我聞一時佛在舍衛國祇樹給孤獨園與大比
丘衆千二百五十人俱皆是大阿羅漢衆所知識
長老舍利弗摩訶目揵連摩訶迦葉摩訶迦
旃延摩訶俱絺羅離波多周利槃陀迦難陀阿難陀
睺羅憍梵波提賓頭盧頗羅墮迦留陀夷摩訶
訶劫賓那薄拘羅阿㝹樓馱如是等諸大弟子并
諸菩薩摩訶薩文殊師利法王子阿逸多菩薩乾陀
訶提菩薩常精進菩薩與如是等諸大菩薩及釋提桓
因等无量諸天大衆俱
尒時佛告長老舍利弗從是西方過十万億佛土有世界名曰
極樂其土有佛号阿弥陀今現在說法舍利弗彼土何故名
為極樂其國衆生无有衆苦但受諸樂故名極樂
又舍利弗極樂國土七重欄楯七重羅網七重行樹皆是四寶周
帀圍繞是故彼國名曰極樂　又舍利弗極樂國土有七寶池八
功德水充滿其中池底純以金沙布地四邊階道金銀瑠璃頗
梨合成上有樓閣亦以金銀瑠璃頗梨車渠赤珠馬瑙而嚴飾之
池中蓮華大如車輪青色青光黃色黃光赤色赤光白色白
光微妙香潔舍利弗極樂國土成就如是功德莊嚴
又舍利弗彼佛國土常作天樂黃金為地晝夜六時而雨曼陀
羅華其國衆生常以清旦各以衣祴盛衆妙華供養他方十万億
佛即以食時還到本國飯食經行舍利弗極樂國土成就如是功德
莊嚴　復次舍利弗彼國常有種種奇妙雜色之鳥白鵠孔
雀鸚鵡舍利迦陵頻伽共命之鳥是諸衆鳥晝夜六時出和雅

BD05340 號　阿彌陀經　　（6–1）

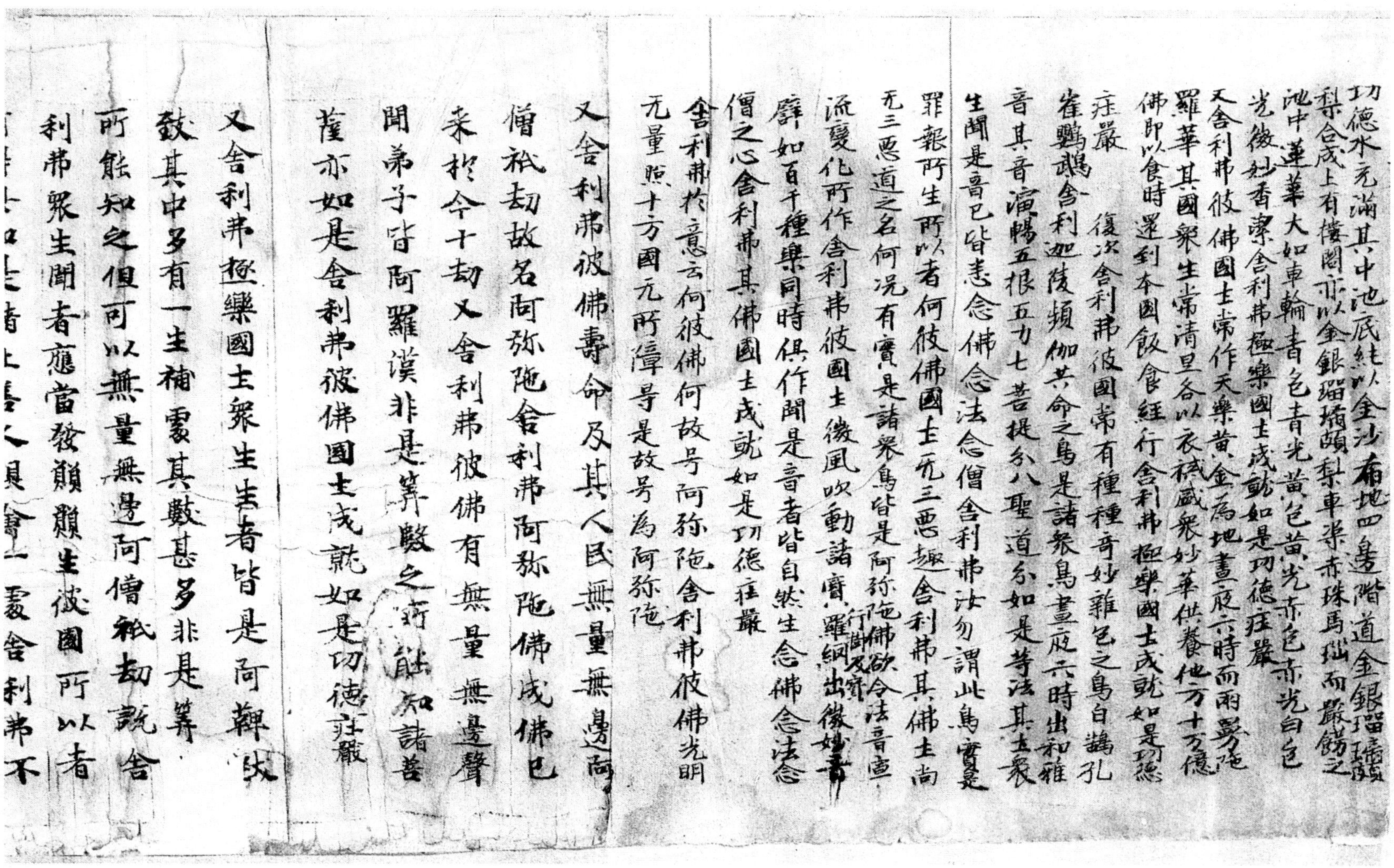
功德水充滿其中池底純以金沙布地四邊階道金銀瑠璃頗
梨合成上有樓閣亦以金銀瑠璃頗梨車渠赤珠馬瑙而嚴飾之
池中蓮華大如車輪青色青光黃色黃光赤色赤光白色
光微妙香潔舍利弗極樂國土成就如是功德莊嚴
又舍利弗彼佛國土常作天樂黃金為地晝夜六時而雨曼陁
羅華其國衆生常清旦各以衣裓盛衆妙華供養他方十方億
佛即以食時還到本國飯食經行舍利弗極樂國土成就如是功德
莊嚴
復次舍利弗彼國常有種種奇妙雜色之鳥白鵠孔
雀鸚鵡舍利迦陵頻伽共命之鳥是諸衆鳥晝夜六時出和雅
音其音演暢五根五力七菩提分八聖道分如是等法其土衆
生聞是音已皆悉念佛念法念僧舍利弗汝勿謂此鳥實是
罪報所生所以者何彼佛國土无三惡趣舍利弗其佛土尚
无三惡道之名何況有實是諸衆鳥皆是阿弥陁佛欲令法音宣
流變化所作舍利弗彼國土微風吹動諸寶行樹及寶羅網出微妙音
譬如百千種樂同時俱作聞是音者皆自然生念佛念法念
僧之心舍利弗其佛國土成就如是功德莊嚴
舍利弗於意云何彼佛何故号阿弥陁舍利弗彼佛光明
无量照十方國无所障㝵是故号為阿弥陁
又舍利弗彼佛壽命及其人民無量無邊阿
僧祇劫故名阿弥陁舍利弗阿弥陁佛成佛已
來於今十劫又舍利弗彼佛有無量無邊聲
聞弟子皆阿羅漢非是算數之所能知諸菩
薩亦如是舍利弗彼佛國土成就如是功德莊嚴
又舍利弗極樂國土衆生生者皆是阿鞞䟦
致其中多有一生補處其數甚多非是算
所能知之但可以無量無邊阿僧祇劫說舍
利弗衆生聞者應當發願願生彼國所以者
如是諸上善人俱會一處舍利弗不

BD05340號　阿彌陀經　（6–2）

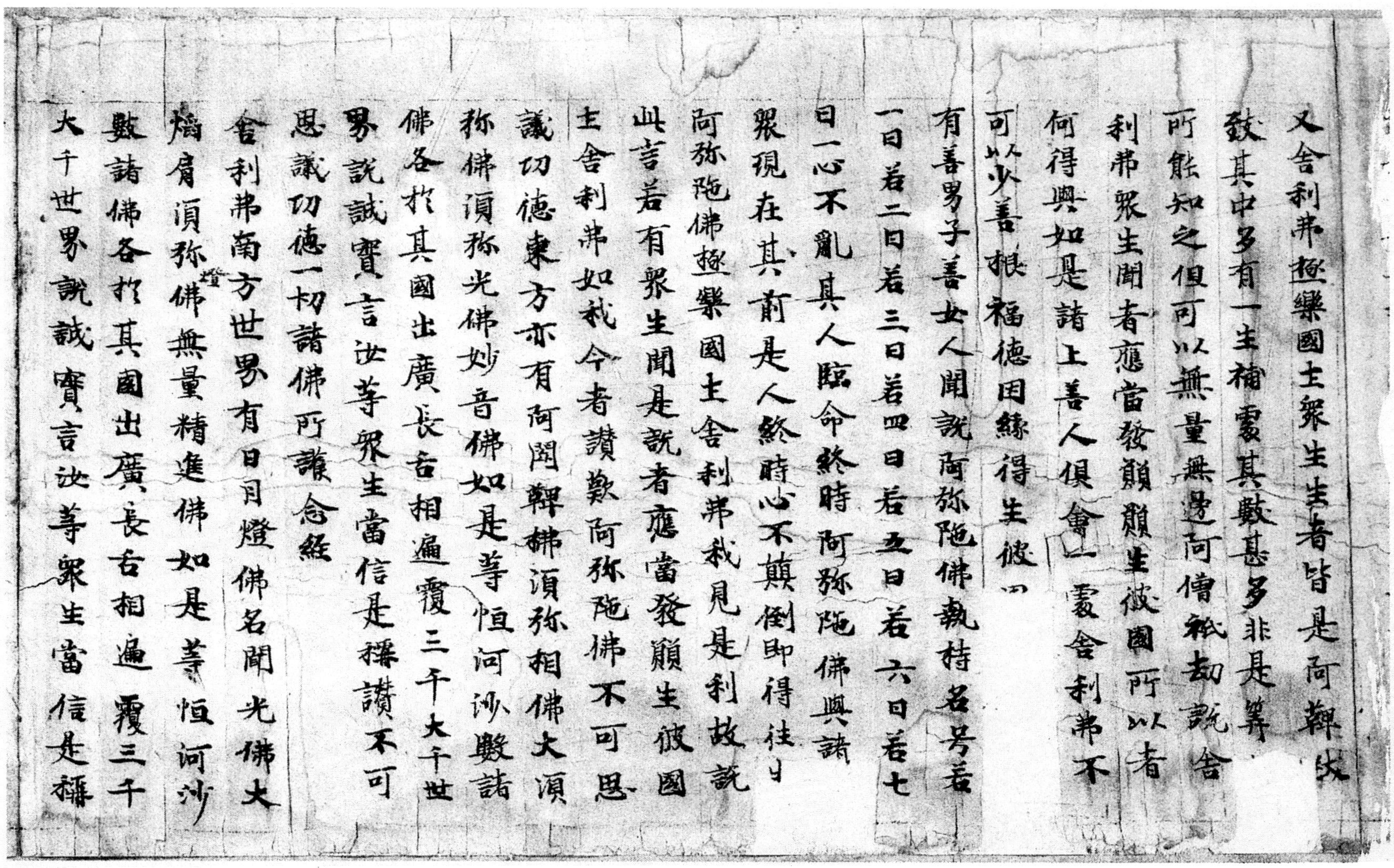
又舍利弗極樂國土衆生生者皆是阿鞞䟦
致其中多有一生補處其數甚多非是算
所能知之但可以無量無邊阿僧祇劫說舍
利弗衆生聞者應當發願願生彼國所以者
何得與如是諸上善人俱會一處舍利弗不
可以少善根福德因緣得生彼國
有善男子善女人聞說阿弥陁佛執持名号若
一日若二日若三日若四日若五日若六日若七
日一心不亂其人臨命終時阿弥陁佛與諸
衆現在其前是人終時心不顛倒即得往生
阿弥陁佛極樂國土舍利弗我見是利故說
此言若有衆生聞是說者應當發願生彼國
土舍利弗如我今者讚歎阿弥陁佛不可思
議功德東方亦有阿閦鞞佛須弥相佛大須
弥佛須弥光佛妙音佛如是等恒河沙數諸
佛各於其國出廣長舌相遍覆三千大千世
界說誠實言汝等衆生當信是稱讚不可
思議功德一切諸佛所護念經
舍利弗南方世界有日月燈佛名聞光佛大
焰肩佛須弥燈佛無量精進佛如是等恒河沙
數諸佛各於其國出廣長舌相遍覆三千
大千世界說誠實言汝等衆生當信是稱

BD05340號　阿彌陀經　（6–3）

思議功德一切諸佛所
舍利弗南方世界有日月燈佛名聞光佛大
焰肩須弥(燈)佛無量精進佛如是等恒河沙
數諸佛各於其國出廣長舌相遍覆三千
大千世界說誠實言汝等衆生當信是稱
讚不可思議功德一切諸佛所護念經
舍利弗西方世界有無量壽佛無量相佛無
量幢佛大光佛大明佛寶相佛淨光佛如是
等恒河沙數諸佛各於其國出廣長舌相遍
覆三千大千世界說誠實言汝等衆生當信
是稱讚不可思議功德一切諸佛所護念經
舍利弗北方世界有焰肩佛最勝音佛難阻
佛日生佛網明佛如是等恒河沙數諸佛各
於其國出廣長舌相遍覆三千大千世界說
誠實言汝等衆生當信是稱讚不可思議功
德一切諸佛所護念經
舍利弗下方世界有師子佛名聞佛名光佛達
摩佛法幢佛持法佛如是等恒河沙數諸佛
各於其國出廣長舌相遍覆三千大千世界
說誠實言汝等衆生當信是稱讚不可思議
功德一切諸佛所護念經
舍利弗上方世界有梵音佛宿王佛香上佛
香光佛大焰肩佛雜色寶華嚴身佛娑羅
樹王佛寶華德佛見一切義佛如須弥山佛如
是等恒河沙數諸佛各於其國出廣長舌相

BD05340號　阿彌陀經

(6–4)

說誠實言汝等衆生當信是稱讚不可思議
功德一切諸佛所護念經
舍利弗上方世界有梵音佛宿王佛香上佛
香光佛大焰肩佛雜色寶華嚴身佛娑羅
樹王佛寶華德佛見一切義佛如須弥山佛如
是等恒河沙數諸佛各於其國出廣長舌相
遍覆三千大千世界說誠實言汝等衆生當
信是稱讚不可思議功德一切諸佛所護念經
舍利弗於汝意云何何故名一切諸佛所護念經
舍利弗若有善男子善女人聞是經受持者
及聞諸佛名者是諸善男子善女人皆為一
切諸佛共所護念皆得不退轉於阿耨多羅
三藐三菩提(是)故舍利弗汝等皆當信受我語
及諸佛所說舍利弗若有人已發願今發願
當發願欲生阿弥陀佛國者是諸人等皆得
不退轉於阿耨多羅三藐三菩提於彼國土
若已生若今生若當生是故舍利弗諸善(男)子
善女人若有信者應當發願生彼國土舍利
弗如我今者稱讚諸佛不可思議功德彼
諸佛等亦稱說我不可思議功德而作是言
釋迦牟尼佛能為甚難希有之事能於娑
婆國土五濁惡世劫濁見濁煩惱濁衆生濁(命濁)中
得阿耨多羅三藐三菩提為諸衆生說是一
切世間難信之法舍利弗當知我於五濁惡

BD05340號　阿彌陀經

(6–5)

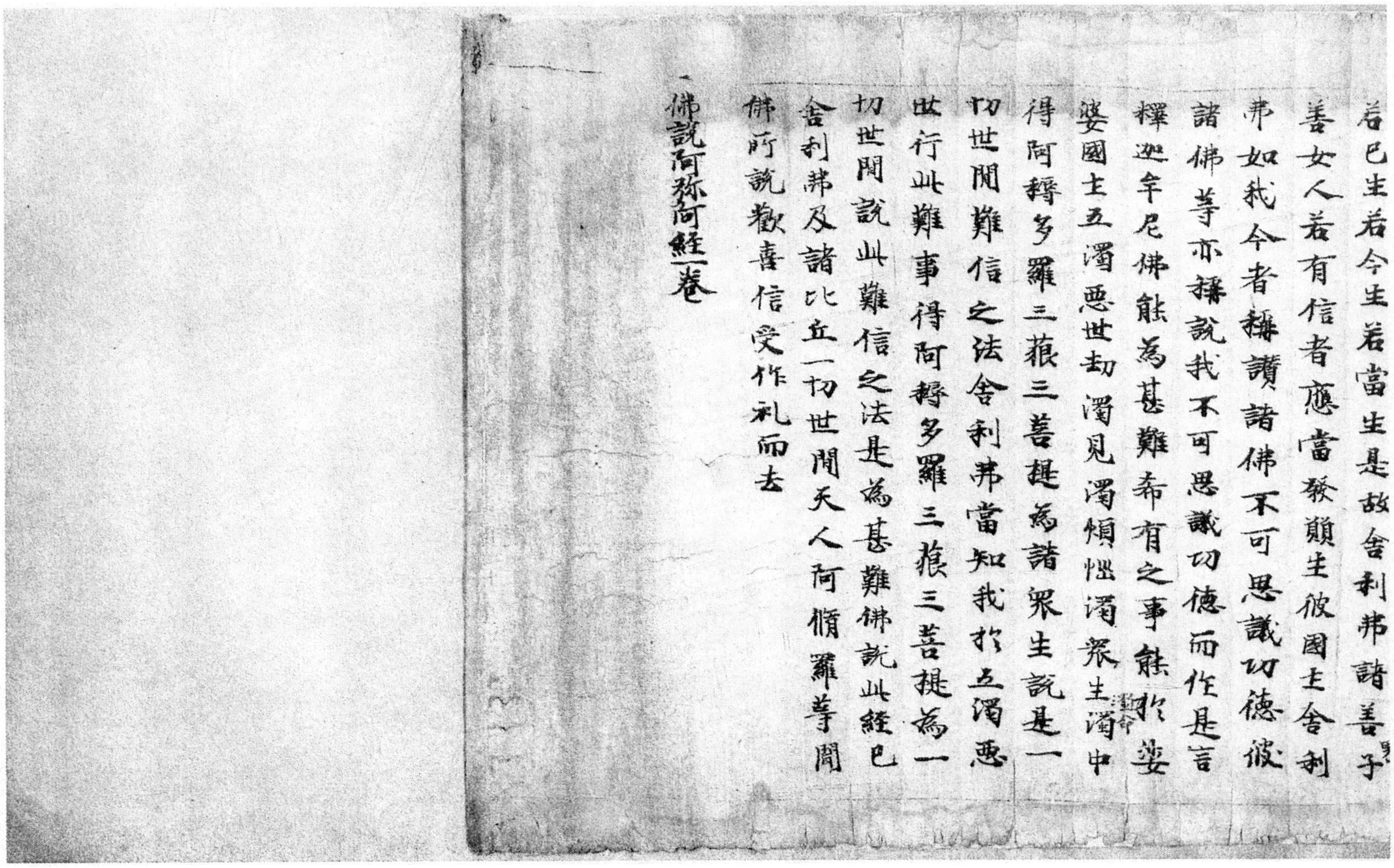
若已生若今生若當生是故舍利弗諸善男子
善女人若有信者應當發願生彼國土舍利
弗如我今者稱讚諸佛不可思議功德彼
諸佛等亦稱說我不可思議功德而作是言
釋迦牟尼佛能為甚難希有之事能於娑
婆國土五濁惡世劫濁見濁煩惱濁衆生濁命濁中
得阿耨多羅三藐三菩提為諸衆生說是一
切世間難信之法舍利弗當知我於五濁惡
世行此難事得阿耨多羅三藐三菩提為一
切世間說此難信之法是為甚難佛說此經已
舍利弗及諸比丘一切世間天人阿修羅等聞
佛所說歡喜信受作禮而去
佛說阿彌陀經一卷

BD05340 號　阿彌陀經　（6–6）

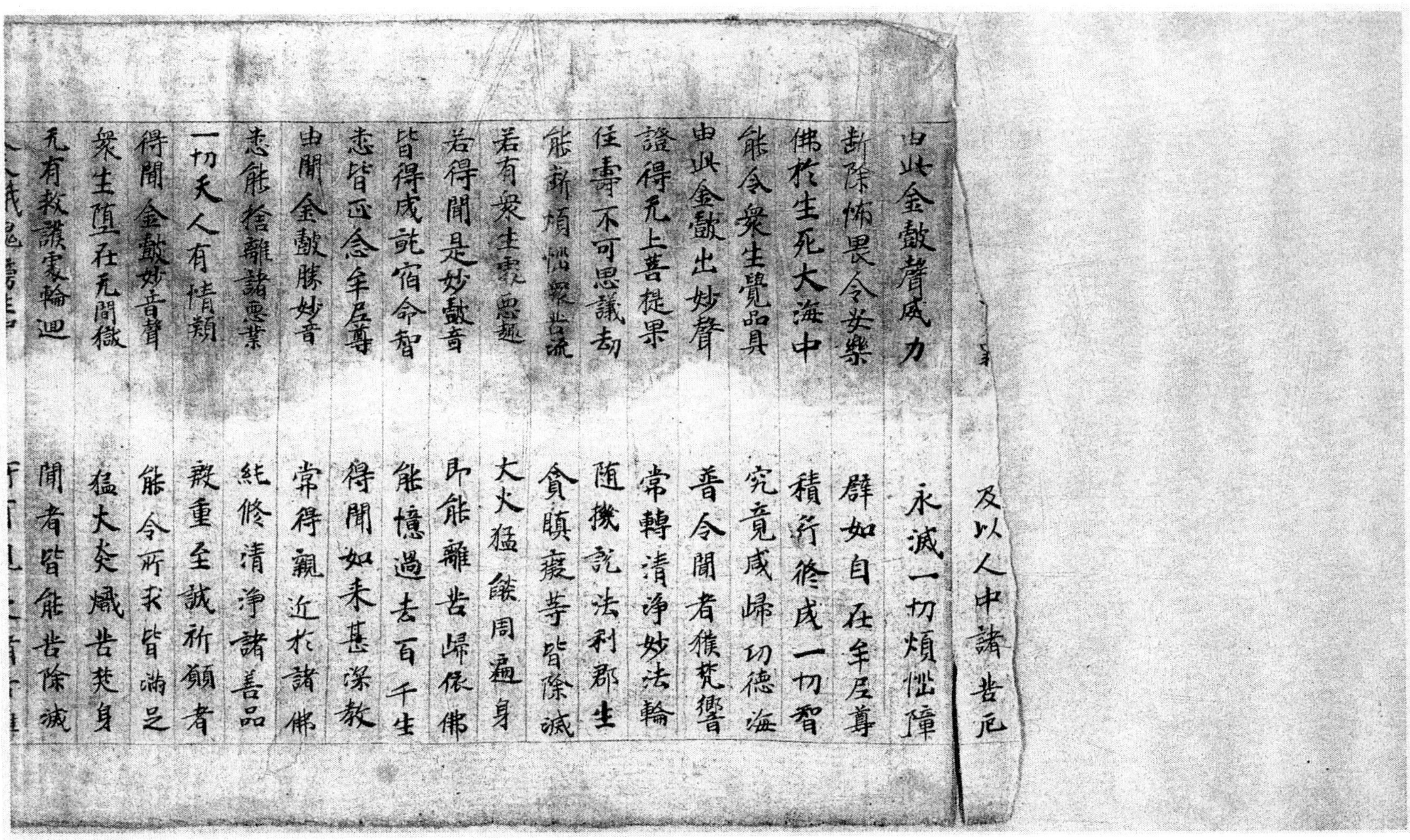
及以人中諸苦厄
由此金鼓聲威力　永滅一切煩惱障
斷除怖畏令安樂　譬如自在牟尼尊
佛於生死大海中　積行修成一切智
能令衆生覺品具　究竟咸歸功德海
由此金鼓出妙聲　普令聞者獲梵響
證得無上菩提果　常轉清淨妙法輪
住壽不可思議劫　隨機說法利群生
能斷煩惱衆苦流　貪瞋癡等皆除滅
若有衆生處惡趣　大火猛焰周遍身
若得聞是妙鼓音　即能離苦歸依佛
皆得成就宿命智　能憶過去百千生
悉皆正念牟尼尊　得聞如來甚深教
由聞金鼓勝妙音　常得親近於諸佛
悉能捨離諸惡業　純修清淨諸善品
一切天人有情類　殷重至誠祈願者
得聞金鼓妙音聲　能令所求皆滿足
衆生墮在無間獄　猛火炎熾苦焚身
無有救護處輪迴　聞者皆能苦除滅
人天餓鬼傍生中

BD05341 號　金光明最勝王經卷二　（2–1）

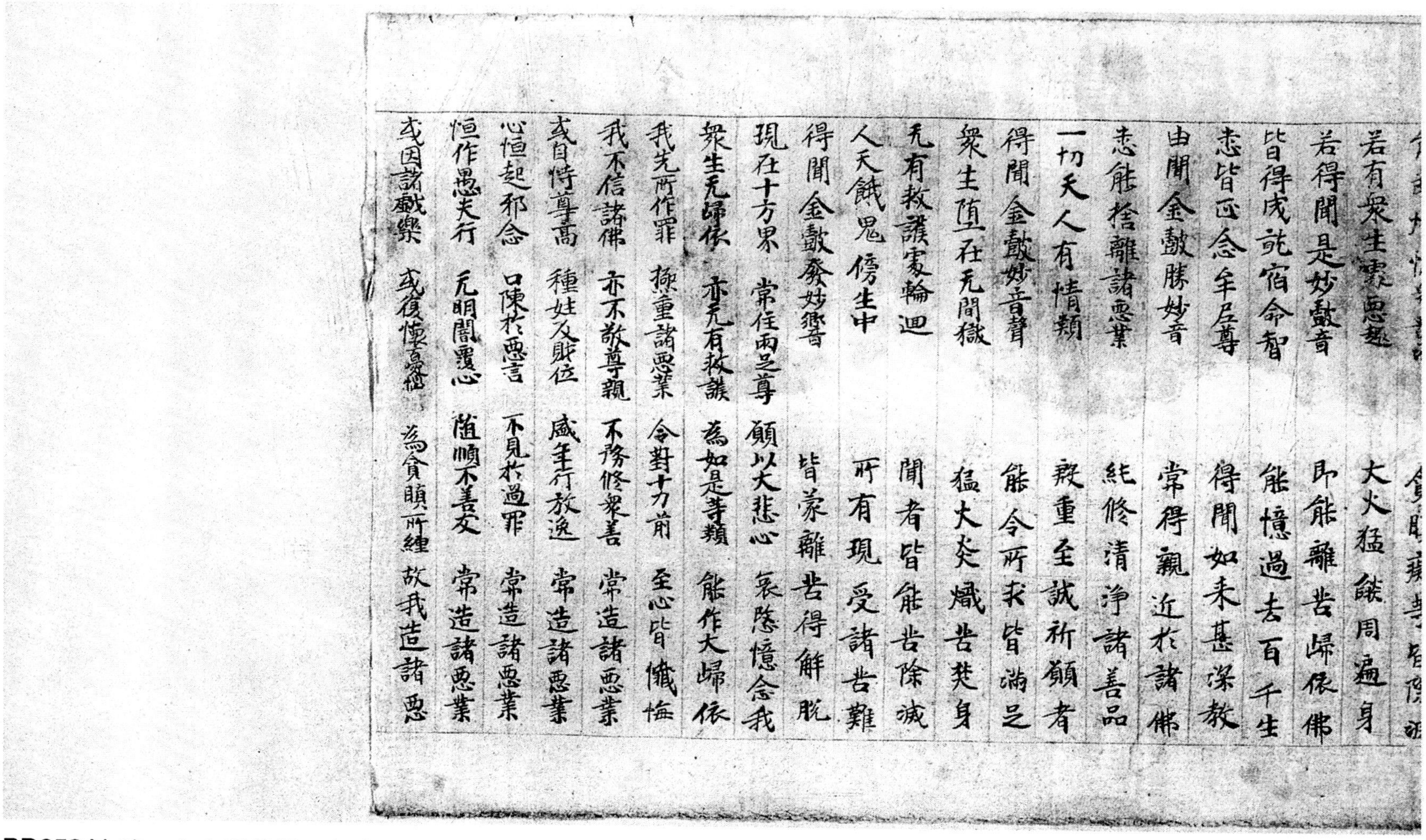
若有衆生處惡趣　大火猛焰周遍身
若得聞是妙鼓音　即能離苦歸依佛
皆得成就宿命智　能憶過去百千生
悉皆正念牟尼尊　得聞如來甚深教
由聞金鼓勝妙音　常得親近於諸佛
悉能捨離諸惡業　純修清淨諸善品
一切天人有情類　殷重至誠祈願者
得聞金鼓妙音聲　能令所求皆滿足
衆生墮在无間獄　猛火炎熾苦焚身
无有救護處輪迴　聞者皆能苦除滅
人天餓鬼傍生中　所有現受諸苦難
得聞金鼓發妙響　皆蒙離苦得解脫
現在十方界　常住兩足尊　願以大悲心　哀愍憶念我
衆生无歸依　亦无有救護　為如是等類　能作大歸依
我先所作罪　極重諸惡業　今對十力前　至心皆懺悔
我不信諸佛　亦不敬尊親　不務修衆善　常造諸惡業
或自恃尊高　種姓及財位　盛年行放逸　常造諸惡業
心恒起邪念　口陳於惡言　不見於過罪　常造諸惡業
恒作愚夫行　无明闇覆心　隨順不善友　常造諸惡業
或因諸戲樂　或復懷憂惱　為貪瞋所纏　故我造諸惡

BD05341號　金光明最勝王經卷二

（2–2）

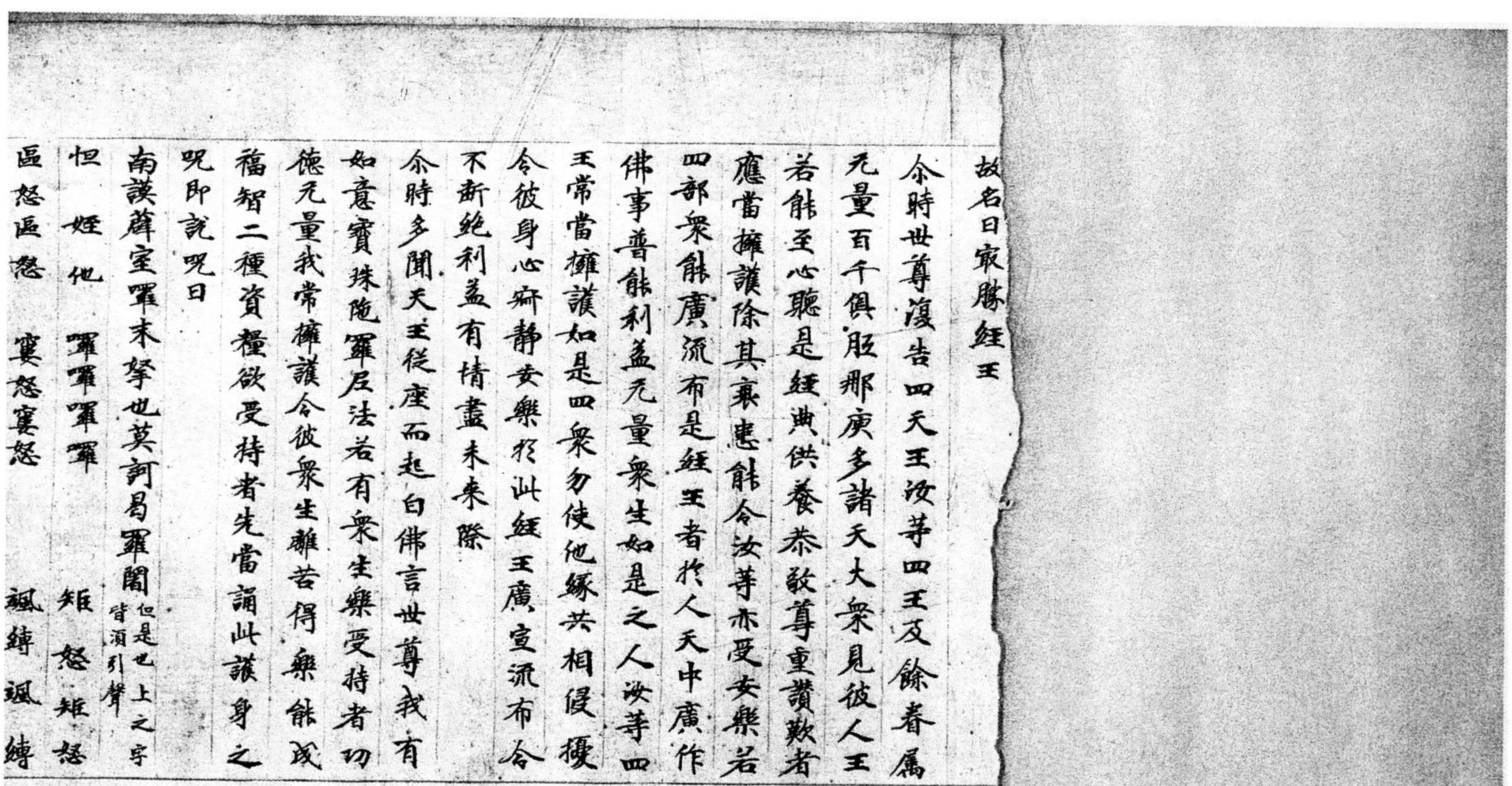
故名曰最勝經王
尒時世尊復告四天王汝等四王及餘眷屬
无量百千俱胝那庾多諸天大衆見彼人王
若能至心聽是經典供養恭敬尊重讚歎者
應當擁護除其衰患能令汝等亦受安樂若
四部衆能廣流布是經王者於人天中廣作
佛事普能利益无量衆生如是之人汝等四
王常當擁護如是四衆勿使他緣共相侵擾
令彼身心寂靜安樂於此經王廣宣流布令
不斷絕利益有情盡未來際
尒時多聞天王從座而起白佛言世尊我有
如意寶珠陁羅尼法若有衆生樂受持者功
德无量我常擁護令彼衆生離苦得樂能成
福智二種資糧欲受持者先當誦此護身之
呪即說呪曰
南謨薜室囉末拏也莫訶曷囉闍（但是也上之字皆須引聲）
怛姪他　囉囉囉囉　矩怒矩怒
區怒區怒　窶怒窶怒　颯縛颯縛

BD05342號　金光明最勝王經卷六

（10–1）

福智二種資糧欲受持者先當誦此護身之
呪即說呪曰
南謨薜室囉末拏也莫訶曷羅闍 但是也上之字皆須引聲
怛　姪　他　囉囉囉囉　矩　怒　矩　怒
區怒區怒　窶怒窶怒　颯　縛　颯　縛
羯囉羯囉　莫訶毗羯喇麼　莫訶毗羯喇麼
莫訶曷囉社　曷路叉曷路叉　覩湯 自稱己名
薩婆薩埵難者　莎訶 此之二字皆長引聲
世尊誦此呪者當以白線呪之七遍一遍一結
繫之肘後其事必成應取諸香所謂安息栴
檀龍腦蘇合多揭羅薰陸皆須等分和合一處
手執香鑪燒香供養清淨澡浴著鮮潔衣於
一靜室可誦神呪
請我薜室囉末拏天王即說呪曰
南謨薜室囉　末拏引也　南謨檀那馱也
檀泥說囉引也　阿　揭　擔　阿鉢喇狃哆
檀泥　說囉　鉢　囉麼　迦　留　尼　迦
薩婆薩埵　囉哆振哆　麼　麼 己名　檀　那
末拏鉢喇拽擔　碎闍摩揭擔　莎訶
此呪誦滿一七遍已次誦本呪欲誦呪時先
當稱名敬礼三寶及薜室羅末拏大王能施
財物令諸衆生所求願滿悉能成就與其安
樂如是礼已次誦薜室羅末拏王如意末尼
寶心神呪能施衆生隨意安樂尒時多聞天
王即於佛前說如意末尼寶心呪曰
南謨曷喇怛娜　怛　喇　夜引　也

BD05342 號　金光明最勝王經卷六　（10–2）

財物令諸衆生所求願滿悉能成就與其安
樂如是礼已次誦薜室羅末拏王如意末尼
寶心神呪能施衆生隨意安樂尒時多聞天
王即於佛前說如意末尼寶心呪曰
南謨曷喇怛娜　怛　喇　夜引　也
南謨薜室囉末拏引也　莫訶囉闍引也
怛　姪　他　四　弭　四　弭　蘇　母　蘇　母
旃荼　旃　荼　折囉折囉　薩　囉　薩　囉
羯　囉　羯　囉　折哩折哩　矩嚕　矩嚕
母嚕　母　嚕　主嚕主嚕　娑大也　頞貪
我名　某　甲　眡店頞他　達　達　覩　莎　訶
南謨薜室囉末拏也莎訶　檀那馱也莎訶
曼奴喇他鉢喇脯喇迦引也莎訶
受持呪時先誦千遍然後於淨室中瞿摩塗
地作小壇場隨時飲食一心供養常然妙香
令烟不絕誦前心呪晝夜繫心唯自耳聞勿
令他解時有薜室囉末拏王子名禪膩師現
童子形來至其所問言何故須喚我父即可
報言我為供養三寶事須財物願當施與時
禪膩師聞是語已即還父所白其父言今有
善人發至誠心供養三寶少乏財物為斯請
召其父報曰汝可速去日日與彼一百迦利
沙波拏 此是根本梵音唯目貝齒或是金銀銅鐵等錢然摩揭陁現今通用一迦利沙波拏有一千六百貝齒警數可以准知若准物直隨處不定若人持呪得成就者獲物之時自知其數有本云每日与一百陳那羅即金錢也乃至盡形日日常得西方求者多有神驗除不至心也
其持呪者見是相已知事得成當須獨處淨
室燒香而卧可於床邊置一香篋每至天曉

BD05342 號　金光明最勝王經卷六　（10–3）

沙波拏 金銀銅鐵等錢竝摩揭陁現今通用一迦利沙波拏有一……是貝齒或是[illegible]
千六百貝齒准數可以准知若准物直隨處不定若人持呪得成就
者獲物之時自知其數有本云每日与一百陳那羅即金錢也
乃至盡形日日常得西方求
者多有神驗除不至心也
其持呪者見是相已知事得成當須獨處淨
室燒香而卧可於床邊置一香篋每至天曉
觀其篋中獲所求物每得物時當日即須供
養三寶香花飲食兼施貧乏皆令罄盡不得
停留於諸有情起慈悲念勿生瞋諍謟害之
心若起瞋者即失神驗常可護心勿令瞋恚
又持此呪者於每日中憶我多聞天王及男女
眷屬稱揚讚歎恒以十善共相資助令彼天
等福力增明衆善普臻證菩提處彼諸天衆
見是事已皆大歡喜共來擁衛持呪之人又
持呪者壽命長遠經无量歲永離三塗常
无灾厄亦令獲得如意寶珠及以伏藏神通
自在所願皆成若求官榮无不稱意亦解一
切禽獸之語
世尊若持呪時欲得見我自身現者可於月
八日或十五日於白疊上畫佛形像當用木
膠雜彩莊飾其畫像人為受八戒於佛左邊
作吉祥天女像於佛右邊作我多聞天像并
畫男女眷屬之類安置坐處咸令如法布列
花彩燒衆名香然燈續明晝夜无歇上妙飲
食種種珎奇發慇重心隨時供養受持神呪
不得輕心請召我時應誦此呪
南謨室唎健那也　勃陀引也
南謨薜室囉末拏也　藥叉囉闍引也

BD05342號　金光明最勝王經卷六

（10–4）

花彩燒衆名香然燈續明晝夜无歇上妙飲
食種種珎奇發慇重心隨時供養受持神呪
不得輕心請召我時應誦此呪
南謨室唎健那也　勃陀引也
南謨薜室囉末拏也　藥叉囉闍引也
莫訶囉闍　阿地囉闍也
南麼室唎耶裹　莫訶提鞞引裹
怛姪他　怛囉怛囉咄嚕咄嚕
末囉末囉　窣䭾吐窣䭾吐
漢娜漢娜　末尼羯諾迦
跋析囉薜琉璃也　目底迦楞訖㗚哆
設唎囉裹　蒱引薩婆薩埵
呬哆迦引摩　薜室囉末拏
室唎夜提鼻　跋㘑婆引也
醫呬醫嚧磨毗藍婆　瞿㗚拏瞿㗚拏
祙麻八反唎娑祙唎婆　達䭾呬麼麼
阿目迦那末寫自稱己名　達哩設那迦末寫
達哩設南　麼麼末那
鉢唎遏囉大也　莎訶
世尊我若見此誦呪之人復見如是盛興供
養即生慈愛歡喜之心我即變身作小兒形
或作老人苾芻之像手持如意末尼寶珠并
持金囊入道場內身現恭敬口稱佛名語持呪
者曰隨汝所求皆令如願或隱林藪或造寶
珠或欲衆人愛寵或求金銀等物欲持諸呪
皆令有驗或欲神通壽命長遠及勝妙樂无
不稱心我今且說如是之事若更求餘皆道

BD05342號　金光明最勝王經卷六

（10–5）

或作老人苾蒭之像手持如意末尼寶珠并
持金囊入道場內身現恭敬口稱佛名語持呪
者曰隨汝所求皆令如願或隱林藪或造寶
珠或欲衆人愛寵或求金銀等物欲持諸呪
皆令有驗或欲神通壽命長遠及勝妙樂无
不稱心我今且說如是之事若更求餘皆隨
所願悉得成就寶藏无盡功德无窮假使
日月墮墜于地或可大地有時移轉我
此實語終不虛然常得安隱隨心快樂世尊若
有人能受持讀誦是經王者誦此呪時不假
疲勞法速成就世尊我今為彼貧窮困厄苦
惱衆生說此神呪令獲大利皆得富樂自在无
患乃至盡形我當擁護隨逐是人為除灾厄
亦復令此持金光明最勝王經流通之者及
持呪人於百步內光明照燭我之所有千藥
叉神亦常侍衛隨欲驅使无不遂心我說實
語无有虛誑唯佛證知時多聞天王說此呪
已佛言善哉大王汝能破裂一切衆生貧窮
苦網令得富樂說是神呪復令此經廣行於
世時四天王俱從座起偏袒一肩頂礼雙足
右膝著地合掌恭敬以妙伽他讚佛功德
佛面猶如淨滿月　亦如千日放光明
目淨脩廣若青蓮　齒白齊密猶珂雪
佛德无邊如大海　无限妙寶積其中
智慧德水鎮恒盈　百千勝定咸充滿
足下輪相皆嚴飾　轂輞千輻悉齊平
手足鞔網遍莊嚴　猶如鵝王相具足

BD05342號　金光明最勝王經卷六　（10–6）

佛面猶如淨滿月　亦如千日放光明
目淨脩廣若青蓮　齒白齊密猶珂雪
佛德无邊如大海　无限妙寶積其中
智慧德水鎮恒盈　百千勝定咸充滿
足下輪相皆嚴飾　轂輞千輻悉齊平
手足鞔網遍莊嚴　猶如鵝王相具足
佛身光曜等金山　清淨殊特无倫疋
亦如妙高功德滿　故我稽首佛山王
相好如空不可測　逾於千月放光明
皆如燄幻不思議　故我稽首心无著
尒時四天王讚歎佛已世尊亦以伽他而荅
之曰
此金光明最勝經　无上十力之所說
汝等四王常擁衛　應生勇猛不退心
此妙經寶極甚深　能與一切有情樂
由彼有情安樂故　常得流通贍部洲
於此大千世界中　所有一切有情類
餓鬼傍生及地獄　如是苦趣悉皆除
住此南洲諸國王　及餘一切有情類
由經威力常歡喜　皆蒙擁護得安寧
亦使此中諸有情　除衆病苦无賊盜
賴此國土弘經故　安隱豐樂无違惱
若人聽受此經王　欲求尊貴及財利
國土豐樂无違諍　隨心所願悉皆從
能令他方賊退散　於自國界常安隱
由此最勝經王力　離諸苦惱无憂怖
如寶樹王在宅內　能生一切諸樂具

BD05342號　金光明最勝王經卷六　（10–7）

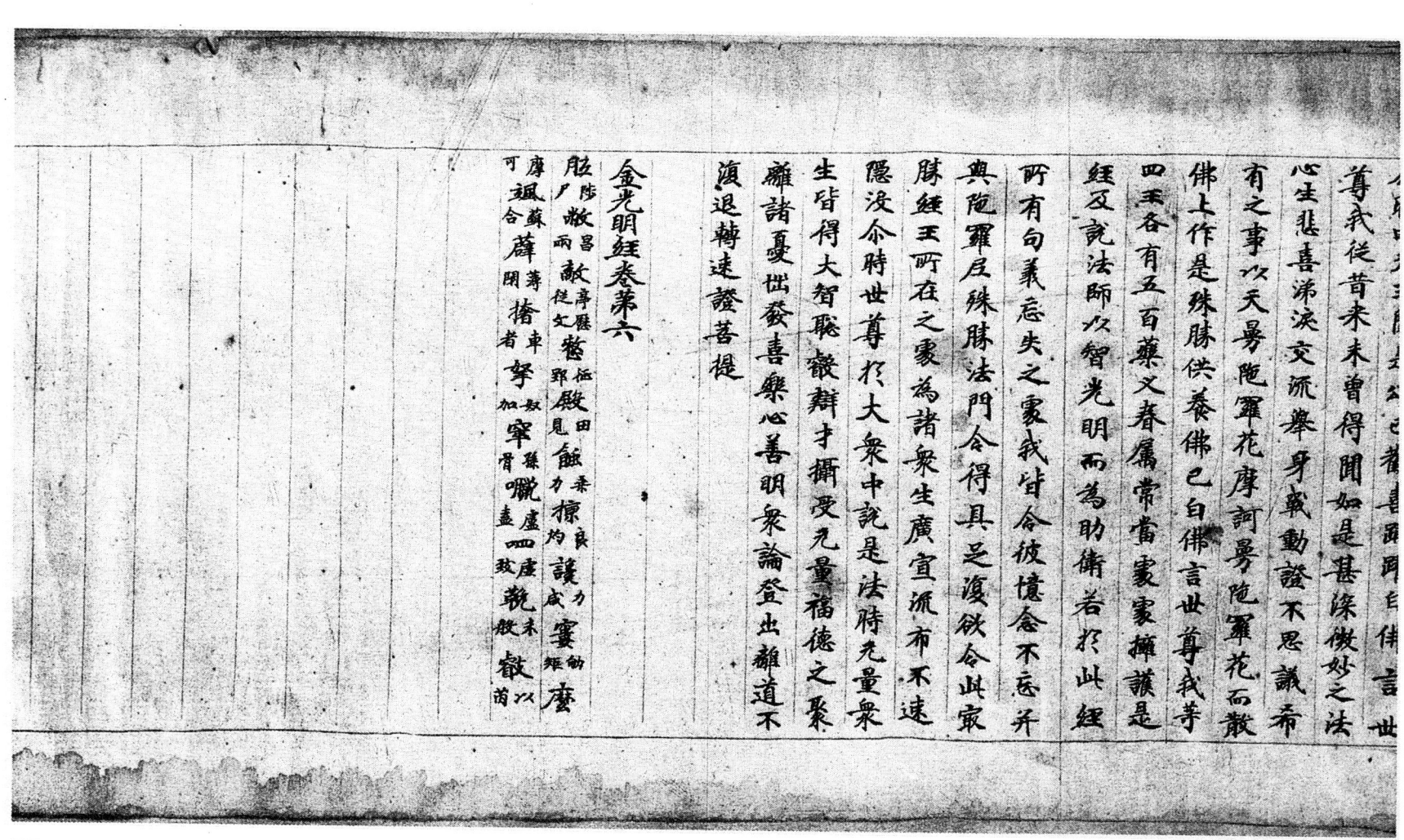

粮山國土□經故　安隱豐樂无違惱
若人聽受此經王　欲求尊貴及財利
國土豐樂无違諍　隨心所願悉皆從
能令他方賊退散　於自國界常安隱
由此最勝經王力　離諸苦惱无憂怖
如寶樹王在宅內　能生一切諸樂具
最勝經王亦復然　能與人王勝功德
譬如澄潔清冷水　能除飢渴諸熱惱
最勝經王亦復然　令樂福者心滿足
如人室有妙寶篋　隨所受用悉從心
最勝經王亦復然　福德隨心无所乏
汝等天主及天衆　應當供養此經王
若能依教奉持經　智慧威神皆具足
現在十方一切佛　咸共護念此經王
見有讀誦及受持　稱歎善哉甚希有
若有人能聽此經　身心踊躍生歡喜
常有百千藥叉衆　隨所住處護斯人
於此世界諸天衆　其數无量不思議
悉共聽受此經王　歡喜護持无退轉
若人聽受此經王　威德勇猛常自在
增益一切人天衆　令離衰惱益光明
尒時四天王聞是頌已歡喜踊躍白佛言世
尊我從昔来未曾得聞如是甚深微妙之法
心生悲喜涕淚交流舉身戰動證不思議希
有之事以天曼陁羅花摩訶曼陁羅花而散
佛上作是殊勝供養佛已白佛言世尊我等
四王各有五百藥叉眷屬常當處處擁護是
經及說法師以智光明而為助衛若於此經

BD05342 號　金光明最勝王經卷六　（10–8）

尒時四天王聞是頌已歡喜踊躍白佛言世
尊我從昔来未曾得聞如是甚深微妙之法
心生悲喜涕淚交流舉身戰動證不思議希
有之事以天曼陁羅花摩訶曼陁羅花而散
佛上作是殊勝供養佛已白佛言世尊我等
四王各有五百藥叉眷屬常當處處擁護是
經及說法師以智光明而為助衛若於此經
所有句義忘失之處我皆令彼憶念不忘并
與陁羅尼殊勝法門令得具足復欲令此最
勝經王所在之處為諸衆生廣宣流布不速
隱没尒時世尊於大衆中說是法時无量衆
生皆得大智聰叡辯才攝受无量福德之聚
離諸憂惱發喜樂心善明衆論登出離道不
復退轉速證菩提

金光明經卷苐六

胝陟尸𠹭呂兩敵亭歷徒文鼇伍郢殿田見飾乘力掠良灼讓力咸寠勑矩麼
摩可颯蘇合薩薄閉揞車者拏奴加窣孫骨囃盧盡呬盧致𮝹未般𢿛以茵

BD05342 號　金光明最勝王經卷六　（10–9）

金光明經卷第六

胵 陟尸 敞 昌兩 敵 亭歷從文 鷩 征耶 殿 田見 餧 乘力 擽 良灼 讒 力咸 蹇 紬矩 麼

摩 蘇 颯 可合 薜 蒲閉 撦 車者 拏 奴加 窣 蘇骨 囇 盧盡 咀 盧致 鞿 未般 嶶 以茵

BD05342 號　金光明最勝王經卷六　（10–10）

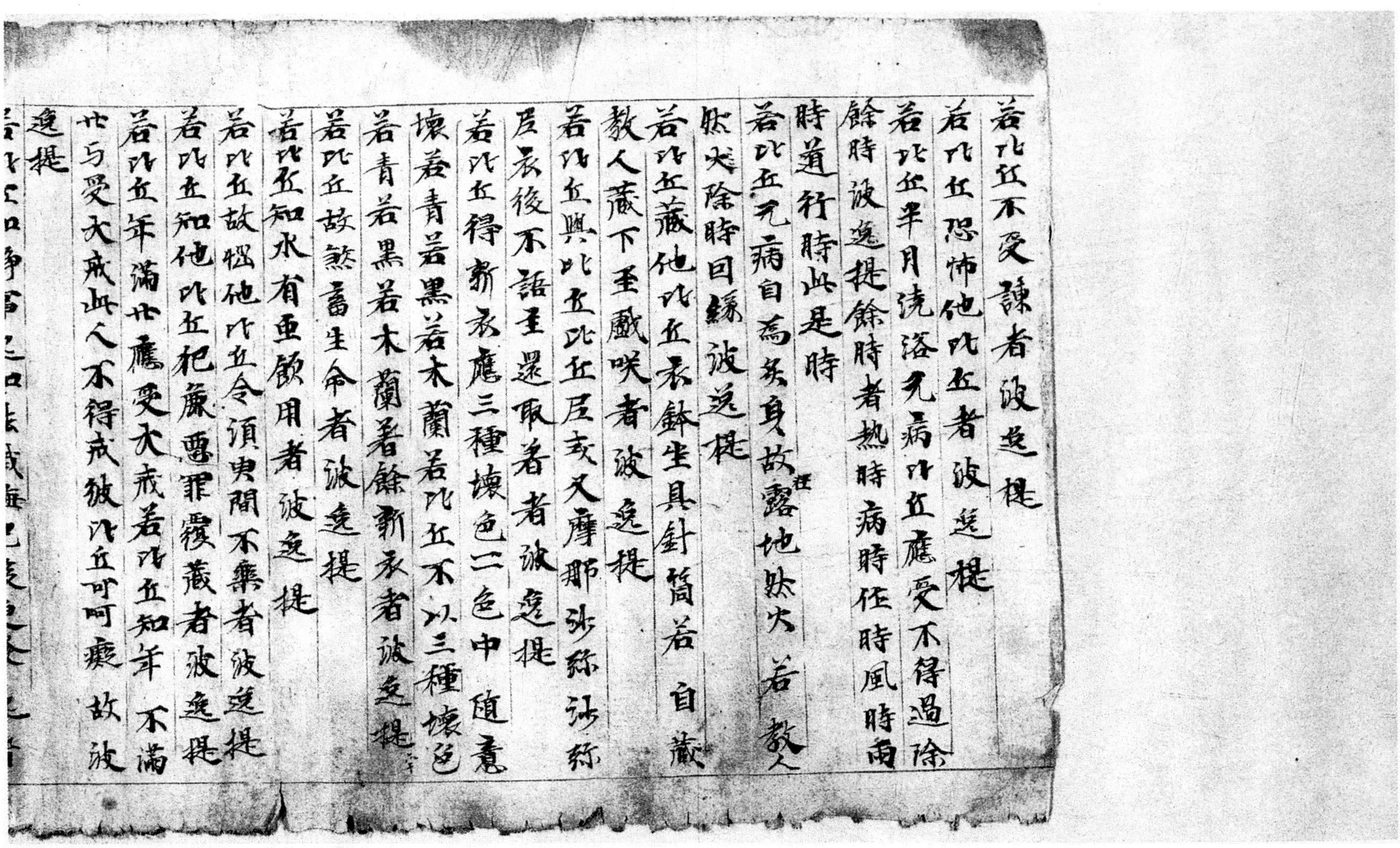
若比丘不受諫者波逸提

若比丘恐怖他比丘者波逸提

若比丘半月浴無病比丘應受不得過除

餘時波逸提餘時者熱時病時作時風時雨

時道行時此是時

若比丘無病自為炙身故露地然火若教人

然火除時因緣波逸提

若比丘藏他比丘衣鉢坐具針筒若自藏

教人藏下至戲笑者波逸提

若比丘與比丘比丘尼式叉摩那沙彌沙彌

尼衣後不語主還取著者波逸提

若比丘得新衣應三種壞色一一色中隨意

壞若青若黑若木蘭若比丘不以三種壞色

若青若黑若木蘭著餘新衣者波逸提

若比丘故殺畜生命者波逸提

若比丘知水有虫飲用者波逸提

若比丘故惱他比丘令須臾間不樂者波逸提

若比丘知他比丘有麁惡罪覆藏者波逸提

若比丘年滿廿應受大戒若比丘知年不滿

廿與受大戒此人不得戒彼比丘可呵癡故波

逸提

BD05343 號　四分律比丘戒本　（2–1）

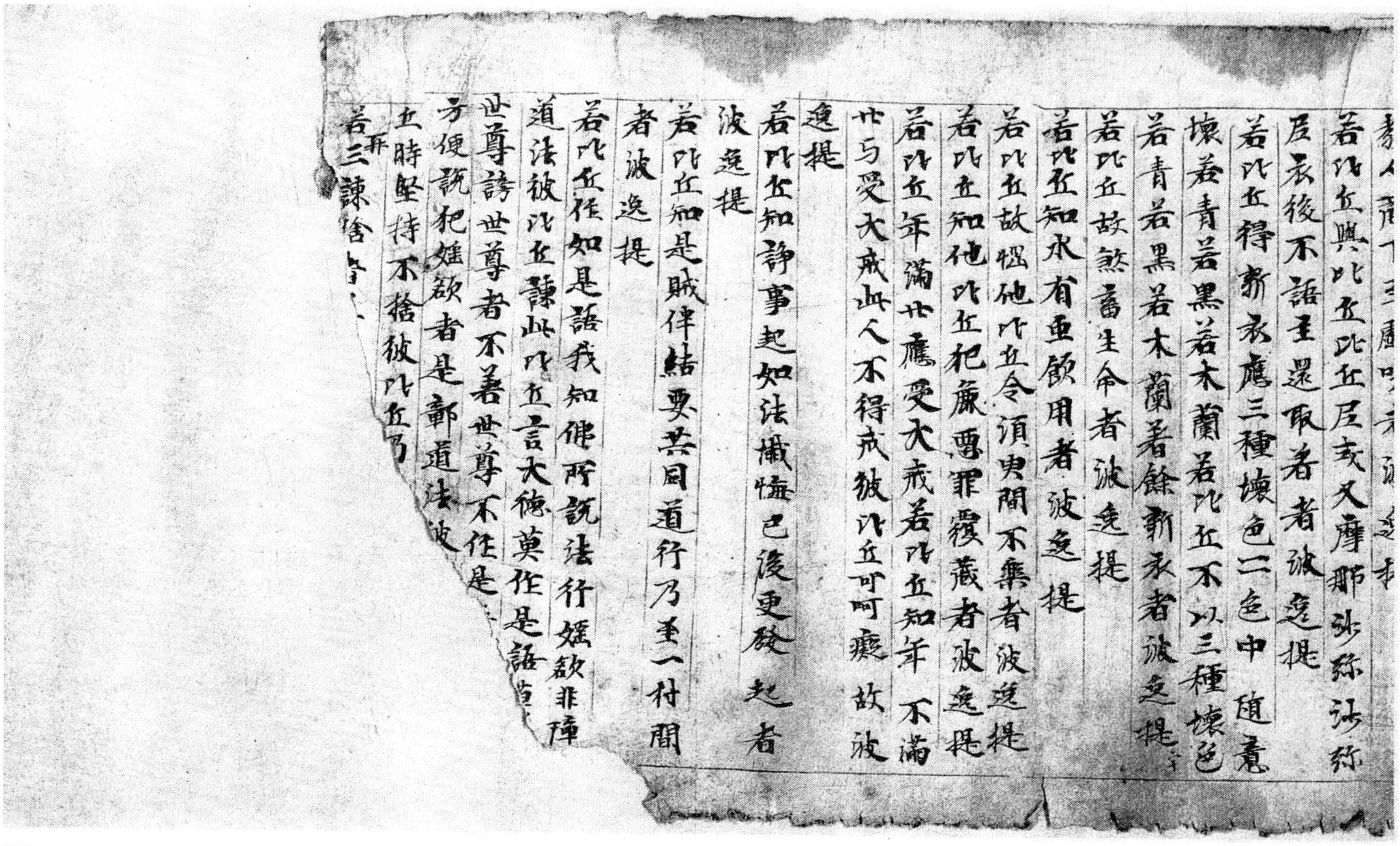
教人藏下至屬[illegible]逸提
若比丘與比丘比丘尼式叉摩那沙弥沙弥
尼衣後不語主還取著者波逸提
若比丘得新衣應三種壞色一色中隨意
壞若青若黑若木蘭若比丘不以三種壞色
若青若黑若木蘭著餘新衣者波逸提 六十
若比丘故煞畜生命者波逸提
若比丘知水有虫飲用者波逸提
若比丘故惱他比丘令須臾間不樂者波逸提
若比丘知他比丘犯麁惡罪覆藏者波逸提
若比丘年滿廿應受大戒若比丘知年不滿
廿与受大戒此人不得戒彼比丘可呵癡故波
逸提
若比丘知諍事起如法懺悔已後更發起者
波逸提
若比丘知是賊伴結要共同道行乃至一村間
者波逸提
若比丘作如是語我知佛所說法行婬欲非障
道法彼比丘諫此比丘言大德莫作是語莫[illegible]
世尊謗世尊者不善世尊不作是[illegible]
方便說犯婬欲者是鄣道法彼[illegible]
丘時堅持不捨彼比丘乃[illegible]
若三諫捨者[illegible]

BD05343號　四分律比丘戒本　（2–2）

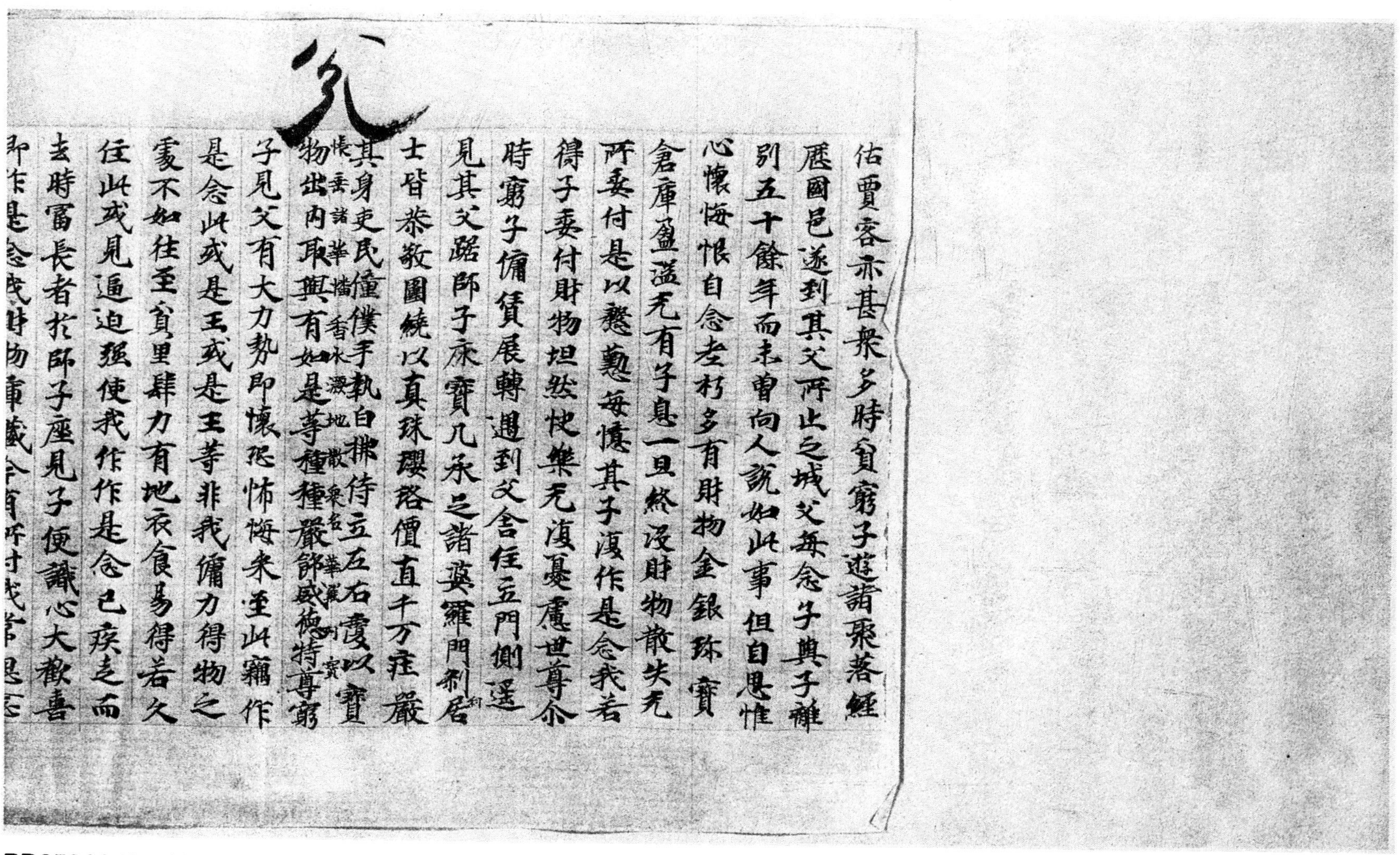
兑
估賈客亦甚衆多時貧窮子遊諸聚落經
歷國邑遂到其父所止之城父每念子與子離
別五十餘年而未曾向人說如此事但自思惟
心懷悔恨自念老朽多有財物金銀珎寶
倉庫盈溢无有子息一旦終沒財物散失无
所委付是以慇懃每憶其子復作是念我若
得子委付財物坦然快樂无復憂慮世尊尒
時窮子傭賃展轉遇到父舍住立門側遙
見其父踞師子床寶几承足諸婆羅門剎利居
士皆恭敬圍繞以真珠瓔珞價直千万莊嚴
其身吏民僮僕手執白拂侍立左右覆以寶
帳垂諸華幡香水灑地散衆名華羅列寶
物出內取與有如是等種種嚴飾威德特尊窮
子見父有大力勢即懷恐怖悔來至此竊作
是念此或是王或是王等非我傭力得物之
處不如往至貧里肆力有地衣食易得若久
住此或見逼迫強使我作作是念已疾走而
去時富長者於師子座見子便識心大歡喜
即作是念我財物庫藏今有所付我常思念

BD05344號　妙法蓮華經（兑廢稿）卷二　（2–1）

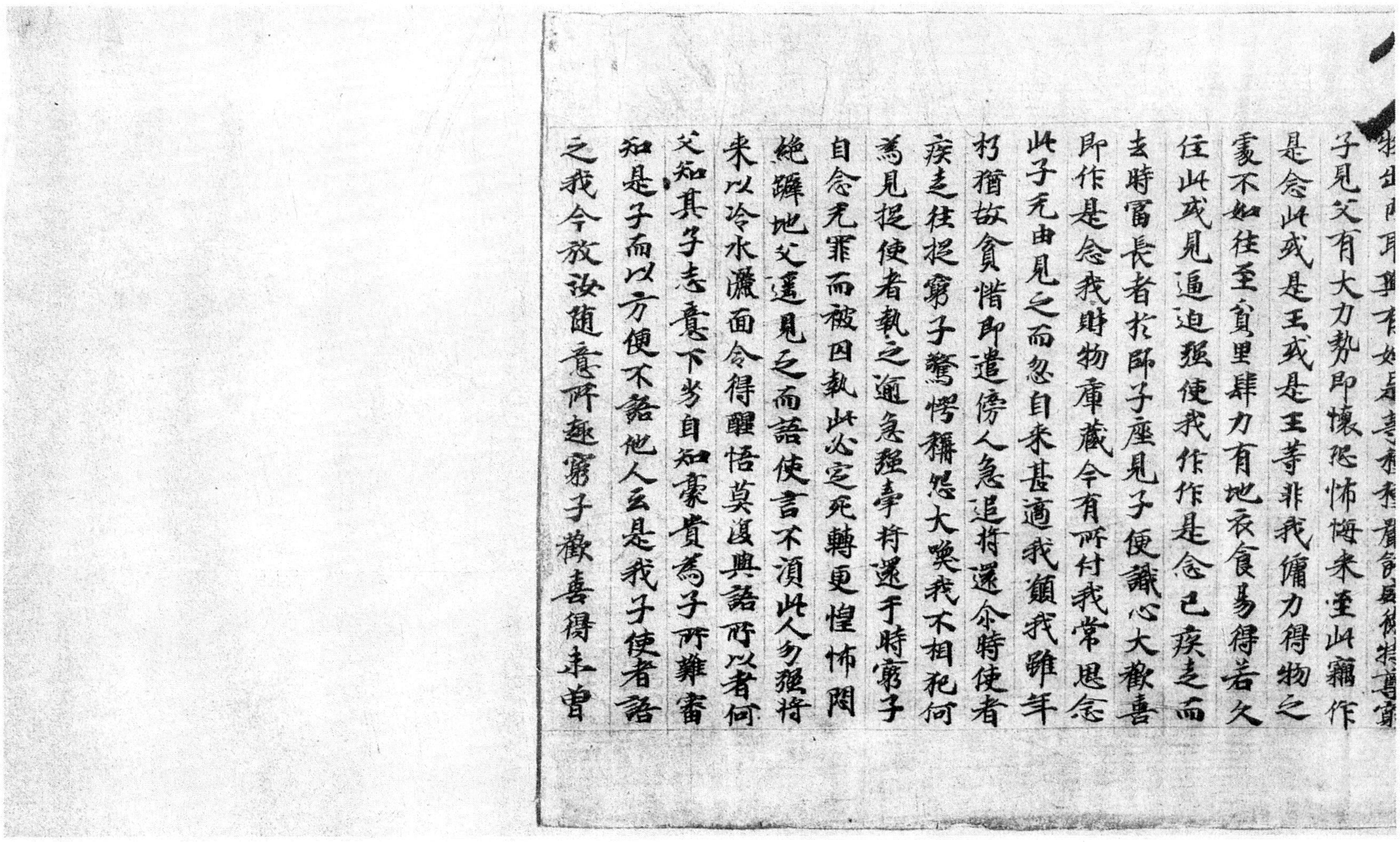
[illegible]
子見父有大力勢即懷恐怖悔來至此竊作
是念此或是王或是王等非我傭力得物之
處不如往至貧里肆力有地衣食易得若久
住此或見逼迫強使我作作是念已疾走而
去時富長者於師子座見子便識心大歡喜
即作是念我財物庫藏今有所付我常思念
此子无由見之而忽自來甚適我願我雖年
朽猶故貪惜即遣傍人急追將還尒時使者
疾走往捉窮子驚愕稱怨大喚我不相犯何
為見捉使者執之逾急強牽將還于時窮子
自念无罪而被囚執此必定死轉更惶怖悶
絕躃地父遙見之而語使言不須此人勿強將
來以冷水灑面令得醒悟莫復與語所以者何
父知其子志意下劣自知豪貴為子所難審
知是子而以方便不語他人云是我子使者語
之我今放汝隨意所趣窮子歡喜得未曾

BD05344 號　妙法蓮華經（兑廢稿）卷二　（2–2）

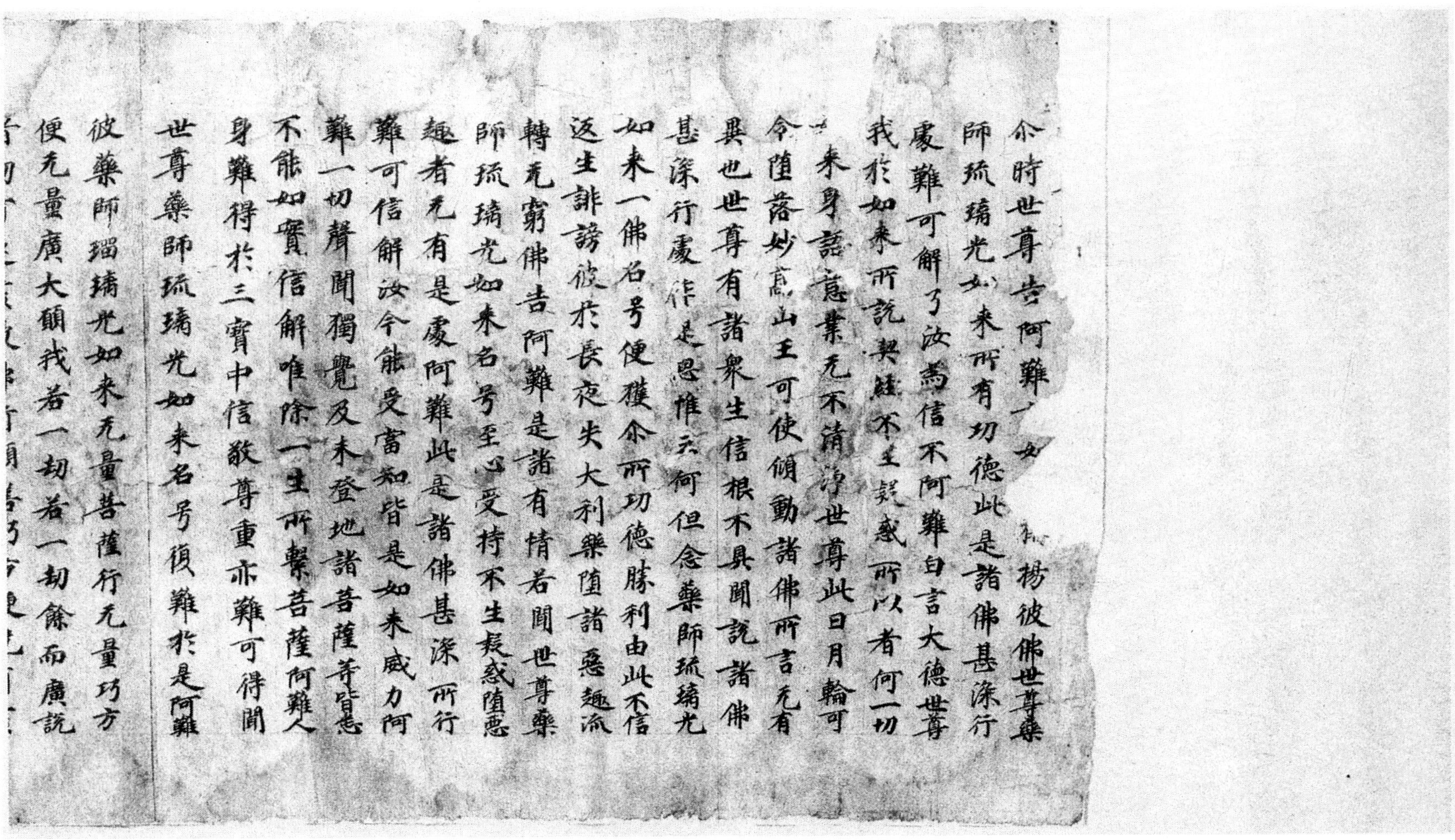
尒時世尊告阿難一如[illegible]揚彼佛世尊藥
師琉璃光如來所有功德此是諸佛甚深行
處難可解了汝為信不阿難白言大德世尊
我於如來所說契經不生疑惑所以者何一切
如來身語意業无不清淨世尊此日月輪可
令墮落妙高山王可使傾動諸佛所言无有
異也世尊有諸眾生信根不具聞說諸佛
甚深行處作是思惟云何但念藥師琉璃光
如來一佛名号便獲尒所功德勝利由此不信
返生誹謗彼於長夜失大利樂墮諸惡趣流
轉无窮佛告阿難是諸有情若聞世尊藥
師琉璃光如來名号至心受持不生疑惑墮惡
趣者无有是處阿難此是諸佛甚深所行
難可信解汝今能受當知皆是如來威力阿
難一切聲聞獨覺及未登地諸菩薩等皆悉
不能如實信解唯除一生所繫菩薩阿難人
身難得於三寶中信敬尊重亦難可得聞
世尊藥師琉璃光如來名号復難於是阿難
彼藥師瑠璃光如來无量菩薩行无量巧方
便无量廣大願我若一劫若一劫餘而廣說
[illegible]

BD05345 號　藥師琉璃光如來本願功德經　（4–1）

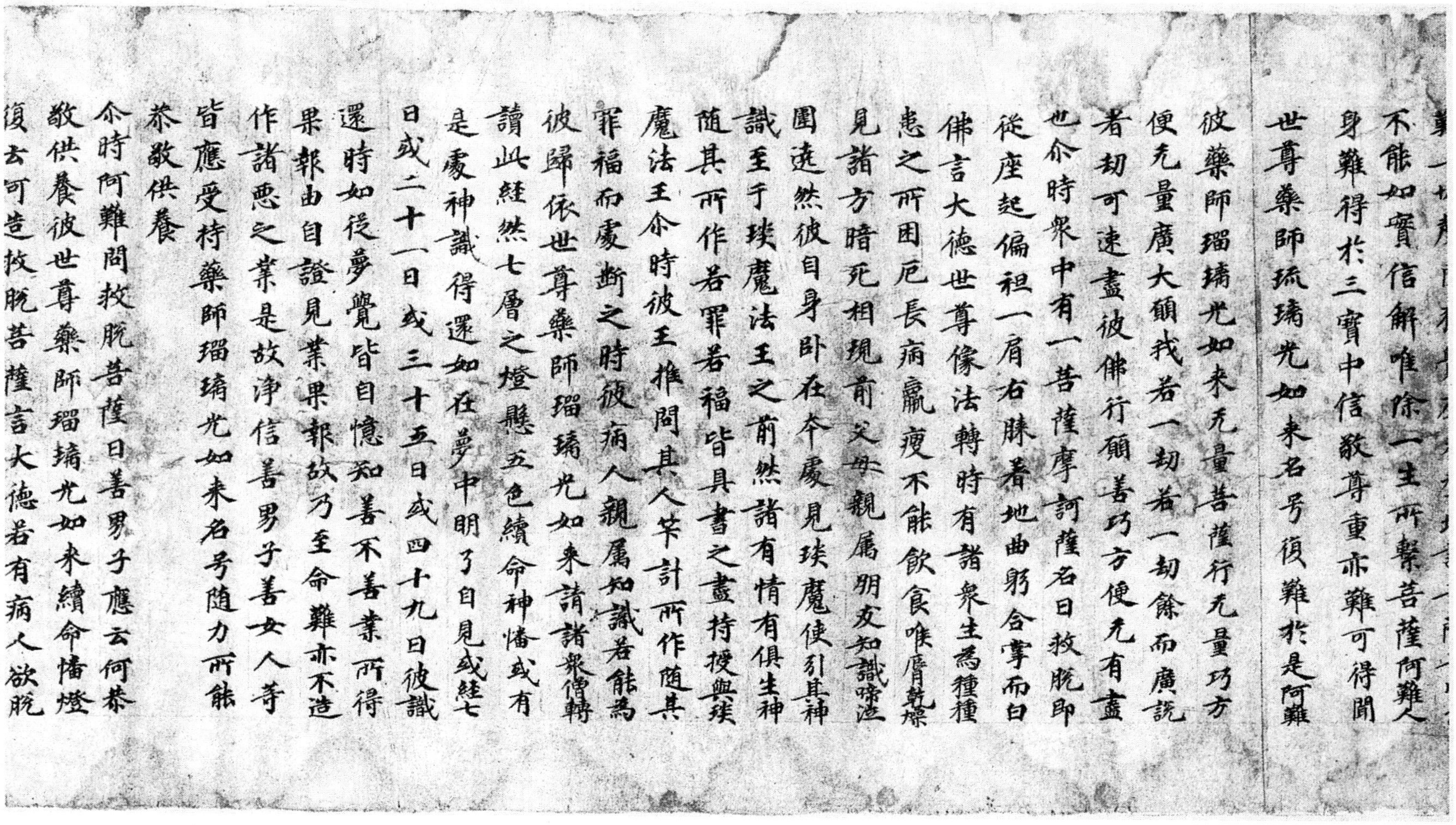

不能如實信解唯除一生所繫菩薩阿難人
身難得於三寶中信敬尊重亦難可得聞
世尊藥師琉璃光如來名号復難於是阿難
彼藥師瑠璃光如來无量菩薩行无量巧方
便无量廣大願我若一劫若一劫餘而廣說
者劫可速盡彼佛行願善巧方便无有盡
也尒時衆中有一菩薩摩訶薩名曰救脫即
從座起偏袒一肩右膝著地曲躬合掌而白
佛言大德世尊像法轉時有諸衆生為種種
患之所困厄長病羸瘦不能飲食喉脣乾燥
見諸方暗死相現前父母親屬朋友知識啼泣
圍遶然彼自身卧在本處見琰魔使引其神
識至于琰魔法王之前然諸有情有俱生神
隨其所作若罪若福皆具書之盡持授與琰
魔法王尒時彼王推問其人筭計所作隨其
罪福而處斷之時彼病人親屬知識若能為
彼歸依世尊藥師瑠璃光如來請諸衆僧轉
讀此經然七層之燈懸五色續命神幡或有
是處神識得還如在夢中明了自見或經七
日或二十一日或三十五日或四十九日彼識
還時如從夢覺皆自憶知善不善業所得
果報由自證見業果報故乃至命難亦不造
作諸惡之業是故淨信善男子善女人等
皆應受持藥師瑠璃光如來名号隨力所能
恭敬供養
尒時阿難問救脫菩薩曰善男子應云何恭
敬供養彼世尊藥師瑠璃光如來續命幡燈
復云何造救脫菩薩言大德若有病人欲脫

BD05345 號　藥師琉璃光如來本願功德經　（4–2）

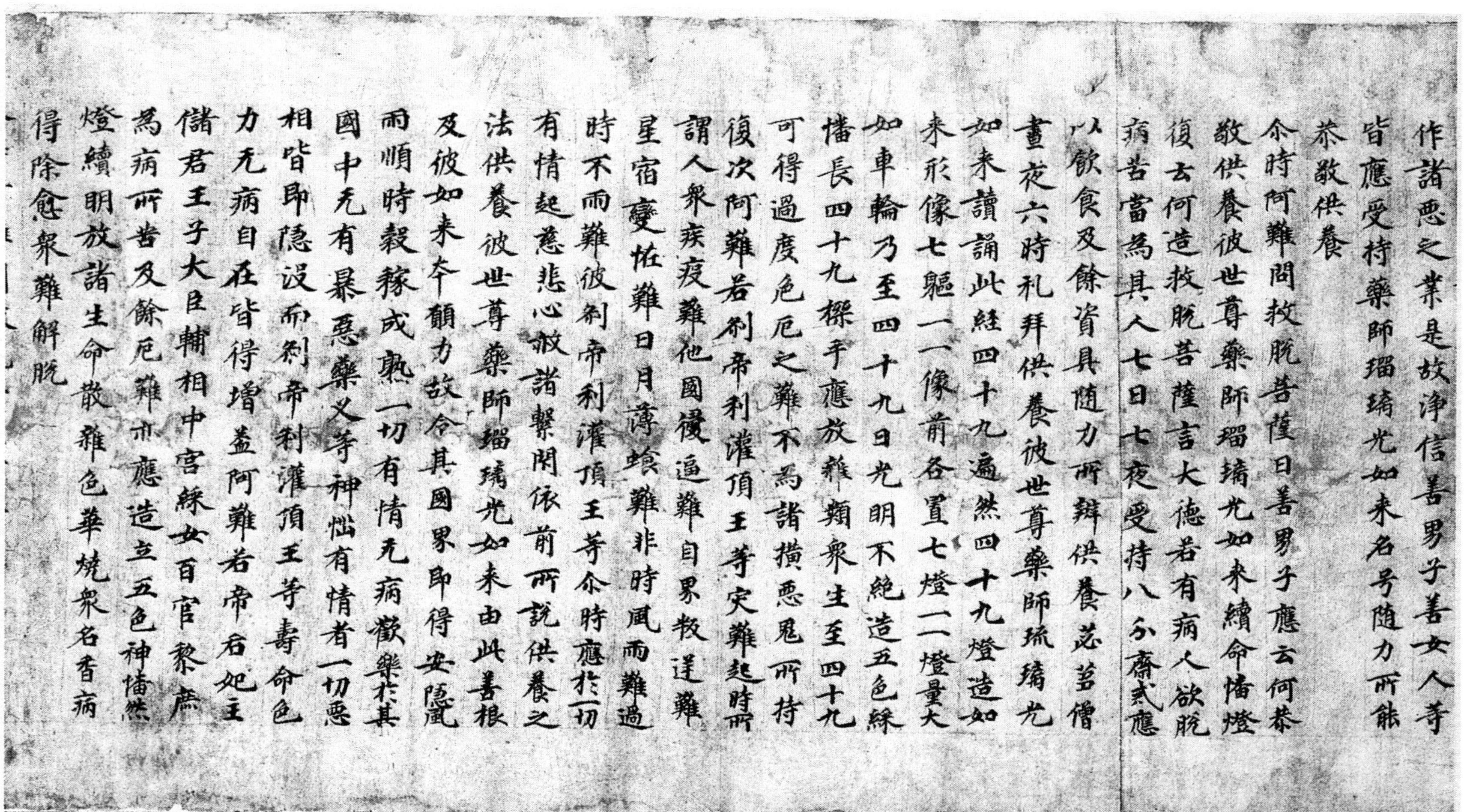

作諸惡之業是故淨信善男子善女人等
皆應受持藥師瑠璃光如來名号隨力所能
恭敬供養
尒時阿難問救脫菩薩曰善男子應云何恭
敬供養彼世尊藥師瑠璃光如來續命幡燈
復云何造救脫菩薩言大德若有病人欲脫
病苦當為其人七日七夜受持八分齋戒應
以飲食及餘資具隨力所辦供養苾芻僧
晝夜六時礼拜供養彼世尊藥師琉璃光
如來讀誦此經四十九遍然四十九燈造如
來形像七軀一一像前各置七燈一一燈量大
如車輪乃至四十九日光明不絕造五色綵
幡長四十九𢪛手應放雜類衆生至四十九
可得過度危厄之難不為諸橫惡鬼所持
復次阿難若刹帝利灌頂王等災難起時所
謂人衆疾疫難他國侵逼難自界叛逆難
星宿變恠難日月薄蝕難非時風雨難過
時不雨難彼刹帝利灌頂王等尒時應於一切
有情起慈悲心赦諸繫閉依前所說供養之
法供養彼世尊藥師瑠璃光如來由此善根
及彼如來本願力故令其國界即得安隱風
雨順時穀稼成熟一切有情无病歡樂於其
國中无有暴惡藥叉等神惱有情者一切惡
相皆即隱沒而刹帝利灌頂王等壽命色
力无病自在皆得增益阿難若帝后妃主
儲君王子大臣輔相中宮綵女百官黎庶
為病所苦及餘厄難亦應造立五色神幡然
燈續明放諸生命散雜色華燒衆名香病
得除愈衆難解脫

BD05345 號　藥師琉璃光如來本願功德經　（4–3）

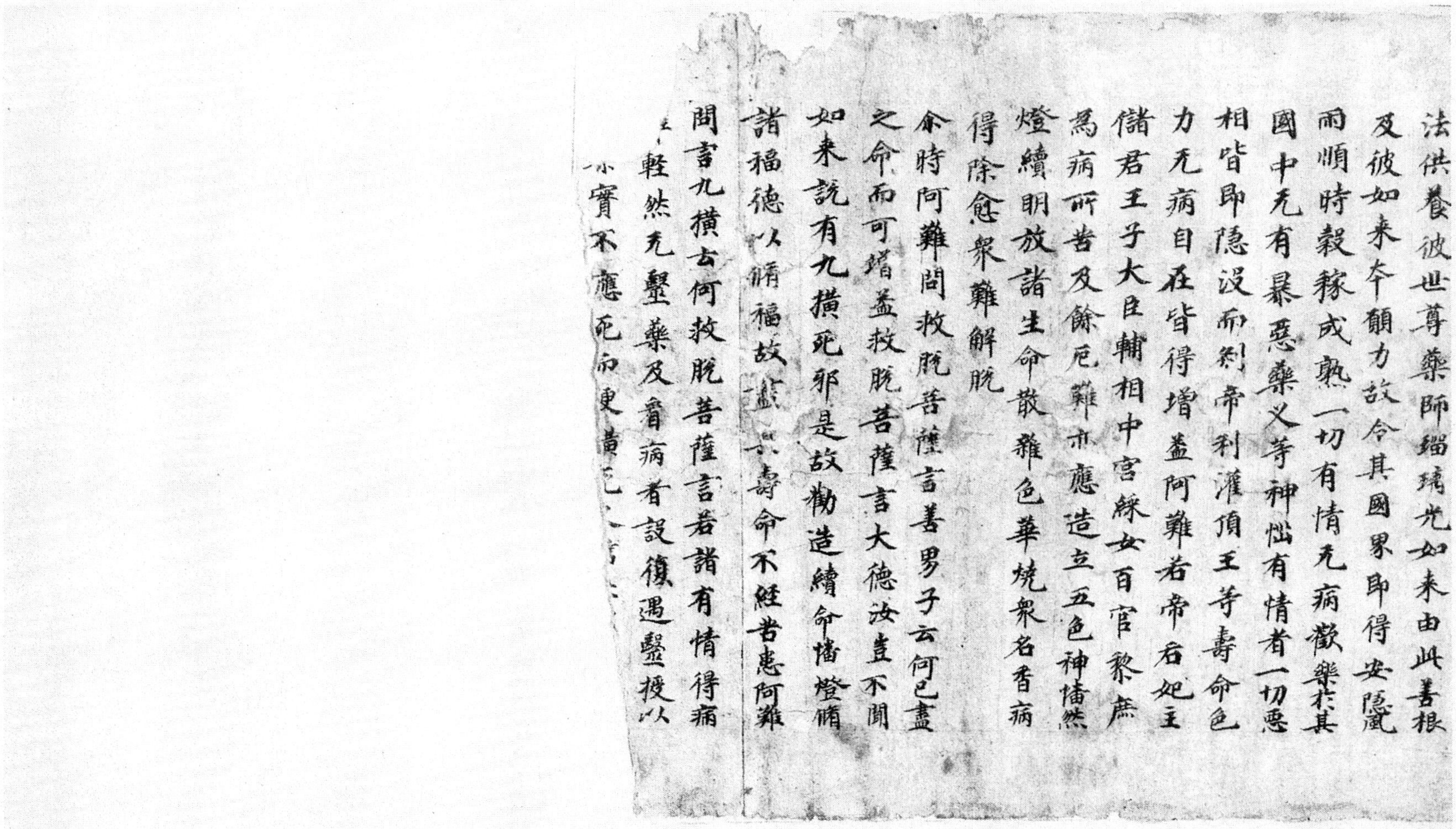

法供養彼世尊藥師瑠璃光如來由此善根
及彼如來本願力故令其國界即得安隱風
雨順時穀稼成熟一切有情无病歡樂於其
國中无有暴惡藥叉等神惱有情者一切惡
相皆即隱沒而刹帝利灌頂王等壽命色
力无病自在皆得增益阿難若帝后妃主
儲君王子大臣輔相中宮綵女百官黎庶
為病所苦及餘厄難亦應造立五色神幡然
燈續明放諸生命散雜色華燒衆名香病
得除愈衆難解脫
尒時阿難問救脫菩薩言善男子云何已盡
之命而可增益救脫菩薩言大德汝豈不聞
如來說有九橫死耶是故勸造續命幡燈脩
諸福德以脩福故盡其壽命不經苦患阿難
問言九橫云何救脫菩薩言若諸有情得病
雖輕然无醫藥及看病者設復遇醫授以
實不應死而便橫

BD05345號　藥師琉璃光如來本願功德經　（4–4）

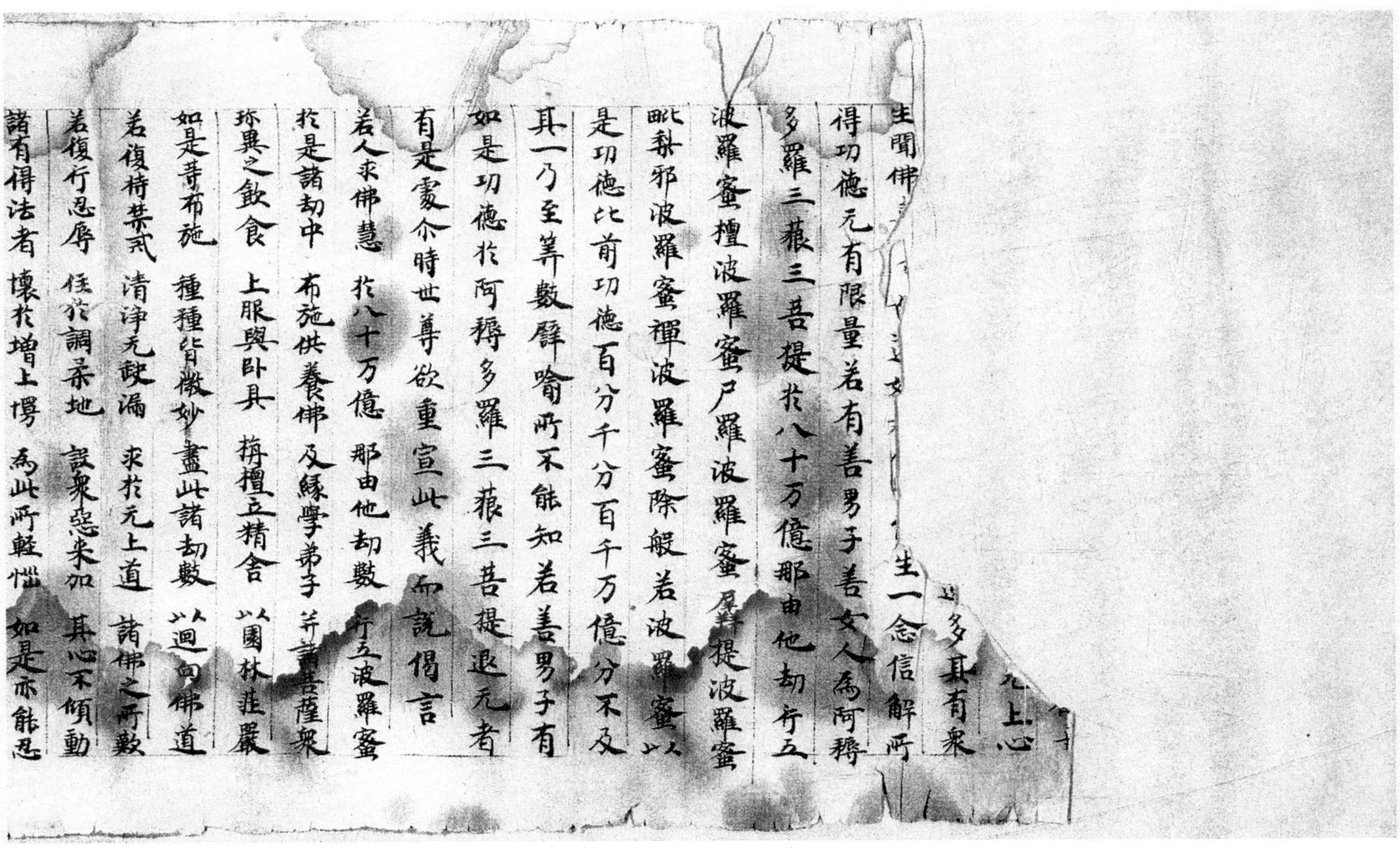

无上心
多其有衆
生聞佛……生一念信解所
得功德无有限量若有善男子善女人為阿耨
多羅三藐三菩提於八十万億那由他劫行五
波羅蜜檀波羅蜜尸羅波羅蜜羼提波羅蜜
毗梨耶波羅蜜禪波羅蜜除般若波羅蜜以
是功德比前功德百分千分百千万億分不及
其一乃至筭數譬喻所不能知若善男子有
如是功德於阿耨多羅三藐三菩提退无者
有是處尒時世尊欲重宣此義而說偈言
若人求佛慧　於八十万億　那由他劫數　行五波羅蜜
於是諸劫中　布施供養佛　及緣覺弟子　并諸菩薩衆
珍異之飲食　上服與臥具　栴檀立精舍　以園林莊嚴
如是等布施　種種皆微妙　盡此諸劫數　以迴向佛道
若復持禁戒　清淨无缺漏　求於无上道　諸佛之所歎
若復行忍辱　住於調柔地　設衆惡來加　其心不傾動
諸有得法者　懷於增上慢　為此所輕惱　如是亦能忍

BD05346號　妙法蓮華經（八卷本）卷六　（18–1）

琦異之飲食　上服與臥具　栴檀立精舍　以園林莊嚴
如是等布施　種種皆微妙　盡此諸劫數　以迴向佛道
若復持禁戒　清淨无缺漏　求於无上道　諸佛之所歎
若復行忍辱　住於調柔地　設衆惡來加　其心不傾動
諸有得法者　懷於增上慢　為此所輕惱　如是亦能忍
若復勤精進　志念常堅固　於无量億劫　一心不懈息
又於无數劫　住於空閑處　若坐若經行　除睡常攝心
以是因緣故　能生諸禪定　八十億万劫　安住心不亂
持此一心福　願求无上道　我得一切智　盡諸禪定際
是人於百千　万億劫數中　行此諸功德　如上之所說
有善男子等　聞我說壽命　乃至一念信　其福過於彼
若人悉无有　一切諸疑悔　深心須臾信　其福為如此
其有諸菩薩　无量劫行道　聞我說壽命　是則能信受
如是諸人等　頂受此經典　願我於未來　長壽度衆生
如今日世尊　諸釋中之王　道場師子吼　說法无所畏
我等未來世　一切所尊敬　坐於道場時　說壽亦如是
若有深心者　清淨而質直　多聞能捴持　隨義解佛語
如是諸人等　於此无有疑
又阿逸多若有聞佛壽命長遠解其義趣是
人所得功德无有限量能起如來无上之慧何況
廣聞是經若教人聞若自持若教人持若自書
若教人書若以華香瓔珞幢幡繒蓋香油蘇燈
供養經卷是人功德无量无邊能生一切種智阿
逸多若善男子善女人聞我說壽命長遠深心
信解則為見佛常在耆闍崛山共大菩薩諸聲



人所得功德无有限量能起如來无上之慧何況
廣聞是經若教人聞若自持若教人持若自書
若教人書若以華香瓔珞幢幡繒蓋香油蘇燈
供養經卷是人功德无量无邊能生一切種智阿
逸多若善男子善女人聞我說壽命長遠深心
信解則為見佛常在耆闍崛山共大菩薩諸聲
聞衆圍繞說法又見此娑婆世界其地瑠璃坦然
平正閻浮檀金以界八道寶樹行列諸臺樓觀
皆悉寶成其菩薩衆咸處其中若有能如是
觀者當知是為深信解相又復如來滅後若聞
是經而不毀呰起隨喜心當知已為深信解相
何況讀誦受持之者斯人則為頂戴如來阿逸
多是善男子善女人不須為我復起塔寺及作
僧坊以四事供養衆僧所以者何是善男子善
女人受持讀誦是經典者為已起塔造立僧坊供
養衆僧則為以佛舍利起七寶塔高廣漸小
至于梵天懸諸幡蓋及衆寶鈴華香瓔珞末
香塗香燒香衆鼓伎樂簫笛箜篌種種舞戲
以妙音聲歌唄讚頌則為於无量千万億劫作是
供養已阿逸多若我滅後聞是經典有能受持
若自書若教人書則為起立僧坊以赤栴檀作
諸殿堂三十有二高八多羅樹高廣嚴好百
千比丘於其中止園林流池經行禪窟衣服飲食
牀褥湯藥一切樂具充滿其中如是僧坊堂閣
若干百千万億其數无量以此現前供養於我

諸殿堂三十有二 高八多羅樹 高廣嚴好 百
千比丘於其中止 園林流池 經行禪窟 衣服飲食
牀褥湯藥 一切樂具充滿其中 如是僧坊堂閣
若干百千万億 其數无量 以此現前供養於我
及比丘僧 是故我說 如來滅後 若有受持讀誦
為他人說 若自書若教人書 供養經卷 不須復
起塔寺 及造僧坊 供養衆僧 況復有人能持
是經 兼行布施 持戒 忍辱 精進 一心 智慧 其
德最勝 无量无邊 譬如虛空 東西南北 四維上
下 无量无邊 是人功德 亦復如是 无量无邊 疾
至一切種智 若人讀誦受持是經 為他人說 若
自書若教人書 復能起塔 及造僧坊 供養讚
歎聲聞衆僧 亦以百千万億讚歎之法 讚歎
菩薩功德 又為他人 種種因緣 隨義解說此法
華經 復能清淨持戒 與柔和者而共同止 忍
辱无瞋 志念堅固 常貴坐禪 得諸深定 精
進勇猛 攝諸善法 利根智慧 善答問難 阿
逸多 若我滅後 諸善男子善女人 受持讀
誦是經典者 復有如是諸善功德 當知是人
已趣道場 近阿耨多羅三藐三菩提 坐道樹
下 阿逸多 是善男子 若坐若立若行處 此中便
應起塔 一切天人皆應供養 如佛之塔 尒時世尊
欲重宣此義 而說偈言
若我滅度後 能奉持此經 斯人福无量 如上之所說
是則為具足 一切諸供養 以舍利起塔 七寶而莊嚴

BD05346 號　妙法蓮華經（八卷本）卷六　（18–4）

下阿逸多 是善男子 若坐若立若行處 此中便
應起塔 一切天人皆應供養 如佛之塔 尒時世尊
欲重宣此義 而說偈言
若我滅度後 能奉持此經 斯人福无量 如上之所說
是則為具足 一切諸供養 以舍利起塔 七寶而莊嚴
表刹甚高廣 漸小至梵天 寶鈴千万億 風動出妙音
又於无量劫 而供養此塔 華香諸瓔珞 天衣衆妓樂
然香油蘇燈 周帀常照明 惡世法末時 能持是經者
則為已如上 具足諸供養 若能持此經 則如佛現在
以牛頭栴檀 起僧坊供養 堂有三十二 高八多羅樹
上饌妙衣服 牀卧皆具足 百千衆住處 園林諸流池
經行及禪窟 種種皆嚴好 若有信解心 受持讀誦書
若復教人書 及供養經卷 散華香末香 以須曼瞻蔔
阿提目多伽 薰油常然之 如是供養者 得无量功德
如虛空无邊 其福亦復然 況復持此經 兼布施持戒
忍辱樂禪定 不瞋不惡口 恭敬於塔廟 謙下諸比丘
遠離自高心 常思惟智慧 有問難不瞋 隨順為解說
若能行是行 功德不可量 若見此法師 成就如是德
應以天華散 天衣覆其身 頭面接足礼 生心如佛想
又應作是念 不久詣道樹 得无漏无為 廣利諸人天
其所住止處 經行若坐卧 乃至說一偈 是中應起塔
莊嚴令妙好 種種以供養 佛子住此地 則是佛受用
常在於其中 經行及坐卧
妙法蓮華經隨功德品第十八
尒時弥勒菩薩摩訶薩白佛言 世尊 若有善

BD05346 號　妙法蓮華經（八卷本）卷六　（18–5）

其所住止處　經行若坐卧　乃至說一偈　是中應起塔
莊嚴令妙好　種種以供養　佛子住此地　則是佛受用
常在於其中　經行及坐卧
妙法蓮華經隨喜功德品第十八
尒時弥勒菩薩摩訶薩白佛言世尊若有善
男子善女人聞是法華經隨喜者得幾所福而
說偈言
世尊滅度後　其有聞是經　若能隨喜者　為得幾所福
尒時佛告弥勒菩薩摩訶薩阿逸多如來滅
後若比丘比丘尼優婆塞優婆夷及餘智者
若長若幼聞是經隨喜已從法會出至於餘處
若作僧坊若空閑地若城邑巷陌聚落田里如
其所聞為父母宗親善友知識隨力演說是諸
人等聞已隨喜復行轉教餘人聞已亦隨喜轉
教如是展轉至第五十阿逸多其第五十善
男子善女人隨喜功德我今說之汝當善聽若
四百万億阿僧祇世界六趣四生衆生卵生胎
生濕生化生若有形无形有想无想非有想
非无想无足二足四足多足如是等在衆生
數者有人求福隨其所欲娛樂之具皆給與
之一一衆生與滿閻浮提金銀琉璃車𤦲馬瑙
珊瑚虎珀諸妙珎寶及象馬車乘七寶所成
宮殿樓閣等是大施主如是布施滿八十年已而
作是念我已施衆生娛樂之具隨意所欲

BD05346號　妙法蓮華經（八卷本）卷六

（18–6）

非无想无足二足四足多足如是等在衆生
數者有人求福隨其所欲娛樂之具皆給與
之一一衆生與滿閻浮提金銀琉璃車𤦲馬瑙
珊瑚虎珀諸妙珎寶及象馬車乘七寶所成
宮殿樓閣等是大施主如是布施滿八十年已而
作是念我已施衆生娛樂之具隨意所欲然
此衆生皆已衰老年過八十髮白面皺將死不久
我當以佛法而訓導之即集此衆生宣布化
法示教利喜一時皆得須陁洹道斯陁含道
阿那含道阿羅漢道盡諸有漏於深禪定皆
得自在具八解脫於汝意云何是大施主所得
功德寧為多不弥勒白佛言世尊是人功德甚
多无量无邊若是施主但施衆生一切樂具
功德无量何況令得阿羅漢果
佛告弥勒我今分明語汝是人以一切樂具施
於四百万億阿僧祇世界六趣衆生又令得阿
羅漢果所得功德不如是第五十人聞法華
經一偈隨喜功德百分千分百千万億分不及
其一乃至筭數譬喻所不能知阿逸多如是第
五十人展轉聞法華經隨喜功德尚无量无邊
阿僧祇何況最初於會中聞而隨喜者其福
復勝无量无邊阿僧祇不可得比又阿逸多
若人為是經故往詣僧坊若坐若立須臾聽
受緣是功德轉身所生得好上妙象馬車乘
珎寶輦轝及乘天宮殿若復有人於講法處

BD05346號　妙法蓮華經（八卷本）卷六

（18–7）

五十人展轉聞法華經隨喜功德尚无量无邊
阿僧祇何況冣初於會中聞而隨喜者其福
復勝无量无邊阿僧祇不可得比又阿逸多
若人為是經故往詣僧坊若坐若立須臾聽
受緣是功德轉身所生得好上妙象馬車乘
珎寶輦轝及乘天宮殿若復有人於講法處
坐更有人來勸令坐聽若分座令坐是人功德
轉身得帝釋坐處若梵王坐處若轉輪聖王
所坐之處阿逸多若復有人語餘人言有經名
法華可共往聽即受其教乃至須臾間聞是人
功德轉身得與陀羅尼菩薩共生一處利根
智慧百千万世終不瘖瘂口氣不臭舌常无病
口亦无病齒不垢黑不黃不踈亦不缺落不差
不曲脣不下垂亦不褰縮不麁澁不瘡胗亦不缺壞
亦不喎斜不厚不大亦不黎黑无諸可惡鼻不匾
㔸亦不曲戾面色不黑亦不狹長亦不窊曲无有
一切不可憙相脣舌牙齒悉皆嚴好鼻脩高直
面貌圓滿眉高而長額廣平正人相具足世世所
生見佛聞法信受教誨阿逸多汝且觀是勸
於一人令往聽法功德如此何況一心聽說讀誦
而於大眾為人分別如說脩行尒時世尊欲重
宣此義而說偈言
若人於法會　得聞是經典　乃至於一偈　隨喜為他說
如是展轉教　至于第五十　冣後人獲福　今當分別之
如有大施主　供養无量眾　具滿八十歲　隨意之所欲

BD05346號　妙法蓮華經（八卷本）卷六　（18–8）

而於大眾為人分別如說脩行尒時世尊欲重
宣此義而說偈言
若人於法會　得聞是經典　乃至於一偈　隨喜為他說
如是展轉教　至于第五十　冣後人獲福　今當分別之
如有大施主　供養无量眾　具滿八十歲　隨意之所欲
見彼衰老相　髮白而面皺　齒踈形枯竭　念其死不久
我今應當教　令得於道果　即為方便說　涅槃真實法
世皆不牢固　如水沫泡焰　汝等咸應當　疾生猒離心
諸人聞是法　皆得阿羅漢　具足六神通　三明八解脫
冣後第五十　聞一偈隨喜　是人福勝彼　不可為譬喻
如是展轉聞　其福尚无量　何況於法會　初聞隨喜者
若有勸一人　將引聽法華　言此經深妙　千万劫難遇
即受教往聽　乃至須臾聞　斯人之福報　今當分別說
世世无口患　齒不踈黃黑　脣不厚褰缺　无有可惡相
舌不乾黑短　鼻高脩且直　額廣而平正　面目悉端嚴
為人所喜見　口氣无臭穢　優鉢華之香　常從其口出
若故詣僧坊　欲聽法華經　須臾聞歡喜　今當說其福
後生天人中　得妙象馬車　珎寶之輦轝　及乘天宮殿
若於講法處　勸人坐聽經　是福因緣得　釋梵轉輪座
何況一心聽　解說其義趣　如說而脩行　其福不可限
妙法蓮華經法師功德品第十九
尒時佛告常精進菩薩摩訶薩若善男子善
女人受持是法華經若讀若誦若解說若書寫
是人當得八百眼功德千二百耳功德八百鼻功
德千二百舌功德八百身功德千二百意功德以
是功德莊嚴六根皆令清淨是善男子善女人

BD05346號　妙法蓮華經（八卷本）卷六　（18–9）

尒時佛告常精進菩薩摩訶薩若善男子善
女人受持是法華經若讀若誦若解說若書寫
是人當得八百眼功德千二百耳功德八百鼻功
德千二百舌功德八百身功德千二百意功德以
是功德莊嚴六根皆令清淨是善男子善女人
父母所生清淨肉眼見於三千大千世界內外所
有山林河海下至阿鼻地獄上至有頂亦見其
中一切衆生及業因緣果報生處悉見悉知尒
時世尊欲重宣此義而說偈言
若於大衆中　以无所畏心　說是法華經　汝聽其功德
是人得八百　功德殊勝眼　以是莊嚴故　其目甚清淨
父母所生眼　悉見三千界　內外弥樓山　須弥及鐵圍
并諸餘山林　大海江河水　下至阿鼻獄　上至有頂處
其中諸衆生　一切皆悉見　雖未得天眼　肉眼力如是
復次常精進若善男子善女人受持此經若讀
若誦若解說若書寫得千二百耳功德以是清
淨耳聞三千大千世界下至阿鼻地獄上至有頂
其中內外種種語言音聲象聲馬聲牛聲車
聲啼哭聲愁嘆聲螺聲鼓聲鍾聲鈴聲咲
聲語聲男聲女聲童子聲童女聲法聲非
法聲苦聲樂聲凡夫聲聖人聲喜聲不喜
聲天聲龍聲夜叉聲乹闥婆聲阿脩羅聲
迦樓羅聲緊那羅聲摩睺羅伽聲火聲水聲
風聲地獄聲畜生聲餓鬼聲比丘聲比丘尼
聲聲聞聲辟支佛聲菩薩聲佛聲以要言



聲語聲男聲女聲童子聲童女聲法聲非
法聲苦聲樂聲凡夫聲聖人聲喜聲不喜
聲天聲龍聲夜叉聲乹闥婆聲阿脩羅聲
迦樓羅聲緊那羅聲摩睺羅伽聲火聲水聲
風聲地獄聲畜生聲餓鬼聲比丘聲比丘尼
聲聲聞聲辟支佛聲菩薩聲佛聲以要言
之三千大千世界中一切內外所有諸聲雖未得
天耳以父母所生清淨常耳皆悉聞知如是
分別種種音聲而不壞耳根尒時世尊欲重
宣此義而說偈言
父母所生耳　清淨无濁穢　以此常耳聞　三千世界聲
象馬車牛聲　鍾鈴螺鼓聲　琴瑟箜篌聲　簫笛之音聲
清淨好歌聲　聽之而不著　无數種人聲　聞悉能解了
又聞諸天聲　微妙之音聲　及聞男女聲　童男童女聲
山川險谷中　迦陵頻伽聲　命命等諸鳥　悉聞其音聲
地獄衆苦痛　種種楚毒聲　餓鬼飢渴逼　求索飲食聲
諸阿脩羅等　居在大海邊　自共語言時　出于大音聲
如是說法者　安住於此間　遙聞是衆聲　而不壞耳根
十方世界中　禽獸鳴相呼　其說法之人　於此悉聞之
其諸梵天上　光音及遍淨　乃至有頂天　言語之音聲
法師住於此　悉皆得聞之　一切比丘衆　及諸比丘尼
若讀誦經典　若為他人說　法師住於此　悉皆得聞之
復有諸菩薩　讀誦於經法　若為他人說　撰集解其義
如是諸音聲　悉皆得聞之　諸佛大聖尊　教化衆生者
於諸大衆中　演說微妙法　持此法華者　悉皆得聞之
三千大千界　內外諸音聲　下至阿鼻獄　上至有頂天
皆聞其音聲　而不壞耳根　其耳聰利故　悉能分別知

若讀誦經典　若為他人說　法師住於此　悉皆得聞之
復有諸菩薩　讀誦於經法　若為他人說　撰集解其義
如是諸音聲　悉皆得聞之　諸佛大聖尊　教化衆生者
於諸大衆中　演說微妙法　持此法華者　悉皆得聞之
三千大千界　內外諸音聲　下至阿鼻獄　上至有頂天
皆聞其音聲　而不壞耳根　其耳聰利故　悉能分別知
持此法華者　雖未得天耳　但用所生耳　功德已如是
復次常精進若善男子善女人受持是經若讀
若誦若解說若書寫當得八百鼻功德以是清淨
鼻根聞於三千大千世界上下內外種種諸香須
曼那華香闍提華香末利華香瞻蔔華香波
羅羅華香赤蓮華香青蓮華香白蓮華香華
樹香菓樹香栴檀香沉水香多摩羅跋香多伽
羅香及千万種和香若末若丸若塗香持是經
者於此間住悉能分別又復別知衆生之香象香
馬香牛羊等香男香女香童子香童女香及草
木叢林香若近若遠所有諸香悉皆得聞分別
不錯持是經者雖住於此亦聞天上諸天之香波
利質多羅拘鞞陁羅樹香及曼陁羅華香摩
訶曼陁羅華香曼殊沙華香摩訶曼殊沙華
香栴檀沉水種種末香諸雜華香如是等天香
和合所出之香无不聞知又聞諸天身香釋提桓
因在勝殿上五欲娛樂嬉戲時香若在妙法堂上
為忉利諸天說法時香若於諸園遊戲時香及
餘天等男女身香皆悉遙聞如是展轉乃至梵
世上至有頂諸天身香亦皆聞之并聞諸天所燒

BD05346號　妙法蓮華經（八卷本）卷六　（18–12）

香栴檀沉水種種末香諸雜華香如是等天香
和合所出之香无不聞知又聞諸天身香釋提桓
因在勝殿上五欲娛樂嬉戲時香若在妙法堂上
為忉利諸天說法時香若於諸園遊戲時香及
餘天等男女身香皆悉遙聞如是展轉乃至梵
世上至有頂諸天身香亦皆聞之并聞諸天所燒
之香及聲聞香辟支佛香菩薩香諸佛身香
亦皆遙聞知其所在雖聞此香然於鼻根不壞
不錯若欲分別為他人說憶念不謬尒時世尊欲
重宣此義而說偈言
是人鼻清淨　於此世界中　若香若臭物　種種悉聞知
須曼那闍提　多摩羅栴檀　沉水及桂香　種種華菓香
及知衆生香　男子女人香　說法者遠住　聞香知所在
大勢轉輪王　小轉輪及子　群臣諸宮人　聞香知所在
身所著珎寶　及地中寶藏　轉輪王寶女　聞香知所在
諸人嚴身具　衣服及瓔珞　種種所塗香　聞則知其身
諸天若行坐　遊戲及神變　持是法華者　聞香悉能知
諸樹華菓實　及蘇油香氣　持經者住此　悉知其所在
諸山深險處　栴檀樹華敷　衆生在中者　聞香皆能知
鐵圍山大海　地中諸衆生　持經者聞香　悉知其所在
阿脩羅男女　及其諸眷屬　鬪諍遊戲時　聞香皆能知
曠野險隘處　師子象虎狼　野牛水牛等　聞香知所在
若有懷任者　未辯其男女　无根及非人　聞香悉能知
以聞香力故　知其初懷任　成就不成就　安樂產福子
以聞香力故　知男女所念　染欲癡恚心　亦知脩善者
地中衆伏藏　金銀諸珎寶　銅器之所盛　聞香悉能知

BD05346號　妙法蓮華經（八卷本）卷六　（18–13）

曠野險隘處　師子象虎狼　野牛水牛等　聞香知所在
若有懷妊者　未辯其男女　无根及非人　聞香悉能知
以聞香力故　知其初懷妊　成就不成就　安樂產福子
以聞香力故　知男女所念　染欲癡恚心　亦知脩善者
地中衆伏藏　金銀諸珍寶　銅器之所盛　聞香悉能知
種種諸瓔珞　无能識其價　聞香知貴賤　出處及所在
天上諸華等　曼陁曼殊沙　波利質多樹　聞香悉能知
天上諸宮殿　上中下差別　衆寶華莊嚴　聞香悉能知
天園林勝殿　諸觀妙法堂　在中而娛樂　聞香悉能知
諸天若聽法　或受五欲時　來往行坐卧　聞香悉能知
天女所著衣　好華香莊嚴　周旋遊戲時　聞香悉能知
如是展轉上　乃至於梵世　入禪出禪者　聞香悉能知
光音遍淨天　乃至于有頂　初生及退沒　聞香悉能知
諸比丘衆等　於法常精進　若坐若經行　及讀誦經法
或在林樹下　專精而坐禪　持經者聞香　悉知其所在
菩薩志堅固　坐禪若讀誦　或為人說法　聞香悉能知
在在方世尊　一切所恭敬　愍衆而說法　聞香悉能知
衆生在佛前　聞經皆歡喜　如法而脩行　聞香悉能知
雖未得菩薩　无漏法生鼻　而是持經者　先得此鼻相
復次常精進若善男子善女人受持是經若讀
若誦若解說若書寫得千二百舌功德若好若
醜若美不美及諸苦澀物在其舌根皆變成上
味如天甘露无不美者若以舌根於大衆中有所演
說出深妙聲能入其心皆令歡喜快樂之者

BD05346號　妙法蓮華經（八卷本）卷六

（18–14）

復次常精進若善男子善女人受持是經若讀
若誦若解說若書寫得千二百舌功德若好若
醜若美不美及諸苦澀物在其舌根皆變成上
味如天甘露无不美者若以舌根於大衆中有所演
說出深妙聲能入其心皆令歡喜快樂又諸天
子天女釋梵諸天聞是深妙音聲有所演說言
論次第皆悉來聽及諸龍龍女夜叉夜叉女乾
闥婆乾闥婆女阿脩羅阿脩羅女迦樓羅迦樓
羅女緊那羅緊那羅女摩睺羅伽摩睺羅伽
女為聽法故皆來親近恭敬供養及比丘比丘尼
優婆塞優婆夷國王王子羣臣眷屬小轉輪王大
轉輪王七寶千子內外眷屬乘其宮殿俱來聽法
以是菩薩善說法故婆羅門居士國內人民盡其
形壽隨侍供養又諸聲聞辟支佛菩薩諸佛常
樂見之是人所在方面諸佛皆向其處說法悉
能受持一切佛法又能出於深妙法音尒時世尊
欲重宣此義而說偈言
是人舌根淨　終不受惡味　其有所食噉　悉皆成甘露
以深淨妙音　於大衆說法　以諸因緣喻　引導衆生心
聞者皆歡喜　設諸上供養　諸天龍夜叉　及阿脩羅等
皆以恭敬心　而共來聽法　是說法之人　若欲以妙音
遍滿三千界　隨意即能至　大小轉輪王　及千子眷屬
合掌恭敬心　常來聽受法　諸天龍夜叉　羅刹毗舍闍
亦以歡喜心　常樂來供養　梵天王魔王　自在大自在
如是諸大衆　常來至其所　諸佛及弟子　聞其說法音

BD05346號　妙法蓮華經（八卷本）卷六

（18–15）

聞者皆歡喜　設諸上供養　諸天龍夜叉　及阿脩羅等
皆以恭敬心　而共來聽法　是說法之人　若欲以妙音
遍滿三千界　隨意即能至　大小轉輪王　及千子眷屬
合掌恭敬心　常來聽受法　諸天龍夜叉　羅刹毗舍闍
亦以歡喜心　常樂來供養　梵天王魔王　自在大自在
如是諸天衆　常來至其所　諸佛及弟子　聞其說法音
常念而守護　或時為現身
復次常精進若善男子善女人受持是經若讀
若誦若解說若書寫得八百身功德得清淨身
如淨瑠璃衆生憙見其身淨故三千大千世界衆
生生時死時上下好醜生善處惡處悉於中現及
鐵圍山大鐵圍山弥樓山摩訶弥樓山等諸山及
其中衆生悉於中現下至阿鼻地獄上至有頂所
有及衆生悉於中現在聲聞辟支佛菩薩諸佛
說法皆於身中現其色像尒時世尊欲重宣此
義而說偈言
若持法華者　其身甚清淨　如彼淨瑠璃　衆生皆憙見
又如淨明鏡　悉見諸色像　菩薩於淨身　皆見世所有
唯獨自明了　餘人所不見　三千世界中　一切諸羣萌
天人阿脩羅　地獄鬼畜生　如是諸色像　皆於身中現
諸天等宮殿　乃至於有頂　鐵圍及弥樓　摩訶弥樓山
諸大海水等　皆於身中現　諸佛及聲聞　佛子菩薩等
若獨若在衆　說法悉皆現　雖未得无漏　法性之妙身
以清淨常體　一切於中現
復次常精進若善男子善女人如來滅後受持是

BD05346號　妙法蓮華經（八卷本）卷六　（18–16）

天人阿脩羅　地獄鬼畜生　如是諸色像　皆於身中現
諸天等宮殿　乃至於有頂　鐵圍及弥樓　摩訶弥樓山
諸大海水等　皆於身中現　諸佛及聲聞　佛子菩薩等
若獨若在衆　說法悉皆現　雖未得无漏　法性之妙身
以清淨常體　一切於中現
復次常精進若善男子善女人如來滅後受持是
經若讀若誦若解說若書寫得千二百意功德
以是清淨意根乃至聞一偈一句通達无量无邊
之義解是義已能演說一句一偈至於一月四月乃
至一歲諸所說法隨其義趣皆與實相不相違
背若說俗間經書治世語言資生業等皆順正
法三千大千世界六趣衆生心之所生心所動作
心所戲論皆悉知之雖未得无漏智慧而其意
根清淨如此是人有所思惟籌量言說皆是
佛法无不真實亦是先佛經中所說尒時世尊
欲重宣此義而說偈言
是人意清淨　明利无穢濁　以此妙意根　知上中下法
乃至聞一偈　通達无量義　次第如法說　月四月至歲
是世界內外　一切諸衆生　若天龍及人　夜叉鬼神等
其在六趣中　所念若干種　持法華之報　一時皆悉知
十方无數佛　百福莊嚴相　為衆生說法　悉聞能受持
思惟无量義　說法亦无量　終始不忘錯　以持法華故
悉知諸法相　隨義識次第　達名字語言　如所知演說
此人有所說　皆是先佛法　以演此法故　於衆无所畏
持法華經者　意根淨若斯　雖未得无漏　先有如是相

BD05346號　妙法蓮華經（八卷本）卷六　（18–17）

心所戲論皆悉知之雖未得无漏智慧而其意
根清淨如此是人有所思惟籌量言說皆是
佛法无不真實亦是先佛經中所說尒時世尊
欲重宣此義而說偈言
是人意清淨　明利无穢濁　以此妙意根　知上中下法
乃至聞一偈　通達无量義　次第如法說　月四月至歲
是世界內外　一切諸衆生　若天龍及人　夜叉鬼神等
其在六趣中　所念若干種　持法華之報　一時皆悉知
十方无數佛　百福莊嚴相　為衆生說法　悉聞能受持
思惟无量義　說法亦无量　終始不忘錯　以持法華故
悉知諸法相　隨義識次第　達名字語言　如所知演說
此人有所說　皆是先佛法　以演此法故　於衆无所畏
持法華經者　意根淨若斯　雖未得无漏　先有如是相
是人持此經　安住希有地　為一切衆生　歡喜而愛敬
能以千万種　善巧之語言　分別而說法　持法華經故
妙法蓮華經卷弟六

**BD05346號**　妙法蓮華經（八卷本）卷六

（18–18）

告阿難及韋提
来今者為未来世一切
害者說清淨業善哉韋
阿難汝當受持廣為多衆宣
令者教韋提希及未来世一切衆
方極樂世界以佛力故當得見彼清
如執明鏡自見面像見彼國土極樂妙事心
歡喜故應時即得无生法忍佛告韋提希汝
是凡夫心想羸劣未得天眼不能遠觀諸
佛如来有異方便令汝得見
時韋提希白佛言世尊如我今以佛力故見
彼國土若佛滅後諸衆生等濁惡不善五苦
所逼云何當見阿弥陁佛極樂世界
佛告韋提希汝及衆生應當專心繫念一處
想於西方云何作想凡作想者一切衆生自
非生盲有目之徒皆見日沒當起想念正坐
西向諦觀於日令心堅住專想不移見日欲
沒狀如懸鼓既見日已閉目開目皆令明了

**BD05347號**　觀無量壽佛經

（17–1）

彼國[illegible]
所遍云何當見阿弥陀佛極樂世界
佛告韋提希汝及衆生應當專心繫念一處
想於西方云何作想凡作想者一切衆生自
非生盲有目之徒皆見日沒當起想念正坐
西向諦觀於日令心堅住專想不移見日欲
沒狀如懸鼓既見日已閉目開目皆令明了
是為日想名曰初觀
次作水想見水澄清亦令明了无分散意既
見水已當起冰想見冰映徹作琉璃想此想
成已見琉璃地内外映徹下有金剛七寶金
幢擎琉璃地其幢八方八楞具足一一方面
百寶所成一一寶珠有千光明一一光明八
万四千色映琉璃地如億千日不可具見琉
璃地上以黄金繩雜廁間錯以七寶界分齊
分明一一寶中有五百色光其光如華又似
星月懸處虛空成光明臺樓閣千万百寶
合成於臺兩邊各有百億華幢无量樂器以
為莊嚴八種清風從光明出鼓此樂器演說
苦空无常无我之音是為水想名第二觀
此想成時一一觀之極令了了閉目開目不令
散失唯除食時恒憶此事如此想者名為
粗見極樂國地若得三昧見彼國地了了分
明不可具說是為地想名第三觀
佛告阿難汝持佛語為未來世一切大衆欲
脫苦者說是觀地法若觀是地者除八十億
劫生死之罪捨身他世必生淨國心得无疑
作是觀者名為正觀若他觀者名為耶觀



[illegible]
明不可具說是為地想名第三觀
佛告阿難汝持佛語為未來世一切大衆欲
脫苦者說是觀地法若觀是地者除八十億
劫生死之罪捨身他世必生淨國心得无疑
作是觀者名為正觀若他觀者名為耶觀
佛告阿難及韋提希地想成已次觀寶樹觀
寶樹者一一觀之作七重行樹想一一樹高八
千由旬其諸寶樹七寶華葉无不具足一一
華葉作異寶色琉璃色中出金色光頗梨
色中出紅色光馬瑙色中出車𤦲光車𤦲
色中出綠真珠光珊瑚虎珀一切衆寶以為映
餝妙真珠網弥覆樹上二樹上有七重網
一一網間有五百億妙華宮殿如梵王宮諸
天童子自然在中一一童子五百億釋迦毗
楞伽摩尼珠以為瓔珞其摩尼光照百由旬
如和合百億日月不可具名衆寶間錯色中
上者此諸寶樹行行相當葉葉相次於衆葉
間生諸妙華華上自然有七寶菓二樹葉
縱廣正等廿五由旬其葉千色有百千種畫
如天瓔珞有衆妙華作閻浮檀金色如旋火
輪婉轉葉間踊生諸菓如帝釋瓶有大光明化
成幢幡无量寶蓋是寶蓋中映現三千大千
世界一切佛事十方佛國亦於中現見此樹
已亦當次第一一觀之觀見樹莖枝葉華
菓皆令分明是為樹想名第四觀
次當想水想水者極樂國土有八池水一一
池水七寶所成其寶柔濡從如意珠王生

世界一切佛事十方佛國亦於中現見此樹
已亦當次第一一觀之觀見樹莖枝葉華
菓皆令分明是為樹想名第四觀
次當想水想水者極樂國土有八池水一一
池水七寶所成其寶柔濡從如意珠王生
分為十四支一一支作七寶色黃金為渠渠下
皆以雜色金剛以為底沙一一水中有六十
億七寶蓮華一一蓮華團圓正等十二由旬
其摩尼水流注華間尋樹上下其聲微妙
演說苦空无常无我諸波羅蜜復有讚嘆諸
佛相好者如意珠王踊出金色微妙光明
其光化為百寶色鳥和鳴哀雅常讚念佛念
法念僧是為八功德水想名第五觀
眾寶國土一一界上有五百億寶樓其樓閣中
有无量諸天作天伎樂又有樂器懸處虛
空如寶幢不鼓自鳴此眾音中皆說念佛念
法念比丘僧此想成已名為粗見極樂世
界寶樹寶地寶池是為總觀想名第六觀
若見此者除无量億劫極重惡業命終之後
生彼國作是觀者名為正觀若他觀者
名為邪觀
佛告阿難及韋提希諦聽諦聽善思念之佛
當為汝分別解說除苦惱法汝等憶持廣為
大眾分別解說說是語時无量壽佛住立空
中觀世音大勢至是二大士侍立左右光明
熾盛不可具見百千閻浮檀金色不得為比
時韋提希見无量壽佛已接足作礼白佛言
[illegible]



大眾分別解說說是語時无量壽佛住立空
中觀世音大勢至是二大士侍立左右光明
熾盛不可具見百千閻浮檀金色不得為比
時韋提希見无量壽佛已接足作礼白佛言
世尊我今因佛力故得見无量壽佛及二菩
薩未來眾生當云何觀无量壽佛及二菩薩
佛告韋提希欲觀彼佛者當起想念於七寶
地上作蓮華想令其蓮華一一葉作百寶色
有八万四千脉猶如天畫脉有八万四千光了
了分明皆令得見華葉小者縱廣二百五
十由旬如是華有八万四千葉一一葉間有百
億摩尼珠王以為映飾一一摩尼放千光
明其光如蓋七寶合成遍覆地上釋迦毗楞
伽寶以為其臺此蓮華臺八万金剛甄叔迦
寶梵摩尼寶妙真珠網以為交飾於其臺上
自然而有四柱寶幢一一寶幢如百千万億須
弥山幢上寶縵如夜摩天宮有五百億微
妙寶珠以為映飾一一寶珠有八万四千光
一一光作八万四千異種金色一一金光遍其
寶土處處變化各作異相或為金剛臺
或作真珠網或作雜華雲於十方面隨意變
現施作佛事是為華座想名第七觀佛告阿
難如此妙華是本法藏比丘願力所成若欲念
彼佛者當先作此華坐想作此想時不得雜
觀皆應一一觀之一一葉一一珠一一光一一臺
一一幢皆令分明如於鏡中自見面像此
想成者滅除五万億劫生死之罪必定當
[illegible]

難如此妙華是本法藏比丘願力所成若欲念
彼佛者當先作此華坐想作此想時不得雜
觀皆應一一觀之一一葉一一珠一一光一一臺
一一幢皆令分明如於鏡中自見面像此
想成者滅除五万億劫生死之罪必定當
生極樂世界作此觀者名爲正觀若他觀
者名爲邪觀
佛告阿難及韋提希見此事已次當想佛所以
者何諸佛如来是法界身入一切衆生心
想中是故汝等心想佛時是心即是卅二相
八十隨形好是心作佛是心是佛諸佛正遍知
海從心想生是故應當一心繫念諦觀彼
佛多陁阿伽度阿羅呵三藐三佛陁想彼佛
者先當想像閇目開目見一寶像如閻浮檀
金色坐彼華上既見坐已心眼得開了了分
明見極樂國七寶莊嚴寶地寶池寶樹行
列諸天寶縵弥覆其上衆寶羅網滿虛空
中見如此事極令明了如觀掌中見此事已復
當更作一大蓮華在佛左邊如前蓮華等无
有異復作一大蓮華在佛右邊想一觀世音菩
薩像坐左華坐亦放金光如前无異想一大
勢至菩薩像坐右華坐此想成時佛菩薩像
皆放金光其光金色照諸寶樹一一樹下亦
有三蓮華諸蓮華上各有一佛二菩薩像遍
滿彼國此想成時行者當聞水流光明及諸
寶樹鳧鴈鴛鴦皆說妙法出定入定恒聞妙
法行者所聞出定之時憶持不捨令與脩多

BD05347號　觀無量壽佛經　(17–6)

[illegible]
有三蓮華諸蓮華上各有一佛二菩薩像遍
滿彼國此想成時行者當聞水流光明及諸
寶樹鳧鴈鴛鴦皆說妙法出定入定恒聞妙
法行者所聞出定之時憶持不捨令與脩多
羅合若不合者名爲妄想若與合者名爲麁
想見極樂世界是爲像想名第八觀作是觀
者除无量億劫生死之罪於現身中得念
佛三昧
佛告阿難此想成已次當更觀无量壽佛身
相光明阿難當知无量壽佛身如百千万億
夜摩天閻浮檀金色佛身高六十万億那由
他恒河沙由旬眉間白毫右旋婉轉如五須
弥山佛眼如四大海水清白分明身諸毛孔
演出光明如須弥山彼佛圓光如百億三千大
千世界於圓光中有百万億那由他恒河
沙化佛一一化佛亦有衆多无數化菩薩以
爲侍者无量壽佛有八万四千相一一相各
有八万四千隨形好一一好復有八万四千光
明一一光明遍照十方世界念佛衆生攝
取不捨其光相好及與化佛不可具說但當
憶想令心眼見見此事者即見十方一切諸
佛以見諸佛故名念佛三昧作是觀者名
觀一切佛身以觀佛身故亦見佛心佛心者大
慈悲是以无緣慈攝諸衆生作此觀者捨身
他世生諸佛前得无生忍是故智者應當繫
心諦觀无量壽佛觀无量壽佛者從一相好
入但觀眉間白毫極令明了見眉間白毫

BD05347號　觀無量壽佛經　(17–7)

觀一切佛身以觀佛身故亦見佛心佛心者大
慈悲是以无緣慈攝諸衆生作此觀者捨身
他世生諸佛前得无生忍是故智者應當繫
心諦觀无量壽佛觀无量壽佛者從一相好
入但觀眉間白豪極令明了見眉間白豪
者八万四千相好自然當見見无量壽佛者
即見十方无量諸佛得見无量諸佛故諸佛
現前授記是爲遍觀一切色想名苐九觀作
此觀者名爲正觀若他觀者名爲耶觀
佛告阿難及韋提希見无量壽佛了了分
明已次應觀世音菩薩此菩薩身長八十億
那由他恒河沙由旬身紫金色頂肉髻項有
有圓光面各百千由旬其圓光中有五百化
佛如釋迦牟尼佛一一化佛有五百菩薩无量
諸天以爲侍者舉身光中五道衆生一切
色相皆於中現頂上毗楞伽摩尼寶以爲天
冠其天冠中有一立化佛高廿五由旬觀世
音菩薩面如閻浮檀金色眉間豪相備七
寶色流出八万四千種光明一一光明有无量无
數百千化佛一一化佛无數菩薩以爲侍者
變現自在滿十方世界譬如紅蓮華色有
八十億光明以爲瓔珞其瓔珞中普現一切
諸莊嚴事手掌作五百億雜蓮華色手十
指端一一指端有八万四千畫猶如印文一一畫
有八万四千色一一色有八万四千光其光柔
濡普照一切以此寶手接引衆生舉足之時
足下有千輻輪相自然化成五百億光明
臺下足時有金剛摩尼華布散一切莫不

BD05347 號　觀無量壽佛經　（17–8）

諸莊嚴事手掌作五百億雜蓮華色手十
指端一一指端有八万四千畫猶如印文一一畫
有八万四千色一一色有八万四千光其光柔
濡普照一切以此寶手接引衆生舉足之時
足下有千輻輪相自然化成五百億光明
臺下足時有金剛摩尼華布散一切莫不
弥滿其餘身相衆好具足如佛无異唯頂上肉
髻及无見頂相不及世尊是爲觀觀世音菩
薩真實色身想名苐十觀
佛告阿難若欲觀觀世音菩薩當作是觀作
是觀者不遇諸禍淨除業鄣除却无數劫生
死之罪如此菩薩但聞其名獲无量福何況
諦觀若有欲觀觀世音菩薩者應先觀頂
上肉髻次觀天冠其餘衆相亦次苐觀之亦令
明了如觀掌中作是觀者名爲正觀若他觀
觀者名爲耶觀
次觀大勢至菩薩此菩薩身量大小亦如觀
世音圓光面各百廿五由旬照二百五十由旬舉
身光明照十方國作紫金色有緣衆生皆
悉得見但見此菩薩一毛孔光即見十
方无量諸佛淨妙光明是故号此菩薩名
无邊光以智慧光普照一切令離三塗得无上力
是故号此菩薩名大勢至此菩薩天冠有五
百寶華一一寶華有五百寶臺一一臺中十方
諸佛國土廣長之相皆於中現頂上肉髻如
鉢頭摩華於肉髻上有一寶瓶盛諸光明普
現佛事餘諸身相如觀世音等无有異此菩
薩行時十方世界一切震動當地動處有五

BD05347 號　觀無量壽佛經　（17–9）

百寶華一一華有五百寶臺一一臺中十方
諸佛國土廣長之相皆於中現頂上肉髻如
鉢頭摩華於肉髻上有一寶瓶盛諸光明普
現佛事餘諸身相如觀世音等无有異此菩
薩行時十方世界一切震動當地動處有五
百億寶華一一寶華莊嚴高顯如極樂世
界此菩薩坐時七寶國土一時動搖從下方金
光佛刹乃至上方光明王佛刹於其中間无
量塵數分身无量壽佛分身觀世音大勢至
皆悉雲集極樂國土側塞空中坐蓮華座演
說妙法度苦衆生作此觀者名爲正觀若他
觀者名爲邪觀見大勢至菩薩是爲觀大
勢至色身想觀此菩薩者名第十一觀除无量
阿僧祇生死之罪作是觀者不處胞胎常遊
諸佛淨妙國土此觀成已名爲具足觀觀世
音大勢至
見此事時當起自心生於西方極樂世界於
蓮華中結跏趺坐作蓮華合想作蓮華開想
蓮華開時有五百色光來照身想眼目開想
見佛菩薩滿虛空中水鳥樹林及與諸佛
所出音聲皆演妙法與十二部經合出定時
憶持不失見此事已名見无量壽佛極樂世
界是爲普觀想名第十二觀无量壽佛化身
无數與觀世音大勢至常來至此行人之所
佛告阿難及韋提希若欲至心生西方者先
當觀於一丈六像在池水上如先所說无量
壽佛身量无邊非是凡夫心力所及然彼如



无數與觀世音大勢至常來至此行人之所
佛告阿難及韋提希若欲至心生西方者先
當觀於一丈六像在池水上如先所說无量
壽佛身量无邊非是凡夫心力所及然彼如
來宿願力故有憶想者必得成就但想佛像
得无量福況復觀佛具足身相阿彌陀佛神
通如意於十方國變現自在或現大身滿虛
空中或現小身丈六八尺所現之形皆真金
色圓光化佛及寶蓮華如上所說觀世音菩
薩及大勢至於一切處身同衆生但觀首相
知是觀世音知是大勢至此二菩薩助阿彌
陀佛普化一切是爲雜想觀名第十三觀
佛告阿難及韋提希上品上生者若有衆生
願生彼國者發三種心即便往生何等爲三
一者至誠心二者深心三者迴向願願心具三
心者必生彼國復有三種衆生當得往生何
等爲三一者慈心不殺具諸戒行二者讀誦
大乘方等經典三者修行六念迴向發願願
生彼國具此功德一日乃至七日即得往生彼
生彼國時此人精進勇猛故阿彌陀如來與
觀世音大勢至无數化佛百千比丘聲聞大
衆无量諸天七寶宮殿觀世音菩薩勢金
剛臺與大勢至菩薩至行者前阿彌陀佛放
大光明照行者身與諸菩薩授手迎接觀世
音大勢至與无數菩薩讚歎行者勸進其
心行者見已歡喜踊躍自見其身乘金剛臺
隨從佛後如彈指頃往生彼國生彼國已見佛

剛臺與大勢至菩薩至行者前阿弥陀佛放
大光明照行者身與諸菩薩授手迎接觀世
音大勢至與无數菩薩讚嘆行者勸進其
心行者見已歡喜踊躍自見其身乘金剛臺
隨從佛後如彈指須往生彼國生彼國已見佛
色身衆相具足見諸菩薩色相具足光明寶
林演說妙法聞已即悟无生法忍逕須臾間
歷事諸佛遍十方界於諸佛前次第受記還
至本國得无量百千陁羅尼門是名上品上
生者
上品中生者不必受持讀誦方等經典善解
義趣於第一義心不驚動深信因果不謗大
乘以此功德迴向願求生極樂國行此行者
命欲終時阿弥陁佛與觀世音大勢至无量
大衆眷屬圍遶持紫金臺至行者前讚言法
子汝行大乘解第一義是故我今來迎接汝
與千化佛一時授手行者自見坐紫金臺合
掌叉手讚歎諸佛如一念頃即生彼國七寶
池中此紫金臺如大寶華經宿則開行者身
作紫磨金色足下亦有七寶蓮華佛及菩
薩俱時放光照行者身目即開明因前宿習普
聞衆聲純說甚深第一義諦即下金臺礼佛
合掌讚嘆世尊逕於七日應時即於阿耨多
羅三藐三菩提得不退轉應時即能飛至十
方歷事諸佛於諸佛所脩諸三昧經一小劫
得无生忍現前受記是名上品中生者
上品下生者亦信因果不謗大乘但發无上道
心以此功德迴向願求生極樂國行者命

BD05347號　觀無量壽佛經

（17–12）

合掌讚嘆世尊逕於七日應時即於阿耨多
羅三藐三菩提得不退轉應時即能飛至十
方歷事諸佛於諸佛所脩諸三昧經一小劫
得无生忍現前受記是名上品中生者
上品下生者亦信因果不謗大乘但發无上道
心以此功德迴向願求生極樂國行者命
欲終時阿弥陁佛及觀世音大勢至與諸眷
屬持金蓮華化作五百化佛來迎此人五百
化佛一時授手讚言法子汝今清淨發无上
道心我來迎汝見此事時即自見身坐金蓮
華坐已華合隨世尊後即得往生七寶池中
一日一夜蓮華乃開七日之中乃得見佛雖見
佛身於衆相好心不明了於三七日後乃了
了見聞衆音聲皆演妙法遊歷十方供養
諸佛於諸佛前聞甚深法經三小劫得百法
明門住歡喜地是名上品下生者是名上輩
生想名第十四觀
復次阿難及韋提希中品上生者若有衆生
受持五戒持八戒齋脩行諸戒不造五逆无
諸過惡以此善根迴向願求生於西方極樂世
界臨命終時阿弥陁佛與諸比丘眷屬圍遶
放金色光至其人所演說苦空无常无我
讚嘆出家得離衆苦行者見已心大歡喜自
見已身坐蓮華臺長跪合掌為佛作礼未
舉頭頃即得往生極樂世界蓮華尋開當
華敷時聞衆音聲讚歎四諦應時即得阿羅漢
道三明六通具八解脫是名中品上生者
中品下生者若有善男子善女人孝養父母

BD05347號　觀無量壽佛經

（17–13）

讃嘆出家得離衆苦行者自見已心大歡喜自
見己身坐蓮華臺長跪合掌爲佛作礼未
舉頭頃即得往生極樂世界蓮華尋開當
華敷時聞衆音聲讃歎四諦應時即得阿羅漢
道三明六通具八解脱是名中品上生者
中品下生者若有善男子善女人孝養父母
行世仁慈此人命欲終時遇善知識爲其廣
說阿弥陁佛國土樂事亦說法藏比丘卌八
大願聞此事已尋即命終譬如壯士屈申臂
頃即生西方極樂世界不生經七日遇觀世音
及大勢至聞法歡喜過一小劫成阿羅漢是
名中品下生者是名中輩生想名第十五觀
復次阿難及韋提希下品上生者或有衆生
作衆惡業雖不誹謗方等經典如此愚人多
造衆惡无有慙愧命欲終時遇善知識爲讃
大乘十二部經首題名字以聞如是諸經名
故除却千劫極重惡業智者復教合掌叉
手稱南无阿弥陁佛稱佛名故除五十億劫生
死之罪尒時彼佛即遣化佛化觀世音化大
勢至行者前讃言善男子以汝稱佛名故
諸罪消滅我来迎汝作是語已行者即見化
佛光明遍滿其室見已歡喜即便命終乘寶
蓮華隨化佛後生寶池中經七七日蓮華乃
敷當華敷時大悲觀世音菩薩放大光明住
其人前爲說甚深十二部經聞已信解發无
上道心經十小劫具百法明門得入初地是
名下品上生者得聞佛名法名及聞僧名聞
三寶名即得往生

BD05347 號　觀無量壽佛經　（17–14）

敷當華敷時大悲觀世音菩薩放大光明住
其人前爲說甚深十二部經聞已信解發无
上道心經十小劫具百法明門得入初地是
名下品上生者得聞佛名法名及聞僧名聞
三寶名即得往生
復次阿難及韋提希下品中生者或有衆生
毀犯五戒八戒及具足戒如此愚人偷僧祇
物盜現前僧物不淨說法无有慙愧以諸惡
業而自莊嚴如此罪人以惡業故應墮地獄
命欲終時地獄衆火一時俱至遇善知識以
大慈悲爲說阿弥陁佛十力威德廣說彼佛
光明神力亦讃戒定慧解脫解脫知見此人
聞已除八十億劫生死之罪地獄猛火化爲
清涼風吹諸天華華上皆有化佛菩薩迎
接此人如一念頃即得往生七寶池中蓮華之
內經於六劫蓮華乃敷觀世音大勢至以梵
音聲安慰彼人爲說大乘甚深經典聞此法
已應時即發无上道心是名下品中生者
佛告阿難及韋提希下品下生者或有衆生
作不善業五逆十惡具諸不善如此愚人以
惡業故應墮惡道經歷多劫受苦无窮如
此愚人臨命終時遇善知識種種安慰爲說妙
法教令念佛彼人苦逼不遑念佛善友告言
汝若不能念佛者應稱无量壽佛如是至心
令聲不絕具足十念稱南无阿弥陁佛稱佛
名故於念念除八十億劫生死之罪命終之時
見金蓮華猶如日輪住其人前如一念頃
即得往生極樂世界於蓮華中滿十二大

BD05347 號　觀無量壽佛經　（17–15）

汝若不能念佛者應稱无量壽佛如是至心
令聲不絶具足十念稱南无阿弥陁佛稱佛
名故於念念除八十億劫生死之罪命終之時
見金蓮華猶如日輪住其人前如一念頃
即得往生極樂世界於蓮華中滿十二大
劫蓮華方開觀世音大勢至以大悲音聲為
其廣說諸法實相除滅罪法聞已歡喜應
時即發菩提之心是名下品下生者是名下
輩生想名第十六觀
說是語時韋提希與五百侍女聞佛所說應
時即見極樂世界廣長之相得見佛身及二
菩薩心生歡喜嘆未曾有廓然大悟逮无生
忍五百侍女發阿耨多羅三藐三菩提心願
生彼國世尊悉記皆當往生彼國已得諸佛
現前三昧无量諸天發无上道心
尒時阿難即從座起前白佛言世尊當何名
此經此法之要當云何受持佛告阿難此經
名觀極樂國土无量壽佛觀觀世音菩薩
大勢至菩薩亦名淨除業障生諸佛前汝
當受持无令忘失行此三昧者現身得見无
量壽佛及二大士若善男子善女人但聞佛名
二菩薩名除无量劫生死之罪何況憶念若念
佛者當知此人是人中芬陁利華觀世音菩薩
大勢至菩薩為其勝友當坐道場生諸佛
家佛告阿難汝好持是語持是語者即是持
无量壽佛名佛說此語時尊者目揵連阿難
及韋提希等聞佛所說皆大歡喜尒時世尊
足步虛空還耆闍崛山尒時阿難廣為大

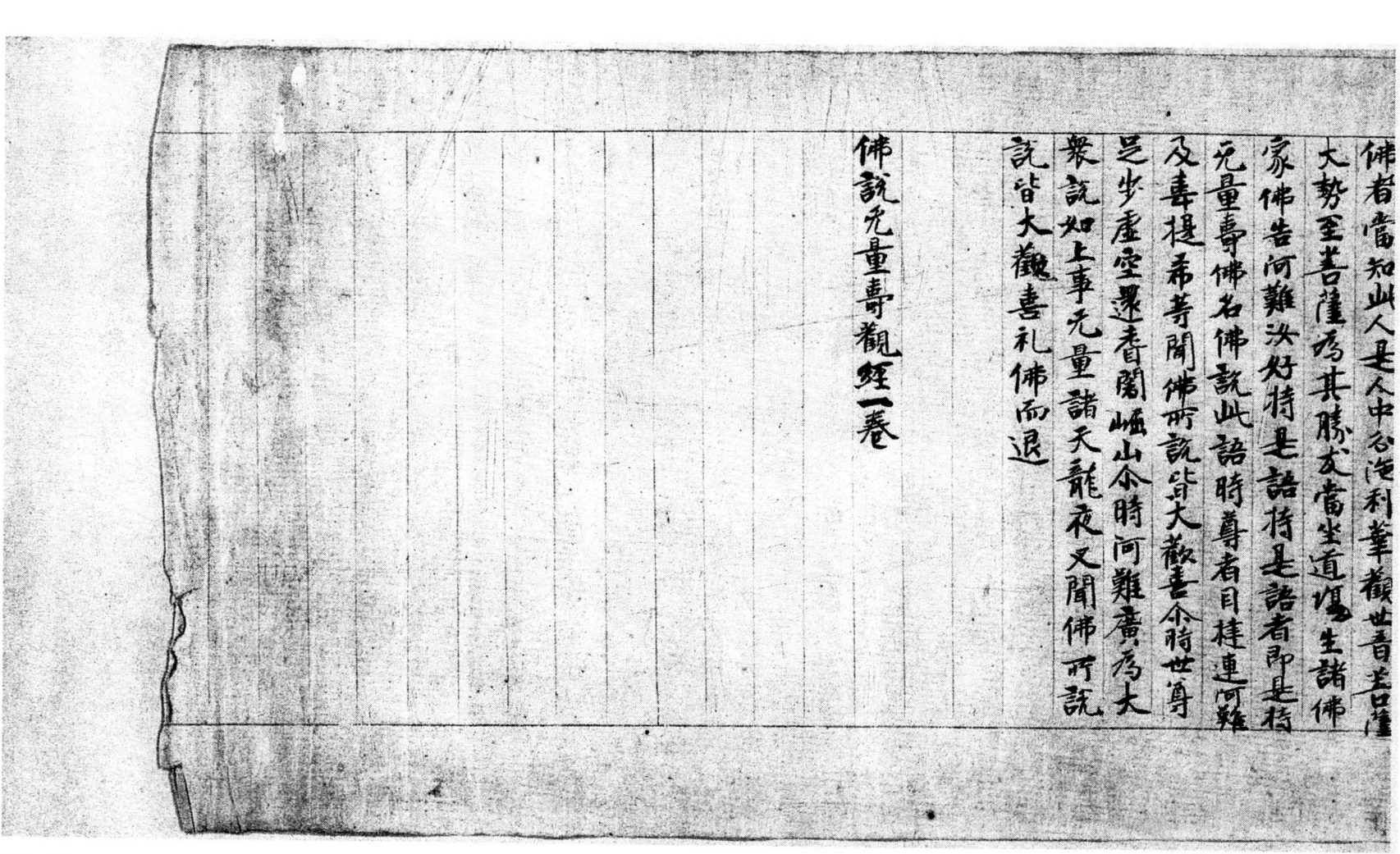

佛者當知此人是人中芬陁利華觀世音菩薩
大勢至菩薩為其勝友當坐道場生諸佛
家佛告阿難汝好持是語持是語者即是持
无量壽佛名佛說此語時尊者目揵連阿難
及韋提希等聞佛所說皆大歡喜尒時世尊
足步虛空還耆闍崛山尒時阿難廣為大
衆說如上事无量諸天龍夜叉聞佛所說
皆大歡喜礼佛而退

佛說无量壽觀經一卷

說意趣難解舍利弗吾從成佛已來種種因
緣種種譬喻廣演言教无數方便引導衆生
令離諸著所以者何如來方便知見波羅蜜
皆已具足舍利弗如來知見廣大深遠无量
无礙力无所畏禪定解脫三昧深入无際成
就一切未曾有法舍利弗如來能種種分別
巧說諸法言辭柔軟悅可衆心舍利弗取要
言之无量无邊未曾有法佛悉成就止舍利
弗不須復說所以者何佛所成就第一希有
難解之法唯佛與佛乃能究盡諸法實相所
謂諸法如是相如是性如是體如是力如是
作如是因如是緣如是果如是報如是本末
究竟等尒時世尊欲重宣此義而說偈言
世雄不可量　諸天及世人　一切衆生類　无能知佛者
佛力无所畏　解脫諸三昧　及佛諸餘法　无能測量者
本從无數佛　具足行諸道　甚深微妙法　難見難可了
於无量億劫　行此諸道已　道場得成果　我已悉知見
如是大果報　種種性相義　我及十方佛　乃能知是事
是法不可示　言辭相寂滅　諸餘衆生類　无有能得解

BD05348 號　妙法蓮華經卷一　（7-1）

世雄不可量　諸天及世人　一切衆生類　无能知佛者
佛力无所畏　解脫諸三昧　及佛諸餘法　无能測量者
本從无數佛　具足行諸道　甚深微妙法　難見難可了
於无量億劫　行此諸道已　道場得成果　我已悉知見
如是大果報　種種性相義　我及十方佛　乃能知是事
是法不可示　言辭相寂滅　諸餘衆生類　无有能得解
除諸菩薩衆　信力堅固者　諸佛弟子衆　曾供養諸佛
一切漏已盡　住是最後身　如是諸人等　其力所不堪
假使滿世間　皆如舍利弗　盡思共度量　不能測佛智
正使滿十方　皆如舍利弗　及餘諸弟子　亦滿十方剎
盡思共度量　亦復不能知　辟支佛利智　无漏最後身
亦滿十方界　其數如竹林　斯等共一心　於億无量劫
欲思佛實智　莫能知少分　新發意菩薩　供養无數佛
了達諸義趣　又能善說法　如稻麻竹葦　充滿十方剎
一心以妙智　於恒河沙劫　咸皆共思量　不能知佛智
不退諸菩薩　其數如恒沙　一心共思求　亦復不能知
又告舍利弗　无漏不思議　甚深微妙法　我今已具得
唯我知是相　十方佛亦然　舍利弗當知　諸佛語无異
於佛所說法　當生大信力　世尊法久後　要當說真實
告諸聲聞衆　及求緣覺乘　我令脫苦縛　逮得涅槃者
佛以方便力　示以三乘教　衆生處處著　引之令得出
尒時大衆中有諸聲聞漏盡阿羅漢阿若憍
陳如等千二百人及發聲聞辟支佛心比丘
比丘尼優婆塞優婆夷各作是念今者世尊
何故慇懃稱歎方便而作是言佛所得法甚
深難解有所言說意趣難知一切聲聞辟支

BD05348 號　妙法蓮華經卷一　（7-2）

尒時大衆中有諸聲聞漏盡阿羅漢阿若憍
陳如等千二百人及發聲聞辟支佛心比丘
比丘尼優婆塞優婆夷各作是念今者世尊
何故慇懃稱歎方便而作是言佛所得法甚
深難解有所言說意趣難知一切聲聞辟支
佛所不能及佛說一解脫義我等亦得此法
到於涅槃而今不知是義所趣尒時舍利弗
知四衆心疑自亦未了而白佛言世尊何因
何緣慇懃稱歎諸佛第一方便甚深微妙
難解之法我自昔來未曾從佛聞如是說今者
四衆咸皆有疑唯願世尊敷演斯事世尊何
故慇懃稱歎甚深微妙難解之法尒時舍利
弗欲重宣此義而說偈言
慧日大聖尊　久乃說是法　自說得如是　力无畏三昧
禪定解脫等　不可思議法　道場所得法　无能發問者
我意難可測　亦无能問者　无問而自說　稱歎所行道
智慧甚微妙　諸佛之所得　无漏諸羅漢　及求涅槃者
今皆墮疑網　佛何故說是　其求緣覺者　比丘比丘尼
諸天龍鬼神　及乾闥婆等　相視懷猶豫　瞻仰兩足尊
是事為云何　願佛為解說　於諸聲聞衆　佛說我第一
我今自於智　疑惑不能了　為是究竟法　為是所行道
佛口所生子　合掌瞻仰待　願出微妙音　時為如實說
諸天龍神等　其數如恒沙　求佛諸菩薩　大數有八万
又諸万億國　轉輪聖王至　合掌以敬心　欲聞具足道
尒時佛告舍利弗止止不須復說若說是事
一切世間諸天及人皆當驚疑舍利弗重白

BD05348號　妙法蓮華經卷一

（7–3）

佛口所生子　合掌瞻仰待　願出微妙音　時為如實說
諸天龍神等　其數如恒沙　求佛諸菩薩　大數有八万
又諸万億國　轉輪聖王至　合掌以敬心　欲聞具足道
尒時佛告舍利弗止止不須復說若說是事
一切世間諸天及人皆當驚疑舍利弗重白
佛言世尊唯願說之唯願說之所以者何是
會无數百千万億阿僧祇衆生曾見諸佛諸
根猛利智慧明了聞佛所說則能敬信尒時
舍利弗欲重宣此義而說偈言
法王无上尊　唯說願勿慮　是會无量衆　有能敬信者
佛復止舍利弗若說是事一切世間天人阿
脩羅皆當驚疑增上慢比丘將墜於大坑尒
時世尊重說偈言
止止不須說　我法妙難思　諸增上慢者　聞必不敬信
尒時舍利弗重白佛言世尊唯願說之唯願
說之今此會中如我等比百千万億世世已
曾從佛受化如此人等必能敬信長夜安隱
多所饒益尒時舍利弗欲重宣此義而說偈
言
无上兩足尊　願說第一法　我為佛長子　唯垂分別說
是會无量衆　能敬信此法　佛已曾世世　教化如是等
皆一心合掌　欲聽受佛語　我等千二百　及餘求佛者
願為此衆故　唯垂分別說　是等聞此法　則生大歡喜
尒時世尊告舍利弗汝已慇懃三請豈得不
說汝今諦聽善思念之吾當為汝分別解說
說此語時會中有比丘比丘尼優婆塞優婆

BD05348號　妙法蓮華經卷一

（7–4）

是會无量衆　能敬信此法　佛已曾世世　教化如是等
皆一心合掌　欲聽受佛語　我等千二百　及餘求佛者
願爲此衆故　唯垂分別說　是等聞此法　則生大歡喜
尒時世尊告舍利弗汝已慇懃三請豈得不
說汝今諦聽善思念之吾當爲汝分別解說
說此語時會中有比丘比丘尼優婆塞優婆
夷五千人等即從座起礼佛而退所以者何
此輩罪根深重及增上慢未得謂得未證謂
證有如此失是以不住世尊默然而不制止
尒時佛告舍利弗我今此衆无復枝葉純有
貞實舍利弗如是增上慢人退亦佳矣汝今
善聽當爲汝說舍利弗言唯然世尊願樂欲
聞佛告舍利弗如是妙法諸佛如來時乃說
之如優曇鉢華時一現耳舍利弗汝等當信
佛之所說言不虛妄舍利弗諸佛隨宜說法
意趣難解所以者何我以无數方便種種因
緣譬喻言辭演說諸法是法非思量分別之
所能解唯有諸佛乃能知之所以者何諸佛
世尊唯以一大事因緣故出現於世舍利
弗云何名諸佛世尊唯以一大事因緣故出現
於世諸佛世尊欲令衆生開佛知見使得清
淨故出現於世欲示衆生佛之知見故出現
於世欲令衆生悟佛知見故出現於世欲令
衆生入佛知見道故出現於世舍利弗是爲
諸佛唯以一大事因緣故出現於世佛告舍
利弗諸佛如來但教化菩薩諸有所作常爲

BD05348號　妙法蓮華經卷一　（7–5）

淨故出現於世欲示衆生佛之知見故出現
於世欲令衆生悟佛知見故出現於世欲令
衆生入佛知見道故出現於世舍利弗是爲
諸佛唯以一大事因緣故出現於世佛告舍
利弗諸佛如來但教化菩薩諸有所作常爲
一事唯以佛之知見示悟衆生舍利弗如來
但以一佛乘故爲衆生說法无有餘乘若二
若三舍利弗一切十方諸佛法亦如是舍利
弗過去諸佛以无量无數方便種種因緣譬
喻言辭而爲衆生演說諸法是法皆爲一佛
乘故是諸衆生從諸佛聞法究竟皆得一切
種智舍利弗未來諸佛當出於世亦以无量
无數方便種種因緣譬喻言辭而爲衆生演
說諸法是法皆爲一佛乘故是諸衆生從佛
聞法究竟皆得一切種智舍利弗現在十方
无量百千万億佛土中諸佛世尊多所饒益
安樂衆生是諸佛亦以无量无數方便種種因緣
譬喻言辭而爲衆生演說諸法是法皆爲
一佛乘故是諸衆生從佛聞法究竟皆得
一切種智舍利弗是諸佛但教化菩薩欲以
佛之知見示衆生故欲以佛之知見悟衆生
故欲令衆生入佛知見故舍利弗我今亦復
如是知諸衆生有種種欲深心所著隨其本
性以種種因緣譬喻言辭方便力故而爲說
法舍利弗如此皆爲得一佛乘一切種智故
舍利弗十方世界中尚无二乘何況有三舍

BD05348號　妙法蓮華經卷一　（7–6）

故欲令衆生入佛知見故舍利弗我今亦復
如是知諸衆生有種種欲深心所著隨其本
性以種種因緣譬喻言辭方便力故而為說
法舍利弗如此皆為得一佛乘一切種智故
舍利弗十方世界中尚无二乘何况有三舍
利弗諸佛出於五濁惡世所謂劫濁煩惱濁
衆生濁見濁命濁如是舍利弗劫濁亂時衆
生垢重慳貪嫉妬成就諸不善根故諸佛以
方便力於一佛乘分別說三舍利弗若我
弟子自謂阿羅漢辟支佛者不聞不知諸佛
如來但教化菩薩事此非佛弟子非阿羅漢非辟
支佛又舍利弗是諸比丘比丘尼自謂已得
阿羅漢是最後身究竟涅槃便不復志求
阿耨多羅三藐三菩提當知此輩皆是增上
慢人所以者何若有比丘實得阿羅漢若不
信此法无有是處除佛滅度後現前无佛所
以者何佛滅度後如是等經受持讀誦解義
者是人難得若遇餘佛於此法中便得決了
舍利弗汝等當一心信解受持佛語諸佛如
來言无虛妄无有餘乘唯一佛乘尒時世尊
欲重宣此義而說偈言
比丘比丘尼　有懷增上慢　優婆塞我慢　優婆夷不信
如是四衆等　其數有五千　不自見其過　於戒有缺漏

BD05348 號　妙法蓮華經卷一　（7–7）

別无斷故善現知者清淨即一切陁羅尼門
清淨一切陁羅尼門清淨即知者清淨何以
故是知者清淨與一切陁羅尼門清淨无二
无二分无別无斷故知者清淨即一切三摩
地門清淨一切三摩地門清淨即知者清淨
何以故是知者清淨與一切三摩地門清淨
无二无二分无別无斷故善現知者清淨即
預流果清淨預流果清淨即知者清淨何以
故是知者清淨與預流果清淨无二无二分
无別无斷故知者清淨即一來不還阿羅漢
果清淨一來不還阿羅漢果清淨即知者清
淨何以故是知者清淨與一來不還阿羅漢
果清淨无二无二分无別无斷故善現知
者清淨即獨覺菩提清淨獨覺菩提清淨
即知者清淨何以故是知者清淨與獨覺菩
提清淨无二无二分无別无斷故善現知者
清淨即一切菩薩摩訶薩行清淨一切菩薩
摩訶薩行清淨即知者清淨何以故是知者
清淨與一切菩薩摩訶薩行清淨无二无二分无
別无斷故善現知者清淨即諸佛无上正等
菩提清淨諸佛无上正等菩提清淨即知者

BD05349 號　大般若波羅蜜多經卷一九五　（2–1）

故是知者清淨與預流果清淨无二无二分
无別无斷故知者清淨即一來不還阿羅漢
果清淨一來不還阿羅漢果清淨即知者清
淨何以故是知者清淨與一來不還阿羅漢
果清淨无二无二分无別无斷故善現知
者清淨即獨覺菩提清淨獨覺菩提清淨
即知者清淨何以故是知者清淨與獨覺菩
提清淨无二无二分无別无斷故善現知者
清淨即一切菩薩摩訶薩行清淨一切菩薩
摩訶薩行清淨即知者清淨何以故是知者
清淨與一切菩薩摩訶薩行清淨无二无二分无
別无斷故善現知者清淨即諸佛无上正等
菩提清淨諸佛无上正等菩提清淨即知者
清淨何以故是知者清淨與諸佛无上正等
菩提清淨无二无二分无別无斷故
復次善現見者清淨即色清淨色清淨即
見者清淨何以故是見者清淨與色清淨无
二无二分无別无斷故見者清淨即受想行
識清淨受想行識清淨即見者清淨何以故
是見者清淨與受想行識清淨无二无二分

BD05349號　大般若波羅蜜多經卷一九五　（2–2）

薩為色界無滅故學是學一切智智不為聲
香味觸法界無滅故學是學一切智智不若
菩薩摩訶薩為色界本來寂靜故學是學一
切智智不為聲香味觸法界本來寂靜故學
是學一切智智不若菩薩摩訶薩為色界自
性涅槃故學是學一切智智不為聲香味觸
法界自性涅槃故學是學一切智智不
世尊若菩薩摩訶薩為眼識界盡故學是學
一切智智不為耳鼻舌身意識界盡故學是
學一切智智不若菩薩摩訶薩為眼識界離
故學是學一切智智不為耳鼻舌身意識界
離故學是學一切智智不若菩薩摩訶薩為
眼識界滅故學是學一切智智不為耳鼻舌身
意識界滅故學是學一切智智不若菩薩
摩訶薩為眼識界無生故學是學一切智智
不為耳鼻舌身意識界無生故學是學一切
智智不若菩薩摩訶薩為眼識界無滅故學
是學一切智智不為耳鼻舌身意識界無滅
故學是學一切智智不若菩薩摩訶薩為眼
識界本來寂靜故學是學一切智智不為耳

BD05350號　大般若波羅蜜多經卷三三八　（6–1）

意識界滅故學是學一切智智不若菩薩
摩訶薩為眼識界無生故學是學一切智智
不為耳鼻舌身意識界無生故學是學一切
智智不若菩薩摩訶薩為眼識界無滅故學
是學一切智智不為耳鼻舌身意識界無滅
故學是學一切智智不若菩薩摩訶薩為眼
識界本來寂靜故學是學一切智智不為耳
鼻舌身意識界本來寂靜故學是學一切智
智不若菩薩摩訶薩為眼識界自性涅槃故
學是學一切智智不為耳鼻舌身意識界自
性涅槃故學是學一切智智不
世尊若菩薩摩訶薩為眼觸盡故學是學一
切智智不為耳鼻舌身意觸盡故學是學一
切智智不若菩薩摩訶薩為眼觸離故學是
學一切智智不為耳鼻舌身意觸離故學是
學一切智智不若菩薩摩訶薩為眼觸滅故
學是學一切智智不為耳鼻舌身意觸滅故
學是學一切智智不若菩薩摩訶薩為眼觸
無生故學是學一切智智不為耳鼻舌身意
觸無生故學是學一切智智不若菩薩摩訶
薩為眼觸無滅故學是學一切智智不為耳
鼻舌身意觸無滅故學是學一切智智不若
菩薩摩訶薩為眼觸本來寂靜故學是學一
切智智不為耳鼻舌身意觸本來寂靜故學
是學一切智智不若菩薩摩訶薩為眼觸自
性涅槃故學是學一切智智不為耳鼻舌身

BD05350號　大般若波羅蜜多經卷三三八

（6–2）

菩薩摩訶薩為眼觸本來寂靜故學是學一
切智智不為耳鼻舌身意觸本來寂靜故學
是學一切智智不若菩薩摩訶薩為眼觸自
性涅槃故學是學一切智智不為耳鼻舌身
意觸自性涅槃故學是學一切智智不
世尊若菩薩摩訶薩為眼觸為緣所生諸受
盡故學是學一切智智不為耳鼻舌身意觸
為緣所生諸受盡故學是學一切智智不若
菩薩摩訶薩為眼觸為緣所生諸受離故學
是學一切智智不為耳鼻舌身意觸為緣所
生諸受離故學是學一切智智不若菩薩摩
訶薩為眼觸為緣所生諸受滅故學是學一
切智智不為耳鼻舌身意觸為緣所生諸受
滅故學是學一切智智不若菩薩摩訶薩為
眼觸為緣所生諸受無生故學是學一切智
智不為耳鼻舌身意觸為緣所生諸受無生
故學是學一切智智不若菩薩摩訶薩為眼
觸為緣所生諸受無滅故學是學一切智
不為耳鼻舌身意觸為緣所生諸受無滅故
學是學一切智智不若菩薩摩訶薩為眼觸
為緣所生諸受本來寂靜故學是學一切智
智不為耳鼻舌身意觸為緣所生諸受本來
寂靜故學是學一切智智不若菩薩摩訶薩
為眼觸為緣所生諸受自性涅槃故學是學
一切智智不為耳鼻舌身意觸為緣所生諸
受自性涅槃故學是學一切智智不

BD05350號　大般若波羅蜜多經卷三三八

（6–3）

智不為耳鼻舌身意觸為緣所生諸受本來
寂靜故學是學一切智智不若菩薩摩訶薩
為眼觸為緣所生諸受自性涅槃故學是學
一切智智不為耳鼻舌身意觸為緣所生諸
受自性涅槃故學是學一切智智不
世尊若菩薩摩訶薩為地界盡故學是學一
切智智不為水火風空識界盡故學是學一
切智智不若菩薩摩訶薩為地界離故學是
學一切智智不為水火風空識界離故學是
學一切智智不若菩薩摩訶薩為地界滅故
學是學一切智智不為水火風空識界滅故
學是學一切智智不若菩薩摩訶薩為地界
不生故學是學一切智智不為水火風空識
界無生故學是學一切智智不若菩薩摩訶
薩為地界無滅故學是學一切智智不為水
火風空識界無滅故學是學一切智智不若
菩薩摩訶薩為地界本來寂靜故學是學一
切智智不為水火風空識界本來寂靜故學
是學一切智智不若菩薩摩訶薩為地界自
性涅槃故學是學一切智智不為水火風　空
識界自性涅槃故學是學一切智智不
世尊若菩薩摩訶薩為無明盡故學是學一
切智智不為行識名色六處觸受愛取有生
老死盡故學是學一切智智不若菩薩摩訶
薩為無明離故學是學一切智智不為行識
名色六處觸受愛取有生老死離故學是學
一切智智不若菩薩摩訶薩為無明滅故學

BD05350號　大般若波羅蜜多經卷三三八　（6–4）

世尊若菩薩摩訶薩為無明盡故學是學一
切智智不為行識名色六處觸受愛取有生
老死盡故學是學一切智智不若菩薩摩訶
薩為無明離故學是學一切智智不為行識
名色六處觸受愛取有生老死離故學是學
一切智智不若菩薩摩訶薩為無明滅故學
是學一切智智不為行識名色六處觸受愛
取有生老死滅故學是學一切智智不若菩
薩摩訶薩為無明無生故學是學一切智智
不為行識名色六處觸受愛取有生老死無
生故學是學一切智智不若菩薩摩訶薩為
無明無滅故學是學一切智智不為行識名
色六處觸受愛取有生老死無滅故學是學
一切智智不若菩薩摩訶薩為無明本來寂
靜故學是學一切智智不為行識名色六處
觸受愛取有生老死本來寂靜故學是學一
切智智不若菩薩摩訶薩為無明自性涅槃
故學是學一切智智不為行識名色六處觸
受愛取有生老死自性涅槃故學是學一　切
智智不
世尊若菩薩摩訶薩為布施波羅蜜多盡故
學是學一切智智不為淨戒安忍精進靜慮
般若波羅蜜多盡故學是學一切智智不若
菩薩摩訶薩為布施波羅蜜多離故學是學
一切智智不為淨戒安忍精進靜慮般若波
羅蜜多離故學是學一切智智不若菩薩摩
訶薩為布施波羅蜜多滅故學是學一切智

BD05350號　大般若波羅蜜多經卷三三八　（6–5）

智智不
世尊若菩薩摩訶薩為布施波羅蜜多盡故
學是學一切智智不為淨戒安忍精進靜慮
般若波羅蜜多盡故學是學一切智智不若
菩薩摩訶薩為布施波羅蜜多離故學是學
一切智智不為淨戒安忍精進靜慮般若波
羅蜜多離故學是學一切智智不若菩薩摩
訶薩為布施波羅蜜多滅故學是學一切智
智不為淨戒安忍精進靜慮般若波羅蜜多
滅故學是學一切智智不若菩薩摩訶薩為
布施波羅蜜多無生故學是學一切智智不
為淨戒安忍精進靜慮般若波羅蜜多無生
故學是學一切智智不若菩薩摩訶薩為布
施波羅蜜多無滅故學是學一切智智不為
淨戒安忍精進靜慮般若波羅蜜多無滅故
學是學一切智智不若菩薩摩訶薩為布施

BD05350號　大般若波羅蜜多經卷三三八　（6–6）

摩地門慶喜當知以無明無二為方便無生
為方便無所得為方便迴向一切智智脩習
菩薩摩訶薩行以行識名色六處觸受愛取
有生老死愁歎苦憂惱無二為方便無生為
方便無所得為方便迴向一切智智脩習菩
薩摩訶薩行慶喜當知以無明無二為方便
無生為方便無所得為方便迴向一切智智
脩習無上正等菩提以行識名色六處觸受
愛取有生老死愁歎苦憂惱無二為方便
無生為方便無所得為方便迴向一切智智
脩習無上正等菩提
慶喜當知以內空無二為方便無生為方便
無所得為方便迴向一切智智脩習布施淨
戒安忍精進靜慮般若波羅蜜多以外空內
外空空空大空勝義空有為空無為空畢竟
空無際空散空無變異空本性空自相空共
相空一切法空不可得空無性空自性空無

BD05351號　大般若波羅蜜多經卷一〇九　（10–1）

脩習無上正等菩提
慶喜當知以内空無二為方便無生為方便
無所得為方便迴向一切智智脩習布施淨
戒安忍精進靜慮般若波羅蜜多以外空内
外空空空大空勝義空有為空無為空畢竟
空無際空散空無變異空本性空自相空共
相空一切法空不可得空無性空自性空無
性自性空無二為方便無生為方便無所得
為方便迴向一切智智脩習布施淨戒安忍
精進靜慮般若波羅蜜多慶喜當知以内空
無二為方便無生為方便無所得為方便迴
向一切智智安住内空外空内外空空空大
空勝義空有為空無為空畢竟空無際空散
空無變異空本性空自相空共相空一切法
空不可得空無性空自性空無性自性空以
外空内外空空空大空勝義空有為空無為
空畢竟空無際空散空無變異空本性空自
相空共相空一切法空不可得空無性空自
性空無性自性空無二為方便無生為方便
無所得為方便迴向一切智智安住内空乃
至無性自性空慶喜當知以内空無二為方
便無生為方便無所得為方便迴向一切智
智安住真如法界法性不虛妄性不變異性
平等性離生性法定法住實際虛空界不思
議界以外空内外空空空大空勝義空有為
空無為空畢竟空無際空散空無變異空

BD05351號　大般若波羅蜜多經卷一〇九　（10–2）

智安住真如法界法性不虛妄性不變異性
平等性離生性法定法住實際虛空界不思
議界以外空内外空空空大空勝義空有為
空無為空畢竟空無際空散空無變異空
本性空自相空共相空一切法空不可得空
無性空自性空無性自性空無二為方便無
生為方便無所得為方便迴向一切智智安
住真如乃至不思議界慶喜當知以内空無
二為方便無生為方便無所得為方便迴向
一切智智安住苦集滅道聖諦以外空内外
空空空大空勝義空有為空無為空畢竟空
無際空散空無變異空本性空自相空共相
空一切法空不可得空無性空自性空無性
自性空無二為方便無生為方便無所得為
方便迴向一切智智安住苦集滅道聖諦慶
喜當知以内空無二為方便無生為方便無
所得為方便迴向一切智智脩習四靜慮四無
量四無色定以外空内外空空空大空勝義
空有為空無為空畢竟空無際空散空無變
異空本性空自相空共相空一切法空不可
得空無性空自性空無性自性空無二為方
便無生為方便無所得為方便迴向一切智
智脩習四靜慮四無量四無色定慶喜當知
以内空無二為方便無生為方便無所得為
方便迴向一切智智脩習八解脫八勝處九
次第定十遍處以外空内外空空空大空勝

BD05351號　大般若波羅蜜多經卷一〇九　（10–3）

得空無性空自性空無性自性空無二為方
便無生為方便無所得為方便迴向一切智
智脩習四靜慮四無量四無色定慶喜當知
以內空無二為方便無生為方便無所得為
方便迴向一切智智脩習八解脫八勝處九
次第定十遍處以外空內外空空空大空勝
義空有為空無為空畢竟空無際空散空無
變異空本性空自相空共相空一切法空不
可得空無性空自性空無性自性空無二為
方便無生為方便無所得為方便迴向一切
智智脩習八解脫八勝處九次第定十遍處
慶喜當知以內空無二為方便無生為方便
無所得為方便迴向一切智智脩習四念住
四正斷四神足五根五力七等覺支八聖道
支以外空內外空空空大空勝義空有為空
無為空畢竟空無際空散空無變異空本性
空自相空共相空一切法空不可得空無性
空自性空無性自性空無二為方便無生為
方便無所得為方便迴向一切智智脩習四
念住四正斷四神足五根五力七等覺支八
聖道支慶喜當知以內空無二為方便無生
為方便無所得為方便迴向一切智智脩習
空解脫門無相解脫門無願解脫門以外空
內外空空空大空勝義空有為空無為空畢
竟空無際空散空無變異空本性空自相空
共相空一切法空不可得空無性空自性空
無性自性空無二為方便無生為方便無所

BD05351號　大般若波羅蜜多經卷一〇九

（10–4）

空解脫門無相解脫門無願解脫門以外空
內外空空空大空勝義空有為空無為空畢
竟空無際空散空無變異空本性空自相空
共相空一切法空不可得空無性空自性空
無性自性空無二為方便無生為方便無所
得為方便迴向一切智智脩習空解脫門無
相解脫門無願解脫門慶喜當知以內空無
二為方便無生為方便無所得為方便迴向
一切智智脩習五眼六神通以外空內外 空
空空大空勝義空有為空無為空畢竟空無
際空散空無變異空本性空自相空共相空
一切法空不可得空無性空自性空無性自
性空無二為方便無生為方便無所得為方
便迴向一切智智脩習五眼六神通慶喜當
知以內空無二為方便無生為方便無所得
為方便迴向一切智智脩習佛十力四無所
畏四無礙解大慈大悲大喜大捨十八佛不
共法以外空內外空空空大空勝義空有為
空無為空畢竟空無際空散空無變異空本
性空自相空共相空一切法空不可得空無
性空自性空無性自性空無二為方便無生
為方便無所得為方便迴向一切智智脩習
佛十力四無所畏四無礙解大慈大悲大喜
大捨十八佛不共法慶喜當知以內空無二
為方便無生為方便無所得為方便迴向一
切智智脩習無忘失法恒住捨性以外空內
外空空空大空勝義空有為空無為空畢竟

BD05351號　大般若波羅蜜多經卷一〇九

（10–5）

為方便無所得為方便迴向一切智智脩習
佛十力四無所畏四無礙解大慈大悲大喜
大捨十八佛不共法慶喜當知以內空無二
為方便無生為方便無所得為方便迴向一
切智智脩習無忘失法恒住捨性以外空內
外空空空大空勝義空有為空無為空畢竟
空無際空散空無變異空本性空自相空共
相空一切法空不可得空無性空自性空無
性自性空無二為方便無生為方便無所得
為方便迴向一切智智脩習無忘失法恒住
捨性慶喜當知以內空無二為方便無生為
方便無所得為方便迴向一切智智脩習一
切智道相智一切相智以外空內外空空空
大空勝義空有為空無為空畢竟空無際空
散空無變異空本性空自相空共相空一切
法空不可得空無性空自性空無性自性空無
二為方便無生為方便無所得為方便迴
向一切智智脩習一切智道相智一切相智
慶喜當知以內空無二為方便無生為方便
無所得為方便迴向一切智智脩習一切陁
羅尼門一切三摩地門以外空內外空空空
大空勝義空有為空無為空畢竟空無際空
散空無變異空本性空自相空共相空一切
法空不可得空無性空自性空無性自性空
無二為方便無生為方便無所得為方便迴
向一切智智脩習一切陁羅尼門一切三摩地
門慶喜當知以內空無二為方便無生為



大空勝義空有為空無為空畢竟空無際空
散空無變異空本性空自相空共相空一切
法空不可得空無性空自性空無性自性空
無二為方便無生為方便無所得為方便迴
向一切智智脩習一切陁羅尼門一切三摩地
門慶喜當知以內空無二為方便無生為
方便無所得為方便迴向一切智智脩習菩
薩摩訶薩行以外空內外空空空大空勝義
空有為空無為空畢竟空無際空散空無變
異空本性空自相空共相空一切法空不可
得空無性空自性空無性自性空無二為方
便無生為方便無所得為方便迴向一切智
智脩習菩薩摩訶薩行慶喜當知以內空無
二為方便無生為方便無所得為方便迴向
一切智智脩習無上缶等菩提以外空內外
空空空大空勝義空有為空無為空畢竟空
無際空散空無變異空本性空自相空共相
空一切法空不可得空無性空自性空無性
自性空無二為方便無生為方便無所得為
方便迴向一切智智脩習無上缶等菩提
慶喜當知以真如無二為方便無生為方便
無所得為方便迴向一切智智脩習布施淨
戒安忍精進靜慮般若波羅蜜多以法界法性
不虛妄性不變異性平等性離生性法定法
住實際虛空界不思議界無二為方便無生
為方便無所得為方便迴向一切智智脩習

方便迴向一
慶喜當知以真如無二為方便無生為方便
無所得為方便迴向一切智智脩習布施淨
戒安忍精進靜慮般若波羅蜜多以法界法性
不虛妄性不變異性平等性離生性法定法
住實際虛空界不思議界無二為方便無生
為方便無所得為方便迴向一切智智脩習
布施淨戒安忍精進靜慮般若波羅蜜多慶
喜當知以真如無二為方便無生為方便無
所得為方便迴向一切智智安住內空外空
內外空空空大空勝義空有為空無為空畢
竟空無際空散空無變異空本性空自相空
共相空一切法空不可得空無性空自性空
無性自性空以法界法性不虛妄性不變異
性平等性離生性法定法住實際虛空界不
思議界無二為方便無生為方便無所得為
方便迴向一切智智安住內空乃至無性自
性空慶喜當知以真如無二為方便無生為
方便無所得為方便迴向一切智智安住真
如法界法性不虛妄性不變異性平等性離
生性法定法住實際虛空界不思議界以法
界法性不虛妄性不變異性平等性離生性
法定法住實際虛空界不思議界無二為方
便無生為方便無所得為方便迴向一切智
智安住真如乃至不思議界慶喜當知以真
如無二為方便無生為方便無所得為方便



界法性不虛妄性不變異性平等性離生性
法定法住實際虛空界不思議界無二為方
便無生為方便無所得為方便迴向一切智
智安住真如乃至不思議界慶喜當知以真
如無二為方便無生為方便無所得為方便
迴向一切智智安住苦集滅道聖諦以法界
法性不虛妄性不變異性平等性離生性法
定法住實際虛空界不思議界無二為方便
無生為方便無所得為方便迴向一切智智
安住苦集滅道聖諦慶喜當知以真如無二
為方便無生為方便無所得為方便迴向一
切智智脩習四靜慮四無量四無色定以法
界法性不虛妄性不變異性平等性離生性
法定法住實際虛空界不思議界無二為方
便無生為方便無所得為方便迴向一切智
智脩習四靜慮四無量四無色定慶喜當知
以真如無二為方便無生為方便無所得為
方便迴向一切智智脩習八解脫八勝處九
次第定十遍處以法界法性不虛妄性不變
異性平等性離生性法定法住實際虛空界
不思議界無二為方便無生為方便無所得
為方便迴向一切智智脩習八解脫八勝處
九次第定十遍處慶喜當知以真如無二為
方便無生為方便無所得為方便迴向一切
智智脩習四念住四正斷四神足五根五力
七等覺支八聖道支以法界法性不虛妄性

異性平等性離生性法定法住實際虛空界
不思議界無二為方便無生為方便無所得
為方便迴向一切智智脩習八解脫八勝處
九次第定十遍處慶喜當知以真如無二為
方便無生為方便無所得為方便迴向一切
智智脩習四念住四正斷四神足五根五力
七等覺支八聖道支以法界法性不虛妄性
不變異性平等性離生性法定法住實際虛
空界不思議界無二為方便無生為方便無
所得為方便迴向一切智智脩習四念住四
正斷四神足五根五力七等覺支八聖道支
慶喜當知以真如無二為方便無生為方便
無所得為方便迴向一切智智脩習空解脫
門無相解脫門無願解脫門以法界法性不
虛妄性不變異性平等性離生性法定法住
實際虛空界不思議界無二為方便無生為
方便無所得為方便迴向一切智智脩習空
解脫門無相解脫門無願解脫門慶喜當知
以真如無二為方便無生為方便無所得為
方便迴向一切智智脩習五眼六神通以法
界法性不虛妄性不變異性平等性離生性

BD05351 號　大般若波羅蜜多經卷一〇九　（10–10）

旡二旡二分旡別
諦清淨集滅道
故是眼清淨與集
旡別旡斷　故
處清淨四靜慮清
善現眼清[illegible]慮
淨即眼清淨何以故是眼清淨與四靜慮
清淨旡二旡二分旡別旡斷故眼清淨即四
旡量四旡色定清淨四旡量四色定清淨
即眼清淨何以故是眼清淨與四旡量四旡
色定清淨旡二旡二分旡別旡斷故善現眼
清淨即八解脫清淨八解脫清淨即眼清淨
何以故是眼清淨與八解脫清淨旡二　旡
二分旡別旡斷故眼清淨即八勝處九次第
定十遍處清淨八勝處九次第定十遍處清
淨即眼清淨何以故是眼清淨與八勝處九
次第定十遍處清淨旡二旡二分旡別旡斷
故善現眼清淨即四念住清淨四念住清淨
即眼清淨何以故是眼清淨與四念住清淨
旡二旡二分旡別旡斷故眼清淨即四正斷
四神足五根五力七等覺支八聖道支清淨
[illegible]

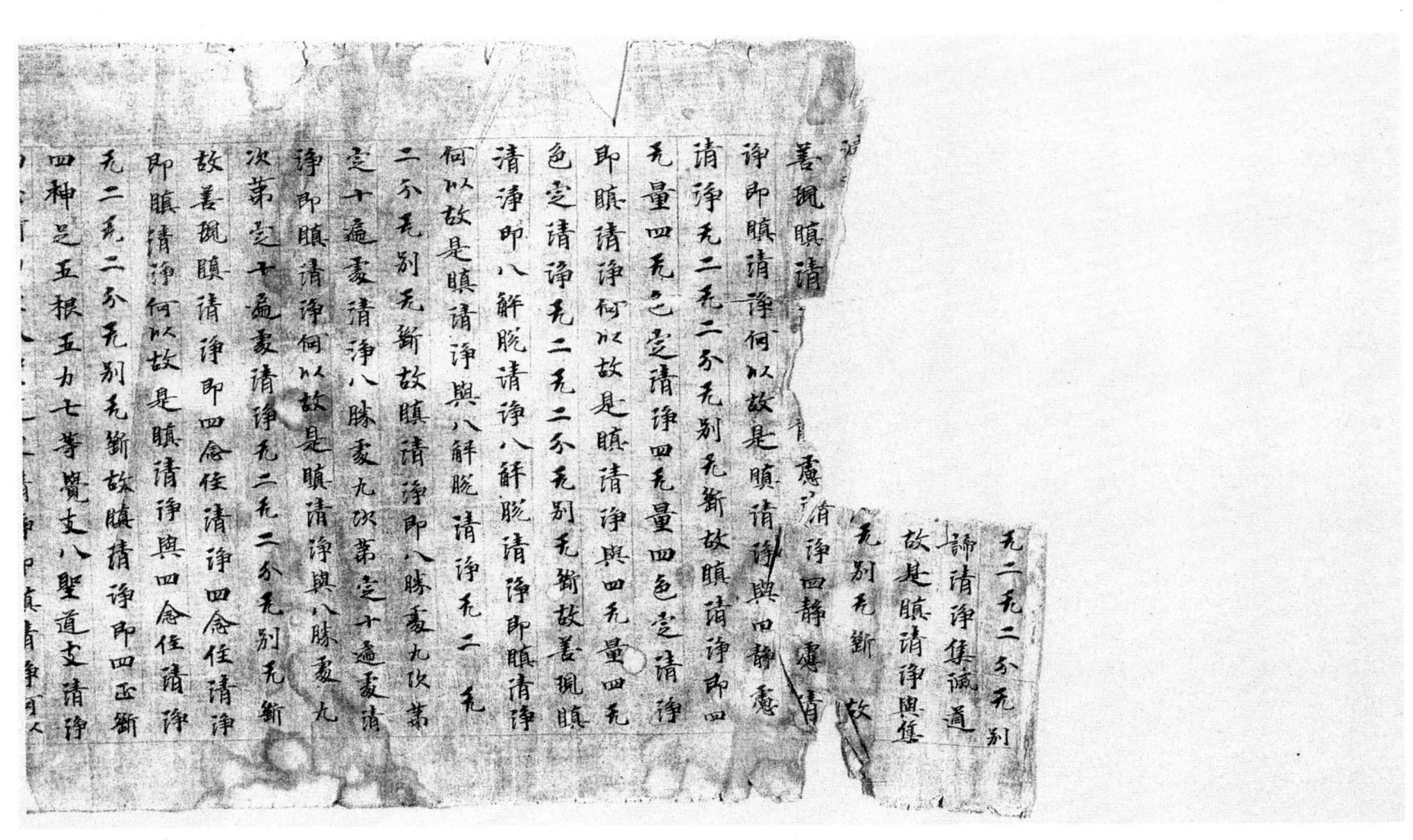

BD05352 號　大般若波羅蜜多經卷二〇二　（19–1）

淨即瞋清淨何以故是瞋清淨與八勝處九
次第定十遍處清淨无二无二分无別无斷
故善現瞋清淨即四念住清淨四念住清淨
即瞋清淨何以故是瞋清淨與四念住清淨
无二无二分无別无斷故瞋清淨即四正斷
四神足五根五力七等覺支八聖道支清淨
四正斷乃至八聖道支清淨即瞋清淨何以
故是瞋清淨與四正斷乃至八聖道支清淨
无二无二分无別无斷故善現瞋清淨即空
解脫門清淨空解脫門清淨即瞋清淨何以
故是瞋清淨與空解脫門清淨无二无二分
无別无斷故瞋清淨即无相无願解脫門清
淨无相无願解脫門清淨即瞋清淨何以故
是瞋清淨與无相无願解脫門清淨无二无
二分无別无斷故善現瞋清淨即菩薩十
地清淨菩薩十地清淨即瞋清淨何以故
是瞋清淨與菩薩十地清淨无二无二分
无別无斷故
善現瞋清淨即五眼清淨五眼清淨即瞋清
淨何以故是瞋清淨與五眼清淨无二无二
分无別无斷故瞋清淨即六神通清淨六神
通清淨即瞋清淨何以故是瞋清淨與六神
通清淨无二无二分无別无斷故善現瞋清
淨即佛十力清淨佛十力清淨即瞋清淨何
以故是瞋清淨與佛十力清淨无二无二分
无別无斷故瞋清淨即四无所畏四无礙解
大慈大悲大喜大捨十八佛不共法清淨四

BD05352號　大般若波羅蜜多經卷二〇二

（19–2）

通清淨无二无二分无別无斷故善現瞋清
淨即佛十力清淨佛十力清淨即瞋清淨何
以故是瞋清淨與佛十力清淨无二无二分
无別无斷故瞋清淨即四无所畏四无礙解
大慈大悲大喜大捨十八佛不共法清淨四
无所畏乃至十八佛不共法清淨即瞋清淨
何以故是瞋清淨與四无所畏乃至十八佛
不共法清淨无二无二分无別无斷故善現
瞋清淨即无忘失法清淨无忘失法清淨即
瞋清淨何以故是瞋清淨與无忘失法清
淨无二无二分无別无斷故瞋清淨即恒住
捨性清淨恒住捨性清淨即瞋清淨何以故
是瞋清淨與恒住捨性清淨无二无二分无
別无斷故善現瞋清淨即一切智清淨一切
智清淨即瞋清淨何以故是瞋清淨與一切
智清淨无二无二分无別无斷故瞋清淨即
道相智一切相智清淨道相智一切相智清
淨即瞋清淨何以故是瞋清淨與道相
智一切相智清淨无二无二分无別无斷故
善現瞋清淨即一切陁羅尼門清淨一切
陁羅尼門清淨即瞋清淨何以故是瞋清
淨與一切陁羅尼門清淨无二无二分无別
无斷故瞋清淨即一切三摩地門清淨一
切三摩地門清淨即瞋清淨何以故是
瞋清淨與一切三摩地門清淨无二无二分
无別无斷故
善現瞋清淨即預流果清淨預流果清淨即

BD05352號　大般若波羅蜜多經卷二〇二

（19–3）

淨與一切陁羅尼門清淨无二无二分无別
无斷故瞋清淨即一切三摩地門清淨一
切三摩地門清淨即瞋清淨何以故是
瞋清淨與一切三摩地門清淨无二无二分
无別无斷故
善現瞋清淨即預流果清淨預流果清淨即
瞋清淨何以故是瞋清淨與預流果清淨无
二无二分无別无斷故瞋清淨即一來不還
阿羅漢果清淨一來不還阿羅漢果清淨即
瞋清淨何以故是瞋清淨與一來不還阿羅
漢果清淨无二无二分无別无斷故善現瞋
清淨即獨覺菩提清淨獨覺菩提清淨即
瞋清淨何以故是瞋清淨與獨覺菩提清淨
无二无二分无別无斷故善現瞋清淨即一
切菩薩摩訶薩行清淨一切菩薩摩訶薩行
清淨即瞋清淨何以故是瞋清淨與一切菩
薩摩訶薩行清淨无二无二分无別无斷故
善現瞋清淨即諸佛无上正等菩提清淨諸
佛无上正等菩提清淨即瞋清淨何以故是
瞋清淨與諸佛无上正等菩提清淨无二无
二分无別无斷故
復次善現癡清淨即色清淨色清淨即癡清
淨何以故是癡清淨與色清淨无二无二分
无別无斷故癡清淨即受想行識清淨受
想行識清淨即癡清淨何以故是癡清
淨與受想行識清淨无二无二分无別无斷
故善現癡清淨即眼處清淨眼處清淨即癡

BD05352號　大般若波羅蜜多經卷二〇二　（19–4）

復次善現癡清淨即色清淨色清淨即癡清
淨何以故是癡清淨與色清淨无二无二分
无別无斷故癡清淨即受想行識清淨受
想行識清淨即癡清淨何以故是癡清
淨與受想行識清淨无二无二分无別无斷
故善現癡清淨即眼處清淨眼處清淨即癡
清淨何以故是癡清淨與眼處清淨无二
无二分无別无斷故癡清淨即耳鼻舌身
意處清淨耳鼻舌身意處清淨即癡清淨
何以故是癡清淨與耳鼻舌身意處清淨
无二无二分无別无斷故善現癡清淨即色
處清淨色處清淨即癡清淨何以故是癡清
淨與色處清淨无二无二分无別无斷故癡
清淨即聲香味觸法處清淨聲香味觸法
處清淨即癡清淨何以故是癡清淨與聲
香味觸法處清淨无二无二分无別无斷故
善現癡清淨即眼界清淨眼界清淨即
癡清淨何以故是癡清淨與眼界清淨无
二无二分无別无斷故癡清淨即色界眼
識界及眼觸眼觸為緣所生諸受清淨色
界乃至眼觸為緣所生諸受清淨即癡清淨
何以故是癡清淨與色界乃至眼觸為緣
所生諸受清淨无二无二分无別无斷故
善現癡清淨即耳界清淨耳界清淨即癡
清淨何以故是癡清淨與耳界清淨无二无
二分无別无斷故癡清淨即聲界耳識界及
耳觸耳觸為緣所生諸受清淨聲界乃至耳

BD05352號　大般若波羅蜜多經卷二〇二　（19–5）

何以故是癡清淨與色界乃至眼觸爲[illegible]
所生諸受清淨无二无二分无別无斷故
善現癡清淨即耳界清淨耳界清淨即癡
清淨何以故是癡清淨與耳界清淨无二无
二分无別无斷故癡清淨即聲界耳識界及
耳觸耳觸爲緣所生諸受清淨聲界乃至耳
觸爲緣所生諸受清淨即癡清淨何以故是
癡清淨與聲界乃至耳觸爲緣所生諸受清
淨无二无二分无別无斷故善現癡清淨即
鼻界清淨鼻界清淨即癡清淨何以故是癡
清淨與鼻界清淨无二无二分无別无斷故
癡清淨即香界鼻識界及鼻觸鼻觸爲緣
所生諸受清淨香界乃至鼻觸爲緣所生諸
受清淨即癡清淨何以故是癡清淨與香界乃
至鼻觸爲緣所生諸受清淨无二无二分无
別无斷故善現癡清淨即舌界清淨舌界清
淨即癡清淨何以故是癡清淨與舌界清淨
无二无二分无別无斷故癡清淨即味界舌
識界及舌觸舌觸爲緣所生諸受清淨味界
乃至舌觸爲緣所生諸受清淨即癡清淨何
以故是癡清淨與味界乃至舌觸爲緣所生
諸受清淨无二无二分无別无斷故
善現癡清淨即身界清淨身界清淨即癡
清淨何以故是癡清淨與身界清淨无二无
二分无別无斷故癡清淨即觸界身識界及
身觸身觸爲緣所生諸受清淨觸界乃至身
觸爲緣所生諸受清淨即癡清淨何以故是
癡清淨與觸界乃至身觸爲緣所生諸受清

BD05352號　大般若波羅蜜多經卷二〇二　（19–6）

諸受清淨无二无二分无別无斷故
善現癡清淨即身界清淨身界清淨即癡
清淨何以故是癡清淨與身界清淨无二无
二分无別无斷故癡清淨即觸界身識界及
身觸身觸爲緣所生諸受清淨觸界乃至身
觸爲緣所生諸受清淨即癡清淨何以故是
癡清淨與觸界乃至身觸爲緣所生諸受清
淨无二无二分无別无斷故善現癡清淨即
意界清淨意界清淨即癡清淨何以故是癡
清淨與意界清淨无二无二分无別无斷故
癡清淨即法界意識界及意觸意觸爲緣所
生諸受清淨法界乃至意觸爲緣所生諸受
清淨即癡清淨何以故是癡清淨與法界乃
至意觸爲緣所生諸受請淨无二无二分无
別无斷故善現癡清淨即地界清淨地界清
淨即癡清淨何以故是癡清淨與地界清淨
无二无二分无別无斷故癡清淨即水火風
空識界清淨水火風空識界清淨即癡清淨
何以故是癡清淨與水火風空識界清淨无
二无二分无別无斷故善現癡清淨即无明
清淨无明清淨即癡清淨何以故是癡清淨
與无明清淨无二无二分无別无斷故癡清
淨即行識名色六處觸受愛取有生老死愁
歎苦憂惱清淨行乃至老死愁歎苦憂惱清
淨即癡清淨何以故是癡清淨與行乃至老
死愁歎苦憂惱清淨无二无二分无別无斷
故
善現癡清淨即布施波羅蜜多清淨布施波

BD05352號　大般若波羅蜜多經卷二〇二　（19–7）

淨即行識名色六處觸受愛取有生老死愁
歎苦憂惱清淨行乃至老死愁歎苦憂惱清
淨即一切智智清淨何以故是一切智智清淨與行乃至老
死愁歎苦憂惱清淨无二无二分无別无斷
故
善現一切智智清淨即布施波羅蜜多清淨布施波
羅蜜多清淨即一切智智清淨何以故是一切智智清淨與
布施波羅蜜多清淨无二无二分无別无斷
故一切智智清淨即淨戒安忍精進靜慮般若波
羅蜜多清淨淨戒乃至般若波羅蜜多清
淨即一切智智清淨何以故是一切智智清淨與淨戒乃至
般若波羅蜜多清淨无二无二分无別无斷
故善現一切智智清淨即內空清淨內空清淨即
一切智智清淨何以故是一切智智清淨與內空清淨无二
无二分无別无斷故一切智智清淨即外空內外空
空空大空勝義空有為空无為空畢竟空无
際空散空无變異空本性空自相空共相空
一切法空不可得空无性空自性空无性自
性空清淨外空乃至无性自性空清淨即一切智智
清淨何以故是一切智智清淨與外空乃至无性自
性空清淨无二无二分无別无斷故善現一切智智
清淨即真如清淨真如清淨即一切智智清淨何以
故是一切智智清淨與真如清淨无二无二分无別
无斷故一切智智清淨即法界法性不虛妄性不變
異性平等性離生性法定法住實際虛空界
不思議界清淨法界乃至不思議界清淨
即一切智智清淨何以故是一切智智清淨與法界乃至不



故是一切智智清淨與真如清淨无二无二分无別
无斷故一切智智清淨即法界法性不虛妄性不變
異性平等性離生性法定法住實際虛空界
不思議界清淨法界乃至不思議界清淨
即一切智智清淨何以故是一切智智清淨與法界乃至不
思議界清淨无二无二分无別无斷故善現
一切智智清淨即苦聖諦清淨苦聖諦清淨即一切智智
清淨何以故是一切智智清淨與苦聖諦清淨无二
无二分无別无斷故一切智智清淨即集滅道聖諦
清淨集滅道聖諦清淨即一切智智清淨何以故
是一切智智清淨與集滅道聖諦清淨无二无二分
无別无斷故善現一切智智清淨即四靜慮清淨四
靜慮清淨即一切智智清淨何以故是一切智智清淨與四
靜慮清淨无二无二分无別无斷故一切智智清淨
即四无量四无色定清淨四无量四无色定
清淨即一切智智清淨何以故是一切智智清淨與四无量
四无色定清淨无二无二分无別无斷故善
現一切智智清淨即八解脫清淨八解脫清淨即一切智智
清淨何以故是一切智智清淨與八解脫清淨无二
无二分无別无斷故一切智智清淨即八勝處九次
第定十遍處清淨八勝處九次第定十遍處
清淨即一切智智清淨何以故是一切智智清淨與
八勝處九次第定十遍處清淨无二无二
分无別无斷故善現一切智智清淨即四念住清淨
四念住清淨即一切智智清淨何以故是一切智智清淨
與四念住清淨无二无二分无別无斷故一切智智
清淨即四正斷四神足五根五力七等覺支

清淨即癡清淨何以故是癡清淨與
八勝處九次第定十遍處清淨无二无二
分无別无斷故善現癡清淨即四念住清淨
四念住清淨即癡清淨何以故是癡清淨
與四念住清淨无二无二分无別无斷故癡
清淨即四正斷四神足五根五力七等覺支
八聖道支清淨四正斷乃至八聖道支清淨
即癡清淨何以故是癡清淨與四正斷乃至
八聖道支清淨无二无二分无別无斷故
善現癡清淨即空解脫門清淨空解脫
門清淨即癡清淨何以故是癡清淨
與空解脫門清淨无二无二分无別无斷故
癡清淨即无相无願解脫門清淨无相无
願解脫門清淨即癡清淨何以故是癡清淨
與无相无願解脫門清淨无二无二分无別
无斷故善現癡清淨即菩薩十地清淨
十地清淨即癡清淨何以故是癡清淨與
菩薩十地清淨无二无二分无別无斷故
善現癡清淨即五眼清淨五眼清淨即癡清
淨何以故是癡清淨與五眼清淨无二无二分
无別无斷故癡清淨即六神通清淨六神
通清淨即癡清淨何以故是癡清淨與六神
通清淨无二无二分无別无斷故善現癡清
淨即佛十力清淨佛十力清淨即癡清淨
何以故是癡清淨與佛十力清淨无二无二
分无別无斷故癡清淨即四无所畏四无礙
解大慈大悲大喜大捨十八佛不共法清淨

BD05352號　大般若波羅蜜多經卷二〇二

（19–10）

通清淨无二无二分无別无斷故善現癡清
淨即佛十力清淨佛十力清淨即癡清淨
何以故是癡清淨與佛十力清淨无二无二
分无別无斷故癡清淨即四无所畏四无礙
解大慈大悲大喜大捨十八佛不共法清淨
四无所畏乃至十八佛不共法清淨即癡清
淨何以故是癡清淨與四无所畏乃至十八佛
不共法清淨无二无二分无別无斷故善現
癡清淨即无忘失法清淨无忘失法清淨即
癡清淨何以故是癡清淨與无忘失法清淨
无二无二分无別无斷故癡清淨即恒住捨
性清淨恒住捨性清淨即癡清淨何以故
是癡清淨與恒住捨性清淨无二无二分
无別无斷故善現癡清淨即一切智清淨一
切智清淨即癡清淨何以故是癡清淨與
一切智清淨无二无二分无別无斷故癡清
淨即道相智一切相智清淨道相智一切
相智清淨即癡清淨何以故是癡清淨與道
相智一切相智清淨无二无二分无別无斷
故善現癡清淨即一切陁羅尼門清淨一切
陁羅尼門清淨即癡清淨何以故是癡清淨
與一切陁羅尼門清淨无二无二分无別无
斷故癡清淨即一切三摩地門清淨一切
三摩地門清淨即癡清淨何以故是癡清
淨與一切三摩地門清淨无二无二分无別
无斷故
善現癡清淨即預流果清淨預流果清淨即
癡清淨何以故是癡清淨與預流果清淨

BD05352號　大般若波羅蜜多經卷二〇二

（19–11）

斷故癡清淨即一切三摩地門清淨一切
三摩地門清淨即癡清淨何以故是癡清
淨與一切三摩地門清淨无二无二分无別
无斷故
善現癡清淨即預流果清淨預流果清淨即
癡清淨何以故是癡清淨與預流果清淨无
二无二分无別无斷故癡清淨即一來不還
阿羅漢果清淨一來不還阿羅漢果清淨即
癡清淨何以故是癡清淨與一來不還阿羅
漢果清淨无二无二分无別无斷故善現癡
清淨即獨覺菩提清淨獨覺菩提清淨即
癡清淨何以故是癡清淨與獨覺菩提清
淨无二无二分无別无斷故善現癡清淨即
一切菩薩摩訶薩行清淨一切菩薩摩訶薩
行清淨即癡清淨何以故是癡清淨與一切
菩薩摩訶薩行清淨无二无二分无別无斷
故
善現癡清淨即諸佛无上正等菩提清淨諸
佛无上正等菩提清淨即癡清淨何以故是
癡清淨與諸佛无上正等菩提清淨无二无
无分无別无斷故
復次善現貪清淨故色清淨色清淨故一切
智智清淨何以故若貪清淨若色清淨若
一切智智清淨无二无二分无別无斷故貪
清淨故受想行識清淨受想行識清淨故一
切智智清淨何以故若貪清淨若受相行識
清淨若一切智智清淨无二无二分无別无



智智清淨何以故若貪清淨若色清淨若
一切智智清淨无二无二分无別无斷故貪
清淨故受想行識清淨受想行識清淨故一
切智智清淨何以故若貪清淨若受相行識
清淨若一切智智清淨无二无二分无別无
斷故善現貪清淨故眼處清淨眼處清淨
故一切智智清淨何以故若貪清淨若眼
處清淨若一切智智清淨无二无二分无別
无斷故貪清淨故耳鼻舌身意處清淨耳
鼻舌身意處清淨故一切智智清淨何以
故若貪清淨若耳鼻舌身意處清淨若一
切智智清淨无二无二分无別无斷故善現
貪清淨故色處清淨色處清淨故一切智智
清淨何以故若貪清淨若色處清淨若一切
智智清淨无二无二分无別无斷故貪清淨
故聲香味觸法處清淨聲香味觸法處清
淨故一切智智清淨何以故若貪清淨若
聲香味觸法處清淨若一切智智清淨无
二无二分无別无斷故善現貪清淨故眼
界清淨眼界清淨故一切智智清淨何以
故若貪清淨若眼界清淨若一切智智清
淨无二无二分无別无斷故貪清淨故色界
眼識界及眼觸眼觸為緣所生諸受清淨
色界乃至眼觸為緣所生諸受清淨故一切智
智清淨何以故若貪清淨若色乃至眼觸
為緣所生諸受清淨若一切智智清淨无二
无二分无別无斷故善現貪清淨故耳界

眼識界及眼觸眼觸爲緣所生諸受清淨
色界乃至眼觸爲緣所生諸受清淨故一切智
智清淨何以故若貪清淨若色乃至眼觸
爲緣所生諸受清淨若一切智智清淨无二
无二分无別无斷故善現貪清淨故耳界
清淨耳界清淨故一切智智清淨何以故
若貪清淨若耳界清淨若一切智智清淨
无二无二分无別无斷故貪清淨故聲界耳識
界及耳觸耳觸爲緣所生諸受清淨聲界
至耳觸爲緣所生諸受清淨故一切智智清
淨何以故若貪清淨若聲界乃至耳觸爲緣
所生諸受清淨若一切智智清淨无二无二
分无別无斷故善現貪清淨故鼻界清淨
鼻界清淨故一切智智清淨何以故若貪
清淨若鼻界清淨若一切智智清淨无二
无二分无別无斷故貪清淨故香界鼻識
界及鼻觸鼻觸爲緣所生諸受清淨香界
乃至鼻觸爲緣所生諸受清淨故一切智智
清淨何以故若貪清淨若香界乃至鼻觸
爲緣所生諸受清淨若一切智智清淨无二
无二分无別无斷故善現貪清淨故舌界清
淨舌界清淨故一切智智清淨何以故若貪
清淨若舌界清淨若一切智智清淨无二无
二分无別无斷故貪清淨故味界舌識界
及舌觸舌觸爲緣所生諸受清淨味界乃至
舌觸爲緣所生諸受清淨故一切智智清
淨何以故若貪清淨若味界乃至舌觸爲



清淨若舌界清淨若一切智智清淨无二无
二分无別无斷故貪清淨故味界舌識界
及舌觸舌觸爲緣所生諸受清淨味界乃至
舌觸爲緣所生諸受清淨故一切智智清
淨何以故若貪清淨若味界乃至舌觸爲
緣所生諸受清淨若一切智智清淨无二无
二分无別无斷故善現貪清淨故身界清淨
身界清淨故一切智智清淨何以故若貪清
淨若身界清淨若一切智智清淨无二无二
分无別无斷故貪清淨故觸界身識界及
身觸身觸爲緣所生諸受清淨觸界乃至
身觸爲緣所生諸受清淨故一切智智清
淨何以故若貪清淨若觸界乃至身觸
爲緣所生諸受清淨若一切智智清淨无二
无二分无別无斷故善現貪清淨故意界清
淨意界清淨故一切智智清淨何以故若貪
清淨若意界清淨若一切智智清淨无二无
二分无別无斷故貪清淨故法界意識界及
意觸意觸爲緣所生諸受清淨法界乃至
意觸爲緣所生諸受清淨故一切智智清淨
何以故若貪清淨若法界乃至意觸爲緣所
生諸受清淨若一切智智清淨无二无二分
无別无斷故善現貪清淨故地界清淨地界
清淨故一切智智清淨何以故若貪清
淨若地界清淨若一切智智清淨无二无二
分无別无斷故貪清淨故水火風空識界清

生諸受清淨若一切智智清淨无二无二分
无別无斷故善現貪清淨故地界清淨地界
清淨故一切智智清淨何以故若貪清
淨若地界清淨若一切智智清淨无二无二
分无別无斷故貪清淨故水火風空識界清
淨水火風空識界清淨故一切智智清淨何
以故若貪清淨若水火風空識界清淨若一
切智智清淨无二无二分无別无斷故善現
貪清淨故无明清淨无明清淨故一切智智
清淨何以故若貪清淨若无明清淨若一切
智智清淨无二无二分无別无斷故貪清淨
故行識名色六處觸受愛取有生老死愁歎
苦憂惱清淨行乃至老死愁歎苦憂惱清淨
故一切智智清淨何以故若貪清淨若行乃
至老死愁歎苦憂惱清淨若一切智智清淨
无二无二分无別无斷故
善現貪清淨故布施波羅蜜多清淨布施波
羅蜜多清淨故一切智智清淨何以故若
貪清淨若布施波羅蜜多清淨若一切智
智清淨无二无二分无別无斷故貪清淨故
淨戒安忍精進靜慮般若波羅蜜多清淨淨
戒乃至般若波羅蜜多清淨故一切智智清
淨何以故若貪清淨若淨戒乃至般若波羅
蜜多清淨若一切智智清淨无二无二分无
別无斷故善現貪清淨故內空清淨內空清
淨故一切智智清淨何以故若貪清淨若
內空清淨若一切智智清淨无二无二分无

BD05352號　大般若波羅蜜多經卷二〇二　（19–16）

淨何以故若貪清淨若淨戒乃至般若波羅
蜜多清淨若一切智智清淨无二无二分无
別无斷故善現貪清淨故內空清淨內空清
淨故一切智智清淨何以故若貪清淨若
內空清淨若一切智智清淨无二无二分无
別无斷故貪清淨故外空內外空空空大空
勝義空有為空无為空畢竟空无際空散
空无變異空本性空自相空共相空一切法
空不可得空无性空自性空无性自性空清
淨外空乃至无性自性空清淨故一切智智
清淨何以故若貪清淨若外空乃至无性自
性空清淨若一切智智清淨无二无二分无
別无斷故善現貪清淨故真如清淨真如清
淨故一切智智清淨何以故若貪清淨若真
如清淨若一切智智清淨无二无二分无別
无斷故貪清淨故法界法性不虛妄性不變
異性平等性離生性法定法住實際虛空界
不思議界清淨法界乃至不思議界清淨故
一切智智清淨何以故若貪清淨若法界乃
至不思議界清淨若一切智智清淨无二无
二分无別无斷故善現貪清淨故苦聖諦清
淨苦聖諦清淨故一切智智清淨何以故若
貪清淨若苦聖諦清淨若一切智智清淨无
二无二分无別无斷故貪清淨故集滅道聖
諦清淨集滅道聖諦清淨故一切智智清淨
何以故若貪清淨若集滅道聖諦清淨若

BD05352號　大般若波羅蜜多經卷二〇二　（19–17）

淨苦聖諦清淨故一切智智清淨何以故若
貪清淨若苦聖諦清淨若一切智智清淨无
二无二分无別无斷故貪清淨故集滅道聖
諦清淨集滅道聖諦清淨故一切智智清淨
何以故若貪清淨若集滅道聖諦清淨若
一切智智清淨无二无二分无別无斷故善現
貪清淨故四靜慮清淨四靜慮清淨故一切
智智清淨何以故若貪清淨若四靜慮清淨
若一切智智清淨无二无二分无別无斷故
貪清淨故四无量四无色定清淨四无量四
无色定清淨故一切智智清淨何以故若貪
清淨若四无量四无色定清淨若一切智智
清淨无二无二分无別无斷故善現貪清淨
故八解脫清淨八解脫清淨故一切智智清
淨何以故若貪清淨若八解脫清淨若一切
智智清淨无二无二分无別无斷故貪清淨
故八勝處九次第定十遍處清淨八勝處九
次第定十遍處清淨故一切智智清淨何以
故若貪清淨若八勝處九次第定十遍處清
淨若一切智智清淨无二无二分无別无斷
故
善現貪清淨故四念住清淨四念住清淨故
一切智智清淨何以故若貪清淨若四念住
清淨若一切智智清淨无二无二分无別无
斷故貪清淨故四正斷四神足五根五力七
等覺支八聖道支清淨四正斷乃至八聖道



清淨无二无二分无別无斷故善現貪清淨
故八解脫清淨八解脫清淨故一切智智清
淨何以故若貪清淨若八解脫清淨若一切
智智清淨无二无二分无別无斷故貪清淨
故八勝處九次第定十遍處清淨八勝處九
次第定十遍處清淨故一切智智清淨何以
故若貪清淨若八勝處九次第定十遍處清
淨若一切智智清淨无二无二分无別无斷
故
善現貪清淨故四念住清淨四念住清淨故
一切智智清淨何以故若貪清淨若四念住
清淨若一切智智清淨无二无二分无別无
斷故貪清淨故四正斷四神足五根五力七
等覺支八聖道支清淨四正斷乃至八聖道
支清淨故一切智智清淨何以故若貪清淨
若四正斷乃至八聖道支清淨若一切智智
清淨无二无二分无別无斷故善現貪清淨
故空解脫門清淨空解脫門清淨故一切智
智清淨何以故若貪清淨若空解脫門清淨
若一切智智清淨无二无二分无別无斷故
貪清淨故无相无願解脫門清淨无相无願

後當復供養二百万億諸佛
亦復如是當得成佛号曰多摩羅跋栴檀香
如来應供正遍知明行足善逝世間解无上
士調御丈夫天人師佛世尊劫名喜滿國名
意樂其土平正頗梨為地寶樹莊嚴散真珠
華周遍清淨見者歡喜多諸天人菩薩聲聞
其數无量佛壽二十四小劫正法住世四十
小劫像法亦住四十小劫尒時世尊欲重宣
此義而說偈言
我此弟子　大目揵連　捨是身已　得見八千
二百万億　諸佛世尊　為佛道故　供養恭敬
於諸佛所　常脩梵行　於无量劫　奉持佛法
諸佛滅後　起七寶塔　長表金剎　華香伎樂
而以供養　諸佛塔廟　漸漸具足　菩薩道已
於意樂國　而得作佛　号多摩羅　栴檀之香
其佛壽命　二十四劫　常為天人　演說佛道
聲聞无量　如恒河沙　三明六通　有大威德
菩薩无數　志固精進　於佛智慧　皆不退轉
佛滅度後　正法當住　四十小劫　像法亦尒

BD05353號　妙法蓮華經卷三　（6–1）

諸佛滅後　起七寶塔　長表金剎　華香伎樂
而以供養　諸佛塔廟　漸漸具足　菩薩道已
於意樂國　而得作佛　号多摩羅　栴檀之香
其佛壽命　二十四劫　常為天人　演說佛道
聲聞无量　如恒河沙　三明六通　有大威德
菩薩无數　志固精進　於佛智慧　皆不退轉
佛滅度後　正法當住　四十小劫　像法亦尒
我諸弟子　威德具足　其數五百　皆當授記
於未来世　咸得成佛　我及汝等　宿世因緣
吾今當說　汝等善聽

妙法蓮華經化城喻品第七

佛告諸比丘乃往過去无量无邊不可思議
阿僧祇劫尒時有佛名大通智勝如来應供
正遍知明行足善逝世間解无上士調御丈
夫天人師佛世尊其國名好成劫名大相諸
比丘彼佛滅度已来甚大久遠譬如三千大
千世界所有地種假使有人磨以為墨過於
東方千國土乃下一點大如微塵又過千國
土復下一點如是展轉盡地種墨於汝等
意云何是諸國土若筭師若筭師弟子能得
邊際知其數不不也世尊諸比丘是人所經
國土若點不點盡末為塵一塵一劫彼佛滅
度已来復過是數无量无邊百千万億阿僧
祇劫我以如来知見力故觀彼久遠猶若今
日尒時世尊欲重宣此義而說偈言
我念過去世　无量无邊劫　有佛兩足尊　名大通智勝
如人以力磨　三千大千土　盡此諸地種　皆悉以為墨
過於千國土　乃下一塵點　如是展轉點　盡此諸塵墨

BD05353號　妙法蓮華經卷三　（6–2）

度已来復過是數无量无邊百千万億阿僧
祇劫我以如来知見力故觀彼久遠猶若今
日尒時世尊欲重宣此義而說偈言
我念過去世　无量无邊劫　有佛兩足尊　名大通智勝
如人以力磨　三千大千土　盡此諸地種　皆悉以為墨
過於千國土　乃下一塵點　如是展轉點　盡此諸塵墨
如是諸國土　點與不點等　復盡末為塵　一塵為一劫
此諸微塵數　其劫復過是　彼佛滅度来　如是无量劫
如来无㝵智　知彼佛滅度　及聲聞菩薩　如見今滅度
諸比丘當知　佛智淨微妙　无漏无所㝵　通達无量劫
佛告諸比丘大通智勝佛壽五百四十万億
那由他劫其佛本坐道場破魔軍已垂得阿
耨多羅三藐三菩提而諸佛法不現在前如
是一小劫乃至十小劫結跏趺坐身心不動
而諸佛法猶不在前尒時忉利諸天先為彼
佛於菩提樹下敷師子座高一由旬佛於此
座當得阿耨多羅三藐三菩提適坐此座時
諸梵天王雨衆天華面百由旬香風時来吹
去萎華更雨新者如是不絕滿十小劫供養
於佛乃至滅度常雨此華四王諸天為供養
佛常擊天鼓其餘諸天作天伎樂滿十小劫
至于滅度亦復如是諸比丘大通智勝佛過
十小劫諸佛之法乃現在前成阿耨多羅三
藐三菩提其佛未出家時有十六子其第一
者名曰智積諸子各有種種珎異玩好之具
聞父得成阿耨多羅三藐三菩提皆捨所珎
往詣佛所諸母涕泣而隨送之其祖轉輪聖
王与一百大臣及餘百千万億人民皆共圍

BD05353號　妙法蓮華經卷三

（6–3）

十小劫諸佛之法乃現在前成阿耨多羅三
藐三菩提其佛未出家時有十六子其第一
者名曰智積諸子各有種種珎異玩好之具
聞父得成阿耨多羅三藐三菩提皆捨所珎
往詣佛所諸母涕泣而隨送之其祖轉輪聖
王與一百大臣及餘百千万億人民皆共圍
繞隨至道場咸欲親近大通智勝如来供養
恭敬尊重讚歎到已頭面礼足繞佛畢已一
心合掌瞻仰世尊以偈頌曰
大威德世尊　為度衆生故　於无量億歲　尒乃得成佛
諸願已具足　善哉吉无上　世尊甚希有　一坐十小劫
身體及手足　靜然安不動　其心常惔怕　未曾有散乱
究竟永寂滅　安住无漏法　今者見世尊　安隱成佛道
我等得善利　稱慶大歡喜　衆生常苦惱　盲瞑无導師
不識苦盡道　不知求解脫　長夜增惡趣　減損諸天衆
從瞑入於瞑　永不聞佛名　今佛得最上　安隱无漏法
我等及天人　為得最大利　是故咸稽首　歸命无上尊
尒時十六王子偈讚佛已勸請世尊轉於法
輪咸作是言世尊說法多所安隱憐愍饒益
諸天人民重說偈言
世雄无等倫　百福自莊嚴　得无上智慧　願為世間說
度脫於我等　及諸衆生類　為分別顯示　令得是智慧
若我等得佛　衆生亦復然　世尊知衆生　深心之所念
亦知所行道　又知智慧力　欲樂及脩福　宿命所行業
世尊悉知已　當轉无上輪
佛告諸比丘大通智勝佛得阿耨多羅三藐
三菩提時十方各五百万億諸佛世界六種
震動其國中間幽瞑之處日月威光所不能

BD05353號　妙法蓮華經卷三

（6–4）

亦知所行道　又知智慧力　欲樂及脩福　宿命所行業
世尊悉知已　當轉无上輪
佛告諸比丘大通智勝佛得阿耨多羅三藐
三菩提時十方各五百万億諸佛世界六種
震動其國中間幽冥之處日月威光所不能
照而皆大明其中衆生各得相見咸作是言
此中云何忽生衆生又其國界諸天宮殿乃
至梵宮六種震動大光普照遍滿世界勝諸
天光尒時東方五百万億諸國土中梵天宮
殿光明照曜倍於常明諸梵天王各作是念
今者宮殿光明昔所未有以何因緣而現此
相是時諸梵天王即各相詣共議此事而彼
衆中有一大梵天王名救一切為諸梵衆而
說偈言
我等諸宮殿　光明昔未有　此是何因緣　宜各共求之
為大德天生　為佛出世間　而此大光明　遍照於十方
尒時五百万億國土諸梵天王與宮殿俱各
以衣裓盛諸天華共詣西方推尋是相見大
通智勝如來處于道場菩提樹下坐師子座
諸天龍王乾闥婆緊那羅摩睺羅伽人非人
等恭敬圍繞及見十六王子請佛轉法輪即
時諸梵天王頭面礼佛繞百千帀即以天華
而散佛上其所散華如須弥山并以供養佛
菩提樹其菩提樹高十由旬華供養已各以
宮殿奉上彼佛而作是言唯見哀愍饒益我
等所獻宮殿願垂納處時諸梵天王即於佛
前一心同聲以偈頌曰

BD05353號　妙法蓮華經卷三　（6–5）

我等諸宮殿　光明昔未有　此是何因緣　宜各共求之
為大德天生　為佛出世間　而此大光明　遍照於十方
尒時五百万億國土諸梵天王與宮殿俱各
以衣裓盛諸天華共詣西方推尋是相見大
通智勝如來處于道場菩提樹下坐師子座
諸天龍王乾闥婆緊那羅摩睺羅伽人非人
等恭敬圍繞及見十六王子請佛轉法輪即
時諸梵天王頭面礼佛繞百千帀即以天華
而散佛上其所散華如須弥山并以供養佛
菩提樹其菩提樹高十由旬華供養已各以
宮殿奉上彼佛而作是言唯見哀愍饒益我
等所獻宮殿願垂納處時諸梵天王即於佛
前一心同聲以偈頌曰
世尊甚希有　難可得值遇　具无量功德　能救護一切
天人之大師　哀愍於世間　十方諸衆生　普皆蒙饒益
我等所從來　五百万億國　捨深禪定樂　為供養佛故
我等先世福　宮殿甚嚴飾　今以奉世尊　唯願哀納受
尒時諸梵天王偈讚佛已各作是言唯願世
尊轉於法輪度脫衆生開涅槃道時諸梵天

BD05353號　妙法蓮華經卷三　（6–6）

持呪人於百步内光明照燭我之所有千藥
叉神亦常侍衛隨欲駈使无不遂心我說實
語无有虛誑唯佛證知時多聞天王說此呪
已佛言善哉大王汝能破裂一切衆生貧窮
苦網令得冨樂說是神呪復令此經廣行於
世時四天王俱從座起偏袒一肩頂礼雙足
右膝著地合掌恭敬以妙伽他讚佛功德
佛面猶如淨滿月　亦如千日放光明
目淨修廣若青蓮　齒白齊密猶珂雪
佛德无邊如大海　无限妙寶積其中
智慧德水鎮恒盈　百千勝定咸充滿
足下輪相皆嚴飾　轂輞千輻悉齊平
手足鞔網遍莊嚴　猶如鵝王相具足
佛身光曜等金山　清淨殊特无倫匹
亦如妙高功德滿　故我稽首佛山王
相好如空不可測　逾於千月放光明
皆如燄幻不思議　故我稽首心无著
尒時四天王讚歎佛已世尊亦以伽他而荅

BD05354號　金光明最勝王經卷六　（5–1）

佛身光曜等金山　清淨殊特无倫匹
亦如妙高功德滿　故我稽首佛山王
相好如空不可測　逾於千月放光明
皆如燄幻不思議　故我稽首心无著
尒時四天王讚歎佛已世尊亦以伽他而荅
之曰
此金光明冣勝經　无上十力之所說
汝等四王常擁衛　應生勇猛不退心
此妙經寶極甚深　能與一切有情樂
由彼有情安樂故　常得流通贍部洲
於此大千世界中　所有一切有情類
餓鬼傍生及地獄　如是苦趣悉皆除
住此南洲諸國王　及餘一切有情類
由經威力常歡喜　皆蒙擁護得安寧
亦使此中諸有情　除衆病苦无賊盜
賴此國土弘經故　安隱豐樂无違惱
若人聽受此經王　欲求尊貴及財利
國土豐樂无違諍　隨心所願悉皆從
能令他方賊退散　於自國界常安隱
由此冣勝經王力　離諸苦惱无憂怖
如寶樹王在宅内　能生一切諸樂具
冣勝經王亦復然　能與人王勝功德
譬如澄潔清冷水　能除飢渴諸熱惱
冣勝經王亦復然　令樂福者心滿足
如人室有妙寶篋　隨所受用悉從心
冣勝經王亦復然　福德隨心无所乏

BD05354號　金光明最勝王經卷六　（5–2）

寅勝經王亦復爾　能與人王勝功德
譬如澄潔清冷水　能除飢渴諸熱惱
寅勝經王亦復然　令樂福者心滿足
如人室有妙寶篋　隨所受用悉從心
寅勝經王亦復然　福德隨心无所乏
汝等天主及天衆　應當供養此經王
若能依教奉持經　智慧威神皆具足
現在十方一切佛　咸共護念此經王
見有讀誦及受持　稱歎善哉甚希有
若有人能聽此經　身心踊躍生歡喜
常有百千藥叉衆　隨所住處護斯人
於此世界諸天衆　其數无量不思量
悉共聽受此經王　歡喜護持无退轉
若人聽受此經王　威德勇猛常自在
增益一切人天衆　令離衰惱益光明
尒時四天王聞是頌已歡喜踊躍白佛言世
尊我從昔來未曾得聞如是甚深微妙之法
心生悲喜涕淚交流舉身戰動證不思議希
有之事以天曼陁羅花摩訶曼陁羅花而散
佛上作是殊勝供養佛已白佛言世尊我
等四王各有五百藥叉眷屬常當處處擁護
是經及說法師以智光明而爲助衛若於此經
所有句義忘失之處我皆令彼念不忘并
與陁羅尼殊勝法門令得具足復欲令此最
勝經王所在之處爲諸衆生廣宣流布不速
隱沒尒時世尊於大衆中說是法時无量衆
生皆得大智聰叡辯才攝受无量福德之聚



佛上作是殊勝供養佛已白佛言世尊我
等四王各有五百藥叉眷屬常當處處擁護
是經及說法師以智光明而爲助衛若於此經
所有句義忘失之處我皆令彼念不忘并
與陁羅尼殊勝法門令得具足復欲令此最
勝經王所在之處爲諸衆生廣宣流布不速
隱沒尒時世尊於大衆中說是法時无量衆
生皆得大智聰叡辯才攝受无量福德之聚
離諸憂惱發喜樂心善明衆論登出離道
不復退轉速證菩提

金光明經卷第六

胵陟尸 敿呂雨 敵亭歷從文 㲻征耶 殿田見 蝕乘力 掠良灼 讒力咸 窶
劬矩 麼摩可 颯蘇合 薜蒲問 搋車者 拏奴加 窣孫骨 囇盧盡 呬盧致 鞬
末股 皾以萬

金光明經卷第六

胵陟尸 敵昌雨 敵亭歷從文 憝征耶 殿田見 蝕乘力 掠良灼 讒力咸 窶

磨摩可 颯蘓合 薛薄閉 撦車者 拏奴加 窣孫骨 臘盧盍 呬虛致 鞅

散未殺以萬

BD05354 號　金光明最勝王經卷六　　（5–5）

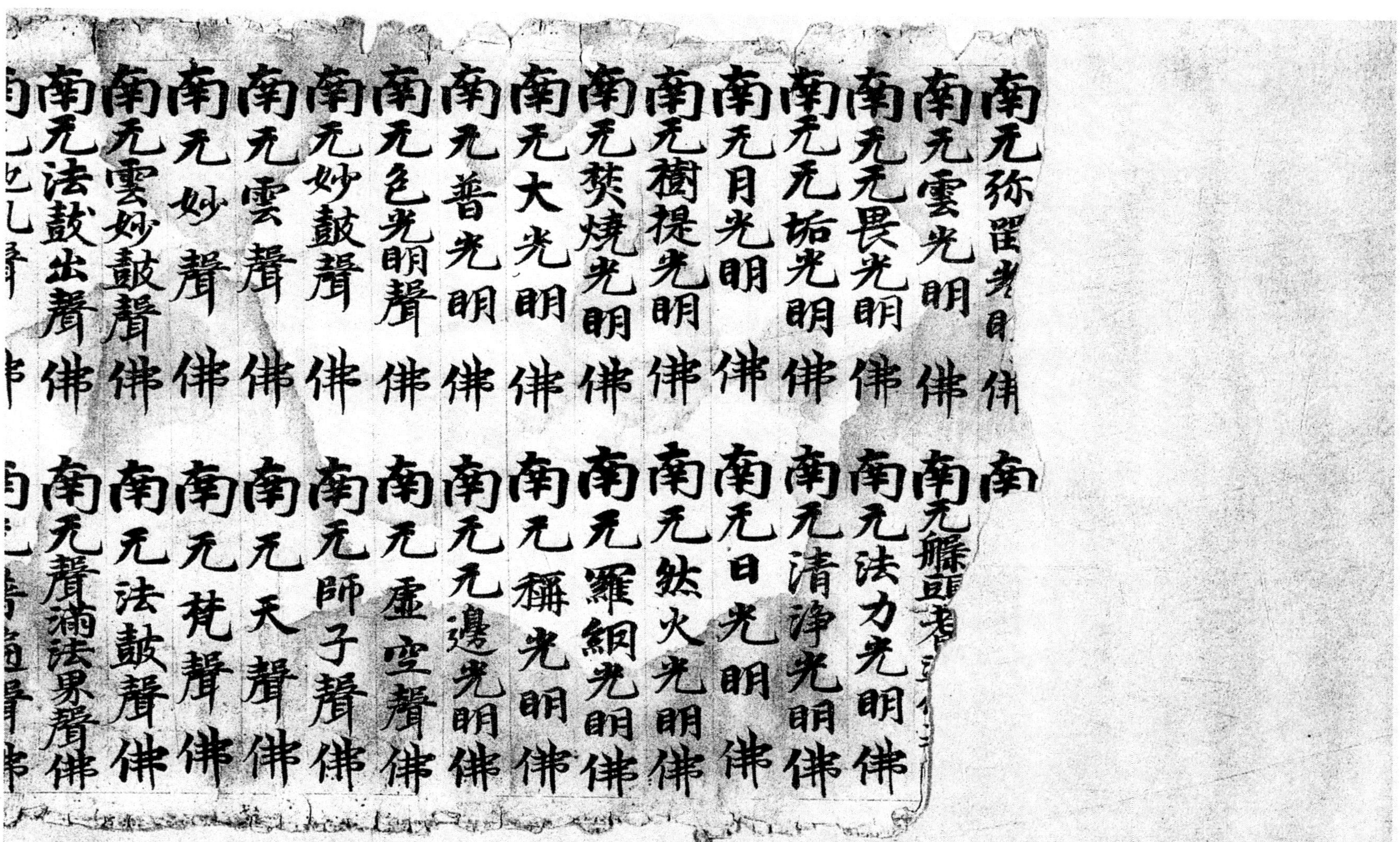
南无弥留光明佛　南

南无雲光明佛　南无觸頭光

南无無畏光明佛　南无法力光明佛

南无無垢光明佛　南无清淨光明佛

南无月光明佛　南无日光明佛

南无樹提光明佛　南无然火光明佛

南无焚燒光明佛　南无羅網光明佛

南无大光明佛　南无稱光明佛

南无普光明佛　南无無邊光明佛

南无色光明聲佛　南无虛空聲佛

南无妙鼓聲佛　南无師子聲佛

南无雲聲佛　南无天聲佛

南无妙聲佛　南无梵聲佛

南无雲妙鼓聲佛　南无法鼓聲佛

南无法鼓出聲佛　南无聲滿法界聲佛

南无□□聲佛　南无善道聲佛

BD05355 號　佛名經（十六卷本）卷二　　（36–1）

南无雲聲佛　南无天聲佛
南无妙聲佛　南无梵聲佛
南无雲妙鼓聲佛　南无法鼓聲佛
南无法鼓出聲佛　南无聲滿法界聲佛
南无地吼聲佛　南无普遍聲佛
南无師子吼聲佛　南无无量吼聲佛
南无无分別吼聲佛　南无驚怖一切魔輪聲佛
南无降伏一切聲聲佛　南无无障礙月慧佛
南无法无垢月佛　南无普照月佛
南无放光明月佛　南无盧舍那月佛
南无解脫月佛　南无彌月佛
南无功德月佛　南无寶月佛
從此以上一千一百佛十二部經一切賢聖
南无滿月佛　南无大月佛
南无月輪清淨佛　南无日月佛
南无月慧佛　南无无垢慧佛
南无深慧佛　南无式慧佛
南无難勝慧佛　南无阿僧祇劫脩習慧佛
南无无量樂功德莊聲行慧佛
南无无量功德莊嚴佛　南无離劫佛
南无勝功德王莊嚴威德王劫佛

BD05355號　佛名經（十六卷本）卷二　（36–2）

南无難勝慧佛　南无阿僧祇劫脩習慧佛
南无无量樂功德莊聲行慧佛
南无无量功德莊嚴佛　南无離劫佛
南无勝功德王莊嚴威德王劫佛
南无自在滅劫佛　南无彌留劫佛
南无須彌留劫佛　南无不可說劫佛
南无金光明色光上佛　南无龍家上佛
南无愛上佛　南无度上佛
南无法上佛　南无金剛上佛
南无威德上佛　南无无垢上佛
南无龍家上佛　南无寶上佛
南无勝寶上佛　南无娑梨羅上佛
南无天上佛　南无波頭摩上佛
南无香上佛　南无放香佛
南无樂香佛　南无香奮迅佛
南无香鳥奮迅佛　南无香鳥佛
南无大香鳥佛　南无多羅跋香佛
南无香佛　南无无邊香佛
南无普遍香佛　南无薰香佛
南无多伽羅香佛　南无栴檀香佛
南无蔓陁羅香佛　南无波頭摩香佛

BD05355號　佛名經（十六卷本）卷二　（36–3）

南无香佛　南无邊香佛
南无普遍香佛　南无薰香佛
南无多伽羅香佛　南无旃檀香佛
南无蔓陁羅香佛　南无波頭摩香佛
南无波頭摩手佛　南无波頭眼佛
南无波頭摩莊嚴佛　南无波頭摩起佛
南无波頭摩勝佛　南无月勝佛
南无身勝佛　南无驚怖勝佛
南无鵦勝雲佛　南无功德成就雲佛
南无寶雲佛　南无功德雲佛
南无雲護佛　南无普護佛
南无聖護佛　南无功德護佛
南无普遍護佛　南无精進護佛
南无精進喜佛　南无上喜佛
南无寶喜佛　南无師子喜佛
南无龍喜佛　南无寶喜佛
南无寶智佛　南无喜去佛
南无善知寂靜去佛　南无大勢佛
南无甘露勢佛　南无金剛勢佛
南无无垢處勢佛　南无不動處勢佛

BD05355號　佛名經（十六卷本）卷二　（36–4）

南无寶智佛　南无喜去佛
南无善知寂靜去佛　南无大勢佛
南无甘露勢佛　南无金剛勢佛
南无无垢處勢佛　南无不動處勢佛
南无三界處勢佛　南无三昧處勢佛
南无定處勢佛　南无不動處勢佛
南无高去佛　南无寂滅去佛
南无師子奮迅去佛　南无善步去佛
南无盡慧佛　南无海慧佛
南无住慧佛　南无勝慧佛
南无滅諸惡慧佛　南无寂靜慧佛
南无脩行慧佛　南无察慧佛
南无堅慧佛　南无善清淨慧佛
南无大慧佛　南无普慧佛
從此以上一千二百佛十二部經一切賢聖
南无无邊慧佛　南无威德慧佛
南无世慧佛　南无上慧佛
南无妙慧佛　南无快慧佛
南无无觀慧佛　南无稱意佛
南无廣慧佛　南无旃檀滿慧佛
南无覺慧佛　南无法慧佛

BD05355號　佛名經（十六卷本）卷二　（36–5）

南无妙慧佛　南无快慧佛
南无无觀慧佛　南无稱意佛
南无廣慧佛　南无旃檀滿慧佛
南无覺慧佛　南无法慧佛
南无師子慧佛　南无帍慧佛
南无普慧佛　南无寶慧佛
南无金剛慧佛　南无清淨慧佛
南无勝慧佛　南无勝積佛
南无勇猛積佛　南无般若積佛
南无樂說積佛　南无香積佛
南无寶積佛　南无寶髻佛
南无功德髻佛　南无天髻佛
南无龍髻佛　南无大髻佛
南无弥留聚佛　南无大聚佛
南无炎大聚佛　南无寶聚佛
南无寶手佛　南无柔耎佛
南无寶印手佛　南无寶光明奮迅思惟佛
南无寶火圍繞佛　南无寶天佛
南无寶勝佛　南无寶高佛
南无寶堅佛　南无寶波頭摩佛
南无寶念佛　南无寶力佛



南无寶印手佛　南无寶光明奮迅思惟佛
南无寶火圍繞佛　南无寶天佛
南无寶勝佛　南无寶高佛
南无寶堅佛　南无寶波頭摩佛
南无寶念佛　南无寶力佛
南无寶山佛　南无寶炎佛
南无寶火圍遶佛　南无寶照佛
南无放照佛　南无迭共花佛
南无妙說佛　南无月說佛
南无金剛說佛　南无寶說佛
南无寶杖佛　南无无量寶杖佛
南无无垢杖佛　南无无邊杖佛
南无法杖佛　南无寶蓋佛
南无均寶蓋佛　南无摩尼蓋佛
南无金蓋佛　南无奮迅王佛
南无增上成就王佛　南无增上勇猛佛
南无勇施佛　南无智施佛
南无然燈佛　南无然燈火佛
南无清淨燈佛　南无功德然燈佛
南无福德然燈佛　南无寶然燈佛
南无火然燈佛　南无无邊然燈佛

南无然燈佛　南无然燈火佛
南无清淨燈佛　南无一切德然燈佛
南无福德然燈佛　南无寶然燈佛
南无火然燈佛　南无无邊然燈佛
南无寶火然燈佛　南无普然燈佛
南无月然燈佛　南无日然燈佛
南无日月然燈佛　南无雲聲然燈佛
南无大海然燈佛　南无忍辱輪然燈佛
南无世然燈佛　南无光明遍十方燈然佛
南无照諸趣然燈佛　南无破諸闇然燈佛
南无一切世成就然燈佛　南无俱蘇摩見佛
南无不散佛　南无散華佛
南无不散花佛　南无放光明佛
南无十千光明佛　南无六十光明佛
南无觀光明佛　南无无障礙光明佛
從此以上一千三百佛十二部經一切賢聖
南无放淨光明佛　南无无邊光明佛
南无波頭摩光明佛　南无福德光明佛
南无智光明佛　南无月光明佛
南无日光明佛　南无无礙光明佛
南无奮迅恭敬稱佛　南无无比佛



南无放淨光明佛　南无无邊光明佛
南无波頭摩光明佛　南无福德光明佛
南无智光明佛　南无月光明佛
南无日光明佛　南无无礙光明佛
南无奮迅恭敬稱佛　南无无比佛
南无一切德稱佛　南无寶稱佛
南无无垢稱佛　南无无垢德佛
南无堅德佛　南无无憂德佛
南无勇猛德佛　南无花德佛
南无歡喜德佛　南无龍德佛
南无一切德海佛　南无淨德佛
南无淨天佛　南无供養佛
南无淨聲佛　南无淨妙聲佛
南无出淨聲佛　南无普智輪光聲佛
南无大聲佛　南无雲勝聲佛
次礼十二部尊經大藏法輪
南无阿差末經　南无彌勒下生經
南无脩行經　南无无盡意經
南无大雲經　南无廣博嚴淨經
南无所行讚經　南无十住經
南无海龍王經　南无思益經
南[illegible]經　南[illegible]經

南无大雲經　南无廣博嚴淨經
南无所行讃經　南无十住經
南无海龍王經　南无思益經
南无菩薩處胎經　南无禪行經
南无鴦掘魔羅經　南无菩薩本緣經
南无密迹金剛經　南无佛藏經
南无大樹緊那羅經　南无阿毗曇心經
南无大悲分陁利經　南无百喻經
南无大吉義呪經　南无淨度經
南无維摩詰經　南无菩薩本行經
南无寶篋經　南无无明羅刹經
南无集一切福德經　南无金光明經
次礼十方諸大菩薩
南无因陁羅德菩薩　南无海天菩薩
南无拔陁波羅菩薩　南无藥王菩薩
南无盧舍那菩薩　南无月光菩薩
南无波頭摩勝藏菩薩　南无智山菩薩
南无聖藏菩薩　南无不捨行菩薩
南无不空見菩薩　南无妙聲菩薩
南无妙吼聲菩薩　南无常微笑奇根菩薩
南无波頭摩道勝菩薩　南无廣思菩薩

BD05355號　佛名經（十六卷本）卷二　（36–10）

南无聖藏菩薩　南无不捨行菩薩
南无不空見菩薩　南无妙聲菩薩
南无妙吼聲菩薩　南无常微笑奇根菩薩
南无波頭摩道勝菩薩　南无廣思菩薩
南无憂波羅眼菩薩　南无可供養菩薩
南无常憶菩薩　南无住一切悲見菩薩
南无斷一切惡法菩薩　南无住一切聲菩薩
南无住一切有菩薩　南无住佛聲菩薩
南无无垢菩薩　南无勇猛德菩薩
南无淨菩薩　南无寶勝菩薩
南无羅網光菩薩　南无斷諸蓋菩薩
南无能捨一切事菩薩　南无華莊嚴菩薩
南无月光光明菩薩　南无衆勝意菩薩
南无堅意菩薩　南无自在天菩薩
南无勝意菩薩　南无淨意菩薩
從此以上一千四百佛十二部經一切賢聖
南无金剛意菩薩　南无增長意菩薩
南无善住菩薩　南无善導師菩薩
南无波頭摩藏菩薩　南无陁羅尼自在王菩薩
南无普行菩薩　南无覺菩提菩薩
歸命如是等十方无量无邊菩薩

BD05355號　佛名經（十六卷本）卷二　（36–11）

南无善住菩薩　南无善導師菩薩
南无波頭摩藏菩薩　南无陁羅尼自在王菩薩
南无普行菩薩　南无覺菩提菩薩
歸命如是等十方无量无邊菩薩
南无寶辟支佛　南无不可比辟支佛
南无歡喜辟支佛　南无喜辟支佛
南无隨喜辟支佛　南无十二婆羅墮辟支佛
南无十同名婆羅薩辟支佛　南无火身辟支佛
南无同菩提辟支佛　南无摩訶男辟支佛
南无心上辟支佛　南无幾淨辟支佛
歸命如是等无量无邊辟支佛
禮三寶已次復懺悔
衆等相与即今我身心寂靜无諂无障
正是生善滅惡之時復應各起四種觀行
以為滅罪作前方便何等為四一者觀於
因緣二者觀於果報三者觀我自身四者
觀如來身第一觀因緣者知我此罪藉
以无明不善思惟无正觀力不識其過遠
離善友諸佛菩薩隨逐魔道行邪嶮逕如
魚吞鉤不知其患如蠶作繭自縈自縛
如鵄赴火自燒自爛以是因緣不能自出

BD05355號　佛名經（十六卷本）卷二

（36–12）

觀如來身第一觀因緣者知我此罪藉
以无明不善思惟无正觀力不識其過遠
離善友諸佛菩薩隨逐魔道行邪嶮逕如
魚吞鉤不知其患如蠶作繭自縈自縛
如鵄赴火自燒自爛以是因緣不能自出
第二觀於果報者所有諸惡不善之業三
世流轉苦果无窮沉溺无邊巨夜大海為
諸煩惱羅剎所食未來生死冥然无崖設
使報得轉輪聖王王四天下飛行自在七寶
具足命終之後不免惡趣四空果報三界尊
極福盡還作牛領中蟲況復其餘无福德
者而復懈怠不勤懺悔此亦辟如抱石沉淵
求出良難
第三觀我自身雖有正因靈覺之性而為
煩惱黑闇叢林之所覆蔽无了因力不能
得顯我今應當發起勝心破列无明顛倒重
障斷滅生死虛偽苦因顯發如來大明覺、
慧建立无上涅槃妙果
第四觀如來身者无為寂照離四句絕百非
衆德具足湛然常住雖復方便入於滅度
慈悲救接未曾暫捨生如是心可謂滅罪之

BD05355號　佛名經（十六卷本）卷二

（36–13）

慧建立无上涅槃妙果
第四觀如來身者无為寂照離四句絶百非
衆德具足湛然常住雖復方便入於滅度
慈悲救接未曾蹔捨生如是心可謂滅罪之
良津除障之要行是故弟子今日至誠歸命
南无東方勝藏珠光佛　南无南方寶積示現佛
南无西方法界智燈佛　南无北方最勝降伏佛
南无東南方龍自在王佛　南无西南方轉一切生死佛
南无西北方无邊智自在佛　南无東北方无邊功德月佛
南无下方海智神通佛　南无上方一切勝王佛
如是十方盡虛空界一切三寶
弟子等无始以來至於今日長養煩惱日
深日厚日滋日茂覆蓋慧眼令无所見斷
除衆善不得相續起障不得見佛不聞正
法不值聖僧煩惱起障不見過去未來一切
世間善惡業行之煩惱障受人天尊貴之煩
惱障生色无色界禪定福樂之煩惱障不得
自在神通飛騰隱顯遍至十方諸佛淨土
聽法之煩惱障學安那般那數息不淨觀諸
煩惱障學慈悲喜捨因緣煩惱障學七方
便三觀義煩惱障學四念處煖頂忍煩惱障

BD05355號　佛名經（十六卷本）卷二　（36–14）

自在神通飛騰隱顯遍至十方諸佛淨土
聽法之煩惱障學安那般那數息不淨觀諸
煩惱障學慈悲喜捨因緣煩惱障學七方
便三觀義煩惱障學四念處煖頂忍煩惱障
學聞思脩第一法煩惱障學空平等中道
解煩惱障學八正道示相之煩惱障學七
覺支不示相煩惱障學於道品因緣觀煩
惱障學八解脫九空之煩惱障學於十智三
三昧煩惱障學三明六通四无礙煩惱障學
六度四等煩惱障學四攝法廣化之煩惱障
學大乘心四弘誓願煩惱障學十明十行之
煩惱障學十迴向十願之煩惱障學初地二
地三地四地明解之煩惱障學五地六地七地
諸知見煩惱障學八地九地十地雙照之煩
惱障如是乃至障學佛果百万阿僧祇諸
行上煩惱如是行障无量无邊弟子今日至
到稽顙向十方佛尊法聖衆慙愧懺悔願皆消滅
願弟子等藉此懺悔障於諸行一切煩惱願
弟子等在在處處自在受生不為結業之所
迴轉以如意通於一念頃遍至十方淨諸佛土

BD05355號　佛名經（十六卷本）卷二　（36–15）

到稽懇向十方佛尊法聖衆慚愧懺悔願皆消滅
願弟子等藉此懺悔障於諸行一切煩惱願
弟子等在在處處自在受生不為結業之所
迴轉以如意通於一念頃遍至十方淨諸佛土
攝化衆生於諸禪定甚深境界及諸知見通
達无礙心能善同一切諸法樂說无窮而不染
着得心自在得法自在智慧自在方便自在令
此煩惱及无知結習畢竟永斷不復相續无
漏聖道朗然如日　礼一拜

南无安隱聲佛　南无樂聲佛
南无妙鼓聲佛　南无天聲佛
南无月聲佛　南无日聲佛
南无師子聲佛　南无波頭摩聲佛
南无福德聲佛　南无金剛聲佛
南无自在聲佛　南无慧聲佛
南无妙聲佛　南无選擇聲佛
南无甘露聲佛　南无淨幢佛
南无金剛幢佛　南无法幢佛
南无住持法佛　南无樂法佛
南无護法佛　南无曇无竭佛
南无法奮迅佛　南无法界華佛

BD05355號　佛名經（十六卷本）卷二

（36–16）

南无金剛幢佛　南无法幢佛
南无住持法佛　南无樂法佛
南无護法佛　南无曇无竭佛
南无法奮迅佛　南无法界華佛
南无護法眼佛　南无然法庭燎佛
南无法自在佛　南无人自在佛
南无功德自在佛　南无聲自在佛
南无世自在佛　南无觀自在佛
南无无量自在佛　南无意住持佛
南无地住持佛　南无尼弥住持佛
南无器住持佛　南无功德性住持佛
南无勝色佛　南无轉發起佛
南无一切觀形示佛　南无發一切无厭足行佛
南无發成就佛　南无善讚佛
南无善思惟佛　南无善喜佛
南无善處佛　南无善禪佛
南无甘露功德佛　南无善眼佛
南无師子仙化佛　南无佛眼佛
南无合聚佛　南无疾智勇佛
南无善住佛　南无寶行佛
南无師子手佛　南无海滿佛

BD05355號　佛名經（十六卷本）卷二

（36–17）

南无甘露功德佛　南无善眼佛
南无師子仙化佛　南无佛眼佛
南无合聚佛　南无疾智勇佛
南无善住佛　南无寶行佛
南无師子手佛　南无海滿佛
南无善思惟佛　南无稱王佛
南无住慈佛　南无善夜摩佛
南无善行佛　南无善功德佛
南无善色佛　南无善識佛
南无善心佛　南无善光佛
從此以上一千五百佛十二部經一切賢聖
南无師子月佛　南无不可勝佛
南无不可勝无畏佛　南无无量佛
南无速與佛　南无不動心佛
南无應稱佛　南无應不怯弱聲佛
南无不厭足藏佛　南无不盡佛
南无不可動佛　南无名无畏佛
南无名自在護世間佛　南无名龍自在聲佛
南无名法行廣慧佛　南无名妙勝自在相通稱佛
南无名妙勝自在勝佛　南无名樂法奮迅佛
南无名法界莊嚴佛　南无名大乘莊嚴佛

BD05355號　佛名經（十六卷本）卷二　（36–18）

南无名自在護世間佛　南无名龍自在聲佛
南无名法行廣慧佛　南无名妙勝自在相通稱佛
南无名妙勝自在勝佛　南无名樂法奮迅佛
南无名法界莊嚴佛　南无名大乘莊嚴佛
南无名寂靜王佛　南无解脫行佛
南无大海弥留起王佛　南无含聚那羅延王佛
南无散壞淫魔輪佛　南无精進根寶王佛
南无佛法波頭摩佛　南无得佛眼分陁利佛
南无隨前覺佛　南无平等作佛
南无名初發心念遠離一切驚怖无煩惱
起功德佛　南无教化菩薩佛
南无金剛奮迅佛
南无名寶像光明奮迅佛
南无破壞魔輪佛
南无初發心成就不退勝輪佛
南无寶蓋起无畏光明佛
南无初發心念斷疑煩惱佛
南无名光明破闇起三昧王佛
善男子善女人若有得聞是諸佛名者永
離業障不墮惡道若无眼者誦必得眼
[illegible]

BD05355號　佛名經（十六卷本）卷二　（36–19）

南无[illegible]佛
南无名光明破闇起三昧王佛
善男子善女人若有得聞是諸佛名者永
離業障不墮惡道若无眼者誦必得眼
南无十千同名星宿佛　南无一切同名星宿佛
南无三十千同名釋迦牟尼佛
南无一切同名釋迦牟尼佛
南无二億同名拘隣佛
南无一切同名拘隣佛
南无十八億同名實法決定佛
南无一切同名實法決定佛
南无十八億同名日月燈佛
南无一切同名日月燈佛
南无千五百同名大威德佛
南无一切同名大威德佛
南无千五百同名日佛
南无一切同名日佛
南无四万四千同名面佛
南无一切同名面佛
南无万千同名堅固自在佛
南无一切同名堅固自在佛
[illegible]

BD05355 號　佛名經（十六卷本）卷二　（36–20）

南无四万四千同名面佛
南无一切同名面佛
南无万千同名堅固自在佛
南无一切同名堅固自在佛
南无万八千同名普護佛
南无一切同名普護佛
南无千八百同名舍摩他佛
南无一切同名舍摩他佛
劫名善眼彼劫中有七十二那由他如来
成佛我悉歸命彼諸如来
劫名善見彼劫中有七十二億如来成佛
我悉歸命彼諸如来
劫名淨讃嘆彼劫中有一万八千如来成
佛我悉歸命彼諸如来
劫名善行彼劫中有三万二千如来成佛
我悉歸命彼諸如来
劫名莊嚴彼劫中有八万四千如来成佛
我悉歸命彼諸如来
南无現在十方世界不捨命說諸法佛所
謂安樂世界中阿弥陁佛為上首
南无樂世界中阿閦佛如来為上首

BD05355 號　佛名經（十六卷本）卷二　（36–21）

劫名莊嚴彼劫中有八万四千如來成佛
我悉歸命彼諸如來
南无現在十方世界不捨命說諸法佛所
謂安樂世界中阿弥陁佛爲上首
南无樂世界中阿閦佛如來爲上首
南无袈裟幢世界中碎金剛佛爲上首
南无不退輪吼世界中清淨光波頭摩花
身如來爲上首
南无无垢世界中法幢如來爲上首
南无善燈世界中師子如來爲上首
南无善住世界中盧舍那藏爲上首
南无難過世界中功德花身如來爲上首
南无莊嚴慧世界中一切通光明佛爲上首
南无鏡輪光明世界中月智慧佛爲上首
南无花勝世界中波頭摩勝如來爲上首
南无波頭摩勝世界中賢勝如來爲上首
南无不瞬世界中普賢如來爲上首
南无普賢世界中自在王如來爲上首
南无不可勝世界中成就一切義如來爲上首
南无娑婆世界中釋迦牟尼佛爲上首
南无善說佛爲上首　南无自在幢王佛

BD05355號　佛名經（十六卷本）卷二　（36–22）

南无普賢世界中自在王如來爲上首
南无不可勝世界中成就一切義如來爲上首
南无娑婆世界中釋迦牟尼佛爲上首
南无善說佛爲上首　南无自在幢王佛
南无住火光佛　南无无畏觀佛
如是等上首諸佛我以身口意業遍滿十
方一時礼拜讚歎供養彼諸如來所說法甚
深境界不可量境界不可思議境界无量
境界等我悉以身口意業遍滿十方礼拜
讚歎供養彼佛世界中不退菩薩僧不退
聲聞僧我悉以身口意業遍滿十方頭面
礼已讚歎供養
南无降伏魔自在佛　南无降伏貪自在佛
南无降伏瞋自在佛　南无降伏癡見自在佛
南无降伏忿自在佛　南无降伏見自在佛
南无降伏諸戲自在佛　南无了達法自在佛
南无得神通自在稱佛　南无得勝業自在稱佛
南无起施自在稱佛　南无起清淨戒自在稱佛
南无起忍辱自在稱佛　南无起精進自在稱佛
從此以上一千六百佛十二部經一切賢聖

BD05355號　佛名經（十六卷本）卷二　（36–23）

南无得神通自在稱佛　南无得勝業自在稱佛
南无起施自在稱佛　南无起清淨戒自在稱佛
南无起忍辱人自在稱佛　南无起精進人自在稱佛
從此以上二千六百佛十二部經一切賢聖
南无起禪那人自在稱佛　南无福德清淨光明自在佛
南无起陁羅尼自在稱佛　南无高勝佛
南无光明勝佛　南无大勝佛
南无散香上勝佛　南无多寶勝佛
南无月上勝佛　南无賢上勝佛
南无摩上勝佛　南无无量上勝佛
南无波頭摩上勝佛　南无三昧手上勝佛
南无善說名稱佛　南无大海深勝佛
南无阿僧祇精進住勝佛　南无樂說一切法莊嚴勝佛
南无寶輪威德上勝佛　南无日輪上光明勝佛
南无无量慚愧金色上勝佛
南无功德海琉璃金山金色光明勝佛
南无寶花普照勝佛　南无起无邊功德无垢勝佛
南无起多羅王勝佛　南无樹王吼勝佛
南无法海潮勝佛　南无智清淨功德勝佛
南无樂劫火勝佛　南无不可思議光明勝佛
南无寶月光明勝佛　南无寶幢賢勝佛

BD05355號　佛名經（十六卷本）卷二　（36–24）

南无起多羅王勝佛　南无樹王吼勝佛
南无法海潮勝佛　南无智清淨功德勝佛
南无樂劫火勝佛　南无不可思議光明勝佛
南无寶月光明勝佛　南无寶幢賢勝佛
南无成就義勝佛　南无寶成就勝佛
南无寶集勝佛　南无奮迅勝佛
南无不空勝佛　南无聞勝佛
南无海勝佛　南无住持勝佛
南无善行勝佛　南无龍勝佛
南无波頭摩勝佛　南无福得勝佛
南无智勝佛　南无妙勝佛
南无賢勝佛　南无勝賢勝佛
南无旃檀勝佛　南无勝旃檀勝佛
南无无量光明佛　南无幢勝佛
南无勝幢勝佛　南无无憂勝佛
南无離一切憂勝佛　南无寶杖如來
南无善寶杖如來　南无拘蘇摩勝佛
南无花勝佛　南无三昧奮迅勝佛
南无樹提勝佛　南无火勝佛
南无廣功德勝佛　南无衆勝佛

BD05355號　佛名經（十六卷本）卷二　（36–25）

南无善寶杖如来　南无枸蘇摩勝佛
南无花勝　佛　南无三昧奮迅勝佛
南无樹提勝佛　南无火勝佛
南无廣功德勝佛　南无衆勝佛
南无清淨光世界有佛号積清淨增
長勝上王佛
南无普光世界普花无畏王如来
南无普蓋世界名均寶莊嚴如来彼如
来授羅網光菩薩阿耨多羅三藐三菩提記
南无一寶髻世界名无量寶境界如来
彼如来授不空奮迅境界菩薩阿耨多
羅三藐三菩提記
南无相威德王世界名无量聲如来彼如来
授即發心轉法輪菩薩阿耨多羅三藐三
菩提記
南无名稱世界名須弥留聚集如来彼如
来授光明輪勝威德菩薩阿耨多羅三藐
三菩提記
南无善住世界名虛空寂如来彼如来授
日光菩薩阿耨多羅三藐三菩提記
南无地輪世界稱力王如来彼如来授智稱

BD05355號　佛名經（十六卷本）卷二　（36–26）

来授光明輪勝威德菩薩阿耨多羅三藐
三菩提記
南无善住世界名虛空寂如来彼如来授
日光菩薩阿耨多羅三藐三菩提記
南无地輪世界稱力王如来彼如来授智稱
菩薩阿耨多羅三藐三菩提記
南无月起光世界放光明如来彼如来授
光明輪菩薩阿耨多羅三藐三菩提記
南无袈裟幢世界名離袈裟如来彼如来授无
量寶發菩薩阿耨多羅三藐三菩提記
南无波頭摩花世界種種花勝成就如来彼
如来授名无量精進菩薩阿耨多羅三藐三
菩提記
南无一蓋世界名遠離諸怖毛竪如来彼如
来授羅網光明菩薩阿耨多羅三藐三
菩提記
南无種種幢世界名須弥留聚如来彼如
来授大勝菩薩阿耨多羅三藐三菩提記
南无普光世界名无鄣礙眼如来彼如来授
名智勝菩薩阿耨多羅三藐三菩提記
南无賢世界名栴檀尼如来彼如来授名智

BD05355號　佛名經（十六卷本）卷二　（36–27）

来授大勝菩薩阿耨多羅三藐三菩提記
南无普光世界名无鄣礙眼如来彼如来授
名智勝菩薩阿耨多羅三藐三菩提記
南无賢世界名栴檀尼如来彼如来授名智
功德幢菩薩阿耨多羅三藐三菩提記
南无賢慧世界名合聚如来彼如来授名
妙智菩薩阿耨多羅三藐三菩提記
南无寶首世界名羅網光明如来彼如来
授名智功德菩薩阿耨多羅三藐三菩提記
南无安樂首世界名寶蓮華勝如来彼如
来授名波頭摩勝功德菩薩阿耨多羅三
藐三菩提記
南无獮世界名智花寶光明勝如来彼如
来授第一莊嚴菩薩阿耨多羅三藐三菩提記
南无賢辟世界名起賢光明如来彼如来授
名寶光明菩薩阿耨多羅三藐三菩提記
南无无畏世界名滅散一切怖畏如来彼如
来授名畏菩薩阿耨多羅三藐三菩提記
南无弥留幢世界名弥留厚如来彼如来授
合聚菩薩阿耨多羅三藐三菩提記
南无遠離一切憂惱障礙世界名无畏王

BD05355號　佛名經（十六卷本）卷二

（36–28）

南无无畏世界名滅散一切怖畏如来彼如
来授名畏菩薩阿耨多羅三藐三菩提記
南无弥留幢世界名弥留厚如来彼如来授
合聚菩薩阿耨多羅三藐三菩提記
南无遠離一切憂惱障礙世界名无畏王
如来彼如来授名聲菩薩阿耨多羅三藐三
菩提記
南无法世界名作法如来彼如来授名智
作菩薩阿耨多羅三藐三菩提記
南无善住世界名百一十光明如来彼如
来授名勝光明菩薩阿耨多羅三藐三菩提記
南无共光明世界名千上光明如来彼如来
授名普光明菩薩阿耨多羅三藐三菩提記
南无多伽羅世界名智光明如来彼如来授
名善眼菩薩阿耨多羅三藐三菩提記
南无香世界名寶勝光明如来彼如来授名
无量光明菩薩阿耨多羅三藐三菩提記
次礼十二部尊經大藏法輪
南无首楞嚴經　南无菩薩夢經
南无菩薩神通變化經　南无法界體性經
南无密藏經　南无般舟經

BD05355號　佛名經（十六卷本）卷二

（36–29）

次礼十二部尊經大藏法輪

南无首楞嚴經　南无菩薩夢經

南无菩薩神通變化經　南无法界體性經

南无密藏經　南无般舟經

從此以上一千七百佛十二部經一切賢聖

南无超日月經　南无中本起經

南无无量壽經　南无百論經

南无寶梁經　南无善王皇帝經

南无發菩提心經　南无決罪福經

南无大乘方便經　南无法句經

南无蜜蜂王經　南无虛空藏經

南无辟支佛緣經　南无淨業障經

南无温室洗浴經　南无太子讚經

南无睒經　南无光瑞經

南无法句譬喻經　南无衆要阿毗曇經

南无三受經　南无三乘无當經

次礼十方諸大菩薩

南无妙光菩薩　南无无邊光菩薩

南无无量明菩薩　南无勇施菩薩

南无普賢菩薩　南无勇智菩薩

南无度難菩薩　南无濟神菩薩

BD05355號　佛名經（十六卷本）卷二　（36–30）

次礼十方諸大菩薩

南无妙光菩薩　南无无邊光菩薩

南无无量明菩薩　南无勇施菩薩

南无普賢菩薩　南无勇智菩薩

南无度難菩薩　南无濟神菩薩

南无開化菩薩　南无淨智菩薩

南无安神菩薩　南无尊通菩薩

南无无邊光菩薩　南无金剛慧菩薩

南无寶首菩薩　南无調慧菩薩

南无法藏菩薩　南无龍樹菩薩

南无淨藏菩薩　南无淨眼菩薩

南无大勢志菩薩　南无童真菩薩

南无成道菩薩　南无度難菩薩

南无弥陁羅菩薩

復次應稱辟支佛名

南无見人飛騰辟支佛　南无可波羅辟支佛

南无桊摩利辟支佛　南无月淨辟支佛

南无善智辟支佛　南无脩陁羅辟支佛

南无善法辟支佛　南无應求辟支佛

南无騎求辟支佛　南无大勢辟支佛

南无首[illegible]辟支佛　南无[illegible]辟支佛

BD05355號　佛名經（十六卷本）卷二　（36–31）

南无秦摩利辟支佛　南无月淨辟支佛
南无善智辟支佛　南无脩陁羅辟支佛
南无善法辟支佛　南无應求辟支佛
南无騎求辟支佛　南无大勢辟支佛
南无脩不着辟支佛　南无難捨辟支佛
歸命如是等无量无邊辟支佛
礼三寶已次復懺悔
弟子等略懺煩惱障竟今當次第懺悔
業障夫業能莊飾世趣在在處處是以
思惟求離世解脱所以六道果報種種不
同形類各異當知皆是業力所作所以佛十
力中業力甚深凡夫之人多於此中好起疑
或何以故今現見世間行善之人觸向轗軻
為惡之者是事諧偶謂言天下善惡无分
如此計者皆是不能深達業理何以故今經
中說言有三種業何等為三一者現報二者
生報三者後報現報業者現在作善作惡
現身受報生報業者此生作善作惡來生
受報後報業者或是過去无量生中作善
作惡或於此生中受或在未來无量生中

BD05355號　佛名經（十六卷本）卷二　（36–32）

現身受報生報業者此生作善作惡來生
受報後報業者或是過去无量生中作善
作惡或於此生中受或在未來无量生中
方受其報向者行惡之人現在見好此是過
去生報後報善業熟故所以現在有此樂
果豈關現在作諸惡業而得好報行善
之人現在見苦者是過去生中生報後報惡
業熟故現在善根力弱不能排遣是故
得此苦報豈關現在作善而招惡報何以
知然現見世間為善之者為人所讚歎人
所尊重故知未來必招樂果過去既有如
此要業所以諸佛菩薩教令親近善行共
行懺悔善知識者於得道中則為令利
是故弟子等今日至誠歸依佛
東方无量離垢佛　南方樹根花王佛
西方蓮華自在佛　北方金剛能破佛
東南方悳禮義勝佛　西南方金海自在王佛
西北方无邊法自在王佛　東北方无礙香象王佛
下方无礙慧幢佛　上方甘露上王佛
如是十方盡虛空界一切三寶
弟子等无始以來至於今日積惡如恒沙

BD05355號　佛名經（十六卷本）卷二　（36–33）

西北方无邊法自在王佛　東北方无礙香象王佛
下方无礙慧幢佛　上方甘露上王佛
如是十方盡虚空界一切三寳
弟子等无始以来至於今日積悪如恒沙
造罪滿天地捨身與受身不覺亦不知
或作五逆深厚濁纏无間罪業或造一闡
提斷善根業輕誣佛語謗方等業破滅
三寳毀正法業不信罪福起十悪業迷
真返正癡或之業不孝二親反戾之業
輕慢師長无礼敬業朋友不信不義之
業或作四重六重八重障聖道業毀犯五
戒破八齋業五篇七聚多缺犯業優婆塞
戒輕重垢業或菩薩戒不能清淨如說行
業前後方便汙梵行業月无六齋懈怠
之業年三長齋不常脩業三千威儀不如
法業八万律儀微細罪業不脩身戒心慧
之業春秋八王造衆罪業行十六種悪律
儀業於一切衆生无慈傷業不矜不念无
矜慜業不扶不濟无救護業心懷嫉忌
无度彼業於怨親境不平等業耽荒五

BD05355號　佛名經（十六卷本）卷二　（36–34）

之業春秋八王造衆罪業行十六種悪律
儀業於一切衆生无慈傷業不矜不念无
矜慜業不扶不濟无救護業心懷嫉忌
无度彼業於怨親境不平等業耽荒五
欲不厭離業因衣食園林池沼生蕩逸
業或以盛年放恣情欲造衆罪業或善
有漏迴向三有障出世業如是等業无
量无邊今日發露向十方佛尊法聖衆皆
悉懺悔
願弟子等承是懺悔无間等罪諸業所
生福善願生生世世滅五逆罪除闡提惑
如是輕重諸罪從今以去乃至道場誓不
更犯恒習出世清淨善法精持律行守
護威儀如度海者愛惜浮囊六度四等
常摽行首戒定慧品轉得增明速成如来
卅二相八十種好十力无畏大悲三念常樂
妙智八自在我　礼一拜

佛名經卷第二

BD05355號　佛名經（十六卷本）卷二　（36–35）

生福善願生生世世滅五逆罪除闡提惑
如是輕重諸罪從今以去乃至道場誓不
更犯恒習出世清淨善法精持律行守
護威儀如度海者愛惜浮囊六度四等
常摽行首戒定慧品轉得增明速成如來
卅二相八十種好十力无畏大悲三念常樂
妙智八自在我 礼一拜

佛名經卷第二

BD05355號　佛名經（十六卷本）卷二　（36–36）

飾安隱豐樂天人熾盛琉璃為地有八交道
黃金為繩以界其側其傍各有七寶行樹常
有華菓華光如來亦以三乘教化衆生舍利
弗彼佛出時雖非惡世以本願故說三乘法
其劫名大寶莊嚴何故名曰大寶莊嚴其國
中以菩薩為大寶故彼諸菩薩无量无邊不
可思議筭數譬喻所不能及非佛智力无能
知者若欲行時寶華承足此諸菩薩非初發
意皆久殖德本於无量百千万億佛所淨脩
梵行恒為諸佛之所稱歎常脩佛慧具大神
通善知一切諸法之門質直无偽志念堅固
如是菩薩充滿其國舍利弗華光佛壽十二
小劫除為王子未作佛時其國人民壽八小
劫華光如來過十二小劫授堅滿菩薩阿耨
多羅三藐三菩提記告諸比丘是堅滿菩薩
次當作佛号曰華足安行多陀阿伽度阿羅
訶三藐三佛陁其佛國土亦復如是舍利弗
是華光佛滅度之後正法住世三十二小劫

BD05356號　妙法蓮華經卷二　（2–1）

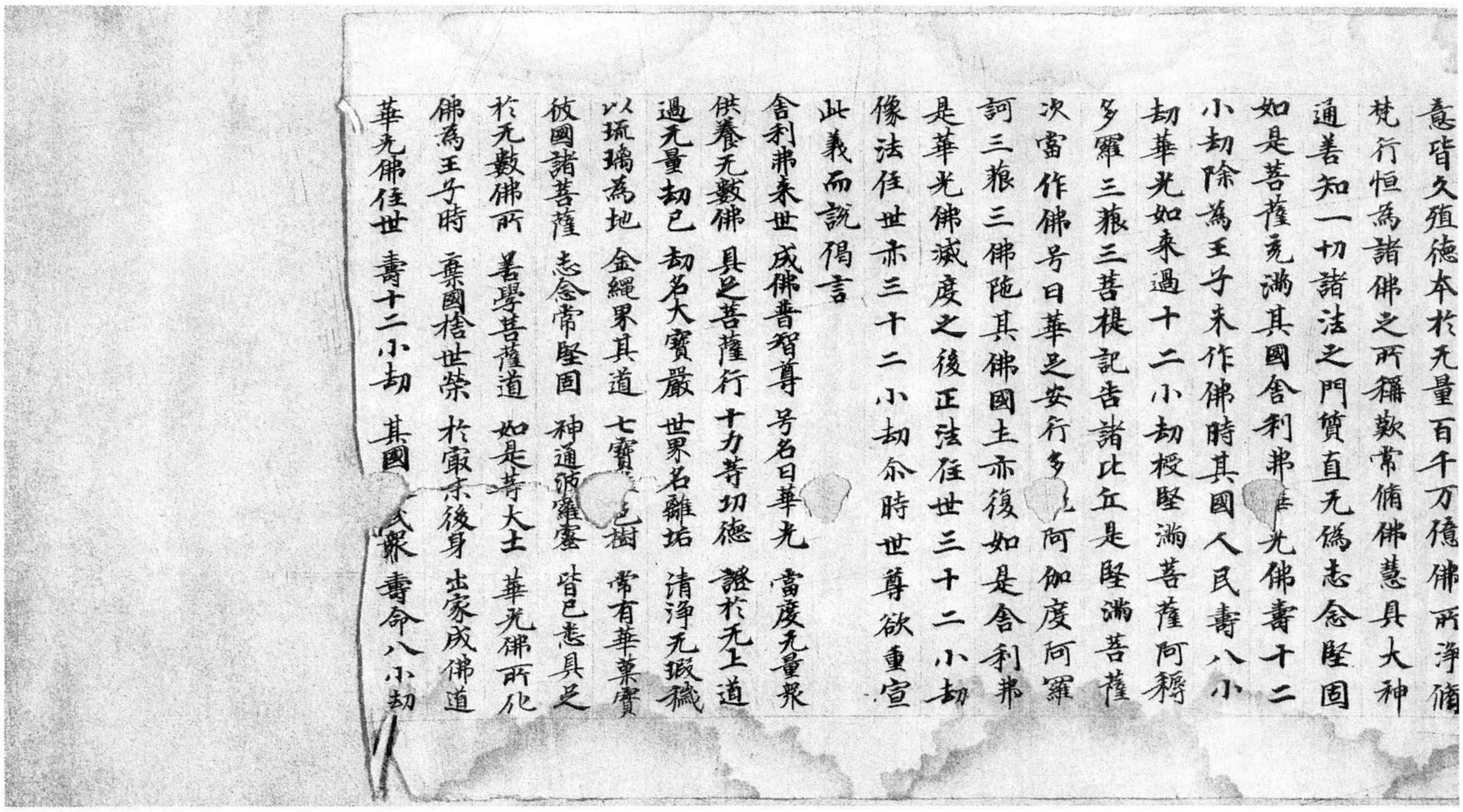

意皆久殖德本於无量百千万億佛所淨脩
梵行恒為諸佛之所稱歎常脩佛慧具大神
通善知一切諸法之門質直无偽志念堅固
如是菩薩充滿其國舍利弗華光佛壽十二
小劫除為王子未作佛時其國人民壽八小
劫華光如來過十二小劫授堅滿菩薩阿耨
多羅三藐三菩提記告諸比丘是堅滿菩薩
次當作佛号曰華足安行多陁阿伽度阿羅
訶三藐三佛陁其佛國土亦復如是舍利弗
是華光佛滅度之後正法住世三十二小劫
像法住世亦三十二小劫尒時世尊欲重宣
此義而說偈言
舍利弗來世　成佛普智尊　号名曰華光　當度无量衆
供養无數佛　具足菩薩行　十力等功德　證於无上道
過无量劫已　劫名大寶嚴　世界名離垢　清淨无瑕穢
以琉璃為地　金繩界其道　七寶雜色樹　常有華菓實
彼國諸菩薩　志念常堅固　神通波羅蜜　皆已悉具足
於无數佛所　善學菩薩道　如是等大士　華光佛所化
佛為王子時　棄國捨世榮　於冣末後身　出家成佛道
華光佛住世　壽十二小劫　其國人民衆　壽命八小劫

BD05356 號　妙法蓮華經卷二　（2–2）

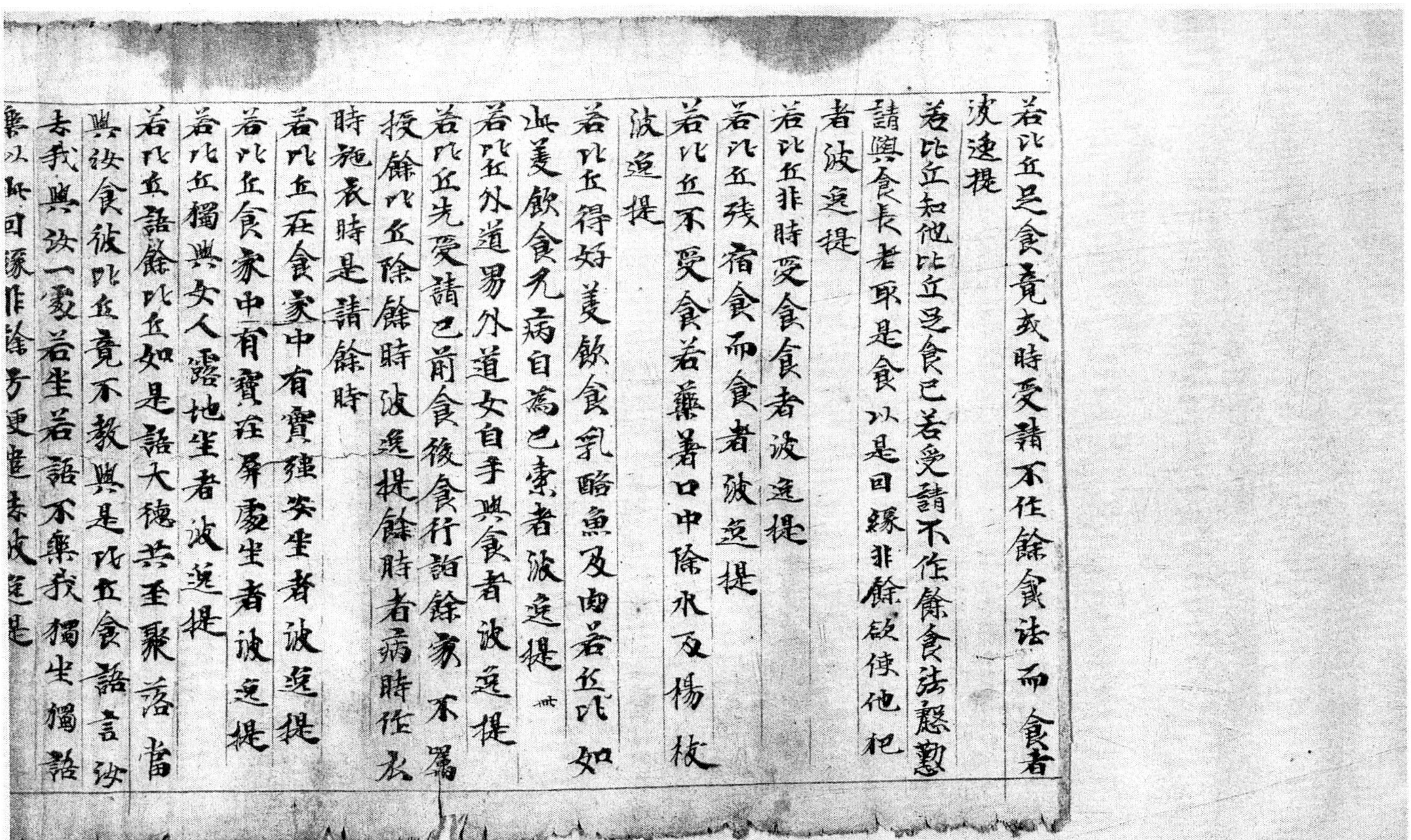

若比丘足食竟或時受請不作餘食法而食者
波逸提
若比丘知他比丘足食已若受請不作餘食法慇懃
請與食長老取是食以是因緣非餘欲使他犯
者波逸提
若比丘非時受食食者波逸提
若比丘殘宿食而食者波逸提
若比丘不受食若藥著口中除水及楊枝
波逸提
若比丘得好美飲食乳酪魚及肉若比丘如
此美飲食无病自為已索者波逸提　卌
若比丘外道男外道女自手與食者波逸提
若比丘先受請已前食後食行詣餘家不囑
授餘比丘除餘時波逸提餘時者病時作衣
時施衣時是謂餘時
若比丘在食家中有寶強安坐者波逸提
若比丘食家中有寶在屏處坐者波逸提
若比丘獨與女人露地坐者波逸提
若比丘語餘比丘如是語大德共至聚落當
與汝食彼比丘竟不教與是比丘食語言汝
去我與汝一處若坐若語不樂我獨坐獨語
樂以此因緣非餘方便遣去波逸提

BD05357 號　四分律比丘戒本　（2–1）

若比丘外道男外道女自手與食者波逸提
若比丘先受請已前食後食行詣餘家不囑
授餘比丘除餘時波逸提餘時者病時作衣
時施衣時是請餘時
若比丘在食家中有寶强安坐者波逸提
若比丘食家中有寶在屏處坐者波逸提
若比丘獨與女人露地坐者波逸提
若比丘語餘比丘如是語大德共至聚落當
與汝食彼比丘竟不教與是比丘食語言汝
去我與汝一處若坐若語不樂我獨坐獨語
樂以此因緣非餘方便遣去波逸提
若比丘請四月與藥无病比丘應受若過受除
常請更請分請盡形壽請波逸提
若比丘往觀軍陣除時因緣波逸提
若比丘有因緣聽至軍中二宿三宿過者波逸提
若比丘二宿三宿軍中住或時觀軍陣鬪戰若觀
遊軍象馬力勢者波逸提 卅
若比丘飲酒者波逸提
若比丘水中嬉戲者波逸提
若比丘以指相擊攊者波逸提

BD05357 號　四分律比丘戒本　（2–2）

大方等大集經菩薩念佛三昧分說備習三昧品之餘　卷十
時彼慈行如來大化將末有一比丘名曰樹
王廣爲衆生說此三昧亦教剎喜於彼如來
應供等正覺滅度之後正法之際有轉輪王
名曰天王具足威德有大神通七寶金輪正
法治世不空見彼天王王所居大城名曰因
陀羅跋帝（隋名飛王城亦名帝幢）縱廣正等十二由旬其
城內外樓觀臺殿皆以七寶雜色所成復以
金廓而覆城上不空見彼城四面各有三門
若說其城諸莊嚴事如上所說精進力王善
住大城莊嚴華麗殊妙無差也不空見後於
一時夜過半已彼天王王睡猶未覺有淨居
天下降王所令王夢見即於夢中爲王說此
念佛三昧法門名字大王汝應求此念佛三
昧何以故若諸菩薩摩訶薩能得成就此三
昧者常不遠離諸佛世尊亦於世間出世間

BD05358 號　大方等大集經菩薩念佛三昧分卷一〇　（16–1）

一時夜過半已彼天聖王睡猶未覺有淨居
天下降王所令王夢見即於夢中為聖說此
念佛三昧法門名字大王汝應求此念佛三
昧何以故若諸菩薩摩訶薩能得成就此三
昧者常不遠離諸佛世尊亦於世間出世間
文字章句音名語言皆悉明了具足辯才自
然速成阿耨多羅三藐三菩提不空見時天
聖王夢見天已即便覺寤向彼天言諸天聖
輩如是三昧誰能持者彼天報曰大王汝寧
不聞耶今有比丘名曰樹王現能受持如斯
三昧廣廣為世間分別演說利益一切聖天大
眾不空見彼天聖王當得聞此三昧名時即
能受持思惟觀察并亦誦念彼比丘名過
是夜已即於晨朝捨四天下金輪王位亦復棄
捨八十億百千那由他後宮妃后女侍之屬
又盡放棄五欲眾具斯皆為是三昧王故王
時復與九十六億百千那由他眾生求彼比
丘捨家出家不空見時彼樹王比丘與四部
眾天龍夜叉及聖非聖周帀圍繞復有九十
億欲界諸天左右聽法復有八十那由他諸
菩薩眾在前讚說是三昧聖王分別解釋顯
義趣彼天聖王聖其所已即以眾寶散比丘
上然後方始五體投坔一心頂礼彼比丘是
又以八十寶蓋各容一斛盛滿金花奉散其
上復以天花所謂優鉢羅花鉢頭摩花拘物
頭花分陁利花曼陁羅花摩訶曼陁羅花用
散其上復以天諸妙香所謂天沉水香多伽



又以八十寶蓋各容一斛盛滿金花奉散其
上復以天花所謂優鉢羅花鉢頭摩花拘物
頭花分陁利花曼陁羅花摩訶曼陁羅花用
散其上復以天諸妙香所謂天沉水香多伽
羅香多摩羅跋牛頭栴檀黑沉水栴檀末香
等用散其上廣設如是眾供具已然後諸為
比丘弟子即於是日與九十六億百千那由
他恩佐民聖在比丘前剃除鬚髮服袈裟衣
獻世出家皆為求此妙三昧故是後其天王
比丘常得與彼九十六億那由他百千眷屬
比丘親近供養恒河沙等諸佛世尊亦皆為
此勝三昧故不空見尒時彼天王比丘經八
十四億那由他百千歲以種種眾具供養事
彼樹王比丘求此三昧讀誦受持如說脩行
教諸弟子終不暫懈又彼眷屬比丘大眾勇
猛精進亦無倦心不空見彼天王比丘及其眷
屬於樹王法師生尊重心起諸佛想聞說
妙法一心受持長夜精勤夙不休息彼樹王
比丘皆悉成就彼九十六億百千比丘行菩
薩行住不退坔然後滅度彼諸眷屬皆亦命
終時復有佛名閻浮幢如來應供等正覺出
現於世而彼天王比丘與諸眷屬而更於彼
閻浮幢如來應供等正覺所勤求諮問如甚
深三昧經典讀誦受持思惟其義如說脩行
為他解釋利益世間一切天聖為壐無上大
菩提故又彼天王比丘為此無上勝三昧故
廣分別說諸佛所宣甚深經典過三千劫已

閻浮幢如来應供等𠙺覺所勤求諮問如甚
深三昧經典讀誦受持思惟其義如說脩行
為他解釋利益世間一切天𤯔為𧗟無上大
菩提故又彼天王比丘為此無上勝三昧故
廣分別說諸佛所宣甚深經典過三千劫已
然後作佛又能教化無量大衆皆得成熟畢
竟安住不退轉埊悉受阿耨多羅三藐三菩
提記佛告不空見汝今當知尒時彼天主王
者豈異𤯔乎即今之家上行如来應供等𠙺
覺是也是故汝今不應疑惑
復次不空見汝當一心思惟觀察此三昧王
善根淺深功德少多吾今為汝少分說耳若
彼世間無量無邊億那由他百千衆生但能
耳聞此三昧名當来必定成等𠙺覺何况此
衆菩薩摩訶薩親於我前或在我後我廣
說此三昧王若讀誦若受持若思惟義若脩
行若能為他稱揚廣說也不空見若有菩薩
摩訶薩住菩薩乘聞此三昧經於心耳彼亦
不久必當成就阿耨多羅三藐三菩提復有
處住菩薩乘諸菩薩等即便速𧗟不退轉埊
於阿耨多羅三藐三菩提亦不為遠復次不
空見辟如夜分將盡其日未出東方明相始
現之時閻浮提𤯔莫不歡喜何以故知彼日
輪不久當現廣為世間作大照明令閻浮𤯔
咸得覩見若善若惡淨穢諸色得有所作如
是不空見若有善男子善女𤯔若但能聞此念
佛三昧經於耳者彼輩不久盡得成於阿

BD05358號　大方等大集經菩薩念佛三昧分卷一〇　（16–4）

現之時閻浮提𤯔莫不歡喜何以故知彼日
輪不久當現廣為世間作大照明令閻浮𤯔
咸得覩見若善若惡淨穢諸色得有所作如
是不空見若有善男子善女𤯔若但能聞此念
佛三昧經於耳者彼輩不久盡得成於阿
耨多羅三藐三菩提是故汝等於此三昧作
決定心起不嫌信莫生異見勿懷疑網復次
不空見如劫將盡彼第六日現世間時如是
一切三千大千世界大埊盡皆烟出烟既出
已當知不久第七日出一切世界皆悉炯燃
如是不空見若有善男子善女𤯔或已住彼
菩薩乘中及未住者若曾聞此念佛三昧經
於耳者或時讀誦或有受持或思惟義或如
說行乃至或能為他廣說彼等決定速得成
就阿耨多羅三藐三菩提復次不空見如𤯔
穿井若見濕土粘汙手足或時復見水泥雜
和智者當知去水不遠如是不空見若有善
男子善女𤯔聞此菩薩念佛三昧𠙺意受持
諦善思惟分別義理廣為他𤯔宣揚解釋當
知彼諸善男子善女𤯔不久自成阿耨多羅三
藐三菩提復次不空見辟如有𤯔吞金剛丸
當知是𤯔不久必死何以故彼金剛丸不可
消故如是不空見若有善男子善女𤯔但
能聽聞如是三昧或復思惟或當親近或亦
脩習或能宣說當知彼諸善男子善女𤯔不
久必成阿耨多羅三藐三菩提何以故此三
昧者即是過去現在未来三世一切諸如来

BD05358號　大方等大集經菩薩念佛三昧分卷一〇　（16–5）

能聽聞如是三昧或復思惟或當親近或亦
脩習或能宣說當知彼諸善男子善女人不
久必成阿耨多羅三藐三菩提何以故此三
昧者即是過去現在未來三世一切諸如來
應供等正覺思惟脩習清淨成就真實金剛
無有虛偽不可破壞復能教化諸菩薩輩令
其安住以諸菩薩必能安隱住於大乘故復
次不空見譬如三十三天見歡喜園皆生安
樂如是不空見彼一切菩薩摩訶薩皆因聞
此三昧名字故能速成阿耨多羅三藐三菩
提以是三昧法門名字住昔諸佛之所讚歎
為他廣說釋解理義開發顯示名味句身具
足圓滿安住法界擁護攝持諸大菩薩教化
增長令樂真道正直淳和當受安樂不空見
以是因緣汝應知此若諸菩薩聞此三昧暫
經心耳如是諸善男子善女人不久當登阿
耨多羅三藐三菩提不空見吾故語汝當
善知若諸菩薩摩訶薩聞此甚深念佛三昧
能受持者彼等善男子善女人自然疾成阿
耨多羅三藐三菩提復次不空見汝應受持
如是三昧當念為彼一切世間比丘比丘尼優
婆塞優婆夷及諸國王大臣宰相刹利婆羅
門毗舍首陀一切居士并餘種種外道尼揵
遮羅迦波利婆闍迦等班宣廣說何以故以
此三昧大德威力能令彼等速成阿耨多
羅三藐三菩提故
復次不空見若有善男子善女人淨信敬心

BD05358號　大方等大集經菩薩念佛三昧分卷一〇　（16–6）

門毗舍首陀一切居士并餘種種外道尼揵
遮羅迦波利婆闍迦等班宣廣說何以故以
此三昧大德威力能令彼等速成阿耨多
羅三藐三菩提故
復次不空見若有善男子善女人淨信敬心
分明知此念佛三昧過去諸佛之所讚歎一
切如來之所印可如是知已當即讀誦當即
受持當即脩行當即敷演復應當作如是思
惟今此三昧為不思議大功德聚如是思已
當更信敬當更尊重當更深入當更登知所
以者何今此三昧乃是一切諸佛之所說也
一切諸佛之所行處也一切諸佛之所印可
也一切諸佛之正教也一切諸佛之辯才也
一切諸佛之所覺也一切諸佛之選擇也一
切諸佛之所作也一切諸佛之財寶也一切
諸佛之府庫也一切諸佛之伏藏也一切諸
佛之倉稟也一切諸佛之印璽也一切諸佛
之舍利也一切諸佛之體性也不空見若彼
善男子善女人等能如是知即得無量無邊
善根緣此功德所生常處大刹利家大婆
羅門家及餘一切大威勢家大尊重家大德天
處乃至當登阿耨多羅三藐三菩提何以故
不空見由此三昧具足能得不思議出世間
果報聚故不空見彼善男子善女人若但耳
聞此三昧名當得無量無邊福聚亦復當作
無量無邊福行然彼所得福聚善根福行功
德廣大甚深不可校計不可算數不可稱量

BD05358號　大方等大集經菩薩念佛三昧分卷一〇　（16–7）

不空見由此三昧具足能得不思議出世間
果報聚故不空見彼善男子善女人若但耳
聞此三昧名當得無量無邊福聚亦復當作
無量無邊福行然彼所得福聚善根福行功
德廣大甚深不可校計不可算數不可稱量
不可知得
復次不空見言粗若此義尚未明我今為汝
更引譬喻令諸智者少分解之不空見若有
菩薩摩訶薩專心信樂備行檀波羅蜜日三
時施於日曌分以神通力故即令七寶及餘
眾具充滿於彼恒沙世界還用奉上恒沙如
來應供等正覺及諸弟子聲聞眾等如日曌
分如是行施日中後分行施亦然日別如是
三時行施乃至經彼無量無邊億那由他恒
河沙劫而常行是無有休廢亦復求於阿耨
多羅三藐三菩提不空見於意云何彼菩薩
摩訶薩能於如是長時行施所獲功德可謂
多不不空見言甚多世尊無量無邊不可算
數不可稱量不可思議也時佛復告不空見
菩薩言不空見吾更語汝汝宜諦聽假彼菩
薩摩訶薩如是備行檀波羅蜜所種善根所
獲福聚實為廣大然猶不及斯善男子善女
人但能耳聞此三昧名或時書寫或時讀誦
或時信解如來所說深妙法門少功德也不
空見然此善男子善女人但以聞名所獲功
德尚超前福無量無邊不可稱量不可校比
何況彼善男子善女人具足得聞是三昧能

BD05358號　大方等大集經菩薩念佛三昧分卷一〇

（16-8）

人但能耳聞此三昧名或時書寫或時讀誦
或時信解如來所說深妙法門少功德也不
空見然此善男子善女人但以聞名所獲功
德尚超前福無量無邊不可稱量不可校比
何況彼善男子善女人具足得聞是三昧能
即書寫讀誦受持思惟義理善能為諸人天
大眾宣揚廣釋也不空見汝今當知我但略
說三昧功德若欲廣說此定善根假經多劫
終不能盡
大方等大集經菩薩念佛三昧分諸菩薩本行品第十五
爾時不空見菩薩摩訶薩普現菩薩摩訶薩
善喜光菩薩摩訶薩無邊見菩薩摩訶薩無
邊莊嚴菩薩摩訶薩無邊幢菩薩摩訶薩無
邊光明菩薩摩訶薩無邊稱菩薩摩訶薩無
邊禪菩薩摩訶薩無邊智菩薩摩訶薩無邊
發王菩薩摩訶薩無邊自在王菩薩摩訶薩
思惟寂勝無邊菩薩摩訶薩思惟一切法意
菩薩摩訶薩思惟虛空意菩薩摩訶薩思惟
無礙意菩薩摩訶薩無邊寶意菩薩摩訶薩
能滅一切怖畏菩薩摩訶薩善淨意菩薩摩
訶薩如是等菩薩摩訶薩為首與九十億那
由他百千菩薩摩訶薩俱從坐起偏袒右肩
右膝著地合掌恭敬而白佛言世尊我等從
佛聞是菩薩念佛三昧功德利益我等要當
躬自書寫讀誦受持思惟義理廣為他說亦
令他人如說備行何以故我等為欲攝受阿
耨多羅三藐三菩提故世尊我等於此諸佛

BD05358號　大方等大集經菩薩念佛三昧分卷一〇

（16-9）

在勝著坐合掌恭敬而白佛言世尊我等從
佛聞是菩薩念佛三昧功德利益我等要當
躬自書寫讀誦受持思惟義理廣為他說亦
令他至如說脩行何以故我等為欲攝受阿
耨多羅三藐三菩提故世尊我等於此諸佛
世尊所說三昧甚深經典令諸衆生聞已歡
喜我等亦當益其氣力與其安樂所以者何
彼等若能於是大乘脩多羅中次第脩行聞
已書寫讀誦受持分別思惟廣為他說亦令
他至分別解說必得成就阿耨多羅三藐三
菩提故
尒時世尊知諸菩薩摩訶薩等一心念求遂
便微咲諸佛世尊法如是故即微咲時世尊
面門施種種光所謂金銀瑠璃頗梨碼碯硨
磲真珠如是一切諸寶光中各皆復出無量
百千異色光明皆自世尊面門而出遍遊十
方無量世界上至梵宮還住佛頂如天帝釋
建立寶幢端直光華見者歡喜時此三千大
千世界莊嚴壯麗微妙無比
尒時彼諸菩薩摩訶薩衆見是神變莊嚴
事已咸皆驚歎奇哉希有世尊神通是衆中
有一菩薩摩訶薩名如意定智神通即從坐
起正持威儀合掌恭敬頂禮世尊已用天沉
水香多伽羅香多摩羅跋香牛頭栴檀末栴
檀等奉散佛上復以天曼陀羅花摩訶曼陀
羅花天優鉢羅花波頭摩花拘物頭花分陀
利花雞娑羅花摩訶雞娑羅花等供養世尊
已說偈請曰

BD05358號　大方等大集經菩薩念佛三昧分卷一〇　（16–10）

水香多伽羅香多摩羅跋香牛頭栴檀末栴
檀等奉散佛上復以天曼陀羅花摩訶曼陀
羅花天優鉢羅花波頭摩花拘物頭花分陀
利花雞娑羅花摩訶雞娑羅花等供養世尊
已說偈請曰
世尊調御無倫匹　金色相好具是至
光明威德遍十方　狀若林間開花樹
妙行圓滿智無邊　大威能為世間益
最勝方便顯演說　今復微咲有何緣
世尊無等無邊智　挺超衆類誰能加
無上威德今應宣　何因今日復微咲
今此世界遍大千　花敷盡若帝天樹
一切衆生皆歡喜　今更微咲何所因
盲者能視聾得聞　瘂者得言蹇能步
狂亂失心獲本念　今復微咲何因緣
群獸喜躍悉鳴吼　異鳥歡欣吐清音
衆樂不鼓自然鳴　今者何因復微咲
一切樂音同時作　本非天王之所鼓
而令王天獲安樂　今更微咲何所緣
彼天觀王明照此　斯王今亦見彼天
天王交發希有心　何緣今更現微咲
無上丈夫世依止　大尊今日為我宣
若聞大慈憐咲者　唯深慶幸豈能報
尒時世尊即為如意定智神通菩薩摩訶薩
宣說大士所有妙問亦即宣彼恒沙諸如來
應供等正覺名号其偈詞曰
諸善男子等　聞法王妙聲　彼六十八千　悉發菩提願

BD05358號　大方等大集經菩薩念佛三昧分卷一〇　（16–11）

尒時世尊即為如意定智神通菩薩摩訶薩
宣説大士所有妙問亦即宣彼恒沙諸如来
應供等正覺名号其偈詞曰
諸善男子等　聞法王妙聲　彼六十八千　悉發菩提願
亦於當来世　正法毀壊時　世尊自讃持　如是深妙典
我聞大名稱　終無有猒惓　不思議法門　諸佛之所説
汝聽我今説　斯諸菩薩衆　非但一佛所　發此誠敬心
我念往昔諸生處　六十六億那由他
尒時皆亦如斯起　唯為護持此深法
又復過去前於茲　無量恒沙諸佛所
於彼為首脩虔敬　冣上妙法我護於
斯諸大士為法故　能捨重命豈愛身
其何甘法不憚苦　獨為菩提無上堅
不可思議恒沙數　無量威德諸如来
彼時上首皆發起　亦唯愛樂斯法故
寶光大光大光佛　雷光普光不思議
斯輩三等攝持法　為求菩提無上道
唯我神力能知汝　果報今日皆明現
不空汝久發斯願　經昔無量百千生
汝於諸佛大師前　不思議行悉圓滿
常業歌讚雨足尊　昔行薰脩諸大權
由往積集勝因緣　今獲偈歎大法王
往昔世尊号善根　亦名大幢無邊威
斯輩彼時為上首　欲求無上正覺故
往昔有佛莊嚴王　剎若他化天宮所
斯輩多是勝上士　彼時已就大菩提
過去有佛名施光　亦無邊光無量相



往昔世尊号善根　亦名大幢無邊威
斯輩彼時為上首　欲求無上正覺故
往昔有佛莊嚴王　剎若他化天宮所
斯輩多是勝上士　彼時已就大菩提
過去有佛名施光　亦無邊光無量相
斯輩於彼已為首　靣求如是妙三昧
大摩尼珠火光佛　普光明聚調御師
彼時攝法為首起　求於菩提安樂故
大光日光不思議　無量精進無邊定
於彼攝法上首起　為求安樂菩提故
善花香佛及金花　無漏如来無諍行
彼時皆為護法首　為求如是上菩提
如是過去諸如来　無邊智尊雨足尊
於彼三種攝持法　祈願冣上佛菩提
八万丈夫通達士　為堅第一妙菩提
斯輩因是勝善根　當来奉侍王中覺
所生常處尊勝家　一切永除諸惡道
斯等集會為法朋　終不遠離世間覺
長違一切外論師　亦捨一切邪智友
攝諸功德不可説　此神要登於菩提
當来得值弥勒尊　此輩尒時皆集會
於是三業持護法　因此能成勝菩提
復於弥勒涅槃後　有佛師子調御師
亦求彼法三業持　因此得成等正覺
當来千佛無上尊　即是賢劫衆生尊
斯等法師世恒説　因堅無礙妙色身
過是賢劫諸佛已　復有正覺無量威
更有如来厥号寶　及以世尊毗婆尸

復於彌勒涅槃後　有佛師子調御師
亦求彼法三業持　因此得成等正覺
當來千佛無上尊　即是賢劫衆生尊
斯等法師世恒說　因堅無礙妙色身
過是賢劫諸佛已　復有正覺無量威
更有如來厥号賢　及以世尊毗婆尸
賢與毗婆尸滅後　復有佛出名娑羅
彼時智者皆攝持　廣設衆具興供養
娑羅世尊既涅槃　有佛如來名觀察
斯輩於彼求法故　而復供養妙法王
觀察如來涅槃已　有佛世尊名遍見
遍見如來涅槃已　有佛厥名蓮華上
華上如來涅槃已　有佛稱号優鉢羅
尒時諸智還求法　承事供養兩足尊
優鉢羅佛涅槃已　有佛世尊名曰花
彼花如來涅槃已　有佛世尊号莊嚴
莊嚴如來涅槃已　有佛世尊名勝智
斯輩於彼亦求法　興建供養無有邊
勝智如來涅槃已　有佛世尊名善見
善見如來涅槃已　有佛世尊名善持
善持如來涅槃已　有佛名曰具威儀
彼亦三種法攝持　唯求堅斯菩提道
具威儀佛涅槃已　有佛世尊無量威
無量威佛涅槃已　有佛世尊名勝王
勝王如來涅槃已　有佛世尊名現前
現前如來涅槃已　有佛世尊寂燭王
尒時此等為法故　廣設供養不思議

BD05358號　大方等大集經菩薩念佛三昧分卷一〇　（16–14）

無量威佛涅槃已　有佛世尊名勝王
勝王如來涅槃已　有佛世尊名現前
現前如來涅槃已　有佛世尊寂燭王
尒時此等為法故　廣設供養不思議
如是未來諸世尊　世間勝智超一切
於已身命無愛吝　但為求堅佛菩提
因藉如斯勝善根　將來奉承勝威德
是佛世中最第一　如彼調御阿彌陀
於彼殊勝世尊所　即欲備堅上菩提
為求法故常精勤　當設無邊妙供養
彼方所有諸世界　供養億數恒沙佛
唯求法樂利群生　遠離塵惱除五塵
當來成佛無邊智　能多利益滅衆苦
為求安樂諸衆生　供養無量無邊佛
當得成佛大名稱　彼剎莊嚴難思議
盡是衆寶至樂觀　猶安樂國殊廣大
多億那由諸菩薩　咸受佛記至中尊
以不思議諸佛智　如是讚稱大法王
我於今者為汝說　一切大衆諸天至
其有求於正覺真　終自同彼如來堅
若能願樂勝菩提　彼於上至蒙威儀
諸天守衛及龍鬼　鳩槃金鳥并夜叉
若欲祈願成菩提　心當樂備佛勝道
世尊哀愍如一子　身金色力智多聞

佛說菩薩念佛三昧經卷第十

BD05358號　大方等大集經菩薩念佛三昧分卷一〇　（16–15）

為求安樂諸衆生　供養無量無邊佛
當得成佛大名稱　彼剎莊嚴難思議
盡是衆寶垂樂觀　猶安樂國殊廣大
多億那由諸菩薩　咸受佛記垂中尊
以不思議諸佛智　如是讚稱大法主
我於今者為汝說　一切大衆諸天垂
其有求於垂覺者　終自同彼如來壽
若能願樂勝菩提　彼易上垂蒙成儀
諸天守衛及龍鬼　鳩槃金鳥并夜叉
若欲祈願成菩提　心當樂備佛勝道
世尊最勝如一子　身金色力智多聞

佛說菩薩念佛三昧經卷第十

BD05358號　大方等大集經菩薩念佛三昧分卷一〇　（16–16）

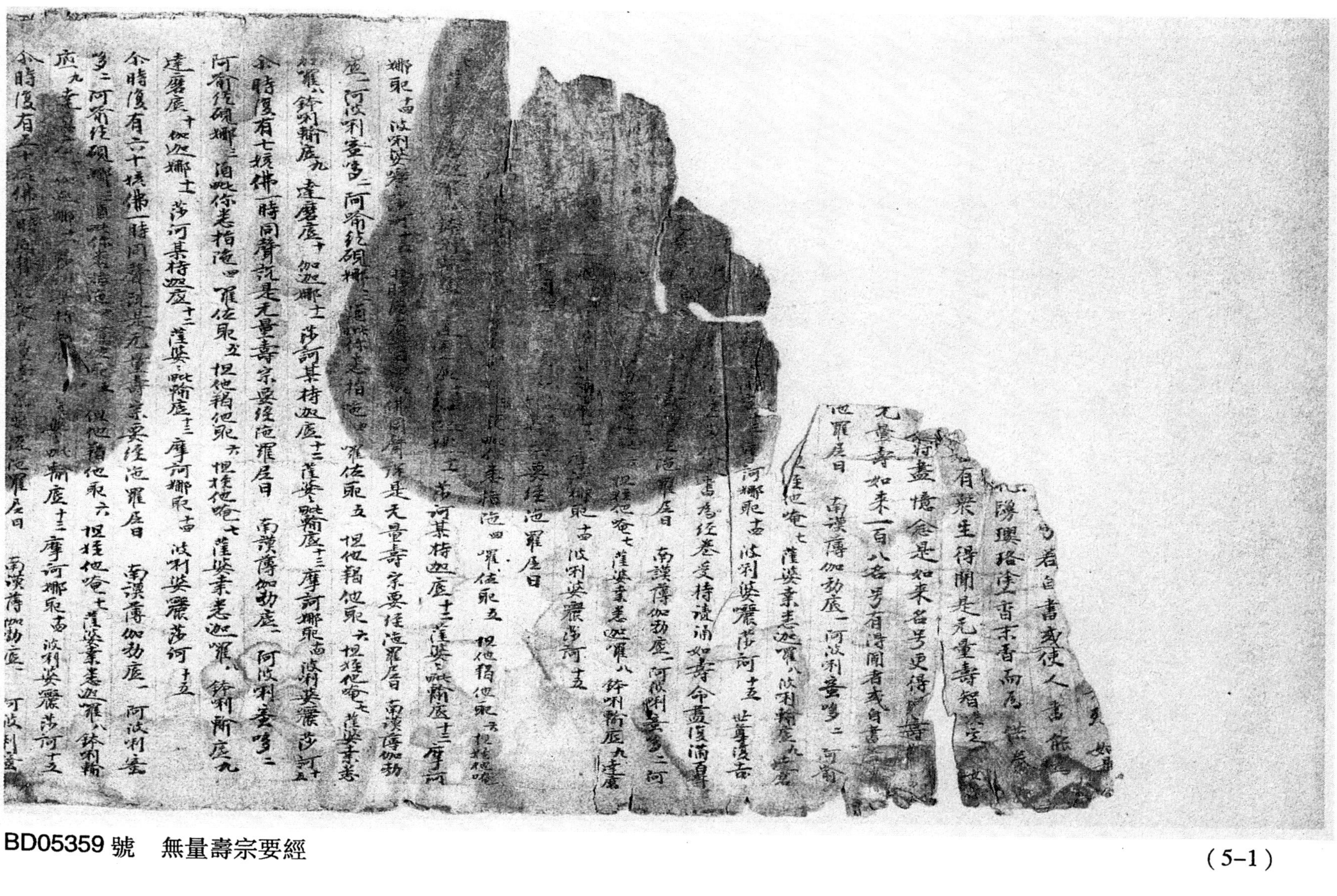

BD05359號　無量壽宗要經　（5–1）

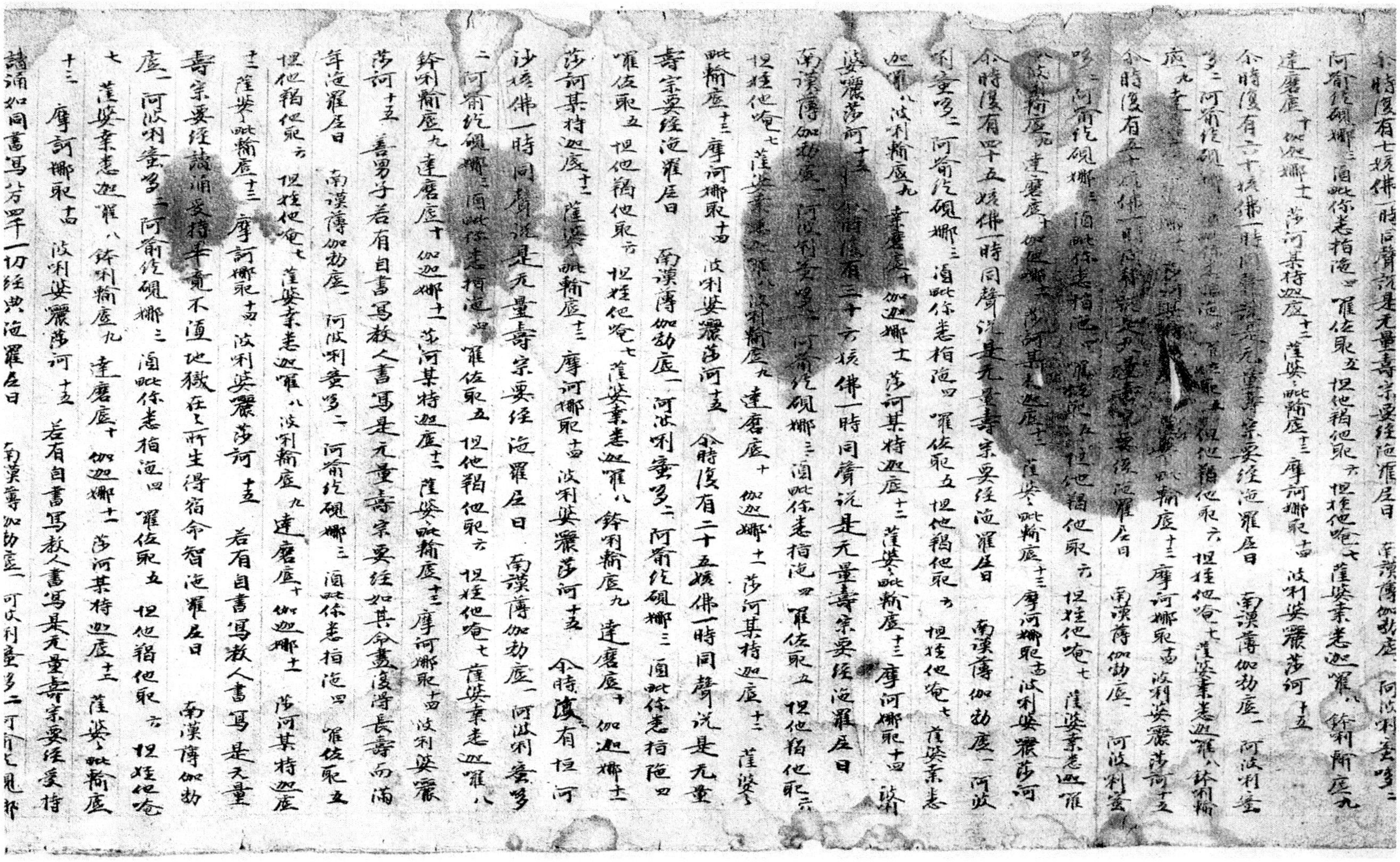
尒時復有七殑佛一時同聲說是无量壽宗要經陁羅尼曰 南謨薄伽勃底一 阿波唎蜜哆二
阿喻紇硯娜三 須毗你悉指陁四 囉佐耶五 怛他羯他耶六 怛姪他唵七 薩婆桑悉迦囉八 鉢唎輸底九
達磨底十 伽伽娜十一 莎訶某持迦底十二 薩婆毗輸底十三 摩訶娜耶十四 波唎婆囉莎訶十五
尒時復有六十殑佛一時同聲說是无量壽宗要經陁羅尼曰 南謨薄伽勃底一 阿波唎蜜
哆二 阿喻紇硯娜三 須毗你悉指陁四 囉佐耶五 怛他羯他耶六 怛姪他唵七 薩婆桑悉迦囉八 鉢唎輸
底九 達磨底十 伽伽娜十一 莎訶某持迦底十二 薩婆毗輸底十三 摩訶娜耶十四 波唎婆囉莎訶十五
尒時復有五十殑佛一時同聲說是无量壽宗要經陁羅尼曰 南謨薄伽勃底一 阿波唎蜜
哆二 阿喻紇硯娜三 須毗你悉指陁四 囉佐耶五 怛他羯他耶六 怛姪他唵七 薩婆桑悉迦囉
八 波唎輸底九 達磨底十 伽伽娜十一 莎訶某持迦底十二 薩婆毗輸底十三 摩訶娜耶十四 波唎婆囉莎訶
尒時復有四十五殑佛一時同聲說是无量壽宗要經陁羅尼曰 南謨薄伽勃底一 阿波
唎蜜哆二 阿喻紇硯娜三 須毗你悉指陁四 囉佐耶五 怛他羯他耶六 怛姪他唵七 薩婆桑悉
迦囉八 波唎輸底九 達磨底十 伽伽娜十一 莎訶某持迦底十二 薩婆毗輸底十三 摩訶娜耶十四 波唎
婆囉莎訶十五 尒時復有三十六殑佛一時同聲說是无量壽宗要經陁羅尼曰
南謨薄伽勃底一 阿波唎蜜哆二 阿喻紇硯娜三 須毗你悉指陁四 囉佐耶五 怛他羯他耶六
怛姪他唵七 薩婆桑悉迦囉八 波唎輸底九 達磨底十 伽伽娜十一 莎訶某持迦底十二 薩婆
毗輸底十三 摩訶娜耶十四 波唎婆囉莎訶十五 尒時復有二十五殑佛一時同聲說是无量
壽宗要經陁羅尼曰 南謨薄伽勃底一 阿波唎蜜哆二 阿喻紇硯娜三 須毗你悉指陁四
囉佐耶五 怛他羯他耶六 怛姪他唵七 薩婆桑悉迦囉八 鉢唎輸底九 達磨底十 伽伽娜十一
莎訶某持迦底十二 薩婆毗輸底十三 摩訶娜耶十四 波唎婆囉莎訶十五 尒時復有恒河
沙殑佛一時同聲說是无量壽宗要經陁羅尼曰 南謨薄伽勃底一 阿波唎蜜哆
二 阿喻紇硯娜三 須毗你悉指陁四 囉佐耶五 怛他羯他耶六 怛姪他唵七 薩婆桑悉迦囉八
鉢唎輸底九 達磨底十 伽伽娜十一 莎訶某持迦底十二 薩婆毗輸底十三 摩訶娜耶十四 波唎婆囉
莎訶十五 善男子若有自書寫教人書寫是无量壽宗要經如其命盡復得長壽而滿
年陁羅尼曰 南謨薄伽勃底一 阿波唎蜜哆二 阿喻紇硯娜三 須毗你悉指陁四 囉佐耶五
怛他羯他耶六 怛姪他唵七 薩婆桑悉迦囉八 波唎輸底九 達磨底十 伽伽娜十一 莎訶某持迦底
十二 薩婆毗輸底十三 摩訶娜耶十四 波唎婆囉莎訶十五 若有自書寫教人書寫是无量
壽宗要經讀誦受持畢竟不墮地獄在在所生得宿命智陁羅尼曰 南謨薄伽勃
底一 阿波唎蜜哆二 阿喻紇硯娜三 須毗你悉指陁四 囉佐耶五 怛他羯他耶六 怛姪他唵
七 薩婆桑悉迦囉八 鉢唎輸底九 達磨底十 伽伽娜十一 莎訶某持迦底十二 薩婆毗輸底
十三 摩訶娜耶十四 波唎婆囉莎訶十五 若有自書寫教人書寫是无量壽宗要經受持
讀誦如同書寫八万四千一切經典陁羅尼曰 南謨薄伽勃底一 阿波利蜜多二 阿喻紇硯那

BD05359號 無量壽宗要經 （5–2）

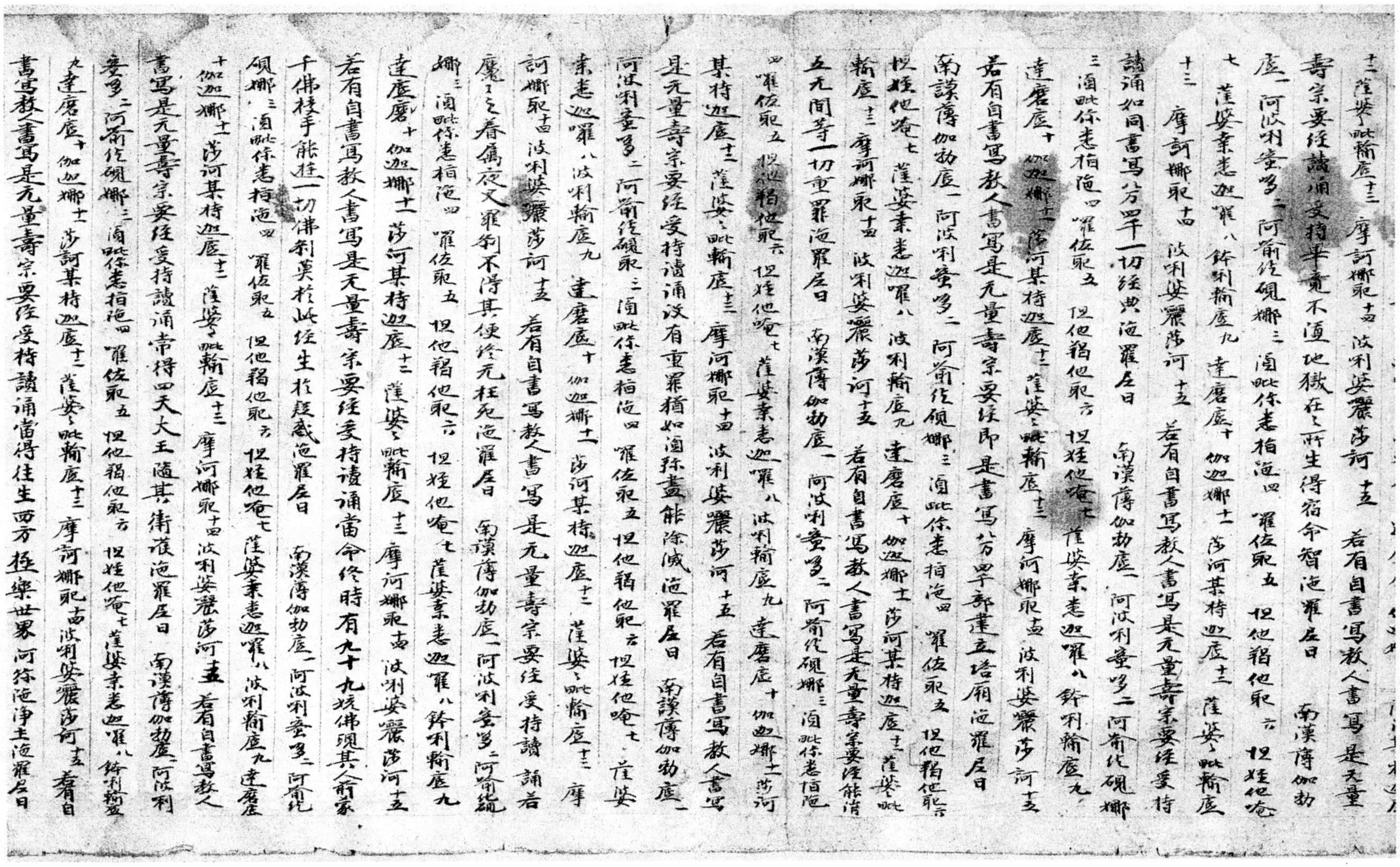
十二 薩婆毗輸底十三 摩訶娜耶十四 波唎婆囉莎訶十五 若有自書寫教人書寫是无量
壽宗要經讀誦受持畢竟不墮地獄在在所生得宿命智陁羅尼曰 南謨薄伽勃
底一 阿波唎蜜哆二 阿喻紇硯娜三 須毗你悉指陁四 囉佐耶五 怛他羯他耶六 怛姪他唵
七 薩婆桑悉迦囉八 鉢唎輸底九 達磨底十 伽伽娜十一 莎訶某持迦底十二 薩婆毗輸底
十三 摩訶娜耶十四 波唎婆囉莎訶十五 若有自書寫教人書寫是无量壽宗要經受持
讀誦如同書寫八万四千一切經典陁羅尼曰 南謨薄伽勃底一 阿波唎蜜哆二 阿喻紇硯娜
三 須毗你悉指陁四 囉佐耶五 怛他羯他耶六 怛姪他唵七 薩婆桑悉迦囉八 鉢唎輸底九
達磨底十 伽伽娜十一 莎訶某持迦底十二 薩婆毗輸底十三 摩訶娜耶十四 波唎婆囉莎訶十五
若有自書寫教人書寫是无量壽宗要經即是書寫八万四千部建立塔廟陁羅尼曰
南謨薄伽勃底一 阿波唎蜜哆二 阿喻紇硯娜三 須毗你悉指陁四 囉佐耶五 怛他羯他耶六
怛姪他唵七 薩婆桑悉迦囉八 波唎輸底九 達磨底十 伽伽娜十一 莎訶某持迦底十二 薩婆毗
輸底十三 摩訶娜耶十四 波唎婆囉莎訶十五 若有自書寫教人書寫是无量壽宗要經能消
五无間等一切重罪陁羅尼曰 南謨薄伽勃底一 阿波唎蜜哆二 阿喻紇硯娜三 須毗你悉指陁
四 囉佐耶五 怛他羯他耶六 怛姪他唵七 薩婆桑悉迦囉八 波唎輸底九 達磨底十 伽伽娜十一 莎訶
某持迦底十二 薩婆毗輸底十三 摩訶娜耶十四 波唎婆囉莎訶十五 若有自書寫教人書寫
是无量壽宗要經受持讀誦設有重罪猶如須弥盡能除滅陁羅尼曰 南謨薄伽勃底一
阿波唎蜜哆二 阿喻紇硯娜三 須毗你悉指陁四 囉佐耶五 怛他羯他耶六 怛姪他唵七 薩婆
桑悉迦囉八 波唎輸底九 達磨底十 伽伽娜十一 莎訶某持迦底十二 薩婆毗輸底十三 摩
訶娜耶十四 波唎婆囉莎訶十五 若有自書寫教人書寫是无量壽宗要經受持讀誦若
魔魔之眷屬夜叉羅刹不得其便終无枉死陁羅尼曰 南謨薄伽勃底一 阿波唎蜜多二 阿喻紇
娜三 須毗你悉指陁四 囉佐耶五 怛他羯他耶六 怛姪他唵七 薩婆桑悉迦囉八 鉢唎輸底九
達磨底十 伽伽娜十一 莎訶某持迦底十二 薩婆毗輸底十三 摩訶娜耶十四 波唎婆囉莎訶十五
若有自書寫教人書寫是无量壽宗要經受持讀誦當命終時有九十九殑佛現其人前家
千佛授手能往一切佛刹莫於此經生於疑惑陁羅尼曰 南謨薄伽勃底一 阿波唎蜜多二 阿喻紇
硯娜三 須毗你悉指陁四 囉佐耶五 怛他羯他耶六 怛姪他唵七 薩婆桑悉迦囉八 波唎輸底九 達磨底
十 伽伽娜十一 莎訶某持迦底十二 薩婆毗輸底十三 摩訶娜耶十四 波唎婆囉莎訶十五 若有自書寫教人
書寫是无量壽宗要經受持讀誦常得四天大王隨其衛護陁羅尼曰 南謨薄伽勃底一 阿波利
蜜多二 阿喻紇硯娜三 須毗你悉指陁四 囉佐耶五 怛他羯他耶六 怛姪他唵七 薩婆桑悉迦囉八 鉢唎輸底
九 達磨底十 伽伽娜十一 莎訶某持迦底十二 薩婆毗輸底十三 摩訶娜耶十四 波唎婆囉莎訶十五 若有自
書寫教人書寫是无量壽宗要經受持讀誦當得往生西方極樂世界阿弥陁淨土陁羅尼曰

BD05359號 無量壽宗要經 （5–3）

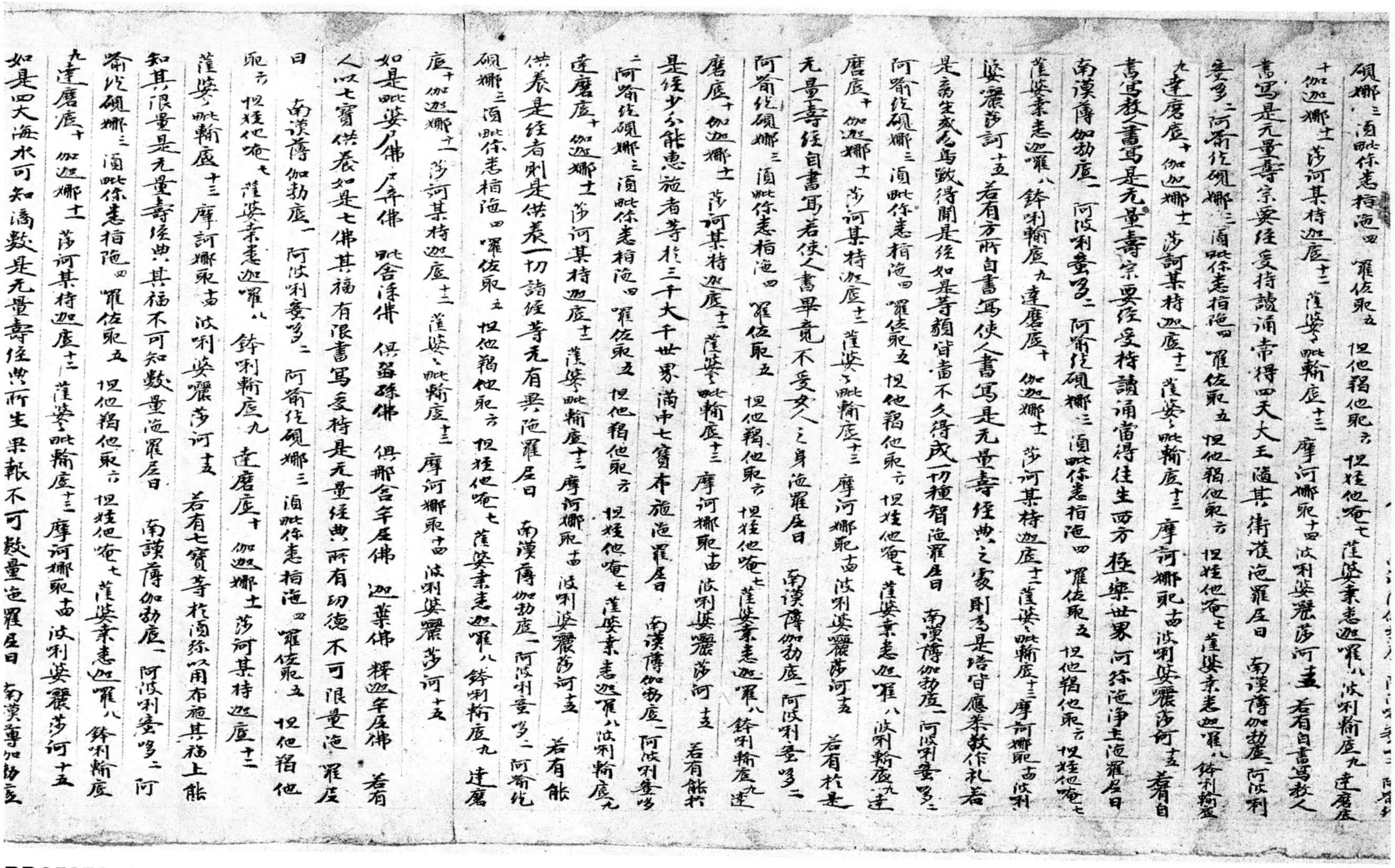

硯娜三 須毗徐恚栺陁四 囉佐耶五 怛他羯他耶六 怛姪他唵七 薩婆桒恚迦囉八 波唎輸底九 達磨底
十伽迦娜十一 莎訶某特迦底十二 薩婆毗輸底十三 摩訶娜耶十四 波唎婆囉莎訶十五 若有自書寫教人
書寫是无量壽宗要經受持讀誦常得四天大王隨其衛護陁羅尼曰 南謨薄伽勃底一 阿波唎
蜜多二 阿喻紇硯娜三 須毗徐恚栺陁四 囉佐耶五 怛他羯他耶六 怛姪他唵七 薩婆桒恚迦囉八 鉢唎輸底
九達磨底十 伽迦娜十一 莎訶某特迦底十二 薩婆毗輸底十三 摩訶娜耶十四 波唎婆囉莎訶十五 若有自
書寫教人書寫是无量壽宗要經受持讀誦當得往生西方極樂世界阿弥陁淨土陁羅尼曰
南謨薄伽勃底一 阿波唎蜜多二 阿喻紇硯娜三 須毗徐恚栺陁四 囉佐耶五 怛他羯他耶六 怛姪他唵七
薩婆桒恚迦囉八 鉢唎輸底九 達磨底十 伽迦娜十一 莎訶某特迦底十二 薩婆毗輸底十三 摩訶娜耶十四 波唎
婆囉莎訶十五 若有方所自書寫使人書寫是无量壽經典之處則為是塔皆應恭敬作禮若
是畜生禽獸鳥獸得聞是經如是等類皆當不久得成一切種智陁羅尼曰 南謨薄伽勃底一 阿波唎蜜多二
阿喻紇硯娜三 須毗徐恚栺陁四 囉佐耶五 怛他羯他耶六 怛姪他唵七 薩婆桒恚迦囉八 波唎輸底九 達
磨底十 伽迦娜十一 莎訶某特迦底十二 薩婆毗輸底十三 摩訶娜耶十四 波唎婆囉莎訶十五 若有於是
无量壽經自書寫若使人書畢竟不受女人之身陁羅尼曰 南謨薄伽勃底一 阿波唎蜜多二
阿喻紇硯娜三 須毗徐恚栺陁四 囉佐耶五 怛他羯他耶六 怛姪他唵七 薩婆桒恚迦囉八 鉢唎輸底九 達
磨底十 伽迦娜十一 莎訶某特迦底十二 薩婆毗輸底十三 摩訶娜耶十四 波唎婆囉莎訶十五 若有能於
是經少分能惠施者等於三千大千世界滿中七寶布施陁羅尼曰 南謨薄伽勃底一 阿波唎蜜多
二阿喻紇硯娜三 須毗徐恚栺陁四 囉佐耶五 怛他羯他耶六 怛姪他唵七 薩婆桒恚迦囉八 波唎輸底九
達磨底十 伽迦娜十一 莎訶某特迦底十二 薩婆毗輸底十三 摩訶娜耶十四 波唎婆囉莎訶十五 若有能
供養是經者則是供養一切諸經等无有異陁羅尼曰 南謨薄伽勃底一 阿波唎蜜多二 阿喻紇
硯娜三 須毗徐恚栺陁四 囉佐耶五 怛他羯他耶六 怛姪他唵七 薩婆桒恚迦囉八 鉢唎輸底九 達磨
底十 伽迦娜十一 莎訶某特迦底十二 薩婆毗輸底十三 摩訶娜耶十四 波唎婆囉莎訶十五
如是毗婆尸佛 尸弃佛 毗舍浮佛 俱留孫佛 俱那含牟尼佛 迦葉佛 釋迦牟尼佛 若有
人以七寶供養如是七佛其福有限書寫受持是无量經典所有功德不可限量陁羅尼
曰 南謨薄伽勃底一 阿波唎蜜多二 阿喻紇硯娜三 須毗徐恚栺陁四 囉佐耶五 怛他羯他
耶六 怛姪他唵七 薩婆桒恚迦囉八 鉢唎輸底九 達磨底十 伽迦娜十一 莎訶某特迦底十二
薩婆毗輸底十三 摩訶娜耶十四 波唎婆囉莎訶十五 若有七寶等於須弥以用布施其福上能
知其限量是无量壽經典其福不可知數量陁羅尼曰 南謨薄伽勃底一 阿波唎蜜多二 阿
喻紇硯娜三 須毗徐恚栺陁四 囉佐耶五 怛他羯他耶六 怛姪他唵七 薩婆桒恚迦囉八 鉢唎輸底
九達磨底十 伽迦娜十一 莎訶某特迦底十二 薩婆毗輸底十三 摩訶娜耶十四 波唎婆囉莎訶十五
如是四大海水可知滴數是无量壽經典所生果報不可數量陁羅尼曰 南謨薄伽勃底

BD05359號　無量壽宗要經　（5–4）

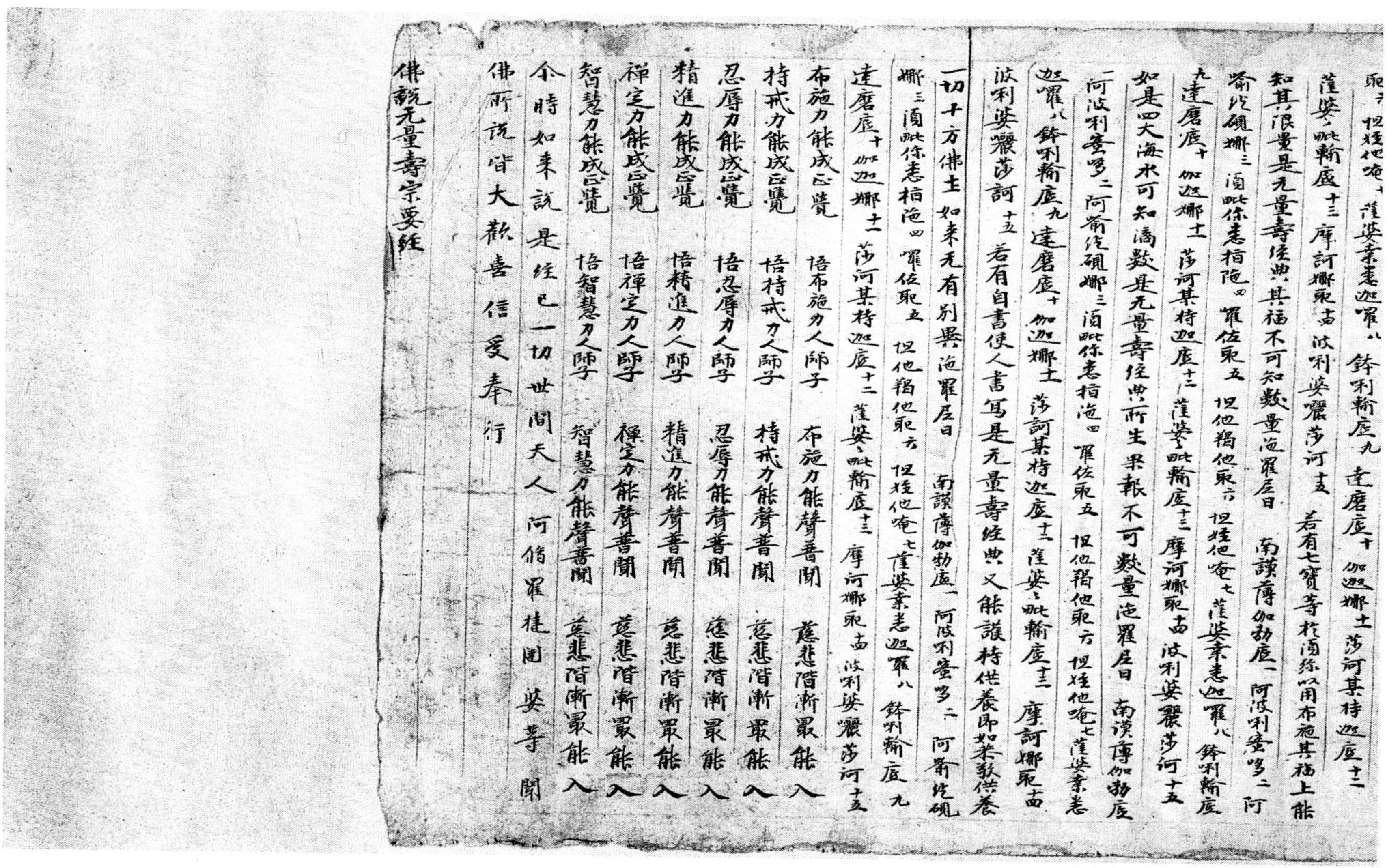

耶六 怛姪他唵七 薩婆桒恚迦囉八 鉢唎輸底九 達磨底十 伽迦娜十一 莎訶某特迦底十二
薩婆毗輸底十三 摩訶娜耶十四 波唎婆囉莎訶十五 若有七寶等於須弥以用布施其福上能
知其限量是无量壽經典其福不可知數量陁羅尼曰 南謨薄伽勃底一 阿波唎蜜多二 阿
喻紇硯娜三 須毗徐恚栺陁四 囉佐耶五 怛他羯他耶六 怛姪他唵七 薩婆桒恚迦囉八 鉢唎輸底
九達磨底十 伽迦娜十一 莎訶某特迦底十二 薩婆毗輸底十三 摩訶娜耶十四 波唎婆囉莎訶十五
如是四大海水可知滴數是无量壽經典所生果報不可數量陁羅尼曰 南謨薄伽勃底
一阿波唎蜜多二 阿喻紇硯娜三 須毗徐恚栺陁四 囉佐耶五 怛他羯他耶六 怛姪他唵七 薩婆桒恚
迦囉八 鉢唎輸底九 達磨底十 伽迦娜十一 莎訶某特迦底十二 薩婆毗輸底十三 摩訶娜耶十四
波唎婆囉莎訶十五 若有自書使人書寫是无量壽經典又能護持供養即如恭敬供養
一切十方佛土如來无有別異陁羅尼曰 南謨薄伽勃底一 阿波唎蜜多二 阿喻紇硯
娜三 須毗徐恚栺陁四 囉佐耶五 怛他羯他耶六 怛姪他唵七 薩婆桒恚迦囉八 鉢唎輸底九
達磨底十 伽迦娜十一 莎訶某特迦底十二 薩婆毗輸底十三 摩訶娜耶十四 波唎婆囉莎訶十五
布施力能成正覺　悟布施力人師子　布施力能聲普聞　慈悲階漸眾能入
持戒力能成正覺　悟持戒力人師子　持戒力能聲普聞　慈悲階漸眾能入
忍辱力能成正覺　悟忍辱力人師子　忍辱力能聲普聞　慈悲階漸眾能入
精進力能成正覺　悟精進力人師子　精進力能聲普聞　慈悲階漸眾能入
禪定力能成正覺　悟禪定力人師子　禪定力能聲普聞　慈悲階漸眾能入
智慧力能成正覺　悟智慧力人師子　智慧力能聲普聞　慈悲階漸眾能入
尒時如來說是經已一切世間天人阿脩羅揵闥婆等聞
佛所說皆大歡喜信受奉行
佛說无量壽宗要經

BD05359號　無量壽宗要經　（5–5）

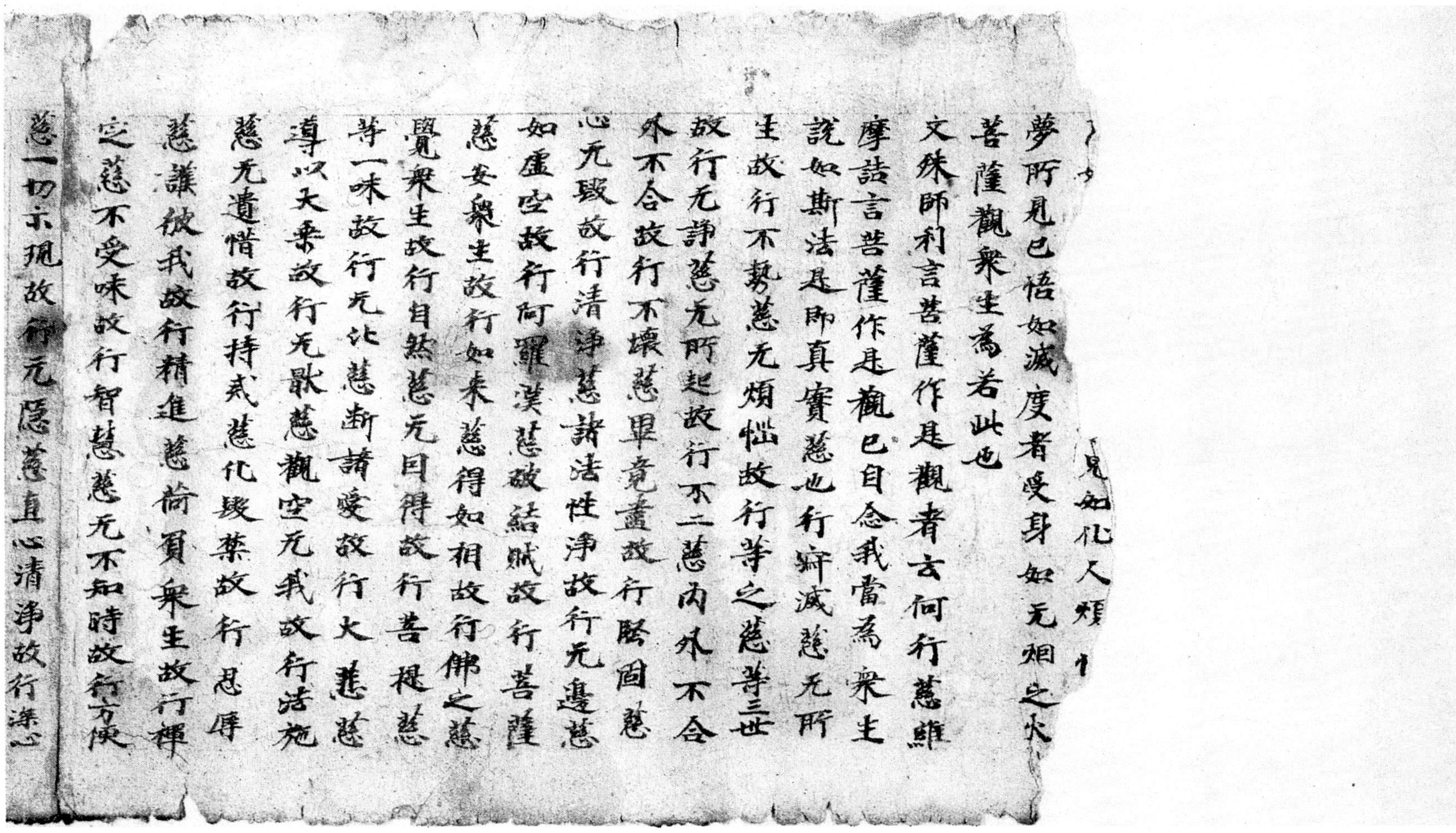

夢所見已悟如滅度者受身如无烟之火
菩薩觀衆生爲若此也
文殊師利言菩薩作是觀者云何行慈維
摩詰言菩薩作是觀已自念我當爲衆生
說如斯法是卽真實慈也行寂滅慈无所
生故行不熱慈无煩惱故行等之慈等三世
故行无諍慈无所起故行不二慈內外不合
外不合故行不壞慈畢竟盡故行堅固慈
心无毀故行清淨慈諸法性淨故行无邊慈
如虛空故行阿羅漢慈破結賊故行菩薩
慈安衆生故行如來慈得如相故行佛之慈
覺衆生故行自然慈无因得故行菩提慈
等一味故行无比慈斷諸愛故行大悲慈
導以大乘故行无猒慈觀空无我故行法施
慈无遺惜故行持戒慈化毀禁故行忍辱
慈護彼我故行精進慈荷負衆生故行禪
定慈不受味故行智慧慈无不知時故行方便
慈一切示現故行无隱慈直心清淨故行深心

BD05360 號　維摩詰所說經卷中　（16–1）

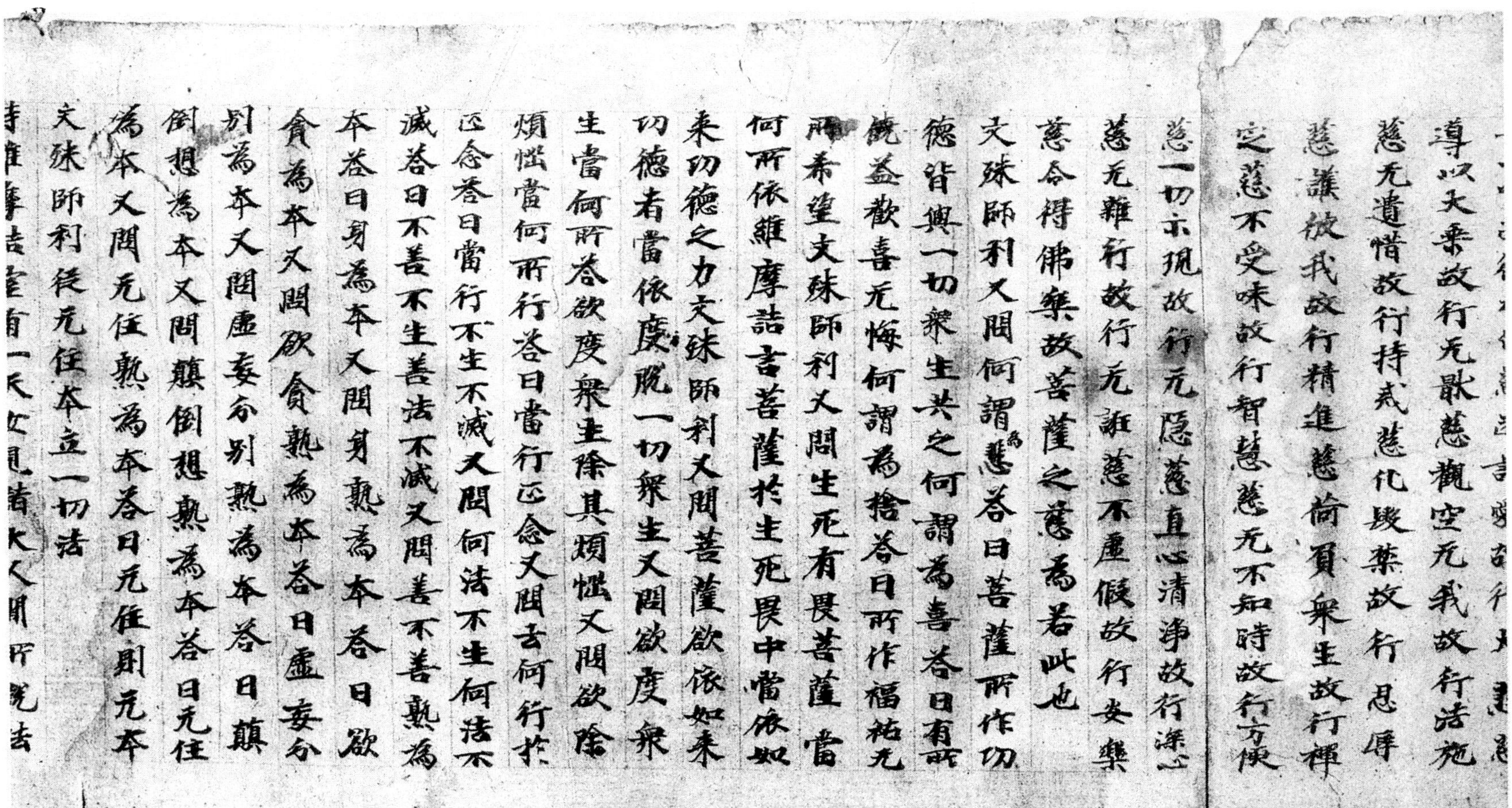

導以大乘故行无猒慈觀空无我故行法施
慈无遺惜故行持戒慈化毀禁故行忍辱
慈護彼我故行精進慈荷負衆生故行禪
定慈不受味故行智慧慈无不知時故行方便
慈一切示現故行无隱慈直心清淨故行深心
慈无雜行故行无誑慈不虛假故行安樂
慈令得佛樂故菩薩之慈爲若此也
文殊師利又問何謂爲悲答曰菩薩所作功
德皆與一切衆生共之何謂爲喜答曰有所
饒益歡喜无悔何謂爲捨答曰所作福祐无
所悕望文殊師利又問生死有畏菩薩當
何所依維摩詰言菩薩於生死畏中當依如
來功德之力文殊師利又問菩薩欲依如來
功德者當依度脫一切衆生又問欲度衆
生當何所除答欲度衆生除其煩惱又問欲除
煩惱當何所行答曰當行正念又問云何行於
正念答曰當行不生不滅又問何法不生何法不
滅答曰不善不生善法不滅又問善不善孰爲
本答曰身爲本又問身孰爲本答曰欲
貪爲本又問欲貪孰爲本答曰虛妄分
別爲本又問虛妄分別孰爲本答曰顛
倒想爲本又問顛倒想孰爲本答曰无住
爲本又問无住孰爲本答曰无住則无本
文殊師利從无住本立一切法
時維摩詰室有一天女見諸大人聞所說法

BD05360 號　維摩詰所說經卷中　（16–2）

貪為本又問欲貪孰為本荅曰虛妄分
別為本又問虛妄分別孰為本荅曰顛
倒想為本又問顛倒想孰為本荅曰无住
為本又問无住孰為本荅曰无住則无本
文殊師利從无住本立一切法
時維摩詰室有一天女見諸大人聞所說法
便現其身即以天華散諸菩薩大弟子上
華至諸菩薩即皆墮落至大弟子便著不
墮一切弟子神力去華不能令去
尒時天問舍利弗何故去華荅曰此
不如法是以去之天曰勿謂此華
為不如法所以者何是華
无所分別仁者自生分別想耳若於佛
法出家有所分別為不如法若无分別是
則如法觀諸菩薩華不著者以斷一切分別
想故譬如人畏時非人得其便如是弟子畏
生死故色聲香味觸得其便已離畏者一切五
欲无能為也結習未盡華著身耳結習盡
者華不著也舍利弗言天止此室其已久如
荅曰我止此室如耆年解脫舍利弗言止此
久耶天曰耆年解脫亦何如久舍利弗默然
不荅天曰如何耆舊大智而默荅曰解脫者
无所言說故吾於是不知所云天曰言說文
字皆解脫相所以者何解脫者不內不外
不在兩間文字亦不內不外不在兩間是
故舍利弗无離文字說解脫也所以者何

BD05360號　維摩詰所說經卷中

（16–3）

不荅天曰如何耆舊大智而默荅曰解脫者
无所言說故吾於是不知所云天曰言說文
字皆解脫相所以者何解脫者不內不外
不在兩間文字亦不內不外不在兩間是
故舍利弗无離文字說解脫也所以者何
一切諸法是解脫相舍利弗言不復以離
婬怒癡為解脫乎天曰佛為增上慢人說
離婬怒癡為解脫耳若无增上慢者佛說
婬怒癡性即是解脫舍利弗言善哉善哉
天女汝何所得以何為證辯乃如是荅天曰
我无得无證故辯如是所以者何若有得有
證者則於佛法為增上慢
舍利弗問天汝於三乘為何志求天曰以聲
聞法化衆生故我為聲聞以因緣法化衆
生故我為辟支佛以大悲化衆生故我為
大乘舍利弗如人入瞻蔔林唯齅瞻蔔不
齅餘香如是若入此室但聞佛功德之香不
樂聞聲聞辟支佛功德香也舍利弗其有
釋梵四天王諸天龍鬼神等入此室者聞
斯上人講說正法皆樂佛功德之香發心
而出舍利弗吾止此室十有二年初不聞
說聲聞辟支佛法但聞菩薩大慈大悲
不可思議諸佛之法舍利弗此室常現八
未曾有難得之法何等為八此室常以金色
光照晝夜无異不以日月所照為明是為一未
曾有難得之法此室入者不為諸垢之所惱也

BD05360號　維摩詰所說經卷中

（16–4）

說聲聞辟支佛法但聞菩薩大慈大悲
不可思議諸佛之法舍利弗此室常現八
未曾有難得之法何等為八此室常以金色
光照晝夜无異不以日月所照為明是為一未
曾有難得之法此室入者不為諸垢之所惱也
是為二未曾有難得之法此室常有釋梵四
天王他方菩薩來會不絕是為三未曾有
難得之法此室常說六波羅蜜不退轉法是
為四未曾有難得之法此室常作天人第一
之樂絃出无量法化之聲是為五未曾有難
得之法此室有四大藏衆寶積滿周窮濟
之求得无盡是為六未曾有難得之法此室
釋迦牟尼佛阿弥陁佛阿閦佛寶德寶焰
寶月寶嚴難勝師子響一切利成如是等十
方无量諸佛是上人念時即皆為來廣說
諸佛秘要法藏說已還去是為七未曾有難
得之法此室一切諸天嚴飾宮殿諸佛淨土
皆於中現是為八未曾有難得之法舍利
弗此室常現八未曾有難得之法誰有見
斯不思議事而復樂於聲聞法乎
舍利弗言汝何以不轉女身天曰我從十二
年來求女人相了不可得當何所轉譬如幻
師化作幻女若有人問何以不轉女身是人為
正問不舍利弗言不也幻无定相當何所轉
天曰一切諸法亦復如是无有定相云何乃問

BD05360號　維摩詰所說經卷中　（16–5）

舍利弗言汝何以不轉女身天曰我從十二
年來求女人相了不可得當何所轉譬如幻
師化作幻女若有人問何以不轉女身是人為
正問不舍利弗言不也幻无定相當何所轉
天曰一切諸法亦復如是无有定相云何乃問
不轉女身即時天女以神通力變舍利弗令
如天女天自化身如舍利弗而問言何以不轉
女身舍利弗以天女像而荅言我今不知何
轉而變為女身天曰舍利弗若能轉此女身
則一切女人亦當能轉如舍利弗非女而現女
身一切女人亦復如是雖現女身而非女也是
故佛說一切諸法非男非女即時天女還攝
神力舍利弗身還復如故天問舍利弗女身
色相今何所在舍利弗言女身色相无在无
不在天曰一切諸法亦復如是无在无不在夫
无在无不在者佛所說也舍利弗問天
曰汝於此沒當生何所天曰佛化所生吾如
彼生曰佛化所生非沒生也天曰衆生猶然
无沒生也舍利弗問天汝久如當得阿耨多
羅三藐三菩提天曰如舍利弗還為凡夫我
乃當成阿耨多羅三藐三菩提舍利弗言
我作凡夫无有是處天曰我得阿耨多羅三
藐三菩提亦无是處所以者何菩提无住處
是故无有得者舍利弗言今諸佛得阿耨
多羅三藐三菩提已得當得今得如恒河沙
皆謂何乎天曰皆以世俗文字數故說有三

BD05360號　維摩詰所說經卷中　（16–6）

我作凡夫无有是處天曰我得阿耨多羅三
藐三菩提亦无是處所以者何菩提无住處
是故无有得者舍利弗言今諸佛得阿耨
多羅三藐三菩提已得當得如恒河沙
皆謂何乎天曰皆以世俗文字數故說有三
世非謂菩提有去來今天曰舍利弗汝得阿
羅漢道耶曰无所得故而得天曰諸佛菩薩
亦復如是无所得故而得尒時維摩詰語舍
利弗是天女曾已供養九十二億佛已能遊
戲菩薩神通所願具足得无生忍住不退轉
以本願故隨意能現教化衆生

佛道品第八

尒時文殊師利問維摩詰言菩薩云何通達
佛道維摩詰言若菩薩行於非道是為通
達佛道又問云何菩薩行於非道答曰若菩
薩行五无間而无惱恚至于地獄无諸罪
垢至于畜生无有无明憍慢等過至于餓
鬼而具足功德行色界道不以為勝示貪欲
離諸染着示行瞋恚於諸衆生无有恚礙示
行愚癡而以智慧調伏其心示行慳貪而捨
內外所有不惜身命示行毀禁而安住淨戒
乃至小罪猶懷大懼示行瞋恚而常慈忍示行
懈怠而勤脩功德示行亂意而常念定示行
愚癡而通達世間出世間慧示行諂偽而善方
便隨諸經義示行憍慢而於衆生猶如橋梁



內外所有不惜身命示行毀禁而安住淨戒
乃至小罪猶懷大懼示行瞋恚而常慈忍示行
懈怠而勤脩功德示行亂意而常念定示行
愚癡而通達世間出世間慧示行諂偽而善方
便隨諸經義示行憍慢而於衆生猶如橋梁
示行諸煩惱而心常清淨示入於魔而順佛智慧
不隨他教示入聲聞而為衆生說未聞法示入
辟支佛而成就大悲教化衆生示入貧窮而
有寶手功德无盡示入形殘而具諸相好以自
莊嚴示入下賤而生佛種性中具諸功德示入
羸劣醜陋而得那羅延身一切衆生之所樂見
示入老病而永斷病根超越死畏示有資生
而恒觀无常實无所貪示有妻妾婇女而常
遠離五欲淤泥現於訥鈍而成辯才總持无
失示入邪濟而以正濟度諸衆生現遍入諸
道而斷其因緣現於涅槃而不斷生死文殊
師利菩薩能如是行於非道是為通達佛道
於是維摩詰問文殊師利何等為如來種文
殊師利言有身為種无明有愛為種貪恚癡
為種四顛倒為種五蓋為種六入為種七識
處為種八邪法為種九惱處為種十不善道
為種以要言之六十二見及一切煩惱皆是
佛種曰何謂也答曰若見无為入正位者不
能復發阿耨多羅三藐三菩提心譬如高原
陸地不生蓮華卑濕淤泥乃生此華如是見
无為法入正位者終不復能生於佛法煩惱泥中

為種以要言之六十二見及一切煩惱皆是
佛種曰何謂也荅曰若見无為入正位者不
能復發阿耨多羅三藐三菩提心譬如高原
陸地不生蓮華卑濕淤泥乃生此華如是見
无為法入正位者終不復能生於佛法煩惱泥中
乃有眾生起佛法耳又如殖種於空終不得生
糞壤之地乃能滋茂如是入无為正位者不生
佛法起於我見如須弥山猶能發于阿耨多
羅三藐三菩提心生佛法矣是故當知一切煩惱
為如來種譬如不入巨海不能得无價寶珠如
是不入煩惱大海則不能生一切智寶
尒時大迦葉歎言善哉善哉文殊師利快說
此語誠如所言塵勞之疇為如來種我等今
者不復堪任發阿耨多羅三藐三菩提心乃至
五无間罪猶能發意生於佛法而今我等永
不能發如根敗之士其於五欲不能復利如是聲
聞諸結斷者於佛法中无所復益永不志願
是故文殊師利凡夫於佛法有反復而聲聞
无也所以者何凡夫聞佛法能起无上道心不
斷三寶正使聲聞終身聞佛法力无畏等永
不能發无上道意尒時會中有菩薩名普現色
身問維摩詰言居士父母妻子親戚眷屬吏民
知識悉為是誰奴婢僮僕象馬車乘皆何所
在於是維摩詰以偈荅曰
智度菩薩母　方便以為父　一切眾導師　无不由是生
法喜以為妻　慈悲心為女　善心誠實男　畢竟空寂舍



身問維摩詰言居士父母妻子親戚眷屬吏民
知識悉為是誰奴婢僮僕象馬車乘皆何所
在於是維摩詰以偈荅曰
智度菩薩母　方便以為父　一切眾導師　无不由是生
法喜以為妻　慈悲心為女　善心誠實男　畢竟空寂舍
弟子眾塵勞　隨意之所轉　道品善知識　由是成正覺
諸度法等侶　四攝眾妓女　歌詠誦法言　以此為音樂
摠持之園苑　无漏法林樹　覺意淨妙華　解脫智慧果
八解之浴池　定水湛然滿　布以七淨華　浴此无垢人
象馬五通馳　大乘以為車　調御以一心　遊於八正路
相具以嚴容　眾好飾其姿　慚愧之上服　深心為華鬘
富有七財寶　教授以滋息　如所說修行　迴向為大利
四禪為牀座　從於淨命生　多聞增智慧　以為自覺音
甘露法之食　解脫味為漿　淨心以澡浴　戒品為塗香
摧滅煩惱賊　勇健无能踰　降伏四種魔　勝幡建道場
雖知无起滅　示彼故有生　悉現諸國土　如日无不見
供養於十方　无量億如來　諸佛及己身　无有分別想
雖知諸佛國　及與眾生空　而常修淨土　教化於群生
諸有眾生類　形聲及威儀　无畏力菩薩　一時能盡現
覺知眾魔事　而示隨其行　以善方便智　隨皆能現
或示老病死　成就諸群生　了知如幻化　通達无有礙
或現劫盡燒　天地皆洞然　眾人有常想　照令知无常
无數億眾生　俱來請菩薩　一時到其舍　化令向佛道
經書禁呪術　工巧諸伎藝　盡現行此事　饒益諸群生
世間眾道法　悉於中出家　因以解人惑　而不墮邪見
或作日月天　梵王世界主　或時作地水　或復作風火
[illegible]

或現劫盡燒　天地皆洞然　眾人有常想　照令知无常
无數億眾生　俱來請菩薩　一時到其舍　化令向佛道
經書禁呪術　工巧諸伎藝　盡現行此事　饒益諸群生
世間眾道法　悉於中出家　因以解人惑　而不墮耶見
或作日月天　梵王世界主　或時作地水　或復作風火
劫中有疾疫　現作諸藥草　若有服之者　除病消眾毒
劫中有飢饉　現身作飲食　先救彼飢渴　却以法語人
劫中有刀兵　為之起慈悲　化彼諸眾生　令住无諍地
若有大戰陣　立之以等力　菩薩現威勢　降伏使安和
一切國土中　諸有地獄處　輒往到于彼　勉濟諸苦惱
一切國土中　畜生相噉食　皆現生於彼　為之作利益
示受於五欲　亦復現行禪　令魔心憒亂　不能得其便
火中生蓮華　是可謂希有　在欲而行禪　希有亦如是
或現作婬女　引諸好色者　先以欲鉤牽　後令入佛智
或為邑中主　或作商人導　國師及大臣　以祐利眾生
諸有貧窮人　現為无盡藏　因以勸導之　令發菩提心
或心憍慢者　為現大力士　消伏諸貢高　令住佛上道
其有恐懼眾　居前而安慰　先施以无畏　後令發道心
或現離婬欲　為五通仙人　開道諸群生　令住戒忍慈
見須供事者　現為作僮僕　既悅可其意　乃發以道心
隨彼之所須　得入於佛道　以善方便力　皆能給足之
如是道无量　所行无有崖　智慧无邊際　度脫无數眾
假令一切佛　於无數億劫　讚歎其功德　猶尚不能盡
誰聞如是法　不發菩提心　除彼不肖人　癡冥无智者
入不二法門品第九
尒時維摩詰謂眾菩薩言　諸仁者云何菩薩入

BD05360 號　維摩詰所說經卷中

（16–11）

如是道无量　所行无有崖　智慧无邊際　度脫无數眾
假令一切佛　於无數億劫　讚歎其功德　猶尚不能盡
誰聞如是法　不發菩提心　除彼不肖人　癡冥无智者
入不二法門品第九
尒時維摩詰謂眾菩薩言　諸仁者云何菩薩入
不二法門　各隨所樂說之　會中有菩薩名法自在
說言　諸仁者　生滅為二　法本不生　今則无滅　得
此无生法忍　是為入不二法門
德守菩薩曰　我我所為二　因有我故　便有我
所　若无有我　則无我所　是為入不二法門
不眴菩薩曰　受不受為二　若法不受　則不可得
以不可得故　无取无捨　无作无相　是為入不二法門
德頂菩薩曰　垢淨為二　見垢實性　則无淨相　順
於滅相　是為入不二法門
善宿菩薩曰　是動是念為二　不動則无念　无
念則无分別　通達此者　是為入不二法門
善眼菩薩曰　一相无相為二　若知一相即是无
相　亦不取无相　入於平等　是為入不二法門
妙臂菩薩曰　菩薩心聲聞心為二　觀心相空如
幻化者　无菩薩心　无聲聞心　是為入不二法門
弗沙菩薩曰　善不善為二　若不起善不善　入无
相際而通達者　是為入不二法門
師子菩薩曰　罪福為二　若達罪性　則福无異
以金剛慧決了此相　无縛无解者　是為入不
二法門
師子意菩薩曰　有漏无漏為二　若得諸法等　則相不

BD05360 號　維摩詰所說經卷中

（16–12）

相際而通達者是為入不二法門
師子菩薩曰罪福為二若達罪性則福无異
以金剛慧決了此相无縛无解者是為入不
二法門
師子意菩薩曰有漏无漏為二若得諸法等則不
起漏不漏相不著於相亦不住无相是為入不二法
門淨解菩薩曰有為无為為二若離一切數則心如
虛空以清淨慧无所礙者是為入不二法門
那羅延菩薩曰世間出世間為二世間性空即
是出世間於其中不入不出不溢不散是為入不
二法門
善意菩薩曰生死涅槃為二若見生死性則无
生死无縛无解不然不滅如是解者是為入不
二法門
現見菩薩曰盡不盡為二法若究竟盡若不盡
皆是无盡相无盡相即是空空則无有盡不盡
相如是入者是為入不二法門
普守菩薩曰我无我為二我尚不可得非我何可
得見我實性者不復起二是為入不二法門
電天菩薩曰明无明為二无明實性即是明明
亦不可取離一切數於其中平等无二者是為
入不二法門
喜見菩薩曰色色空為二色即是空非色滅空色
性自空如是受想行識識為二識即是空非識
滅空識性自空於其中而通達者是為入不二法
門

BD05360號　維摩詰所說經卷中　（16–13）

喜見菩薩曰色色空為二色即是空非色滅空色
性自空如是受想行識識為二識即是空非識
滅空識性自空於其中而通達者是為入不二法
門
明相菩薩曰四種異空種異為二四種性即是空
種性如前際後際空故中際亦空若能如是知
種性者是為入不二法門
妙意菩薩曰眼色為二若知眼性於色不貪不
恚不癡是名寂滅如是耳聲鼻香舌味身觸
意法為二若知意性於法不貪不恚不癡是名寂
滅安住其中是為入不二法門
无盡意菩薩曰布施迴向一切智為二布施性
即是迴向一切智性如是持戒忍辱精進禪定
智慧迴向一切智為二智慧性即是迴向一切智
性於其中入一相者是為入不二法門
深慧菩薩曰是空是无相是无作為二空即无相
无相即无作若空无相无作則无心意識於一解
脫門即是三解脫門者是為入不二法門
寂根菩薩曰佛法衆為二佛即是法法即是
衆是三寶皆无為相與虛空等一切亦令能隨
此行者是為入不二法門
心无礙菩薩曰身身滅為二身即是身滅所以
者何見身實相者不起見身及以滅身身與滅
身无二无分別於其中不驚不懼者是為入不
二法門
上善菩薩曰身口意善為二是三業皆无作

BD05360號　維摩詰所說經卷中　（16–14）

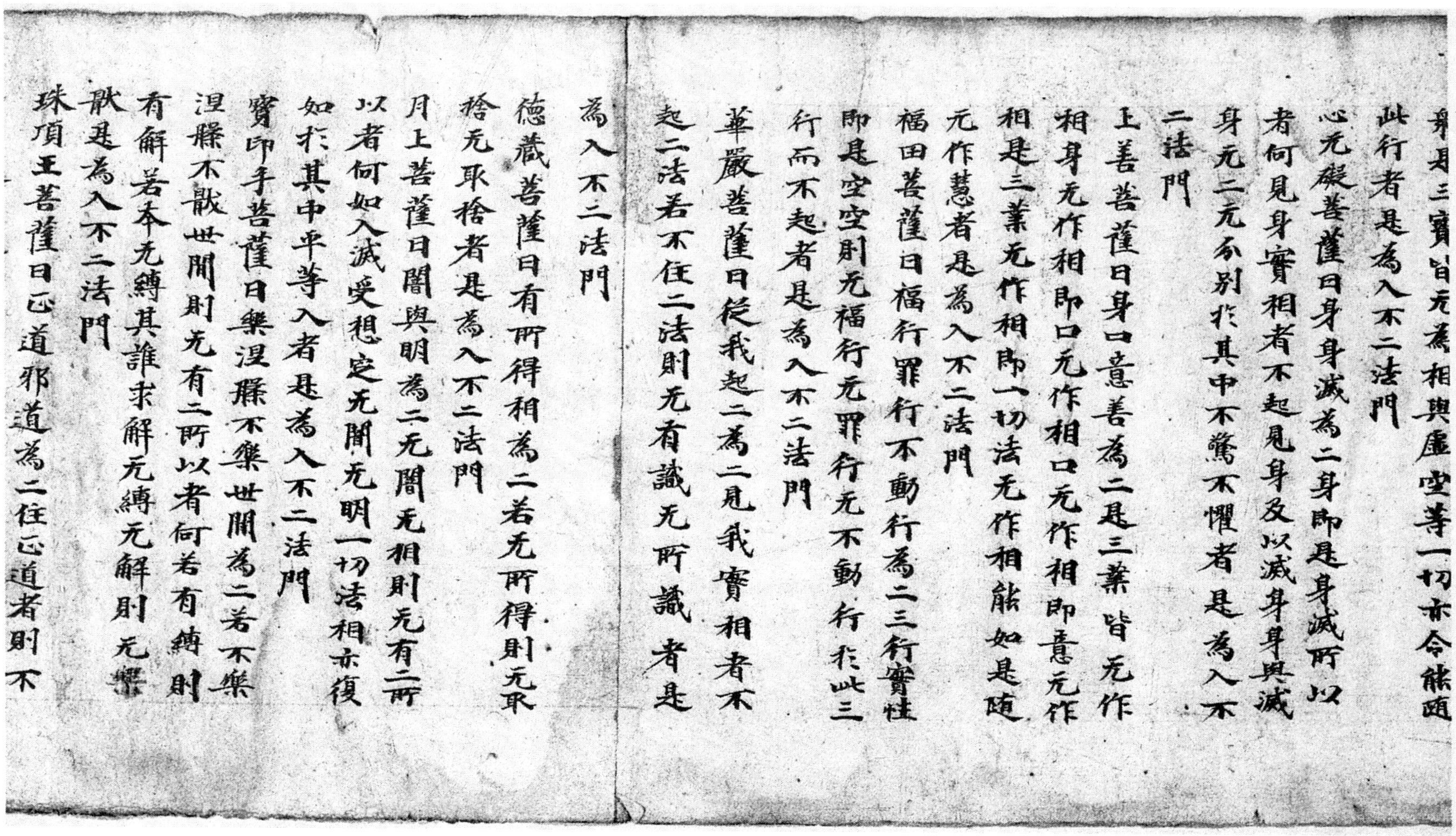
耶是三寶皆无爲相與虛空等一切亦令能隨
此行者是爲入不二法門
心无礙菩薩曰身身滅爲二身即是身滅所以
者何見身實相者不起見身及以滅身身與滅
身无二无分別於其中不驚不懼者是爲入不
二法門
上善菩薩曰身口意善爲二是三業皆无作
相身无作相即口无作相口无作相即意无作
相是三業无作相即一切法无作相能如是隨
无作慧者是爲入不二法門
福田菩薩曰福行罪行不動行爲二三行實性
即是空空則无福行无罪行无不動行於此三
行而不起者是爲入不二法門
華嚴菩薩曰從我起二爲二見我實相者不
起二法若不住二法則无有識无所識者是
爲入不二法門
德藏菩薩曰有所得相爲二若无所得則无取
捨无取捨者是爲入不二法門
月上菩薩曰闇與明爲二无闇无明則无有二所
以者何如入滅受想定无闇无明一切法相亦復
如於其中平等入者是爲入不二法門
寶印手菩薩曰樂涅槃不樂世間爲二若不樂
涅槃不猒世間則无有二所以者何若有縛則
有解若本无縛其誰求解无縛无解則无樂
猒是爲入不二法門
珠頂王菩薩曰正道邪道爲二住正道者則不

BD05360號　維摩詰所說經卷中　（16–15）

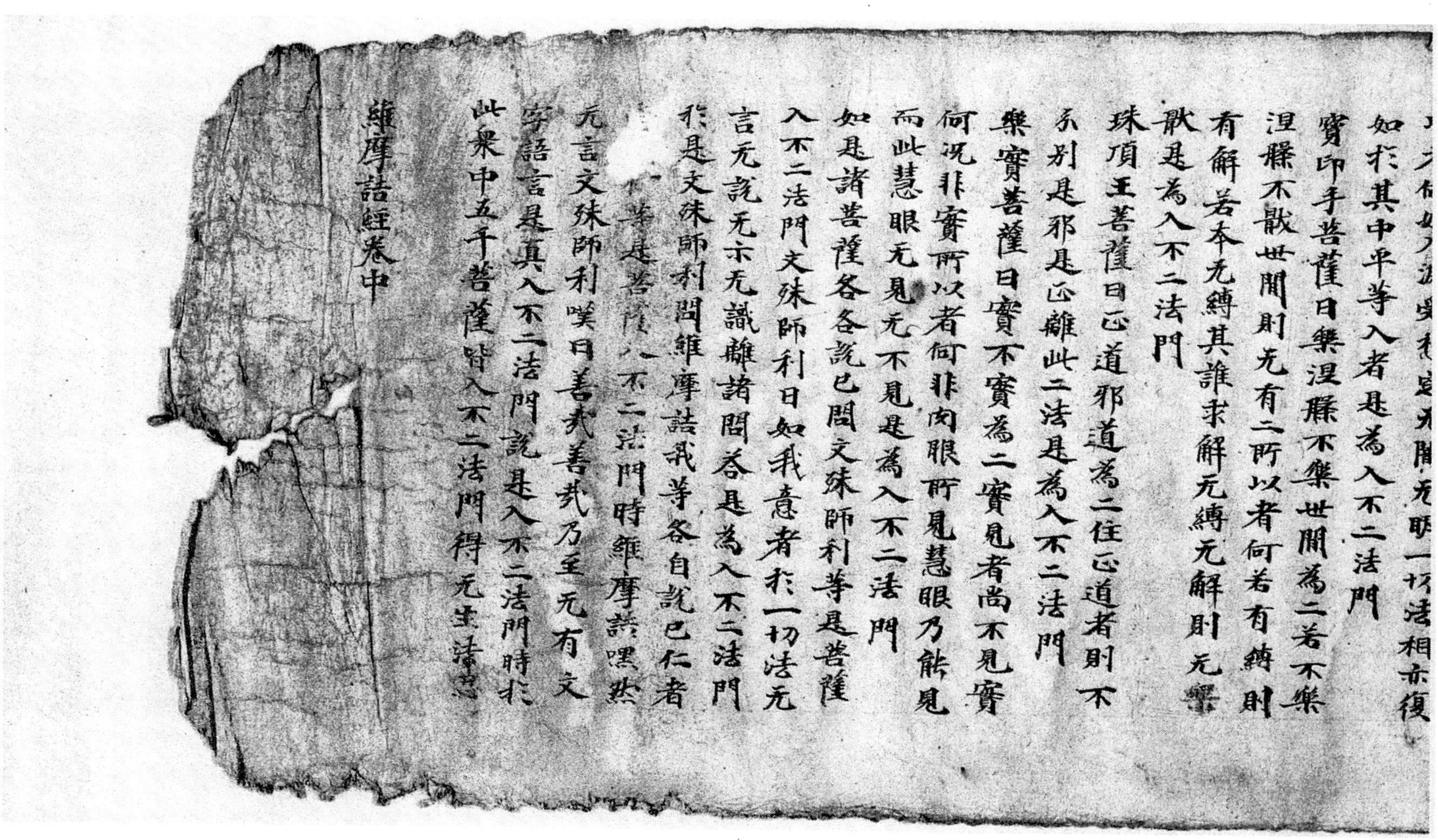
何如入滅受想定无闇无明一切法相亦復
如於其中平等入者是爲入不二法門
寶印手菩薩曰樂涅槃不樂世間爲二若不樂
涅槃不猒世間則无有二所以者何若有縛則
有解若本无縛其誰求解无縛无解則无樂
猒是爲入不二法門
珠頂王菩薩曰正道邪道爲二住正道者則不
分別是邪是正離此二法是爲入不二法門
樂實菩薩曰實不實爲二實見者尚不見實
何況非實所以者何非肉眼所見慧眼乃能見
而此慧眼无見无不見是爲入不二法門
如是諸菩薩各各說已問文殊師利等是菩薩
入不二法門文殊師利曰如我意者於一切法无
言无說无示无識離諸問答是爲入不二法門
於是文殊師利問維摩詰我等各自說已仁者
等是菩薩入不二法門時維摩詰嘿然
无言文殊師利歎曰善哉善哉乃至无有文
字語言是真入不二法門說是入不二法門時於
此衆中五千菩薩皆入不二法門得无生法忍
維摩詰經卷中

BD05360號　維摩詰所說經卷中　（16–16）

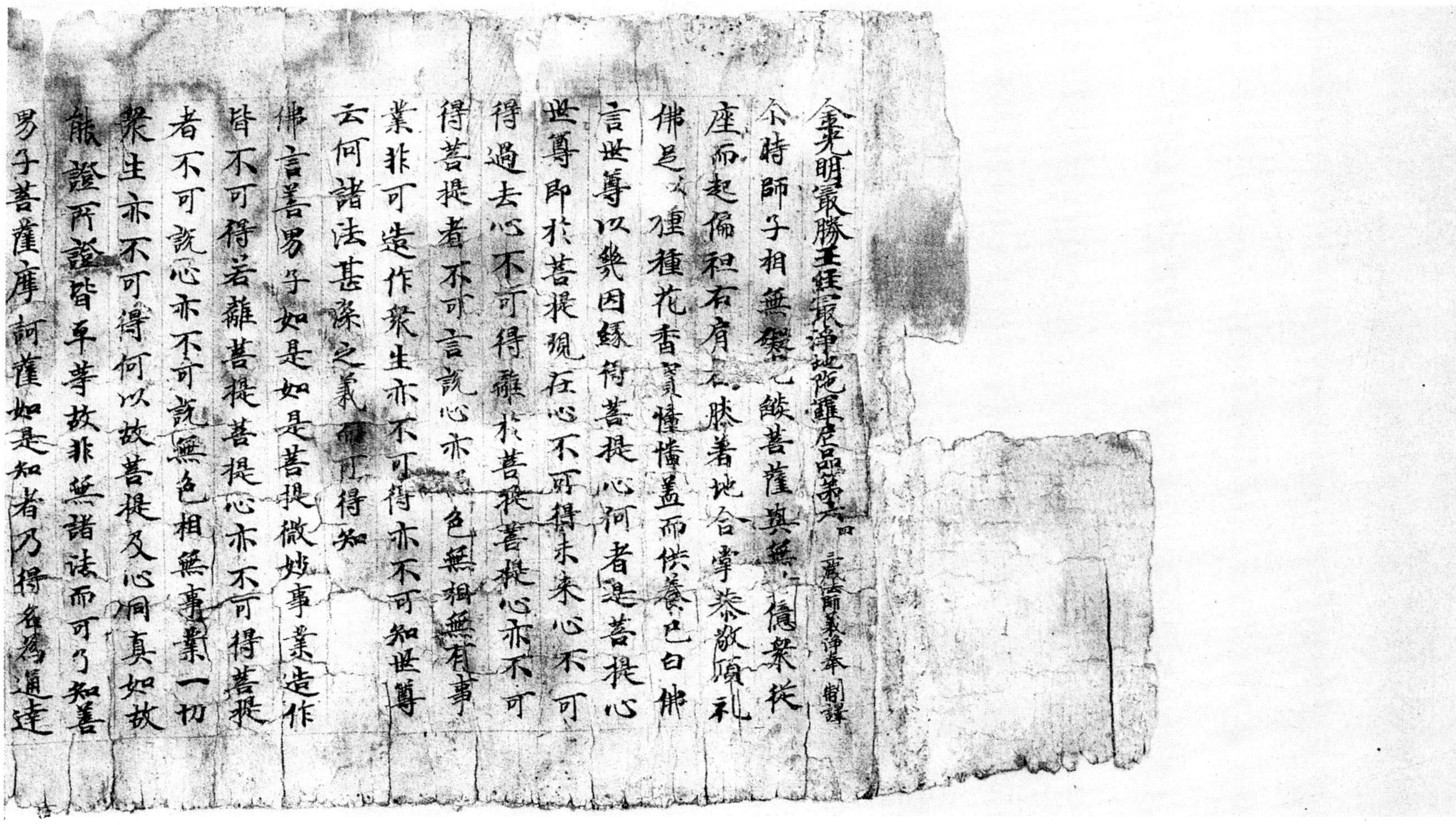

金光明最勝王經最淨地陀羅尼品第六　四　三藏法師義淨奉 制譯
尒時師子相無礙光燄菩薩與無量億衆從
座而起偏袒右肩右膝著地合掌恭敬頂禮
佛足以種種花香寶幢幡蓋而供養已白佛
言世尊以幾因緣得菩提心何者是菩提心
世尊即於菩提現在心不可得未來心不可
得過去心不可得離於菩提菩提心亦不可
得菩提者不可言說心亦無色無相無有事
業非可造作衆生亦不可得亦不可知世尊
云何諸法甚深之義而可得知
佛言善男子如是如是菩提微妙事業造作
皆不可得若離菩提菩提心亦不可得菩提
者不可說心亦不可說無色相無事業一切
衆生亦不可得何以故菩提及心同真如故
能證所證皆平等故非無諸法而可了知善
男子菩薩摩訶薩如是知者乃得名為通達

BD05361 號　金光明最勝王經卷四　（4–1）

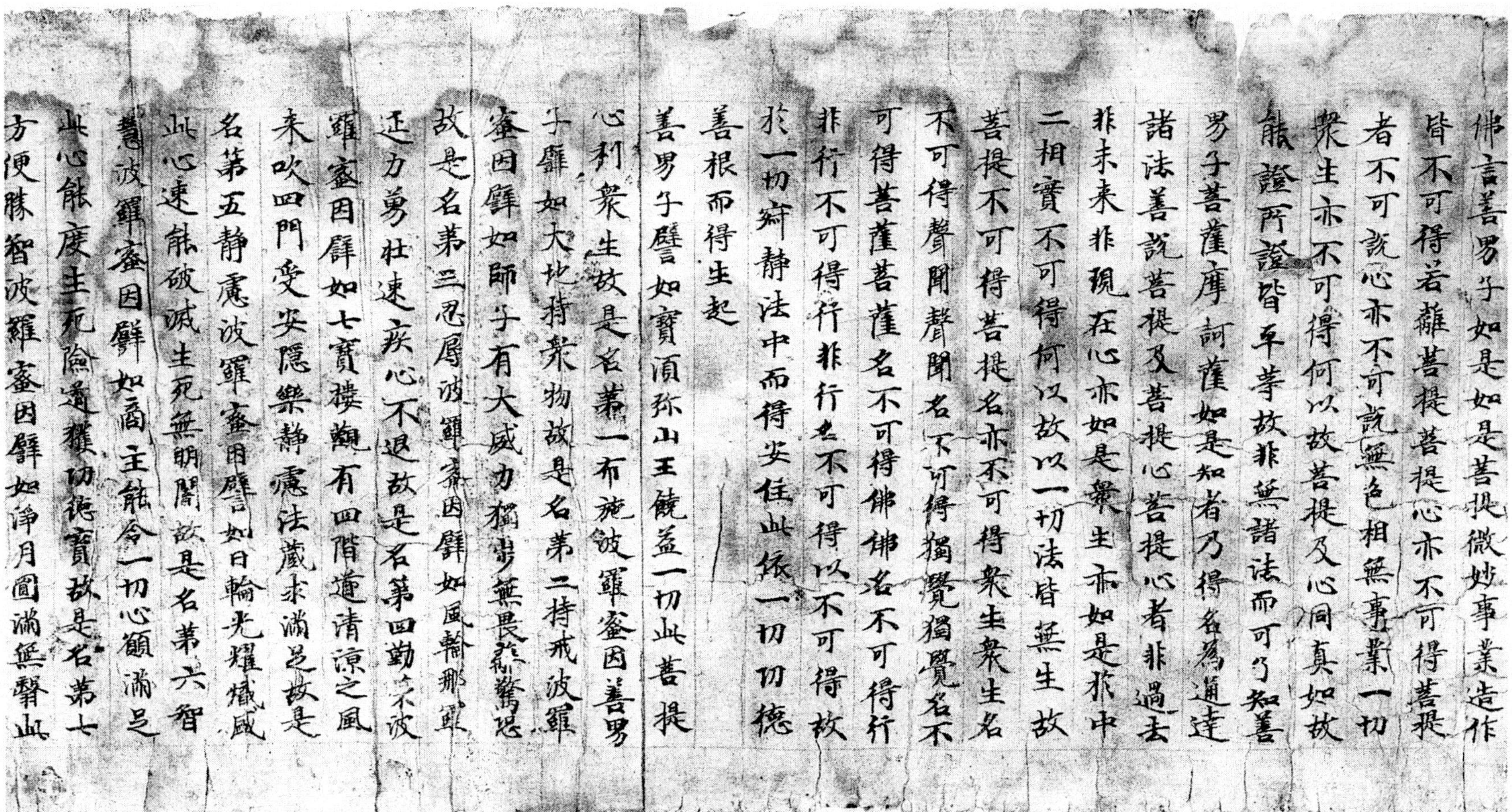

佛言善男子如是如是菩提微妙事業造作
皆不可得若離菩提菩提心亦不可得菩提
者不可說心亦不可說無色相無事業一切
衆生亦不可得何以故菩提及心同真如故
能證所證皆平等故非無諸法而可了知善
男子菩薩摩訶薩如是知者乃得名為通達
諸法善說菩提及菩提心菩提心者非過去
非未來非現在心亦如是衆生亦如是於中
二相實不可得何以故以一切法皆無生故
菩提不可得菩提名亦不可得衆生衆生名
不可得聲聞聲聞名不可得獨覺獨覺名不
可得菩薩菩薩名不可得佛佛名不可得行
非行不可得行非行名不可得以不可得故
於一切寂靜法中而得安住此依一切功德
善根而得生起
善男子譬如寶須弥山王饒益一切此菩提
心利衆生故是名第一布施波羅蜜因善男
子譬如大地持衆物故是名第二持戒波羅
蜜因譬如師子有大威力獨步無畏離驚怖
故是名第三忍辱波羅蜜因譬如風輪那羅
延力勇壯速疾心不退故是名第四勤策波
羅蜜因譬如七寶樓觀有四階道清涼之風
來吹四門受安隱樂靜慮法藏求滿足故是
名第五靜慮波羅蜜因譬如日輪光耀熾盛
此心速能破滅生死無明闇故是名第六智
慧波羅蜜因譬如商主能令一切心願滿足
此心能度生死險道獲功德寶故是名第七
方便勝智波羅蜜因譬如淨月圓滿無翳此

BD05361 號　金光明最勝王經卷四　（4–2）

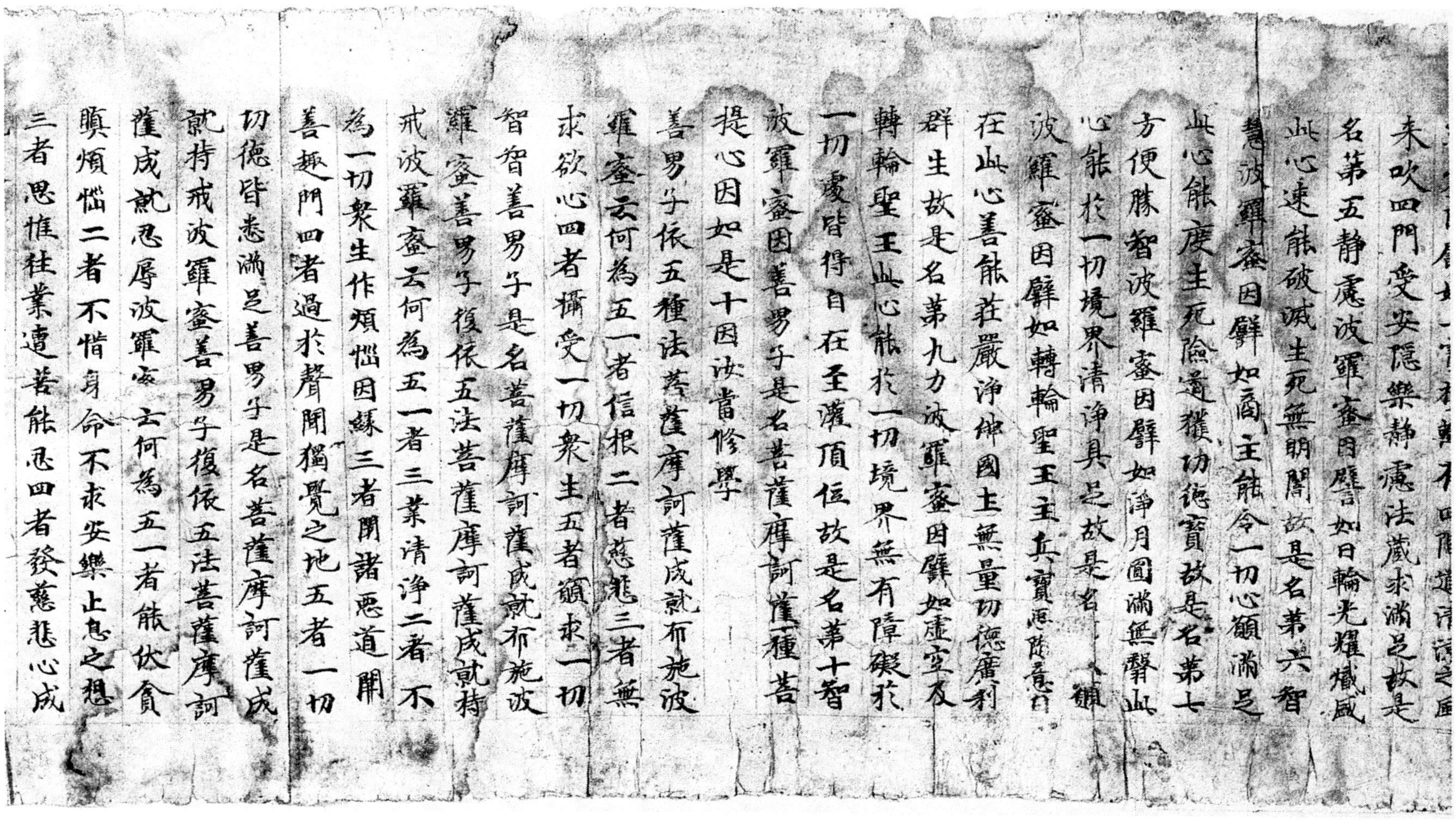

未吹四門受安隱樂靜慮法藏求滿足故是
名第五靜慮波羅蜜因譬如日輪光耀熾盛
此心速能破滅生死無明闇故是名第六智
慧波羅蜜因辟如商主能令一切心願滿足
此心能度生死險道獲功德寶故是名第七
方便勝智波羅蜜因辟如淨月圓滿無翳此
心能於一切境界清淨具足故是名願
波羅蜜因辟如轉輪聖王主兵寶臣隨意自
在此心善能莊嚴淨佛國土無量功德廣利
群生故是名第九力波羅蜜因辟如虛空及
轉輪聖王此心能於一切境界無有障礙於
一切處皆得自在至灌頂位故是名第十智
波羅蜜因善男子是名菩薩摩訶薩種菩
提心因如是十因汝當修學
善男子依五種法菩薩摩訶薩成就布施波
羅蜜云何為五一者信根二者慈悲三者無
求欲心四者攝受一切眾生五者願求一切
智智善男子是名菩薩摩訶薩成就布施波
羅蜜善男子復依五法菩薩摩訶薩成就持
戒波羅蜜云何為五一者三業清淨二者不
為一切眾生作煩惱因緣三者閉諸惡道開
善趣門四者過於聲聞獨覺之地五者一切
功德皆悉滿足善男子是名菩薩摩訶薩成
就持戒波羅蜜善男子復依五法菩薩摩訶
薩成就忍辱波羅蜜云何為五一者能伏貪
瞋煩惱二者不惜身命不求安樂止息之想
三者思惟往業遭苦能忍四者發慈悲心成

BD05361號　金光明最勝王經卷四

（4–3）

為一切眾生作煩惱因緣三者閉諸惡道開
善趣門四者過於聲聞獨覺之地五者一切
功德皆悉滿足善男子是名菩薩摩訶薩成
就持戒波羅蜜善男子復依五法菩薩摩訶
薩成就忍辱波羅蜜云何為五一者能伏貪
瞋煩惱二者不惜身命不求安樂止息之想
三者思惟往業遭苦能忍四者發慈悲心成
就眾生諸善根故五者為得甚深無生法忍
善男子是名菩薩摩訶薩成就忍辱波羅蜜
善男子復依五法菩薩摩訶薩成就勤策波
羅蜜云何為五一者與諸煩惱不樂共住二
者福德未具不受安樂三者於諸難行苦行
之事不生厭心四者以大慈悲攝受利益方
便成熟一切眾生五者願求不退轉地善男
子是名菩薩摩訶薩成就勤策波羅蜜善男
子復依五法菩薩摩訶薩成就靜慮波羅蜜
云何為五一者於諸善法攝令不散故二者
常願解脫不著二邊故三者願得神通成就
眾生諸善根故四者為淨法界蠲除心垢故
五者為斷眾生煩惱根本故善男子是名菩
薩摩訶薩成就靜慮波羅蜜善男子復依五
法菩薩摩訶薩成就智慧[illegible]

BD05361號　金光明最勝王經卷四

（4–4）

[illegible]
若比丘尼實無所知自歎譽言我得[illegible]
我知是我見是彼於異時若問若不問欲求清淨故作
是言諸大姊我實不知不見言知言見我見虛誑妄語[illegible]
增上慢是比丘尼波羅夷不共住
若比丘尼染汙心共染汙心男子從腋下已膝已上身相[illegible]
若摩若牽若上摩若下摩若舉若下若捉[illegible]
是比丘尼波羅夷不共住是身相觸也
若比丘尼染汙心知男子染汙心受捉手捉衣入屏處共立
語共行或身相倚或共期是比丘尼波羅夷不共住犯此八事故
若比丘尼知比丘尼犯波羅夷不自舉不語衆人不白大衆若
於異時彼比丘尼或命終或衆中舉或休道或入外道衆後
作是言我先知有如是如是罪是比丘尼波羅夷不共住覆藏重
罪故
若比丘尼知比丘僧爲作舉如法如律如佛所教不
順從不懺悔僧未與作共住而順從諸比丘尼語言大姊此
比丘尼爲僧所舉如法如律如佛所教不順從不懺悔僧未與
作共住汝莫順從如是比丘尼諫彼比丘尼時是事堅持不捨
彼比丘尼應乃至第二第三諫令捨此事故若乃至三諫捨
者善若不捨者是比丘尼波羅夷不共住犯隨舉
諸大姊我已說八波羅夷法若比丘尼犯一一波羅夷法不得
與諸比丘尼共住如前後亦如是是比丘尼得波羅夷罪不
應共住今問諸大姊是中清淨不 如是至三
諸大姊是中清淨默然故是事如是持
諸大姊是十七僧伽婆尸沙法半月半月說戒經中來

BD05362號　四分比丘尼戒本　（26–1）

彼比丘尼應乃至第二第三諫令捨此事故若乃至三諫捨
者善若不捨者是比丘尼波羅夷不共住犯隨舉
諸大姊我已說八波羅夷法若比丘尼犯一一波羅夷法不得
與諸比丘尼共住如前後亦如是是比丘尼得波羅夷罪不
應共住今問諸大姊是中清淨不 如是至三
諸大姊是中清淨默然故是事如是持
諸大姊是十七僧伽婆尸沙法半月半月說戒經中來
若比丘尼媒嫁持男語語女持女語語男若爲成婦事
若爲私通事乃至須臾頃僧伽婆尸沙
若比丘尼瞋恚不喜以無根波羅夷法謗欲破彼清淨行
後於異時若問若不問知是事無根說我瞋恚故作如是
語是比丘尼犯初法應捨僧伽婆尸沙
若比丘尼瞋恚不喜於異分事中取片非波羅夷比丘尼
以無根波羅夷法謗欲破彼人梵行後於異時若問若不
問知是異分事中取片彼比丘尼住瞋恚故作如是說是比丘
尼犯初法應捨僧伽婆尸沙
若比丘尼詣官言人若居士居士兒若奴若客作人若晝若夜
若一念頃若一彈指頃若須臾頃是比丘尼犯初法應捨僧
伽婆尸沙
若比丘尼先知是賊女罪應死多人所知不問王大臣不問種
姓便度出家受具足戒是比丘尼犯初法應捨僧伽婆尸沙
若比丘尼知比丘尼爲僧所舉如法如律如佛所教不順從不
懺悔僧未與作共住羯磨爲愛故不問僧僧不約勅出界外
作羯磨與解罪是比丘尼犯初法應捨僧伽婆尸沙
若比丘尼獨渡水獨入村獨宿獨在後行是比丘尼犯初法
應捨僧伽婆尸沙
若比丘尼染汙心知染汙心男子從彼受可食者及食并
餘物是比丘尼犯初法應捨僧伽婆尸沙
若比丘尼教比丘尼作如是語大姊彼有染汙心無染汙心
能那汝何汝自無染汙心於彼若得食以時清淨受取此
比丘尼犯初法應捨僧伽婆尸沙

BD05362號　四分比丘尼戒本　（26–2）

應捨僧伽婆尸沙
若比丘尼染汙心知染汙心男子從彼受可食者及食并
餘物是比丘尼犯初法應捨僧伽婆尸沙
若比丘尼教比丘尼作如是語大姊彼有染汙心無染汙心
能那汝何汝自無染汙心於彼若得食以時清淨受取此
比丘尼犯初法應捨僧伽婆尸沙
若比丘尼欲壞和合僧方便受破僧法堅持不捨是比丘尼應
諫彼比丘尼言大姊汝莫壞和合僧莫方便壞和合僧莫受
破僧法堅持不捨大姊應與僧和合與僧和合歡喜不諍
同一師學如水乳合於佛法中有增益安樂住是比丘尼諫彼
比丘尼時堅持不捨是比丘尼應三諫捨此事故乃至三諫捨
者善不捨者是比丘尼犯三法應捨僧伽婆尸沙
若比丘尼有餘伴黨尼群黨若一若二若三乃至無數彼
比丘尼語是比丘尼言大姊汝莫諫此比丘尼此比
丘尼法語比丘尼律語比丘尼此比丘尼所說我等心喜樂此比
丘尼所說我等忍可是比丘語彼比丘尼言大姊莫作是說
言此比丘尼是法語比丘尼律語比丘尼此比丘尼所說我等喜
樂此比丘尼所說我等忍可何以故此比丘尼所說非法語非
律語大姊莫欲破壞和合僧當樂欲和合僧大姊與僧和合
歡喜不諍同一師學如水乳合於佛法中有增益安樂住是
比丘尼諫彼比丘尼時堅持不捨是比丘尼應三諫捨此事故
乃至三諫捨者善不捨者是比丘尼犯三法應捨僧伽婆尸沙
若比丘尼依城邑若村落住汙他家行惡行行惡行亦見亦
聞汙他家亦見亦聞是比丘尼諫彼比丘尼言大姊汝汙他家
行惡行行惡行亦見亦聞汙他家亦見亦聞大姊汝汙他家
行惡行今可遠此村落去不須住此彼比丘尼語此比丘尼作
是言大姊諸比丘尼有愛有恚有怖有癡有如是比丘尼有
駈者有不駈者是諸比丘尼語彼比丘尼言大姊莫作是語有
愛有恚有怖有癡亦莫言有如是同罪比丘尼有駈者有
不駈者何以故而諸比丘尼不愛不恚不怖不癡有如是同罪
比丘尼有近者有不近者大姊汙他家行惡行行惡行亦見



行惡行今可遠此村落去不須住此彼比丘尼語此比丘尼作
是言大姊諸比丘尼有愛有恚有怖有癡有如是比丘尼有
駈者有不駈者是諸比丘尼語彼比丘尼言大姊莫作是語有
愛有恚有怖有癡亦莫言有如是同罪比丘尼有駈者有
不駈者何以故而諸比丘尼不愛不恚不怖不癡有如是同罪
比丘尼有駈者有不駈者大姊汙他家行惡行行惡行亦見
亦聞汙他家亦見亦聞是比丘尼諫彼比丘尼時堅持不捨
是比丘尼應三諫捨此事故乃至三諫捨者善不捨者是比丘
尼犯三法應捨僧伽婆尸沙
若比丘尼惡性不受語於戒法中諸比丘尼如法諫已自身不
受諫語言大姊汝莫向我說若好若惡我亦不向汝說若
好若惡諸大姊且止莫諫我是比丘尼當諫彼比丘尼言大
姊汝莫自身不受諫語大姊自身當受諫語大姊如法諫諸
比丘尼亦當如法諫大姊如是佛弟子眾得增益展轉相諫
展轉相教展轉懺悔是比丘尼如是諫時堅持不捨是比
丘尼應三諫捨此事故乃至三諫捨者善不捨者僧伽丘尼犯
三法應捨僧伽婆尸沙
若比丘尼相親近住共作惡行惡聲惡聲流布展轉共相
覆罪是比丘尼當諫彼比丘尼言大姊汝等莫相親近共作
惡行惡聲流布共相覆罪汝等若不相親近於佛法中得
安樂住是比丘尼諫彼比丘尼時堅持不捨是比丘尼應三諫
捨此事故乃至三諫捨者善不捨者是比丘尼犯三法應捨
僧伽婆尸沙
若比丘尼僧為作呵諫時餘比丘尼教作如是言汝等
莫別住當共住我亦見餘比丘尼不別住共作惡行惡聲流
布共相覆罪僧以恚故教汝別住是比丘尼應三諫彼比丘尼
言大姊汝莫教餘比丘尼言汝等莫別住我亦見餘比丘尼共
住共作惡行惡聲流布共相覆罪僧以恚故教汝別住今正
有此二比丘尼共住共作惡行惡聲流布共相覆罪更無有餘
若此比丘尼別住於佛法中有增益安樂住是比丘尼諫彼比
丘尼時堅持不捨是比丘尼應三諫令捨此事故乃至三諫捨

布共相流布僧以恚故教汝別住是比丘尼應三諫彼比丘尼
言大姊汝莫教餘比丘尼言汝等莫別住我亦見餘比丘尼共
住共作惡行惡聲流布共相覆罪僧以恚故教汝別住今正
有此二比丘尼共住共作惡行惡聲流布共相覆罪更無有餘
若此比丘尼別住於佛法中有增益安樂住是比丘尼諫彼比
丘尼時堅持不捨是比丘尼應三諫令捨此事故乃至三諫捨
者善不捨者是比丘尼犯三法應捨僧伽婆尸沙
若比丘尼趣以一小事瞋恚不喜便作是語我捨佛捨法捨僧
不獨有此沙門釋子亦更有餘沙門婆羅門修梵行者我等
亦可於彼修梵行是比丘尼當諫彼比丘尼言大姊汝莫趣以一
小事瞋恚不喜便作是語我捨佛捨法捨僧不獨有此沙門
釋子亦更有餘沙門婆羅門修梵行者我等亦可於彼修梵
行若是比丘尼諫彼比丘尼時堅持不捨彼比丘尼應三諫捨
此事故乃至三諫捨者善不捨者是比丘尼犯三法應捨僧伽
婆尸沙
若比丘尼喜鬪諍不善憶持諍事後瞋恚作是語僧有愛
有恚有怖有癡是比丘尼應諫彼比丘尼言妹汝莫喜鬪諍
不善憶持諍事後瞋恚作是語僧有愛有恚有怖有癡
而僧不愛不恚不怖不癡汝自有愛有恚有怖有癡是比
丘尼諫彼比丘尼時堅持不捨彼比丘尼應三諫捨此事故乃至
三諫捨者善不捨者是比丘尼犯三法應捨僧伽婆尸沙
諸大姊我已說十七僧伽婆尸沙法九初犯罪八乃至三諫若比丘
尼犯一一法應半月二部僧中行摩那埵行摩那埵已餘有出罪
於二部僧十人僧中出是比丘尼罪若少一人不滿四十衆出是比
丘尼罪是比丘尼罪不得除諸比丘尼亦可呵此是時今問諸大姊
是中清淨不 如是三說
諸大姊是中清淨默然故是事如是持
諸大姊是三十尼薩耆波逸提法半月半月說戒經中來
若比丘尼衣已竟迦絺那衣已捨畜長衣經十日不淨施得
畜若過者尼薩耆波逸提
若比丘尼衣已竟迦絺那衣已捨五衣中若離一一衣異處



是中清淨不 如是三說
諸大姊是中清淨默然故是事如是持
諸大姊是三十尼薩耆波逸提法半月半月說戒經中來
若比丘尼衣已竟迦絺那衣已捨畜長衣經十日不淨施得
畜若過者尼薩耆波逸提
若比丘尼衣已竟迦絺那衣已捨五衣中若離一一衣異處
宿經一夜除僧羯磨尼薩耆波逸提
若比丘尼衣已竟迦絺那衣已捨若得非時衣欲須便受
受已疾疾成衣若足者善若不足者得畜一月為滿足故
若過畜者尼薩耆波逸提
若比丘尼從非親里居士居士婦乞衣除餘時尼薩耆波
逸提餘時者若奪衣失衣燒衣漂衣是名時
若比丘尼奪衣失衣燒衣漂衣若非親里居士若居士
婦自恣請多與衣是比丘尼當知足受衣若過受尼薩
耆波逸提
若比丘尼居士居士婦為比丘尼辦衣價具如是衣價與某
甲比丘尼是比丘尼先不受自恣請到居士家作如是說善
哉居士為我辦如是如是衣價與我為好故若得衣者
尼薩耆波逸提
若比丘尼居士居士婦與比丘尼辦衣價我曾辦如是衣價
與某甲比丘尼是比丘尼先不受自恣請到二居士家作
如是言善哉居士辦如是如是衣價與我共作一衣為好
故若得衣者尼薩耆波逸提
若比丘尼若王若大臣若婆羅門若居士居士婦遣使為比
丘尼送衣價持如是衣價與某甲比丘尼彼使至比丘尼所
語言阿姨為汝送衣價受取是比丘尼語彼使如是言我
不應受此衣價我若須衣合時清淨當受彼使語比
丘尼言阿姨有執事人不須衣比丘尼應言有若僧伽藍
民若優婆塞此是比丘尼執事人常為比丘尼執事彼
使至執事人所與衣價已還到比丘尼所如是言阿姨所示
某甲執事人我已與衣價大姊知時往彼當得衣比丘

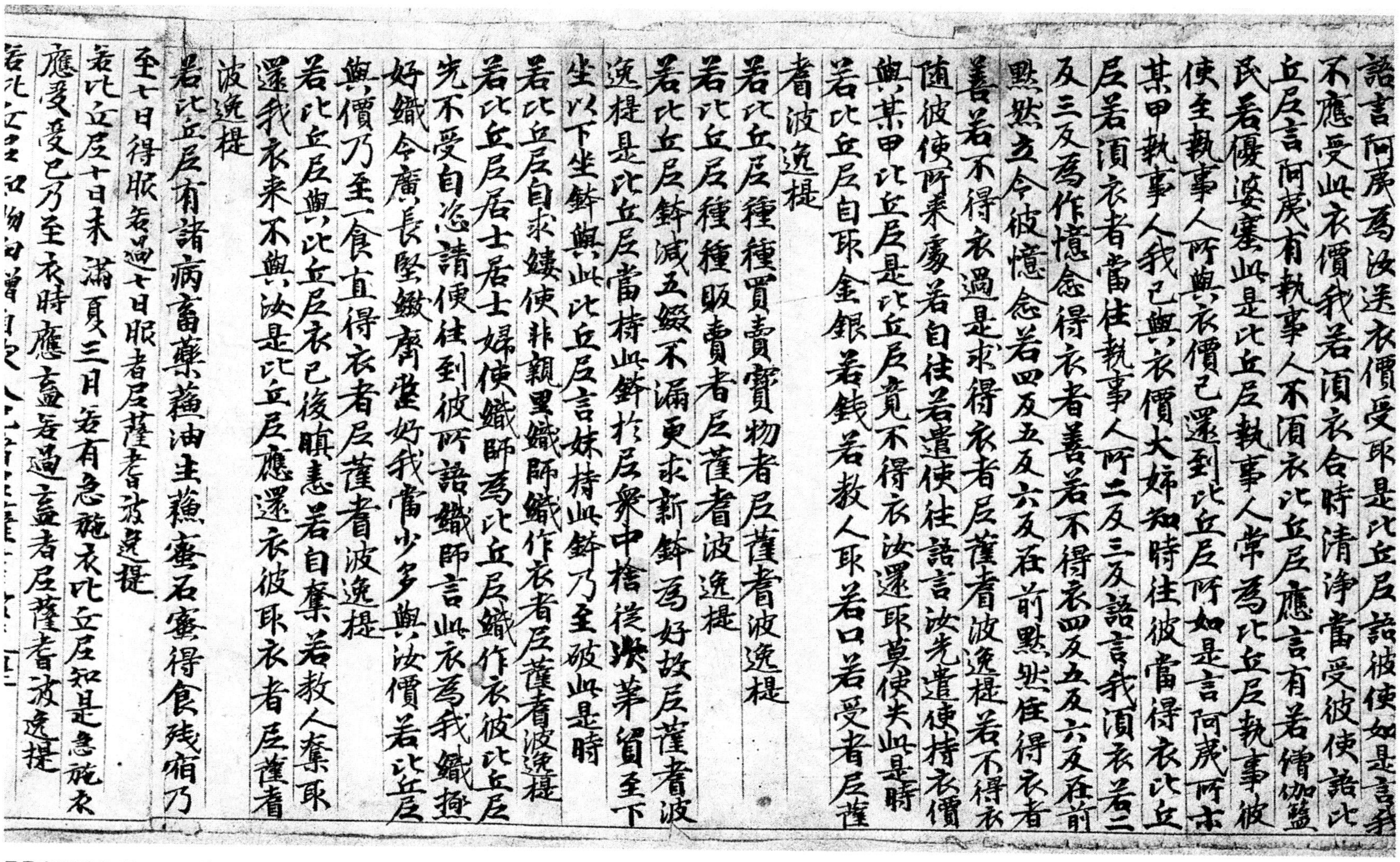

語言阿㢖為汝送衣價受取是比丘尼語彼使如是言我
不應受此衣價我若須衣合時清淨當受彼使語比
丘尼言阿㢖有執事人不須衣比丘尼應言有若僧伽藍
民若優婆塞此是比丘尼執事人常為比丘尼執事彼
使至執事人所與衣價已還到比丘尼所如是言阿㢖所示
某甲執事人我已與衣價大姊知時往彼當得衣比丘
尼若須衣者當往執事人所二反三反語言我須衣若二
反三反為作憶念得衣者善若不得衣四反五反六反在前
默然立令彼憶念若四反五反六反在前默然住得衣者
善若不得衣過是求得衣者尼薩耆波逸提若不得衣
隨彼使所來處若自往若遣使往語言汝先遣使持衣價
與某甲比丘尼是比丘尼竟不得衣汝還取莫使失此是時
若比丘尼自取金銀若錢若教人取若口若受者尼薩
耆波逸提
若比丘尼種種買賣寶物者尼薩耆波逸提
若比丘尼種種販賣者尼薩耆波逸提
若比丘尼鉢減五綴不漏更求新鉢為好故尼薩耆波
逸提是比丘尼當持此鉢於尼眾中捨從次第貿至下
坐以下坐鉢與此比丘尼言妹持此鉢乃至破此是時
若比丘尼自求縷使非親里織師織作衣者尼薩耆波逸提
若比丘尼居士居士婦使織師為比丘尼織作衣彼比丘尼
先不受自恣請便往到彼所語織師言此衣為我織極
好織令廣長堅緻齊整好我當少多與汝價若比丘尼
與價乃至一食直得衣者尼薩耆波逸提
若比丘尼與比丘尼衣已後瞋恚若自奪若教人奪取
還我衣來不與汝是比丘尼應還衣彼取衣者尼薩耆
波逸提
若比丘尼有諸病畜藥酥油生酥蜜石蜜得食殘宿乃
至七日得服若過七日服者尼薩耆波逸提
若比丘尼十日未滿夏三月若有急施衣比丘尼知是急施衣
應受受已乃至衣時應畜若過畜者尼薩耆波逸提
若比丘尼知物向僧自

BD05362號　四分比丘尼戒本

（26–7）

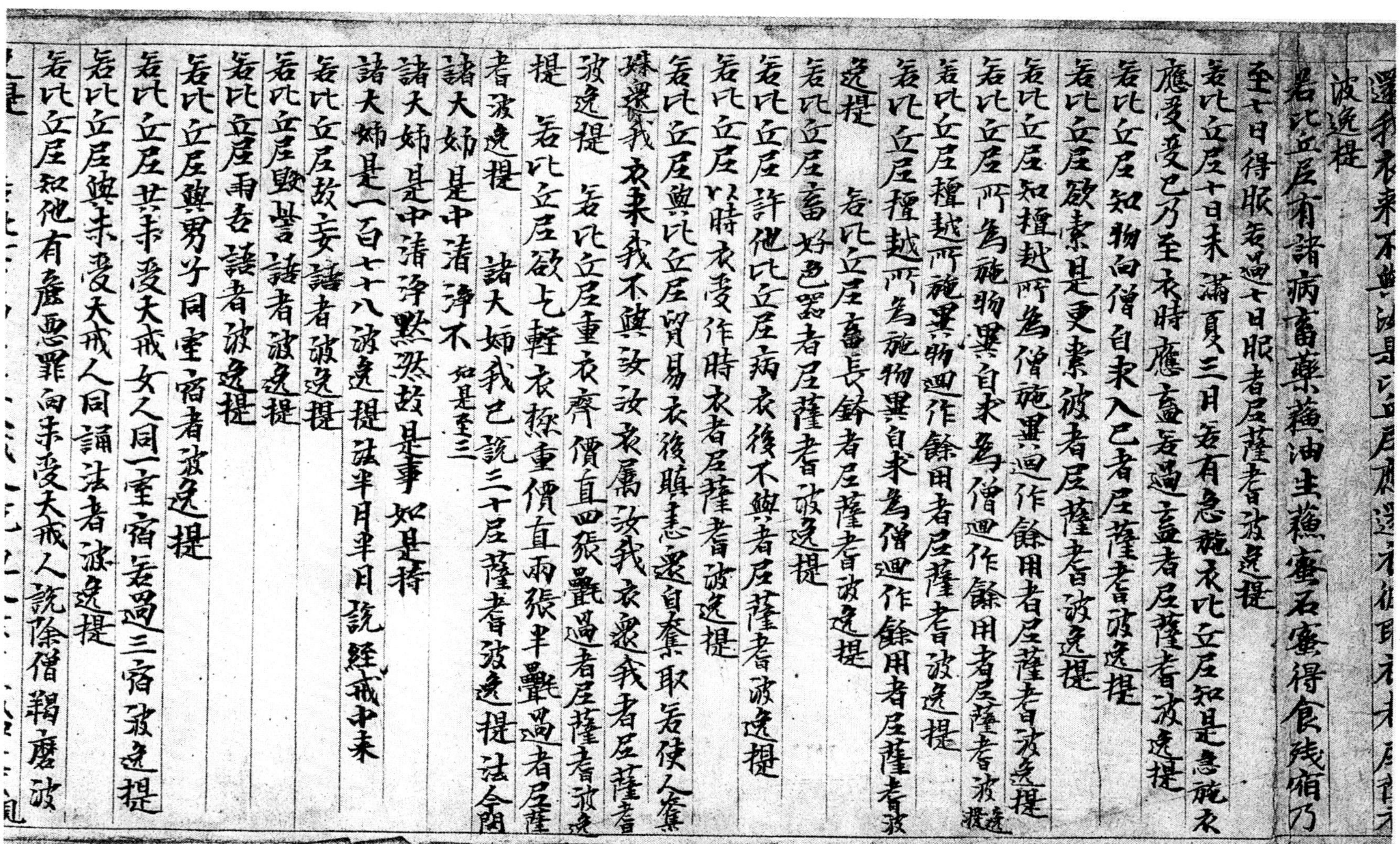

還我衣來不與汝是比丘尼應還衣彼取衣者尼薩耆
波逸提
若比丘尼有諸病畜藥酥油生酥蜜石蜜得食殘宿乃
至七日得服若過七日服者尼薩耆波逸提
若比丘尼十日未滿夏三月若有急施衣比丘尼知是急施衣
應受受已乃至衣時應畜若過畜者尼薩耆波逸提
若比丘尼知物向僧自求入己者尼薩耆波逸提
若比丘尼欲索是更索彼者尼薩耆波逸提
若比丘尼知檀越所為僧施異迴作餘用者尼薩耆波逸提
若比丘尼所為施物異自求為僧迴作餘用者尼薩耆波逸提
若比丘尼檀越所施異物迴作餘用者尼薩耆波逸提
若比丘尼檀越所為施物異自求為僧迴作餘用者尼薩耆波
逸提　若比丘尼畜長鉢者尼薩耆波逸提
若比丘尼畜好色器者尼薩耆波逸提
若比丘尼許他比丘尼病衣後不與者尼薩耆波逸提
若比丘尼以非時衣受作時衣者尼薩耆波逸提
若比丘尼與比丘尼貿易衣後瞋恚還自奪取若使人奪
取還我衣來我不與汝汝衣屬汝我衣還我者尼薩耆
波逸提　若比丘尼乞重衣齊價直四張氎過者尼薩耆波逸
提　若比丘尼乞輕衣極重價直兩張半氎過者尼薩
者波逸提　諸大姊我已說三十尼薩耆波逸提法今問
諸大姊是中清淨不　如是至三
諸大姊是中清淨默然故是事如是持
諸大姊是一百七十八波逸提法半月半月說戒經中來
若比丘尼故妄語者波逸提
若比丘尼毀呰語者波逸提
若比丘尼兩舌語者波逸提
若比丘尼與男子同室宿者波逸提
若比丘尼共未受大戒女人同一室宿若過三宿波逸提
若比丘尼與未受大戒人同誦法者波逸提
若比丘尼知他有麤惡罪向未受大戒人說除僧羯磨波

BD05362號　四分比丘尼戒本

（26–8）

若比丘尼毀呰語者波逸提
若比丘尼兩舌語者波逸提
若比丘尼與男子同室宿者波逸提
若比丘尼共未受大戒女人同一室宿若過三宿波逸提
若比丘尼與未受大戒人同誦法者波逸提
若比丘尼知他有麁惡罪向未受大戒人說除僧羯磨波
逸提　若比丘尼向未受大戒人說過人法言我知是我見
實者波逸提
若比丘尼與男子說法過五六語除有知女人波逸提
若比丘尼自手掘地若教人掘者波逸提
若比丘尼壞鬼神村者波逸提
若比丘尼妄作異語惱他者波逸提
若比丘尼嫌罵他者波逸提
若比丘尼取僧繩床若木床若卧具坐褥露地自敷若教
人敷捨去不自舉不教人舉波逸提
若比丘尼於僧房中取僧卧具自敷若教人敷在中若坐
若卧從彼處捨去不自舉不教人舉者波逸提
若比丘尼知先住處後來於中間敷卧具止宿念言彼若
嫌迮者自當避我去作如是因緣非餘非威儀波逸提
若比丘尼瞋他比丘尼不喜眾僧房中自牽出若教人牽
出者波逸提
若比丘尼若在重閣上脫脚繩床若木床若坐若卧波逸
提　若比丘尼知水有虫自用澆泥若草若教人澆者波逸
提　若比丘尼作大房戶扉窗牖及餘莊飾具指授覆
苫齊二三節若過者波逸提
若比丘尼施一食處無病比丘尼應受一食若過者波
逸提　若比丘尼別眾食除餘時者病時作衣時施衣
時道行時船上時大會時沙門施食時此是時
若比丘尼至檀越家慇懃請與餅飯麨比丘尼欲須者當
二三鉢應受持至寺內分與餘比丘尼食若比丘尼無病過三鉢

BD05362號　四分比丘尼戒本　（26–9）

苫齊二三節若過者波逸提
若比丘尼施一食處無病比丘尼應受一食若過者波
逸提　若比丘尼別眾食除餘時者病時作衣時施衣
時道行時船上時大會時沙門施食時此是時
若比丘尼至檀越家慇懃請與餅飯麨比丘尼欲須者當
二三鉢應受持至寺內分與餘比丘尼食若比丘尼無病過三鉢
受持至寺中不分與餘比丘尼食者波逸提
若比丘尼非時受食者波逸提
若比丘尼殘宿食者波逸提
若比丘尼不受食及藥著口中除水楊枝波逸提
若比丘尼先受請已若前食後食行詣餘家不屬餘比丘
尼除時波逸提餘時者病時作衣時此是時
若比丘尼食家中有寶强安坐者波逸提
若比丘尼食家中有寶在屏處坐者波逸提
若比丘尼獨與男子露地一處共坐者波逸提
若比丘尼語比丘尼如是語大姊共汝至聚落當與汝食彼
比丘尼竟不教與是比丘尼食如是言大姊去我與汝一處
共語共坐不樂我獨坐獨語樂以是因緣非餘方便遣去
者波逸提
若比丘尼請比丘尼四月與藥無病比丘尼應受若過受
除常請更請分請盡形請波逸提
若比丘尼往觀軍陣除時因緣波逸提
若比丘尼有因緣至軍中若二宿三宿過者波逸提
若比丘尼軍中住若二宿三宿或時觀軍陣鬭戰若觀遊軍
象馬力勢波逸提
若比丘尼飲酒者波逸提
若比丘尼水中戲者波逸提
若比丘尼以指相擊攊者波逸提
若比丘尼不受諫者波逸提
若比丘尼恐怖他比丘尼者波逸提

BD05362號　四分比丘尼戒本　（26–10）

若比丘尼水中戲者波逸提
若比丘尼以指相擊攊者波逸提
若比丘尼不受諫者波逸提
若比丘尼恐怖他比丘尼者波逸提
若比丘尼半月洗浴無比丘尼應受若過受除餘時波逸提
餘時者熱時病時作時風雨時遠行來時此是時
若比丘尼無病為炙身故露地然火若教人然除時波逸提
若比丘尼藏他比丘尼若鉢若衣若坐具針筒自藏教人藏
下至戲笑者波逸提
若比丘淨施比丘尼式叉摩那尼沙彌沙彌尼衣後不問主
取著者波逸提
若比丘尼得新衣當作三種染壞色青黑木蘭若比丘尼得衣
不作三種染壞色青黑木蘭新衣持者波逸提
若比丘尼故斷畜生命者波逸提
若比丘尼知水有蟲飲用者波逸提
若比丘尼故惱他比丘尼乃至少時不樂波逸提
若比丘尼知比丘尼有麁惡罪覆藏者波逸提
若比丘尼知僧諍事如法懺悔已後更發舉者波逸提
若比丘尼知是賊伴共期一道行乃至一聚落波逸提
若比丘尼作如是語我知佛所說法行婬欲非是障道法
彼比丘尼諫此比丘尼言大姊莫作是語莫謗世尊謗世
尊者不善世尊不作是語世尊無數方便說婬欲是
障道法彼比丘尼諫此比丘尼時堅持不捨彼比丘尼乃至
三諫命捨是事乃至三諫時捨者善不捨者波逸提
若比丘尼知如是語人未作法如是邪見而不捨若畜同一
羯磨同止宿波逸提
若比丘尼知沙彌作如是語我知佛所說法行婬欲非障
道法彼比丘尼諫此沙彌尼言汝莫作是語莫誹謗世
誹謗世尊不善世尊不作是語沙彌尼世尊無數方便
說婬欲是障道法犯婬欲者障道法彼比丘尼諫此沙彌

BD05362 號　四分比丘尼戒本

（26–11）

若比丘尼知如是語人未作法如是邪見而不捨若畜同一
羯磨同止宿波逸提
若比丘尼知沙彌作如是語我知佛所說法行婬欲非障
道法彼比丘尼諫此沙彌尼言汝莫作是語莫誹謗世
誹謗世尊不善世尊不作是語沙彌尼世尊無數方便
說婬欲是障道法犯婬欲者障道法彼比丘尼諫此沙彌
尼時堅持不捨彼比丘尼應乃至三諫捨此事故乃至三
諫時若捨者善不捨者彼比丘尼應語是沙彌尼言汝自
今已去非佛弟子不得隨餘比丘尼行如諸沙彌尼得與比丘尼二
三宿汝今無是事汝去滅去不須住此若比丘尼知是被擯
沙彌尼若畜共同止宿者波逸提
若比丘尼如法諫時作如是語我今不學是戒乃至問
有智慧持律者當難問波逸提若為求解應當難問
若比丘尼說戒時如是語大姊用是雜碎戒為說是戒時令人惱
愧懷疑輕戒故波逸提
若比丘尼說戒時作如是語大姊我今始知是戒半月半
說戒經中來餘比丘尼知是比丘尼若二若三說戒中坐何況多
彼比丘尼無知無解若犯罪應如法治更重增無知法大姊汝
無利得不善汝說戒時不用心念不一心兩耳聽法彼無知故波
逸提
若比丘尼共同羯磨已後作如是說諸比丘尼隨
親厚以眾僧物與者波逸提
若比丘尼僧斷事時不與欲而起去者波逸提
若比丘尼比丘尼共鬪諍後聽此語已欲向彼說者波逸提
若比丘尼瞋恚故不喜打彼比丘尼者波逸提
若比丘尼瞋恚故不喜以手搏比丘尼者波逸提
若比丘尼瞋恚故不喜以無根僧伽婆尸沙者波逸提
若比丘尼剎利水澆頭王王未出未藏寶若入宮過門閾者
波逸提
若比丘尼若寶及寶莊飾具自捉若教人捉除僧伽藍中及寄
宿處波逸提若僧伽藍中若寄宿處若寶若以寶莊飾具自

BD05362 號　四分比丘尼戒本

（26–12）

若比丘尼瞋恚故不喜以手打比丘尼者波逸提
若比丘尼瞋恚故不喜以無根僧伽婆尸沙謗者波逸提
若比丘尼剎利水澆頭王王未出未藏寶若入宮過門閾者
波逸提
若比丘尼若寶及寶莊飾具自捉若教人捉除僧伽藍中及寄
宿處波逸提若僧伽藍中若寄宿處若寶若以寶莊飾具自
捉若教人若識者當取如是因緣非餘
若比丘尼非時入聚落又不屬比丘尼者波逸提
若比丘尼作繩牀若木牀足應高如來八指除入梐孔上若截
竟過者波逸提
若比丘尼持兜羅綿貯作繩牀木牀若臥具坐具波逸提
若比丘尼噉蒜者波逸提
若比丘尼剃三處毛者波逸提
若比丘尼以水作淨應齊兩指各一節若過者波逸提
若比丘尼以胡膠作男根者波逸提
若比丘尼共相拍者波逸提
若比丘尼比丘無病時供給水以扇扇者波逸提
若比丘尼乞生穀者波逸提
若比丘尼在生草上大小便者波逸提
若比丘尼夜便大小便器中晝不看牆外弃者波逸提
若比丘尼往觀看伎樂者波逸提
若比丘尼入村內與男子屏處共立語者波逸提
若比丘尼與男子共入屏障處者波逸提
若比丘尼入村內巷陌中遣伴遠去在屏處與男子共立耳語者
波逸提
若比丘尼入白衣家內坐不語主人捨去者波逸提
若比丘尼入白衣家內不語主人輒坐床者波逸提
若比丘尼入白衣家內不語主人輒自敷坐宿者波逸提
若比丘尼與男子共入闇室中者波逸提
若比丘尼不審諦受師語便向人說者波逸提
若比丘尼有小因緣事便呪詛墮三惡道不生佛法中若汝有如
是事亦墮三惡道不生佛法中若我有如是事亦墮三惡道

BD05362號　四分比丘尼戒本　（26–13）

若比丘尼入白衣家內坐不語主人捨去者波逸提
若比丘尼入白衣家內不語主人輒坐床者波逸提
若比丘尼入白衣家內不語主人輒自敷坐宿者波逸提
若比丘尼與男子共入闇室中者波逸提
若比丘尼不審諦受師語便向人說者波逸提
若比丘尼有小因緣事便呪詛墮三惡道不生佛法中若汝有如
是事亦墮三惡道不生佛法中若我有如是事亦墮三惡道
不生佛中者波逸提
若比丘尼共鬪諍不善憶持諍事搥胸啼哭者波逸提
若比丘尼無病二人共床臥者波逸提
若比丘尼共同一褥一被臥除時者波逸提
若比丘尼知先住後至知後至先住為惱故在前誦經問義教授者波逸提
若比丘尼同活比丘尼病不瞻視者波逸提
若比丘尼安居初聽餘比丘尼在房中安牀後瞋恚駈出者
波逸提
若比丘尼春夏冬一切時人間遊行除餘因緣者波逸提
若比丘尼夏安居訖不去者波逸提
若比丘尼邊界有疑恐怖處人間遊行者波逸提
若比丘尼於界內有疑恐怖處在人間遊行波逸提
若比丘尼親近居士居士兒共住作不隨順行餘比丘尼諫此
比丘尼言妹汝莫親近居士居士兒共住作不隨順行大姊可別
住若別住於佛法中有增益安樂住彼比丘尼諫此比丘尼堅持
不捨彼比丘尼應三諫捨此事故乃至三諫捨此事者善不捨
者波逸提
若比丘尼往觀王宮文飾畫堂園林浴池者波逸提
若比丘尼露身形在河水泉流水池水中浴者波逸提
若比丘尼作浴衣應量作應量作者長佛六磔手廣二
磔手半若過者波逸提
若比丘尼縫僧伽梨過五日波逸提
若比丘尼過五日不看僧伽梨波逸提
若比丘尼與衆僧衣作留難者波逸提

BD05362號　四分比丘尼戒本　（26–14）

若比丘尼露身形在河水泉流水池水中浴者波逸提
若比丘尼作浴衣應量作應量作者長佛六磔手廣二
磔手半若過者波逸提
若比丘尼縫僧伽梨過五日波逸提
若比丘尼過五日不看僧伽梨波逸提
若比丘尼與衆僧衣作留難者波逸提
若比丘尼不主便著他衣者波逸提
若比丘尼持沙門衣施與外道白衣者波逸提
若比丘尼作如是意衆僧如法分衣遮令不分恐弟子不得
者波逸提
若比丘尼作如是意令衆僧令不得出迦絺那衣後當出欲
令五事久得放捨波逸提
若比丘尼作如是意遮比丘尼僧不出迦絺那衣欲令久得
五事放捨者波逸提
若比丘尼餘比丘語言為我滅此諍事而不與作方便令滅
者波逸提
若比丘尼自手持食與白衣入道外食者波逸提
若比丘尼為白衣作使者波逸提　若比丘尼自手紡縷者波逸提
若比丘尼入衣舍內在小床大床上若坐若卧者波逸提
若比丘尼至白衣舍語主人敷座止宿明日不辭主人而去
者波逸提　若比丘尼自誦習世俗呪術者波逸提
若比丘尼教人誦習世俗呪術者波逸提
若比丘尼知女人任身度與受具足戒者波逸提
若比丘尼知婦女乳兒與受具足戒者波逸提
若比丘尼知年不滿二十與受具足戒者波逸提
若比丘尼年十八童女不與二歲學戒年滿二十便與受
具足戒者波逸提
若比丘尼年十八童女與二歲學戒不與六法滿二十便受
具足戒者波逸提
若比丘尼年十八童女與二歲學戒六法滿二十衆僧不

BD05362號　四分比丘尼戒本

（26–15）

具足戒者波逸提
若比丘尼年十八童女與二歲學戒不與六法滿二十便受
具足戒者波逸提
若比丘尼年十八童女與二歲學戒六法滿二十衆僧不
聽便與受具足戒者波逸提
若比丘尼度曾嫁婦女年十歲與二歲學戒年滿十二
聽與受具足戒若減十二與受具足戒者波逸提
若比丘尼度他小年曾嫁婦女與二歲學戒年滿十二
不白衆僧便與受具足戒波逸提
若比丘尼知如是人與受具足戒者波逸提
若比丘尼多度弟子不教二歲學戒不以二法攝者
波逸提　若比丘尼不二歲隨和上尼者波逸提
若比丘尼僧不聽而授人具足戒者波逸提
若比丘尼年未滿十二歲授人具足戒者波逸提
若比丘尼年滿十二歲衆僧不聽授人具足戒者波逸提
若比丘尼僧不授人具足戒便言衆僧有愛有恚有
怖有癡欲聽者便聽不欲聽者便不聽如是語者波逸提
若比丘尼父母夫主不聽與受具足戒者波逸提
若比丘尼知女人與童男子相敬愛愁憂瞋恚女人度
令出家授具足戒者波逸提
若比丘尼語式叉摩那言汝妹捨是學是當與汝受
具足戒若不方便與受具足戒者波逸提
若比丘尼語式叉摩那言持衣來與我我當與汝受
具足戒而不方便與受具足戒者波逸提
若比丘尼不滿一歲授人具足戒者波逸提
若比丘尼與人受具足戒已經宿方往比丘僧中與受具足
戒者波逸提
若比丘尼無病不往受教授者波逸提
若比丘尼半月應往比丘僧中求教授若不求者波逸提
若比丘尼僧夏安居竟應往比丘僧中說三事自恣見聞
疑若不往者波逸提

BD05362號　四分比丘尼戒本

（26–16）

戒者波逸提
若比丘尼無病不往受教授者波逸提
若比丘尼半月應往比丘僧中求教授若不求者波逸提
若比丘尼僧夏安居竟應往比丘僧中說三事自恣見聞
疑若不往者波逸提
若比丘尼在無比丘處夏安居者波逸提
若比丘尼知有比丘尼僧伽藍不白而入者波逸提
若比丘尼罵比丘者波逸提
若比丘尼喜鬪諍不善憶持諍事後瞋恚不喜罵比丘
尼眾者波逸提
若比丘尼身生癰及種種瘡不白眾及餘人輒使男子
破裹者波逸提
若比丘尼先受請若足食已後食飯麨乾飯魚及肉者波逸提
若比丘尼於食家生嫉妒心者波逸提
若比丘尼以香塗摩身者波逸提
若比丘尼以胡麻塗摩者波逸提
若比丘尼使比丘尼塗摩身者波逸提
若比丘尼使式叉摩那塗摩身者波逸提
若比丘尼使沙彌尼塗摩身者波逸提
若比丘尼使白衣婦女塗摩身者波逸提
若比丘尼著貯跨衣者波逸提
若比丘尼畜婦女莊嚴身具除時因緣波逸提
若比丘尼著革屣持行除時因緣波逸提
若比丘尼無病乘乘行除時因緣波逸提
若比丘尼不著僧祇支入村者波逸提
若比丘尼向暮至白衣家先不被喚者波逸提
若比丘尼暮開僧伽藍門不屬授餘比丘尼而出去者波
逸提　若比丘尼日沒開僧伽藍門不屬授而出者波逸提
若比丘尼不前安居不後安居者波逸提
若比丘尼知女人常漏大小便涕唾常出者與受具足戒者



若比丘尼向暮至白衣家先不被喚者波逸提
若比丘尼暮開僧伽藍門不屬授餘比丘尼而出去者波
逸提　若比丘尼日沒開僧伽藍門不屬授而出者波逸提
若比丘尼不前安居不後安居者波逸提
若比丘尼知女人常漏大小便涕唾常出者與受具足戒者
波逸提　若比丘尼知二形人與受具足戒者波逸提
若比丘尼知二道合者與受具足戒者波逸提
若比丘尼知有負債難者病難者與受具足戒波逸提
若比丘尼學世俗伎術以自活命者波逸提
若比丘尼以世俗伎術教授白衣者波逸提
若比丘尼被擯不去者波逸提
若比丘尼欲問比丘義先不求而問者波逸提
若比丘尼先住後至後至先住欲惱彼故在前經行若立若坐
若臥者波逸提
若比丘尼在有比丘僧伽藍內起塔者波逸提
若比丘尼見新受戒比丘應起迎逆恭敬禮拜問訊請與坐
不者除因緣波逸提
若比丘尼為好故搖身趨行者波逸提
若比丘尼作婦女莊嚴香塗摩身者波逸提
若比丘尼使外道女香塗身者波逸提
諸大姊我已說一百七十八波逸提法今問諸大姊是中清淨
不　如是三說　諸大姊是中清淨默然故是事如是持
諸大姊是八波羅提舍尼法半月半月說戒經中來
若比丘尼無病乞蘇而食者犯應懺悔可呵法應向餘比丘尼
說言大姊我犯可呵法所不應為我今向大姊懺悔是名悔過
法　若比丘尼無病乞油而食者犯應懺悔可呵法應向餘
比丘尼說言大姊我犯可呵法所不應為我今向大姊懺悔是
名悔過法
若比丘尼無病乞蜜食者犯應懺悔可呵法應向餘比丘尼
說言大姊我犯可呵法所不應為我今向大姊懺悔是
名悔過法

法　若比丘尼無病乞油而食者犯應懺悔可呵法應向餘
比丘尼說言大姊我犯可呵法所不應為我今向大姊懺悔是
名悔過法
若比丘尼無病乞蜜食者犯應懺悔可呵法應向餘比丘尼
說言大姊我犯可呵法所不應為我今向大姊懺悔是名悔
過法
若比丘尼無病乞黑石蜜食者犯應懺悔可呵法應向餘比丘尼
說言大姊我犯可呵法所不應為我今向大姊懺悔是名
悔過法
若比丘尼無病乞乳而食者犯應懺悔可呵法應向餘比丘
尼說言大姊我犯可呵法所不應為我今向大姊懺悔是名
悔過法
若比丘尼無病乞酪而食者犯應懺悔可呵法應向餘比丘尼
說言大姊我犯可呵法所不應為我今向大姊懺悔是名
悔過法
若比丘尼無病乞魚食者犯應懺悔可呵法應向餘比丘尼
說言大姊我犯可呵法所不應為我今向大姊懺悔是名
悔過法
若比丘尼無病乞肉食者犯應懺悔可呵法應向餘比丘尼
說言大姊我犯可呵法所不應為我今向大姊懺悔是名
悔過法　諸大姊我已說八波羅提提舍尼法今問諸大姊是中
清淨不如是三說　諸大姊是中清淨默然故是如是持
諸大姊是衆學戒法半月半月說戒經中來
當齊整著涅槃僧應當學
當齊整著三衣應當學
不得反抄衣入白衣舍應當學
不得反抄衣入白衣舍坐應當學
不得衣纏脛入白衣舍應當學
不得衣纏脛入白衣舍坐應當學
不得覆頭入白衣舍應當學

BD05362號　四分比丘尼戒本

(26–19)

不得反抄衣入白衣舍應當學
不得反抄衣入白衣舍坐應當學
不得衣纏脛入白衣舍應當學
不得衣纏脛入白衣舍坐應當學
不得覆頭入白衣舍應當學
不得覆頭入白衣舍坐應當學
不得跳行入白衣舍應當學
不得跳行入白衣舍坐應當學　十
不得白衣舍內蹲坐應當學
不得叉腰行入白衣舍應當學
不得叉腰行入白衣舍坐應當學
不得搖身行入白衣舍應當學
不得搖身行入白衣舍坐應當學
不得掉臂行入白衣舍應當學
不得掉臂行入白衣舍坐應當學
好覆身入白衣舍應當學
好覆身入白衣舍坐應當學
不得左右顧視行入白衣舍應當學　廿
不得左右顧視行入白衣舍坐應當學
靜默入白衣舍應當學
靜默入白衣舍坐應當學
不得戲笑行入白衣舍應當學
不得戲笑行入白衣舍坐應當學
用意受食應當學
平鉢受食應當學
平鉢受羹應當學
羹飯等食應當學
以次食應當學　卅
不得挑鉢中而食應當學
不得自為己索羹飯應當學
不得以飯覆羹更望得應當學

BD05362號　四分比丘尼戒本

(26–20)

手鉢受羹應當學
羹飯等食應當學
以次食應當學 卅
不挑鉢中而食應當學
不得自為已索羹飯應當學
不得以飯覆羹更望得應當學
不視比坐鉢中食應當學
當繫鉢想食應當學
不得大摶飯食應當學
不得大張口待飯食應當學
不得含飯語應當學
不得摶飯擲口中應當學
不得遺落飯食應當學 卌
不得頰食食應當學
不得嚼飯作聲食應當學
不得大噏飯食應當學
不得舌舐食應當學
不得振手食應當學
不手把散飯食應當學
不得汙手捉飲器應當學
不得洗鉢水棄白衣舍內應當學
不得生草菜上大小便涕唾除病應當學
不得淨水中大小便涕唾除病應當學 五十
不得立大小便除病應當學
不得與反抄衣不恭敬人說法除病應當學
不得為衣纏頸者說法除病應當學
不得為覆頭者說法除病應當學
不得為裹頭者說法除病應當學
不得為叉腰者說法除病應當學
不得為著革屣者說法除病應當學
[illegible]

BD05362號　四分比丘尼戒本　（26–21）

不得為衣纏頸者說法除病應當學
不得為覆頭者說法除病應當學
不得為裹頭者說法除病應當學
不得為叉腰者說法除病應當學
不得為著革屣者說法除病應當學
不得為著木屐者說法除病應當學
不得為騎乘者說法除病應當學
不得在佛塔中止宿除為守護故應當學 六十
不得藏財物置佛塔中除為堅牢故應當學
不得著革屣入佛塔中應當學
不得手捉革屣入佛塔中應當學
不得著革屣繞佛塔行應當學
不得著富羅入佛塔中應當學
不得手捉富羅入佛塔中應當學
不得塔下坐食留草及食汙地應當學
不得擔死屍從塔下過應當學
不得塔下埋死屍應當學
不得在塔下燒死屍應當學 七十
不得向塔下燒死屍應當學
不得佛塔四邊燒死屍臭氣來入應當學
不得持死人衣及床從塔下過除浣染香薰應當學
不得佛塔下大小便應當學
不得向佛塔大小便應當學
不得繞佛塔四邊大小便使臭氣來入應當學
不得持佛像至大小便處應當學
不得在佛塔下嚼楊枝應當學
不得向佛塔下嚼楊枝應當學
不得佛塔四邊嚼楊枝應當學 八十
不得在佛塔下涕唾應當學
不得向佛塔涕唾應當學
不得佛塔四邊涕唾應當學

BD05362號　四分比丘尼戒本　（26–22）

不得佛塔下嚼楊枝應當學
不得向佛塔下嚼楊枝應當學
不得佛塔四邊嚼楊枝應當學 八十
不得在佛塔下涕唾應當學
不得向佛塔涕唾應當學
不得佛塔四邊涕唾應當學
不得向塔舒脚坐應當學
不得安佛塔在下房己在上房住應當學
人坐己立不得為說法除病應當學
人卧己坐不得為說法除病應當學
人在坐己在非坐不得為說法除病應當學
人在高坐己在下坐不得為說法除病應當學
人在前行己在後行不得為說法除病應當學 九十
人在高經行處己在下經行處不應為說法除病應當學
人在道己在非道不應為說除病應當學
不得携手在道行應當學
不得上樹過人除時因緣應當學
不得絡囊盛鉢貫杖頭著肩上而行應當學
人持杖不恭敬不應為說法除病應當學
人持劍不應為說法除病應當學
人持鉾不應為說法除病應當學
人持刀不應為說法除病應當學
人持蓋不應為說法除病應當學 一百
諸大姊我已說眾學戒法今問諸大姊是中清淨不
如是至三 諸大姊是中清淨默然故是事如是持
諸大姊是七滅諍法半月半月說戒經中來
若比丘尼有諍事起即應除滅
應與現前毗尼當與現前毗尼
應與憶念毗尼當與憶念毗尼
應與不癡毗尼當與不癡毗尼
應與自言治當與自言治

BD05362號　四分比丘尼戒本



諸大姊是七滅諍法半月半月說戒經中來
若比丘尼有諍事起即應除滅
應與現前毗尼當與現前毗尼
應與憶念毗尼當與憶念毗尼
應與不癡毗尼當與不癡毗尼
應與自言治當與自言治
應與覓罪相當與覓罪相
應與多人語當與多人語
應與如草覆地當與如草覆地
諸大姊我已說七滅諍法今問諸大姊是中清淨不 三說
諸大姊是中清淨默然故是事如是持
諸大姊我已說戒經序已說八波羅夷法已說十七僧伽婆
尸沙法已說三十尼薩耆波逸提法已說百七十八波逸提法已說
八波羅提舍尼法已說眾學戒法已說七滅諍法此是佛
所說戒經半月半月說戒經中來
若更有餘佛法是中皆共和合應當學
忍辱第一道 佛說無為最 出家惱他人 不名為沙門
此是毗婆尸如來無所著等正覺說是戒經
譬如明眼人 能避險惡道 世有聰明人 能遠離諸惡
此是尸棄如來無所著等正覺說是戒經
不謗亦不嫉 當奉行於戒 飲食知止足 常樂在空閑
此是毗葉羅如來無所著等正覺說是戒經
譬如蜂採花 不壞色與香 但取其味去 比丘入聚然
不違戾他事 不觀作不作 但自觀身行 若正若不正
此是拘樓孫如來無所著等正覺說是戒經
心莫作放逸 聖法當勤學 如是無憂愁 心定入涅槃
此是拘那含牟尼如來無所著等正覺說是戒經
一切惡莫作 當奉行諸善 自淨其志意 是則諸佛教
此是迦葉如來無所著等正覺說是戒經
善護於口言 自淨其志意 身莫作諸惡 此三業道淨
能得如是行 是大仙人道

BD05362號　四分比丘尼戒本

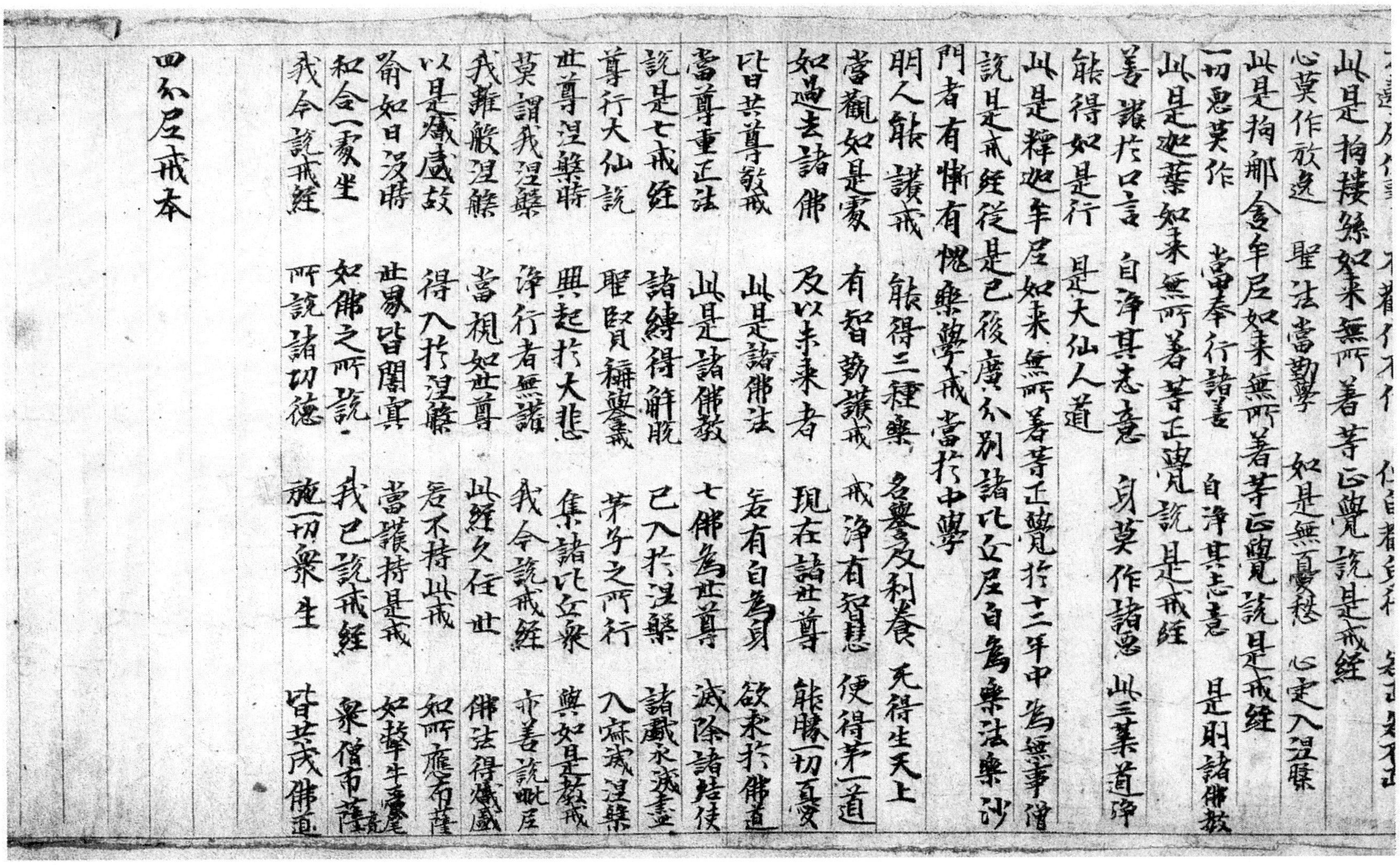

不違戾他事　不觀作不作　但自觀身行　若正若不正

此是拘樓孫如來無所著等正覺說是戒經

心莫作放逸　聖法當勤學　如是無憂愁　心定入涅槃

此是拘那含牟尼如來無所著等正覺說是戒經

一切惡莫作　當奉行諸善　自淨其志意　是明諸佛教

此是迦葉如來無所著等正覺說是戒經

善護於口言　自淨其志意　身莫作諸惡　此三業道淨

能得如是行　是大仙人道

此是釋迦牟尼如來無所著等正覺於十二年中為無事僧說是戒經　從是已後廣分別說諸比丘尼自為樂法樂沙門者有慚有愧樂學戒者當於中學

明人能護戒　能得三種樂　名譽及利養　死得生天上

當觀如是處　有智勤護戒　戒淨有智慧　便得第一道

如過去諸佛　及以未來者　現在諸世尊　能勝一切憂

皆共尊敬戒　此是諸佛法　若有自為身　欲求於佛道

當尊重正法　此是諸佛教　七佛為世尊　滅除諸結使

說是七戒經　諸縛得解脫　已入於涅槃　諸戲永滅盡

尊行大仙說　聖賢稱譽戒　弟子之所行　入寂滅涅槃

世尊涅槃時　興起於大悲　集諸比丘眾　與如是教戒

莫謂我涅槃　淨行者無護　我今說戒經　亦善說毗尼

我雖般涅槃　當視如世尊　此經久住世　佛法得熾盛

以是熾盛故　得入於涅槃　若不持此戒　如所應布薩

喻如日沒時　世界皆闇冥　當護持是戒　如犛牛愛尾

和合一處坐　如佛之所說　我已說戒經　眾僧布薩竟

我今說戒經　所說諸功德　施一切眾生　皆共成佛道

四分尼戒本

BD05362號　四分比丘尼戒本　（26–25）

喻如日沒時　世界皆闇冥　當護持是戒　如犛牛愛尾

和合一處坐　如佛之所說　我已說戒經　眾僧布薩竟

我今說戒經　所說諸功德　施一切眾生　皆共成佛道

四分尼戒本

BD05362號　四分比丘尼戒本　（26–26）

千
可思議功德一切諸佛所護念經
舍利弗上方世界有梵音佛宿王佛香上
佛香光佛大焰肩佛雜色寶華嚴身佛
娑羅樹王佛寶華德佛見一切義佛如
須彌山佛如是等恒河沙數諸佛各於其國
出廣長舌相遍覆三千大千世界說誠實
言汝等眾生當信是稱讚不可思議功德一切
諸佛所護念經
舍利弗於汝意云何何故名為一切諸佛所護
念經舍利弗若有善男子善女人聞是諸佛
所說名及經名者是諸善男子善女人皆
為一切諸佛共所護念皆得不退轉於阿耨
多羅三藐三菩提是故舍利弗汝等皆當信
受我語及諸佛所說舍利弗若有人已發願今
發願當發願欲生阿彌陀佛國者是諸人等皆
得不退轉於阿耨多羅三藐三菩提於彼國土
若已生若今生若當生是故舍利弗諸善
男子善女人若有信者應當發願生彼國土
舍利弗如我今者稱讚諸佛不可思議功德
彼諸佛等亦稱說我不可思議功德而作

BD05363 號 1　阿彌陀經

（3–1）

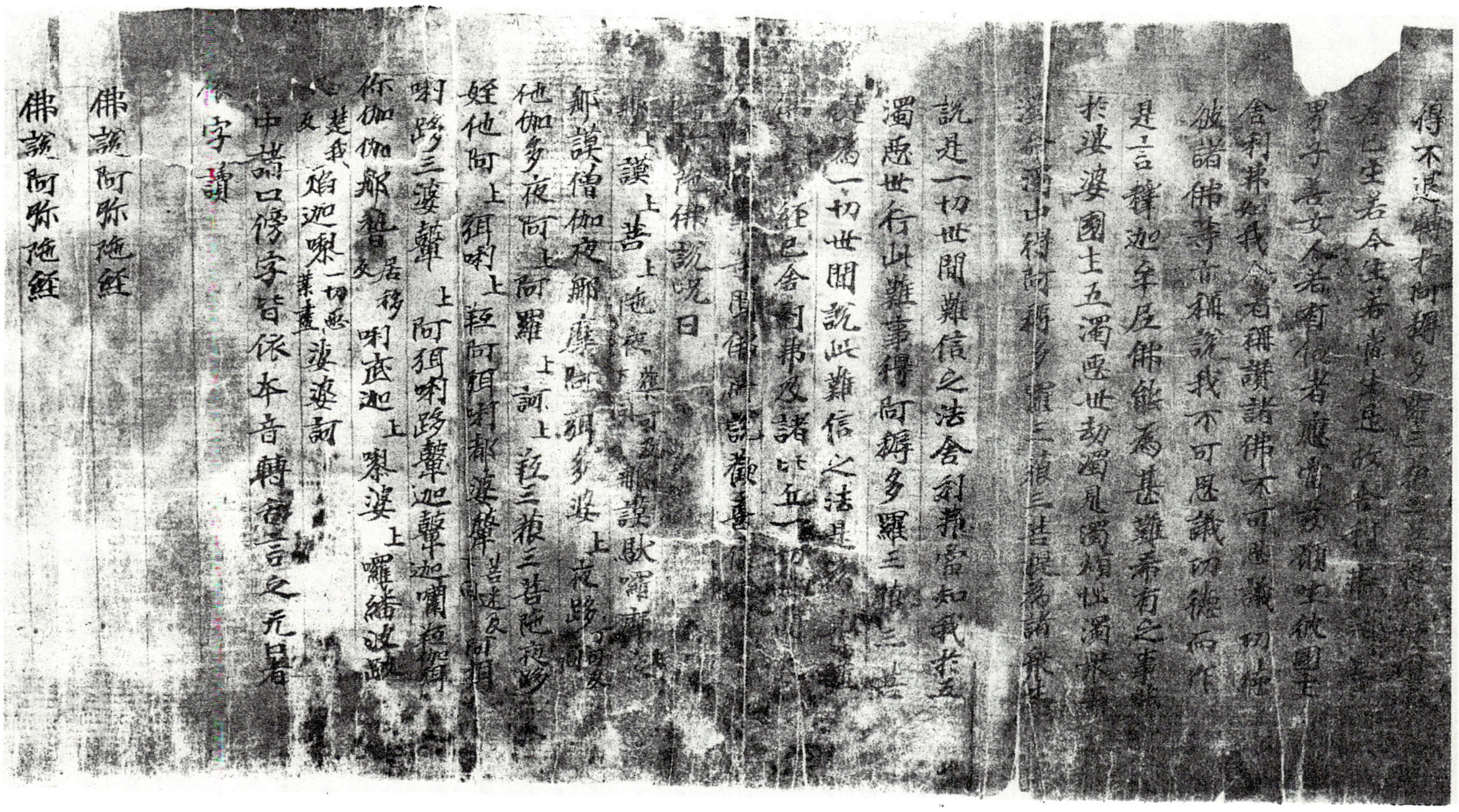

得不退轉於阿耨多羅三藐三菩提於彼國土
若已生若今生若當生是故舍利弗諸善
男子善女人若有信者應當發願生彼國土
舍利弗如我今者稱讚諸佛不可思議功德
彼諸佛等亦稱說我不可思議功德而作
是言釋迦牟尼佛能為甚難希有之事能
於娑婆國土五濁惡世劫濁見濁煩惱濁眾
生濁命濁中得阿耨多羅三藐三菩提為諸眾生
說是一切世間難信之法舍利弗當知我於五
濁惡世行此難事得阿耨多羅三藐三菩
提為一切世間說此難信之法是為甚難
佛說此經已舍利弗及諸比丘一切
世間天人阿修羅等聞佛所說歡喜
阿彌陀佛說咒曰
那上謨上菩上陀上夜上那上謨上馱囉摩
耶謨僧伽夜那摩阿彌多婆上夜路
他伽多夜阿上阿羅上訶上藐三藐三菩陀夜彌
姪他阿上彌唎上輕阿彌唎都婆韓
唎路三婆韓上阿彌唎路韓迦韓迦嚩
你伽伽那積居移唎底迦上棃婆上囉緒波
楚我掐迦喇一切惡業盡波婆訶
中著口傍字皆依本音轉舌言之元暑
依字讀
佛說阿弥陁經
佛說阿弥陁經

BD05363 號 1　阿彌陀經
BD05363 號 2　阿彌陀佛說咒

（3–2）

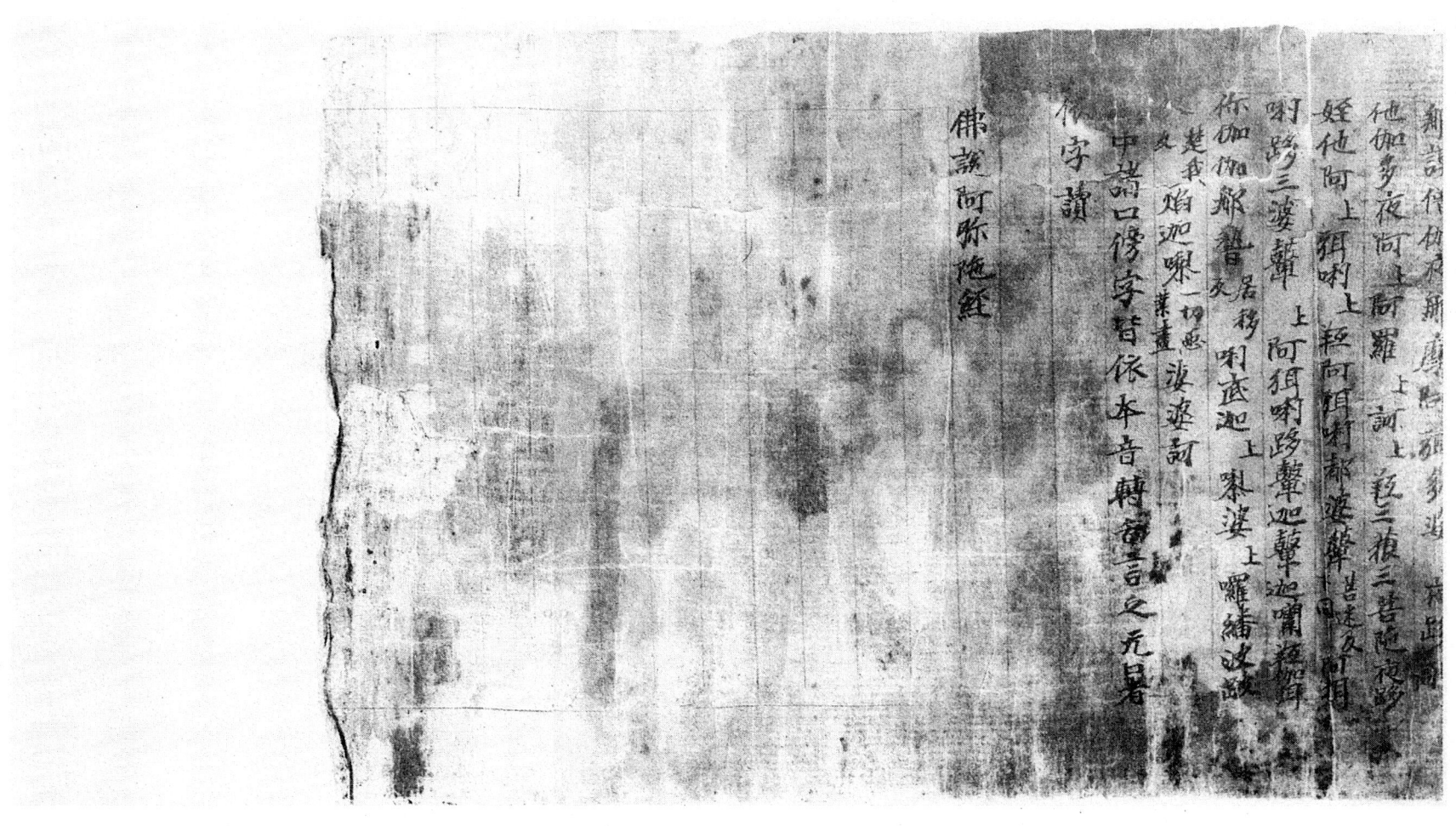

南謨[illegible]彌多婆夜[illegible]
他伽多夜阿上阿羅上訶上藐三菩陀夜哆
姪他阿上彌唎上經阿彌唎都婆鞞毗去反阿彌
唎路三婆鞞上阿彌唎路鞞迦鞞迦蘭[illegible]
你伽伽那碧居移唎底迦上隸婆上囉繕波跛
楚我一切惡業盡婆婆訶
中諸口傍字皆依本音轉舌言之元是
作字讀
佛說阿弥陁經

BD05363 號 2　阿彌陀佛說咒　（3–3）

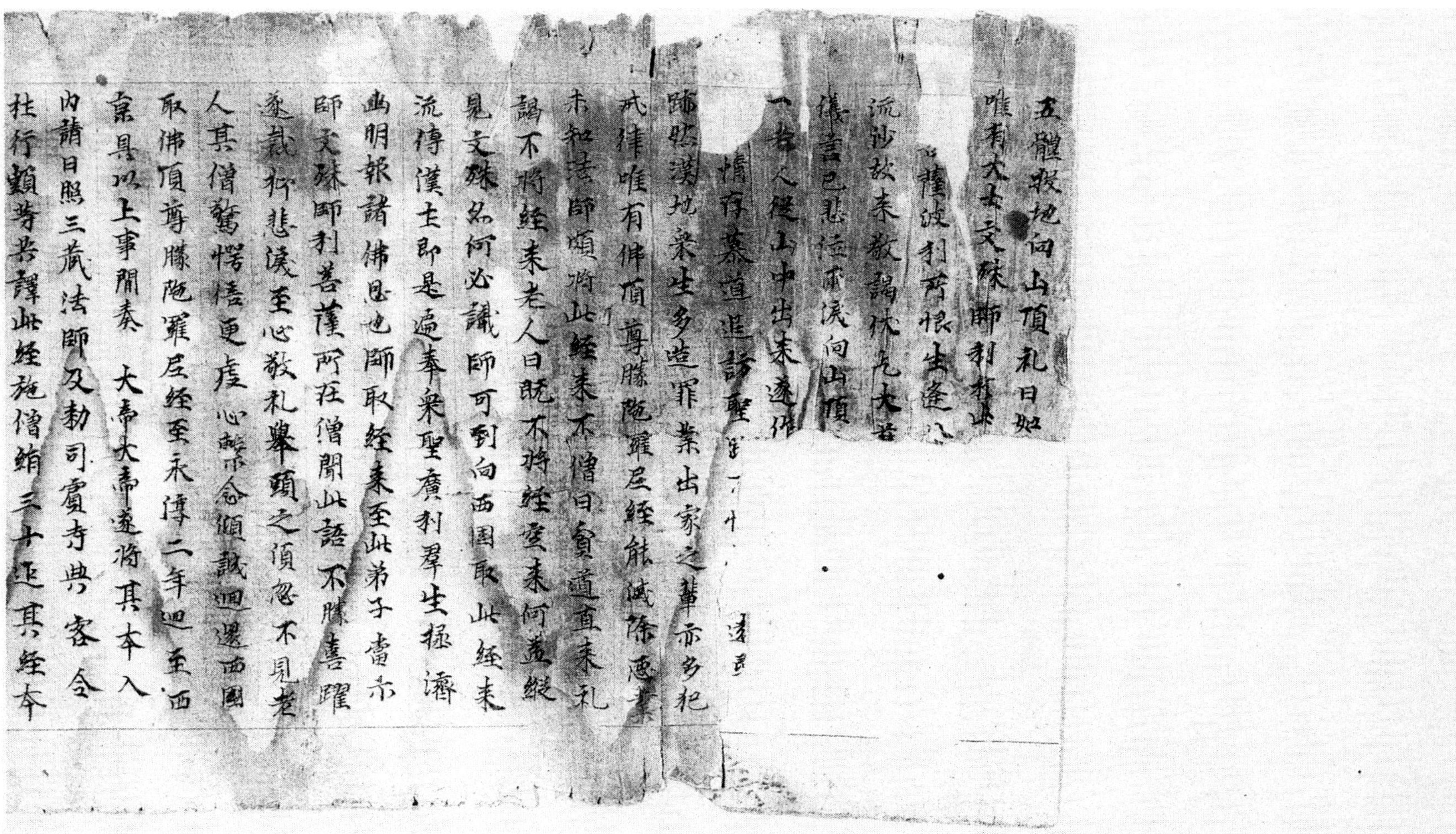

五體投地向山頂礼曰如
唯有大士文殊師利於此
菩薩波利所恨生逢八
流沙故來敬謁伏乞大慈
儀言已悲泣雨淚向山頂
一老人從山中出來遂作
情存慕道追訪聖蹤
蹤然漢地衆生多造罪業出家之輩亦多犯
戒律唯有佛頂尊勝陀羅尼經能滅除惡業
未知法師頗將此經來不僧曰貧道直來礼
謁不將經來老人曰既不將經空來何益縱
見文殊亦何必識師可到向西國取此經來
流傳漢土即是遍奉衆聖廣利群生拯濟
幽明報諸佛恩也師取經來至此弟子當示
師文殊師利菩薩所在僧聞此語不勝喜躍
遂裁抑悲淚至心敬礼舉頭之頃忽不見老
人其僧驚愕倍更虔心繫念傾誠迴還西國
取佛頂尊勝陀羅尼經至永淳二年迴至西
京具以上事聞奏　大帝大帝遂將其本入
內請日照三藏法師及勑司賓寺典客令
杜行顗等共譯此經施僧絹三十疋其經本

BD05364 號 1　佛頂尊勝陀羅尼經序（佛陀波利本）　（11–1）

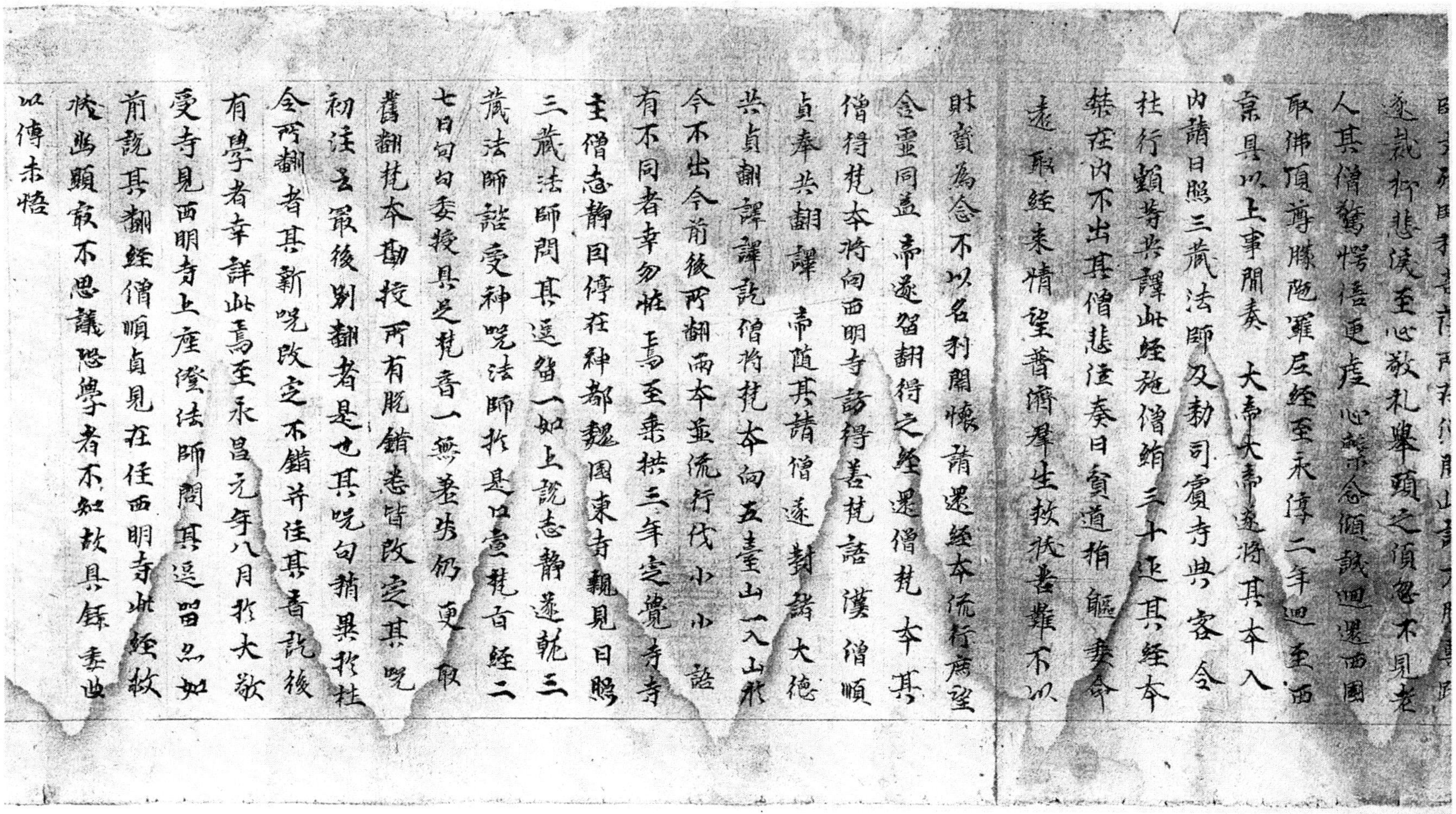

遂哉於悲泣至心敬礼舉頭之頃忽不見老
人其僧驚愕倍更虔心繫念傾誠迴還西國
取佛頂尊勝陀羅尼經至永淳二年迴至西
京具以上事聞奏　大帝遂將其本入
內請日照三藏法師及勑司賓寺典客令
杜行顗等共譯此經施僧絹三十疋其經本
禁在內不出其僧悲泣奏曰貧道捐軀委命
遠取經來情望普濟群生救拔苦難不以
財寶為念不以名利關懷請還經本流行庶望
含靈同益　帝遂留翻得之經還僧梵本其
僧得梵本將向西明寺訪得善梵語漢僧順
貞奉共翻譯　帝隨其請僧遂對諸大德
共貞翻譯訖僧將梵本向五臺山入山於
今不出今前後所翻兩本並流行代小小語
有不同者幸勿怪焉至垂拱三年定覺寺寺
主僧志靜因停在神都魏國東寺親見日照
三藏法師問其逗留一如上說志靜遂就三
藏法師諮受神咒法師於是口宣梵音經二
七日句句委授具足梵音一無差失仍更取
舊翻梵本勘授所有脫錯悉皆改定其咒
初注云最後別翻者是也其咒句稍異於杜
令所翻者其新咒改定不錯并注其音訖後
有學者幸詳此焉至永昌元年八月於大敬
愛寺見西明寺上座澄法師問其逗留亦如
前說其翻經僧順貞見在住西明寺此經救
拔幽顯最不思議恐學者不知故具錄委曲
以傳未悟

BD05364 號 1　佛頂尊勝陀羅尼經序（佛陀波利本）

（11–2）

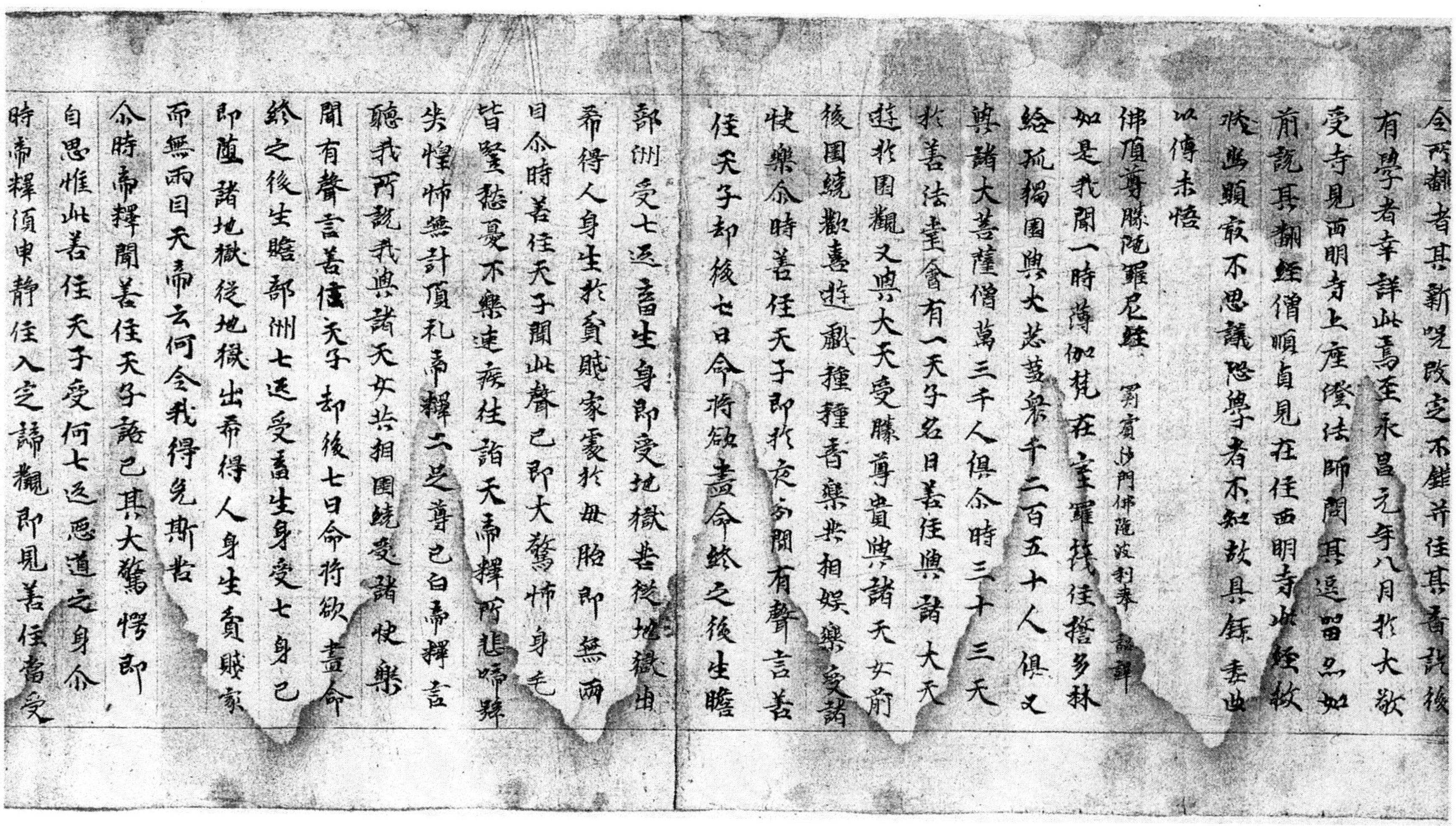

令所翻者其新咒改定不錯并注其音訖後
有學者幸詳此焉至永昌元年八月於大敬
愛寺見西明寺上座澄法師問其逗留亦如
前說其翻經僧順貞見在住西明寺此經救
拔幽顯最不思議恐學者不知故具錄委曲
以傳未悟
佛頂尊勝陀羅尼經　罽賓沙門佛陀波利奉詔譯
如是我聞一時薄伽梵在室羅筏住誓多林
給孤獨園與大苾芻眾千二百五十人俱又
與諸大菩薩僧萬三千人俱尒時三十三天
於善法堂會有一天子名曰善住與諸大天
遊於園觀又與大天受勝尊貴與諸天女前
後圍遶歡喜遊戲種種音樂共相娛樂受諸
快樂尒時善住天子即於夜分聞有聲言善
住天子却後七日命將欲盡命終之後生贍
部洲受七返畜生身即受地獄苦從地獄出
希得人身生於貧賤家處於母胎即無兩
目尒時善住天子聞此聲已即大驚怖身毛
皆豎愁憂不樂速疾往詣天帝釋所悲啼號
哭惶怖無計頂礼帝釋二足尊已白帝釋言
聽我所說我與諸天女共相圍遶受諸快樂
聞有聲言善住天子却後七日命將欲盡命
終之後生贍部洲七返受畜生身受七身已
即墮諸地獄從地獄出希得人身生貧賤家
而無兩目天帝云何令我得免斯苦
尒時帝釋聞善住天子語已甚大驚愕即
自思惟此善住天子受何七返惡道之身尒
時帝釋須臾靜住入定諦觀即見善住當受

BD05364 號 2　佛頂尊勝陀羅尼經（佛陀波利本）

（11–3）

而無兩目天帝云何令我得免斯苦
尒時帝釋聞善住天子語已甚大驚愕即
自思惟此善住天子受何七返惡道之身尒
時帝釋須臾靜住入定諦觀即見善住當受
七返惡道之身所謂猪狗野干獼猴蟒虵烏鷲
等身食諸穢惡不淨之物尒時帝釋觀見善
住天子當墮七返惡道之身極助苦惱痛割
於心諦思無計何所歸依唯有如來應正等
覺令其善住得免斯苦
尒時帝釋即於此日初夜分時以種種花鬘
塗香末香以妙天衣莊嚴執持往詣誓多林
園於世尊所到已頂礼佛足右繞七迊即於
佛前廣大供養佛前胡跪而白佛言世尊
善住天子云何當受七返畜生惡道之身具
如上說
尒時如來頂上放種種光遍滿十方一切世界
已其光還來繞佛三迊從佛口入佛便微咲
告帝釋言天帝有陁羅尼名為如來佛頂尊
勝能淨一切惡道能淨除一切生死苦惱
又能淨除諸地獄閻羅王界畜生之苦又破
一切地獄能迴向善道天帝此佛頂尊勝陁
羅尼若有人聞一經於耳先世所造一切地
獄惡業皆悉消滅當得清淨之身隨所生
處憶持不忘從一佛刹至一佛刹從一天界至
一天界遍歷三十三天所生之處憶持不忘
天帝若人命欲將終須臾憶念此陁羅尼還
得增壽得身口意淨身無苦痛隨其福利隨
處安隱一切如來之所觀視一切天神恒常

BD05364 號 2　佛頂尊勝陀羅尼經（佛陀波利本）　（11–4）

獄惡業皆悉消滅當得清淨之身隨所生
處憶持不忘從一佛刹至一佛刹從一天界至
一天界遍歷三十三天所生之處憶持不忘
天帝若人命欲將終須臾憶念此陁羅尼還
得增壽得身口意淨身無苦痛隨其福利隨
處安隱一切如來之所觀視一切天神恒常
侍衛為人所敬惡障消滅一切菩薩同心
覆護天帝若人能須臾讀誦此陁羅尼者此
人所有一切地獄畜生閻羅王界餓鬼之苦
破壞消滅無有遺餘諸佛刹土及諸天宮一
切菩薩所住之門無有障礙隨意趣入
尒時帝釋白佛言世尊唯願如來為衆生說
增益壽命之法尒時世尊知帝釋意心之所
念樂聞佛說是陁羅尼法即說呪曰
那謨薄伽跋帝一啼隸路迦毖嚟囉底毗失瑟吒
引折法反不同耶二勃陁引耶三薄伽跋帝四怛姪他
五唵六引毗輸馱耶七娑摩三漫多皤婆娑
八娑破囉拏揭底伽訶那娑婆引皤輸地九
阿鼻詵者蘇揭多伐折時語反下同那阿蜜㗚多
毗曬雞十取蜀字所聲讀阿引訶羅阿訶羅一十一阿引
瑜散陁引羅尼十二輸馱耶輸馱耶十三伽
伽那毗輸律反不同提十四烏瑟尼沙毗逝耶輸提
十五娑訶娑囉喝囉濕弭珊珠地帝十六薩
引婆怛他揭多地瑟吒引那頞地瑟耻帝慕
姪鵌十七拔折囉迦引耶僧訶多那輸提十八
薩婆伐囉拏毗輸提十九鉢囉底你伐怛耶
阿瑜輸提二十薩末耶頞地瑟耻帝二十一末你末
你二十二怛闥多部多俱胝鉢唎輸提二十三毗

BD05364 號 2　佛頂尊勝陀羅尼經（佛陀波利本）　（11–5）

婆怛他揭多地瑟吒那頻地瑟恥帝
𠼝鉢十七 拔折囉迦引耶僧訶多那輸提十八
薩婆伐囉拏毗輸提十九鉢囉夜你伐怛耶
阿瑜輸提二十 薩末耶頻地瑟恥帝二十一 末你末
你二十二 怛闥多部多俱胝鉢唎輸提二十三 毗
薩吒勃地輸提二十四 社耶社耶廿五 毗社耶毗社
耶二十六 薩末囉薩末囉勃陀頻地瑟恥多輸
提二十七 跋折梨跋折囉揭鞞二十八 跋折藍婆、
伐都二十九 麼麼其甲 薩婆埵那上迦引耶毗
輸提三十 薩婆揭底鉢唎輸提三十一 薩婆怛
他揭多三摩濕婆娑頻地瑟恥帝三十二 勃地勃
𠼝三十三地耶反 蒲馱耶蒲馱耶三漫多鉢唎輸提三十
四 薩婆怛他揭多地瑟吒引那頻地瑟恥帝
三十五 娑婆訶
佛告帝釋言此呪名淨除一切惡道佛頂尊
勝陁羅尼能除一切罪業等障能破一切穢
惡道苦天帝此陁羅尼八十八殑伽沙俱胝
百千諸佛同共宣說隨喜受持大如來知印
印之為破一切衆生穢惡道義故為一切地
獄畜生閻羅王界衆生得解脫故臨急苦
難墮生死海中衆生得解脫故短命薄福
無救護衆生樂造雜染惡業衆生故說又此
陁羅尼於瞻部洲住持力故能令地獄惡道衆
生種種流轉生死薄福衆生不信善惡業失
正道衆生等得解脫義故
佛告天帝我說此陁羅尼付囑於汝汝當授
與善住天子復當受持讀誦思惟愛樂憶念
供養於瞻部洲一切衆生廣為宣說此陁羅

BD05364 號 2　佛頂尊勝陀羅尼經（佛陀波利本）　（11–6）

生種種流轉生死薄福衆生不信善惡業失
正道衆生等得解脫義故
佛告天帝我說此陁羅尼付囑於汝汝當授
與善住天子復當受持讀誦思惟愛樂憶念
供養於瞻部洲一切衆生廣為宣說此陁羅
尼忽為一切諸天子故說此陁羅尼印付囑
於汝天帝汝當善持守護勿令忘失
天帝若人須臾得聞此陁羅尼千劫已來積
造惡業重障應受種種流轉生死地獄餓鬼
畜生閻羅王界阿脩羅身夜叉羅刹鬼神布
單那羯吒布單那阿波娑摩囉蚊蝱龜狗
蟒虵一切諸鳥及諸猛獸一切蠢動含靈乃至
蟻子之身更不重受即得轉生諸佛如來一
生補處菩薩同會處生或得大姓婆羅門
家生或得大刹利種家生或得豪貴最勝家
生天帝此人得如上貴處生者皆由聞此陁羅
尼故轉所生處皆得清淨天帝乃至得到菩
提道場最勝之處皆由讚美此陁羅尼功德
如是天帝此陁羅尼名吉祥能淨一切惡道
此佛頂尊勝陁羅尼猶如日藏摩尼之寶淨
無瑕穢淨等虛空光焰照徹無不周遍若諸
衆生持此陁羅尼忽復如是忽如閻浮檀金
明淨柔軟令人喜見不為穢惡之所染著天
帝若有衆生持此陁羅尼忽復如是乘斯善
淨得生善道天帝此陁羅尼所在之處若能
書寫流通受持讀誦聽聞供養能如是者
一切惡道皆得清淨一切地獄苦悉皆消滅

BD05364 號 2　佛頂尊勝陀羅尼經（佛陀波利本）　（11–7）

衆生持此陁羅尼亦復如是亦如閻浮檀金
明淨柔軟令人喜見不為穢惡之所染著天
帝若有衆生持此陁羅尼亦復如是乘斯善
淨得生善道天帝此陁羅尼所在之處若能
書寫流通受持讀誦聽聞供養能如是者
一切惡道皆得清淨一切地獄苦惱皆消滅
佛告天帝若人能書寫此陁羅尼安高幢
上或安高山或安樓上乃至安置窣堵波中
天帝若有苾芻苾芻尼優婆塞優婆夷族
姓男族姓女於幢等上或見或與相近其影
映身或風吹陁羅尼上幢等上塵落在身上
天帝彼諸衆生所有罪業應墮惡道地獄
畜生閻羅王界餓鬼阿脩羅身惡道之苦皆
悉不受亦不為罪垢染汙天帝此等衆生為
一切諸佛之所授記皆得不退轉於阿耨多羅
三藐三菩提天帝何況更以多諸供具花鬘塗
香末香寶幢幡蓋等衣服瓔珞作諸莊嚴於
四衢道造窣堵波安置陁羅尼合掌恭敬旋
繞行道歸依禮拜天帝彼人能如是供養者
名摩訶薩埵真是佛子持法棟梁又是如來
全身舍利窣堵波塔尒時閻摩羅法王於時
夜分來詣佛所到已以種種天衣妙花塗香
莊嚴供養佛已繞佛七迊頂禮佛足而作是
言我聞如來演說讚持大力陁羅尼故來
修學若有受持讀誦是陁羅尼者我常隨
逐守護不令持者墮於地獄以彼隨順如來言
教而護念之
尒時護世四天大王繞佛三迊白佛言世尊

BD05364 號 2　佛頂尊勝陀羅尼經（佛陀波利本）　（11–8）

莊嚴供養佛已繞佛七迊頂禮佛足而作是
言我聞如來演說讚持大力陁羅尼故來
修學若有受持讀誦是陁羅尼者我常隨
逐守護不令持者墮於地獄以彼隨順如來言
教而護念之
尒時護世四天大王繞佛三迊白佛言世尊
唯願如來為我廣說持陁羅尼法尒時佛
告四天王汝今諦聽我當為汝宣說受持此
陁羅尼法亦為短命諸衆生說當先洗浴著
新淨衣白月圓滿十五日時持齋誦此陁羅
尼滿其千遍令短命衆生還得增壽永離
病苦一切業障悉皆消滅一切地獄諸苦亦
得解脫諸飛鳥畜生含靈之類聞此陁羅
尼一經於耳盡此一身更不復受
佛言若人遇大惡病聞陁羅尼即得永離
一切諸病亦得消滅應墮惡道亦得除斷
即得往生極樂世界從此已後更不受胞胎
之身所生之處蓮花化生一切生處憶持不
忘常識宿命佛言若人先造一切極重罪業
遂即命終乘斯惡業應墮地獄或墮畜生
閻羅王界或墮餓鬼乃至墮大阿鼻地獄或
生水中或生禽獸異類之身取其亡者隨身
分骨以土一把誦此陁羅尼二十一遍散亡者
骨上即得生天佛言若人能日日誦此陁
羅尼二十一遍應消一切世間廣大供養捨
身往生極樂世界若常誦念得大涅槃復增
壽命受勝快樂捨此身已即得往生種種
微妙諸佛剎土常與諸佛俱會一處一切如

BD05364 號 2　佛頂尊勝陀羅尼經（佛陀波利本）　（11–9）

𠔉骨以土一把誦此陀羅尼二十一遍散　云者
骨上即得生天佛言若人能日日誦此陀
羅尼二十一遍應消一切世間廣大供養捨
身往生極樂世界若常誦念得大涅槃復增
壽命受勝快樂捨此身已即得往生種種
微妙諸佛剎土常與諸佛俱會一處一切如
來恒為演說微妙之義一切世尊即授其記
身光照曜一切佛剎
佛言若誦此陀羅尼法於其佛前先取淨
土作壇隨其大小方四角作以種種草花散
於壇上燒衆名香右膝著地胡跪心常念佛
作慕陀羅尼印屈其頭指以大母指押合掌
當其心上誦此陀羅尼一百八遍訖於其壇
中如雲王雨華能遍供養八十八倶胝殑伽沙
那庾多百千諸佛彼佛世尊咸共讚言善
哉希有真是佛子即得無障礙智三昧得大
菩提心莊嚴三昧持此陀羅尼法應如是
佛言天帝我以此方便一切衆生應墮地獄
道令得解脫一切惡道亦得清淨復令持者
增益壽命天帝汝去將我此陀羅尼授與
善住天子滿其七日汝與善住俱來見我
尒時天帝於世尊所受此陀羅尼法奉持還
於本天授與善住天子尒時善住天子受
此陀羅尼已滿六日六夜依法受持一切願滿
應受一切惡道等苦即得解脫住菩提道
增壽無量甚大歡喜高聲歎言希有如來
希有妙法希有明驗甚為難得令我解脫
尒時帝釋至第七日與善住天子將諸天衆

BD05364 號 2　佛頂尊勝陀羅尼經（佛陀波利本）　（11–10）

道令得解脫一切惡道亦得清淨復令持者
增益壽命天帝汝去將我此陀羅尼授與
善住天子滿其七日汝與善住俱來見我
尒時天帝於世尊所受此陀羅尼法奉持還
於本天授與善住天子尒時善住天子受
此陀羅尼已滿六日六夜依法受持一切願滿
應受一切惡道等苦即得解脫住菩提道
增壽無量甚大歡喜高聲歎言希有如來
希有妙法希有明驗甚為難得令我解脫
尒時帝釋至第七日與善住天子將諸天衆
嚴持花鬘塗香末香寶幢幡蓋天衣瓔珞
微妙莊嚴往詣佛所設大供養以妙天衣
及諸瓔珞供養世尊遶百千匝於佛前立
踊躍歡喜坐而聽法
尒時世尊舒金色臂摩善住天子頂而為
說法授菩提記佛言此經名淨一切惡道
佛頂尊勝陀羅尼汝當受持尒時大衆
聞法歡喜信受奉行
佛頂尊勝陀羅尼經一卷

BD05364 號 2　佛頂尊勝陀羅尼經（佛陀波利本）　（11–11）

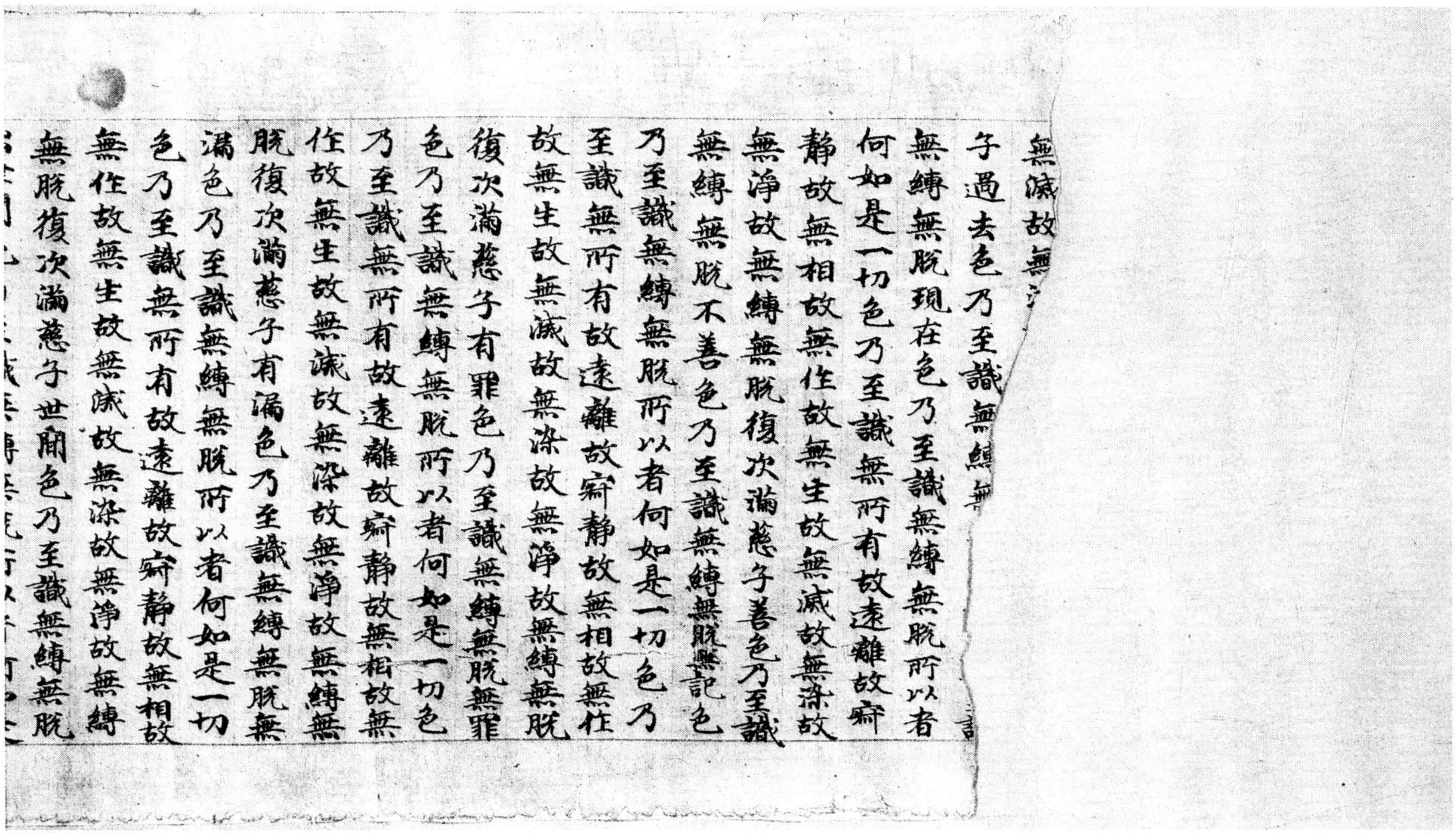

無滅故無
子過去色乃至識無縛無
無縛無脫現在色乃至識無縛無脫所以者
何如是一切色乃至識無所有故遠離故寂
靜故無相故無作故無生故無滅故無染故
無淨故無縛無脫復次滿慈子善色乃至識
無縛無脫不善色乃至識無縛無脫無記色
乃至識無縛無脫所以者何如是一切色乃
至識無所有故遠離故寂靜故無相故無作
故無生故無滅故無染故無淨故無縛無脫
復次滿慈子有罪色乃至識無縛無脫無罪
色乃至識無縛無脫所以者何如是一切色
乃至識無所有故遠離故寂靜故無相故無
作故無生故無滅故無染故無淨故無縛無
脫復次滿慈子有漏色乃至識無縛無脫無
漏色乃至識無縛無脫所以者何如是一切
色乃至識無所有故遠離故寂靜故無相故
無作故無生故無滅故無染故無淨故無縛
無脫復次滿慈子世間色乃至識無縛無脫

BD05365號　大般若波羅蜜多經卷四八八　（2–1）

色乃至識無縛無脫所以者何如是一切色
乃至識無所有故遠離故寂靜故無相故無
作故無生故無滅故無染故無淨故無縛無
脫復次滿慈子有漏色乃至識無縛無脫無
漏色乃至識無縛無脫所以者何如是一切
色乃至識無所有故遠離故寂靜故無相故
無作故無生故無滅故無染故無淨故無縛
無脫復次滿慈子世間色乃至識無縛無脫
出世間色乃至識無縛無脫所以者何如是
一切色乃至識無所有故遠離故寂靜故無
相故無作故無生故無滅故無染故無淨故
無縛無脫復次滿慈子雜染色乃至識無縛
無脫清淨色乃至識無縛無脫所以者何如
是一切色乃至識無所有故遠離故寂靜故
無相故無作故無生故無滅故無染故無淨
故無縛無脫復次滿慈子一切法無縛無脫

BD05365號　大般若波羅蜜多經卷四八八　（2–2）

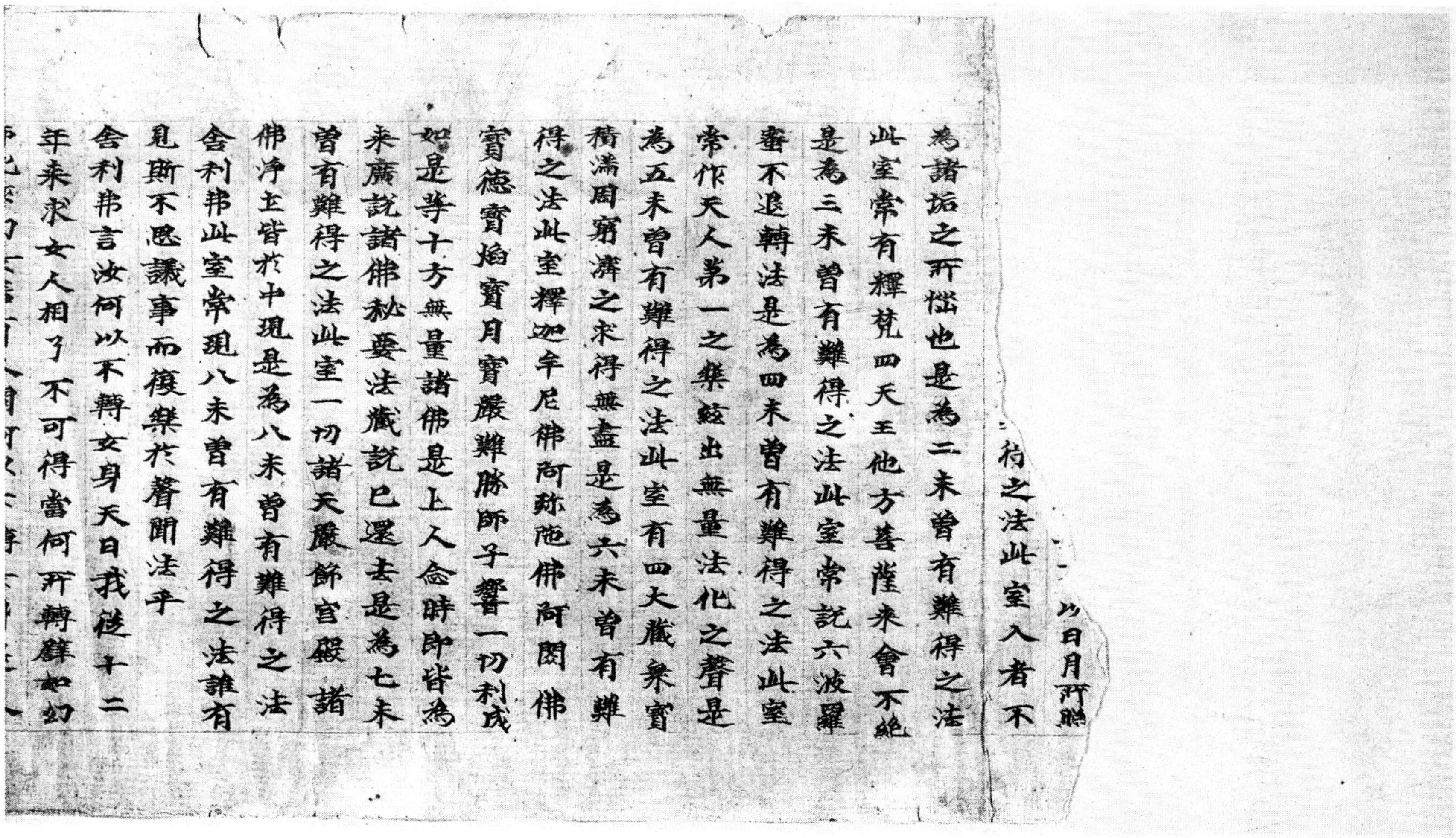

…日月所照
…之法此室入者不
為諸垢之所惱也是為二未曾有難得之法
此室常有釋梵四天王他方菩薩來會不絕
是為三未曾有難得之法此室常說六波羅
蜜不退轉法是為四未曾有難得之法此室
常作天人第一之樂絃出無量法化之聲是
為五未曾有難得之法此室有四大藏衆寶
積滿周窮濟乏求得無盡是為六未曾有難
得之法此室釋迦牟尼佛阿彌陁佛阿閦佛
寶德寶炎寶月寶嚴難勝師子響一切利成
如是等十方無量諸佛是上人念時即皆為
來廣說諸佛秘要法藏說已還去是為七未
曾有難得之法此室一切諸天嚴飾宮殿諸
佛淨土皆於中現是為八未曾有難得之法
舍利弗此室常現八未曾有難得之法誰有
見斯不思議事而復樂於聲聞法乎
舍利弗言汝何以不轉女身天曰我從十二
年來求女人相了不可得當何所轉譬如幻

BD05366 號　維摩詰所說經卷中　（2–1）

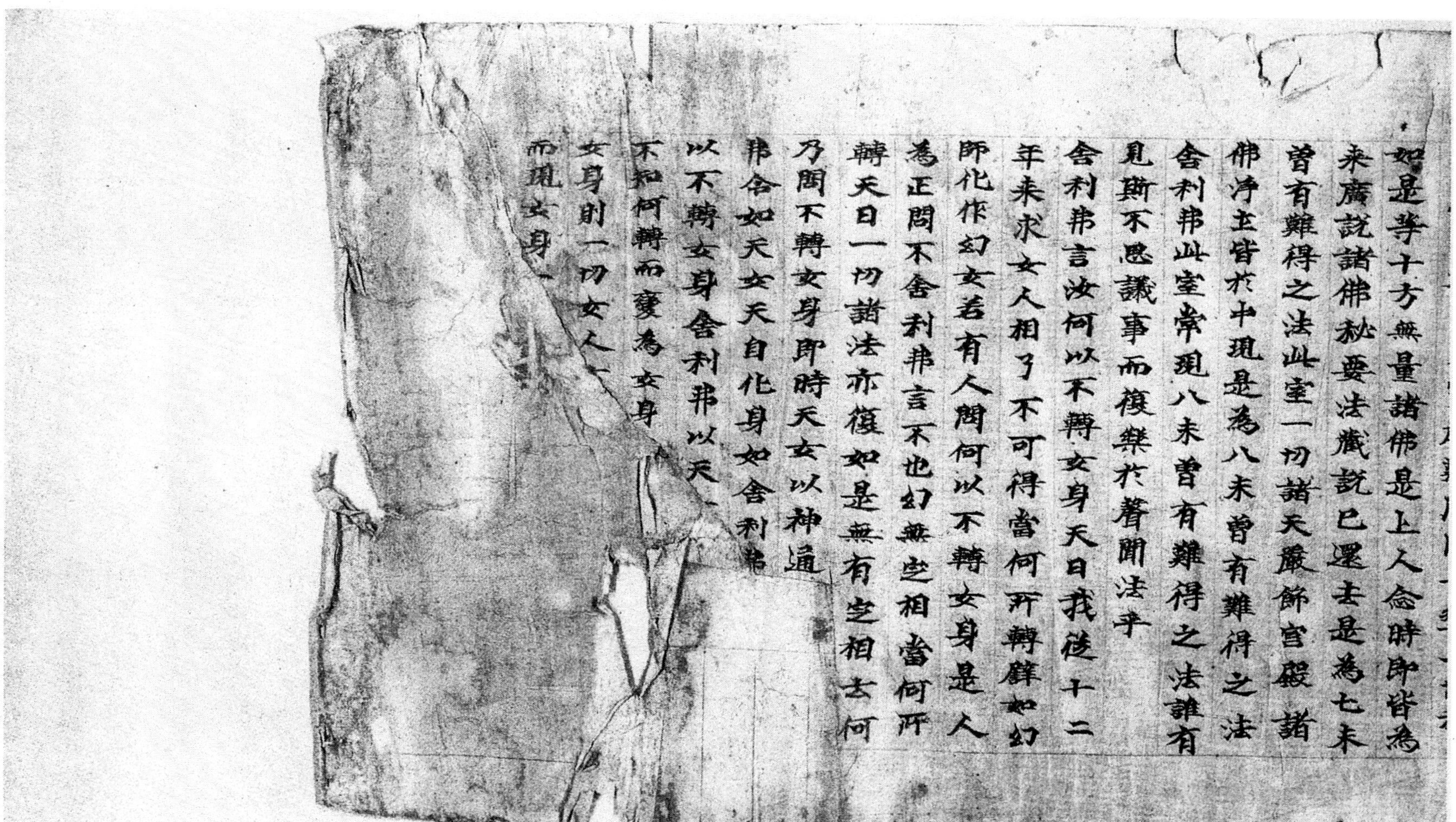

如是等十方無量諸佛是上人念時即皆為
來廣說諸佛秘要法藏說已還去是為七未
曾有難得之法此室一切諸天嚴飾宮殿諸
佛淨土皆於中現是為八未曾有難得之法
舍利弗此室常現八未曾有難得之法誰有
見斯不思議事而復樂於聲聞法乎
舍利弗言汝何以不轉女身天曰我從十二
年來求女人相了不可得當何所轉譬如幻
師化作幻女若有人問何以不轉女身是人
為正問不舍利弗言不也幻無定相當何所
轉天曰一切諸法亦復如是無有定相云何
乃問不轉女身即時天女以神通
弗令如天女天自化身如舍利弗
以不轉女身舍利弗以天…
不知何轉而變為女身
女身則一切女人…
而現女身…

BD05366 號　維摩詰所說經卷中　（2–2）

心不
應生无所住心若心有住
說菩薩心不應住色布施須菩
益一切衆生應如是布施如來說
是非相又說一切衆生則非衆生須
來是真語者實語者如語者不誑語者不異語
者須菩提如來所得法此法无實无虛
須菩提若菩薩心住於法而行布施如人入闇
則无所見若菩薩心不住法而行布施如
人有目日光明照見種種色
須菩提當來之世若有善男子善女人能於
此經受持讀誦則為如來以佛智慧悉知是
人悉見是人皆得成就无量无邊功德
須菩提若有善男子善女人初日分以恒河
沙等身布施中日分復以恒河沙等身布施
後日分亦以恒河沙等身布施如是无量百
千万億劫以身布施若復有人聞此經典信
心不逆其福勝彼何况書寫受持讀誦為人解說
須菩提以要言之是經有不可思議不可稱
量无邊功德如來為發大乘者說為發最上

BD05367號　金剛般若波羅蜜經　（8–1）

須菩提若有善男子善女人初日分以恒河
沙等身布施中日分復以恒河沙等身布施
後日分亦以恒河沙等身布施如是无量百
千万億劫以身布施若復有人聞此經典信
心不逆其福勝彼何况書寫受持讀誦為人解說
須菩提以要言之是經有不可思議不可稱
量无邊功德如來為發大乘者說為發最上
乘者說若有人能受持讀誦廣為人說如來
悉知是人悉見是人皆得成就不可量不可
稱无有邊不可思議功德如是人等則為荷
擔如來阿耨多羅三藐三菩提何以故須菩
提若樂小法者著我見人見衆生見壽者見
則於此經不能聽受讀誦為人解說須菩提
在在處處若有此經一切世間天人阿脩羅
所應供養當知此處則為是塔皆應恭敬作
禮圍遶以諸華香而散其處
復次須菩提善男子善女人受持讀誦此經
若為人輕賤是人先世罪業應墮惡道以今
世人輕賤故先世罪業則為消滅當得阿耨
多羅三藐三菩提須菩提我念過去无量阿
僧祇劫於然燈佛前得值八百四千万億那
由他諸佛悉皆供養承事无空過者若復有
人於後末世能受持讀誦此經所得功德於
我所供養諸佛功德百分不及一千万億分
乃至筭數譬喻所不能及須菩提若善男子
善女人於後末世有受持讀誦此經所得功德
我若具說者或有人聞心則狂亂狐疑不信須菩
提當知是經義不可思議果報亦不可思議
尒時須菩提白佛言世尊善男子善女人發

BD05367號　金剛般若波羅蜜經　（8–2）

乃至筭數譬喻所不能及須菩提若善男子
善女人於後末世有受持讀誦此經所得功德
我若具說者或有人聞心則狂亂狐疑不信須菩
提當知是經義不可思議果報亦不可思議
尒時須菩提白佛言世尊善男子善女人發
阿耨多羅三藐三菩提心云何應住云何降
伏其心佛告須菩提善男子善女人發阿耨
多羅三藐三菩提者當生如是心我應滅度
一切衆生滅度一切衆生已而无有一衆生
實滅度者何以故若菩薩有我相人相衆生
相壽者相則非菩薩所以者何須菩提實无
有法發阿耨多羅三藐三菩提者
須菩提於意云何如来於然燈佛所有法得
阿耨多羅三藐三菩提不不也世尊如我解
佛所說義佛於然燈佛所无有法得阿耨多
羅三藐三菩提佛言如是如是須菩提實无
有法如来得阿耨多羅三藐三菩提須菩提
若有法如来得阿耨多羅三藐三菩提者然
燈佛則不與我受記汝於来世當得作佛号釋
迦牟尼以實无有法得阿耨多羅三藐三菩
提是故然燈佛與我受記作是言汝於来世
當得作佛号釋迦牟尼何以故如来者即諸
法如義若有人言如来得阿耨多羅三藐三
菩提須菩提實无有法佛得阿耨多羅三藐
三菩提須菩提如来所得阿耨多羅三藐三
菩提於是中无實无虛是故如来說一切法
皆是佛法須菩提所言一切法者即非一切
法是故名一切法
須菩提譬如人身長大須菩提言世尊如来

BD05367號　金剛般若波羅蜜經

（8–3）

菩提須菩提實无有法佛得阿耨多羅三藐
三菩提須菩提如来所得阿耨多羅三藐三
菩提於是中无實无虛是故如来說一切法
皆是佛法須菩提所言一切法者即非一切
法是故名一切法
須菩提譬如人身長大須菩提言世尊如来
說人身長大則為非大身是名大身
須菩提菩薩亦如是若作是言我當滅度无
量衆生則不名菩薩何以故須菩提實无有
法名為菩薩是故佛說一切法无我无人无
衆生无壽者須菩提若菩薩作是言我當莊
嚴佛土是不名菩薩何以故如来說莊嚴佛
土者即非莊嚴是名莊嚴須菩提若菩薩通
達无我法者如来說名真是菩薩
須菩提於意云何如来有肉眼不如是世尊
如来有肉眼須菩提於意云何如来有天眼
不如是世尊如来有天眼須菩提於意云何
如来有慧眼不如是世尊如来有慧眼須菩
提於意云何如来有法眼不如是世尊如来
有法眼須菩提於意云何如来有佛眼不如
是世尊如来有佛眼須菩提於意云何恒河
中所有沙佛說是沙不如是世尊如来說是
沙須菩提於意云何如一恒河中所有沙有
如是等恒河是諸恒河所有沙數佛世界如
是寧為多不甚多世尊佛告須菩提尒所國
土中所有衆生若干種心如来悉知何以故
如来說諸心皆為非心是名為心所以者何
須菩提過去心不可得現在心不可得未来

BD05367號　金剛般若波羅蜜經

（8–4）

如是等恒河是諸恒河所有沙數佛世界如
是寧為多不甚多世尊佛告須菩提尒所國
土中所有衆生若干種心如来悉知何以故
如来説諸心皆為非心是名為心所以者何
須菩提過去心不可得現在心不可得未来
心不可得須菩提於意云何若有人滿三千
大千世界七寶以用布施是人以是因緣得
福多不如是世尊此人以是因緣得福甚多
須菩提若福德有實如来不説得福德多以
福德无故如来説得福德多
須菩提於意云何佛可以具足色身見不不
也世尊如来不應以具足色身見何以故如
来説具足色身即非具足色身是名具足色
身須菩提於意云何如来可以具足諸相見
不不也世尊如来不應以具足諸相見何以
故如来説諸相具足即非具足是名諸相具足
須菩提汝勿謂如来作是念我當有所説法
莫作是念何以故若人言如来有所説法即
為謗佛不能解我所説故須菩提説法者无
法可説是名説法
須菩提白佛言世尊佛得阿耨多羅三藐三
菩提為无所得耶如是如是須菩提我於阿
耨多羅三藐三菩提乃至无有少法可得是
名阿耨多羅三藐三菩提復次須菩提是法
平等无有高下是名阿耨多羅三藐三菩
提以无我无人无衆生无壽者脩一切善法則
得阿耨多羅三藐三菩提須菩提所言善法
者如来説非善法是名善法
須菩提若三千大千世界中所有諸須弥山

BD05367 號　金剛般若波羅蜜經　（8–5）

平等无有高下是名阿耨多羅三藐三菩
提以无我无人无衆生无壽者脩一切善法則
得阿耨多羅三藐三菩提須菩提所言善法
者如来説非善法是名善法
須菩提若三千大千世界中所有諸須弥山
王如是等七寶聚有人持用布施若人以此
般若波羅蜜經乃至四句偈等受持讀誦為
他人説於前福德百分不及一百千万億分
乃至筭數譬喻所不能及
須菩提於意云何汝等勿謂如来作是念我
當度衆生須菩提莫作是念何以故實无有
衆生如来度者若有衆生如来度者如来則
有我人衆生壽者須菩提如来説有我者則
非有我而凡夫之人以為有我須菩提凡夫
者如来説則非凡夫
須菩提於意云何可以卅二相觀如来不須
菩提言如是如是以卅二相觀如来佛言須
菩提若以卅二相觀如来者轉輪聖王則是
如来須菩提白佛言世尊如我解佛所説義
不應以卅二相觀如来尒時世尊而説偈言
若以色見我　以音聲求我　是人行邪道　不能見如来
須菩提汝若作是念如来不以具足相故得
阿耨多羅三藐三菩提須菩提莫作是念如
来不以具足相故得阿耨多羅三藐三菩提
須菩提汝若作是念發阿耨多羅三藐三菩
提者説諸法斷滅莫作是念何以故發阿耨
多羅三藐三菩提者於法不説斷滅相須菩
提若菩薩以滿恒河沙等世界七寶布施若
復有人知一切法无我得成於忍此菩薩勝

BD05367 號　金剛般若波羅蜜經　（8–6）

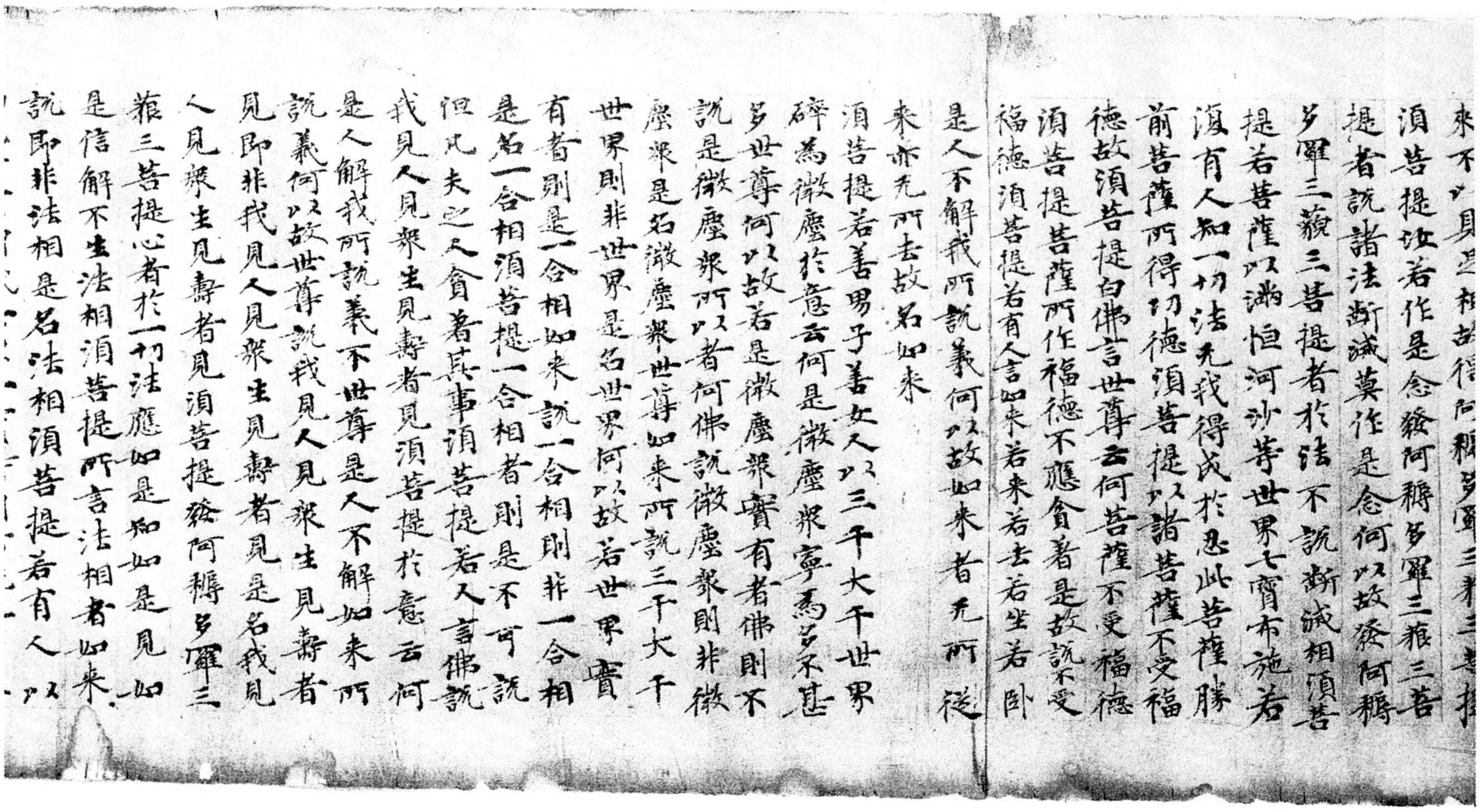
來不以具足相故得阿耨多羅三藐三菩提
須菩提汝若作是念發阿耨多羅三藐三菩
提者說諸法斷滅莫作是念何以故發阿耨
多羅三藐三菩提者於法不說斷滅相須菩
提若菩薩以滿恒河沙等世界七寶布施若
復有人知一切法無我得成於忍此菩薩勝
前菩薩所得功德須菩提以諸菩薩不受福
德故須菩提白佛言世尊云何菩薩不受福德
須菩提菩薩所作福德不應貪著是故說不受
福德須菩提若有人言如來若來若去若坐若臥
是人不解我所說義何以故如來者無所從
來亦無所去故名如來
須菩提若善男子善女人以三千大千世界
碎為微塵於意云何是微塵衆寧為多不甚
多世尊何以故若是微塵衆實有者佛則不
說是微塵衆所以者何佛說微塵衆則非微
塵衆是名微塵衆世尊如來所說三千大千
世界則非世界是名世界何以故若世界實
有者則是一合相如來說一合相則非一合相
是名一合相須菩提一合相者則是不可說
但凡夫之人貪著其事須菩提若人言佛說
我見人見衆生見壽者見須菩提於意云何
是人解我所說義不世尊是人不解如來所
說義何以故世尊說我見人見衆生見壽者
見即非我見人見衆生見壽者見是名我見
人見衆生見壽者見須菩提發阿耨多羅三
藐三菩提心者於一切法應如是知如是見如
是信解不生法相須菩提所言法相者如來
說即非法相是名法相須菩提若有人以

BD05367 號　金剛般若波羅蜜經

（8–7）

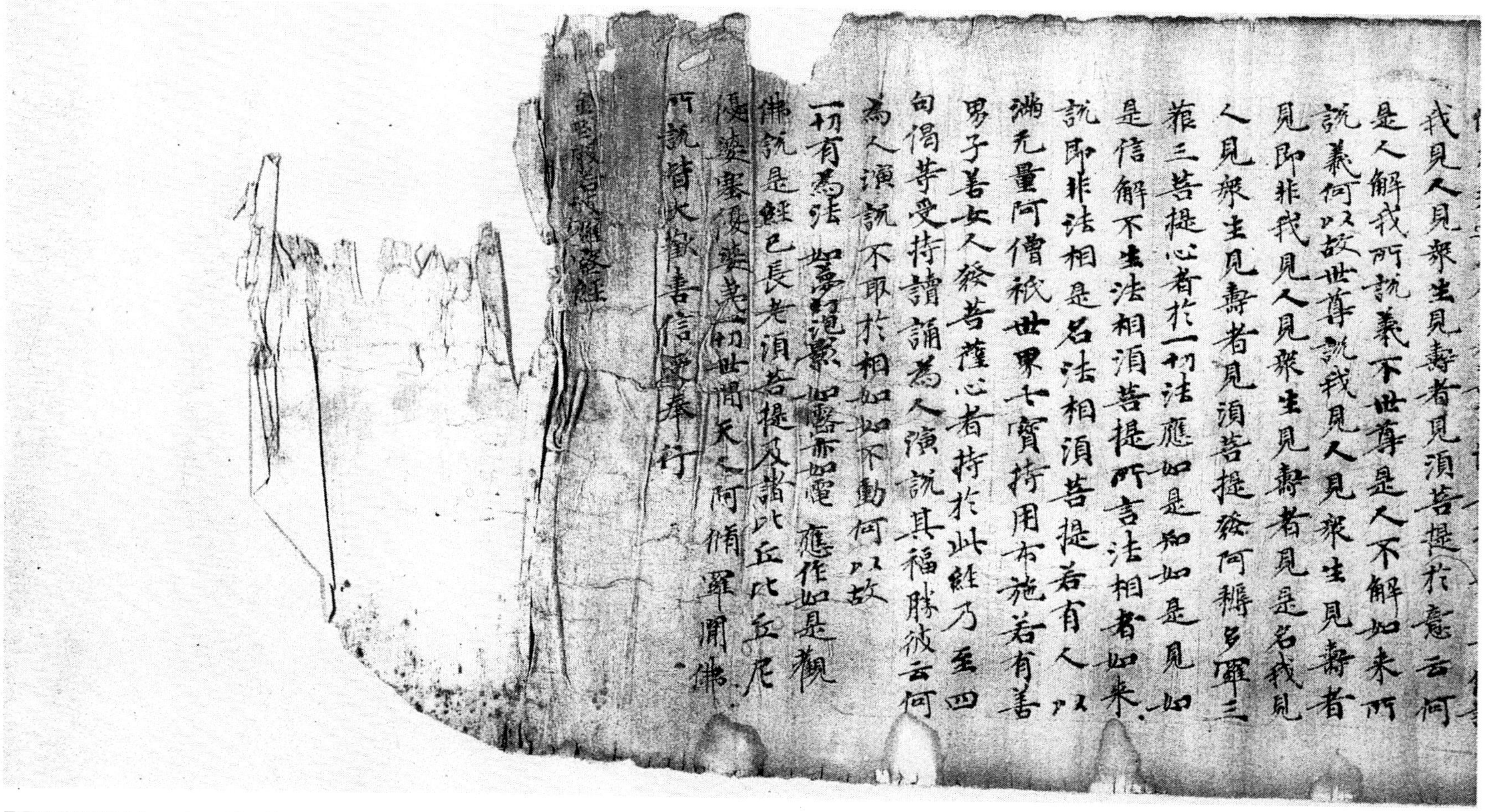
我見人見衆生見壽者見須菩提於意云何
是人解我所說義不世尊是人不解如來所
說義何以故世尊說我見人見衆生見壽者
見即非我見人見衆生見壽者見是名我見
人見衆生見壽者見須菩提發阿耨多羅三
藐三菩提心者於一切法應如是知如是見如
是信解不生法相須菩提所言法相者如來
說即非法相是名法相須菩提若有人以
滿無量阿僧祇世界七寶持用布施若有善
男子善女人發菩薩心者持於此經乃至四
句偈等受持讀誦為人演說其福勝彼云何
為人演說不取於相如如不動何以故
一切有為法　如夢幻泡影　如露亦如電　應作如是觀
佛說是經已長老須菩提及諸比丘比丘尼
優婆塞優婆夷一切世間天人阿脩羅聞佛
所說皆大歡喜信受奉行
金剛般若波羅蜜經

BD05367 號　金剛般若波羅蜜經

（8–8）

經
如是我聞一時佛在舍衛國祇樹給孤獨園
與大比丘衆千二百五十人俱尒時世尊食
時著衣持鉢入舍衛大城乞食於其城中次
第乞已還至本處飯食訖收衣鉢洗足已
敷座而坐時長老須菩提在大衆中即從
坐起偏袒右肩右膝著地合掌恭敬而白佛
言希有世尊如來善護念諸菩薩善付囑諸
菩薩世尊善男子善女人發阿耨多羅三藐
三菩提心應云何住云何降伏其心佛言善哉
善哉須菩提如汝所說如來善護念諸菩薩
善付囑諸菩薩汝今諦聽當為汝說善男子
善女人發阿耨多羅三藐三菩提心應如是
住如是降伏其心唯然世尊願樂欲聞
佛告須菩提諸菩薩摩訶薩應如是降伏
其心所有一切衆生之類若卵生若胎生若
濕生若化生若有色若无色若有想若无想

BD05368號　金剛般若波羅蜜經　　（4–1）

善付囑諸菩薩汝今諦聽當為汝說善男子
善女人發阿耨多羅三藐三菩提心應如是
住如是降伏其心唯然世尊願樂欲聞
佛告須菩提諸菩薩摩訶薩應如是降伏
其心所有一切衆生之類若卵生若胎生若
濕生若化生若有色若无色若有想若无想
若非有想非无想我皆令入无餘涅槃而滅
度之如是滅度无量无數无邊衆生實无衆
生得滅度者何以故須菩提若菩薩有我相
人相衆生相壽者相即非菩薩
復次須菩提菩薩於法應无所住行於布
施所謂不住色布施不住聲香味觸法布施
須菩提菩薩應如是布施不住於相何以故
若菩薩不住相布施其福德不可思量須菩
提於意云何東方虛空可思量不不也世尊
須菩提南西北方四維上下虛空可思量不
不也世尊須菩提菩薩无住相布施福德亦
復如是不可思量須菩提菩薩但應如所教
住須菩提於意云何可以身相見如來不不
也世尊不可以身相得見如來何以故如來
所說身相即非身相佛告須菩提凡所有
相皆是虛妄若見諸相非相則見如來須
菩提白佛言世尊頗有衆生得聞如是言
說章句生實信不佛告須菩提莫作是說如
來滅後後五百歲有持戒脩福者於此章句

BD05368號　金剛般若波羅蜜經　　（4–2）

所說身相即非身相佛告須菩提凡所有
相皆是虛妄若見諸相非相則見如來須
菩提白佛言世尊頗有衆生得聞如是言
說章句生實信不佛告須菩提莫作是說如
來滅後後五百歲有持戒脩福者於此章句
能生信心以此為實當知是人不於一佛二
佛三四五佛而種善根已於无量千万佛所
種諸善根聞是章句乃至一念生淨信者須
菩提如是悉知悉見是諸衆生得如是无量
福德何以故是諸衆生无復我相人相衆生
相壽者相无法相亦无非法相何以故是諸
衆生若心取相則為著我人衆生壽者若取
法相即著我人衆生壽者何以故若取非法
相即著我人衆生壽者是故不應取法不應
取非法以是義故如來常說汝等比丘知我說
法如筏喻者法尚應捨何況非法
須菩提於意云何如來得阿耨多羅三藐三
菩提耶如來有所說法耶須菩提言如我解
佛所說義无有定法名阿耨多羅三藐三菩
提亦无有定法如來可說何以故如來所說
法皆不可取不可說非法非非法所以者何
一切賢聖皆以无為法而有差別須菩提於
意云何若人滿三千大千世界七寶以用布
施是人所得福德寧為多不須菩提言甚多

BD05368號　金剛般若波羅蜜經

（4–3）

菩提如是悉知悉見是諸衆生得如是无量
福德何以故是諸衆生无復我相人相衆生
相壽者相无法相亦无非法相何以故是諸
衆生若心取相則為著我人衆生壽者若取
法相即著我人衆生壽者何以故若取非法
相即著我人衆生壽者是故不應取法不應
取非法以是義故如來常說汝等比丘知我說
法如筏喻者法尚應捨何況非法
須菩提於意云何如來得阿耨多羅三藐三
菩提耶如來有所說法耶須菩提言如我解
佛所說義无有定法名阿耨多羅三藐三菩
提亦无有定法如來可說何以故如來所說
法皆不可取不可說非法非非法所以者何
一切賢聖皆以无為法而有差別須菩提於
意云何若人滿三千大千世界七寶以用布
施是人所得福德寧為多不須菩提言甚多

BD05368號　金剛般若波羅蜜經

（4–4）

正法滅盡已　像法三十二　舍利廣
華光佛所為　其事皆如是　其兩足聖尊
彼即是汝身　宜應自欣慶
尒時四部衆比丘比丘尼優婆塞優婆夷天
龍夜叉乾闥婆阿脩羅迦樓羅緊那羅摩睺
羅伽等大衆見舍利弗於佛前受阿耨多羅
三藐三菩提記心大歡喜踊躍无量各各脫
身所著上衣以供養佛釋提桓因梵天王等
與无數天子亦以天妙衣天曼陁羅華摩訶
曼陁羅華等供養於佛所散天衣住虛空中
而自迴轉諸天伎樂百千万種於虛空中一
時俱作雨衆天華而作是言佛昔於波羅柰
初轉法輪今乃復轉无上最大法輪尒時諸
天子欲重宣此義而說偈言
昔於波羅柰　轉四諦法輪　分別說諸法　五衆之生滅
今復轉最妙　无上大法輪　是法甚深奧　少有能信者
我等從昔來　數聞世尊說　未曾聞如是　深妙之上法
世尊說是法　我等皆隨喜　大智舍利弗　今得受尊記
我等亦如是　必當得作佛　於一切世間　最尊无有上
佛道叵思議　方便隨宜說　我所有福業　今世若過世

BD05369號　妙法蓮華經卷二　（12–1）

今復轉最妙　无上大法輪　是法甚深奧　少有能信者
我等從昔來　數聞世尊說　未曾聞如是　深妙之上法
世尊說是法　我等皆隨喜　大智舍利弗　今得受尊記
我等亦如是　必當得作佛　於一切世間　最尊无有上
佛道叵思議　方便隨宜說　我所有福業　今世若過世
及見佛功德　盡迴向佛道
尒時舍利弗白佛言世尊我今无復疑悔親
於佛前得受阿耨多羅三藐三菩提記是諸
千二百心自在者昔住學地佛常教化言我
法能離生老病死究竟涅槃是學无學人亦
各自以離我見及有无見等謂得涅槃而今
於世尊前聞所未聞皆墮疑惑善哉世尊願
為四衆說其因緣令離疑悔尒時佛告舍利
弗我先不言諸佛世尊以種種因緣譬喻言
辞方便說法皆為阿耨多羅三藐三菩提耶
是諸所說皆為化菩薩故然舍利弗今當復
以譬喻更明此義諸有智者以譬喻得解舍
利弗若國邑聚落有大長者其年衰邁財富
无量多有田宅及諸僮僕其家廣大唯有一
門多諸人衆一百二百乃至五百人止住其
中堂閣朽故墻壁頹落柱根腐敗梁棟傾危
周帀俱時欻然火起焚燒舍宅長者諸子若
十二十或至三十在此宅中長者見是大火
從四面起即大驚怖而作是念我雖能於此
所燒之門安隱得出而諸子等於火宅内樂
著嬉戲不覺不知不驚不怖火來逼身苦痛

BD05369號　妙法蓮華經卷二　（12–2）

中堂閣朽故墻壁頹落柱根腐敗梁棟傾危
周帀俱時欻然火起焚燒舍宅長者諸子若
十二十或至三十在此宅中長者見是大火
從四面起即大驚怖而作是念我雖能於此
所燒之門安隱得出而諸子等於火宅內樂
著嬉戲不覺不知不驚不怖火來逼身苦痛
切己心不猒患无求出意舍利弗是長者作
是思惟我身手有力當以衣裓若以几案從
舍出之復更思惟是舍唯有一門而復狹小
諸子幼稚未有所識戀著戲處或當墮落為
火所燒我當為說怖畏之事此舍已燒宜時
疾出无令為火之所燒害作是念已如所思
惟具告諸子汝等速出父雖憐愍善言誘喻
而諸子等樂著嬉戲不肯信受不驚不畏了
无出心亦復不知何者是火何者為舍云何
為失但東西走戲視父而已尒時長者即作
是念此舍已為大火所燒我及諸子若不時
出必為所焚我今當設方便令諸子等得免
斯害父知諸子先心各有所好種種珎玩奇
異之物情必樂著而告之言汝等所可玩好
希有難得汝若不取後必憂悔如此種種羊
車鹿車牛車今在門外可以遊戲汝等於此
火宅宜速出來隨汝所欲皆當與汝尒時諸
子聞父所說珎玩之物適其願故心各勇鋭
互相推排競共馳走爭出火宅是時長者見
諸子等安隱得出皆於四衢道中露地而坐

BD05369 號　妙法蓮華經卷二

（12–3）

火宅宜速出來隨汝所欲皆當與汝尒時諸
子聞父所說珎玩之物適其願故心各勇鋭
互相推排競共馳走爭出火宅是時長者見
諸子等安隱得出皆於四衢道中露地而坐
无復障㝵其心泰然歡喜踊躍時諸子等各
白父言父先所許玩好之具羊車鹿車牛車
願時賜與舍利弗尒時長者各賜諸子等一
大車其車高廣衆寶莊校周帀欄楯四面懸
鈴又於其上張設幰蓋亦以珎奇雜寶而嚴
飾之寶繩交絡垂諸華纓重敷綩綖安置丹
枕駕以白牛膚色充潔形體姝好有大筋力
行步平正其疾如風又多僕從而侍衛之所
以者何是大長者財富无量種種諸藏悉皆
充溢而作是念我財物无極不應以下劣小
車與諸子等今此幼童皆是吾子愛无偏黨
我有如是七寶大車其數无量應當等心各
各與之不宜差別所以者何以我此物周給
一國猶尚不匱何況諸子是時諸子各乘大
車得未曾有非本所望舍利弗於汝意云何
是長者等與諸子珎寶大車寧有虛妄不舍
利弗言不也世尊是長者但令諸子得免火
難全其軀命非為虛妄何以故若全身命便
為已得玩好之具況復方便於彼火宅而拔
濟之世尊若是長者乃至不與㝡小一車猶
不虛妄何以故是長者先作是意我以方便

BD05369 號　妙法蓮華經卷二

（12–4）

利弗言不也世尊是長者但令諸子得免火
難全其軀命非為虛妄何以故若全身命便
為已得玩好之具況復方便於彼火宅而拔
濟之世尊若是長者乃至不與最小一車猶
不虛妄何以故是長者先作是意我以方便
令子得出以是因緣无虛妄也何況長者自
知財富无量欲饒益諸子等與大車佛告舍
利弗善哉善哉如汝所言舍利弗如來亦復
如是則為一切世間之父於諸怖畏衰惱憂
患无明闇蔽永盡无餘而悉成就无量知見
力无所畏有大神力及智慧力具足方便智
慧波羅蜜大慈大悲常无懈惓恒求善事利
益一切而生三界朽故火宅為度眾生生老
病死憂悲苦惱愚癡闇蔽三毒之火教化令
得阿耨多羅三藐三菩提見諸眾生為生老
病死憂悲苦惱之所燒煮亦以五欲財利故
受種種苦又以貪著追求故現受眾苦後受
地獄畜生餓鬼之苦若生天上及在人間貧
窮困苦愛別離苦怨憎會苦如是等種種諸
苦眾生沒在其中歡喜遊戲不覺不知不驚
不怖亦不生猒不求解脫於此三界火宅東
西馳走雖遭大苦不以為患舍利弗佛見此
已便作是念我為眾生之父應拔其苦難與
无量无邊佛智慧樂令其遊戲舍利弗如來
復作是念若我但以神力及智慧力捨於方
便為諸眾生讚如來知見力无所畏者眾生

BD05369號　妙法蓮華經卷二　（12–5）

已便作是念我為眾生之父應拔其苦難與
无量无邊佛智慧樂令其遊戲舍利弗如來
復作是念若我但以神力及智慧力捨於方
便為諸眾生讚如來知見力无所畏者眾生
不能以是得度所以者何是諸眾生未免生
老病死憂悲苦惱而為三界火宅所燒何由
能解佛之智慧舍利弗如彼長者雖復身手
有力而不用之但以慇勤方便勉濟諸子火
宅之難然後各與珍寶大車如來亦復如是
雖有力无所畏而不用之但以智慧方便於
三界火宅拔濟眾生為說三乘聲聞辟支佛
佛乘而作是言汝等莫得樂住三界火宅勿
貪麤弊色聲香味觸也若貪著生愛則為所
燒汝速出三界當得三乘聲聞辟支佛佛乘
我今為汝保任此事終不虛也汝等但當勤
脩精進如來以是方便誘進眾生復作是言
汝等當知此三乘法皆是聖所稱歎自在无
繫无所依求乘是三乘以无漏根力覺道禪
定解脫三昧等而自娛樂便得无量安隱快
樂舍利弗若有眾生內有智性從佛世尊聞
法信受慇懃精進欲速出三界自求涅槃是
名聲聞乘如彼諸子為求羊車出於火宅若
有眾生從佛世尊聞法信受慇懃精進求自
然慧樂獨善寂深知諸法因緣是名辟支佛
乘如彼諸子為求鹿車出於火宅若有眾生

BD05369號　妙法蓮華經卷二　（12–6）

名聲聞乘如彼諸子為求羊車出於火宅若
有衆生從佛世尊聞法信受殷勤精進求自
然慧樂獨善寂深知諸法因緣是名辟支佛
乘如彼諸子為求鹿車出於火宅若有衆生
從佛世尊聞法信受勤修精進求一切智佛
智自然智无師智如來知見力无所畏愍念
安樂无量衆生利益天人度脱一切是名大
乘菩薩求此乘故名為摩訶薩如彼諸子為
求牛車出於火宅舍利弗如彼長者見諸子
等安隱得出火宅到无畏處自惟財富无量
等以大車而賜諸子如來亦復如是為一切
衆生之父若見无量億千衆生以佛教門出
三界苦怖畏險道得涅槃樂如來尒時便作
是念我有无量无邊智慧力无畏等諸佛法
藏是諸衆生皆是我子等與大乘不令有人
獨得滅度皆以如來滅度而滅度之是諸衆
生脱三界者悉與諸佛禪定解脱等娛樂之
具皆是一相一種聖所稱歎能生淨妙第一
之樂舍利弗如彼長者初以三車誘引諸子
然後但與大車寶物莊嚴安隱第一然彼長
者无虚妄之咎如來亦復如是无有虚妄初
説三乘引導衆生然後但以大乘而度脱之
何以故如來有无量智慧力无所畏諸法之
藏能與一切衆生大乘之法但不盡能受舍
利弗以是因緣當知諸佛方便力故於一佛
乘分別説三佛欲重宣此義而説偈言

BD05369號　妙法蓮華經卷二

（12–7）

説三乘引導衆生然後但以大乘而度脱之
何以故如來有无量智慧力无所畏諸法之
藏能與一切衆生大乘之法但不盡能受舍
利弗以是因緣當知諸佛方便力故於一佛
乘分別説三佛欲重宣此義而説偈言
譬如長者　有一大宅　其宅久故　而復頓弊
堂舍高危　柱根摧朽　梁棟傾斜　基陛頽毀
墻壁圮坼　泥塗褫落　覆苫亂墜　椽梠差脱
周障屈曲　雜穢充遍　有五百人　止住其中
鵄梟鵰鷲　烏鵲鳩鴿　蚖蛇蝮蠍　蜈蚣蚰蜒
守宮百足　狖狸鼷鼠　諸惡虫輩　交横馳走
屎尿臭處　不淨流溢　蜣蜋諸虫　而集其上
狐狼野干　咀嚼踐蹋　齚齧死屍　骨肉狼藉
由是羣狗　競來搏撮　飢羸慞惶　處處求食
鬪諍齟掣　嘊喍嘷吠　其舍恐怖　變狀如是
處處皆有　魑魅魍魎　夜叉惡鬼　食噉人肉
毒虫之屬　諸惡禽獸　孚乳產生　各自藏護
夜叉競來　爭取食之　食之既飽　惡心轉熾
鬪諍之聲　甚可怖畏　鳩槃荼鬼　蹲踞土埵
或時離地　一尺二尺　往返遊行　縱逸嬉戲
捉狗兩足　撲令失聲　以脚加頸　怖狗自樂
復有諸鬼　其身長大　裸形黑瘦　常住其中
發大惡聲　叫呼求食　復有諸鬼　其咽如針
復有諸鬼　首如牛頭　或食人肉　或復噉狗
頭髮蓬亂　殘害凶險　飢渴所逼　叫喚
夜叉餓鬼　諸惡鳥獸　飢急四向　窺看窓牖
如是諸難　恐畏无量　是朽故宅　屬于一人

BD05369號　妙法蓮華經卷二

（12–8）

復有諸鬼 其身長大 裸形黑瘦 常住其中
發大惡聲 叫呼求食 復有諸鬼 其咽如針
復有諸鬼 首如牛頭 或食人肉 或復噉狗
頭髮蓬亂 殘害凶險 飢渴所逼 叫喚[illegible]
夜叉餓鬼 諸惡鳥獸 飢急四向 窺看窻牖
如是諸難 恐畏无量 是朽故宅 屬于一人
其人近出 未久之間 於後舍宅 欻然火起
四面一時 其焰俱熾 棟梁椽柱 爆聲震裂
摧折墮落 墻壁崩倒 諸鬼神等 揚聲大叫
鵰鷲諸鳥 鳩槃荼等 周慞惶怖 不能自出
惡獸毒虫 藏竄孔穴 毗舍闍鬼 亦住其中
薄福德故 為火所逼 共相殘害 飲血噉肉
野干之屬 並已前死 諸大惡獸 競來食噉
臭烟熢㶿 四面充塞 蜈蚣蚰蜒 毒虵之類
為火所燒 爭走出穴 鳩槃荼鬼 隨取而食
又諸餓鬼 頭上火然 飢渴熱惱 周慞悶走
其宅如是 甚可怖畏 毒害火災 衆難非一
是時宅主 在門外立 聞有人言 汝諸子等
先因遊戲 來入此宅 稚小无知 歡娛樂著
長者聞已 驚入火宅 方宜救濟 令无燒害
告喻諸子 說衆患難 惡鬼毒虫 災火蔓莚
衆苦次第 相續不絕 毒虵蚖蝮 及諸夜叉
鳩槃荼鬼 野干狐狗 鵰鷲鵄梟 百足之屬
飢渴惱急 甚可怖畏 此苦難處 況復大火
諸子无知 雖聞父誨 猶故樂著 嬉戲不已

BD05369 號　妙法蓮華經卷二　（12–9）

吉喻諸子 說衆患難 惡鬼毒虫 災火蔓莚
衆苦次第 相續不絕 毒虵蚖蝮 及諸夜叉
鳩槃荼鬼 野干狐狗 鵰鷲鵄梟 百足之屬
飢渴惱急 甚可怖畏 此苦難處 況復大火
諸子无知 雖聞父誨 猶故樂著 嬉戲不已
是時長者 而作是念 諸子如此 益我愁惱
今此舍宅 无一可樂 而諸子等 躭湎嬉戲
不受我教 將為火害 即便思惟 設諸方便
告諸子等 我有種種 珍玩之具 妙寶好車
羊車鹿車 大牛之車 今在門外 汝等出來
吾為汝等 造作此車 隨意所樂 可以遊戲
諸子聞說 如此諸車 即時奔競 馳走而出
到於空地 離諸苦難 長者見子 得出火宅
住於四衢 坐師子座 而自慶言 我今快樂
此諸子等 生育甚難 愚小无知 而入險宅
多諸毒虫 魑魅可畏 大火猛焰 四面俱起
而此諸子 貪樂嬉戲 我已救之 令得脫難
是故諸人 我今快樂 尒時諸子 知父安坐
皆詣父所 而白父言 願賜我等 三種寶車
如前所許 諸子出來 當以三車 隨汝所欲
今正是時 唯垂給與 長者大富 庫[illegible]衆多
金銀瑠璃 車𤦲馬瑙 以衆寶物 造諸大車
莊校嚴飾 周帀欄楯 四面懸鈴 金繩交絡
真珠羅網 張施其上 金華諸瓔 處處垂下
衆綵雜飾 周帀圍繞 柔軟繒纊 以為裀褥

BD05369 號　妙法蓮華經卷二　（12–10）

今正是時　唯垂給與　長者大富　庫藏衆多
金銀瑠璃　車𤦲馬瑙　以衆寶物　造諸大車
莊挍嚴飾　周帀欄楯　四面懸鈴　金繩交絡
真珠羅網　張施其上　金華諸瓔　處處垂下
衆綵雜飾　周帀圍繞　柔軟繒纊　以為茵褥
上妙細疊　價直千億　鮮白淨潔　以覆其上
有大白牛　肥壯多力　形體姝好　以駕寶車
多諸儐從　而侍衛之　以是妙車　等賜諸子
諸子是時　歡喜踊躍　乘是寶車　遊於四方
嬉戲快樂　自在无礙　告舍利弗　我亦如是
衆聖中尊　世間之父　一切衆生　皆是吾子
深著世樂　无有慧心　三界无安　猶如火宅
衆苦充滿　甚可怖畏　常有生老　病死憂患
如是等火　熾然不息　如來已離　三界火宅
寂然閑居　安處林野　今此三界　皆是我有
其中衆生　悉是吾子　而今此處　多諸患難
唯我一人　能為救護　雖復教詔　而不信受
於諸欲染　貪著深故　是以方便　為說三乘
令諸衆生　知三界苦　開示演說　出世間道
是諸子等　若心決定　具足三明　及六神通
有得緣覺　不退菩薩　汝舍利弗　我為衆生
以此譬喻　說一佛乘　汝等若能　信受是語
一切皆當　得成佛道　是乘微妙　清淨第一
於諸世間　為无有上　佛所說可　一切衆生
所應稱讚　供養礼拜　无量億千　諸力解脫
禪定智慧　及佛餘法　得如是乘　令諸子等

BD05369號　妙法蓮華經卷二

（12–11）

其中衆生　悉是吾子　而今此處　多諸患難
唯我一人　能為救護　雖復教詔　而不信受
於諸欲染　貪著深故　是以方便　為說三乘
令諸衆生　知三界苦　開示演說　出世間道
是諸子等　若心決定　具足三明　及六神通
有得緣覺　不退菩薩　汝舍利弗　我為衆生
以此譬喻　說一佛乘　汝等若能　信受是語
一切皆當　得成佛道　是乘微妙　清淨第一
於諸世間　為无有上　佛所說可　一切衆生
所應稱讚　供養礼拜　无量億千　諸力解脫
禪定智慧　及佛餘法　得如是乘　令諸子等
日夜劫數　常得遊戲　與諸菩薩　及聲聞衆
乘此寶乘　直至道場　以是因緣　十方諦求
更无餘乘　除佛方便　告舍利弗　汝諸人等
皆是吾子　我則是父　汝等累劫　衆苦所燒
我皆濟拔　令出三界　我雖先說　汝等滅度
但盡生死　而實不滅　今所應作　唯佛智慧
若有菩薩　於是衆中　能一心聽　諸佛實法
諸佛世尊　雖以方便　所化衆生　皆是菩薩
若人小智　深著愛欲

BD05369號　妙法蓮華經卷二

（12–12）

八解脫於汝意云何正大施主所得功德寧為
多不弥勒白佛言世尊是人所得功德甚多无量
无邊若是施主但施衆生一切樂具功德无
量何況令得阿羅漢果佛告弥勒我今分明
語汝是人以一切樂具施於四百万億阿僧祇
世界六趣衆生又令得阿羅漢果所得功德不
如是第五十人聞法華經一偈隨喜功德百分
千分百千万億分不及其一乃至筭數譬喻
不能知阿逸多如是第五十人展轉聞法華
經隨喜功德尚无量无邊阿僧祇何況㝡
初於會中聞而隨喜者其福復勝无量无
邊阿僧祇不可得比又阿逸多若人爲是經
故往詣僧坊若坐若立須臾聽受緣是功德
轉身所生得好上妙象馬車乘珎寶輦輿
乘天宮若復有人於講法處坐更有人來
勸令坐聽若分座令坐是人功德轉身得帝
釋坐處若梵王坐處若轉輪聖王所坐之處

BD05370號　妙法蓮華經卷六　（5–1）

故往詣僧坊若坐若立須臾聽受緣是功德
轉身所生得好上妙象馬車乘珎寶輦輿及
乘天宮若復有人於講法處坐更有人來
勸令坐聽若分座令坐是人功德轉身得帝
釋坐處若梵王坐處若轉輪聖王所坐之處
阿逸多若復有人語餘人言有經名法華可
共往聽即受其教乃至須臾間聞是人功德
轉身得與陁羅尼菩薩共生一處利根智慧
百千万世終不瘖瘂口氣不臭舌常无病口
亦无病齒不垢黑不黃不踈亦不缺落不差
不曲脣不下垂亦不褰縮不麁澁不瘡胗亦
不缺壞亦不喎斜不厚不大亦不黧黑无諸
可惡鼻不匾𠾱亦不曲戾面色不黑亦不狹
長亦不窊曲无有一切不可喜相脣舌牙齒
悉皆嚴好鼻脩高直面貌圓滿眉高而長額
廣平正人相具足世世所生見佛聞法信受
教誨阿逸多汝且觀是勸於一人令往聽法
功德如此何況一心聽說讀誦而於大衆爲人
分別如說脩行爾時世尊欲重宣此義而說
偈言
若人於法會　得聞是經典　乃至於一偈　隨喜爲他說
如是展轉教　至于第五十　㝡後人獲福　今當分別之
如有大施主　供給无量衆　具滿八十歲　隨意之所欲
見彼衰老相　髮白而面皺　齒踈形枯竭　念其死不久
我今應當教　令得於道果　即爲方便說　涅槃真實法
世皆不牢固　如水沫泡炎　汝等咸應當　疾生厭離心
諸人聞是法　皆得阿羅漢　具足六神通　三明八解脫

BD05370號　妙法蓮華經卷六　（5–2）

如有大施主　供給无量衆　具滿八十歲　隨意之所欲
見彼衰老相　髮白而面皺　齒疎形枯竭　念其死不久
我今應當教　令得於道果　即爲方便說　涅槃真實法
世皆不牢固　如水沫泡炎　汝等咸應當　疾生猒離心
諸人聞是法　皆得阿羅漢　具足六神通　三明八解脫
最後第五十　聞一偈隨喜　是人福勝彼　不可爲譬喻
如是展轉聞　其福尚无量　何況於法會　初聞隨喜者
若有勸一人　將引聽法華　言此經深妙　千万劫難遇
即受教往聽　乃至須臾聞　斯人之福報　今當分別說
世世无口患　齒不疎黃黑　脣不厚褰缺　无有可惡相
舌不乾黑短　鼻高修且直　額廣而平正　面目悉端嚴
爲人所喜見　口氣无臭穢　優鉢華之香　常從其口出
若故詣僧坊　欲聽法華經　須臾聞歡喜　今當說其福
後生天人中　得妙象馬車　珍寶之輦輿　及乘天宮殿
若於講法處　勸人坐聽經　是福因緣得　釋梵轉輪座
何況一心聽　解說其義趣　如說而修行　其福不可限
妙法蓮華經法師功德品第十九
尒時佛告常精進菩薩摩訶薩　若善男子
善女人受持是法華經　若讀若誦若解說若
書寫　是人當得八百眼功德千二百耳功德
八百鼻功德千二百舌功德八百身功德千二
百意功德　以是功德莊嚴六根皆令清淨　是
善男子善女人父母所生清淨肉眼見於三千
大千世界內外所有山林河海下至阿鼻地
獄上至有頂　亦見其中一切衆生及業因緣
果報生處悉見悉知　尒時世尊欲重宣此義
而說偈言

BD05370號　妙法蓮華經卷六　（5–3）

百意功德　以是功德莊嚴六根皆令清淨　是
善男子善女人父母所生清淨肉眼見於三千
大千世界內外所有山林河海下至阿鼻地
獄上至有頂　亦見其中一切衆生及業因緣
果報生處悉見悉知　尒時世尊欲重宣此義
而說偈言
若於大衆中　以无所畏心　說是法華經　汝聽其功德
是人得八百　功德殊勝眼　以是莊嚴故　其目甚清淨
父母所生眼　悉見三千界　內外弥樓山　須弥及鐵圍
并諸餘山林　大海江河水　下至阿鼻獄　上至有頂處
其中諸衆生　一切皆悉見　雖未得天眼　肉眼力如是
復次常精進　若善男子善女人受持此經　若
讀若誦若解說若書寫　得千二百耳功德　以
是清淨耳聞三千大千世界　下至阿鼻地獄上
至有頂　其中內外種種語言音聲　象聲馬
聲牛聲車聲啼哭聲愁歎聲螺聲鼓聲鍾聲
鈴聲咲聲語聲男聲女聲童子聲童女聲法
聲非法聲苦聲樂聲凡夫聲聖人聲喜聲
不喜聲天聲龍聲夜叉聲乾闥婆聲阿脩羅
聲迦樓羅聲緊那羅聲摩睺羅伽聲火聲水
聲風聲地獄聲畜生聲餓鬼聲比丘聲比丘
尼聲聲聞聲辟支佛聲菩薩聲佛聲　以要言
之　三千大千世界中一切內外所有諸聲　雖未
得天耳　以父母所生清淨常耳皆悉聞知　如
是分別種種音聲而不壞耳根　尒時世尊欲
重宣此義而說偈言
父母所生耳　清淨无濁穢　以此常耳聞　三千世界聲

BD05370號　妙法蓮華經卷六　（5–4）

復次常精進若善男子善女人受持此經若
讀若誦若解說若書寫得千二百耳功德以
是清淨耳聞三千大千世界下至阿鼻地獄上
至有頂其中內外種種語言音聲象聲馬
聲牛聲車聲啼哭聲愁歎聲螺聲鼓聲鍾聲
鈴聲咲聲語聲男聲女聲童子聲童女聲法
聲非法聲苦聲樂聲凡夫聲聖人聲喜聲
不喜聲天聲龍聲夜叉聲乾闥婆聲阿脩羅
聲迦樓羅聲緊那羅聲摩睺羅伽聲火聲水
聲風聲地獄聲畜生聲餓鬼聲比丘聲比丘
尼聲聲聞聲辟支佛聲菩薩聲佛聲以要言
之三千大千世界中一切內外所有諸聲雖未
得天耳以父母所生清淨常耳皆悉聞知如
是分別種種音聲而不壞耳根尒時世尊欲
重宣此義而說偈言
父母所生耳　清淨无濁穢　以此常耳聞　三千世界聲
象馬車牛聲　鍾鈴螺鼓聲　琴瑟箜篌聲　簫笛之音聲
清淨好歌聲　聽之而不著　无數種人聲　聞悉能解了
又聞諸天聲　微妙之歌音　及聞男女聲　童子童女聲
嶮谷中　迦陵頻伽聲　命命等諸鳥　悉聞其音聲
種種楚

BD05370號　妙法蓮華經卷六　　（5–5）

法如義若有人言如來得阿耨多羅三藐三
菩提須菩提實无有法佛得阿耨多羅三藐三
菩提於是中无實无虛是故如來說一切法
皆是佛法須菩提所言一切法者即非一切
法是故名一切法
須菩提譬如人身長大須菩提言世尊如來
說人身長大則為非大身是名大身
須菩提菩薩亦如是若作是言我當滅度无
量衆生則不名菩薩何以故須菩提實无有
法名為菩薩是故佛說一切法无我无人无
衆生无壽者須菩提若菩薩作是言我當莊
嚴佛土是不名菩薩何以故如來說莊嚴佛
土者即非莊嚴是名莊嚴須菩提若菩薩通
達无我法者如來說名真是菩薩
須菩提於意云何如來有肉眼不如是世尊
如來有肉眼須菩提於意云何如來有天眼
不如是世尊如來有天眼須菩提於意云何

BD05371號　金剛般若波羅蜜經　　（6–1）

衆生无壽者須菩提若菩薩作是言我當莊
嚴佛土是不名菩薩何以故如來說莊嚴佛
土者即非莊嚴是名莊嚴須菩提若菩薩通
達无我法者如來說名真是菩薩
須菩提於意云何如來有肉眼不如是世尊
如來有肉眼須菩提於意云何如來有天眼
不如是世尊如來有天眼須菩提提意云何
如來有慧眼不如是世尊如來有慧眼須菩
提於意云何如來有法眼不如是世尊如來
有法眼須菩提於意云何如來有佛眼不如
是世尊如來有佛眼須菩提於意云何恒河
中所有沙佛說是沙不如是世尊如來說是
沙須菩提於意云何如一恒河中所有沙有
如是等恒河是諸恒河所有沙數佛世界如
是寧為多不甚多世尊佛告須菩提尒所國
土中所有衆生若干種心如來悉知何以故
如來說諸心皆為非心是名為心所以者何
須菩提過去心不可得現在心不可得未來
心不可得須菩提於意云何若有人滿三千
大千世界七寶以用布施是人以是因緣得
福多不如是世尊此人以是因緣得福甚多
須菩提若福德有實如來不說得福德多以
福德无故如來說得福德多
須菩提於意云何佛可以具足色身見不不
也世尊如來不應以具足色身見何以故如
來說具足色身即非具足色身是名具足色
身須菩提於意云何如來可以具足諸相見
不不也世尊如來不應以具足諸相見何以

BD05371號　金剛般若波羅蜜經　（6–2）

須菩提於意云何佛可以具足色身見不不
也世尊如來不應以具足色身見何以故如
來說具足色身即非具足色身是名具足色
身須菩提於意云何如來可以具足諸相見
不不也世尊如來不應以具足諸相見何以
故如來說諸相具足即非具足是名諸相具
足須菩提汝勿謂如來作是念我當有所說
法莫作是念何以故若人言如來有所說法
即為謗佛不能解我所說故須菩提說法者
无法可說是名說法
須菩提白佛言世尊佛得阿耨多羅三藐三
菩提為无所得耶如是如是須菩提我於阿
耨多羅三藐三菩提乃至无有少法可得是
名阿耨多羅三藐三菩提復次須菩提是法
平等无有高下是名阿耨多羅三藐三菩提
以无我无人无衆生无壽者脩一切善法則
得阿耨多羅三藐三菩提須菩提所言善法
者如來說非善法是名善法
須菩提若三千大千世界中所有諸須弥山
王如是等七寶聚有人持用布施若人以此
般若波羅蜜經乃至四句偈等受持讀誦為
他人說於前福德百分不及一百千万億分
乃至筭數譬喻所不能及
須菩提於意云何汝等勿謂如來作是念我
當度衆生須菩提莫作是念何以故實无有
衆生如來度者若有衆生如來度者如來則
有我人衆生壽者須菩提如來說有我者則
非有我而凡夫之人以為有我須菩提凡夫

BD05371號　金剛般若波羅蜜經　（6–3）

須菩提於意云何汝等勿謂如來作是念我
當度衆生須菩提莫作是念何以故實无有
衆生如來度者若有衆生如來度者如來則
有我人衆生壽者須菩提如來說有我者則
非有我而凡夫之人以爲有我須菩提凡夫
者如來說則非凡夫
須菩提於意云何可以卅二相觀如來不須
菩提言如是如是以卅二相觀如來佛言須
菩提若以卅二相觀如來者轉輪聖王則是
如來須菩提白佛言世尊如我解佛所說義
不應以卅二相觀如來尒時世尊而說偈言
若以色見我　以音聲求我　是人行邪道　不能見如來
須菩提汝若作是念如來不以具足相故得
阿耨多羅三藐三菩提須菩提莫作是念如
來不以具足相故得阿耨多羅三藐三菩提
須菩提汝若作是念發阿耨多羅三藐三菩
提者說諸法斷滅莫作是念何以故發阿耨
多羅三藐三菩提者於法不說斷滅相須菩
提若菩薩以滿恒河沙等世界七寶布施若
復有人知一切法无我得成於忍此菩薩勝
前菩薩所得功德須菩提以諸菩薩不受福
德故須菩提白佛言世尊云何菩薩不受福
德須菩提菩薩所作福德不應貪著是故
說不受福德
須菩提若有人言如來若來若去若坐若
卧是人不解我所說義何以故如來者无所從
來亦无所去故名如來
須菩提若善男子善女人以三千大千世界

BD05371號　金剛般若波羅蜜經　（6–4）

德須菩提菩薩所作福德不應貪著是故
說不受福德
須菩提若有人言如來若來若去若坐若
卧是人不解我所說義何以故如來者无所從
來亦无所去故名如來
須菩提若善男子善女人以三千大千世界
碎爲微塵於意云何是微塵衆寧爲多不
甚多世尊何以故若是微塵衆實有者佛則不
說是微塵衆所以者何佛說微塵衆則非微
塵衆是名微塵衆世尊如來所說三千大千
世界則非世界是名世界何以故若世界實
有者則是一合相如來說一合相則非一合
相是名一合相須菩提一合相者則是不可
說但凡夫之人貪著其事須菩提若人言
佛說我見人見衆生見壽者見須菩提於意
云何是人解我所說義不世尊是人不解如來
所說義何以故世尊說我見人見衆生見壽者
見即非我見人見衆生見壽者見是名我見
人見衆生見壽者見須菩提發阿耨多羅三
藐三菩提心者於一切法應如是知如是見
如是信解不生法相須菩提所言法相者如
來說即非法相是名法相須菩提若有人以
滿无量阿僧祇世界七寶持用布施若有善
男子善女人發菩薩心者持於此經乃至四
句偈等受持讀誦爲人演說其福勝彼云何
爲人演說不取於相如如不動何以故
一切有爲法　如夢幻泡影　如露亦如電　應作如是觀

BD05371號　金剛般若波羅蜜經　（6–5）

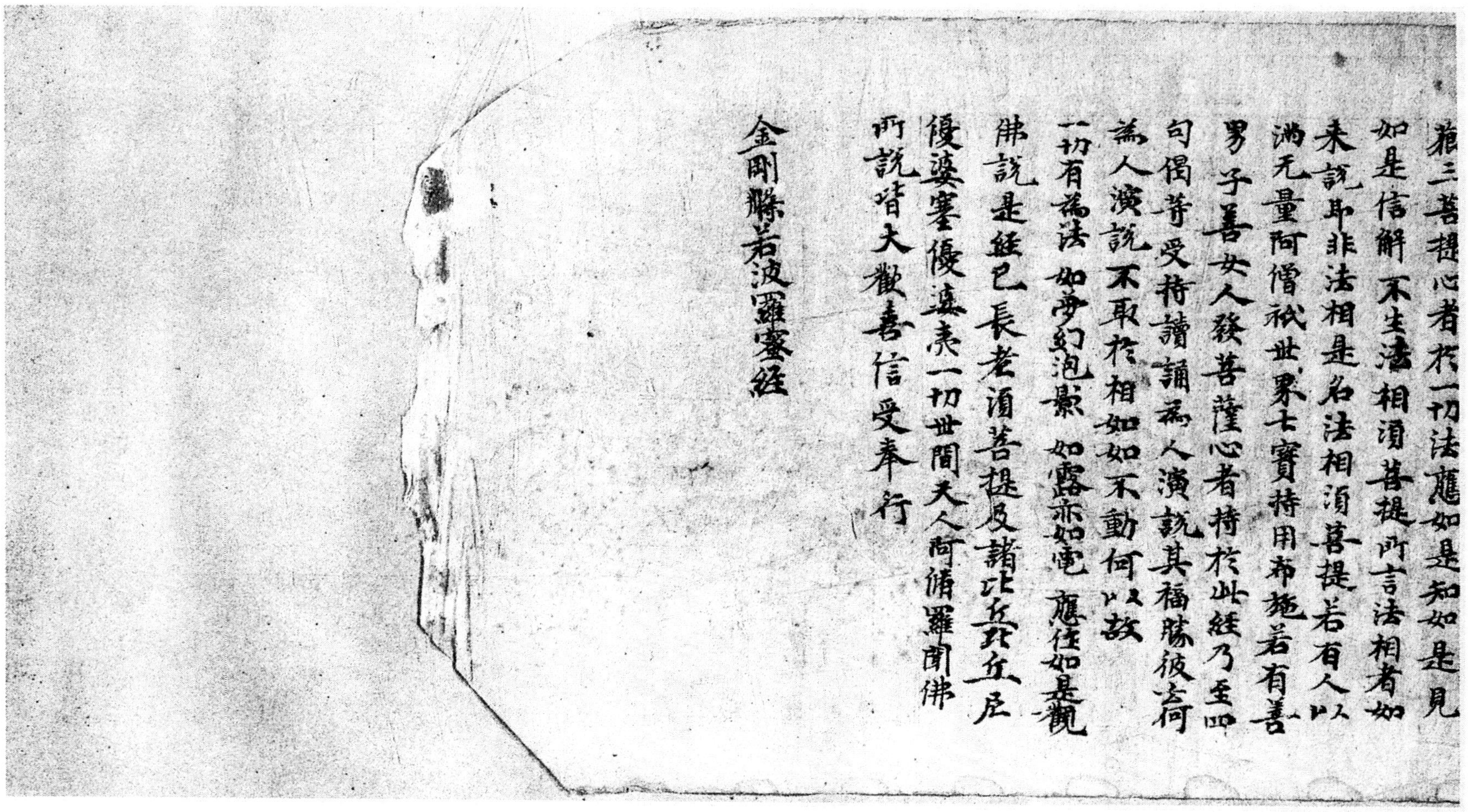
藐三菩提心者於一切法應如是知如是見
如是信解不生法相須菩提所言法相者如
來說即非法相是名法相須菩提若有人以
滿无量阿僧祇世界七寶持用布施若有善
男子善女人發菩薩心者持於此經乃至四
句偈等受持讀誦為人演說其福勝彼云何
為人演說不取於相如如不動何以故
一切有為法 如夢幻泡影 如露亦如電 應作如是觀
佛說是經已長老須菩提及諸比丘比丘尼
優婆塞優婆夷一切世間天人阿脩羅聞佛
所說皆大歡喜信受奉行
金剛般若波羅蜜經

BD05371 號　金剛般若波羅蜜經　（6–6）

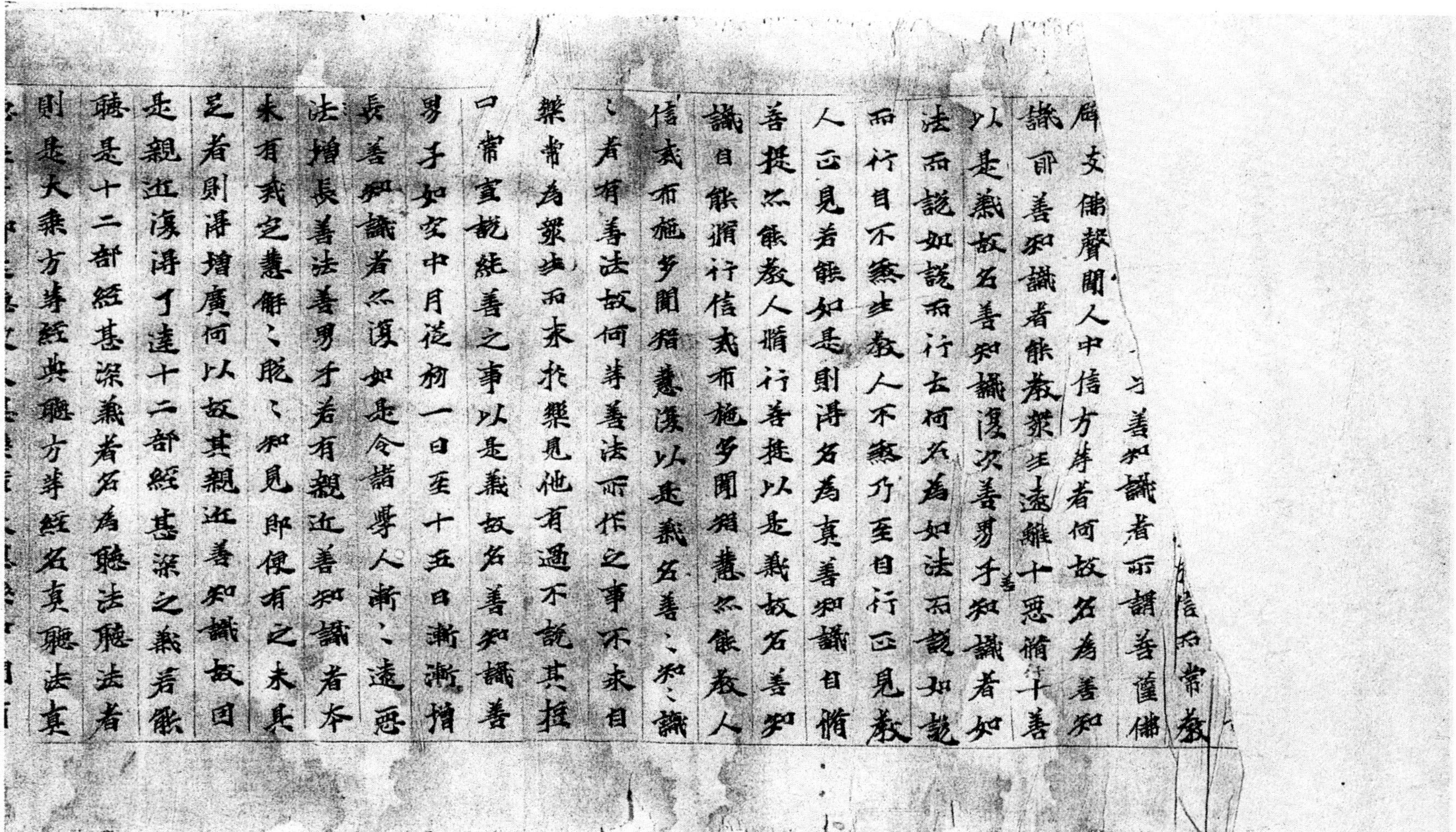
信而常教
善知識者所謂菩薩佛
辟支佛聲聞人中信方等者何故名為善知
識所善知識者能教眾生遠離十惡修行十善
以是義故名善知識復次善男子善知識者如
法而說如說而行云何名為如法而說如說
而行自不殺生教人不殺乃至自行正見教
人正見若能如是則得名為真善知識自修
菩提亦能教人修行菩提以是義故名善知
識自能修行信戒布施多聞智慧亦能教人
信戒布施多聞智慧以是義故名善知識善知識
者有善法故何等善法所作之事不求自
樂常為眾生而求於樂見他有過不說其短
口常宣說純善之事以是義故名善知識善
男子如空中月從初一日至十五日漸漸增
長善知識者亦復如是令諸學人漸漸遠惡
法增長善法善男子若有親近善知識者本
未有戒定慧解脫解脫知見即便有之未具
足者則得增廣何以故其親近善知識故因
是親近復得了達十二部經甚深之義若能
聽是十二部經甚深義者名為聽法聽法者
則是大乘方等經典聽方等經名真聽法真

BD05372 號　大般涅槃經（北本　宮本）卷二五　（21–1）

未有戒定慧解、脫、知見即便有之未具
足者則得增廣何以故其親近善知識故因
是親近復得了達十二部經甚深之義若能
聽是十二部經甚深義者名為聽法聽法者
則是大乘方等經典聽方等經名真聽法真
聽法者即是聽受大涅槃經大涅槃中聞有
佛性如來畢竟不般涅槃是故名為專心聽
法專心聽法名八聖道以八聖道能斷貪欲
瞋恚愚癡故名聽法夫聽法者名十一空以
此諸空於一切法不作相貌夫聽法者名初發
心乃至究竟阿耨多羅三藐三菩提心以
因初心得大涅槃不以聞故得大涅槃善
男子譬如病人雖聞醫教及藥名字不能愈
病以服食故能得差病雖聽十二深因緣
法不能得斷一切煩惱要以繫念善思惟
故能得除斷是名第三繫念思惟復以何
義繫念思惟所謂三三昧空三昧無相三昧
無作三昧空者於廿五有不見一實無作者
於廿五有不作願求無相者無有十相所謂
色相聲相香相味相觸相生相住相滅相男
相女相循集如是三昧者是名菩薩繫念思惟
云何名為如法循行如法循行即是循行檀
波羅蜜乃至般若波羅蜜知陰入界真實之
相亦知聲聞緣覺諸佛同於一道而般
涅槃法者即是常樂我淨不生不老不病不
死不飢不渴不苦不惱不退不沒善男子
解大涅槃甚深義者則知諸佛終不畢竟入

BD05372號　大般涅槃經（北本　宮本）卷二五　　（21–2）

云何名為如法循行如法循行即是循行檀
波羅蜜乃至般若波羅蜜知陰入界真實之
相亦知聲聞緣覺諸佛同於一道而般
涅槃法者即是常樂我淨不生不老不病不
死不飢不渴不苦不惱不退不沒善男子
解大涅槃甚深義者則知諸佛終不畢竟入
於涅槃善男子第一真實善知識者所謂菩
薩諸佛世尊何以故常以三種善調御故何
等為三一者畢竟軟語二者畢竟呵責三者
軟語呵責以是義故菩薩諸佛即是真實善知
識也復次善男子佛及菩薩為大醫故名善
知識何以故知病知藥應病授藥故譬如良
醫善解八種術先觀病相相有三種何等為三
謂風熱水有風病者授之蘇油熱病之人授
之石蜜水病之人授之薑湯以知病相授藥
得差故名良醫佛及菩薩亦復如是知諸凡
夫病有三種一者貪欲二者瞋恚三者愚
癡貪欲病者教觀骨相瞋恚病者觀慈悲相
愚癡病者觀十二因緣相以是義故諸佛菩
薩名善知識善男子如大船師善度人故名大
船師諸佛菩薩亦復如是度諸衆生生死大海
以是義故名善知識復次善男子因佛菩薩
令諸衆生具足修得善法根本故善男子譬
如雪山乃是種種微妙上藥根本之處佛及菩
薩亦復如是悉是一切善根本處以是義故名善
知識善男子雪山之中有上香藥名曰娑呵

BD05372號　大般涅槃經（北本　宮本）卷二五　　（21–3）

令諸衆生具足修得善法根本故善男子譬
如雪山乃是種種微妙上藥根本之處佛及善
薩亦復如是悉是一切善根本處以是義故名善
知識善男子雪山之中有上香藥名曰娑呵
有人見之得受无量无有病苦雖有四毒不
能中傷若有食者增長壽命滿百廿年有念
者得宿命智何以故藥勢力故諸佛菩薩亦
復如是若有見者即得斷除一切煩惱雖有
四魔不能干亂若有食者命不可夭不生不
死不退不沒所謂食者若在佛邊聽受妙法
若有念者得阿耨多羅三藐三菩提以是義
故諸佛菩薩名善知識善男子如香山中有
阿耨婆蹋多池水由是池故有四大河所謂
恒河辛頭和他博叉世間衆生常作是言若
有罪者浴此四河衆罪得滅當知此言虛
妄不實除此已往何等為實諸佛菩薩是乃
為實所以者何若人親近則得除滅一切衆
罪以是義故名善知識復次善男子譬如大
地所有藥木一切叢林百穀苷蔗華菓之屬
值天炎旱將欲枯死難陀龍王及婆難陀憐
愍衆生從大海出降注甘雨一切叢林百穀
草木滋潤還生一切衆生亦復如是所有善
根將欲消滅諸佛菩薩生大慈悲從智慧海
降甘露雨令諸衆生具足還得十善之法以
是義故諸佛菩薩名善知識善男子譬如良
醫善八種術見諸病人不觀種姓端政好醜

BD05372號　大般涅槃經（北本　宮本）卷二五

（21-4）

愍衆生從大海出降注甘雨一切叢林百穀
草木滋潤還生一切衆生亦復如是所有善
根將欲消滅諸佛菩薩生大慈悲從智慧海
降甘露雨令諸衆生具足還得十善之法以
是義故諸佛菩薩名善知識善男子譬如良
醫善八種術見諸病人不觀種姓端政好醜
錢財寶貨悉為治之是故世稱為大良醫諸
佛菩薩亦復如是見諸衆生有煩惱病不觀
種姓端政好醜錢財寶貨生慈愍心悲為說法衆
生聞已煩惱病除是以義故諸佛菩薩名善
知識以是親近善友因緣則近於大般涅槃
云何菩薩聽法因緣而得近於大般涅槃一
切衆生以聽法故則具信根得信根故樂行
布施戒忍精進禪定智慧得須陀洹果乃至
佛果是故當知得諸善法皆是聽法因緣勢
力善男子譬如長者唯有一子遣至他國市
易所須示其道路通塞之處而復誡之若遇
婬女慎无親愛若親愛者喪身殞命及以財
寶弊惡之人亦莫交遊其子敬順父之教勅
身心安隱多獲寶貨菩薩摩訶為諸衆生敷
演法要亦復如是示諸衆生及四部衆諸道
通塞是諸衆等以聞法故遠離諸惡具足善
法以是義故聽法因緣則得近於大般涅槃
善男子譬如明鏡照人面像无不明了聽法明
鏡亦復如是有人照之則見善惡明了无翳
以是義故聽法因緣則得近於大般涅槃善
男子譬如估客欲至寶渚不知道路有人示

BD05372號　大般涅槃經（北本　宮本）卷二五

（21-5）

法以是義故聽法因緣則得近於大般涅槃
善男子譬如明鏡照人面像无不明了聽法明
鏡亦復如是有人照之則見善惡明了无翳
以是義故聽法因緣則得近於大般涅槃善
男子譬如估客欲至寶渚不知道路有人示
之其人隨語即至寶渚多獲諸珎不可稱計
一切衆生亦復如是欲至善處採取道寶不
知其路通塞之處菩薩示之衆生隨已得至
善處獲得无上大涅槃寶以是義故聽法因緣
則得近於大般涅槃善男子譬如醉象狂騃暴
惡多欲殺害有調象師以大鐵鉤鉤斲其頂即
時調順惡心都盡一切衆生亦復如是貪欲瞋
恚愚癡醉故欲多造惡諸菩薩等以聞法鉤斲
之令住更不得起造諸惡心以是義故聽法
因緣則得近於大般涅槃是故我於處處經中
說我弟子專心聽受十二部經則離五蓋脩
七覺分以是脩集七覺分故則得近於大般
涅槃以聽法故須陁洹人離諸恐怖所以者
何須達長者身遇重病心大愁怖聞舍利弗
說須陁洹有四功德十種慰喻聞是事已恐
怖即除以是義故聽法因緣則得近於大般
涅槃何以故開法眼故世有三人一者无目
二者一目三者二目言无目者常不聞法一
目之人雖暫聞法其心不住二目之人專心聽
受如聞而行以聽法故得知世間如是三人
以是義故聽法因緣則得近於大般涅槃善男



涅槃何以故開法眼故世有三人一者无目
二者一目三者二目言无目者常不聞法一
目之人雖暫聞法其心不住二目之人專心聽
受如聞而行以聽法故得知世間如是三人
以是義故聽法因緣則得近於大般涅槃善男
子如我昔於拘尸那城時舍利弗身遇病苦
我時顧命阿難比丘廣為說法時舍利弗聞
是事已告四弟子汝輩我牀往至佛所我欲
聽法時四弟子即共舉往既得聞法以聞力
故而苦除差身得安隱以是義故聽法因緣
則得近於大般涅槃云何菩薩思惟因緣而得
近於大般涅槃因是思惟心得解脫何以故一
切衆生常為五欲之所繫縛以思惟故悉得解
脫以是義故思惟因緣則得近於大般涅槃復
次善男子一切衆生常為常樂我淨四法之所
顛倒以思惟故得見諸法无常无樂无我无淨
如是見已四倒即斷以是義故思惟因緣則得
近於大般涅槃復次善男子一切諸法有四
種相何等為四一者生相二者老相三者病
相四者滅相以是四相能令一切凡夫衆生
至須陁洹生大苦惱若能繫念善思惟者雖
遇此四不生於苦以是義故思惟因緣則得
近於大般涅槃復次善男子一切善法无不
因於思惟而得何以故有人雖於无量无邊
阿僧祇劫專心聽法若不思惟終不能得阿
耨多羅三藐三菩提以是義故思惟因緣則

遠此四不生於苦以是義故思惟因緣則得
近大般涅槃復次善男子一切善法无不
因於思惟而得何以故有人雖於无量无邊
阿僧祇劫專心聽法若不思惟終不能得阿
耨多羅三藐三菩提以是義故思惟因緣則
得近於大般涅槃復次善男子若有衆生信
佛法僧无有變易而生恭敬當知皆是繫念
思惟因緣力故因得斷除一切煩惱以是義故
思惟因緣得近於大般涅槃云何菩薩如法
脩行善男子斷諸惡法脩集善法是名菩薩
如法脩行見一切法空无有无常无樂无我
无淨以是見故寧捨身命不犯禁戒是名菩薩
如法脩行復次云何如法脩行脩行二種一具真
實二者不實不實者不知涅槃佛性如來法
僧實相虛空等相是名不實云何真實能知
涅槃佛性如來法僧實相虛空等相是名真
實云何名為知涅槃相涅槃之相凡有八事
何等為八一者盡二者善性三者實四真五
常六樂七我八淨是名涅槃復有八事何等
為八一者解脫二者善性三者不實四者不
真五者无常六者无樂七者无我八者无淨
復有六相一者解脫二者善性三者不實四
者不真五者安樂六者清淨若有衆生依世
俗道斷煩惱者如是涅槃則有八事解脫不
實何以故不常故以无常故則无有實无有
實故則无有真雖斷煩惱以還起故无常无
我无樂无淨是名涅槃解脫八事云何六相

BD05372號　大般涅槃經（北本　宮本）卷二五

（21–8）

俗道斷煩惱者如是涅槃則有八事解脫不
實何以故不常故以无常故則无有實无有
實故則无有真雖斷煩惱以還起故无常无
我无樂无淨是名涅槃解脫八事云何六相
聲聞緣覺斷煩惱故名為解脫而未能得阿
耨多羅三藐三菩提故名為不實以不實故
名為不真未來之世當得阿耨多羅三藐三
菩提故名无常以得无漏八聖道故名為淨
樂善男子若如是知是知涅槃不名佛性如
來法僧實相虛空云何菩薩知於佛性佛性
有六何等為六一常二淨三實四善五當見
六真復有七事一者可證餘六如上是名菩
薩知於佛性云何菩薩知如來相如來即
是覺相善相常樂我淨解脫真實示道可
見是名菩薩知如來相云何菩薩知於法相
法者若善不善若常不常若樂不樂若我无
我若淨不淨若知不知若解不解若真不真
若脩不脩若師非師若實不實是名菩薩知
於法相云何菩薩知於僧相僧者常樂我淨
是弟子相可見之相善真不實何以故一切
聲聞得佛道故何故名真悟法性故是名菩
薩知於僧相云何菩薩知於實相實相者若
常无常若樂无樂若我无我若淨无淨若善
不善若有若无若涅槃非涅槃若解脫非解
脫若知不知若斷不斷若證不證若脩不脩
若見不見是名實相非是涅槃佛性如來法

BD05372號　大般涅槃經（北本　宮本）卷二五

（21–9）

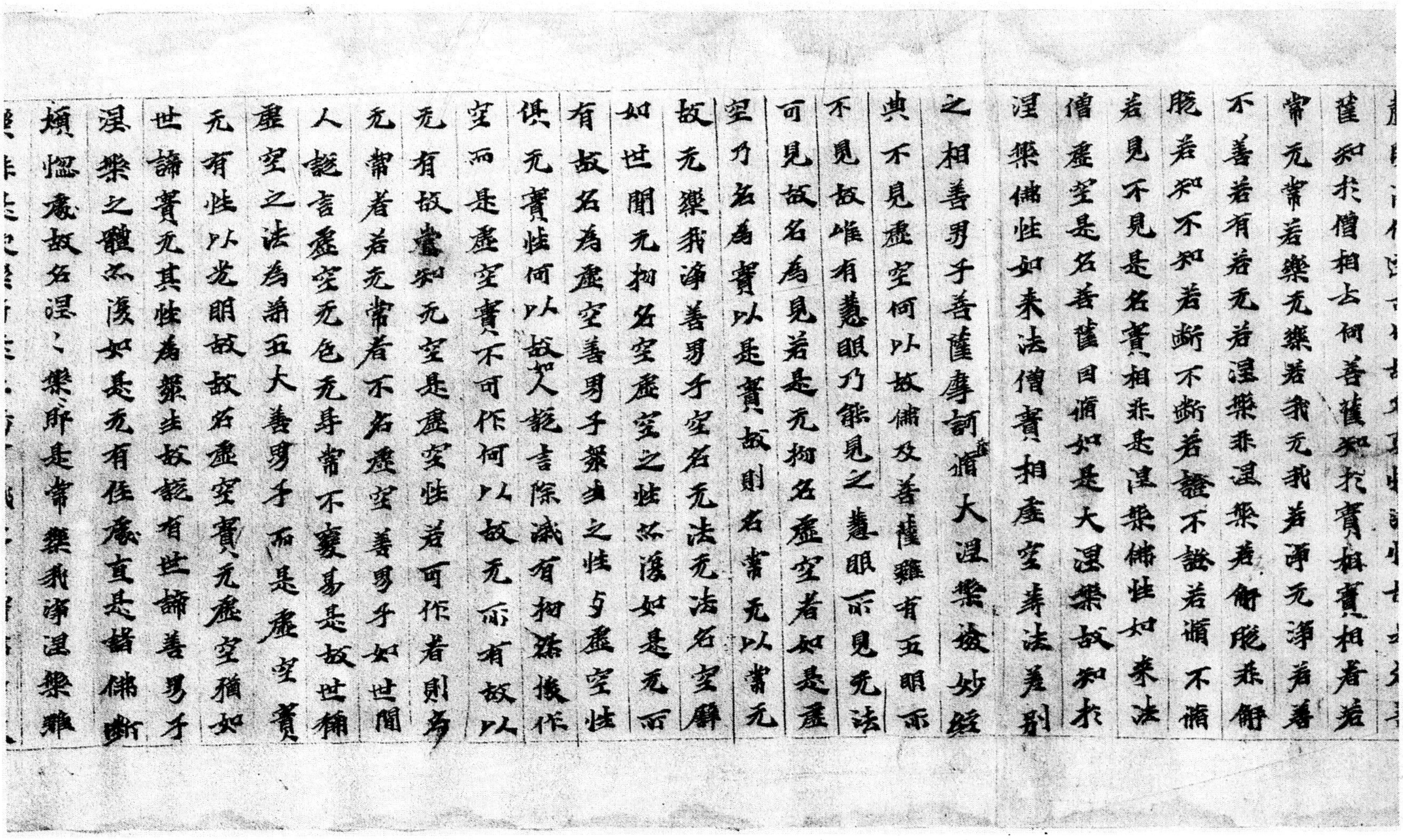
薩知於僧相云何菩薩知於實相實相者若
常无常若樂无樂若我无我若淨无淨若善
不善若有若无若涅槃非涅槃若解脫非解
脫若知不知若斷不斷若證不證若循不循
若見不見是名實相非是涅槃佛性如來法
僧虛空是名菩薩因循如是大涅槃故知於
涅槃佛性如來法僧實相虛空等法差別
之相善男子菩薩摩訶薩循大涅槃微妙經
典不見虛空何以故佛及菩薩雖有五眼而
不見故唯有慧眼乃能見之慧眼所見无法
可見故名為見若是无物名虛空者如是虛
空乃名為實以是實故則名常无以常无
故无樂我淨善男子空名无法无法名空譬
如世間无物名空虛空之性亦復如是无所
有故名為虛空善男子衆生之性与虛空性
俱无實性何以故如人說言除滅有物然後作
空而是虛空實不可作何以故无所有故以
无有故當知无空是虛空性若可作者則為
无常若无常者不名虛空善男子如世間
人說言虛空无色无身常不變易是故世稱
虛空之法為第五大善男子而是虛空實
无有性以光明故故名虛空實无虛空猶如
世諦實无其性為衆生故說有世諦善男子
涅槃之體亦復如是无有住處直是諸佛斷
煩惱處故名涅〻槃〻所是常樂我淨涅槃雖

BD05372 號　大般涅槃經（北本　宮本）卷二五　（21–10）

无有性以光明故故名虛空實无虛空猶如
世諦實无其性為衆生故說有世諦善男子
涅槃之體亦復如是无有住處直是諸佛斷
煩惱處故名涅〻槃〻所是常樂我淨涅槃雖
樂非是受樂乃是上妙寂滅之樂諸佛如來
有二種樂一寂滅樂二覺知樂實相之體有
三種樂一者受樂二者寂滅樂三覺知樂佛
性一樂以當知故得阿耨多羅三藐三菩提
時名菩提樂
尒時光明遍照高貴德王菩薩摩訶薩白佛
言世尊若煩惱斷處是涅槃者是事不然何
以故如來往昔初成佛道至尼連禪河邊尒
時魔王与其眷屬到於佛所而作是言世尊
涅槃時到何故不入佛告魔王我今未有多
聞弟子善持禁戒聰明利智能化衆生是故
不入若言煩惱斷滅之處是涅槃者諸菩薩
等於无量劫已斷煩惱何故不得稱為涅槃
俱是斷處何緣獨稱諸佛有之菩薩无耶若
斷煩惱非涅槃者何故如來昔告生名婆羅
門言我今此身即是涅槃如來有時在毗舍
離國魔復啟請如來昔以未有弟子多聞持
戒聰明利智能化衆生不入涅槃今已具足
何故不入如來尒時即告魔言汝今莫生色
遲之想却後三月吾當涅槃世尊若使滅度
非涅槃者何故如來自期三月當般涅槃世
尊若斷煩惱是涅槃者如來往昔初坐道場

BD05372 號　大般涅槃經（北本　宮本）卷二五　（21–11）

來聰明利猶能化衆生不入涅槃今…
何故不入如來尒時即告魔言汝今莫生色
遲之想却後三月吾當涅槃世尊若使滅度
非涅槃者何故如來自期三月當般涅槃世
尊若斷煩惱是涅槃者如來往昔初坐道場
菩提樹下斷煩惱時便是涅槃何故復言却
後三月當般涅槃世尊若使尒時是涅槃者
云何方為拘尸那城諸力士等說言後夜當
般涅槃如來誠實云何出是虛妄之言尒時
世尊告光明遍照高貴德王菩薩摩訶薩
言善男子若言如來得廣長舌當知如來於
无量劫已離妄語一切諸佛及菩薩凡所
發言誠諦无虛妄善男子如汝所言波旬往
昔殷請於我入涅槃者善男子而是魔王莫
實不知涅槃之相何以故波旬意謂不化衆
生嘿然而住便是涅槃善男子辟如世人見
人言无所造作便謂是人如死无異魔王波
旬亦復如是意謂如來不化衆生嘿无所
說便謂如來入於涅槃善男子如來不說
佛法衆僧无差別相唯說常住清淨二法无
差別耳善男子佛亦不說佛及佛性涅槃无
差別相唯說常恒不變无差別耳善男子佛
亦不說涅槃實相无差別相唯說常有實不
變易无差別耳善男子尒時我諸聲聞弟子
生於諍訟如拘睒彌諸惡比丘違反我教多
犯禁戒受不淨物貪求利養向諸白衣而自
讚嘆我得无漏謂須陁洹果乃至我得阿羅漢



亦不說涅槃實相无差別相唯說常有實不
變易无差別耳善男子尒時我諸聲聞弟子
生於諍訟如拘睒彌諸惡比丘違反我教多
犯禁戒受不淨物貪求利養向諸白衣而自
讚嘆我得无漏謂須陁洹果乃至我得阿羅漢
果毀辱於他於佛法僧戒律和上不生恭敬
亦於我前言如是物佛所聽畜如是等物佛
不聽畜我亦語言如是等物我實不聽復反
我言如是等物實是佛聽如是惡人不信我
言為是等故我告波旬汝莫色遲却後三月
當般涅槃善男子因如是等惡比丘故令諸
聲聞受學弟子不見我身不聞我法便言如
來入於涅槃唯諸菩薩能見我身常聞我
法是故不言我入涅槃聲聞弟子雖復發
言如來涅槃而我實不入於涅槃善男子若
我所有聲聞弟子說言如來入涅槃者當知
是人非我弟子魔伴黨屬邪見惡人非正見也
若言如來不入涅槃當知是人真我弟子非
魔伴黨正見之人非惡邪也善男子我初不
見弟子之中有言如來不化衆生嘿然而住
名涅槃也善男子辟如長者多有子息捨至
他方未得還須諸子並謂父母已死矣而是長者
實不死諸子顛倒皆生死想聲聞弟子亦
復如是不見我故便謂如來已於拘尸那城
娑羅雙樹間而般涅槃而我實不般涅槃也
聲聞弟子生涅槃相善男子辟如明燈有人

名涅槃也善男子譬如長者有諸子等捨至
他方未得還須諸子並謂父母已死矣而是長者
實不死諸子顛倒皆生死想聲聞弟子亦
復如是不見我故便謂如來已於拘尸那城
娑羅雙樹間而般涅槃而我實不般涅槃也
聲聞弟子生涅槃相善男子譬如明燈有人
覆之餘不知者謂燈已滅而是明炎實不
滅以不知故生於滅相聲聞弟子亦復如是
雖有慧目以煩惱覆令心顛倒不見真身而
便生於滅度之想而我實不取滅度也善男
子如生盲人不見日月以不見故不知晝夜
明闇之相以不知故便說無有日月之實〻
有日月盲者不見以不見故生於倒想言無
日月聲聞弟子亦復如是如是彼生皆不見
如來便謂如來入於涅槃如來實不入於涅
槃以倒想故生如是心善男子譬如雲霧覆
蔽日月癡人便言無有日月日月實有直以
覆故眾生不見聲聞弟子亦復如是以諸煩
惱覆翳慧眼不見如來便言如來入於滅
度善男子直是如來現嬰兒行非滅度也善
男子如閻浮提日入之時眾生不見以黑山
鄣故而是日性實無沒入眾生不見生沒入
想聲聞弟子亦復如是為諸煩惱山所鄣故
不見我身以不見故便於如來生滅度想而
我實不取滅度也是故我於毗耶離國告波
旬言却後三月我當涅槃善男子如來玄見
迦葉菩薩却後三月善根當熟亦見香山須

BD05372號　大般涅槃經（北本　宮本）卷二五　（21–14）

鄣故而是日性實無沒入眾生不見生沒入
想聲聞弟子亦復如是為諸煩惱山所鄣故
不見我身以不見故便於如來生滅度想而
我實不取滅度也是故我於毗耶離國告波
旬言却後三月我當涅槃善男子如來玄見
迦葉菩薩却後三月善根當熟亦見香山須
跋陀羅竟安居已當至我所是故我告魔王
波旬却後三月當般涅槃善男子有諸力士
其數五百終竟三月亦當得發阿耨多羅三
藐三菩提心我為是故告波旬言却後三月
當般涅槃善男子純陀等輩及五百梨車菴
羅菓女却後三月無上道心善根成熟為是
等故我告波旬却後三月當般涅槃善男子
須那刹多親近外道尼乾子等我為說法滿
十二年彼人邪見不信不受我知是人邪見
根栽却後三月定可斫伐我為是故告波旬
言却後三月當般涅槃善男子何因緣故我
於往昔尼連河邊告魔波旬我今未有多智
弟子是故不得入涅槃者我時欲為五比丘
等於婆羅㮈轉法輪故次復欲為五比丘
所謂耶奢富那毗摩羅闍橋梵波提須婆睺
次復欲為郁伽長者等五十人次復欲為摩
伽陀國頻婆娑羅王等無量人天次復欲為
優樓頻螺迦葉門徒五百比丘次復欲為那
提迦葉伽耶迦葉兄弟二人及五百弟子次
復欲為舍利弗目犍連等二百五十比丘轉
妙法輪是故我告魔王波旬不能涅槃善男

BD05372號　大般涅槃經（北本　宮本）卷二五　（21–15）

伽毗國頻婆娑羅王等无量人天次復敬為
優樓頻螺迦葉門徒五百比丘次復敬為那
提迦葉伽耶迦葉兄弟二人及五百弟子次
復敬為舍利弗目乾連等二百五十比丘轉
妙法輪是故我吉魔王波旬不能涅槃善男
子有名涅槃非大涅槃云何涅槃非大涅槃
不見佛性而斷煩惱是名涅槃非大涅槃以
不見佛性故无常无我唯有樂淨以是義故
雖有煩惱不得名為大涅槃也若見佛性能
斷煩惱是則名為大涅槃也以見佛性故得
名為常樂我淨以是義故斷於煩惱亦得稱為
大般涅槃善男子般涅槃言不槃者言織不織
之義名之涅槃ﾞ又言覆不覆之義乃能名涅
槃槃言去來不去不來乃名涅槃槃者言取
不取之義乃名涅槃槃言不定定无不定乃
名涅槃槃言新故无新故義乃名涅槃槃言
鄣身无鄣身義乃名涅槃善男子有優樓迦
迦毗羅弟子等言槃者名相无相之義乃名
涅槃善男子能槃者言有无有之義乃名涅
槃槃名和合无和合義乃名涅槃ﾞ者言苦
无苦之義乃名涅槃善男子斷煩惱者不名
涅槃不生煩惱乃名涅槃善男子諸佛如來
煩惱不起是名涅槃所有智慧於法无导是
為如來如來非是凡夫聲聞緣覺菩薩是名
佛性如來身心智慧遍滿无量无邊阿僧祇
土无所鄣㝵是名虛空如來常住无有變易

BD05372號　大般涅槃經（北本　宮本）卷二五

（21–16）

煩惱不起是名涅槃所有智慧於法无导是
為如來如來非是凡夫聲聞緣覺菩薩是名
佛性如來身心智慧遍滿无量无邊阿僧祇
土无所鄣㝵是名虛空如來常住无有變易
名曰實相以是義故如來實不畢竟涅槃是
名菩薩脩大涅槃微妙經典具足成就弟七
功德善男子云何菩薩摩訶薩脩大涅槃微
妙經典具足成就弟八功德善男子菩薩摩
訶薩脩大涅槃除斷五事遠離五事成就六事
脩集五事守護一事親近四事信順一實心
善解脫慧善解脫善男子云何菩薩除斷五
事所謂五陰色受想行識所言陰者其義何
謂能令眾生生死相續不離重擔分散聚合
三世所攝求其義理了不可得以是諸義故
名為陰菩薩摩訶薩雖見色陰不見其相何
以故於十色中推求其性悉不可得為世界故
說言為陰受有百八雖見受陰初无受相何
以故受雖百八理无定實是故菩薩不見
受陰想行識等亦復如是菩薩摩訶薩深見五
陰是生煩惱之根本也以是義故方便令
斷云何菩薩遠離五事所謂五見何等為五
一者身見二者邊見三者耶見四者戒取五
者見取因是五見生六十二見因是諸見生
死不絕是故菩薩防之不近云何菩薩成就
六事謂六念處何等為六一者念佛二者念
法三者念僧四者念天五者念施六者念戒

BD05372號　大般涅槃經（北本　宮本）卷二五

（21–17）

一者身見二者邊見三者耶見四者戒取五
者見取因是五見生六十二見因是諸見生
死不絕是故菩薩防之不近云何菩薩成就
六事謂六念處何等為六一者念佛二者念
法三者念僧四者念天五者念施六者念戒
是名菩薩成就六事云何菩薩脩集五事所
謂五定一者知定二者寂定三者身心受快
樂定四者无樂定五者首楞嚴定脩集如是
五種定心則得近於大般涅槃是故菩薩慇
心脩集云何菩薩守護一事謂菩提心菩薩
摩訶薩常懃守護是菩提心猶如世人守
護一子亦如瞎者護餘一目如行曠野守護
導者菩薩守護菩提心故得阿耨多羅三
藐三菩提因得阿耨多羅三藐三菩提故
常樂我淨具足而有即是无上大般涅槃是
故菩薩守護一法云何菩薩親近四事謂四
无量心何等為四一者大慈二者大悲三者
大喜四者大捨因是四心能令无量无邊
衆生發菩提心是故菩薩慇心親近云何菩
薩信順一實菩薩了知一切衆生皆歸一道
一道者謂大乘也諸佛菩薩為衆生故分
之為三是故菩薩信順不逆云何菩薩心善
解脫貪恚癡心永斷滅故是名菩薩心善解
脫云何菩薩慧善解脫菩薩摩訶薩於一切
法知无礙身是名菩薩慧善解脫因慧解脫
昔所不聞而今得聞昔所不知見而今得見
昔所不到而今得到

BD05372號　大般涅槃經（北本　宮本）卷二五　（21–18）

之為三是故菩薩信順不逆云何菩薩心善
解脫貪恚癡心永斷滅故是名菩薩心善解
脫云何菩薩慧善解脫菩薩摩訶薩於一切
法知无礙身是名菩薩慧善解脫因慧解脫
昔所不聞而今得聞昔所不知見而今得見
昔所不到而今得到
尒時光明遍照高貴德王菩薩摩訶薩言世
尊如佛所說心解脫者是義不然何以故心
本无繫所以者何是心本性不為貪欲瞋恚
癡諸結所繫若本无繫云何而言心善解
脫世尊若心本性不貪為結之所繫者何等
因緣而能得繫如人攦角本无乳相雖加功
力乳无由出攦乳之者不得如是加功雖少
乳則多出心亦如是本无貪者今云何有若
本无貪後方有者諸佛菩薩本无貪相今悉
應有世尊譬如石女本无子相雖加功力无
量因緣子不可得心亦如是本无貪相雖造
衆緣貪无由生世尊如攢濕木火不可得心
亦如是雖復攢求貪不可得云何貪結能繫
於心世尊譬如押沙油不可得心亦如是雖
復押之貪不可得當知貪心二理各異設復
有之何能汙心世尊譬如有人安橛於空終
不得住安貪於心亦復如是種種因緣不能
令貪繫縛於心世尊若心无貪名解脫者諸
佛菩薩何故不拔虛空中刺世尊過去世心
不名解脫未來世心亦无解脫現在世心不
与道共何等世心名得解脫世尊如過去燈

BD05372號　大般涅槃經（北本　宮本）卷二五　（21–19）

令貪貪繫縛於心世尊若心无貪名解脫者諸
佛菩薩何故不拔虛空中剌世尊過去世心
不名解脫未來世心亦无解脫現在世心不
与道共何等世心名得解脫世尊如過去燈
不能滅闇未來世燈亦不滅闇現在世燈復
不滅闇何以故明之与闇二不並故心亦如
是云何而言心得解脫世尊貪亦是有若貪
无者見女相時不應生貪若因女相而得生
者當知是貪真實而有以有貪故墮三惡道
世尊譬如有人見畫女像亦復生貪以生貪
故得種種罪若本无貪云何見畫而生於貪
若心无貪云何如來說言菩薩心得解脫心
若有貪云何見相然後方生不見相者則不
生也我今現見有惡果報當知有貪瞋恚愚
癡亦復如是世尊譬如眾生有身无我而諸
凡夫橫計我想雖有我想不墮三惡云何貪
者於无女相而起女想墮三惡道世尊譬如
橫大而生於火然是火性眾緣中无以何因
緣而得生耶世尊貪亦如是色中无貪香味
觸法亦復无貪云何於色香味觸法生於貪
耶若眾緣中悉无貪者云何眾生獨生於貪
諸佛菩薩而不生耶世尊心亦不定若心定
者无有貪欲瞋恚愚癡若不定者云何而言
心得解脫貪亦不定若不定者云何因之生
三惡趣貪者境界二俱不定何以故俱緣一
色或生於貪或生於瞋或生愚癡是故貪者

BD05372號　大般涅槃經（北本　宮本）卷二五　　（21–20）

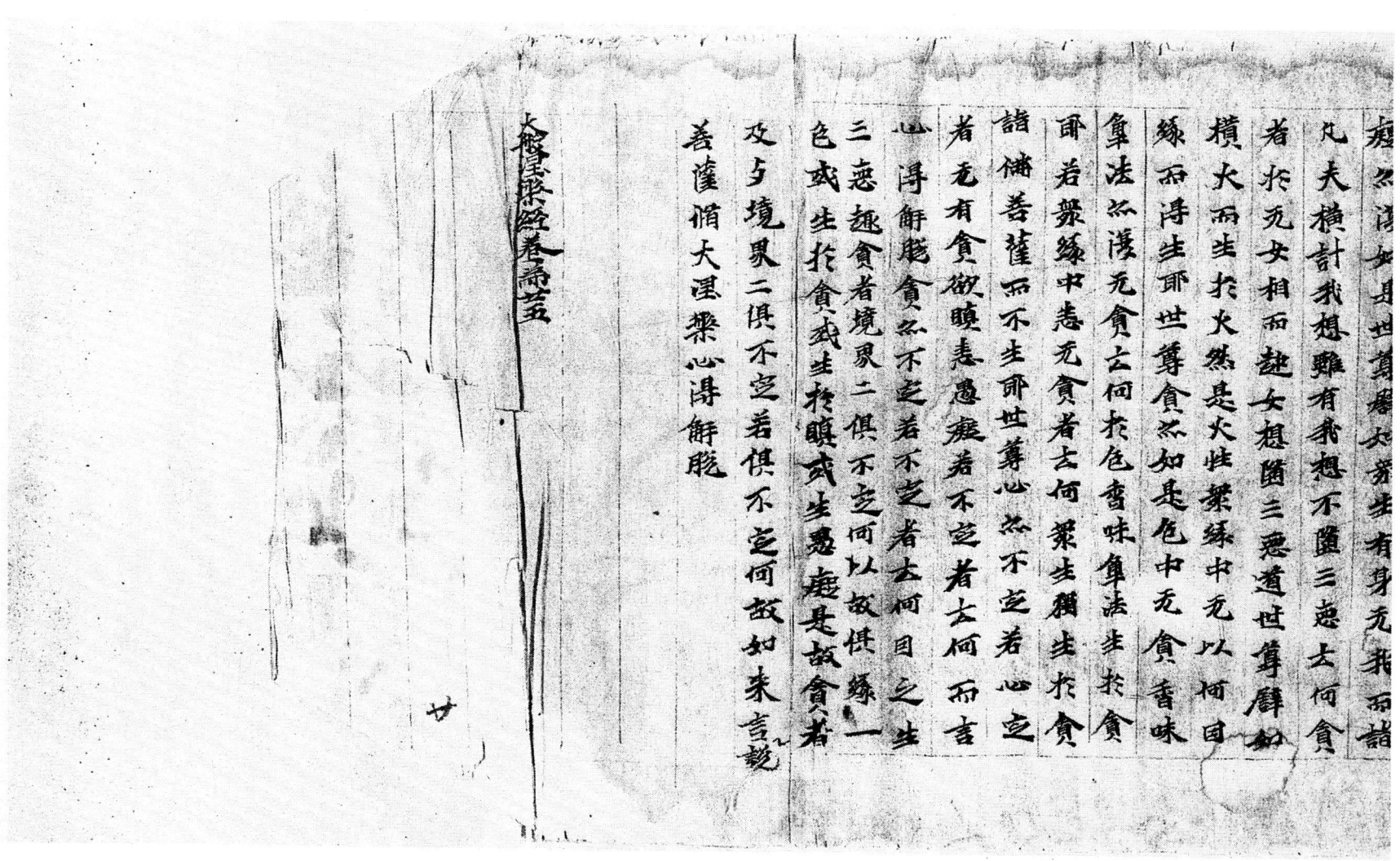

癡亦復如是世尊譬如眾生有身无我而諸
凡夫橫計我想雖有我想不墮三惡云何貪
者於无女相而起女想墮三惡道世尊譬如
橫大而生於火然是火性眾緣中无以何因
緣而得生耶世尊貪亦如是色中无貪香味
觸法亦復无貪云何於色香味觸法生於貪
耶若眾緣中悉无貪者云何眾生獨生於貪
諸佛菩薩而不生耶世尊心亦不定若心定
者无有貪欲瞋恚愚癡若不定者云何而言
心得解脫貪亦不定若不定者云何因之生
三惡趣貪者境界二俱不定何以故俱緣一
色或生於貪或生於瞋或生愚癡是故貪者
及与境界二俱不定若俱不定何故如來言說
菩薩脩大涅槃心得解脫

大般涅槃經卷第廿五

廿

BD05372號　大般涅槃經（北本　宮本）卷二五　　（21–21）

以是清淨鼻
種種諸香須曼那
香瞻蔔華香波羅羅華
華香白蓮華香華樹香菓樹香栴檀
香多摩羅跋香多伽羅香及千万種和香若
末若丸若塗香持是經者於此間住悉能分
別又復別知眾生之香象香馬香牛羊等香
男香女香童子香童女香及草木叢林香若
近若遠所有諸香悉皆得聞分別不錯持是
經者雖住於此亦聞天上諸天之香波利質
多羅拘鞞陀羅樹香及曼陀羅華香摩訶
曼陀羅華香曼殊沙華香摩訶曼殊沙華
香栴檀沈水種種末香諸雜華香如是等天香
和合所出之香无不聞知又聞諸天身香釋提
桓因在勝殿上五欲娛樂嬉戲時香若在妙
法堂上為忉利諸天說法時香若於諸園遊
戲時香及餘天等男女身香皆悉遙聞如是
展轉乃至梵世上至有頂諸天身香亦皆聞
之并聞諸天所燒之香及聲聞香辟支佛香菩
薩香諸佛身香亦皆遙聞知其所在雖聞此
香然於鼻根不壞不錯若欲分別為他人說
憶念不謬爾時世尊欲重宣此義而說偈言
是人鼻清淨於此世界中若香若臭物種種悉聞知

BD05373號　妙法蓮華經卷六　（5–1）

之并聞諸天所燒之香及聲聞香辟支佛香菩
薩香諸佛身香亦皆遙聞知其所在雖聞此
香然於鼻根不壞不錯若欲分別為他人說
憶念不謬爾時世尊欲重宣此義而說偈言
是人鼻清淨　於此世界中　若香若臭物　種種悉聞知
須曼那闍提　多摩羅栴檀　沈水及桂香　種種華菓香
及知眾生香　男子女人香　說法者遠住　聞香知所在
大勢轉輪王　小轉輪及子　群臣諸宮人　聞香知所在
身所著珍寶　及地中寶藏　轉輪王寶女　聞香知所在
諸人嚴身具　衣服及瓔珞　種種所塗香　聞則知其身
諸天若行坐　遊戲及神變　持是法華者　聞香悉能知
諸樹華菓實　及蘇油香氣　持經者住此　悉知其所在
諸山深險處　栴檀樹華敷　眾生在中者　聞香皆能知
鐵圍山大海　地中諸眾生　持經者聞香　悉知其所在
阿脩羅男女　及其諸眷屬　鬪諍遊戲時　聞香皆能知
曠野險隘處　師子象虎狼　野牛水牛等　聞香知所在
若有懷妊者　未辯其男女　无根及非人　聞香悉能知
以聞香力故　知其初懷妊　成就不成就　安樂產福子
以聞香力故　知男女所念　染欲癡恚心　亦知脩善者
地中眾伏藏　金銀諸珍寶　銅器之所盛　聞香悉能知
種種諸瓔珞　无能識其價　聞香知貴賤　出處及所在
天上諸華等　曼陀曼殊沙　波利質多樹　聞香悉能知
天上諸宮殿　上中下差別　眾寶華莊嚴　聞香悉能知
天園林勝殿　諸觀妙法堂　在中而娛樂　聞香悉能知
諸天若聽法　或受五欲時　來往行坐臥　聞香悉能知
天女所著衣　好華香莊嚴　周旋遊戲時　聞香悉能知
如是展轉上　乃至於梵世　入禪出禪者　聞香悉能知

BD05373號　妙法蓮華經卷六　（5–2）

天上諸宮殿　上中下差別　衆寶華莊嚴　聞香悉能知
天園林勝殿　諸觀妙法堂　在中而娛樂　聞香悉能知
諸天若聽法　或受五欲時　來往行坐臥　聞香悉能知
天女所著衣　好華香莊嚴　周旋遊戲時　聞香悉能知
如是展轉上　乃至於梵世　入禪出禪者　聞香悉能知
光音遍淨天　乃至于有頂　初生及退沒　聞香悉能知
諸比丘衆等　於法常精進　若坐若經行　及讀誦經法
或在林樹下　專精而坐禪　持經者聞香　悉知其所在
菩薩志堅固　坐禪若讀誦　或為他人說　聞香悉能知
在在方世尊　一切所恭敬　愍衆而說法　聞香悉能知
衆生在佛前　聞經皆歡喜　如法而修行　聞香悉能知
雖未得菩薩　無漏法生鼻　而是持經者　先得此鼻相
復次常精進，若善男子善女人受持是經，
若讀若誦，若解說，若書寫，得千二百舌功德。
若好若醜，若美不美，及諸苦澀物，在其舌根，
皆變成上味，如天甘露，無不美者。若以舌根
於大衆中有所演說，出深妙聲，能入其心，皆
令歡喜快樂。又諸天子天女、釋梵諸天，聞是
深妙音聲，有所演說言論次第，皆悉來聽。
及諸龍龍女、夜叉夜叉女、乾闥婆乾闥婆女、
阿脩羅阿脩羅女、迦樓羅迦樓羅女、緊那羅
緊那羅女、摩睺羅伽摩睺羅伽女，為聽法故，
來親近恭敬供養。及比丘比丘尼優婆塞優
婆夷，國王王子群臣眷屬，小轉輪王大轉輪
王七寶千子內外眷屬，乘其宮殿，俱來聽
法。以是菩薩善說法故，婆羅門居士國內人
民，盡其形壽，隨侍供養。又諸聲聞辟支佛菩

BD05373 號　妙法蓮華經卷六

（5–3）

來親近恭敬供養。及比丘比丘尼優婆塞優
婆夷，國王王子群臣眷屬，小轉輪王大轉輪
王七寶千子內外眷屬，乘其宮殿，俱來聽
法。以是菩薩善說法故，婆羅門居士國內人
民，盡其形壽，隨侍供養。又諸聲聞辟支佛菩
薩諸佛，常樂見之。是人所在方面，諸佛皆向其
處說法，悉能受持一切佛法，又能出於深妙法
音。爾時世尊欲重宣此義，而說偈言：
是人舌根淨　終不受惡味　其有所食噉　悉皆成甘露
以深淨妙聲　於大衆說法　以諸因緣喻　引導衆生心
聞者皆歡喜　設諸上供養
諸天龍夜叉　及阿脩羅等　皆以恭敬心　而共來聽法
是說法之人　若欲以妙音　遍滿三千界　隨意即能至
大小轉輪王　及千子眷屬　合掌恭敬心　常來聽受法
龍天龍夜叉　羅剎毗舍闍　亦以歡喜心　常樂來供養
梵天王魔王　自在大自在　如是諸天衆　常來至其所
諸佛及弟子　聞其說法音　常念而守護　或時為現身
復次常精進，若善男子善女人受持是經，若
讀若誦，若解說，若書寫，得八百身功德。得
清淨身，如淨瑠璃，衆生喜見。其身淨故，三千
大千世界衆生，生時死時，上下好醜，生善處
惡處，悉於中現。及鐵圍、大鐵圍、彌樓山、摩
訶彌樓山等諸山，及其中衆生，悉於中現。下至
阿鼻地獄，上至有頂，所有及衆生，悉於中現。若
聲聞辟支佛菩薩諸佛說法，皆於身中現其
色像。爾時世尊欲重宣此義，而說偈言：
若持法華者　其身甚清淨　如淨淨瑠璃　衆生皆喜見
[illegible]明鏡　[illegible]見諸色象　[illegible]

BD05373 號　妙法蓮華經卷六

（5–4）

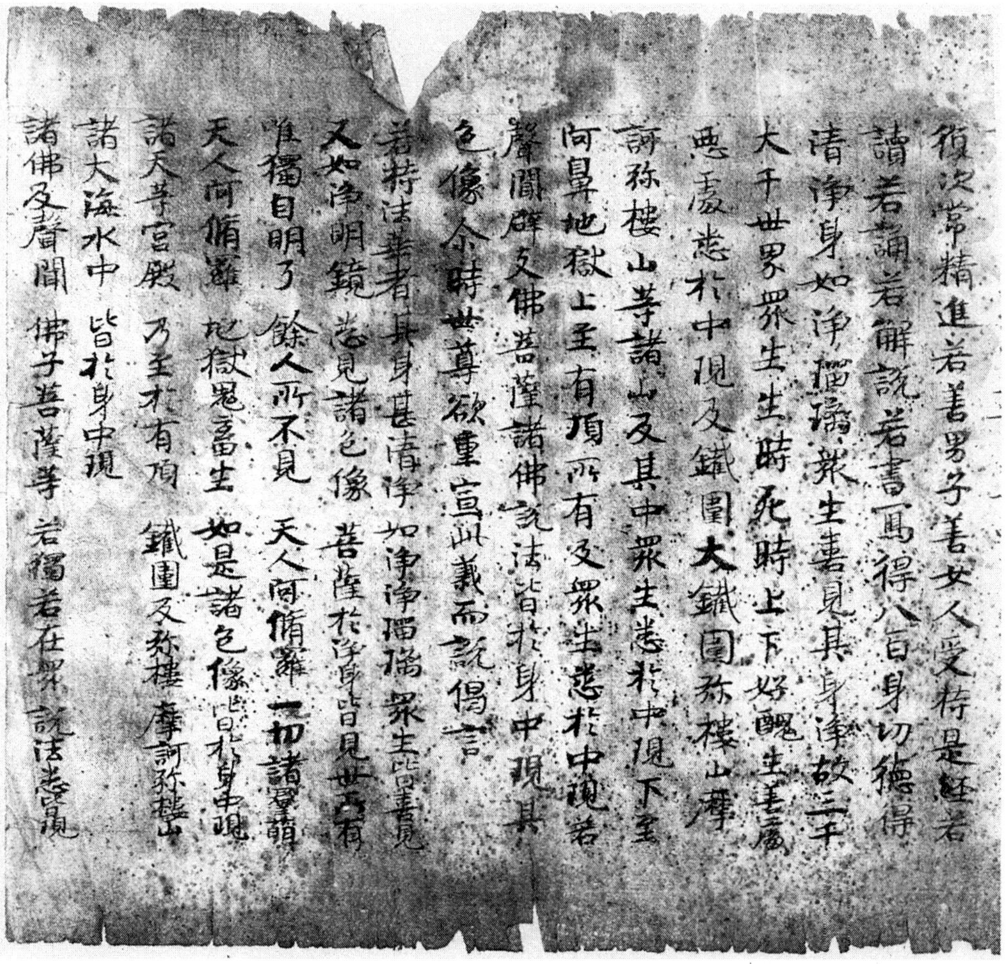

復次常精進若善男子善女人受持是經若
讀若誦若解說若書寫得八百身功德得
清淨身如淨瑠璃眾生憙見其身淨故三千
大千世界眾生生時死時上下好醜生善處
惡處悉於中現及鐵圍大鐵圍彌樓山摩
訶彌樓山等諸山及其中眾生悉於中現下至
阿鼻地獄上至有頂所有及眾生悉於中現若
聲聞辟支佛菩薩諸佛說法皆於身中現其
色像爾時世尊欲重宣此義而說偈言
若持法華者　其身甚清淨　如彼淨瑠璃　眾生皆憙見
又如淨明鏡　悉見諸色像　菩薩於淨身　皆見世所有
唯獨自明了　餘人所不見　天人阿脩羅　一切諸羣萌
天人阿脩羅　地獄鬼畜生　如是諸色像　皆於身中現
諸天等宮殿　乃至於有頂　鐵圍及彌樓　摩訶彌樓山
諸大海水中　皆於身中現
諸佛及聲聞　佛子菩薩等　若獨若在眾　說法悉皆現

**BD05373 號**　妙法蓮華經卷六　（5–5）

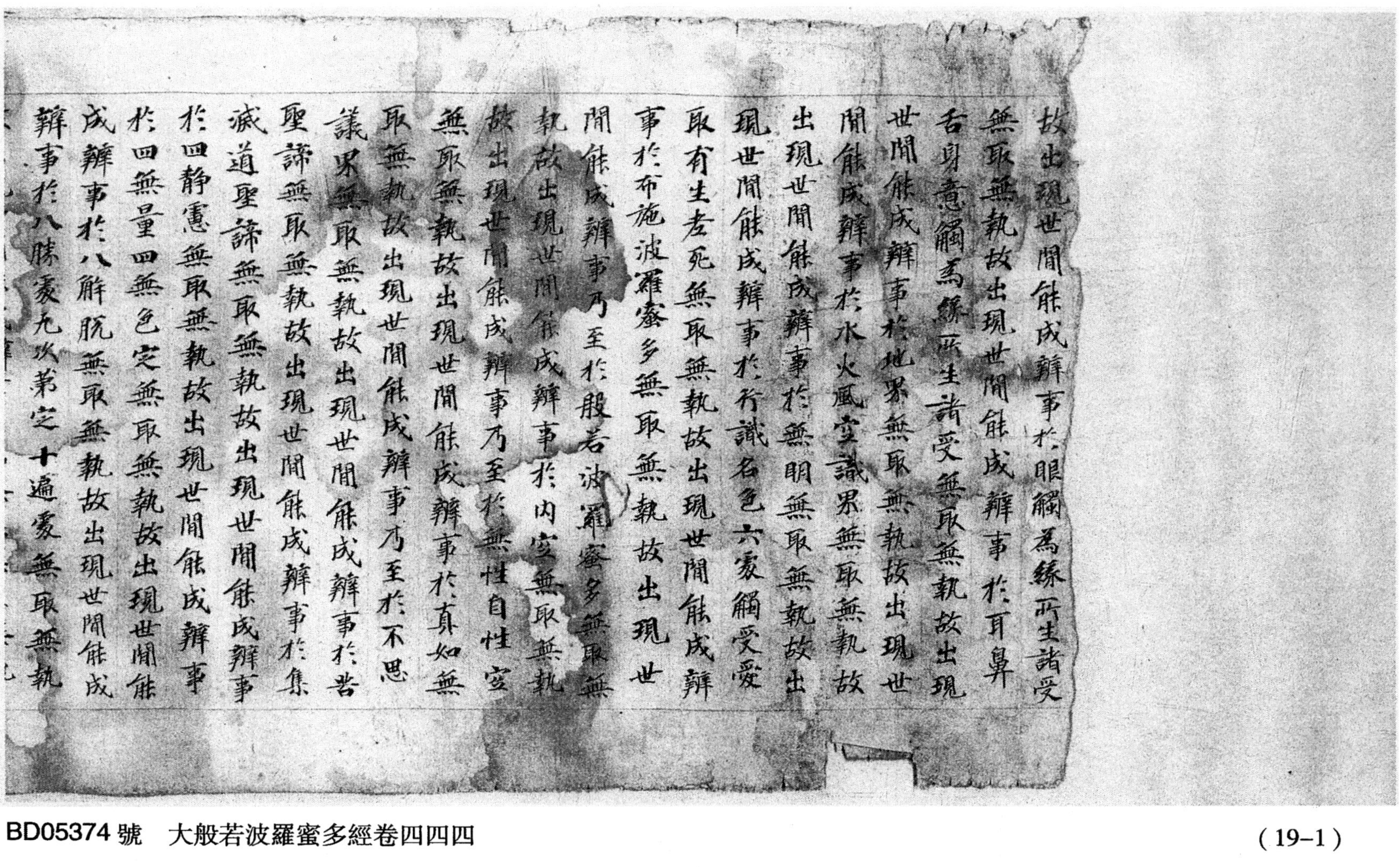

故出現世間能成辦事於眼觸為緣所生諸受
無取無執故出現世間能成辦事於耳鼻
舌身意觸為緣所生諸受無取無執故出現
世間能成辦事於地界無取無執故出現世
間能成辦事於水火風空識界無取無執故
出現世間能成辦事於無明無取無執故出
現世間能成辦事於行識名色六處觸受愛
取有生老死無取無執故出現世間能成辦
事於布施波羅蜜多無取無執故出現世
間能成辦事乃至於般若波羅蜜多無取無
執故出現世間能成辦事於內空無取無執
故出現世間能成辦事乃至於無性自性空
無取無執故出現世間能成辦事於真如無
取無執故出現世間能成辦事乃至於不思
議界無取無執故出現世間能成辦事於苦
聖諦無取無執故出現世間能成辦事於集
滅道聖諦無取無執故出現世間能成辦事
於四靜慮無取無執故出現世間能成辦事
於四無量四無色定無取無執故出現世間能
成辦事於八解脫無取無執故出現世間能成
辦事於八勝處九次第定十遍處無取無執

**BD05374 號**　大般若波羅蜜多經卷四四四　（19–1）

聖諦無取無執故出現世間能成辦事於集
滅道聖諦無取無執故出現世間能成辦事
於四静慮無取無執故出現世間能成辦事
於四無量四無色定無取無執故出現世間能
成辦事於八解脫無取無執故出現世間能成
辦事於八勝處九次第定十遍處無取無執
故出現世間能成辦事於四念住無取無執
故出現世間能成辦事乃至於八聖道支無
取無執故出現世間能成辦事於空解脫門
無取無執故出現世間能成辦事於無相無
願解脫門無取無執故出現世間能成辦事
於三乘十地無取無執故出現世間能成辦
事於菩薩十地無取無執故出現世間能成
辦事於五眼無取無執故出現世間能成辦
事於六神通無取無執故出現世間能成辦
事於如來十力無取無執故出現世間能成
辦事乃至於十八佛不共法無取無執故出
現世間能成辦事於三十二大士相無取無
執故出現世間能成辦事於八十隨好無取
無執故出現世間能成辦事於無忘失法無
取無執故出現世間能成辦事於恒住捨性無
取無執故出現世間能成辦事於一切陁羅
尼門無取無執故出現世間能成辦事於一
切三摩地門無取無執故出現世間能成辦
事於預流果無取無執故出現世間能成辦
事乃至於獨覺菩提無取無執故出現世間
能成辦事於一切菩薩摩訶薩行無取無執

BD05374號　大般若波羅蜜多經卷四四四

(19–2)

尼門無取無執故出現世間能成辦事於一
切三摩地門無取無執故出現世間能成辦
事於預流果無取無執故出現世間能成辦
事乃至於獨覺菩提無取無執故出現世間
能成辦事於一切菩薩摩訶薩行無取無執
故出現世間能成辦事於諸佛無上正等菩
提無取無執故出現世間能成辦事於一切
智無取無執故出現世間能成辦事於道相
智一切相智無取無執故出現世間能成辦
事

尒時具壽善現白佛言世尊云何如是甚深
般若波羅蜜多於色無取無執於受想行識
亦無取無執乃至於一切智無取無執於道
相智一切相智亦無取無執故出現世間能
成辦事佛告善現於意云何汝頗見色可取
可執不頗見受想行識可取可執不乃至頗
見一切智可取可執不頗見道相智一切
相智可取可執不善現對曰不也世尊不也
善逝佛言善現善哉善哉如是如是如汝所
說善現我亦不見色可取可執不見受想
行識可取可執乃至不見一切智可取可執
不見道相智一切相智可取可執由不見故
不取由不取故不執由此回緣甚深般若波
羅蜜多於色無取無執於受想行識無取無
執如是乃至於一切智無取無執於道相智
一切相智亦無取無執善現我亦不見一切如
來應正等覺所有正等覺法如來法自然覺
法一切智法可取可執由不見故不取由不

BD05374號　大般若波羅蜜多經卷四四四

(19–3)

羅蜜多於色無取無執於受想行識無取無
執如是乃至於一切智無取無執於道相智
一切相智亦無取無執善現我亦不見一切如
來應正等覺所有正等覺法如來法自然覺
法一切智法可取可執由不見故不取由不
取故不執甚深般若波羅蜜多亦復如是都
不見有一切如來應正等覺所有正等覺法
如來法自然覺法一切智法可取可執由此
因緣無取無執是故善現諸菩薩摩訶薩脩
行般若波羅蜜多時不應於色若取若執不
應於受想行識若取若執如是乃至不應於
一切智若取若執不應於道相智一切相智
若取若執亦不應於一切如來應正等覺所
有正等覺法如來法自然覺法一切智法若
取若執
尒時欲色界諸天衆俱白佛言世尊如是般
若波羅蜜多最為甚深難見難覺不可尋思
超尋思境寂靜微妙審諦沉密極聡慧者乃
能了知若諸有情能深信解如是般若波羅
蜜多當知彼曾供養過去無量諸佛於諸佛
所發弘誓願多種善根事多善友已為無量
善友攝受乃能信解如是般若波羅蜜多若
有得聞如是般若波羅蜜多深生信解當知
彼類即是菩薩定得無上正等菩提世尊假
使三千大千世界諸有情類一切皆成隨信
行隨法行第八預流一來不還阿羅漢獨覺
彼所成就若智若斷不如有人一日於此甚



有得聞如是般若波羅蜜多深生信解當知
彼類即是菩薩定得無上正等菩提世尊假
使三千大千世界諸有情類一切皆成隨信
行隨法行第八預流一來不還阿羅漢獨覺
彼所成就若智若斷不如有人一日於此甚
深般若波羅蜜多忍樂思惟稱量觀察是人
於此甚深般若波羅蜜多所成就忍勝彼智
斷無量無邊何以故諸隨信行若智若斷乃
至獨覺若智若斷皆是已得無生法忍諸菩
薩摩訶薩忍少分故尒時佛告諸天衆言善
哉善哉如汝所說諸隨信行若隨法行第八
預流一來不還阿羅漢獨覺所有智斷皆是
已得無生法忍諸菩薩摩訶薩忍之少分天
衆當知若善男子善女人等暫聽如是甚深
般若波羅蜜多聞已信解書寫受持讀誦脩
習思惟演說是善男子善女人等速出生死
證得涅槃成就如來正等覺智勝求二乘諸
善男子善女人等遠離般若波羅蜜多學餘
經典若經一劫若一劫餘所以者何於此般
若波羅蜜多甚深經中廣說一切微妙勝法
諸隨信行若隨法行第八預流一來不還阿
羅漢獨覺菩薩摩訶薩皆應於此精懃脩學
隨所願求皆速究竟所作事業一切如來應
正等覺皆依此學已證正證當證無上正等
菩提時諸天衆俱發聲言如是般若波羅蜜
多是大波羅蜜多是不可思議波羅蜜多是
不可稱量波羅蜜多是無數量波羅蜜多是

隨所願求皆速究竟所作事業一切如來應
正等覺皆依此學已證正證當證無上正等
菩提時諸天衆俱發聲言如是般若波羅蜜
多是大波羅蜜多是不可思議波羅蜜多是
不可稱量波羅蜜多是無數量波羅蜜多是
無等等波羅蜜多世尊諸隨信行若隨法行
第八預流一來不還阿羅漢獨覺皆於如是
甚深般若波羅蜜多精懃脩學速出生死證
無餘依般涅槃界一切菩薩摩訶薩衆皆於
如是甚深般若波羅蜜多精懃脩學速證
無上正等菩提入無餘依般涅槃界世尊雖
諸聲聞獨覺菩薩皆依如是甚深般若波羅
蜜多精勤脩學各得究竟所作事業而是般
若波羅蜜多無增無減尒時欲界色界天衆
說是語已歡喜踊躍於此般若波羅蜜多深
生信樂頂禮佛足右遶三帀辭佛還宮去會
未遠俱時不現
尒時具壽善現白佛言世尊若菩薩摩訶薩
聞說如是甚深般若波羅蜜多深生信解書
寫受持讀誦脩習思惟演說供養恭敬尊重
讚歎是菩薩摩訶薩從何處沒來生此間佛
告善現若菩薩摩訶薩聞說如是甚深般若
波羅蜜多深生信解書寫受持讀誦脩習如
理思惟供養恭敬尊重讚歎常隨法師請問
義趣若行若立若坐若卧無時蹔捨如新生
犢不離其母乃至未得甚深般若波羅蜜多
所有義趣究竟通利能爲他說終不捨離如
是般若波羅蜜多甚深經典及說法師善現

BD05374號　大般若波羅蜜多經卷四四四

（19–6）

波羅蜜多深生信解書寫受持讀誦脩習如
理思惟供養恭敬尊重讚歎常隨法師請問
義趣若行若立若坐若卧無時蹔捨如新生
犢不離其母乃至未得甚深般若波羅蜜多
所有義趣究竟通利能爲他說終不捨離如
是般若波羅蜜多甚深經典及說法師善現
當知是菩薩摩訶薩從人中沒來生此間何
以故善現是菩薩摩訶薩先世已聞甚深般
若波羅蜜多聞已受持讀誦脩習如理思惟
復能書寫衆寶嚴飾又以種種上妙華鬘塗
散等香衣服瓔珞寶幢幡蓋伎樂燈明供養
恭敬尊重讚歎由此善根離八無暇從人趣
沒還生人中聞說如是甚深般若波羅蜜多
深生信解書寫受持讀誦脩習思惟演說供
養恭敬尊重讚歎時具壽善現復白佛言世
尊頗有菩薩摩訶薩成就如是殊勝功德供
養承事他方如來應正等覺從彼處沒來生
此間聞說如是甚深般若波羅蜜多深生信
解書寫受持讀誦脩習思惟演說供養恭敬
尊重讚歎無懈倦不佛告善現如是如是有
菩薩摩訶薩成就如是殊勝功德供養承事
他方如來應正等覺從彼處沒來生此間聞
說如是甚深般若波羅蜜多深生信解書寫
受持讀誦脩習思惟演說供養恭敬尊重讚
歎無懈倦心所以者何是菩薩摩訶薩先從
他方無量佛所聞說如是甚深般若波羅蜜
多深生信解書寫受持讀誦脩習思惟演說
供養恭敬尊重讚歎無懈倦心彼衆如是善

BD05374號　大般若波羅蜜多經卷四四四

（19–7）

受持讀誦脩習思惟演說供養恭敬尊重讚
歎無懈倦心所以者何是菩薩摩訶薩先從
他方無量佛所聞說如是甚深般若波羅蜜
多深生信解書寫受持讀誦脩習思惟演說
供養恭敬尊重讚歎無懈倦心彼乘如是善
根力故從彼處沒來生此間復次善現有菩薩
摩訶薩從覩史多天眾同分沒來生人中彼
亦成就如是功德所以者何是菩薩摩訶薩
先世已於覩史多天慈氏菩薩摩訶薩所請
問般若波羅蜜多甚深義趣彼乘如是善
根力故從彼處沒來生人中聞說如是甚深
般若波羅蜜多深生信解書寫受持讀誦脩
習思惟演說供養恭敬尊重讚歎無懈倦心
復次善現有菩薩乘諸善男子善女人等雖
於先世得聞般若波羅蜜多乃至布施波羅蜜
多而不請問甚深義趣今生人中聞說如是
甚深般若波羅蜜多其心迷悶猶豫怯弱
或生異解難可開悟復次善現有菩薩乘諸
善男子善女人等雖於先世得聞內空乃至
無性自性空而不請問甚深義趣雖於先世
得聞真如乃至不思議界而不請問甚深義
趣雖於先世得聞苦集滅道聖諦而不請問
甚深義趣今生人中聞說如是甚深般若波
羅蜜多其心迷悶猶豫怯弱或生異解難可開
悟復次善現有菩薩乘諸善男子善女人等
雖於先世得聞四靜慮四無量四無色定而
不請問甚深義趣雖於先世得聞八解脫八
勝處九次第定十遍處而不請問甚深義

BD05374號　大般若波羅蜜多經卷四四四　（19–8）

羅蜜多其心迷悶猶豫怯弱或生異解難可開
悟復次善現有菩薩乘諸善男子善女人等
雖於先世得聞四靜慮四無量四無色定而
不請問甚深義趣雖於先世得聞八解脫八
勝處九次第定十遍處而不請問甚深義
趣雖於先世得聞四念住乃至八聖道支而
不請問甚深義趣雖於先世得聞空無相無
願解脫門而不請問甚深義趣雖於先世得
聞三乘菩薩十地而不請問甚深義趣今生人
中聞說如是甚深般若波羅蜜多其心迷悶
猶豫怯弱或生異解難可開悟復次善現有
菩薩乘諸善男子善女人等雖於先世得聞
五眼六神通而不請問甚深義趣雖於先
世得聞佛十力乃至十八佛不共法而不請
問甚深義趣雖於先世得聞三十二大士相八
十隨好而不請問甚深義趣雖於先世得聞
無忘失法恒住捨性而不請問甚深義趣雖
於先世得聞陀羅尼門三摩地門而不請
問甚深義趣雖於先世得聞菩薩摩訶薩行
諸佛無上正等菩提而不請問甚深義趣雖
於先世得聞一切智道相智一切相智而不
請問甚深義趣今生人中聞說如是甚深般
若波羅蜜多其心迷悶猶豫怯弱或生異解
難可開悟
復次善現有菩薩乘諸善男子善女人等雖
於先世得聞般若波羅蜜多亦曾請問甚深
義趣或經一日二日三日四日五日而不如

BD05374號　大般若波羅蜜多經卷四四四　（19–9）

若波羅蜜多其心迷悶猶豫怯弱或生異解
難可開悟
復次善現有菩薩乘諸善男子善女人等雖
於先世得聞般若波羅蜜多亦曾請問甚深
義趣或經一日二日三日四日五日而不如
說精進脩行今生人中聞說如是甚深般若
波羅蜜多談經一日二日三日四日五日其
心堅固無能壞者若離所聞甚深般若波羅
蜜多尋便退失心生猶豫何以故善現是菩
薩乘諸善男子善女人等由於先世得聞般
若波羅蜜多雖亦請問甚深義趣而不如說
精進脩行故於今生若遇善友慇懃勸勵
便樂聽受甚深般若波羅蜜多若無善友慇
懃勸勵便於此經不樂聽受彼於般若波羅
蜜多或時樂聞或時不樂或時堅固或時退失
其心輕動進退非恒猶如輕毛隨風飄轉當
知如是住菩薩乘諸善男子善女人等發趣
大乘經時未久未多親近真善知識未多供
養諸佛世尊未曾受持讀誦書寫思惟演說
甚深般若波羅蜜多善現當知是菩薩乘
諸善男子善女人等未學般若波羅蜜多
乃至布施波羅蜜多未學內空乃至無性自
性空未學真如乃至不思議界未學苦集滅
道聖諦未學四靜慮四無量四無色定未學
八解脫八勝處九次第定十遍處未學四念
住乃至八聖道支未學空無相無願解脫門未
學三乘菩薩十地未學五眼六神通未學如

BD05374 號　大般若波羅蜜多經卷四四四

（19–10）

性空未學真如乃至不思議界未學苦集滅
道聖諦未學四靜慮四無量四無色定未學
八解脫八勝處九次第定十遍處未學四念
住乃至八聖道支未學空無相無願解脫門未
學三乘菩薩十地未學五眼六神通未學如
來十力乃至十八佛不共法未學三十二大
士相八十隨好未學無忘失法恒住捨性未
學一切陀羅尼門三摩地門未學一切菩薩
摩訶薩行諸佛無上正等菩提未學一切智
道相智一切相智善現當知是菩薩乘諸善
男子善女人等新趣大乘於大乘法成就少
分信敬愛樂未能書寫受持讀誦脩習思惟
為他演說甚深般若波羅蜜多復次善現住
菩薩乘諸善男子善女人等若不書寫受持
讀誦脩習思惟為他演說甚深般若波羅蜜
多若不以般若波羅蜜多乃至布施波羅蜜
多攝受有情乃至若不以一切智道相智一切
相智攝受有情是菩薩乘諸善男子善女
人等不為般若波羅蜜多乃至布施波羅蜜
多之所守護乃至不為一切智道相智一切相
智之所守護是菩薩乘諸善男子善女人等
不能隨順脩行般若波羅蜜多乃至布施波
羅蜜多乃至不能隨順脩行一切智道相智
一切相智由此因緣墮聲聞地或獨覺地何
以故是菩薩乘諸善男子善女人等於深般
若波羅蜜多不能書寫受持讀誦脩習思
惟為他演說亦不能以甚深般若波羅蜜多
廣說乃至一切相智攝受有情不能隨順脩

BD05374 號　大般若波羅蜜多經卷四四四

（19–11）

一切相智由此因緣墮聲聞地或獨覺地何
以故是菩薩乘諸善男子善女人等於深般
若波羅蜜多不能書寫受持讀誦脩習思
惟為他演說亦不能以甚深般若波羅蜜多
廣說乃至一切相智攝受有情不能隨順脩
行般若波羅蜜多廣說乃至一切相智不為
般若波羅蜜多之所守護乃至不為一切相
智之所守護由此因緣墮聲聞地或獨覺地
第二分船等喻品第卅九
佛告善現譬如泛海所乘船破其中諸人若
不取木器物浮囊板片死屍為依附者定知
溺死不至彼岸若能取木器物浮囊板片死
屍為所依附當知是類終不沒死得至安隱
大海彼岸無損無害受諸快樂如是善現若
菩薩乘諸善男子善女人等雖於大乘成就
少分信敬愛樂若不書寫受持讀誦思惟脩
習為他演說甚深般若波羅蜜多為所依附
當知如是住菩薩乘諸善男子善女人等中
道衰敗不證無上正等菩提退入聲聞或獨
覺地若菩薩乘諸善男子善女人等有於大
乘成就圓滿信敬愛樂若能書寫受持讀誦
思惟脩習為他演說甚深般若波羅蜜多為
所依附當知如是住菩薩乘諸善男子善女人
等終不中道退入聲聞或獨覺地定證無上
正等菩提
復次善現如人欲度險惡曠野若不攝受資
糧器具不能達到安樂國土於其中道遭苦
失命如是善現若菩薩乘諸善男子善女人

BD05374號　大般若波羅蜜多經卷四四四　（19–12）

所依附[illegible]
等終不中道退入聲聞或獨覺地定證無上
正等菩提
復次善現如人欲度險惡曠野若不攝受資
糧器具不能達到安樂國土於其中道遭苦
失命如是善現若菩薩乘諸善男子善女人
等雖於無上正等菩提有信有忍有清淨心
有勝意樂有欲勝解有捨精進若不攝受甚
深般若波羅蜜多及餘功德當知如是住菩
薩乘諸善男子善女人等中道衰敗不證無
上正等菩提退入聲聞或獨覺地善現當知
如人欲度險惡曠野若能攝受資糧器具必
當達到安樂國土終不中道遭苦捨命如是
善現若菩薩乘諸善男子善女人等已於無
上正等菩提有信有忍有清淨心有勝意樂
有欲勝解有捨精進復能攝受甚深般若波
羅蜜多及餘功德當知如是住菩薩乘諸善
男子善女人等終不中道損耗退敗超聲聞
地及獨覺地成熟有情嚴淨佛土疾證無上
正等菩提
復次善現譬如男子及諸女人執持坏瓶詣
河取水若池若井若泉若渠當知此瓶不久
爛壞何以故是瓶未熟不堪盛水終歸地故
如是善現有菩薩乘諸善男子善女人等雖
於無上正等菩提有信有忍有清淨心有勝
意樂有欲勝解有捨精進若不攝受甚深般
若波羅蜜多方便善巧則便遠離般若靜慮
精進安忍淨戒布施波羅蜜多亦復遠離內

BD05374號　大般若波羅蜜多經卷四四四　（19–13）

如是善現有菩薩乘諸善男子善女人等
於無上正等菩提有信有忍有清淨心有勝
意樂有欲勝解有捨精進若不攝受甚深般
若波羅蜜多方便善巧則便遠離般若靜慮
精進安忍淨戒布施波羅蜜多亦復遠離內
空外空內外空空空大空勝義空有為空
無為空畢竟空無際空散無散空本性空自
共相空一切法空不可得空無性空自性空無
性自性空亦復遠離真如法界法性不虛妄
性不變異性平等性離生性法定法住實際
虛空界不思議界亦復遠離苦集滅道聖
諦亦復遠離四靜慮四無量四無色定亦復
遠離八解脫八勝處九次第定十遍處亦復
遠離四念住四正斷四神足五根五力七等
覺支八聖道支亦復遠離空無相無願解脫門
亦復遠離菩薩十地亦復遠離五眼六神通
亦復遠離如來十力四無所畏四無礙解大
慈大悲大喜大捨十八佛不共法亦復遠離
無忘失法恒住捨性亦復遠離陀羅尼門三
摩地門亦復遠離成熟有情嚴淨佛土亦復
遠離一切智道相智一切相智當知如是住
菩薩乘諸善男子善女人等中道衰敗不證
無上正等菩提退入聲聞或獨覺地善現當
知譬如男子或諸女人持燒熟瓶詣河取水
若池若井若泉若渠當知此瓶終不爛壞何
以故是瓶善熟堪任盛水極堅牢故如是善
現有菩薩乘諸善男子善女人等若於無上
正等菩提有信有忍有清淨心有勝意樂有

BD05374號　大般若波羅蜜多經卷四四四

(19–14)

知譬如男子或諸女人持燒熟瓶詣河取水
若池若井若泉若渠當知此瓶終不爛壞何
以故是瓶善熟堪任盛水極堅牢故如是善
現有菩薩乘諸善男子善女人等若於無上
正等菩提有信有忍有清淨心有勝意樂有
欲勝解有捨精進復能攝受甚深般若波羅
蜜多方便善巧不遠離般若靜慮精進安
忍淨戒布施波羅蜜多如是乃至不遠離一
切智道相智一切相智由是因緣常為諸佛
及諸菩薩摩訶薩眾攝受護念當知如是住
菩薩乘諸善男子善女人等終不中道衰耗
退敗超聲聞地及獨覺地成熟有情嚴淨佛
土疾證無上正等菩提
復次善現譬如商人無巧便智船在海岸未
具裝治即持財物安置其上牽著水中速便
進發當知是船中道壞沒人船財物各散異
處如是商人無巧便智喪失身命及大財寶
如是善現有菩薩乘諸善男子善女人等設
於無上正等菩提有信有忍有清淨心有勝
意樂有欲勝解有捨精進若不攝受甚深般
若波羅蜜多方便善巧則便遠離般若靜慮精
進安忍淨戒布施波羅蜜多如是乃至遠離
一切智道相智一切相智當知如是住菩薩
乘諸善男子善女人等中道衰敗喪失身
命及大財寶喪身命者謂墮聲聞或獨覺
地失財寶者謂失無上正等菩提善現當知
譬如商人有巧便智先在海岸裝治船已方
牽入水知無穿穴後持財物置上而去當知是

BD05374號　大般若波羅蜜多經卷四四四

(19–15)

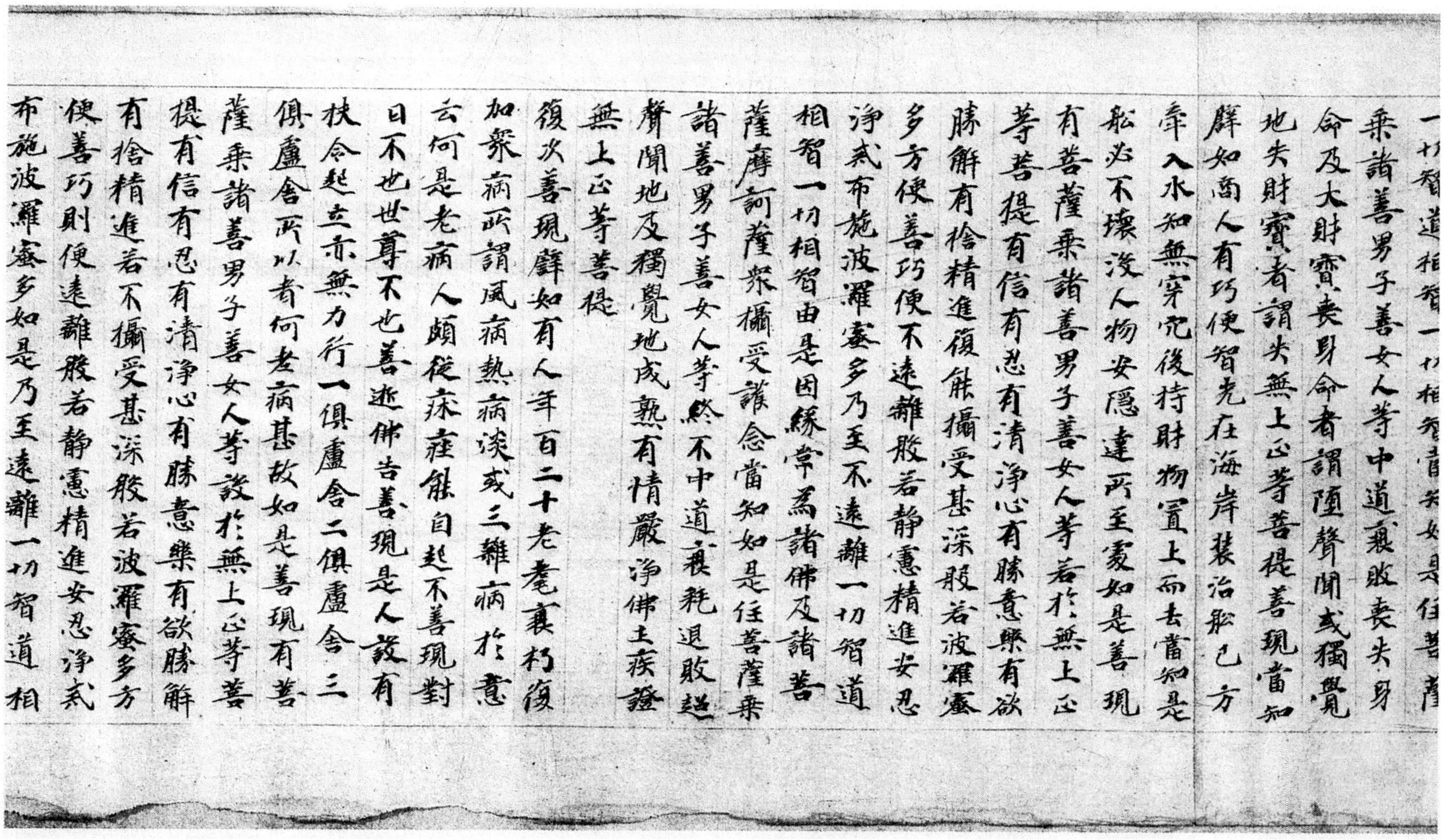

一切智道相智一切相智當知如是住菩薩
乘諸善男子善女人等中道衰敗喪失身
命及大財寶喪身命者謂墮聲聞或獨覺
地失財寶者謂失無上正等菩提善現當知
譬如商人有巧便智先在海岸裝治舡已方
牽入水知無穿穴後持財物置上而去當知是
舡必不壞沒人物安隱達所至處如是善現
有菩薩乘諸善男子善女人等若於無上正
等菩提有信有忍有清淨心有勝意樂有欲
勝解有捨精進復能攝受甚深般若波羅蜜
多方便善巧便不遠離般若靜慮精進安忍
淨戒布施波羅蜜多乃至不遠離一切智道
相智一切相智由是因緣常為諸佛及諸菩
薩摩訶薩衆攝受護念當知如是住菩薩乘
諸善男子善女人等終不中道衰耗退敗超
聲聞地及獨覺地成熟有情嚴淨佛土疾證
無上正等菩提
復次善現譬如有人年百二十老耄衰朽復
加衆病所謂風病熱病淡病或三雜病於意
云何是老病人頗從床座能自起不善現對
曰不也世尊不也善逝佛告善現是人設有
扶令起立亦無力行一俱盧舍二俱盧舍三
俱盧舍所以者何老病甚故如是善現有菩
薩乘諸善男子善女人等設於無上正等菩
提有信有忍有清淨心有勝意樂有欲勝解
有捨精進若不攝受甚深般若波羅蜜多方
便善巧則便遠離般若靜慮精進安忍淨戒
布施波羅蜜多如是乃至遠離一切智道相

BD05374 號　大般若波羅蜜多經卷四四四　（19–16）

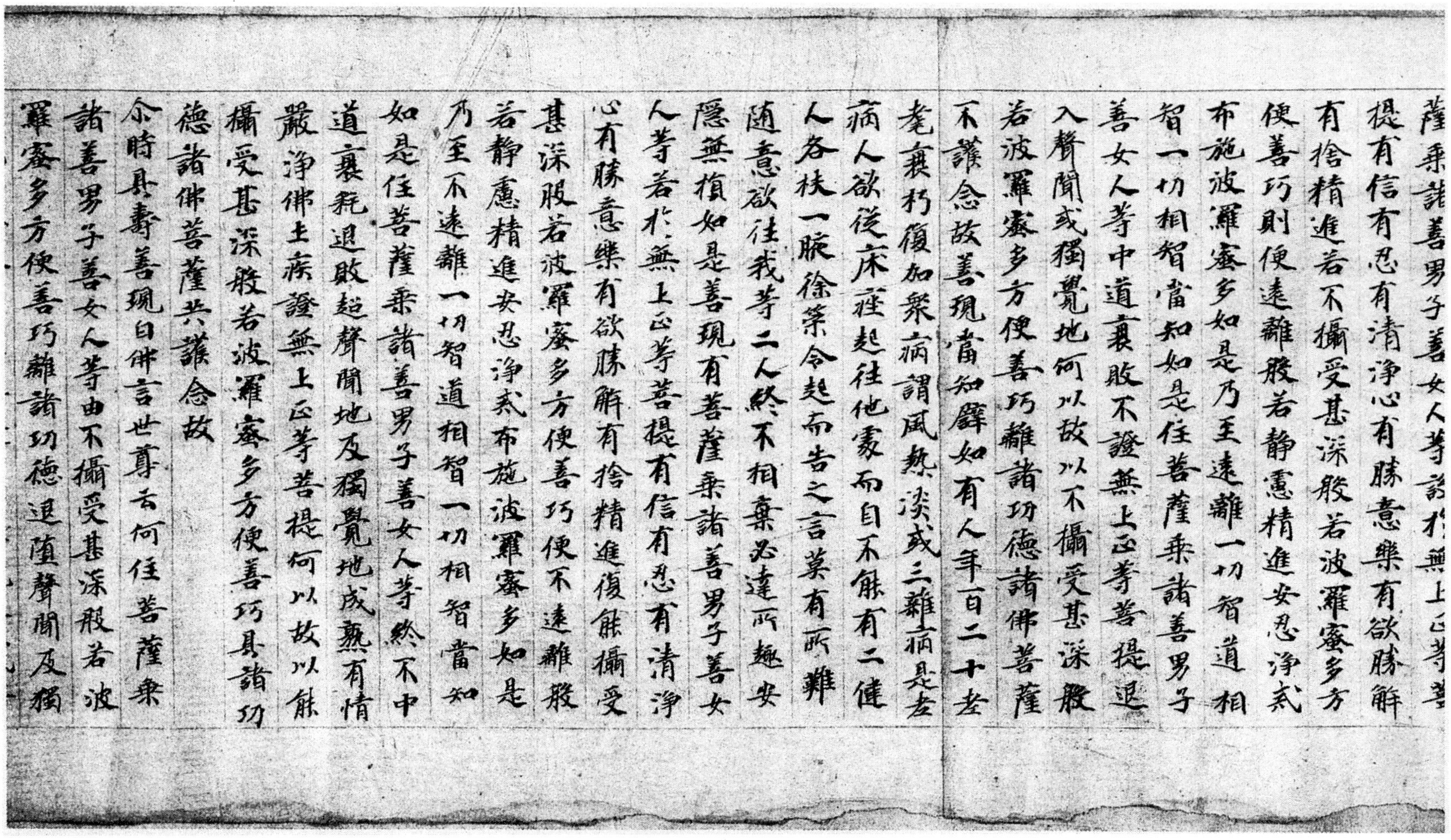

薩乘諸善男子善女人等設於無上正等菩
提有信有忍有清淨心有勝意樂有欲勝解
有捨精進若不攝受甚深般若波羅蜜多方
便善巧則便遠離般若靜慮精進安忍淨戒
布施波羅蜜多如是乃至遠離一切智道相
智一切相智當知如是住菩薩乘諸善男子
善女人等中道衰敗不證無上正等菩提退
入聲聞或獨覺地何以故以不攝受甚深般
若波羅蜜多方便善巧離諸功德諸佛菩薩
不護念故善現當知譬如有人年百二十老
耄衰朽復加衆病謂風熱淡或三雜病是老
病人欲從床座起往他處而自不能有二健
人各扶一腋徐策令起而告之言莫有所難
隨意欲往我等二人終不相棄必達所趣安
隱無損如是善現有菩薩乘諸善男子善女
人等若於無上正等菩提有信有忍有清淨
心有勝意樂有欲勝解有捨精進復能攝受
甚深般若波羅蜜多方便善巧不遠離般
若靜慮精進安忍淨戒布施波羅蜜多如是
乃至不遠離一切智道相智一切相智當知
如是住菩薩乘諸善男子善女人等終不中
道衰耗退敗超聲聞地及獨覺地成熟有情
嚴淨佛土疾證無上正等菩提何以故以能
攝受甚深般若波羅蜜多方便善巧具諸功
德諸佛菩薩共護念故
尒時具壽善現白佛言世尊云何住菩薩乘
諸善男子善女人等由不攝受甚深般若波
羅蜜多方便善巧離諸功德退墮聲聞及獨

BD05374 號　大般若波羅蜜多經卷四四四　（19–17）

德諸佛菩薩共讚念故
尒時具壽善現白佛言世尊云何住菩薩乘
諸善男子善女人等由不攝受甚深般若波
羅蜜多方便善巧離諸功德退墮聲聞及獨
覺地不證無上正等菩提佛告善現善哉善
哉汝為利樂住菩薩乘諸善男子善女人等
問如是事汝今諦聽當為汝說善現當知有
菩薩乘諸善男子善女人等從初發心執我
我所修行布施乃至般若波羅蜜多此善男
子善女人等修布施時作如是念我能行施
我施此物彼受我施修淨戒時作如是念我
能持戒我持此戒我具是戒修安忍時作如
是念我能修忍我於彼忍我具是忍修精進
時作如是念我能精進我為此精進我具是
精進修靜慮時作如是念我能修定我為此
修定我具是定修般若時作如是念我能修
慧我為此修慧我具是慧復次善現此善男
子善女人等修布施時執有是布施執由此
布施執布施為我所修淨戒時執有是淨戒
執由此淨戒執淨戒為我所修安忍時執有
是安忍執由此安忍執安忍為我所修精進
時執有是精進執由此精進執精進為我所
修靜慮時執有是靜慮執由此靜慮執靜慮
為我所修般若時執有是般若執由此般若
執般若為我所是善男子善女人等我我所
執恒隨逐故所行布施乃至般若波羅蜜多
增長生死不能解脫生等衆苦所以者何布

BD05374號　大般若波羅蜜多經卷四四四　（19–18）

是安忍執由此安忍執安忍為我所修精進
時執有是精進執由此精進執精進為我所
修靜慮時執有是靜慮執由此靜慮執靜慮
為我所修般若時執有是般若執由此般若
執般若為我所是善男子善女人等我我所
執恒隨逐故所行布施乃至般若波羅蜜多
增長生死不能解脫生等衆苦所以者何布
施波羅蜜多中無如是分別可起此執乃至
般若波羅蜜多中亦無如是分別可起此執
何以故遠離此彼岸是是布施波羅蜜多相乃
至是般若波羅蜜多相故善現當知此菩薩
乘諸善男子善女人等不知此岸彼岸相故
不能攝受布施淨戒安忍精進靜慮般若波
羅蜜多乃至不能攝受一切智道相智一切
相智由是因緣此菩薩乘諸善男子善女人
等墮聲聞地或獨覺地不證無上正等菩提

大般若波羅蜜多經卷第四百卌四

BD05374號　大般若波羅蜜多經卷四四四　（19–19）

香油蘇燈供養經卷是人功德无量无邊能
生一切種智阿逸多若善男子善女人聞我
說壽命長遠深心信解則為見佛常在耆
闍崛山共大菩薩諸聲聞衆圍繞說法又見
此娑婆世界其地琉璃坦然平正閻浮檀金
以界八道寶樹行列諸臺樓觀皆悉寶成
其菩薩衆咸處其中若有能如是觀者當知
是為深信解相又復如來滅後若聞是經
而不毀呰起隨喜心當知已為深信解相何
況讀誦受持之者斯人則為頂戴如來阿逸
多是善男子善女人不須為我復起塔寺
及作僧房以四事供養衆僧所以者何是善
男子善女人受持讀誦是經典者為已起塔
造立僧房供養衆僧則為以佛舍利起七寶
塔高廣漸小至于梵天懸諸幡蓋及衆寶鈴

BD05375號　妙法蓮華經卷五　（3–1）

多是善男子善女人不須為我復起塔寺
及作僧房以四事供養衆僧所以者何是善
男子善女人受持讀誦是經典者為已起塔
造立僧房供養衆僧則為以佛舍利起七寶
塔高廣漸小至于梵天懸諸幡蓋及衆寶鈴
華香瓔珞末香塗香燒香衆鼓伎樂簫笛
箜篌種種儛戲以妙音聲歌唄讚頌則為
於无量千万億劫作是供養已阿逸多若我
滅後聞是經典有能受持若自書若教人
書則為起立坊以赤栴檀作諸殿堂三十有
二高八多羅樹高廣嚴好百千比丘於其上
園林流池經行禪窟衣服飲食牀褥湯藥
一切樂具充滿其中如是僧坊堂閣若千百
千万億其數无量以此現前供養於我及比
丘僧是故我說如來滅後若有受持讀誦為地
人說若自書若教人書供養經卷不須復起
塔寺及造僧房供養衆僧況復有人能持是經
兼行布施持戒忍辱精進一心智慧其德最
勝无量无邊譬如虛空東西南北四維上下无
量无邊是人功德亦復如是无量无邊疾至
一切種智若人讀誦持是經為他人說若自
書若教人書復能起塔及造僧房供養讚
歎聲聞衆僧亦以百千万億讚歎之法讚歎
菩薩功德又為他人種種因緣隨義解說此
法華經復能清淨持戒與柔和者而共同止
忍辱无瞋志念堅固常貴坐禪得諸深定
精進勇猛攝諸善法利根智慧善答問難

BD05375號　妙法蓮華經卷五　（3–2）

菩薩功德又爲他人種種因緣隨義解說此
法華經復能清淨持戒與柔和者而共同止
忍辱无瞋志念堅固常貴坐禪得諸深定
精進勇猛攝諸善法利根智慧善答問難
阿逸多若我滅後諸善男子善女人受持讀
誦是經典者復有如是諸善功德當知是
人已趣道場近阿耨多羅三藐三菩提坐道
樹下阿逸多是善男子若坐若立若行處此
中便應起塔一切天人皆應供養如佛之塔尒
時世尊欲重宣此義而說偈言
若我滅度後　能奉持此經　斯人福无量　如上之所說
是則爲具足　一切諸供養　以舍利起塔　七寶而莊嚴
表剎甚高廣　漸小至梵天　寶鈴千万億　風動出妙音
又於无量劫　而供養此塔　華香諸瓔珞　天衣衆伎樂
然香油蘇燈　周帀常照明　惡世法末時　能持是經者
則爲已如上　具足諸供養　若能持此經　則如佛現在
以牛頭栴檀　起僧坊供養　堂有三十二　高八多羅樹
上饌妙衣服　牀卧皆具足　百千衆住處　園林諸流池
經行及禪窟　種種皆嚴好　若有信解心　受持讀誦書
若復教人書　及供養經卷　散華香末香　須曼瞻蔔
阿提目多伽　薰油常然之　如是供養者　得无量功德
如虛空无邊　其福亦如是　況復持此經　兼布施持戒
忍辱樂禪定　不瞋不惡口　恭敬於塔廟　謙下諸比丘
遠離自高心　常思惟智慧　有問難不瞋　隨順爲解說

BD05375 號　妙法蓮華經卷五

（3–3）

乃至由尋　不執屬幻
亦不執依幻乃至依尋香城
菩薩摩訶薩脩行般若波羅蜜多
不執是諸佛無上正等菩提亦不執由諸佛
無上正等菩提亦不執屬諸佛無上正等菩
提亦不執依諸佛無上正等菩提是菩薩摩
訶薩脩行般若波羅蜜多雖知諸法如幻乃
至如尋香城而不執是幻乃至是尋香城亦
不執由幻乃至由尋香城亦不執屬幻乃至
屬尋香城亦不執依幻乃至依尋香城
憍尸迦如是菩薩摩訶薩脩行般若波羅蜜
多雖知諸法如幻如夢如響如像如陽焰如
光影如變化事如尋香城而是菩薩摩訶薩
不執是幻是夢是響是像是陽焰是光影是
變化事是尋香城亦不執由幻由夢由響由
像由陽焰由光影由變化事由尋香城亦不
執屬幻屬夢屬響屬像屬陽焰屬光影屬
變化事屬尋香城亦不執依幻依夢依響依像
依陽焰依光影依變化事依尋香城

BD05376 號　大般若波羅蜜多經卷二九二

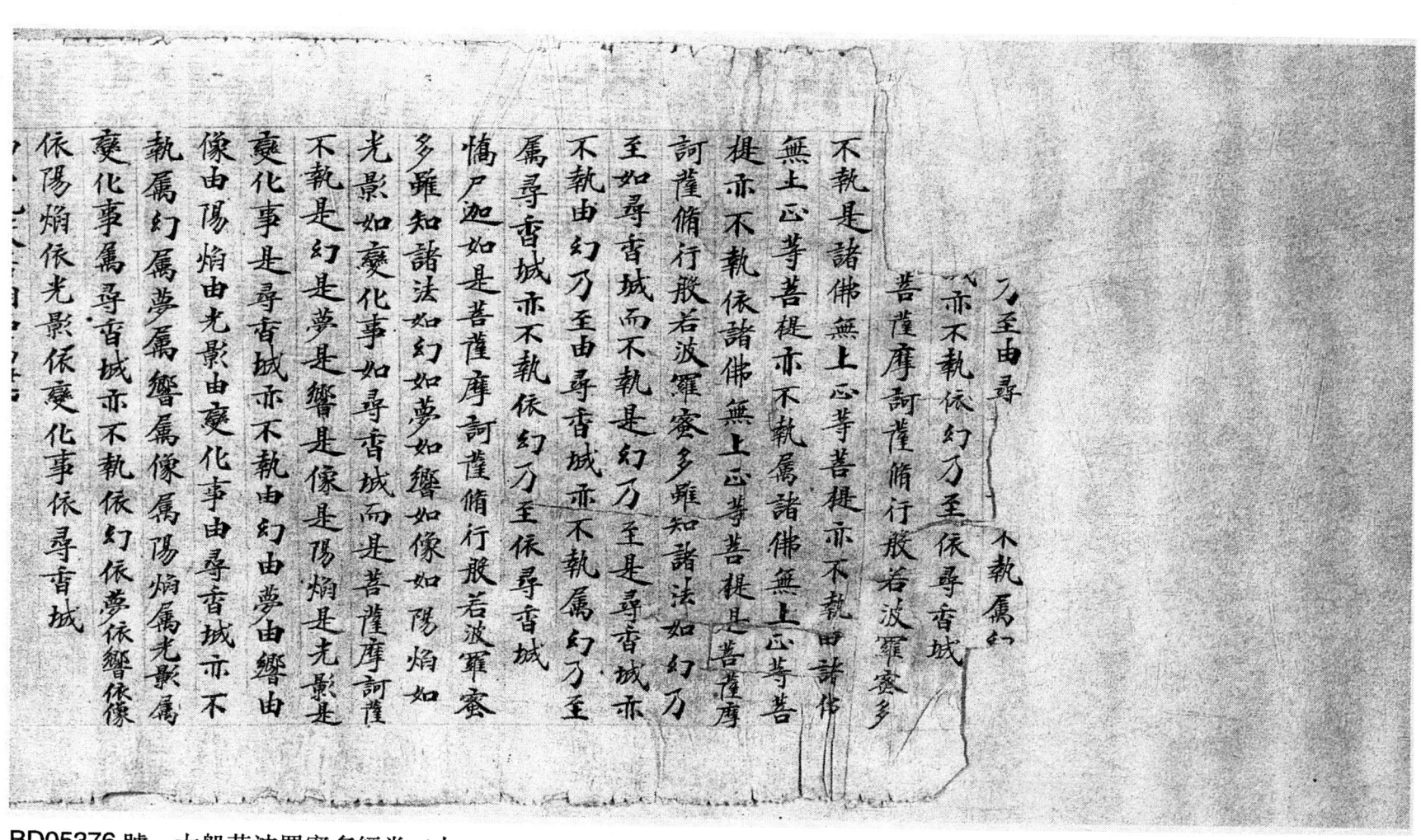

（17–1）

變化事由尋香城亦不執由幻由夢由響由
像由陽焰由光影由變化事由尋香城亦不
執屬幻屬夢屬響屬像屬陽焰屬光影屬
變化事屬尋香城亦不執依幻依夢依響依像
依陽焰依光影依變化事依尋香城

## 初分讚般若相品第卅七

尒時佛神力故於此三千大千世界所有四
大王衆天三十三天夜摩天覩史多天樂變
化天他化自在天梵衆天梵輔天梵會天大
梵天光天少光天無量光天極光淨天淨天
少淨天無量淨天遍淨天廣天少廣天無量
廣天廣果天無繁天無熱天善現天善見天
色究竟天如是諸天各以天妙栴檀香末遥
散佛上來詣佛所頂礼雙足却住一面時四
天王天王帝釋索訶界主大梵天王極光淨
天遍淨天廣果天及淨居天等由善憶念佛
神力故於十方面各見千佛宣說般若波羅
蜜多義品名字皆同於此請說般若波羅蜜
多苾蒭上首皆名善現問難般若波羅蜜多
天衆上首皆名帝釋尒時世尊告具壽善現
言弥勒菩薩摩訶薩當得阿耨多羅三藐三
菩提時亦於此處宣說如是甚深般若波羅
蜜多此賢劫中當來諸佛亦於此處宣說如
是甚深般若波羅蜜多

尒時具壽善現白佛言世尊弥勒菩薩摩訶
薩得阿耨多羅三藐三菩提時當以何法諸
行相狀宣說如是甚深般若波羅蜜多佛言

BD05376 號　大般若波羅蜜多經卷二九二　（17–2）

蜜多此賢劫中當來諸佛亦於此處宣說如
是甚深般若波羅蜜多

尒時具壽善現白佛言世尊弥勒菩薩摩訶
薩得阿耨多羅三藐三菩提時當以何法諸
行相狀宣說如是甚深般若波羅蜜多佛言
善現弥勒菩薩摩訶薩得阿耨多羅三藐三
菩提時當以色非常非無常非樂非苦非我
非無我非淨非不淨非寂靜非不寂靜非遠
離非不遠離非縛非解非有非空非過去非
未來非現在宣說如是甚深般若波羅蜜多
當以受想行識非常非無常非樂非苦非我
非無我非淨非不淨非寂靜非不寂靜非遠
離非不遠離非縛非解非有非空非過去非
未來非現在宣說如是甚深般若波羅蜜多
善現弥勒菩薩摩訶薩得阿耨多羅三藐三
菩提時當以眼處非常非無常非樂非苦非
我非無我非淨非不淨非寂靜非不寂靜非
遠離非不遠離非縛非解非有非空非過去
非未來非現在宣說如是甚深般若波羅蜜
多當以耳鼻舌身意處非常非無常非樂非
苦非我非無我非淨非不淨非寂靜非不寂
靜非遠離非不遠離非縛非解非有非空非
過去非未來非現在宣說如是甚深般若波
羅蜜多

善現弥勒菩薩摩訶薩得阿耨多羅三藐三
菩提時當以色處非常非無常非樂非苦非
我非無我非淨非不淨非寂靜非不寂靜非

BD05376 號　大般若波羅蜜多經卷二九二　（17–3）

過去非未來非現在宣說如是甚深般若波
羅蜜多
善現弥勒菩薩摩訶薩得阿耨多羅三藐三
菩提時當以色處非常非無常非樂非苦非
我非無我非淨非不淨非寂靜非不寂靜非
遠離非不遠離非縛非解非有非空非過去
非未來非現在宣說如是甚深般若波羅蜜
多當以聲香味觸法處非常非無常非樂非
苦非我非無我非淨非不淨非寂靜非不寂
靜非遠離非不遠離非縛非解非有非空非
過去非未來非現在宣說如是甚深般若波
羅蜜多
善現弥勒菩薩摩訶薩得阿耨多羅三藐三
菩提時當以眼界非常非無常非樂非苦非
我非無我非淨非不淨非寂靜非不寂靜非
遠離非不遠離非縛非解非有非空非過去
非未來非現在宣說如是甚深般若波羅蜜
多當以色界眼識界及眼觸眼觸為緣所生
諸受非常非無常非樂非苦非我非無我
淨非不淨非寂靜非不寂靜非遠離非不遠
離非縛非解非有非空非過去非未來非現
在宣說如是甚深般若波羅蜜多
善現弥勒菩薩摩訶薩得阿耨多羅三藐三
菩提時當以耳界非常非無常非樂非苦非
我非無我非淨非不淨非寂靜非不寂靜非
遠離非不遠離非縛非解非有非空非過去
非未來非現在宣說如是甚深般若波羅蜜

BD05376號　大般若波羅蜜多經卷二九二　（17–4）

在宣說如是甚深般若波羅蜜多
善現弥勒菩薩摩訶薩得阿耨多羅三藐三
菩提時當以耳界非常非無常非樂非苦非
我非無我非淨非不淨非寂靜非不寂靜非
遠離非不遠離非縛非解非有非空非過去
非未來非現在宣說如是甚深般若波羅蜜
多當以聲界耳識界及耳觸耳觸為緣所生
諸受非常非無常非樂非苦非我非無我非
淨非不淨非寂靜非不寂靜非遠離非不遠
離非縛非解非有非空非過去非未來非現
在宣說如是甚深般若波羅蜜多
善現弥勒菩薩摩訶薩得阿耨多羅三藐三
菩提時當以鼻界非常非無常非樂非苦非
我非無我非淨非不淨非寂靜非不寂靜非
遠離非不遠離非縛非解非有非空非過去
非未來非現在宣說如是甚深般若波羅蜜
多當以香界鼻識界及鼻觸鼻觸為緣所生
諸受非常非無常非樂非苦非我非無我非
淨非不淨非寂靜非不寂靜非遠離非不遠
離非縛非解非有非空非過去非未來非現
在宣說如是甚深般若波羅蜜多
善現弥勒菩薩摩訶薩得阿耨多羅三藐三
菩提時當以舌界非常非無常非樂非苦非
我非無我非淨非不淨非寂靜非不寂靜非
遠離非不遠離非縛非解非有非空非過去
非未來非現在宣說如是甚深般若波羅蜜
多當以味界舌識界及舌觸舌觸為緣所生

BD05376號　大般若波羅蜜多經卷二九二　（17–5）

善現時當以舌界非常非無常非樂非苦非
我非無我非淨非不淨非寂靜非不寂靜非
遠離非不遠離非縛非解非有非空非過去
非未來非現在宣說如是甚深般若波羅蜜
多當以味界舌識界及舌觸舌觸為緣所生
諸受非常非無常非樂非苦非我非無我非
淨非不淨非寂靜非不寂靜非遠離非不遠
離非縛非解非有非空非過去非未來非現
在宣說如是甚深般若波羅蜜多
善現弥勒菩薩摩訶薩得阿耨多羅三藐三
菩提時當以身界非常非無常非樂非苦非
我非無我非淨非不淨非寂靜非不寂靜非
遠離非不遠離非縛非解非有非空非過去
非未來非現在宣說如是甚深般若波羅蜜
多當以觸界身識界及身觸身觸為緣所生
諸受非常非無常非樂非苦非我非無我非
淨非不淨非寂靜非不寂靜非遠離非不遠
離非縛非解非有非空非過去非未來非現
在宣說如是甚深般若波羅蜜多
善現弥勒菩薩摩訶薩得阿耨多羅三藐三
菩提時當以意界非常非無常非樂非苦非
我非無我非淨非不淨非寂靜非不寂靜非
遠離非不遠離非縛非解非有非空非過去
非未來非現在宣說如是甚深般若波羅蜜
多當以法界意識界及意觸意觸為緣所生
諸受非常非無常非樂非苦非我非無我非
淨非不淨非寂靜非不寂靜非遠離非不遠



我非無我非淨非不淨非寂靜非不寂靜非
遠離非不遠離非縛非解非有非空非過去
非未來非現在宣說如是甚深般若波羅蜜
多當以法界意識界及意觸意觸為緣所生
諸受非常非無常非樂非苦非我非無我非
淨非不淨非寂靜非不寂靜非遠離非不遠
離非縛非解非有非空非過去非未來非現
在宣說如是甚深般若波羅蜜多
善現弥勒菩薩摩訶薩得阿耨多羅三藐三
菩提時當以地界非常非無常非樂非苦非
我非無我非淨非不淨非寂靜非不寂靜　非
遠離非不遠離非縛非解非有非空非過去
非未來非現在宣說如是甚深般若波羅蜜
多當以水火風空識界非常非無常非樂非
苦非我非無我非淨非不淨非寂靜非不寂
靜非遠離非不遠離非縛非解非有非空非
過去非未來非現在宣說如是甚深般若波
羅蜜多
善現弥勒菩薩摩訶薩得阿耨多羅三藐三
菩提時當以無明非常非無常非樂非苦非
我非無我非淨非不淨非寂靜非不寂靜非
遠離非不遠離非縛非解非有非空非過去
非未來非現在宣說如是甚深般若波羅蜜
多當以行識名色六處觸受愛取有生老死
愁歎苦憂惱非常非無常非樂非苦非我非
無我非淨非不淨非寂靜非不寂靜非遠離
非不遠離非縛非解非有非空非過去非未

非未來非現在宣說如是甚深般若波羅蜜
多當以行識名色六處觸受愛取有生老死
愁歎苦憂惱非常非無常非樂非苦非我非
無我非淨非不淨非寂靜非不寂靜非遠離
非不遠離非縛非解非有非空非過去非未
來非現在宣說如是甚深般若波羅蜜多
善現弥勒菩薩摩訶薩得阿耨多羅三藐三
菩提時當以布施波羅蜜多非常非無常非
樂非苦非我非無我非淨非不淨非寂靜非
不寂靜非遠離非不遠離非縛非解非有非
空非過去非未來非現在宣說如是甚深般
若波羅蜜多當以淨戒安忍精進靜慮般若
波羅蜜多非常非無常非樂非苦非我非無
我非淨非不淨非寂靜非不寂靜非遠離非
不遠離非縛非解非有非空非過去非未來
非現在宣說如是甚深般若波羅蜜多
善現弥勒菩薩摩訶薩得阿耨多羅三藐三
菩提時當以內空非常非無常非樂非苦非
我非無我非淨非不淨非寂靜非不寂靜非
遠離非不遠離非縛非解非有非空非過去
非未來非現在宣說如是甚深般若波羅蜜
多當以外空內外空空空大空勝義空有為
空無為空畢竟空無際空散空無變異空本
性空自相空共相空一切法空不可得空無
性空自性空無性自性空非常非無常非樂
非苦非我非無我非淨非不淨非寂靜非不



多當以外空內外空空空大空勝義空有為
空無為空畢竟空無際空散空無變異空本
性空自相空共相空一切法空不可得空無
性空自性空無性自性空非常非無常非樂
非苦非我非無我非淨非不淨非寂靜非不
寂靜非遠離非不遠離非縛非解非有非空
非過去非未來非現在宣說如是甚深般若
波羅蜜多
善現弥勒菩薩摩訶薩得阿耨多羅三藐三
菩提時當以真如非常非無常非樂非苦非
我非無我非淨非不淨非寂靜非不寂靜非
遠離非不遠離非縛非解非有非空非過去
非未來非現在宣說如是甚深般若波羅蜜
多當以法界法性不虛妄性不變異性平等
性離生性法定法住實際虛空界不思議界
非常非無常非樂非苦非我非無我非淨非
不淨非寂靜非不寂靜非遠離非不遠離非
縛非解非有非空非過去非未來非現在宣
說如是甚深般若波羅蜜多
善現弥勒菩薩摩訶薩得阿耨多羅三藐三
菩提時當以苦聖諦非常非無常非樂非苦
非我非無我非淨非不淨非寂靜非不寂靜
非遠離非不遠離非縛非解非有非空非過
去非未來非現在宣說如是甚深般若波羅
蜜多當以集滅道聖諦非常非無常非樂非
苦非我非無我非淨非不淨非寂靜非不寂
靜非遠離非不遠離非縛非解非有非空非

非遠離非不遠離非縛非解非有非空非過
去非未來非現在宣說如是甚深般若波羅
蜜多當以集滅道聖諦非常非無常非樂非
苦非我非無我非淨非不淨非寂靜非不寂
靜非遠離非不遠離非縛非解非有非空非
過去非未來非現在宣說如是甚深般若波
羅蜜多
善現汝勤菩薩摩訶薩得阿耨多羅三藐三
菩提時當以四靜慮非常非無常非樂非苦
非我非無我非淨非不淨非寂靜非不寂靜
非遠離非不遠離非縛非解非有非空非過
去非未來非現在宣說如是甚深般若波羅
蜜多當以四無量四無色定非常非無常非
樂非苦非我非無我非淨非不淨非寂靜非
不寂靜非遠離非不遠離非縛非解非有非
空非過去非未來非現在宣說如是甚深般
若波羅蜜多
善現汝勤菩薩摩訶薩得阿耨多羅三藐三
菩提時當以八解脫非常非無常非樂非苦
非我非無我非淨非不淨非寂靜非不寂靜
非遠離非不遠離非縛非解非有非空非過
去非未來非現在宣說如是甚深般若波羅
蜜多當以八勝處九次第定十遍處非常非
無常非樂非苦非我非無我非淨非不淨非
寂靜非不寂靜非遠離非不遠離非縛非解
非有非空非過去非未來非現在宣說如是
甚深般若波羅蜜多

BD05376號　大般若波羅蜜多經卷二九二　（17–10）

蜜多當以八勝處九次第定十遍處非常非
無常非樂非苦非我非無我非淨非不淨非
寂靜非不寂靜非遠離非不遠離非縛非解
非有非空非過去非未來非現在宣說如是
甚深般若波羅蜜多
善現汝勤菩薩摩訶薩得阿耨多羅三藐三
菩提時當以四念住非常非無常非樂非苦
非我非無我非淨非不淨非寂靜非不寂靜
非遠離非不遠離非縛非解非有非空非過
去非未來非現在宣說如是甚深般若波羅
蜜多當以四正斷四神足五根五力七等覺
支八聖道支非常非無常非樂非苦非我非
無我非淨非不淨非寂靜非不寂靜非遠離
非不遠離非縛非解非有非空非過去非未
來非現在宣說如是甚深般若波羅蜜多
善現汝勤菩薩摩訶薩得阿耨多羅三藐三
菩提時當以空解脫門非常非無常非樂非
苦非我非無我非淨非不淨非寂靜非不寂
靜非遠離非不遠離非縛非解非有非空非
過去非未來非現在宣說如是甚深般若波
羅蜜多當以無相無願解脫門非常非無常
非樂非苦非我非無我非淨非不淨非寂靜
非不寂靜非遠離非不遠離非縛非解非有
非空非過去非未來非現在宣說如是甚深
般若波羅蜜多
善現汝勤菩薩摩訶薩得阿耨多羅三藐三

BD05376號　大般若波羅蜜多經卷二九二　（17–11）

羅蜜多當以無相無願解脫門非常非無常
非樂非苦非我非無我非淨非不淨非寂靜
非不寂靜非遠離非不遠離非縛非解非有
非空非過去非未來非現在宣說如是甚深
般若波羅蜜多
善現弥勒菩薩摩訶薩得阿耨多羅三藐三
菩提時當以菩薩十地非常非無常非樂非
苦非我非無我非淨非不淨非寂靜非不寂
靜非遠離非不遠離非縛非解非有非空非
過去非未來非現在宣說如是甚深般若波
羅蜜多
善現弥勒菩薩摩訶薩得阿耨多羅三藐三
菩提時當以五眼非常非無常非樂非苦非
我非無我非淨非不淨非寂靜非不寂靜非
遠離非不遠離非縛非解非有非空非過去
非未來非現在宣說如是甚深般若波羅蜜
多當以六神通非常非無常非樂非苦非我
非無我非淨非不淨非寂靜非不寂靜非遠
離非不遠離非縛非解非有非空非過去非
未來非現在宣說如是甚深般若波羅蜜多
善現弥勒菩薩摩訶薩得阿耨多羅三藐三
菩提時當以佛十力非常非無常非樂非苦
非我非無我非淨非不淨非寂靜非不寂靜
非遠離非不遠離非縛非解非有非空非過
去非未來非現在宣說如是甚深般若波羅
蜜多當以四無所畏四無礙解大慈大悲大
喜大捨十八佛不共法非常非無常非樂非



非我非無我非淨非不淨非寂靜非不寂靜
非遠離非不遠離非縛非解非有非空非過
去非未來非現在宣說如是甚深般若波羅
蜜多當以四無所畏四無礙解大慈大悲大
喜大捨十八佛不共法非常非無常非樂非
苦非我非無我非淨非不淨非寂靜非不寂
靜非遠離非不遠離非縛非解非有非空非
過去非未來非現在宣說如是甚深般若波
羅蜜多
善現弥勒菩薩摩訶薩得阿耨多羅三藐三
菩提時當以無忘失法非常非無常非樂非
苦非我非無我非淨非不淨非寂靜非不寂
靜非遠離非不遠離非縛非解非有非空非
過去非未來非現在宣說如是甚深般若波
羅蜜多當以恒住捨性非常非無常非樂非
苦非我非無我非淨非不淨非寂靜非不寂
靜非遠離非不遠離非縛非解非有非空非
過去非未來非現在宣說如是甚深般若波
羅蜜多
善現弥勒菩薩摩訶薩得阿耨多羅三藐三
菩提時當以一切智非常非無常非樂非苦
非我非無我非淨非不淨非寂靜非不寂靜
非遠離非不遠離非縛非解非有非空非過
去非未來非現在宣說如是甚深般若波羅
蜜多當以道相智一切相智非常非無常非
樂非苦非我非無我非淨非不淨非寂靜非
不寂靜非遠離非不遠離非縛非解非有非

非遠離非不遠離非縛非解非有非空非過
去非未來非現在宣說如是甚深般若波羅
蜜多當以道相智一切相智非常非無常非
樂非苦非我非無我非淨非不淨非寂靜非
不寂靜非遠離非不遠離非縛非解非有非
空非過去非未來非現在宣說如是甚深般
若波羅蜜多
善現弥勒菩薩摩訶薩得阿耨多羅三藐三
菩提時當以一切陁羅尼門非常非無常非
樂非苦非我非無我非淨非不淨非寂靜非
不寂靜非遠離非不遠離非縛非解非有非
空非過去非未來非現在宣說如是甚深般
若波羅蜜多當以一切三摩地門非常非無
常非樂非苦非我非無我非淨非不淨非寂
靜非不寂靜非遠離非不遠離非縛非解非
有非空非過去非未來非現在宣說如是甚
深般若波羅蜜多
善現弥勒菩薩摩訶薩得阿耨多羅三藐三
菩提時當以預流果非常非無常非樂非苦
非我非無我非淨非不淨非寂靜非不寂靜
非遠離非不遠離非縛非解非有非空非過
去非未來非現在宣說如是甚深般若波羅
蜜多當以一來不還阿羅漢果非常非無常
非樂非苦非我非無我非淨非不淨非寂靜
非不寂靜非遠離非不遠離非縛非解非有
非空非過去非未來非現在宣說如是甚深

BD05376號　大般若波羅蜜多經卷二九二　（17–14）

蜜多當以一來不還阿羅漢果非常非無常
非樂非苦非我非無我非淨非不淨非寂靜
非不寂靜非遠離非不遠離非縛非解非有
非空非過去非未來非現在宣說如是甚深
般若波羅蜜多
善現弥勒菩薩摩訶薩得阿耨多羅三藐三
菩提時當以獨覺菩提非常非無常非樂非
苦非我非無我非淨非不淨非寂靜非不寂
靜非遠離非不遠離非縛非解非有非空非
過去非未來非現在宣說如是甚深般若波
羅蜜多
善現弥勒菩薩摩訶薩得阿耨多羅三藐三
菩提時當以一切菩薩摩訶薩行非常非無
常非樂非苦非我非無我非淨非不淨非寂
靜非不寂靜非遠離非不遠離非縛非解非
有非空非過去非未來非現在宣說如是甚
深般若波羅蜜多
善現弥勒菩薩摩訶薩得阿耨多羅三藐三
菩提時當以諸佛無上正等菩提非常非無
常非樂非苦非我非無我非淨非不淨非寂
靜非不寂靜非遠離非不遠離非縛非解非
有非空非過去非未來非現在宣說如是甚
深般若波羅蜜多
尒時具壽善現復白佛言世尊弥勒菩薩摩
訶薩得阿耨多羅三藐三菩提時證何等法
復說何法佛言善現弥勒菩薩摩訶薩得阿

BD05376號　大般若波羅蜜多經卷二九二　（17–15）

有非空非過去非未來非現在宣説如是甚
深般若波羅蜜多
尒時具壽善現復白佛言世尊弥勒菩薩摩
訶薩得阿耨多羅三藐三菩提時證何等法
復説何法佛言善現弥勒菩薩摩訶薩得阿
耨多羅三藐三菩提時證色畢竟淨法説色
畢竟淨法證受想行識畢竟淨法説受想行
識畢竟淨法證眼處畢竟淨法説眼處畢竟
淨法證耳鼻舌身意處畢竟淨法説耳鼻舌
身意處畢竟淨法證色處畢竟淨法説色
處畢竟淨法證聲香味觸法處畢竟淨法説
聲香味觸法處畢竟淨法證眼界畢竟淨法説
眼界畢竟淨法證色界眼識界及眼觸眼觸
為緣所生諸受畢竟淨法説色界眼識界及
眼觸眼觸為緣所生諸受畢竟淨法證耳界
畢竟淨法説耳界畢竟淨法證聲界耳識界
及耳觸耳觸為緣所生諸受畢竟淨法説聲
界耳識界及耳觸耳觸為緣所生諸受畢竟
淨法證鼻界畢竟淨法説鼻界畢竟淨法證
香界鼻識界及鼻觸鼻觸為緣所生諸受畢
竟淨法説香界鼻識界及鼻觸鼻觸為緣所
生諸受畢竟淨法證舌界畢竟淨法説舌界
畢竟淨法證味界舌識界及舌觸舌觸為緣
所生諸受畢竟淨法説味界舌識界及舌觸
舌觸為緣所生諸受畢竟淨法證身界畢竟
淨法説身界畢竟淨法證觸界身識界及身
觸身觸為緣所生諸受畢竟淨法説觸界身

BD05376號　大般若波羅蜜多經卷二九二

(17–16)

舌觸為緣所生諸受畢竟淨法證身界畢竟
淨法説身界畢竟淨法證觸界身識界及身
觸身觸為緣所生諸受畢竟淨法説觸界身
識界及身觸身觸為緣所生諸受畢竟淨法
證意界畢竟淨法説意界畢竟淨法證法界
意識界及意觸意觸為緣所生諸受畢竟淨
法説法界意識界及意觸意觸為緣所生諸
受畢竟淨法證地界畢竟淨法説地界畢竟
淨法證水火風空識界畢竟淨法説水火風
空識界畢竟淨法證無明畢竟淨法説無明
畢竟淨法證行識名色六處觸受愛取有生
老死愁歎苦憂惱畢竟淨法説行識名色六
處觸受愛取有生老死愁歎苦憂惱畢竟淨
法

大般若波羅蜜多經卷第二百九十二

BD05376號　大般若波羅蜜多經卷二九二

(17–17)

金光明冣勝　　淨地陀羅尼
尒時師子相无礙光燄菩薩與无量億衆從
座而起偏袒右肩右膝著地合掌恭敬頂禮
佛足以種種花香寶幢幡蓋而供養已白佛言
世尊以幾因緣得菩提心何者是菩提心世
尊即於菩提現在心不可得未來心不可得
過去心不可得離於菩提菩提心亦不可得菩
提者不可言說心亦无色无相无有事業非
可造作衆生亦不可得亦不可知世尊云何
諸法甚深而可得知
佛言善男子如是如是菩提微妙事業造作
皆不可得若離菩提菩提心亦不可得菩提
者不可說心亦不可說无色相无事業而衆
生亦不可得何以故菩提及心同真如故能證
所證皆平等故非无諸法而可了知善男子
菩薩摩訶薩如是知者乃得名爲通達諸法
善說菩提及菩提心菩提心者非過去非未
來非現在心亦如是衆生亦如是於中二相實

BD05377 號　金光明最勝王經卷四　（18–1）

者不可說心亦不可說无色相无事業而衆
生亦不可得何以故菩提及心同真如故能證
所證皆平等故非无諸法而可了知善男子
菩薩摩訶薩如是知者乃得名爲通達諸法
善說菩提及菩提心菩提心者非過去非未
來非現在心亦如是衆生亦如是於中二相實
不可得何以故以一切法皆无生故菩提不可
得菩提名亦不可得衆生衆生名不可得聲
聞聲聞名不可得獨覺獨覺名不可得菩
薩菩薩名不可得佛佛名不可得行非
行不可得行非行名不可得以不可得故於
一切寂靜法中而得安住此依一切功德善
根而得生起
善男子譬如寶須弥山王饒益一切此菩提
心利衆生故是名第一布施波羅蜜因善男
子譬如大地持衆物故是名第二持戒波羅
蜜因譬如師子有大威力獨步无畏離驚恐
故是名第三忍辱波羅蜜因譬如風輪那羅
延力勇壯速疾心不退故是名第四勤策波
羅蜜因譬如七寶樓觀有四階道清涼之風
來吹四門受安隱樂靜慮法藏求滿足故是
名第五靜慮波羅蜜因譬如日輪光耀熾盛
此心速能破滅生死无明闇故是名第六智
慧波羅蜜因譬如商主能令一切心願滿足
此心能度生死險道獲功德寶故是名第七
方便勝智波羅蜜因譬如淨月圓滿无翳
此心能於一切境界清淨具足故是名第八願
[illegible]

BD05377 號　金光明最勝王經卷四　（18–2）

此心速能破滅生死无明闇故是名第六智
慧波羅蜜因譬如商主能令一切心願滿足
此心能度生死險道獲功德寶故是名第七
方便勝智波羅蜜因譬如淨月圓滿无翳
此心能於一切境界清淨具足故是名第八願
波羅蜜因譬如轉輪聖王主兵寶臣隨意自
在此心善能莊嚴淨佛國土无量功德廣利
羣生故是名第九力波羅蜜因譬如虛空及
轉輪聖王此心能於一切境界无有障礙於
一切處皆得自在至灌頂位故是名第十智
波羅蜜因善男子是名菩薩摩訶薩十種菩
提心因如是十因汝當修學
善男子依五種法菩薩摩訶薩成就布施
波羅蜜云何為五一者信根二者慈悲三者无
求欲心四者攝受一切衆生五者願求一切智
智善男子是名菩薩摩訶薩成就布施波
羅蜜善男子復依五法菩薩摩訶薩成就
持戒波羅蜜云何為五一者三業清淨二者
不為一切衆生作煩惱因緣三者閉諸惡道開
善趣門四者過於聲聞獨覺之地五者一切
功德皆悉滿足善男子是名菩薩摩訶薩
成就持戒波羅蜜善男子復依五法菩薩摩
訶薩成就忍辱波羅蜜云何為五一者能伏
貪瞋煩惱二者不惜身命不求安樂止息之
想三者思惟往業遭苦能忍四者發慈悲心
成就衆生諸善根故五者為得甚深无生法
忍善男子是名菩薩摩訶薩成就忍辱波

BD05377號　金光明最勝王經卷四

（18–3）

訶薩成就忍辱波羅蜜云何為五一者能伏
貪瞋煩惱二者不惜身命不求安樂止息之
想三者思惟往業遭苦能忍四者發慈悲心
成就衆生諸善根故五者為得甚深无生法
忍善男子是名菩薩摩訶薩成就忍辱波
羅蜜善男子復依五法菩薩摩訶薩成就勤
策波羅蜜云何為五一者與諸煩惱不樂共
住二者福德未具不受安樂三者於諸難行
苦行之事不生厭心四者以大慈悲攝受利益
方便成熟一切衆生五者願求不退轉地善
男子是名菩薩摩訶薩成就勤策波羅蜜善
男子復依五法菩薩摩訶薩成就靜慮波羅
蜜云何為五一者於諸善法攝令不散故二者
常願解脫不著二邊故三者願得神通成就
衆生諸善根故四者為淨法界蠲除心垢故
五者為斷衆生煩惱根本故善男子是名菩
薩摩訶薩成就靜慮波羅蜜善男子復依
五法菩薩摩訶薩成就智慧波羅蜜云何
為五一者常於一切諸佛菩薩及明智者供養
親近不生厭背二者諸佛如來說甚深法心
常樂聞无有厭足三者真俗勝智樂善分
別四者見修煩惱咸速斷除五者世間伎術五
明之法皆悉通達善男子是名菩薩摩訶薩
成就智慧波羅蜜善男子復依五法菩薩摩
訶薩成就方便波羅蜜云何為五一者於一切
衆生意樂煩惱心行差別悉皆通達二者无
量諸法對治之門心皆曉了三者大慈悲定

BD05377號　金光明最勝王經卷四

（18–4）

明之法皆悉通達善男子是名菩薩摩訶薩
成就智慧波羅蜜善男子復依五法菩薩摩
訶薩成就方便波羅蜜云何爲五一者於一切
衆生意樂煩惱心行差別悉皆通達二者无
量諸法對治之門心皆曉了三者大慈悲定
出入自在四者於諸波羅蜜多皆願修行成
熟滿足五者一切佛法皆願了達攝受无遺
善男子是名菩薩摩訶薩成就方便勝智
波羅蜜善男子復依五法菩薩摩訶薩成就
願波羅蜜云何爲五一者於一切法徑本以來
不生不滅非有非无心得安住二者觀一切法
最妙理趣離垢清淨心得安住三者過一切
相心本真如无作无行不異不動心得安住
四者爲欲利益諸衆生事於俗諦中心得安
住五者於奢摩他毗鉢舍那同時運行心得
安住善男子是名菩薩摩訶薩成就願波羅
蜜善男子復依五法菩薩摩訶薩成就力
波羅蜜云何爲五一者以正智力能了一切衆
生心行善惡二者能令一切衆生入於甚深
微妙之法三者一切衆生輪迴生死隨其緣
業如實了知四者於諸衆生三種根性以正
智力能分別知五者於諸衆生如理爲說令
種善根成熟度脫皆是智力故善男子是
名菩薩摩訶薩成就力波羅蜜善男子復依
五法菩薩摩訶薩成就智波羅蜜云何爲
五一者能於諸法分別善惡二者於黑白法遠

BD05377號　金光明最勝王經卷四　（18–5）

智力能分別知五者於諸衆生如理爲說令
種善根成熟度脫皆是智力故善男子是
名菩薩摩訶薩成就力波羅蜜善男子復依
五法菩薩摩訶薩成就智波羅蜜云何爲
五一者能於諸法分別善惡二者於黑白法遠
離攝受三者能於生死涅槃不厭不喜四者
具福智行至究竟處五者受勝灌頂能得
諸佛不共法等及一切智智善男子是名菩
薩摩訶薩成就智波羅蜜善男子何者是
波羅蜜義所謂修習勝利是波羅蜜義滿
足无量大甚深智是波羅蜜義行非行法心
不執著是波羅蜜義生死過失涅槃功德正
覺正觀是波羅蜜義愚人智人皆悉攝受是
波羅蜜義能現種種珎妙法寶是波羅蜜義
无礙解脫智慧滿足是波羅蜜義法界衆生
界正分別知是波羅蜜義施等及智能令至
不退轉是波羅蜜義无生法忍能令滿足是波
羅蜜義一切衆生功德善根能令成熟是波羅
蜜義能於菩提成佛十力四无所畏不共
法等皆悉成就是波羅蜜義生死涅槃了无
二相是波羅蜜義濟度一切是波羅蜜義一切
外道來相詰難善能解釋令其降伏是波羅
蜜義能轉十二妙行法輪是波羅蜜義无所
著无所見无患累是波羅蜜多義
善男子初地菩薩是相先現三千大千世界
无量无邊種種寶藏无不盈滿菩薩悉見
善男子二地菩薩是相先現三千大千世界地

BD05377號　金光明最勝王經卷四　（18–6）

蜜義能轉十二妙行法輪是波羅蜜義无所
著无所見无患累是波羅蜜多義
善男子初地菩薩是相先現三千大千世界
无量无邊種種寶藏无不盈滿菩薩悉見
善男子二地菩薩是相先現三千大千世界地
平如掌无量无邊種種妙色清淨珍寶莊嚴
之具菩薩悉見善男子三地菩薩是相先現
自身勇健甲仗莊嚴一切怨賊皆能摧伏菩
薩悉見善男子四地菩薩是相先現四方風
輪種種妙花悉皆散灑充布地上菩薩悉見
善男子五地菩薩是相先現有妙寶女衆寶
瓔珞周遍嚴身首冠名花以為其飾菩薩悉
見善男子六地菩薩是相先現七寶花池有
四階道金沙遍布清淨无穢八功德水皆悉盈
滿嗢鉢羅花拘物頭花分陀利花隨處莊嚴
於花池所遊戲快樂清涼无比菩薩悉見善
男子七地菩薩是相先現於菩薩前有諸衆
生應墮地獄以菩薩力便得不墮无有損傷
亦无恐怖菩薩悉見善男子八地菩薩是相
先現於身兩邊有師子王以為衛護一切衆
獸悉皆怖畏菩薩悉見善男子九地菩薩是
相先現轉輪聖王无量億衆圍遶供養頂上
白蓋无量衆寶之所莊嚴菩薩悉見善男子
十地菩薩是相先現如來之身金色晃耀无
量淨光悉皆圓滿有无量億梵王圍遶恭敬
供養轉於无上微妙法輪菩薩悉見

BD05377 號　金光明最勝王經卷四

（18–7）

相先現轉輪聖王无量億衆圍遶供養頂上
白蓋无量衆寶之所莊嚴菩薩悉見善男子
十地菩薩是相先現如來之身金色晃耀无
量淨光悉皆圓滿有无量億梵王圍遶恭敬
供養轉於无上微妙法輪菩薩悉見
善男子云何初地名為歡喜謂初證得出世
之心昔所未得而今始得於大事用如其所
願悉皆成就生歡喜是故最初名為歡喜
諸微細垢犯戒過失皆得清淨是故二地名為
无垢无量智慧三昧光明不可傾動无能摧
伏聞持陀羅尼以為根本是故三地名為明
地以智慧火燒諸煩惱增長光明修行覺品
是故四地名為焰地修行方便勝智自在極
難得故見修煩惱難伏能伏是故五地名為
難勝行法相續了了顯現无相思惟皆悉現
前是故六地名為現前无漏无間无相思惟
解脫三昧遠修行故是地清淨无有障礙是
故七地名為遠行无相思惟修得自在諸煩
惱行不能令動是故八地名為不動說一切
法種種差別皆得自在无患无累增長智
慧自在无礙是故九地名為善慧 法身如虛
空智慧如大雲皆能遍滿覆一切故是故第
十名為法雲
善男子執著有相我法无明怖畏生死惡趣
无明此二无明障於初地微細學處誤犯无
明發起種種業行无明此二无明障於二地未
得令得愛著无明能障殊勝惣持无明此二

BD05377 號　金光明最勝王經卷四

（18–8）

空智慧如大雲皆能遍滿覆一切故是故第
十名爲法雲
善男子執着有相我法无明怖畏生死惡趣
无明此二无明障於初地微細學處誤犯无
明發起種種業行无明此二无明障於二地未
得令得愛着无明能障殊勝惣持无明此二
无明障於三地味着等至喜悅无明微妙淨
法愛樂无明此二无明障於四地欲背生死无
明希趣涅槃无明此二无明障於五地觀行
流轉无明麁相現前无明此二无明障於六
地微細諸相現行无明作意欣樂无相无
明此二无明障於七地於无相觀功用无明
執相自在无明此二无明障於八地於所說義
及名句文此二无量未善巧无明於詞辯才不
隨意无明此二无明障於九地於大神通未
得自在變現无明微細秘密未能悟解事,
業无明此二无明障於十地於一切境微細
所知障礙无明極細煩惱麁重无明此二无
明障於佛地
善男子菩薩摩訶薩於初地中行施波羅
蜜於第二地行戒波羅蜜於第三地行忍波
羅蜜於第四地行勤波羅蜜於第五地行定
波羅蜜於第六地行慧波羅蜜於第七地行
方便勝智波羅蜜於第八地行願波羅蜜於
第九地行力波羅蜜於第十地行智波羅蜜
善男子菩薩摩訶薩東初發心攝受能生妙
寶三摩地第二發心攝受能生可愛樂三摩



羅蜜於第四地行勤波羅蜜於第五地行定
波羅蜜於第六地行慧波羅蜜於第七地行
方便勝智波羅蜜於第八地行願波羅蜜於
第九地行力波羅蜜於第十地行智波羅蜜
善男子菩薩摩訶薩東初發心攝受能生妙
寶三摩地第二發心攝受能生可愛樂三摩
地第三發心攝受能生難動三摩地第四發
心攝受能生不退轉三摩地第五發心攝受能
生寶花三摩地第六發心攝受能生日圓光
焰三摩地第七發心攝受能生一切願如意成
就三摩地第八發心攝受能生現前證住三摩
地第九發心攝受能生智藏三摩地第十發
心攝受能生勇進三摩地善男子是名菩薩
摩訶薩十種發心善男子菩薩摩訶薩於
此初地得陁羅尼名依功德力尒時世尊即
說呪曰
怛　姪　他　　晡啡你曷奴喇剃
獨虎獨虎獨虎　耶跋蘇利瑜
阿婆婆薩底丁里反下皆同　耶跋旃達羅
訶　怛　底　　多跌達略叉湯
憚荼鉢喇訶嚧　矩嚕莎訶
善男子此陁羅尼是過一恒河沙數諸佛所
說爲護初地菩薩故若有誦持此陁羅尼
呪者得脫一切怖畏所謂虎狼師子惡獸之
類一切惡鬼人非人等怨賊灾橫及諸苦惱解
脫五障不忘念初地
善男子菩薩摩訶薩於第二地得陁羅尼
名善安樂住

呪者得脫一切怖畏所謂虎狼師子惡獸之
類一切惡鬼人非人等怨賊災横及諸苦惱解
脫五障不忘念初地
善男子菩薩摩訶薩於第二地得陁羅尼
名善安樂住
怛姪他　嗢篅(入聲下同)里
質里質里　嗢篅羅篅羅(引)喃
繕覩繕覩嗢篅里　虎嚕虎嚕莎訶
善男子此陁羅尼是過二恒河沙數諸佛所
說為護二地菩薩故若有誦持此陁羅尼呪
者脫諸怖畏惡獸惡鬼人非人等怨賊災横
及諸苦惱解脫五障不忘念二地
善男子菩薩摩訶薩於法第三地得陁羅尼
名難勝力
呾姪他　憚宅枳　般宅枳
羯喇徵高喇徵　雞由哩憚徵里莎訶
善男子此陁羅尼是過三恒河沙數諸佛所
說為護三地菩薩故若有誦持此陁羅尼呪
者脫諸怖畏惡獸惡鬼人非人等怨賊災横
及諸苦惱解脫五障不忘念三地
善男子菩薩摩訶薩於第四地得陁羅尼
名大利益
怛姪他　室唎室唎
陁弭你陁弭你　陁哩陁哩你
室唎室唎你　毗舍羅波世波始娜
畔陁弭帝莎訶



名大利益
怛姪他　室唎室唎
陁弭你陁弭你　陁哩陁哩你
室唎室唎你　毗舍羅波世波始娜
畔陁弭帝莎訶
善男子此陁羅尼是過四恒河沙數諸佛所
說為護四地菩薩故若有誦持此陁羅尼呪
者脫諸怖畏惡獸惡鬼人非人等怨賊災横
及諸苦惱解脫五障不忘念四地
善男子菩薩摩訶薩於第五地得陁羅尼
名種種功德莊嚴
怛姪他　訶哩訶(引)哩你
遮哩遮(引)哩你　羯喇摩(引)你
僧羯喇摩(引)你　三婆山你瞻跋你
悉耽婆你　謨漢你　斫闍步陛莎訶
善男子此陁羅尼是過五恒河沙數諸佛所
說為護五地菩薩摩訶薩故若有誦持此陁
羅尼呪者脫諸怖畏惡獸惡鬼人非人等怨
賊災横及諸苦惱解脫五障不忘念五地
善男子菩薩摩訶薩於第六地得陁羅尼名
圓滿智
怛姪他　毗徒哩毗徒哩
摩哩你迦里迦里　毗度漢底
嚕嚕嚕嚕　主嚕主嚕
杜嚕婆杜嚕婆　捨捨設者婆哩灑
莎(入)悉底薩婆薩埵喃　悉甸覩漫
曼怛囉鉢陁你莎訶

杜嚕婆 杜嚕婆 捨捨設者 婆哩灑
莎(入)悉底 薩婆薩埵喃 悉甸覩 漫
曼怛囉鉢陀你莎訶
善男子此陀羅尼是過六恒河沙數諸佛所
說為護六地菩薩摩訶薩故若有誦持此陀
羅尼呪者脫諸怖畏惡獸惡鬼人非人等怨
賊災横及諸苦惱解脫五障不忘念六地
善男子菩薩摩訶薩於第七地得陀羅尼名
法勝行
怛姪他 勺訶(上) 勺訶(引)嚕
勺訶勺訶勺訶嚕 鞞陸枳 鞞陸枳
阿蜜栗多 唬嚧你 勃里 山你
鞞嚕勃枳 婆嚕伐底 鞞提 呬枳
頻陀 鞞哩你 阿蜜哩底 枳
薄虎 主愈 薄虎主愈 莎訶
善男子此陀羅尼是過七恒河沙數諸佛所
說為護七地菩薩故若有誦持此陀羅尼
呪者脫諸怖畏惡獸惡鬼人非人等怨賊災横
及諸苦惱解脫五障不忘念七地
善男子菩薩摩訶薩於第八地得陀羅尼
名无盡藏
怛姪他 室唎 室唎 室唎你
蜜底 蜜底 羯哩 羯哩 醯嚕 醯嚕
主嚕 主嚕 畔陀 弭 莎訶
善男子此陀羅尼過八恒河沙數諸佛所說
為護八地菩薩故若有誦持此陀羅尼呪者



蜜底 蜜底 羯哩 羯哩 醯嚕 醯嚕
主嚕 主嚕 畔陀 弭 莎訶
善男子此陀羅尼過八恒河沙數諸佛所說
為護八地菩薩故若有誦持此陀羅尼呪者
脫諸怖畏惡獸惡鬼人非人等怨賊災横及
諸苦惱解脫五障不忘念八地
善男子菩薩摩訶薩於第九地得陀羅尼
名无量門
怛姪他 訶哩 旃茶哩 枳
俱藍婆 喇體(天里反) 都 剌 死
跋吒跋吒死 室唎室唎 迦室哩 迦必室 唎
莎(蘇活反) 悉 底 薩婆薩埵喃 莎訶
善男子此陀羅尼是過九恒河沙數諸佛
所說為護九地菩薩故若有誦持此陀羅尼
呪者脫諸怖畏惡獸惡鬼人非人等怨賊災
横及諸苦惱解脫五障不忘念九地
善男子菩薩摩訶薩於第十地得陀羅尼
名破金剛山
怛姪他 悉提(去) 蘇悉提(去)
謨折你 木察你 毗木底 菴末麗
毗末麗 涅末麗 忙 揭 麗
呬囒若 揭鞞 遏剌怛娜揭鞞
三曼多 跋姪麗 薩婆頞他娑憚你
摩捺斯 莫訶摩捺斯 頞 步 底
頞 喱 步 底 阿喇禰 毗喇禰
頞主底 菴蜜栗底 阿喇禰 毗喇禰
跋 藍 謎 跋羅䤦(大含) 磨莎(入)囉

摩㮈斯莫訶摩㮈斯　頞　步　底
頞　嗢　步　底　阿喇撦毗喇撦
頞主底菴蜜栗底　阿喇撦毗喇撦
跋　籃　謎　跋羅甜大含摩謎入聲
晡喇你晡喇娜　曼奴喇剃莎訶
善男子此陁羅尼灌頂吉祥句是過十恒河
沙數諸佛所說為護十地菩薩故若有誦持
此陁羅尼呪者脫諸怖畏惡獸惡鬼人非人
等怨賊災橫一切毒害皆悉除滅解脫五障
不忘念十地

尒時師子相无礙光燄菩薩聞佛說此不可
思議陁羅尼已即從座起偏袒右肩右膝
著地合掌恭敬頂礼佛足以頌讚佛
敬礼无譬喻　甚深无相法　衆生失正知　唯佛能濟度
如來明慧眼　不見一法相　復以正法眼　普照不思議
不生於一法　亦不滅一法　由斯平等見　得至无上處
不壞於生死　亦不住涅槃　不著於二邊　是故證圓寂
於淨不淨品　世尊知一味　由不分別故　獲得最清淨
世尊无邊身　不說於一字　令諸弟子衆　法雨皆充滿
佛觀衆生相　一切種皆无　然於苦惱者　常興於救護
苦樂常无常　有我无我等　不一亦不異　不生亦不滅
如是衆多義　隨說有差別　譬如空谷響　唯佛能了知
法界无分別　是故无異乘　為度衆生故　分別說有三
尒時大自在梵天王亦從座起偏袒右肩右膝
著地合掌恭敬頂礼佛足而白佛言世尊此
金光明最勝王經希有難量初中後善文義
究竟皆能成就一切佛法若受持者是人則

BD05377號　金光明最勝王經卷四

（18–15）

法界无分別　是故无異乘　為度衆生故　分別說有三
尒時大自在梵天王亦從座起偏袒右肩右膝
著地合掌恭敬頂礼佛足而白佛言世尊此
金光明最勝王經希有難量初中後善文義
究竟皆能成就一切佛法若受持者是人則
為報諸佛恩　佛言善男子如是如是如汝所
說善男子若得聽聞是經典者皆不退於阿
耨多羅三藐三菩提何以故善男子是能成
熟不退地菩薩殊勝善根是第一法印是衆
經王故應聽聞受持讀誦何以故善男子若
一衆生未種善根未成熟善根未親近諸
佛者不能聽聞是微妙法若善男子善女人
能聽受者一切罪障皆悉除滅得最清淨
常得見佛不離諸佛及善知識勝行之人恒
聞妙法住不退地獲得如是勝陁羅尼門所
謂无盡无減海印出妙功德陁羅尼无盡无
減通達衆生意行言語陁羅尼无盡无減日
圓无垢相光陁羅尼无盡无減滿月相光陁羅
尼无盡无減能伏諸惑演功德流陁羅尼无
盡无減破金剛山陁羅尼无盡无減說不可
說義因緣藏陁羅尼无盡无減通達實語
法則音聲陁羅尼无盡无減虛空无垢心行
印陁羅尼无盡无減无邊佛身皆能顯現
陁羅尼无盡无減
善男子如是等无盡无減諸陁羅尼門得成
就故是菩薩摩訶薩能於十方一切佛土化
作佛身演說无上種種正法於法真如不動

BD05377號　金光明最勝王經卷四

（18–16）

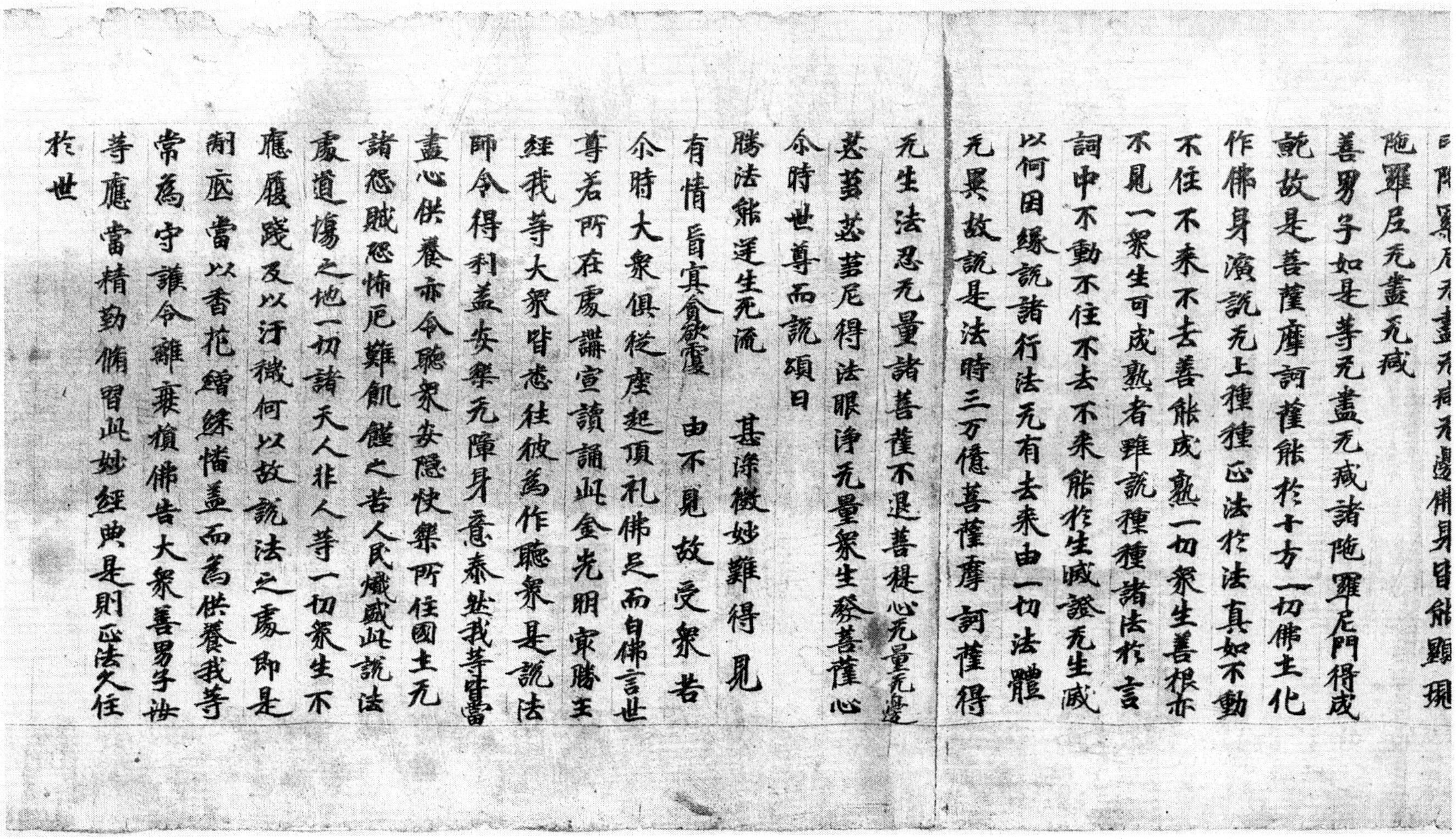

陁羅尼无盡无藏无邊佛身皆能顯現
陁羅尼无盡无藏
善男子如是等无盡无藏諸陁羅尼門得成
就故是菩薩摩訶薩能於十方一切佛土化
作佛身演說无上種種正法於法真如不動
不住不來不去善能成熟一切衆生善根亦
不見一衆生可成熟者雖說種種諸法於言
詞中不動不住不去不來能於生滅證无生滅
以何因緣說諸行法无有去來由一切法體
无異故說是法時三万億菩薩摩訶薩得
无生法忍无量諸菩薩不退菩提心无量无邊
苾蒭苾蒭尼得法眼淨无量衆生發菩薩心
尒時世尊而說頌曰
勝法能逆生死流　甚深微妙難得見
有情盲冥貪欲覆　由不見故受衆苦
尒時大衆俱從座起頂礼佛足而白佛言世
尊若所在處講宣讀誦此金光明最勝王
經我等大衆皆悉往彼為作聽衆是說法
師令得利益安樂无障身意泰然我等皆當
盡心供養亦令聽衆安隱快樂所住國土无
諸怨賊恐怖厄難飢饉之苦人民熾盛此說法
處道場之地一切諸天人非人等一切衆生不
應履踐及以汙穢何以故說法之處即是
制底當以香花繒綵幡蓋而為供養我等
常為守護令離衰損佛告大衆善男子汝
等應當精勤修習此妙經典是則正法久住
於世

BD05377 號　金光明最勝王經卷四　（18–17）

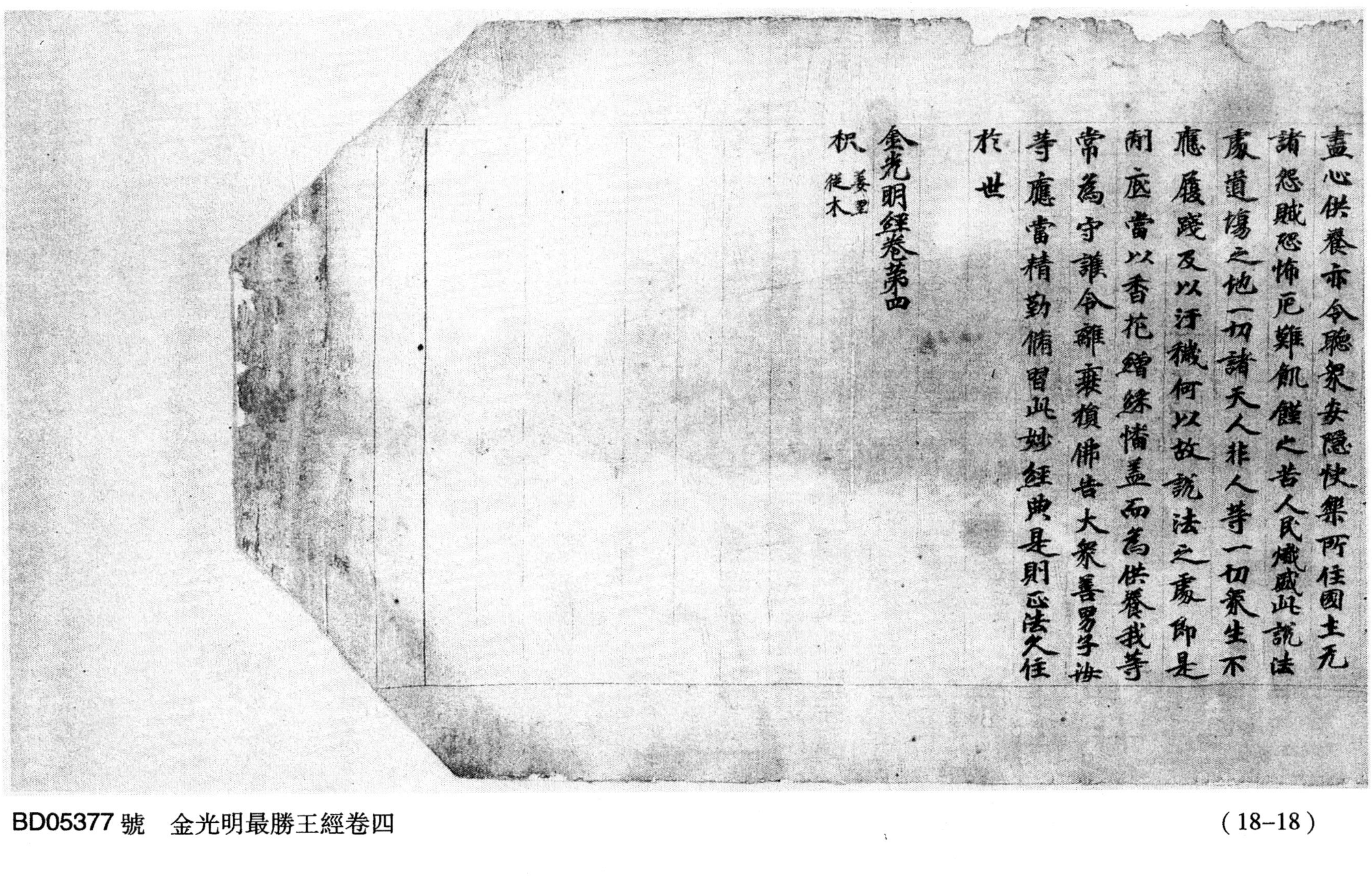

盡心供養亦令聽衆安隱快樂所住國土无
諸怨賊恐怖厄難飢饉之苦人民熾盛此說法
處道場之地一切諸天人非人等一切衆生不
應履踐及以汙穢何以故說法之處即是
制底當以香花繒綵幡蓋而為供養我等
常為守護令離衰損佛告大衆善男子汝
等應當精勤修習此妙經典是則正法久住
於世
金光明經卷第四
枳　姜星　徙木

BD05377 號　金光明最勝王經卷四　（18–18）

金光明最勝王經蓮花喻讚
卜侍佛告菩提樹神善
金鼓出大音聲
山之因緣我為汝等
善思念之過去有王名
讚稱歎十方三世諸佛
過去未來現在佛
我今至誠稽首禮
无上清淨牟尼尊
一切聲中最為上
黑蜂王
齒白齊密如珂雪
目淨无垢妙端嚴
舌相廣長極柔耎
眉間常有白毫光
眉細纖長類初月
鼻高脩直如金鋌
一切世間殊妙 香
世尊最勝身金色
紺青柔耎右旋文

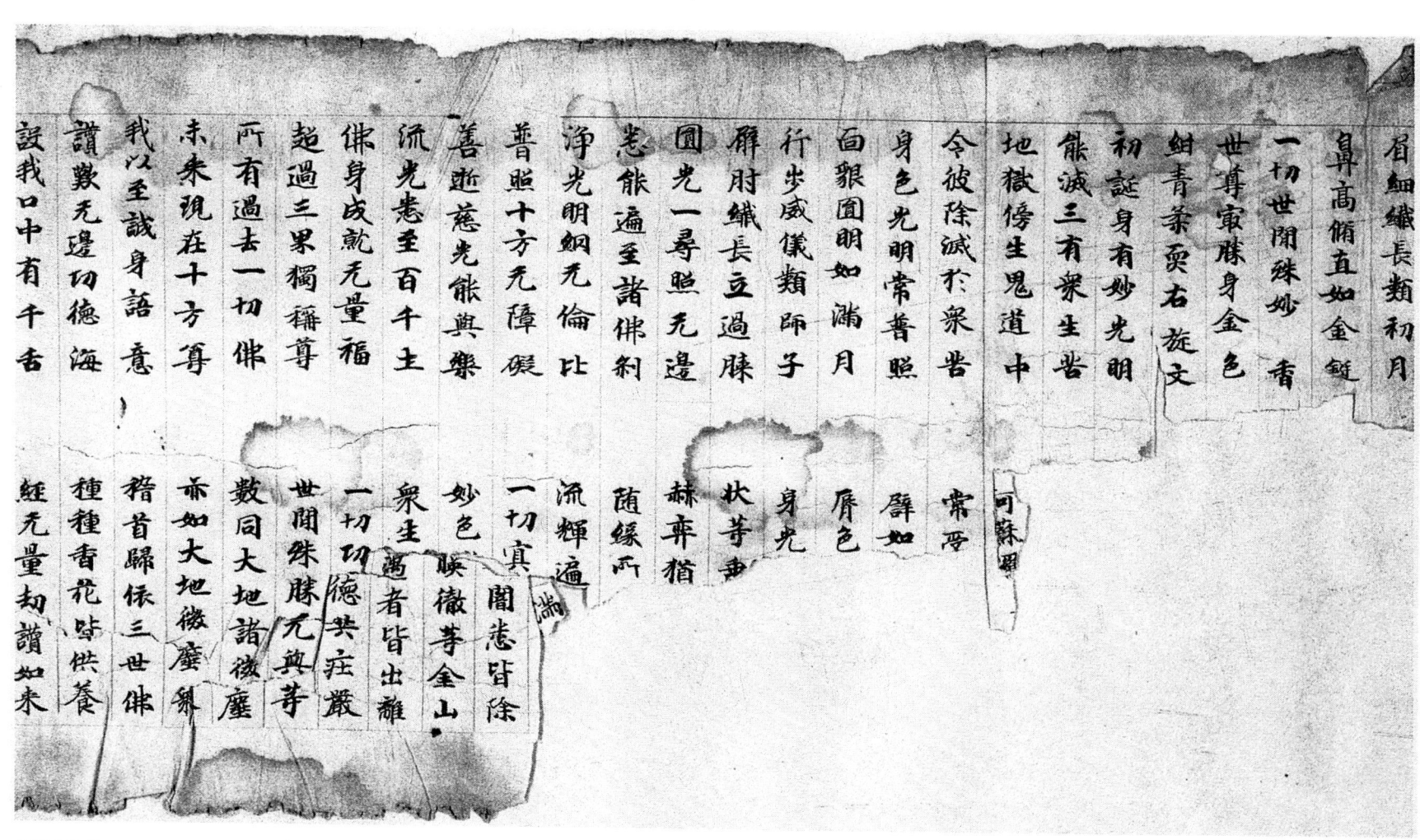

BD05378 號　金光明最勝王經卷五

（21–1）

眉細纖長類初月
鼻高脩直如金鋌
一切世間殊妙 香
世尊最勝身金色
紺青柔耎右旋文
初誕身有妙光明
能滅三有衆生苦
地獄傍生鬼道中 阿蘇羅
令彼除滅於衆苦 常受
身色光明常普照 譬如
面貌圓明如滿月 脣色
行步威儀類師子 身光
雙臂纖長立過膝 狀若垂
圓光一尋照无邊 赫奕猶
悲能遍至諸佛刹 隨緣所
淨光明網无倫比 流輝遍
普照十方无障礙 一切冥闇悉皆除
善逝慈光能與樂 妙色暎徹等金山
流光悉至百千土 衆生遇者皆出離
佛身成就无量福 一切功德共莊嚴
超過三界獨稱尊 世間殊勝无與等
所有過去一切佛 數同大地諸微塵
未來現在十方尊 亦如大地微塵衆
我以至誠身語意 稽首歸依三世佛
讚歎无邊功德海 種種香花皆供養
設我口中有千舌 經无量劫讚如來

BD05378 號　金光明最勝王經卷五

（21–2）

所有過去一切佛　數同大地諸微塵
未來現在十方尊　亦如大地微塵數
我以至誠身語意　稽首歸依三世佛
讚歎无邊功德海　種種香花皆供養
設我口中有千舌　經无量劫讚如來
世尊功德不思議　最勝甚深難可說
假令我舌有百千　讚歎一佛一功德
於中少分尚難知　況諸佛德无邊際
假使大地及諸天　乃至有頂爲海水
可以毛端滴知數　佛一功德甚難量
我以至誠身語意　禮讚諸佛德无邊
所有勝福果難思　迴施衆生速成佛
彼王讚歎如來已　倍復深心發弘願
願我當於未來世　生在无量无數劫
夢中常見大金鼓　得聞願說懺悔音
讚佛功德喻蓮花　願證无生成正覺
諸佛出世時一現　於百千劫甚難逢
夜夢常聞妙鼓音　晝則隨應而懺悔
我當圓滿修六度　拔濟衆生出苦海
然後得成无上覺　佛土清淨不思議
以妙金鼓奉如來　并讚諸佛實功德
因斯當見釋迦佛　記我當紹人中尊
金龍金光是我子　過去曾爲善知識
世世願生於我家　共受无上菩提記
若有衆生无救護　長夜輪迴受衆苦
我於未世作歸依　令彼常得安隱樂



因斯當見釋迦佛　記我當紹人中尊
金龍金光是我子　過去曾爲善知識
世世願生於我家　共受无上菩提記
若有衆生无救護　長夜輪迴受衆苦
我於未世作歸依　令彼常得安隱樂
三有衆苦願除滅　悉得隨心安樂處
於未來世修菩提　皆如過去成佛者
願此金光懺悔福　永竭苦海罪消除
業障煩惱悉皆亡　令我速招清淨果
福智大海量无邊　清淨離垢深无底
願我獲斯功德海　速成无上大菩提
以此金光懺悔力　當獲福德淨光明
既得清淨妙光明　常以智光照一切
願我身光等諸佛　福德智慧亦復然
一切世界獨稱尊　威力自在无倫匹
有漏苦海願超越　无爲樂海願常遊
現在福海願恒盈　當來智海願圓滿
願我剎土超三界　殊勝功德量无邊
諸有緣者悉同生　皆得速成清淨智
妙幢汝當知　國王金龍主　曾發如是願　彼即是汝身
往時有二子　金龍及金光　即銀相銀光　當受我所記
大衆聞是說　皆發菩提心　願現在未來　常依此懺悔

金光明最勝王經金勝陀羅尼品第八

爾時世尊復於衆中告善住菩薩摩訶薩善
男子有陀羅尼名曰金勝若有善男子善女
人欲求親見過去未來現在諸佛恭敬供

大衆聞是說　皆發菩提心　願現在未來　常[illegible]

金光明最勝王經金勝陁羅尼品第八

尒時世尊復於衆中告善住菩薩摩訶薩善
男子有陁羅尼名曰金勝若有善男子善女
人欲求親見過去未來現在諸佛恭敬供
養者應當受持此陁羅尼何以故此陁羅尼
乃是過現未來諸佛之母是故當知持此陁羅
尼者具大福德已於過去无量佛所殖諸善
本今得受持於戒清淨不毀不缺无有障礙
決定能入甚深法門世尊即為說持呪法先
稱諸佛及菩薩名至心礼敬然後誦呪

南謨十方一切諸佛　南謨諸大菩薩摩訶薩
南謨聲聞緣覺一切賢聖
南謨釋迦牟尼佛　南謨東方不動佛
南謨南方寶幢佛　南謨西方阿弥陁佛
南謨北方天鼓音佛　南謨上方廣衆德佛
南謨下方明德佛　南謨寶藏佛
南謨普光佛　南謨普明佛
南謨香積王佛　南謨蓮花勝佛
南謨平等見佛　南謨寶髻佛
南謨寶上佛　南謨寶光佛
南謨无垢光明佛　南謨辯才莊嚴思惟佛
南謨淨月光稱相王佛　南謨花嚴光佛
南謨光明王佛　南謨善光无垢稱王佛
南謨觀察无畏自在佛　南謨无畏名稱佛
南謨最勝王佛

BD05378號　金光明最勝王經卷五　（21–5）

南謨寶上佛　南謨寶光佛
南謨无垢光明佛　南謨辯才莊嚴思惟佛
南謨淨月光稱相王佛　南謨花嚴光佛
南謨光明王佛　南謨善光无垢稱王佛
南謨觀察无畏自在佛　南謨无畏名稱佛
南謨最勝王佛
南謨觀自在菩薩摩訶薩　南謨地藏菩薩摩訶薩
南謨虛空藏菩薩摩訶薩　南謨妙吉祥菩薩摩訶薩
南謨金剛手菩薩摩訶薩　南謨普賢菩薩摩訶薩
南謨无盡意菩薩摩訶薩　南謨大勢至菩薩摩訶薩
南謨慈氏菩薩摩訶薩　南謨善惠菩薩摩訶薩

陁　羅　尼　日

南謨曷喇怛娜怛喇夜也　怛　姪　他
君　睇　君　睇　矩　折　囇　矩　折　囇
壹　窒　哩　蜜　窒　哩　莎　訶

佛告善住菩薩此陁羅尼是三世佛母若有
善男子善女人持此呪者能生无量无邊
福德之聚即是供養恭敬尊重讚歎无數
諸佛如是諸佛皆與此人授阿耨多羅三藐
三菩提記善住若有人能持此呪者隨其所
欲衣食財寶多聞聰慧无病長壽獲福甚
多隨所願求无不遂意善住持是呪者乃至
未證无上菩提常與金城山菩薩慈氏菩薩大
海菩薩觀自在菩薩妙吉祥菩薩大氷伽羅菩
薩等而共居止為諸菩薩之所攝護善住當

[illegible]持此呪持作如是[illegible]

BD05378號　金光明最勝王經卷五　（21–6）

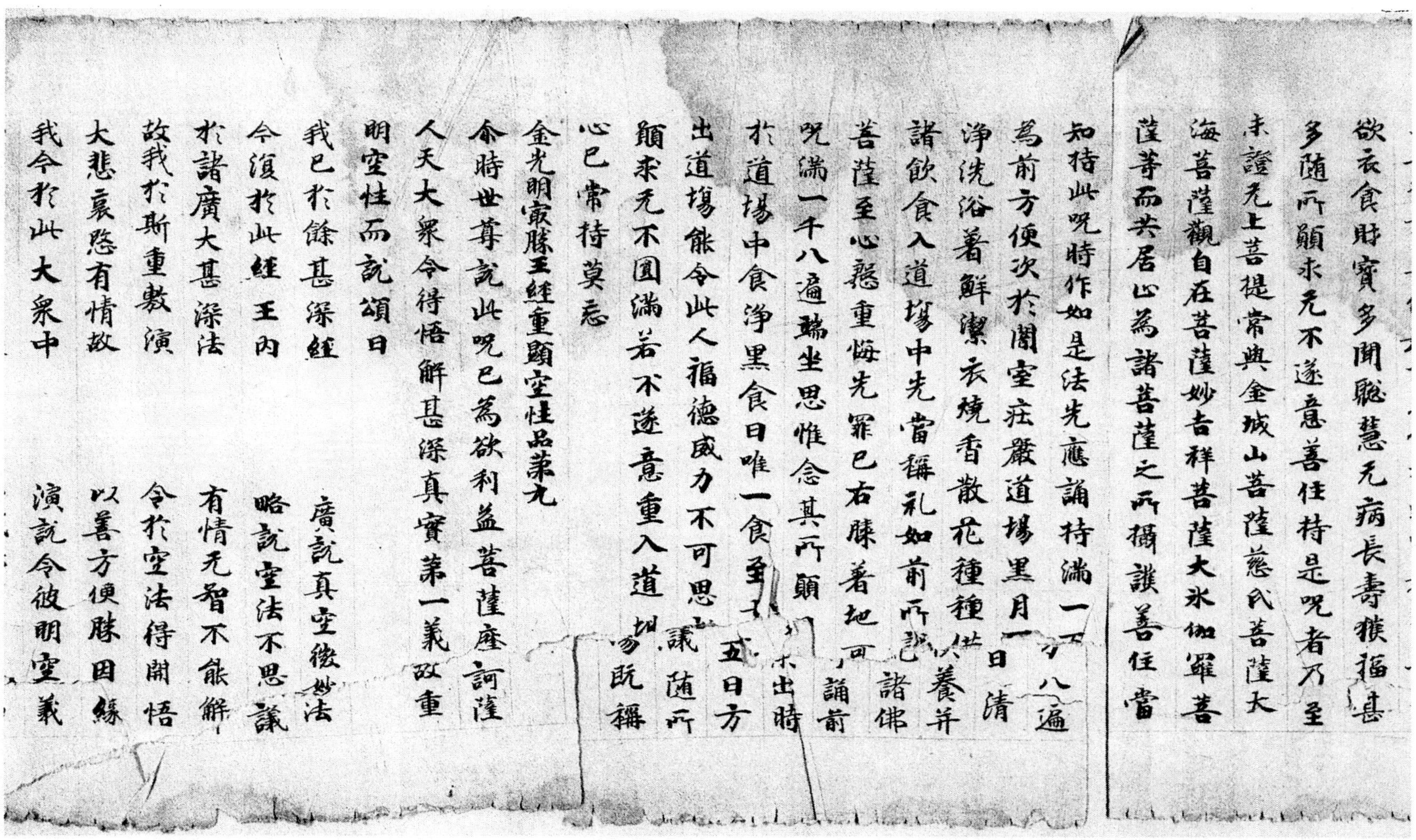

欲衣食財寶多聞聰慧无病長壽獲福甚
多隨所願求无不遂意善住持是呪者乃至
未證无上菩提常與金城山菩薩慈氏菩薩大
海菩薩觀自在菩薩妙吉祥菩薩大氷伽羅菩
薩等而共居止為諸菩薩之所攝護善住當
知持此呪時作如是法先應誦持滿一万八遍
為前方便次於闇室莊嚴道場黑月一日清
淨洗浴著鮮潔衣燒香散花種種供養并
諸飲食入道場中先當稱礼如前所說諸佛
菩薩至心慇重悔先罪已右膝著地可誦前
呪滿一千八遍端坐思惟念其所願日未出時
於道場中食淨黑食日唯一食至十五日方
出道場能令此人福德威力不可思議隨所
願求无不圓滿若不遂意重入道場既稱
心已常持莫忘
金光明最勝王經重顯空性品第九
尒時世尊說此呪已為欲利益菩薩摩訶薩
人天大衆令得悟解甚深真實第一義故重
明空性而說頌曰
我已於餘甚深經　廣說真空微妙法
今復於此經王內　略說空法不思議
於諸廣大甚深法　有情无智不能解
故我於斯重敷演　令於空法得開悟
大悲哀愍有情故　以善方便勝因緣
我今於此大衆中　演說令彼明空義

BD05378號　金光明最勝王經卷五　（21–7）

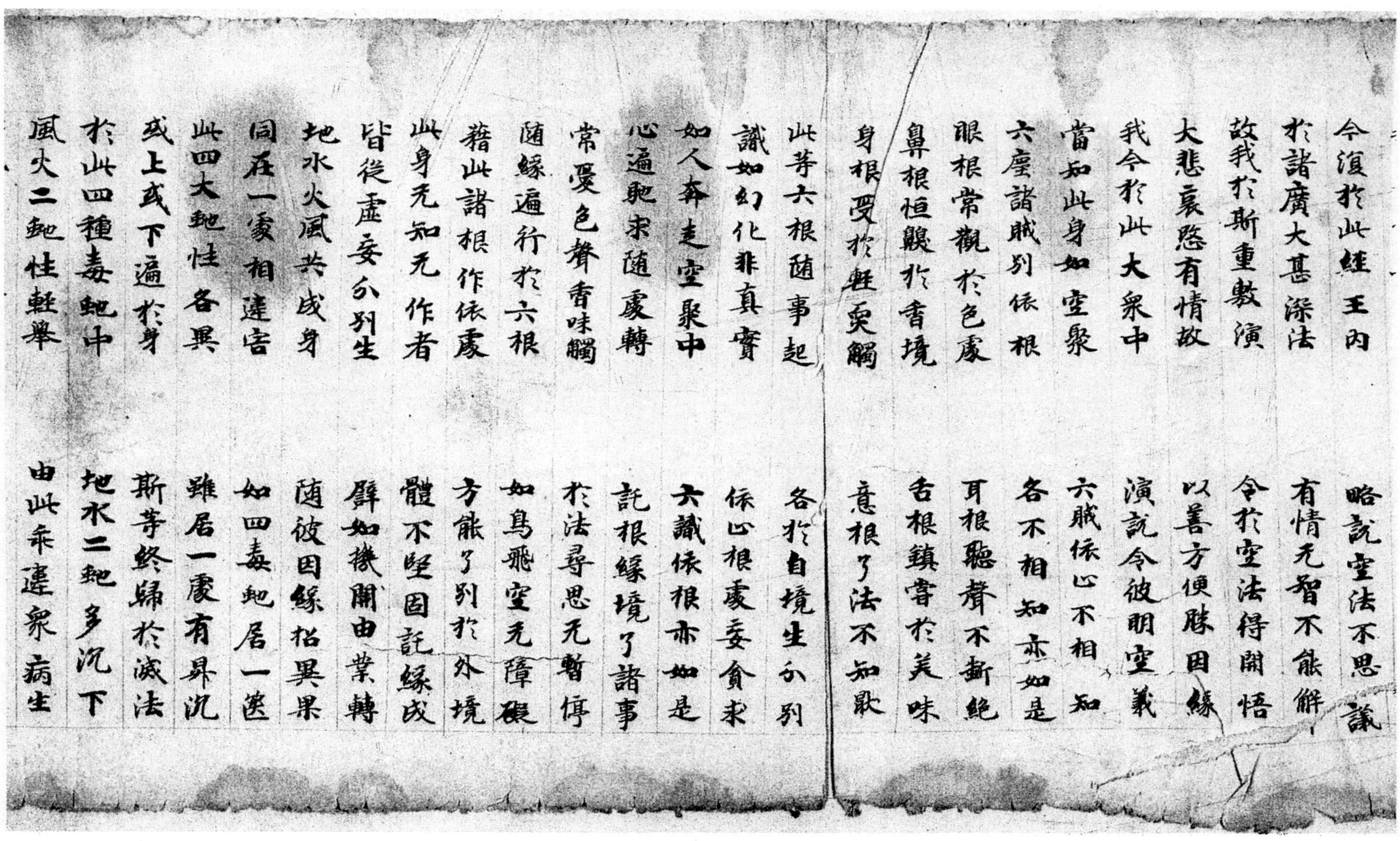

今復於此經王內　略說空法不思議
於諸廣大甚深法　有情无智不能解
故我於斯重敷演　令於空法得開悟
大悲哀愍有情故　以善方便勝因緣
我今於此大衆中　演說令彼明空義
當知此身如空聚　六賊依心不相知
六塵諸賊別依根　各不相知亦如是
眼根常觀於色處　耳根聽聲不斷絕
鼻根恒齅於香境　舌根鎮嘗於美味
身根受於輕爽觸　意根了法不知猒
此等六根隨事起　各於自境生分別
識如幻化非真實　依心根處妄貪求
如人奔走空聚中　六識依根亦如是
心遍馳求隨處轉　託根緣境了諸事
常愛色聲香味觸　於法尋思无暫停
隨緣遍行於六根　如鳥飛空无障礙
藉此諸根作依處　方能了別於外境
此身无知无作者　體不堅固託緣成
皆從虛妄分別生　譬如機關由業轉
地水火風共成身　隨彼因緣招異果
同在一處相違害　如四毒蛇居一篋
此四大蛇性各異　雖居一處有昇沉
或上或下遍於身　斯等終歸於滅法
於此四種毒蛇中　地水二蛇多沉下
風火二蛇性輕舉　由此乖違衆病生

BD05378號　金光明最勝王經卷五　（21–8）

同在一處相違害　如四毒蛇居一篋
此四大蛇性各異　雖居一處有昇沈
或上或下遍於身　斯等終歸於滅法
於此四種毒蛇中　地水二蛇多沈下
風火二蛇性輕舉　由此乖違眾病生
心識依止於此身　造作種種善惡業
當往人天三惡趣　隨其業力受身形
遭諸疾病身死後　大小便利悉盈流
膿爛蟲蛆不可樂　棄在屍林如朽木
汝等當觀法如是　云何執有我眾生
一切諸法盡无常　悉從无明緣力起
彼諸大種咸虛妄　本非實有體无生
故說大種性皆空　知此浮虛非實有
无明自性本是无　藉眾緣力和合有
於一切時失正慧　故我說彼為无明
行識為緣有名色　六處及觸受隨生
愛取有緣生老死　憂悲苦惱恒隨逐
眾苦惡業常纏迫　生死輪迴无息時
本來非有體是空　由不如理生分別
我斷一切諸煩惱　常以正智現前行
了五蘊宅悉皆空　求證菩提真實處
我開甘露大城門　示現甘露微妙器
既得甘露真實味　常以甘露施群生
我擊寂勝大法鼓　我吹寂勝大法蠡
我然寂勝大明燈　我降寂勝大法雨
降伏煩惱諸怨結　建立无上大法幢

BD05378號　金光明最勝王經卷五　（21–9）

我開甘露大城門　示現甘露微妙器
既得甘露真實味　常以甘露施群生
我擊寂勝大法鼓　我吹寂勝大法蠡
我然寂勝大明燈　我降寂勝大法雨
降伏煩惱諸怨結　建立无上大法幢
於生死海濟群迷　我當閉關三惡趣
煩惱熾火燒眾生　无有救護无依止
清涼甘露充足彼　身心熱惱並皆除
由是我於无量劫　恭敬供養諸如來
堅持禁戒趣菩提　求證法身安樂處
施他眼耳及手足　妻子僮僕心无悋
財寶七珎莊嚴具　隨來求者咸供給
忍等諸度皆遍脩　十地圓滿成正覺
故我得稱一切智　无有眾生度量者
假使三千大千界　盡此土地生長物
所有叢林諸樹木　稻麻竹葦及枝條
此等諸物皆伐取　並悉細末作微塵
隨處積集量難知　乃至充滿虛空界
一切十方諸剎土　所有三千大千界
地土皆悉末為塵　此微塵量不可數
假使一切眾生智　以此智慧與一人
如是智者量无邊　容可知彼微塵數
牟尼世尊一念智　令彼智人共度量
於多俱胝劫數中　不能算知其少分
時諸大眾聞佛說此甚深空性有无量眾
生悉能了達四大五蘊體性俱空六根六境

BD05378號　金光明最勝王經卷五　（21–10）

如是智者量无邊　容可知彼微塵數
牟尼世尊一念智　令彼智人共度量
於多俱胝劫數中　不能筭知其少分
時諸大衆聞佛說此甚深空性有无量衆
生悉能了達四大五蘊體性俱空六根六境
妄生繫縛願捨輪迴正脩出離深心慶喜如
說奉持
金光明最勝王經依空滿願品第十
尒時如意寶光耀天女於大衆中聞說深法
歡喜踊躍從座而起偏袒右肩右膝著地
合掌恭敬白佛言世尊唯願為說於甚深
理脩行之法而說頌言
我問照世界　兩足最勝尊　菩薩正行法　唯願慈悲許
佛言善女天　若有疑惑者　隨汝意所問　吾當分別說
是時天女請世尊曰
云何諸菩薩　行菩提正行　離生死涅槃　饒益自他故
佛告善女天依於法界行菩提法脩平等行
云何依於法界行菩提法脩平等行謂於五
蘊能現法界法界即是五蘊五蘊不可說非
五蘊而不可說何以故若法界是五蘊即是
斷見若離五蘊即是常見離於二相不著二
邊不可見過所見无名无相是則名為說於
法界善女天云何五蘊能現法界如是五蘊
不從因緣生何以故若從因緣生者為已生故
生為未生故生若已生生者何用因緣若未

BD05378號　金光明最勝王經卷五　（21–11）

邊不可見過所見无名无相是則名為說於
法界善女天云何五蘊能現法界如是五蘊
不從因緣生何以故若從因緣生者為已生故
生為未生故生若已生生者何用因緣若未
生生者不可得生何以故未生諸法即是非
有无名无相非校量譬喻之所能及非是因
緣之所生故善女天譬如鼓聲依木依皮及
桴手等故得出聲如是鼓聲過去亦空未來
亦空現在亦空何以故是鼓音聲不從木生
不從皮生及桴手生不於三世生是則不生
若不可生則不可滅若不可滅无所從來若无
所從來亦无所去若无所去則非常非斷若
非常非斷則不一不異何以故此若是一則
不異法界若如是者凡夫之人應見真諦得
於无上安樂涅槃既不如是故知不一若言
異者一切諸佛菩薩行相即是執著未得
解脫煩惱繫縛即不證阿耨多羅三藐三菩
提何以故一切聖人於行非行同真實性是
故不異故知五蘊非有非无不從因緣生非
无因緣生是聖所知非餘境故亦非言說之
所能及无名无相无因无緣亦无譬喻始終
寂靜本來自空是故五蘊能現法界善女天
若善男子善女人欲求阿耨多羅三藐三菩提
異真異俗難可思量於凡聖境體非一異
不捨於俗不離於真依於法界行菩提行尒

BD05378號　金光明最勝王經卷五　（21–12）

无因緣生是聖所知非餘境故亦非言說之
所能及无名无相无因无緣亦无譬喻始終
寂靜本來自空是故五蘊能現法界善女天
若善男子善女人欲求阿耨多羅三藐三菩提
異真異俗難可思量於凡聖境體非一異
不捨於俗不離於真依於法界行菩提行尒
時世尊作是語已時善女天踊躍歡喜即從
座起偏袒右肩右膝著地合掌恭敬一心頂
礼而白佛言世尊如上所說菩提正行我今
當學是時索訶世界主大梵天王於大衆中
問如意寶光耀善女天曰此菩提行難可脩
行汝今云何於菩提行而得自在尒時善女天
荅梵王曰大梵王如佛所說實是甚深一切
異生不解其義是聖境界微妙難知若使
我今依於此法得安樂住是實語者願令一
切五濁惡世无量无數无邊衆生皆得金色
三十二相非男非女坐寶蓮花受无量樂雨天
妙花諸天音樂不鼓自鳴一切供養皆悉具
足時善女天說是語已一切五濁惡世所有
衆生皆悉金色具大人相非男非女坐寶蓮
花受无量樂猶如他化自在天宮无諸惡道
寶樹行列七寶蓮花遍滿世界又雨七寶上
妙天花作天伎樂如意寶光耀善女天即轉
女身作梵天身時大梵王問如意寶光耀菩
薩言仁者如何行菩提行荅言梵王若水中
月行菩提行我亦行菩提行若夢中行菩提

BD05378號　金光明最勝王經卷五

（21–13）

花受无量樂猶如他化自在天宮无諸惡道
寶樹行列七寶蓮花遍滿世界又雨七寶上
妙天花作天伎樂如意寶光耀善女天即轉
女身作梵天身時大梵王問如意寶光耀菩
薩言仁者如何行菩提行荅言梵王若水中
月行菩提行我亦行菩提行若夢中行菩提
行我亦行菩提行若陽焰行行菩提行我
亦行菩提行若谷響行菩提行我亦行菩
提行時大梵王聞此說已白菩薩言仁依何
義而說此語荅言梵王无有一法是實相者
但由因緣而得成故梵王言若如是者諸凡夫
人皆悉應得阿耨多羅三藐三菩提荅言仁
以何意而作是說愚癡人異智慧人異菩提
異非菩提異解脫異非解脫異梵王如是諸
法平等无異於此法界真如不一不異无有中
間而可執著无增无減梵王譬如幻師及幻弟
子善解幻術於四衢道取諸沙土草木葉等
聚在一處作諸幻術使人覩見象衆馬衆車
兵等衆七寶之聚種種倉庫若有衆生愚
癡无智不能思惟不知幻本若見若聞作是
思惟我所見聞象馬等衆此是實有餘皆
虛妄於後更不審察思惟有智之人則不如
是了於幻本若見若聞作如是念如我所見
象馬等衆非是真實唯有幻事惑人眼目妄
謂象等及諸倉庫有名无實如我見聞不執
爲實後時思惟知其虛妄是故智者了一切

BD05378號　金光明最勝王經卷五

（21–14）

思惟我所見聞烏馬等衆此是實有餘皆
虛妄於後更不審察思惟有智之人則不如
是了於幻本若見若聞作如是念如我所見
烏馬等衆非是真實唯有幻事惑人眼目妄
謂烏等及諸倉庫有名无實如我見聞不執
爲實後時思惟知其虛妄是故智者了一切
法皆无實體但隨世俗如見如聞表宣其事
思惟諦理則不如是復由假說顯實義故梵
王愚癡異生未得出世聖慧之眼未知一切諸
法真如不可說故是諸凡愚若見若聞行非
行法如是思惟便生執著謂以爲實於第一
義不能了知諸法真如是不可說是諸聖人
若見若聞行非行法隨其力能不生執著
以爲實有了知一切无實行法无實非行法
但妄思量行非行相唯有名字无有實體是
諸聖人隨世俗說爲欲令他知真實義如是梵
王是諸聖人以聖智見了法真如不可說故行
非行法亦復如是令他證知故說種種世俗
名言時大梵王問如意寶光耀菩薩言有
幾衆生能解如是甚深正法菩言梵王有衆
幻人心心數法能解如是甚深正法梵王曰此
幻化人體是非有此之心數從何而生菩曰
若知法界不有不无如是衆生能解深義
尒時梵王白佛言世尊是如意寶光耀菩
薩不可思議通達如是甚深之義佛言如是
如是梵王如汝所言此如意寶光耀已教汝等

BD05378號　金光明最勝王經卷五　（21–15）

幻人心心數法能解如是甚深正法梵王曰此
幻化人體是非有此之心數從何而生菩曰
若知法界不有不无如是衆生能解深義
尒時梵王白佛言世尊是如意寶光耀菩
薩不可思議通達如是甚深之義佛言如是
如是梵王如汝所言此如意寶光耀已教汝等
發心脩學无生忍法是時大梵天王與諸梵
衆從座而起偏袒右肩合掌恭敬頂礼如意
寶光耀菩薩足作如是言希有希有我等
今日幸遇大士得聞正法
尒時世尊告梵王言是如意寶光耀於未來
世當得作佛号寶燄吉祥藏如来應正遍
知明行圓滿善逝世間解无上士調御丈夫
天人師佛世尊說是品時有三千億菩薩
於阿耨多羅三藐三菩提得不退轉八千億
天子无量无數國王臣民遠塵離垢得法
眼淨
尒時會中有五十億苾芻行菩薩行欲退
菩提心聞如意寶光耀菩薩說是法時皆
得堅固不可思議滿足上願更復發起菩提
之心各自脫衣供養菩薩重發无上勝進
之心作如是願願令我等功德善根悉皆不
退迴向阿耨多羅三藐三菩提梵王是諸苾
芻依此功德如說脩行過九十大劫當得解
悟出離生死尒時世尊即爲授記汝諸苾芻
過三十阿僧祇劫當得作佛劫名難勝光王

BD05378號　金光明最勝王經卷五　（21–16）

之心作如是願願令我等功德善根悉皆不
退迴向阿耨多羅三藐三菩提梵王是諸苾
芻依此功德如說脩行過九十大劫當得解
悟出離生死尒時世尊即爲授記汝諸苾芻
過三十阿僧祇劫當得作佛劫名難勝光王
國名无垢光同時皆得阿耨多羅三藐三菩
提皆同一号名願莊嚴聞飾王十号具足梵
王是金光明微妙經典若正聞持有大威力
假使有人於百千大劫行六波羅蜜无有方
便若有善男子善女人書寫如是金光明經半
月半月專心讀誦是功德聚於前功德百分不
及一乃至筭數譬喻所不能及梵王是故我
令令汝脩學憶念受持爲他廣說何以故我
於往昔行菩薩道時猶如勇士入於戰陣不惜
身命流通如是微妙經王受持讀誦爲他解
說梵王譬如轉輪聖王若王在世七寶不滅
王若命終所有七寶自然滅盡梵王是金光
明微妙經王若現在世无上法寶悉皆不滅
若无是經隨處隱沒是故應當於此經王
專心聽聞受持讀誦爲他解說勸令書寫
行精進波羅蜜不惜身命不憚疲勞功德
中勝我諸弟子應當如是精勤脩學
尒時大梵天王與无量梵衆帝釋四王及諸
藥叉俱從座起偏袒右肩右膝著地合掌
恭敬而白佛言世尊我等皆願守護流通

BD05378 號　金光明最勝王經卷五

（21–17）

行精進波羅蜜不惜身命不憚疲勞功德
中勝我諸弟子應當如是精勤脩學
尒時大梵天王與无量梵衆帝釋四王及諸
藥叉俱從座起偏袒右肩右膝著地合掌
恭敬而白佛言世尊我等皆願守護流通
是金光明微妙經典及說法師若有諸難我
當除遣令具衆善色力充足辯才无礙身
意泰然時會聽者皆受安樂所在國土若有
飢饉怨賊非人爲惱害者我等天衆皆爲擁
護使其人民安隱豐樂无諸枉橫皆是我等
天衆之力若有供養是經典者我等亦當、
恭敬供養如佛不異
尒時佛告大梵天王及諸梵衆乃至四王諸
藥叉等善哉善哉汝等得聞甚深妙法復
能於此微妙經王發心擁護及持經者當獲
无邊殊勝之福速成无上正等菩提時梵王
等聞佛語已歡喜頂受
金光明最勝王經四天王觀察人天品第十一
尒時多聞天王持國天王增長天王廣目天王
俱從座起偏袒右肩右膝著地合掌向佛
礼佛足已白言世尊是金光明最勝王經一
切諸佛常念觀察一切菩薩之所恭敬一切
天龍常所供養及諸天衆常生歡喜一切護
世稱揚讚歎聲聞獨覺皆共受持悉能明
照諸天宮殿能與一切衆生殊勝安樂止息

BD05378 號　金光明最勝王經卷五

（21–18）

礼佛足已白言世尊是金光明最勝王經一
切諸佛常念觀察一切菩薩之所恭敬一切
天龍常所供養及諸天衆常生歡喜一切護
世稱揚讚歎聲聞獨覺皆共受持悉能明
照諸天宮殿能與一切衆生殊勝安樂止息
地獄餓鬼傍生諸趣苦惱一切怖畏悉能除
殄所有怨敵尋即退散飢饉惡時能令豐
稔疾疫病苦皆令蠲愈一切災變百千苦
惱咸悉消滅世尊是金光明最勝王經能為
如是安隱利樂饒益我等唯願世尊於大衆
中廣為宣說我等四王并諸眷屬聞此甘露
无上法味氣力充實增益威光精進勇猛
神通倍勝世尊我等四王脩行正法常說正
法以法化世我等令彼天龍藥叉健闥婆阿
蘇羅揭路荼俱槃荼緊那羅莫呼羅伽及
諸人王常以正法而化於世遮去諸惡所有
鬼神吸人精氣无慈悲者悉令遠去世尊我
等四王與二十八部藥叉大将并與无量百千
藥叉以淨天眼過於世人觀察擁護此贍部
洲世尊以此因緣我等諸王名護世者又復於
此洲中若有國王被他怨賊常來侵擾及多
飢饉疾疫流行无量百千災厄之事世尊我
等四王於此金光明最勝王經恭敬供養若
有苾芻法師受持讀誦我等四王共往覺
悟勸請其人時彼法師由我神通覺悟力故
[illegible]



此洲中若有國王被他怨賊常來侵擾及多
飢饉疾疫流行无量百千災厄之事世尊我
等四王於此金光明最勝王經恭敬供養若
有苾芻法師受持讀誦我等四王共往覺
悟勸請其人時彼法師由我神通覺悟力故
往彼國界廣宣流布是金光明微妙經典
由經力故令彼无量百千衰惱災厄之事悉
皆除遣世尊若諸人王於其國內有持是經
苾芻法師至彼國時當知此經亦至其國世尊
時彼國王應往法師處聽其所說聞已歡喜於
彼法師恭敬供養深心擁護令无憂惱演說此
經利益一切世尊以是緣故我等四王皆共一心護
是人王及國人民令離災患常得安隱世尊若
有苾芻苾芻尼鄔波索迦鄔波斯迦持是經
者時彼人王隨其所須供給供養令无乏少
我等四王令彼國主及以國人悉皆安隱遠離
災患世尊若有受持讀誦是經典者人王
於此供養恭敬尊重讚歎我等當令彼王
於諸王中恭敬尊重最為第一諸餘國王
共所稱歎大衆聞已歡喜受持

金光明經卷第五

弈盈益　齅許救　窒丁結　稔任甚

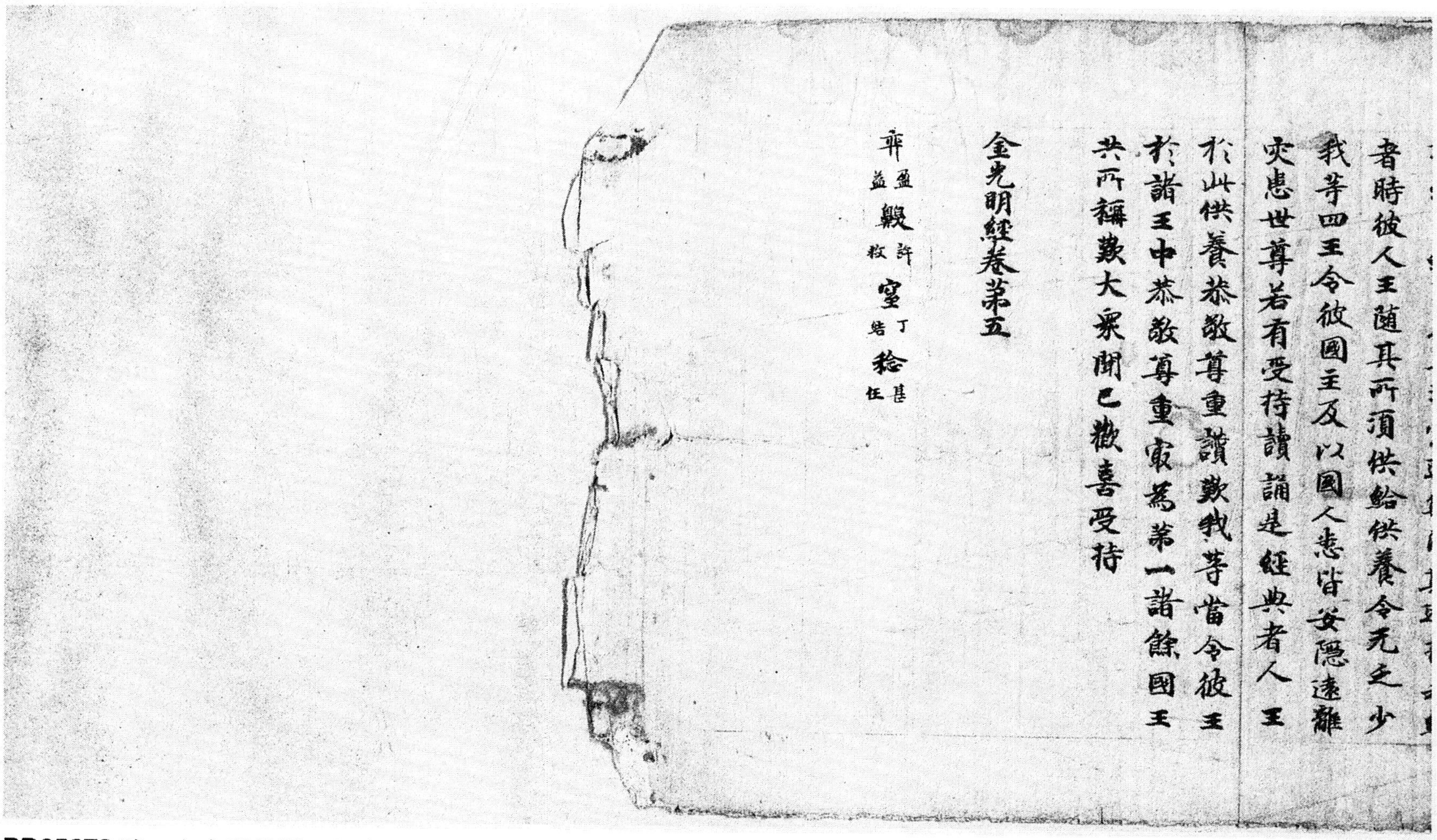

者時彼人王隨其所須供給供養令无乏少
我等四王令彼國主及以國人悉皆安隱遠離
灾患世尊若有受持讀誦是經典者人王
於此供養恭敬尊重讚歎我等當令彼王
於諸王中恭敬尊重最為第一諸餘國王
共所稱歎大衆聞已歡喜受持
金光明經卷第五
乖盈益 鷇許救 窒丁結 給甚任

BD05378號　金光明最勝王經卷五

(21–21)

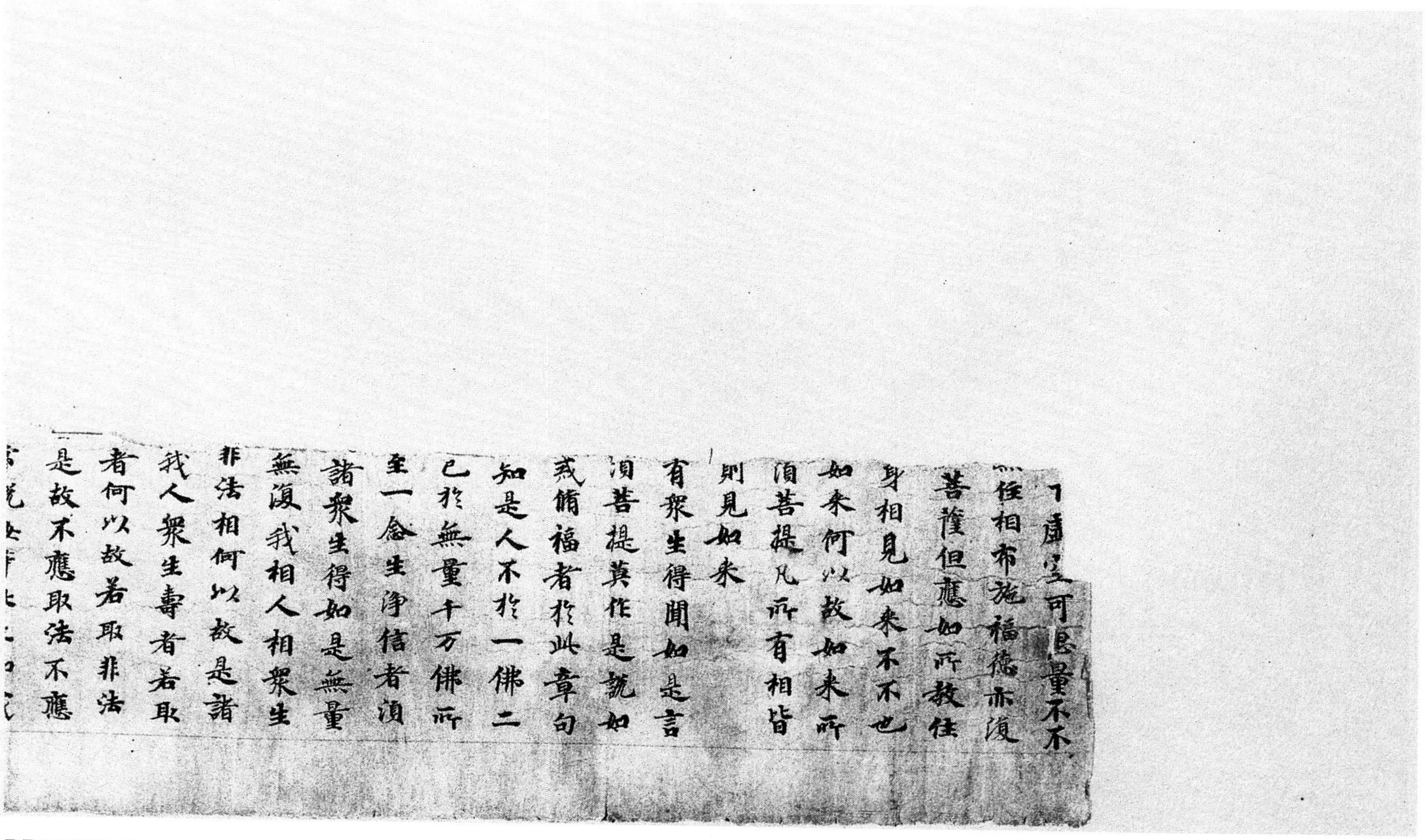

虛空可思量不不
住相布施福德亦復
菩薩但應如所教住
身相見如來不不也
如來何以故如來所
須菩提凡所有相皆
則見如來
有衆生得聞如是言
須菩提莫作是說如
戒脩福者於此章句
知是人不於一佛二
已於無量千万佛所
至一念生淨信者須
諸衆生得如是無量
無復我相人相衆生
非法相何以故是諸
我人衆生壽者若取
者何以故若取非法
是故不應取法不應

BD05379號　金剛般若波羅蜜經

(4–1)

非法相何以故是諸
我人衆生壽者若取
者何以故若取非法
是故不應取法不應
常說汝等比丘知我
捨何況非法
來得阿耨多羅三藐三
說法耶須菩提言如我解
法名阿耨多羅三藐三菩
來可說何以故如來所說
說非法非非法所以者何
為法而有差別
若人滿三千大千世界七
人所得福德寧為多不須菩
以故是福德即非福德性
多若復有人於此經中受
為他人說其福勝彼何以故
及諸佛阿耨多羅三藐三
出須菩提所謂佛法者即
須陀洹能作是念我得須
言不也世尊何以故須陀
所入不入色聲香味觸法
提於意云何斯陀含能作
不須菩提言不也世尊

BD05379號　金剛般若波羅蜜經　（4–2）

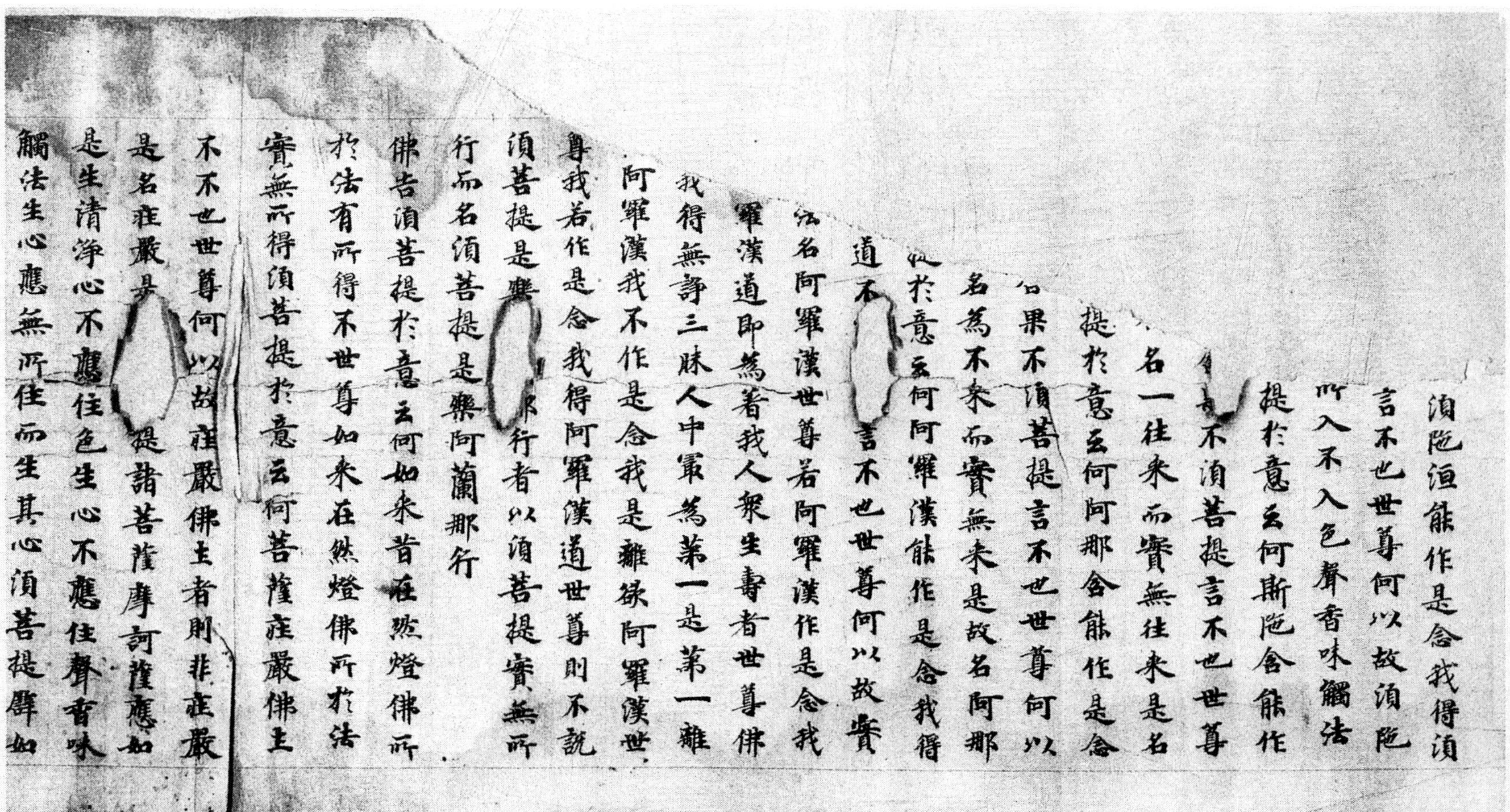

須陀洹能作是念我得須
言不也世尊何以故須陀
所入不入色聲香味觸法
提於意云何斯陀含能作
不須菩提言不也世尊
名一往來而實無往來是名
提於意云何阿那含能作是念
果不須菩提言不也世尊何以
名為不來而實無來是故名阿那
於意云何阿羅漢能作是念我得
道不[illegible]言不也世尊何以故實
法名阿羅漢世尊若阿羅漢作是念我
羅漢道即為著我人衆生壽者世尊佛
我得無諍三昧人中最為第一是第一離
阿羅漢我不作是念我是離欲阿羅漢世
尊我若作是念我得阿羅漢道世尊則不說
須菩提是樂[illegible]行者以須菩提實無所
行而名須菩提是樂阿蘭那行
佛告須菩提於意云何如來昔在然燈佛所
於法有所得不世尊如來在然燈佛所於法
實無所得須菩提於意云何菩薩莊嚴佛土
不不也世尊何以故莊嚴佛土者則非莊嚴
是名莊嚴是[illegible]提諸菩薩摩訶薩應如
是生清淨心不應住色生心不應住聲香味
觸法生心應無所住而生其心須菩提譬如

BD05379號　金剛般若波羅蜜經　（4–3）

佛告須菩提於意云何如來昔在然燈佛所
於法有所得不世尊如來在然燈佛所於法
實無所得須菩提於意云何菩薩莊嚴佛土
不不也世尊何以故莊嚴佛土者則非莊嚴
是名莊嚴是[illegible]諸菩薩摩訶薩應如
是生清淨心不應住色生心不應住聲香味
觸法生心應無所住而生其心須菩提譬如
有人身如須弥山王於意云何是身為大不
須菩提言甚大世尊何以故佛說非身是名
大身須菩提如恒河中所有沙數如是沙等
恒河於意云[illegible]恒河沙寧為多不須菩
提言甚多世尊[illegible]河尚多無數何況其
沙須菩提我今實言告汝若有善男子善女
人以七寶滿尒所恒河沙數三千大千世界
以用布施得福多不須菩提言甚多世尊佛
告須菩提若善男子善女人於此經中乃至
受持四句偈等為他人說而此福德勝前福德
復次須菩提隨說是經乃至四句偈等當知此
處一切世間天人阿脩羅皆應供養如佛塔
知是

BD05379號　金剛般若波羅蜜經

（4–4）

等其諸倉庫悉皆盈溢多有僮僕臣佐吏民
象馬車乘牛羊無數出入息利乃遍他國商
估賈客亦甚衆多時貧窮子遊諸聚落經歷
國邑遂到其父所止之城父每念子與子離
別五十餘年而未曾向人說如此事但自思
惟心懷悔恨自念老朽多有財物金銀珍寶
倉庫盈溢無有子息一旦終沒財物散失無
所委付是以慇懃每憶其子復作是念我若
得子委付財物坦然快樂無復憂慮世尊尒
時窮子傭賃展轉遇到父舍住立門側遙見
其父踞師子牀寶几承足諸婆羅門剎利居
士皆恭敬圍繞以真珠瓔珞價直千萬莊嚴
其身吏民僮僕手執白拂侍立左右覆以寶
帳垂諸華幡香水灑地散衆名華羅列寶物
出內取與有如是等種種嚴飾威德特尊窮
子見父有大力勢即懷恐怖悔來至此竊作
是念此或是王或是王等非我傭力得物之
處不如往至貧里肆力有地衣食易得若久

BD05380號　妙法蓮華經卷二

（3–1）

其身吏民僮僕手執白拂侍立左右覆以寶
帳垂諸華幡香水灑地散衆名華羅列寶物
出内取與有如是等種種嚴飾威德特尊窮
子見父有大力勢即懷恐怖悔来至此竊作
是念此或是王或是王等非我傭力得物之
處不如往至貧里肆力有地衣食易得若久
住此或見逼迫强使我作作是念已疾走而
去時富長者於師子座見子便識心大歡喜
即作是念我財物庫藏今有所付我常思念
此子無由見之而忽自来甚適我願我雖年
朽猶故貪惜即遣傍人急追將還尒時使者
疾走往捉窮子驚愕稱怨大喚我不相犯何
為見捉使者執之逾急强牽將還于時窮子
自念無罪而被囚執此必定死轉更惶怖悶
絶躃地父遥見之而語使言不須此人勿强
將来以冷水灑面令得醒悟莫復與語所以
者何父知其子志意下劣自知豪貴為子所
難審知是子而以方便不語他人云是我子
使者語之我今放汝随意所趣窮子歡喜得
未曽有從地而起往至貧里以求衣食尒時
長者將欲誘引其子而設方便密遣二人形
色憔悴無威德者汝可詣彼徐語窮子此有
作處倍與汝直窮子若許將来使作若言欲
何所作便可語之雇汝除糞我等二人亦共

BD05380號　妙法蓮華經卷二　（3–2）

將来以冷水灑面令得醒悟莫復與語所以
者何父知其子志意下劣自知豪貴為子所
難審知是子而以方便不語他人云是我子
使者語之我今放汝随意所趣窮子歡喜得
未曽有從地而起往至貧里以求衣食尒時
長者將欲誘引其子而設方便密遣二人形
色憔悴無威德者汝可詣彼徐語窮子此有
作處倍與汝直窮子若許將来使作若言欲
何所作便可語之雇汝除糞我等二人亦共
汝作時二使人即求窮子既已得之具陳上事
尒時窮子先取其價尋與除糞其父見子
愍而怪之又以他日於窓牖中遥見子身羸
瘦憔悴糞土塵坌汙穢不淨即脱瓔珞細軟
上服嚴飾之具更著麁弊垢膩之衣塵土坌
身右手執持除糞之器狀有所畏語諸作人
汝等勤作勿得懈息以方便故得近其子後
復告言咄男子汝常此作勿復餘去當加汝

BD05380號　妙法蓮華經卷二　（3–3）

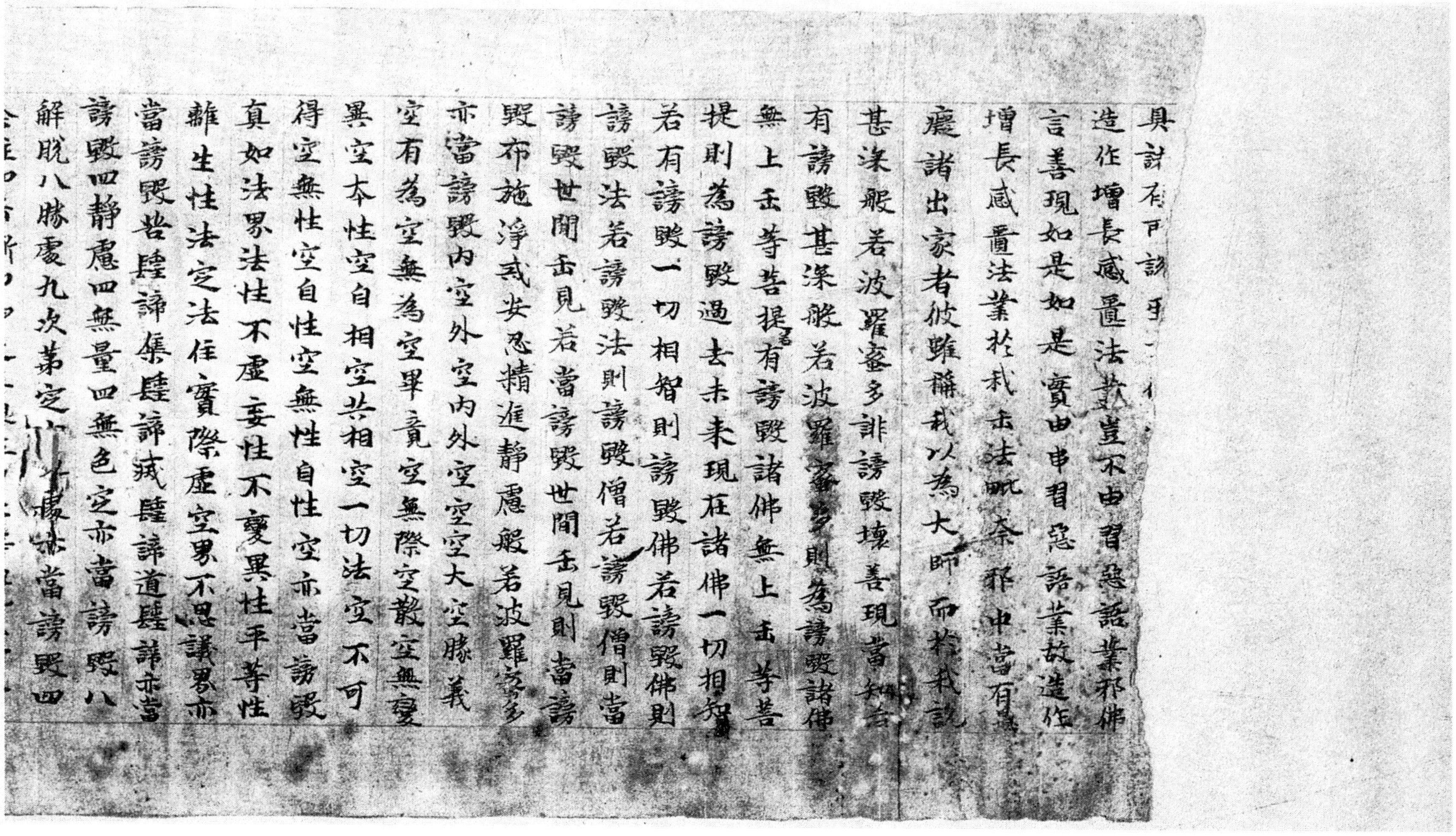

具說有所謗[illegible]
造作增長感匱法業豈不由習惡語業邪佛
言善現如是如是實由串習惡語業故造作
增長感匱法業於我無上法毗奈耶中當有
癡諸出家者彼雖稱我以為大師而於我說
甚深般若波羅蜜多誹謗毀壞善現當知若
有謗毀甚深般若波羅蜜多則為謗毀諸佛
無上正等菩提若有謗毀諸佛無上正等菩
提則為謗毀過去未來現在諸佛一切相智
若有謗毀一切相智則謗毀佛若謗毀佛則
謗毀法若謗毀法則謗毀僧若謗毀僧則當
謗毀世間正見若謗毀世間正見則當謗
毀布施淨戒安忍精進靜慮般若波羅蜜多
亦當謗毀內空外空內外空空空大空勝義
空有為空無為空畢竟空無際空散空無變
異空本性空自相空共相空一切法空不可
得空無性空自性空無性自性空亦當謗毀
真如法界法性不虛妄性不變異性平等性
離生性法定法住實際虛空界不思議界亦
當謗毀苦聖諦集聖諦滅聖諦道聖諦亦當
謗毀四靜慮四無量四無色定亦當謗毀八
解脫八勝處九次第定十遍處亦當謗毀四
念住四正斷四[illegible]

BD05381 號　大般若波羅蜜多經卷一八一　（3–1）

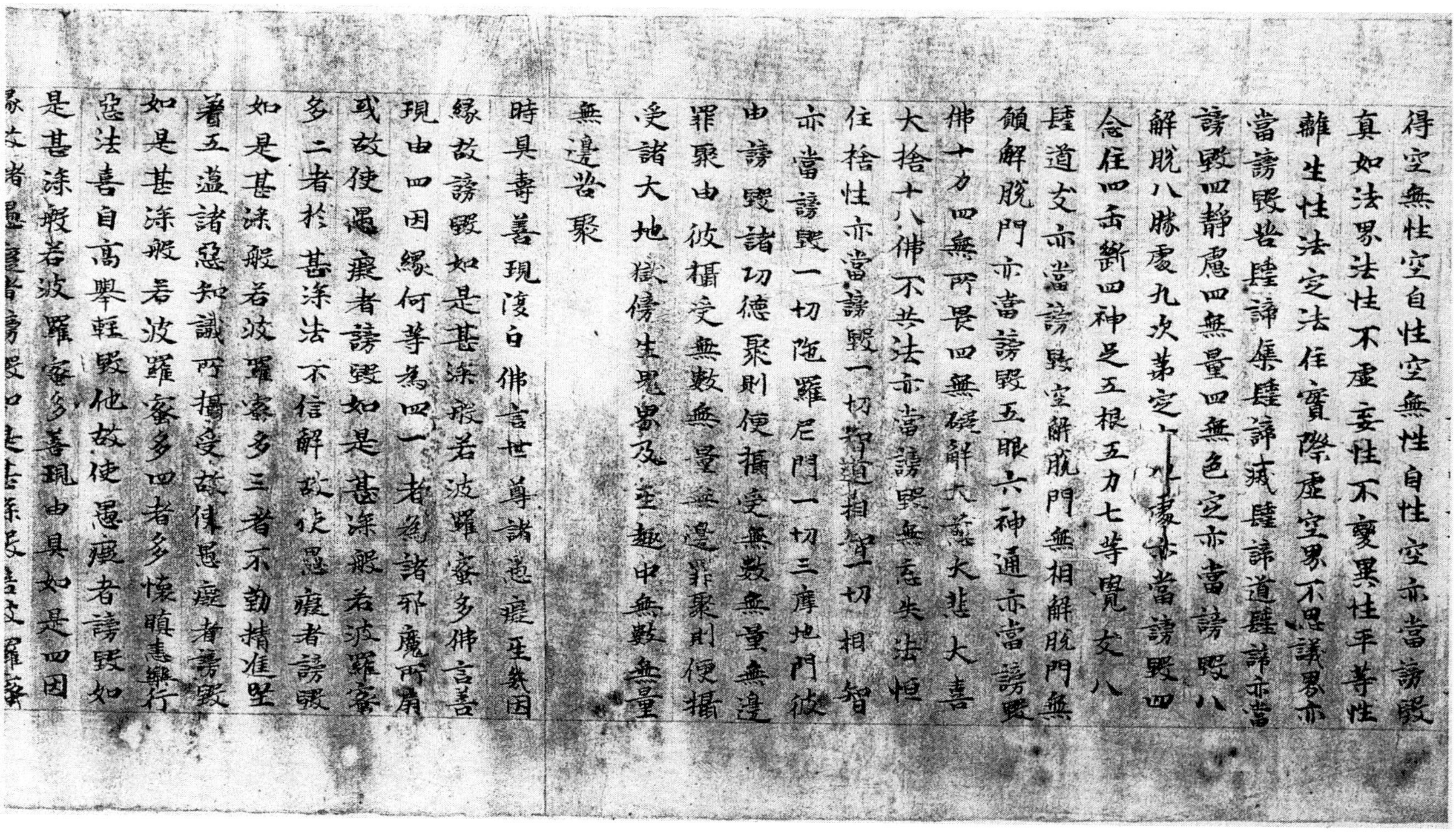

得空無性空自性空無性自性空亦當謗毀
真如法界法性不虛妄性不變異性平等性
離生性法定法住實際虛空界不思議界亦
當謗毀苦聖諦集聖諦滅聖諦道聖諦亦當
謗毀四靜慮四無量四無色定亦當謗毀八
解脫八勝處九次第定十遍處亦當謗毀四
念住四正斷四神足五根五力七等覺支八
聖道支亦當謗毀空解脫門無相解脫門無
願解脫門亦當謗毀五眼六神通亦當謗毀
佛十力四無所畏四無礙解大慈大悲大喜
大捨十八佛不共法亦當謗毀無忘失法恒
住捨性亦當謗毀一切智道相智一切相智
亦當謗毀一切陀羅尼門一切三摩地門彼
由謗毀諸功德聚則便攝受無數無量無邊
罪聚由彼攝受無數無量無邊罪聚則便攝
受諸大地獄傍生鬼界及至趣中無數無量
無邊苦聚
時具壽善現復白佛言世尊諸愚癡人幾因
緣故謗毀如是甚深般若波羅蜜多佛言善
現由四因緣何等為四一者為諸邪魔所扇
惑故使愚癡者謗毀如是甚深般若波羅蜜
多二者於甚深法不信解故使愚癡者謗毀
如是甚深般若波羅蜜多三者不勤精進堅
著五蘊諸惡知識所攝受故使愚癡者謗毀
如是甚深般若波羅蜜多四者多懷瞋恚樂行
惡法喜自高舉輕毀他故使愚癡者謗毀如
是甚深般若波羅蜜多善現由具如是四因
緣故諸愚癡者謗毀如是甚深般若波羅蜜

BD05381 號　大般若波羅蜜多經卷一八一　（3–2）

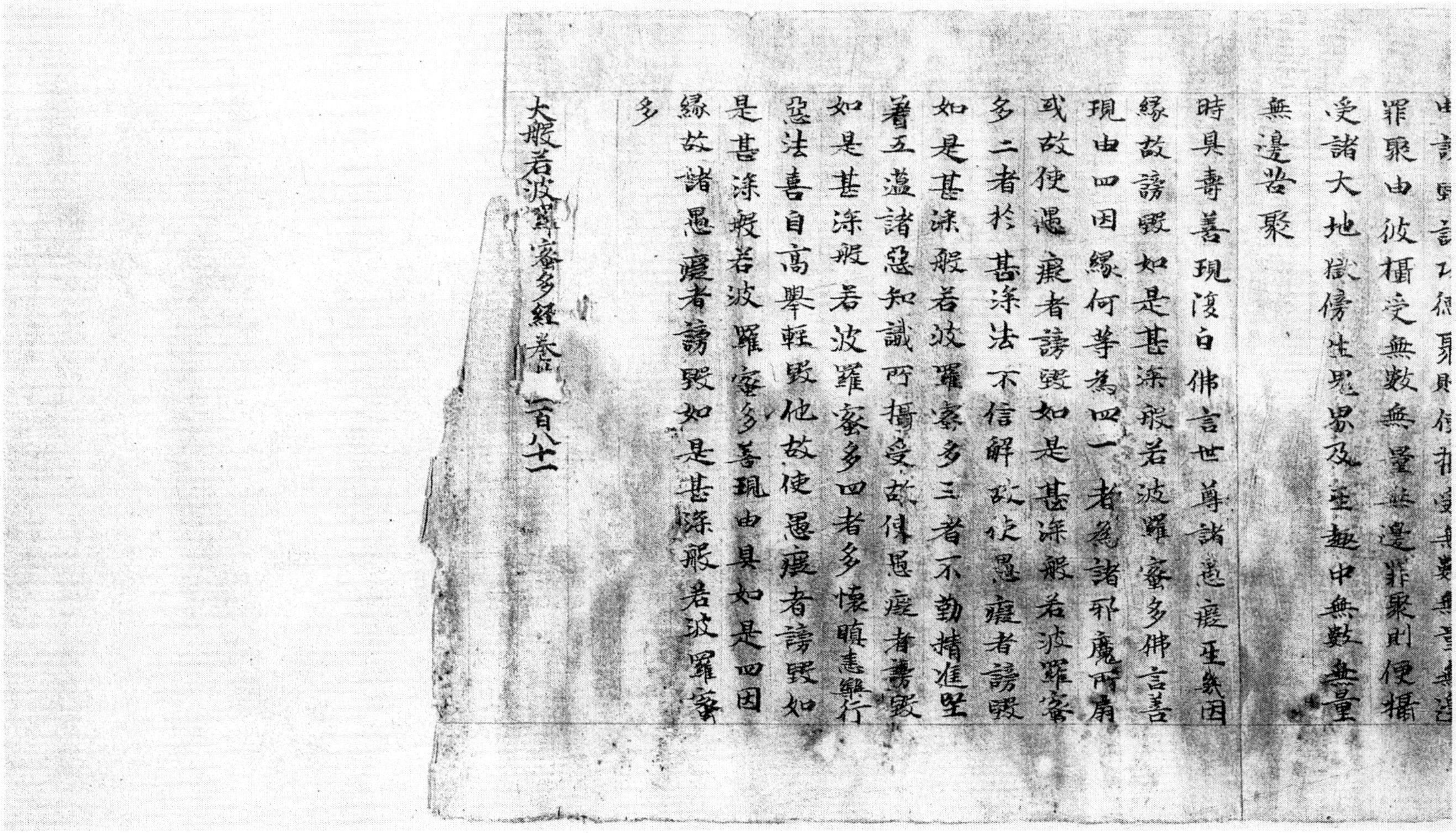
罪聚由彼攝受無數無量無邊罪聚則便攝
受諸大地獄傍生鬼界及五趣中無數無量
無邊苦聚
時具壽善現復白佛言世尊諸愚癡至幾因
緣故謗毀如是甚深般若波羅蜜多佛言善
現由四因緣何等為四一者為諸邪魔所扇
惑故使愚癡者謗毀如是甚深般若波羅蜜
多二者於甚深法不信解故彼愚癡者謗毀
如是甚深般若波羅蜜多三者不勤精進堅
著五蘊諸惡知識所攝受故使愚癡者謗毀
如是甚深般若波羅蜜多四者多懷瞋恚樂行
惡法喜自高舉輕毀他故使愚癡者謗毀如
是甚深般若波羅蜜多善現由具如是四因
緣故諸愚癡者謗毀如是甚深般若波羅蜜
多

大般若波羅蜜多經卷第一百八十一

BD05381 號　大般若波羅蜜多經卷一八一　　（3–3）

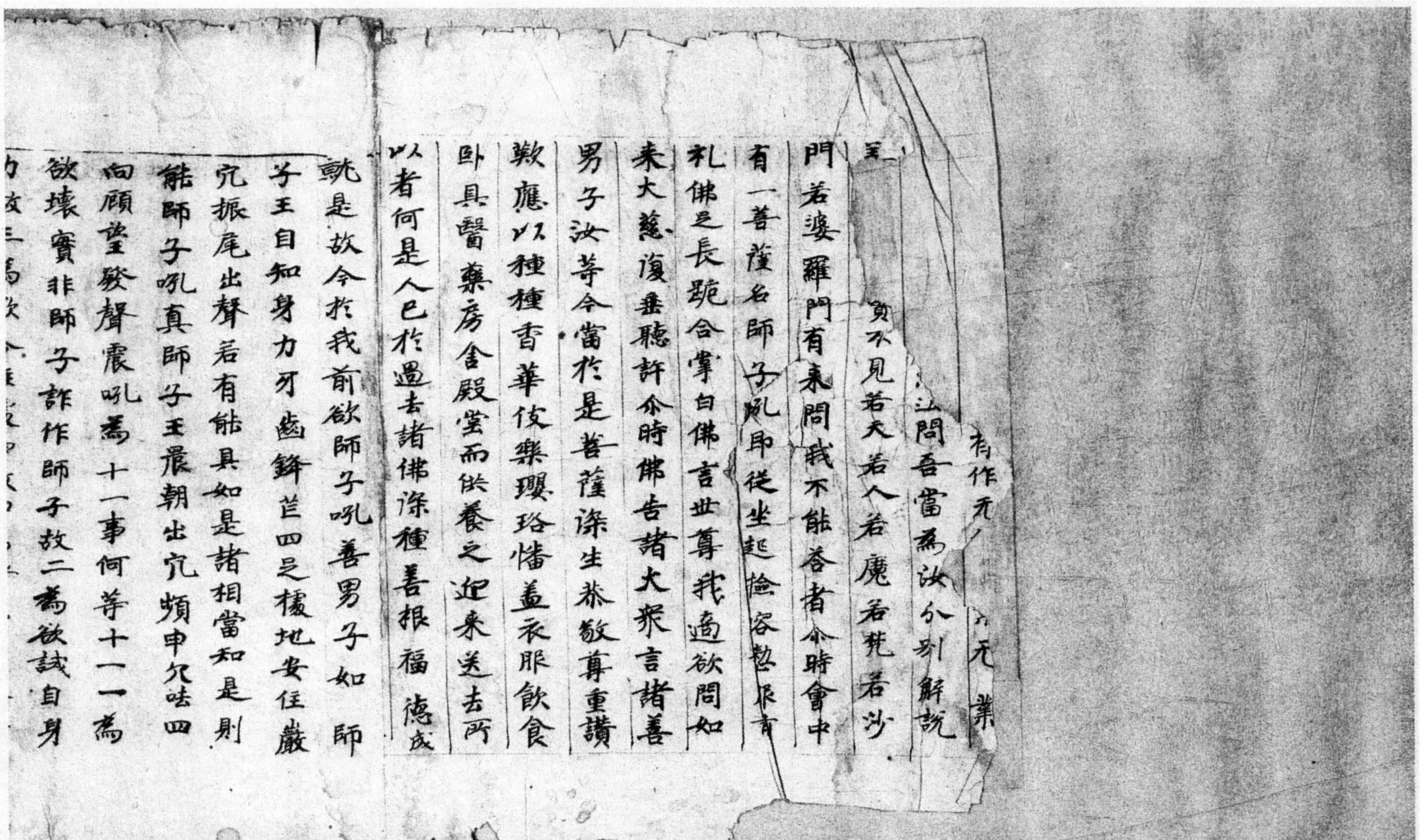
問吾當為汝分別解說
負不見若天若人若魔若梵若沙
門若婆羅門有來問我不能荅者尒時會中
有一菩薩名師子吼即從坐起撿容整服
礼佛足長跪合掌白佛言世尊我適欲問如
来大慈復垂聽許尒時佛告諸大衆言諸善
男子汝等今當於是菩薩深生恭敬尊重讚
歎應以種種香華伎樂瓔珞幡蓋衣服飲食
卧具醫藥房舍殿堂而供養之迎來送去所
以者何是人已於過去諸佛深種善根福德成
就是故今於我前欲師子吼善男子如師
子王自知身力牙齒鋒芒四足據地安住巖
穴振尾出聲若有能具如是諸相當知是則
能師子吼真師子王晨朝出穴頻申欠呿四
向顧望發聲震吼為十一事何等十一一為
欲壞實非師子詐作師子故二為欲試自身

BD05382 號　大般涅槃經（北本　思溪本）卷二七　　（22–1）

子王自知身力牙齒鋒芒四足據地安住巖
穴振尾出聲若有能具如是諸相當知是則
能師子吼真師子王晨朝出穴頻申欠呿四
向顧望發聲震吼為十一事何等十一一為
欲壞實非師子詐作師子故二為欲試自身
力故三為欲令住處淨故四為諸子知處所
故五為群輩无怖心故六為眠者得悟故
七為一切放逸諸獸不放逸故八為諸獸來
依附故九為欲調伏大香象故十為教告諸子
息故十一為欲莊嚴自眷屬故一切禽獸聞
師子吼水性之屬潛沒深淵陸行之類伏
窟穴飛者墮落諸大香象怖走失糞諸善男
子如彼野干雖逐師子至于百年終不能作
師子吼也若師子子始滿三年則能哮吼如
師子王善男子如來正覺知慧牙爪四如意
足六波羅蜜滿足之身十力雄猛大悲為尾
安住四禪清淨窟宅為諸眾生而師子吼摧
破魔軍示眾十力開佛行處為諸邪見作歸
依所安撫生死怖畏之眾覺悟无明睡眠眾
生行惡法者為作悔心開示邪見一切眾生
令知六師非師子吼故破富蘭那等憍慢心
故為令二乘生悔心故為教五住諸菩薩等
生大力心故為令正見四部之眾於彼邪見
四部徒眾不生怖畏故從聖行梵行天行窟
宅頻申而出為欲令彼諸眾生等破憍慢故

BD05382 號　大般涅槃經（北本　思溪本）卷二七　（22–2）

令知六師非師子吼故破富蘭那等憍慢心
故為令二乘生悔心故為教五住諸菩薩等
生大力心故為令正見四部之眾於彼邪見
四部徒眾不生怖畏故從聖行梵行天行窟
宅頻申而出為欲令彼諸眾生等破憍慢故
欠呿為令諸眾生等生善法故四向顧望為
令眾生得四无㝵故四足據地為令眾生具
足安住尸波羅蜜故故師子吼師子吼者名
決定說一切眾生悉有佛性如來常住无有
變易善男子聲聞緣覺雖復隨逐如來世尊
无量百千阿僧祇劫而亦不能作師子吼十
住菩薩若能脩行是三行處當知是則能師
子吼諸善男子是師子吼菩薩摩訶薩今欲
如是大師子吼是故汝等應當深心供養恭
敬尊重讚歎
尒時世尊告師子吼菩薩摩訶薩言善男子
汝若欲問今可隨意師子吼菩薩摩訶薩白
佛言世尊云何為佛性以何義故名為佛性
何故復名常樂我淨若一切眾生有佛性者
何故不見一切眾生所有佛性十住菩薩住
何等法不了了見佛住何等法了了見十住
菩薩以何等眼不了了見佛以何眼而了了
見佛言善男子善哉善哉若有人能為法諮
啓則為具足二種莊嚴一者智慧二者福德
若有菩薩具足如是二莊嚴者則知佛性亦

BD05382 號　大般涅槃經（北本　思溪本）卷二七　（22–3）

善薩以何等眼不了了見佛以何眼而了了
見佛言善男子善哉善哉若有人能為法諮
啓則為具足二種莊嚴一者智慧二者福德
若有菩薩具足如是二莊嚴者則知佛性亦
復解知名為佛性乃至能知十住菩薩以何
眼見諸佛世尊以何眼見師子吼菩薩言世
尊云何名為智慧莊嚴云何名為福德莊嚴
善男子慧莊嚴者謂從一地乃至十地是名
慧莊嚴福德莊嚴者謂檀波羅蜜乃至般若
非般若波羅蜜復次善男子慧莊嚴者所謂
諸佛菩薩福德莊嚴者謂聲聞緣覺九住菩
薩復次善男子福德莊嚴者有為有漏有有有果
報有礙非常是凡夫法慧莊嚴者无為无漏
无有无果報无礙常住善男子汝今具足是
二莊嚴是故能問甚深妙義我亦具足是二
莊嚴能荅是義師子吼菩薩摩訶薩言世尊
若有菩薩具足如是二莊嚴者則不應問一
種二種云何世尊說言能荅一種二種所以
者何一切諸法无一二種一種二種者是凡夫
相佛言善男子若有菩薩无二種莊嚴則
不能知一種二種若有菩薩具二莊嚴則能
解知一種二種若言諸法无一二者是義不
然何以故若无一二云何得說一切諸法无
一无二善男子若言一二是凡夫相是乃名
為十住菩薩非凡夫也何以故一者名為涅
槃二者名為生死何故一者名為涅槃以具
常故何故二者名為生死愛无明故常涅槃

BD05382 號　大般涅槃經（北本　思溪本）卷二七　（22–4）

然何以故若无一二云何得說一切諸法无
一无二善男子若言一二是凡夫相是乃名
為十住菩薩非凡夫也何以故一者名為涅
槃二者名為生死何故一者名為涅槃以具
常故何故二者名為生死愛无明故常涅槃
者非凡夫相生死二者亦非凡夫相以是義
故具二莊嚴者能問能荅善男子汝問云何
為佛性者諦聽諦聽吾當為汝分別解說善
男子佛性者名第一義空第一義空名為智
慧所言空者不見空與不空智者見空及與
不空常與无常苦之與樂我與无我空者一
切生死不空者謂大涅槃乃至无我者即是
生死我者謂大涅槃見一切空不見不空　不
名中道乃至見一切无我不見我者不名中
道中道者名為佛性以是義故佛性常恒无
有變易无明覆故令諸衆生不能得見聲聞
緣覺見一切空不見不空乃至見一切无我
不見於我以是義故不得第一義空不得第
一義空故不行中道无中道故不見佛性　善
男子見中道者凡有三種一定樂行二定苦
行三苦樂行定樂行者所謂菩薩摩訶薩
憐愍一切諸衆生故雖復處在阿鼻地獄如
三禪樂定苦行者謂諸凡夫苦樂行者謂聲
聞緣覺行於苦樂作中道想以是
義故雖有佛性而不能見如汝所言以何義
故名佛性者善男子佛性者即是一切諸佛

BD05382 號　大般涅槃經（北本　思溪本）卷二七　（22–5）

三禪樂定苦行者謂諸凡夫苦樂行者謂聲
聞緣覺聞緣覺行於苦樂作中道想以是
義故雖有佛性而不能見如汝所言以何義
故名佛性者善男子佛性者即是一切諸佛
阿耨多羅三藐三菩提中道種子復次善男
子道有三種謂下上中下者梵天无常謬見
是常上者生死无常謬見是常三寶常横
計无常何故名上能得最上阿耨多羅三藐
三菩提故中者名第一義空无常見无常常
見於常第一義空不名為下何以故一切凡
夫所不得故不名為上何以故即是上故諸
佛菩薩所脩之道不上不下以是義故名為
中道復次善男子生死本際凡有二種一者
无明二者有愛是二中間則有生老病死之
苦是名中道如是中道能破生死故名為中
以是義故中道之法名為佛性是故佛性常
樂我淨以諸衆生不能見故无常无樂无我
无淨佛性實非无常无我无樂无淨善男子
譬如貧人家有寶藏是人不見以不見故无
常无樂无我无淨有善知識而語之言汝舍
宅中有金寶藏何故如是貧窮困苦无常无
樂无我无淨即以方便令彼得見以得見故
是人即得常樂我淨佛性亦尒衆生不見以
不見故无常无樂无我无淨有善知識諸佛
菩薩以諸方便種種教告令彼得見以得見
故衆生即得常樂我淨復次善男子衆生起

BD05382號　大般涅槃經（北本　思溪本）卷二七

（22–6）

宅中有金寶藏何故如是貧窮困苦无常无
樂无我无淨即以方便令彼得見以得見故
是人即得常樂我淨佛性亦尒衆生不見以
不見故无常无樂无我无淨有善知識諸佛
菩薩以諸方便種種教告令彼得見以得見
故衆生即得常樂我淨復次善男子衆生起
見凡有二種一者常見二者斷見如是二見
不名中道无常无斷乃名中道无常无斷即
是觀照十二緣智如是觀智是名佛性二乘
之人雖觀因緣猶亦不得名為佛性佛性雖
常以諸衆生无明覆故不能得見又未能渡
十二因緣河猶如兔馬何以故不見佛性故
善男子觀是十二因緣智慧即是阿耨多羅
三藐三菩提種子以是義故十二因緣名為
佛性善男子譬如胡瓜名為熱病何以故能
為熱病作因緣故十二因緣亦復如是善男
子佛性者有因有因因有果有果果有因者
即十二因緣因因者即是智慧有果者即是
阿耨多羅三藐三菩提果果者即是无上大
般涅槃善男子譬如无明為因諸行為果行
因識果以是義故彼无明體亦因亦因因識
亦果亦果果佛性亦尒善男子以是義故十
二因緣不出不滅不常不斷非一非二不來
不去非因非果善男子是因非果如佛性是
果非因如大涅槃是因是果如十二緣所生
之法非因非果名為佛性非因果故常恒无
變以是義故我經中說十二因緣其義甚深
无知无見不可思議乃是諸佛菩薩境界非
諸聲聞緣覺所及以何義故甚深甚深衆生

BD05382號　大般涅槃經（北本　思溪本）卷二七

（22–7）

不去非因非果善男子是因非果如佛性是
果非因如大涅槃是因是果如十二緣所生
之法非因非果名為佛性非因果故常恒无
變以是義故我經中說十二因緣其義甚深
无知无見不可思議乃是諸佛菩薩境界非
諸聲聞緣覺所及以何義故甚深甚深衆生
業行不常不斷而得果報雖念念滅而无所
失雖无作者而有作業雖无受者而有果報
受者雖滅果不敗亡无有慮知和合而有一
切衆生雖與十二因緣共行而不見知不見
知故无有終始十住菩薩唯見其終不見其
始諸佛世尊見始見終以是義故諸佛了了
得見佛性善男子一切衆生不能見於十二
因緣是故輪轉善男子如蠶作繭自生自死
一切衆生亦復如是不見佛性故自造結業
流轉生死猶如拍毱善男子是故我於諸經
中說若有人見十二緣者即是見法見法者
即是見佛佛者即是佛性何以故一切諸佛
以此為性善男子觀十二因緣智凡有四種一
者下二者中三者上四者上上下智觀者不
見佛性以不見故得聲聞道中智觀者不見
佛性以不見故得緣覺道上智觀者見不了
了不了故住十住地上上智者見了了故
得阿耨多羅三藐三菩提道以是義故十二
因緣名為佛性佛性者即第一義空第一義
空名為中道中道者即名為佛佛者名為涅
槃爾時師子吼菩薩摩訶薩白佛言世尊若
佛與佛性无差別者一切衆生何用脩道佛
言善男子如汝所問是義不然佛與佛性雖

BD05382號　大般涅槃經（北本　思溪本）卷二七　（22–8）

得阿耨多羅三藐三菩提道以是義故十二
因緣名為佛性佛性者即第一義空第一義
空名為中道中道者即名為佛佛者名為涅
槃爾時師子吼菩薩摩訶薩白佛言世尊若
佛與佛性无差別者一切衆生何用脩道佛
言善男子如汝所問是義不然佛與佛性雖
无差別然諸衆生悉未具足善男子譬如有
人惡心害母害已生悔三業雖善是人故名
地獄人也何以故是人定當墮地獄故是人
雖无地獄陰界諸入猶故得名為地獄人善
男子是故我於諸經中說若見有人脩行善
者名見天人脩行惡者名見地獄何以故定
受報故善男子一切衆生定得阿耨多羅三
藐三菩提故是故我說一切衆生悉有佛性
一切衆生真實未有卅二相八十種好以是
義故我於此經而說是偈
本有今无　本无今有　三世有法　无有是處
善男子有者凡有三種一未來有二現在有
三過去有一切衆生未來之世當有阿耨多
羅三藐三菩提是名佛性一切衆生現在悉
有煩惱諸結是故現在无有卅二相八十種
好一切衆生過去之世有斷煩惱見故現在
得見佛性以是義故我常宣說一切衆生悉
有佛性乃至一闡提等亦有佛性一闡提等
无有善法佛性亦善以未來有故一闡提等
悉有佛性何以故一闡提等定當得成阿耨多
羅三藐三菩提故善男子譬如有人家有
乳酪有人問言汝有蘇耶答言我有酪實非

BD05382號　大般涅槃經（北本　思溪本）卷二七　（22–9）

者佛性乃至一闡提等亦有佛性一闡提等
无有善法佛性亦善以未来有故一闡提等
悉有佛性何以故一闡提等定當得成阿耨多
羅三藐三菩提故善男子譬如有人家有
乳酪有人問言汝有蘇耶答言我有酪實非
蘇以巧方便定當得故言有蘇眾生亦尒
悉皆有心凡有心者定當得成阿耨多羅三
藐三菩提以是義故我常宣說一切眾生悉
有佛性善男子畢竟有二種一者莊嚴畢竟
二者究竟畢竟一者世間畢竟二者出世間畢竟
莊嚴畢竟者六波羅蜜究竟畢竟者一切眾
生所得一乘一乘者名為佛性以是義故我
說一切眾生悉有佛性一切眾生悉有一乘
以无明覆故不能得見善男子如鬱單越三
三十三天果報覆故此間眾生不能得見佛性
亦尒諸結覆故眾生不見復次善男子佛性
者即首楞嚴三昧性如醍醐即是一切諸佛
之母以首楞嚴三昧力故而令諸佛常樂我
淨一切眾生悉有首楞嚴三昧以不脩行故
不得見是故不能得成阿耨多羅三藐三菩
提善男子首楞嚴三昧者有五種名一者首
楞嚴三昧二者般若波羅蜜三者金剛三昧四
者師子吼三昧五者佛性隨其所作處處得
名善男子如一三昧得種種名如禪名四禪
根名定根力名定力覺名定覺正名正定以
八大人覺名為定覺首楞嚴定以復如是善
男子一切眾生具足三定謂上中下上者謂
佛性也以是故言一切眾生悉有佛性中者
一切眾生具足初禪有因緣時則能脩習若

BD05382號　大般涅槃經（北本　思溪本）卷二七　（22–10）

名善男子如一三昧得種種名如禪名四禪
根名定根力名定力覺名定覺正名正定以
八大人覺名為定覺首楞嚴定以復如是善
男子一切眾生具足三定謂上中下上者謂
佛性也以是故言一切眾生悉有佛性中者
一切眾生具足初禪有因緣時則能脩習若
无因緣則不能脩因緣二種一謂火災二謂
破欲界結以是故言一切眾生悉具中定下
定者十大地中心數定也以是故言一切眾
生悉具下定一切眾生悉有佛性煩惱覆故
不能得見十住菩薩雖見一乘不知如來是
常住法以是故言十地菩薩雖見佛性而不
明了善男子首楞者名一切事竟嚴者名堅
一切畢竟而得堅固名首楞嚴以是故言首
楞嚴定名為佛性善男子我於一時住尼連
禪河告阿難言我今欲洗汝可取衣及以澡
豆我既入水一切飛鳥水陸之屬悉來觀我
尒時復有五百梵志來在河邊因到我所各
相謂言云何而得金剛之身若使瞿曇不說
斷見我當從其啓受齋法善男子我於尒時
以他心智知是梵志心之所念告梵志言云
何謂我說於斷見彼梵志言瞿曇先於處處
經中說諸眾生悉无有我既言无我云何而
言非斷見耶若无我者持戒者誰破戒者
誰佛言我亦不說一切眾生悉无有我我常宣
說一切眾生悉有佛性佛性者豈非我耶以
是義故我不說斷一切眾生不見佛性故无
常无我无樂无淨如是則名說斷見也時諸
梵志聞說佛性即是我故即發阿耨多羅三

BD05382號　大般涅槃經（北本　思溪本）卷二七　（22–11）

言非斷見耶若无我者持戒者誰破戒者
誰佛言我亦不說一切衆生悉无有我我常宣
說一切衆生悉有佛性者豈非我耶以
是義故我不說斷一切衆生不見佛性故无
常无我无樂无淨如是則名說斷見世時諸
梵志聞說佛性即是我故即發阿耨多羅三
藐三菩提心尋時出家脩菩提道一切飛鳥
水陸之屬亦發无上菩提之心既發心已尋
得捨身善男子是佛性者實非我世爲衆生
故說名爲我善男子如來有因緣故說无我
爲我真實无我雖作是說无有虛妄善男子有
因緣故說我爲无我而實有我爲世界故雖說
无我而无虛妄佛性无我如來說我以其常
故如來是我而說无我得自在故尒時師子
吼菩薩摩訶薩白佛言世尊若一切衆生
悉有佛性如金剛力士者以何義故一切衆生
不能得見佛言善男子譬如色法雖有青
黃赤白之異長短質像盲者不見雖復不見
亦不得言无青黃赤白長短質像何以故盲
雖不見有目見故佛性亦尒一切衆生雖不
能見十住菩薩見少分故如來全見十住菩
薩所見佛性如夜見色如來所見如晝見色
善男子譬如瞎者見色不了有善良醫而爲
治目以藥力故得了了見十住菩薩亦復如
是雖見佛性不能明了以首楞嚴三昧力故
乃得明了善男子若有人見一切諸法无常
无我无樂无淨見非一切无常无樂无我无

BD05382號　大般涅槃經（北本　思溪本）卷二七　（22–12）

薩所見佛性如夜見色如來所見如晝見色
善男子譬如瞎者見色不了有善良醫而爲
治目以藥力故得了了見十住菩薩亦復如
是雖見佛性不能明了以首楞嚴三昧力故
乃得明了善男子若有人見一切諸法无常
无我无樂无淨見非一切无常无樂无我无
淨如是之人不見佛性一切者名爲生死非
一切者名爲三寶聲聞緣覺見一切法无常
无我无樂无淨非一切法亦見无常无我无
樂无淨以是義故不見佛性十住菩薩見一
切法无常无我无樂无淨非一切法分見常
樂我淨以是義故十分之中得見一分諸佛
世尊見一切法无常无我无樂无淨非一切
法見常樂我淨以是義故見於佛性如觀掌
中菴摩勒菓以是義故首楞嚴定名爲畢竟
善男子譬如初月雖不可見不得言无佛性
亦尒一切凡夫雖不得見亦不得言无佛性
世善男子佛性者所謂十力四无所畏大慈大
悲三念處一切衆生悉有三種破煩惱故然後
得見一闡提等破一闡提然後能得十力四
无所畏大悲三念處以是義故我常宣說
一切衆生悉有佛性善男子十二因緣一切衆
生等共有之亦內亦外何等十二過去煩惱
名爲无明過去業者則名爲行現在世中初
始受胎是名爲識入胎五分四根未具名爲
名色具足四根未名觸時是名六入未別苦
樂是名爲觸染習一愛是名爲受習近五欲

BD05382號　大般涅槃經（北本　思溪本）卷二七　（22–13）

生等共有之亦内亦外何等十二過去煩惱
名為无明過去業者則名為行現在世中初
始受胎是名為識入胎五分四根未具名為
名色具足四根未名觸時是名六入未別苦
樂是名為觸染習一愛是名為受習近五欲
是名為愛内外貪求是名為取為内外事起
身口意業是名為有現在世識名未來生現
在名色六入觸受名未來世老病死世是名
十二因緣善男子一切衆生雖有如是十二
因緣或有未具如歌羅羅時死則无十二從
生乃至老死得具十二色界衆生无三種受
三種觸三種愛无有老病亦得名為具足十
二无色衆生无色乃至无有老死亦得名為
具足十二以定得故故名衆生平等具有十
二因緣善男子佛性亦尒一切衆生定當得
成阿耨多羅三藐三菩提故是故我説一切
衆生悉有佛性善男子雪山有草名為忍辱
牛若食者則出醍醐更有異草牛若食者則
无醍醐雖无醍醐不可説言雪山之中无忍
辱草佛性亦尒雪山者名為如來忍辱草者
名大涅槃異草者十二部經衆生若能聽受
諮啓大般涅槃則見佛性十二部中雖不聞
有不可説言无佛性世善男子佛性者亦色
非色非色非非色亦相非相非相非非相亦
一非一非非一非常非斷非非常非非
斷亦有亦无非有非无亦盡非盡非盡非非
盡亦因亦果非因非果亦義非義非義非非
義亦字非字非字非非字云何為色金剛身

BD05382號　大般涅槃經（北本　思溪本）卷二七　（22–14）

有不可説言无佛性世善男子佛性者亦色
非色非色非非色亦相非相非相非非相亦
一非一非非一非常非斷非非常非非
斷亦有亦无非有非无亦盡非盡非盡非非
盡亦因亦果非因非果亦義非義非義非非
義亦字非字非字非非字云何為色金剛身
故云何非色十八不共非色法故云何非色非
非色色非色无定相故云何為相世二相
故云何非相一切衆生相不現故云何非相非
非相相非相不決定故云何為一一切衆生
悉一乘故云何非一説三乘故云何非一非
非一无數法故云何非常從緣見故云何非
斷離斷見故云何非非常非非斷无終始故
云何為有一切衆生悉皆有故云何為无從
善方便而得見故云何非有非无虚空性故
云何名盡得首楞嚴三昧力故云何非盡以其
常故云何非盡非非盡一切盡相斷故云何
為因以了因故云何為果果決定故云何非
因非果以其常故云何名義悉能攝取義无
导故云何非義不可説故云何非義非非義
畢竟空故云何為字有名稱故云何非字无
名字故云何非字非非字斷一切字故云何
非善非樂斷一切受故云何非我未能具得
八自在故云何非非我以其常故云何非我
非非我不作不受故云何為空第一義空故
云何非空以其常故云何非空非非空能為
善法作種了故善男子若有人能思惟解了

BD05382號　大般涅槃經（北本　思溪本）卷二七　（22–15）

非善非樂斷一切受故云何非我未能具得
八自在故云何非非我以其常故云何非我
非非我不作不受故云何為空第一義空故
云何非空以其常故云何非空非非空能為
善法作種子故善男子若有人能思惟解了
大涅槃經如是之義當知是人則見佛性佛
性者不可思議乃是諸佛如來境界非諸聲
聞緣覺所知善男子佛性者非陰界入非本
无今有非已有還從善因緣衆生得見譬
如黑鐵入火則赤出冷還黑而是黑色非内非
外因緣故有佛性亦尒一切衆生煩惱火
滅則得聞見善男子如種滅已牙則得生而
是牙性非内非外乃至華菓亦復如是從緣
故有善男子是大涅槃微妙經典成就具足
无量功德佛性亦尒悉是无量无邊功德之
所成就尒時師子吼菩薩摩訶薩言世尊菩
薩具足成就幾法得見佛性而不明了諸佛
世尊成就幾法得了了見善男子菩薩具足
成就十法雖見佛性而不明了云何為十一
者少欲二者知足三者寂靜四者精進五者
正念六者正定七者正慧八者解脫九者讚
嘆解脫十者以大涅槃教化衆生師子吼菩
薩言世尊少欲知足有何差別善男子少欲
者不求不取知足者得少之時心不悔恨少
欲者少有所欲知足者但為法事心不愁惱
善男子欲者有三一者惡欲二者大欲三者
欲欲惡欲者若有比丘心生貪欲欲為一切



薩言世尊少欲知足有何差別善男子少欲
者不求不取知足者得少之時心不悔恨少
欲者少有所欲知足者但為法事心不愁惱
善男子欲者有三一者惡欲二者大欲三者
欲欲惡欲者若有比丘心生貪欲欲為一切
大衆上首令一切僧隨逐我後令諸四部悉
皆供養恭敬讚歎尊重於我令我先為四衆
說法皆令一切信受我語亦令國王大臣長
者皆恭敬我令我大得衣服飲食卧具醫藥
上妙屋宅為生死欲是名惡欲云何大欲若
有比丘生於欲心云何當令四部之衆悉皆
知我得初住地乃至十住得阿耨多羅三藐
三菩提得阿羅漢果乃至須陀洹果我得四
禪乃至四无㝵智為於利養名大欲欲欲
者若有比丘欲生梵天魔天自在天轉輪聖王
若剎利若婆羅門皆自在為利養故是名
欲欲若不為是三種惡欲之所害者是名少
欲欲者名為廿五愛无有如是廿五愛是名
少欲不求未來所欲之事是名少欲得而不
著是名知足不求恭敬是名少欲得不積聚
是名知足善男子有少欲不名知足有知
足不名少欲有亦少欲亦知足有不知足不
少欲少欲者謂須陀洹知足者謂辟支佛少
欲知足者謂阿羅漢不少欲不知足者所謂
菩薩善男子少欲知足復有二種一者善二
者不善不善者所謂凡夫善者聖人菩薩一
切聖人雖得道果不自稱說不稱說故心不

少欲少欲者謂須陁洹知足者謂辟支佛少
欲知足者謂阿羅漢不少欲不知足者所謂
菩薩善男子少欲知足復有二種一者善二
者不善不善者所謂凡夫善者聖人菩薩一
切聖人雖得道果不自稱說不稱說故心不
惱恨是名知足善男子菩薩摩訶薩脩習大
乘大涅槃經欲見佛性是故脩習少欲知足
云何寂靜寂靜有二一者心靜二者身靜身
寂靜者終不造作身三種惡心寂靜者亦不
造作意三種惡是則名為身心寂靜身寂靜
者不親近四衆不豫四衆所有事業心寂靜
者終不脩習貪欲瞋恚愚癡是則名為身心
寂靜或有比丘身雖寂靜心不寂靜有心寂
靜身不寂靜有身心寂靜又有身心俱不寂
靜身寂靜者或有比丘坐禪靜處遠離四衆
心常積習貪欲恚癡是名身寂靜心不寂靜
心寂靜身不靜者或有比丘親近四衆國王
大臣斷貪恚癡是名心寂靜身不寂靜身心
寂靜者謂佛菩薩身心不靜者謂諸凡夫何
以故凡夫之人身心雖靜不能深觀无常无
樂无我无淨以是義故凡夫之人不能寂靜
身口意業一闡提輩犯四重禁作五逆罪如
是之人亦不得名身心寂靜云何精進若有
比丘欲令身口意業清淨遠離一切諸不善
業脩習一切諸善業者是名精進是懃進者
繫念六處所謂佛法僧戒施天是名正念具
正念者所得三昧是名正定具正定者觀見
諸法猶如虛空是名正慧具正慧者遠離一

BD05382號　大般涅槃經（北本　思溪本）卷二七

（22–18）

業脩習一切諸善業者是名精進是懃進者
繫念六處所謂佛法僧戒施天是名正念具
正念者所得三昧是名正定具正定者觀見
諸法猶如虛空是名正慧具正慧者遠離一
切煩惱諸結是名解脫得解脫者為諸衆生
稱美解脫言是解脫常恒不變是名讚歎解
脫即是无上大般涅槃涅槃者即是煩惱諸
結火滅又涅槃者名為室宅何以故能遮煩
惱惡風雨故又涅槃者名為歸依何以故能
過一切諸怖畏故又涅槃者名為洲渚何以
故四大暴河不能漂故何等為四一者欲暴二
者有暴三者見暴四者无明暴是故涅槃名
為洲渚又涅槃者名畢竟歸何以故能得一
切畢竟樂故若有菩薩摩訶薩成就具足如
是十法雖見佛性而不明了復次善男子出
家之人有四種病是故不得四沙門果何等四
病謂四惡欲一為衣欲二為食欲三為臥
具欲四為有欲是名四惡欲是出家病有四
良藥能療是病謂糞掃衣能治比丘為衣惡欲
乞食能破為食惡欲樹下能破臥具惡欲身
心寂靜能破比丘為有惡欲以是四藥除是
四病是名聖行如是聖行則得名為少欲知
是寂靜者有四種樂何等為四一者出家樂
二寂靜樂三永滅樂四畢竟樂得是四樂名
為寂靜具四精進故名精進具四念處故名
正念具四禪故故名正定見四聖實故故名
正慧永斷一切煩惱結故故名解脫呵說一
切煩惱過故是名讚歎解脫善男子菩薩摩

BD05382號　大般涅槃經（北本　思溪本）卷二七

（22–19）

是寂靜者有四種樂何等爲四一者出家樂
二寂靜樂三永滅樂四畢竟樂得是四樂名
爲寂靜具四精進故名精進具四念處故名
正念具四禪故故名正定見四聖實故故名
正慧永斷一切煩惱結故故名解脫訶說一
切煩惱過故是名讚歎解脫善男子菩薩摩
訶薩安住具足如是十法雖見佛性而不明了
復次善男子菩薩摩訶薩聞是經已親近脩
習遠離一切世間之事是名少欲既出家已
不生悔心是名知足既知足已近空閑處遠離
憒丙是名寂靜不知足者不樂空閑夫知足
者常樂空寂於空寂處常住是念一切世間
悉謂我得沙門道果然我今者實未能得我
今云何誑惑於人作是念已精懃脩習沙門道果
是名精進親近脩習大涅槃者是名正念隨順
天行是名正定安住是定正見正知是名正慧
正見知者能得遠離煩惱結縛是名解脫十
住菩薩爲衆生故稱美涅槃是則名爲讚
歎解脫善男子菩薩摩訶薩安住具足
如是十法雖見佛性而不明了復次善男子
夫少欲者若有比丘住空寂處端坐不卧
或住樹下或在冢間或在露處隨有草地而
生其上乞食而食隨得爲足或一生食不
過一食唯言三衣糞掃衣毳衣是名少欲既
行是事心不生悔是名知足是脩空三昧是名
寂靜得四果已於阿耨多羅三藐三菩提心
不休息是名精進繫心思惟如來常恒无有

BD05382號　大般涅槃經（北本　思溪本）卷二七　（22–20）

生其上乞食而食隨得爲足或一生食不
過一食唯言三衣糞掃衣毳衣是名少欲既
行是事心不生悔是名知足是脩空三昧是名
寂靜得四果已於阿耨多羅三藐三菩提心
不休息是名精進繫心思惟如來常恒无有
變易是名正念脩八解脫是名正定得四无
导是名正慧遠離七漏是名解脫稱美涅槃
无有十相名歎解脫十相者謂生老病死色
聲香味解无常遠離十相者名大涅槃善男
子是菩薩摩訶薩安住具足如是十法雖見
佛性而不明了復次善男子爲多欲故親近國
王大臣長者剎利婆羅門毗舍首陁自稱我
得須陁洹果至阿羅漢果爲利養故行住坐
卧乃至大小便利若見檀越猶行恭敬接引
語言破惡欲者名爲少欲雖未能壞諸結煩惱
而能同於如來行處是名知足善男子如是二
法者乃是念定近因緣也常爲師宗同學所讚
我亦常於處處經中稱美讚歎如是二法
若能具足是二法者則得近於大涅槃門及
五種樂是名寂靜堅持戒者名爲精進有慙
愧者名爲正念不見心相者名爲正定不求
諸法性相因緣是名正慧无有相故煩惱則
斷是名解脫稱美如是大涅槃經名讚解脫
善男子是名菩薩摩訶薩安住十法雖見佛
性而不明了善男子如汝所問十住菩薩以
何眼故雖見佛性而不了了諸佛世尊以何
眼故見於佛性而得明了善男子慧明見故

BD05382號　大般涅槃經（北本　思溪本）卷二七　（22–21）

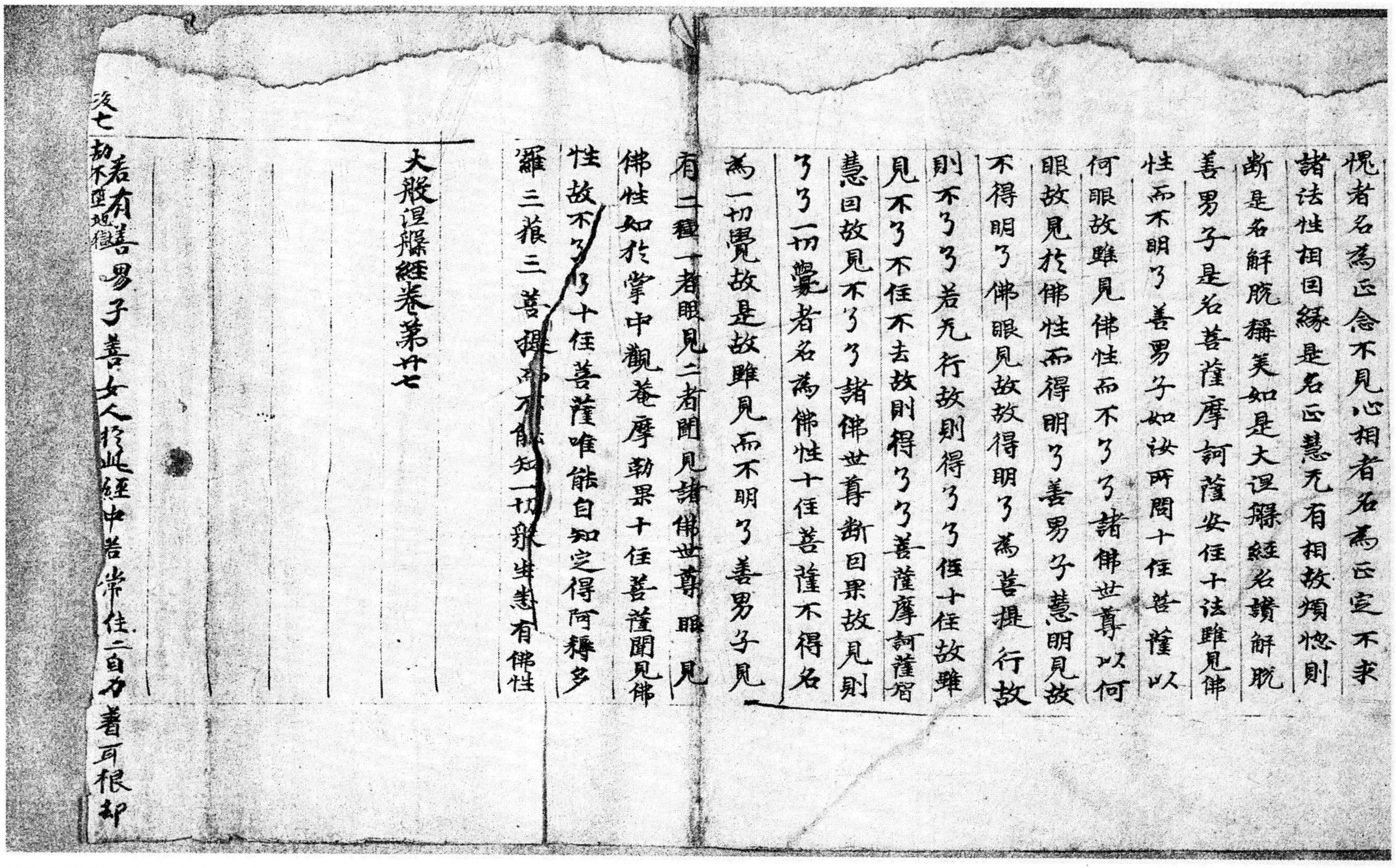

愧者名為正念不見心相者名為正定不求
諸法性相因緣是名正慧无有相故煩惱則
斷是名解脫稱美如是大涅槃經名讚解脫
善男子是名菩薩摩訶薩安住十法雖見佛
性而不明了善男子如汝所問十住菩薩以
何眼故雖見佛性而不了了諸佛世尊以何
眼故見於佛性而得明了善男子慧眼見故
不得明了佛眼見故故得明了為菩提行故
則不了了若无行故則得了了住十住故雖
見不了不住不去故則得了了菩薩摩訶薩
慧因故見不了了諸佛世尊斷因果故見則
了了一切覺者名為佛性十住菩薩不得名
為一切覺故是故雖見而不明了善男子見
有二種一者眼見二者聞見諸佛世尊眼見
佛性如於掌中觀菴摩勒果十住菩薩聞見佛
性故不了了十住菩薩唯能自知定得阿耨多
羅三藐三菩提而不能知一切衆生悉有佛性

大般涅槃經卷第廿七

後七劫不墮地獄
若有善男子善女人於此經中若常住二字力著耳根却

BD05382 號　大般涅槃經（北本　思溪本）卷二七　　（22–22）

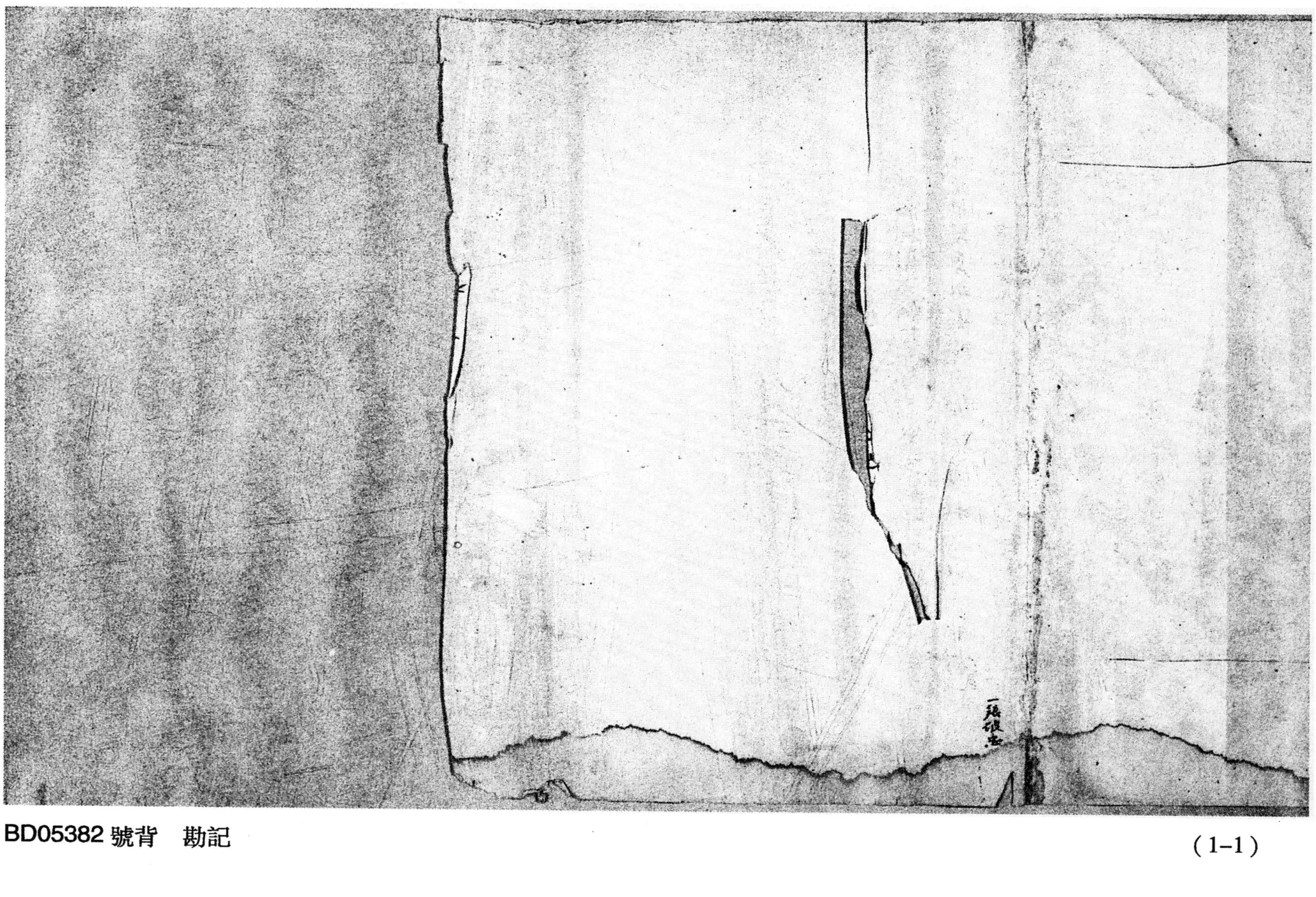


BD05382 號背　勘記　　（1–1）

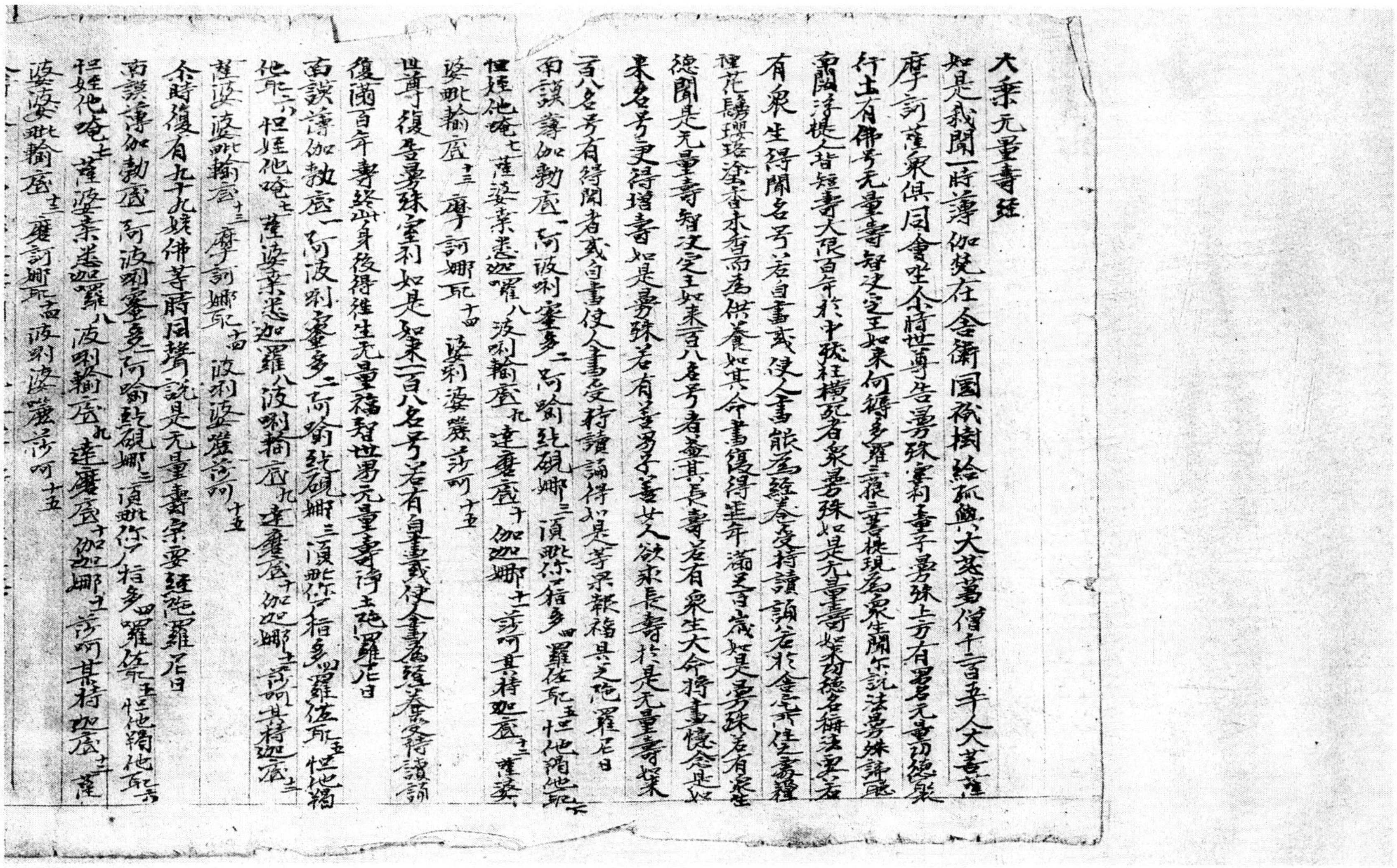

大乘无量壽經
如是我聞一時薄伽梵在舍衛國祇樹給孤獨園與大苾蒭僧千二百五十人大菩薩
摩訶薩衆俱同會坐尒時世尊告曼殊室利童子曼殊上方有世界名无量功德聚
彼土有佛号无量壽智決定王如來阿耨多羅三藐三菩提現爲衆生開示說法曼殊諦聽
南閻浮提人皆短壽大限百年於中夭枉横死者衆曼殊如是无量壽如來功德名稱法要若
有衆生得聞名号若自書或使人書能爲經卷受持讀誦若於舍宅所住之處種種
種花鬘瓔珞塗香末香而爲供養如其命盡復得延年滿足百歲如是曼殊若有衆生
得聞是无量壽智決定王如來一百八名号者益其長壽若有衆生大命將盡憶念是如
來名号更得增壽如是曼殊若有善男子善女人欲求長壽於是无量壽如來
一百八名号有得聞者或自書使人書受持讀誦得如是等果報福具足陁羅尼曰
南謨薄伽勃底一阿波唎蜜多二阿喻紇硯娜三須毗你失指多四羅佐耶五怛他揭他耶六
怛姪他唵七薩婆桑悉迦囉八波唎輸底九達磨底十伽迦娜十一莎訶其持迦底十二薩婆
婆毗輸底十三摩訶娜耶十四波唎婆嚩莎訶十五
世尊復告曼殊室利如是如來一百八名号若有自書或使人書爲經卷受持讀誦
復滿百年壽終此身後得往生无量福智世界无量壽淨土陁羅尼曰
南謨薄伽勃底一阿波唎蜜多二阿喻紇硯娜三須毗你失指多四羅佐耶五怛他揭
他耶六怛姪他唵七薩婆桑悉迦羅八波唎輸底九達磨底十伽迦娜十一莎訶其持迦底十二
薩婆婆毗輸底十三摩訶娜耶十四波唎婆嚩莎訶十五
尒時復有九十九姟佛等同時一聲說是无量壽宗要經陁羅尼曰
南謨薄伽勃底一阿波唎蜜多二阿喻紇硯娜三須毗你失指多四羅佐耶五怛他揭他耶六
怛姪他唵七薩婆桑悉迦羅八波唎輸底九達磨底十伽迦娜十一莎訶其持迦底十二薩
婆婆毗輸底十三摩訶娜耶十四波唎婆嚩莎訶十五

BD05383號　無量壽宗要經　（7–1）

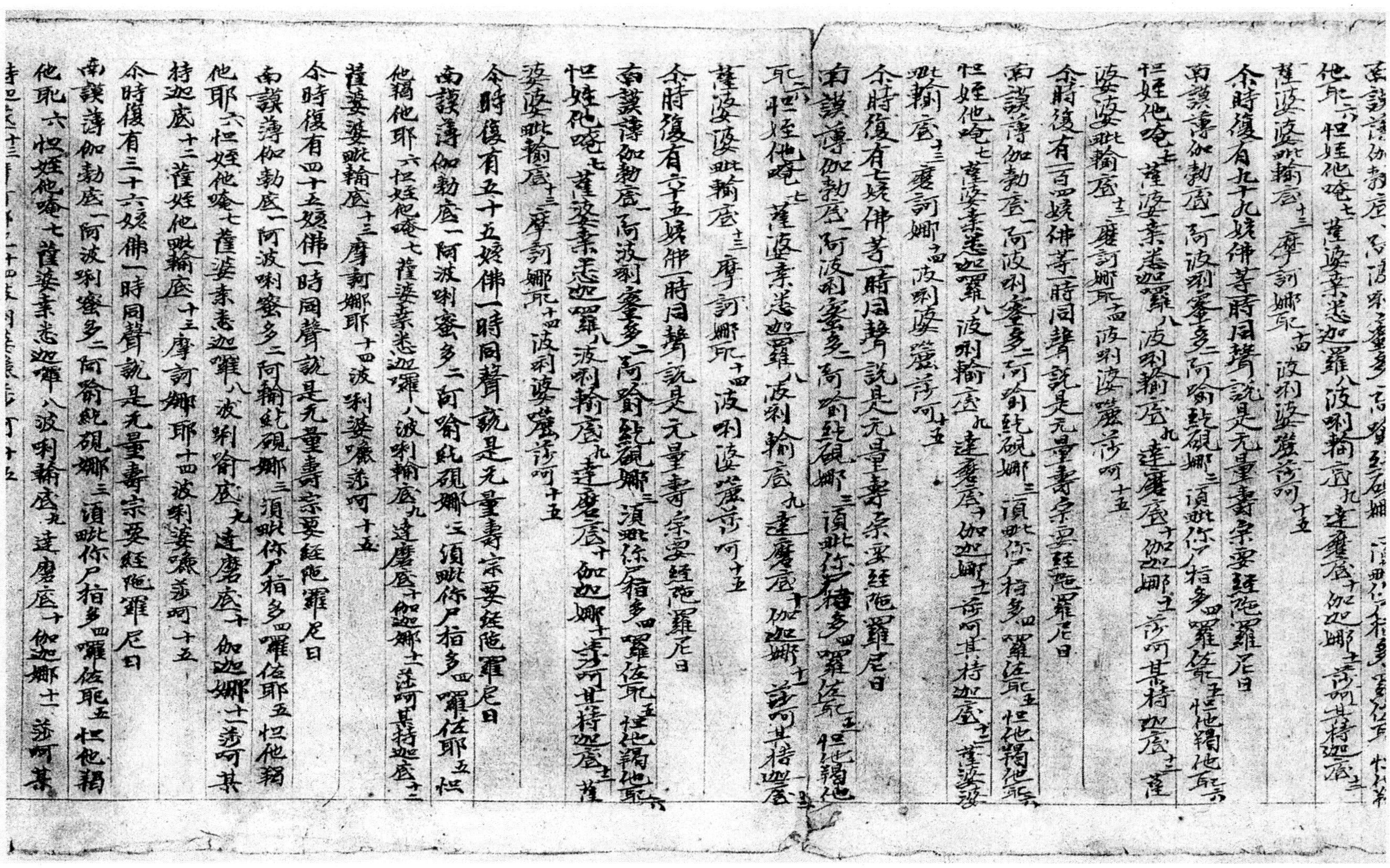

南謨薄伽勃底一阿波唎蜜多二阿喻紇硯娜三須毗你失指多四羅佐耶五怛他揭
他耶六怛姪他唵七薩婆桑悉迦羅八波唎輸底九達磨底十伽迦娜十一莎訶其持迦底十二
薩婆婆毗輸底十三摩訶娜耶十四波唎婆嚩莎訶十五
尒時復有九十九姟佛等一時同聲說是无量壽宗要經陁羅尼曰
南謨薄伽勃底一阿波唎蜜多二阿喻紇硯娜三須毗你失指多四羅佐耶五怛他揭他耶六
怛姪他唵七薩婆桑悉迦羅八波唎輸底九達磨底十伽迦娜十一莎訶其持迦底十二薩
婆婆毗輸底十三摩訶娜耶十四波唎婆嚩莎訶十五
尒時復有一百四姟佛等一時同聲說是无量壽宗要經陁羅尼曰
南謨薄伽勃底一阿波唎蜜多二阿喻紇硯娜三須毗你失指多四羅佐耶五怛他揭他耶六
怛姪他唵七薩婆桑悉迦羅八波唎輸底九達磨底十伽迦娜十一莎訶其持迦底十二薩婆婆
毗輸底十三摩訶娜耶十四波唎婆嚩莎訶十五
尒時復有七姟佛等一時同聲說是无量壽宗要經陁羅尼曰
南謨薄伽勃底一阿波唎蜜多二阿喻紇硯娜三須毗你失指多四羅佐耶五怛他揭他
耶六怛姪他唵七薩婆桑悉迦羅八波唎輸底九達磨底十伽迦娜十一莎訶其持迦底十二
薩婆婆毗輸底十三摩訶娜耶十四波唎婆嚩莎訶十五
尒時復有六十五姟佛一時同聲說是无量壽宗要經陁羅尼曰
南謨薄伽勃底一阿波唎蜜多二阿喻紇硯娜三須毗你尸指多四羅佐耶五怛他揭他耶六
怛姪他唵七薩婆桑悉迦羅八波唎輸底九達磨底十伽迦娜十一莎訶其持迦底十二薩
婆婆毗輸底十三摩訶娜耶十四波唎婆嚩莎訶十五
尒時復有五十五姟佛一時同聲說是无量壽宗要經陁羅尼曰
南謨薄伽勃底一阿波唎蜜多二阿喻紇硯娜三須毗你尸指多四羅佐耶五怛
他揭他耶六怛姪他唵七薩婆桑悉迦羅八波唎輸底九達磨底十伽迦娜十一莎訶其持迦底十二
薩婆婆毗輸底十三摩訶娜耶十四波唎婆嚩莎訶十五
尒時復有四十五姟佛一時同聲說是无量壽宗要經陁羅尼曰
南謨薄伽勃底一阿波唎蜜多二阿喻紇硯娜三須毗你尸指多四羅佐耶五怛他揭
他耶六怛姪他唵七薩婆桑悉迦羅八波唎輸底九達磨底十伽迦娜十一莎訶其
持迦底十二薩婆婆毗輸底十三摩訶娜耶十四波唎婆嚩莎訶十五
尒時復有三十六姟佛一時同聲說是无量壽宗要經陁羅尼曰
南謨薄伽勃底一阿波唎蜜多二阿喻紇硯娜三須毗你尸指多四羅佐耶五怛他揭
他耶六怛姪他唵七薩婆桑悉迦羅八波唎輸底九達磨底十伽迦娜十一莎訶其

BD05383號　無量壽宗要經　（7–2）

南謨薄伽勃底一阿波唎蜜多二阿喻紇……
他耶六怛姪他唵七薩婆桑悉迦囉八波唎喻底九達磨底十伽迦娜十一莎呵其
持迦底十二薩婆毗輸底十三摩訶娜耶十四波唎婆嚓莎呵十五
尒時復有三十六姟佛一時同聲說是无量壽宗要經陁羅尼曰
南謨薄伽勃底一阿波唎蜜多二阿喻紇硯娜三須毗你尸指多四囉佐耶五怛他羯
他耶六怛姪他唵七薩婆桑悉迦囉八波唎輸底九達磨底十伽迦娜十一莎呵其
持迦底十三摩訶娜耶十四波唎婆嚓莎呵十五
尒時復有二十五姟佛一時同聲說是无量壽宗要經陁羅尼曰
南謨薄伽勃底一阿波唎蜜多二阿喻紇硯娜三須毗你尸指多四囉佐耶五怛他羯
他耶六怛姪他唵七薩婆桑悉迦囉八波唎輸底九達磨底十伽迦娜十一莎呵其持
迦底十二薩婆毗輸底十三摩訶娜耶十四波唎婆嚓莎呵十五
尒時復有恒河沙姟佛一時同聲說是无量壽宗要經陁羅尼曰
南謨薄伽勃底一阿波唎蜜多二阿喻紇硯娜三須毗你尸指多四囉佐耶五怛
他羯他耶六怛姪他唵七薩婆桑悉迦囉八波唎輸底九達磨底十伽迦娜十一莎呵其
持迦底十二薩婆毗輸底十三摩訶娜耶十四波唎婆嚓莎呵十五
善男子若有自書寫教人書寫是无量壽宗要經如其命盡復得長壽所滿年
陁羅尼曰
南謨薄伽勃底一阿波唎蜜多二阿喻紇硯娜三須毗你尸指多四囉佐耶五怛他羯他耶六
怛姪他唵七　薩婆桑悉迦囉八波唎輸底九達磨底十伽迦娜十一莎呵其持迦底十二
薩婆毗輸底十三摩訶娜耶十四波唎婆嚓莎呵十五
若有自書寫教人書寫是无量壽宗要經讀誦受持畢竟不墮地獄在在所生得宿
命智陁羅尼曰　南謨薄伽勃底一阿波唎蜜多二阿喻紇硯娜三須毗你尸指多四囉
佐耶六怛他羯他耶怛姪他唵七薩婆桑悉迦囉八波唎輸底九達磨底十伽迦娜十一莎呵
其持迦底十二薩婆毗輸底十三摩訶娜耶十四波唎婆嚓莎呵十五
若有自書寫教人書寫是无量壽宗要受持讀誦如同書寫八万四千一切經典陁羅尼曰
南謨薄伽勃底一阿波唎蜜多二阿喻紇硯娜三須毗
怛姪他唵七薩婆桑悉迦囉八波唎輸底九達磨底十伽迦娜十一莎呵其持迦底十二薩
婆毗輸底十三摩訶娜耶十四波唎婆嚓莎呵十五
若有自書寫教人書寫是无量壽宗要經受持讀誦即是書寫八万四千部建立塔廟陁
羅尼曰·南謨薄伽勃底一阿波唎蜜多二阿喻紇硯娜三須毗你尸指多四囉佐耶五怛他羯他耶六

BD05383號　無量壽宗要經

(7–3)

南謨薄伽勃底一阿波唎蜜多二阿喻紇硯娜三須毗
怛姪他唵七薩婆桑悉迦囉八波唎輸底九達磨底十伽迦娜十一莎呵其持迦底十二薩
婆毗輸底十三摩訶娜耶十四波唎婆嚓莎呵十五
若有自書寫教人書寫是无量壽宗要經受持讀誦即是書寫八万四千部建立塔廟陁
羅尼曰·南謨薄伽勃底一阿波唎蜜多二阿喻紇硯娜三須毗你尸指多四囉佐耶五怛他羯他耶六
怛姪他唵七薩婆桑悉迦囉八波唎輸底九達磨底十伽迦娜十一莎呵其持迦底十三薩
婆毗輸底十三摩訶娜耶十四波唎婆嚓莎呵十五
若有自書寫教人書寫是无量壽宗要經受持讀誦即是書寫八万四千部建立塔廟陁羅尼曰
南謨薄伽勃底一阿波唎蜜多二阿喻紇硯娜三須毗你尸指多四囉佐耶五怛他羯他耶六
怛姪他唵七薩婆達悉迦囉八波唎輸底九達磨底十伽迦娜十一莎呵其持迦底十二薩
婆毗輸底十三摩訶娜耶十四波唎婆嚓莎呵十五
若有自書寫教人書寫是无量壽宗要經能消五无間等一切重罪陁羅尼曰
南謨薄伽勃底一阿波唎蜜多二阿喻紇硯娜三須毗你尸指多四囉佐耶五怛他羯他耶六
怛姪他唵七薩婆桑悉迦羅八波唎輸底九達磨底十伽迦娜十一莎呵其持迦底十二
薩婆毗輸底十三摩訶娜耶十四波唎婆嚓莎呵十五
若有自書寫教人書寫是无量壽宗要經受持讀誦設有重罪猶如須弥盡能
除滅陁羅尼曰　南謨薄伽勃底一阿波唎蜜多二阿喻紇硯娜三須毗你尸指多四囉佐耶五怛他
羯他耶六　怛姪他唵七薩婆桑悉迦囉八波唎輸底九達磨底十伽迦娜十一莎呵其持迦
底十二薩婆毗輸底十三摩訶娜耶十四波唎婆嚓莎呵十五
若有自書寫教人書寫是无量壽宗要經受持讀誦若魔魔之眷屬夜叉羅刹不得其
便終無枉死陁羅尼曰　南謨薄伽勃底一阿波唎蜜多二阿喻紇硯娜三須毗你尸
指多四囉佐耶五怛他羯他耶六怛姪他唵七薩婆桑悉迦囉八波唎輸底九達磨底十
伽迦娜十一莎呵其持迦底十二薩婆毗輸底十三摩訶娜耶十四波唎婆嚓莎呵十五
若有自書寫教人書寫是无量壽宗要經受持讀誦當命終時有九十九姟佛現其人
前豪千佛授手解遊一切佛剎莫於此經生疑惑陁羅尼曰
南謨薄伽勃底一阿波唎蜜多二阿喻紇硯娜三須毗你尸指多四囉佐耶五怛他羯他耶六
怛姪他唵七薩婆桑悉迦囉八波唎輸底九達磨底十伽迦娜十一莎呵其持迦底十二薩婆
婆毗輸底十三摩訶娜耶十四波唎婆嚓莎呵十五
若有自書寫教人書寫是无量壽宗要經受持讀誦常得四天大王隨其衛護陁羅尼曰

BD05383號　無量壽宗要經

(7–4)

前蒙千佛授手能遊一切佛刹莫於此經生疑惑陀羅尼曰
南謨薄伽勃底一阿波唎蜜多二阿瑜紇硯娜三須毗你尸指多四囉佐死五怛他羯他死六
怛姪他唵七薩婆桑悉迦囉八波唎輸底九達磨底十伽迦娜十一莎呵其持迦底十二薩婆
婆毗輸底十三摩訶娜死十四波唎婆嚫莎呵十五
若有自書寫教人書寫是无量壽宗要經受持讀誦當得四天大王隨其衛護陀羅尼曰
南謨薄伽勃底一阿波唎蜜多二阿瑜紇硯娜三須毗你尸指多四囉佐死五怛他羯他死六
怛姪他唵七薩婆桑悉迦囉八波唎輸底九達磨底十伽迦娜十一莎呵其持迦底十二薩婆
婆毗輸底十三摩訶娜死十四波唎婆嚫莎呵十五
若有自書寫教人書寫是无量壽宗要經受持讀誦當得往生西方極樂世界阿弥陀淨
土陀羅尼曰　南謨薄伽勃底一阿波唎蜜多二阿瑜紇硯娜三須毗你尸指多四囉佐死
五怛他羯他死六怛姪他唵七薩婆桑悉迦囉八波唎輸底九達磨底十伽迦娜十一莎呵其持
迦底十二薩婆婆毗輸底十三摩訶娜死十四波唎婆嚫莎呵十五十字
若有方所自書寫使人書寫是无量壽經典之處則為是塔皆應恭敬作礼若是畜
生或為鳥獸得聞是經如是等類皆當不久得成一切種智陀羅尼曰
南謨薄伽勃底一阿波唎蜜多二阿瑜紇硯娜三須毗你尸指多四囉佐死五怛他羯他
死六怛姪他唵七薩婆桑悉迦囉八波唎輸底九達磨底十伽迦娜十一莎呵其持迦
底十二薩婆婆毗輸底十三摩訶娜死十四波唎婆嚫莎呵十五
若有於是无量壽經自書寫使人書畢竟不受女人之身陀羅尼曰
南謨薄伽勃底一阿波唎蜜多二阿瑜紇硯娜三須毗你尸指多四囉佐死五怛
他羯他死六怛姪他唵七薩婆桑悉迦囉八波唎輸底九達磨底十伽迦娜十一莎呵
其持迦底十二薩婆婆毗輸底十三摩訶娜死十四波唎婆嚫莎呵十五
若有能於是經少分能惠施者等於三千大千世界滿中七寶布施陀羅尼曰
南謨薄伽勃底一阿波唎蜜多二阿瑜紇硯娜三須毗你尸指多四囉佐死五怛他
羯他死六怛姪他唵七薩婆桑悉迦囉八波唎輸底九達磨底十伽迦娜十一莎呵其持
迦底十二薩婆婆毗輸底十三摩訶娜死十四波唎婆嚫莎呵十五
若有能供養是經者則是供養一切諸經等无有異陀羅尼曰
南謨薄伽勃底一阿波唎蜜多二阿瑜紇硯娜三須毗你尸指多四囉佐死五怛他羯他
死六怛姪他唵七薩婆桑悉迦囉八波唎輸底九達磨底十伽迦娜十一莎呵其持迦底
薩婆婆毗輸底十三摩訶娜死十四波唎婆嚫莎呵十五

BD05383號　無量壽宗要經　（7–5）

迦底十二薩婆婆毗輸底十三摩訶娜死十四波唎婆嚫莎呵十五
若有能供養是經者則是供養一切諸經等无有異陀羅尼曰
南謨薄伽勃底一阿波唎蜜多二阿瑜紇硯娜三須毗你尸指多四囉佐死五怛他羯他
死六怛姪他唵七薩婆桑悉迦囉八波唎輸底九達磨底十伽迦娜十一莎呵其持迦底
薩婆婆毗輸底十三摩訶娜死十四波唎婆嚫莎呵十五
如是毗婆尸佛　尸棄佛　毗舍浮佛　俱留孫佛　俱那含牟尼佛　迦葉佛　釋迦牟尼佛
若有人以七寶供養知是七佛其福有限書寫受持是无量壽經典所有功德不可數量陀羅
尼曰　南謨薄伽勃底一阿波唎蜜多二阿瑜紇硯娜三須毗你尸指多四囉佐死五
怛他羯他死六怛姪他唵七薩婆桑悉迦囉八波唎輸底九達磨底十伽迦娜十一莎
呵其持迦底十二薩婆婆毗輸底十三摩訶娜死十四波唎婆嚫莎呵十五
若有七寶等於須弥以用布施其福上能知其限量是无量壽經典其福不可知數陀羅尼曰
南謨薄伽勃底一阿波唎蜜多二阿瑜紇硯娜三須毗你尸指多四囉佐死五怛他羯
他死六怛姪他唵七薩婆桑悉迦囉八波唎輸底九達磨底十伽迦娜十一莎呵其持
迦底十二薩婆婆毗輸底十三摩訶娜死十四波唎婆嚫莎呵十五
如是四大海水可知滴數是无量壽經典所生果報不可數量陀羅尼曰
南謨薄伽勃底一阿波唎蜜多二阿瑜紇硯娜三須毗你尸指多四囉佐死五怛他
羯他死六怛姪他唵七薩婆桑悉迦囉八波唎輸底九達磨底十伽迦娜十一莎呵其持
迦底十二薩婆婆毗輸底十三摩訶娜死十四波唎婆嚫莎呵十五
若有自書使人書寫是无量壽經典又能讃持供養即如恭敬供養一切十方佛土等
无有別異陀羅尼曰　南謨薄伽勃底一阿波唎蜜多二阿瑜紇硯娜三須毗你尸指
多四囉佐死五怛他羯他死六怛姪他唵七薩婆桑悉迦囉八波唎輸底九達磨底
伽迦娜十一莎呵其持底十二薩婆婆毗輸底十三摩訶娜死十四波唎婆嚫莎呵十五
布施力能成正覺　悟布施力人師子　布施力能聲普聞　慈悲階漸最能入
持戒力能成正覺　悟持戒力人師子　布施力能聲普聞　慈悲階漸最能入
忍辱力能成正覺　悟忍辱力人師子　忍辱力能聲普聞　慈悲階漸最能入
精進力能成正覺　悟精進力人師子　精進力能聲普聞　慈悲階漸最能入
禪定力能成正覺　悟禪定力人師子　禪定力能聲普聞　慈悲階最能入
智慧力能成正覺　悟智慧力人師子　智慧力能聲普聞　慈悲皆最能入
尒時如來說是經已一切世間天人阿脩羅揵闥婆等聞佛所說皆大歡喜信受奉行

BD05383號　無量壽宗要經　（7–6）

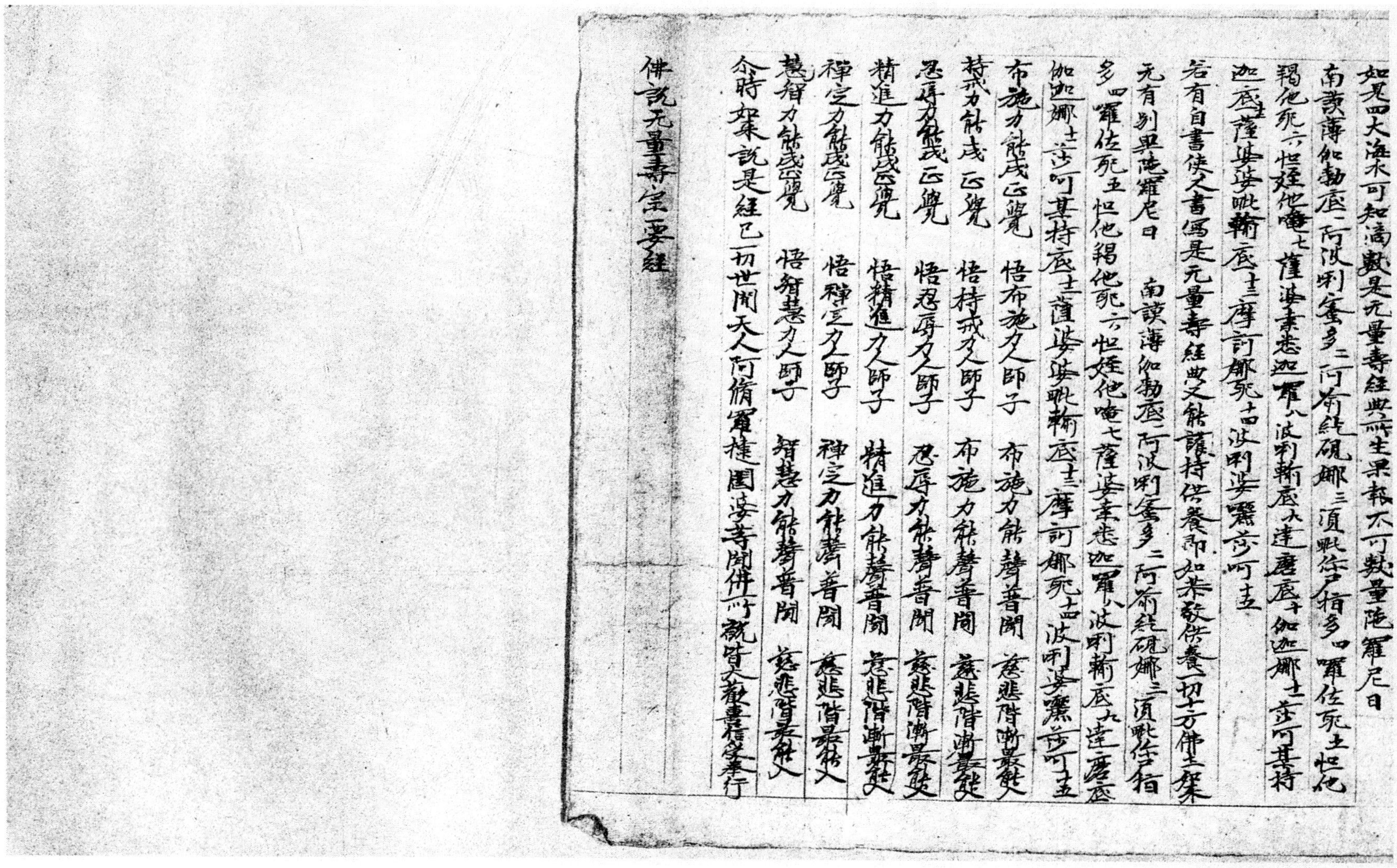

如是四大海水可知滴數是无量壽經典所生果報不可數量陁羅尼曰
南謨薄伽勃底一阿波唎蜜多二阿喻紇硯娜三須毗你指多四囉佐耶五怛他
羯他耶六怛姪他唵七薩婆桑悉迦羅八波唎輸底九達磨底十伽迦娜十一莎訶其持
迦底十二薩婆婆毗輸底十三摩訶娜耶十四波唎婆囉莎訶十五
若有自書使人書寫是无量壽經典受持讀誦供養即如恭敬供養一切十方佛土來
无有別異陁羅尼曰　南謨薄伽勃底一阿波唎蜜多二阿喻紇硯娜三須毗你指
多四囉佐耶五怛他羯他耶六怛姪他唵七薩婆桑悉迦羅八波唎輸底九達磨底
伽迦娜十一莎訶其持底十二薩婆婆毗輸底十三摩訶娜耶十四波唎婆囉莎訶十五
布施力能成正覺　悟布施力人師子　布施力能聲普聞　慈悲階漸最能入
持戒力能成正覺　悟持戒力人師子　布施力能聲普聞　慈悲階漸最能入
忍辱力能成正覺　悟忍辱力人師子　忍辱力能聲普聞　慈悲階漸最能入
精進力能成正覺　悟精進力人師子　精進力能聲普聞　慈悲階漸最能入
禪定力能成正覺　悟禪定力人師子　禪定力能聲普聞　慈悲階最能入
智慧力能成正覺　悟智慧力人師子　智慧力能聲普聞　慈悲階最能入
爾時如來說是經已一切世間天人阿脩羅揵闥婆等聞佛所說皆大歡喜信受奉行
佛說无量壽宗要經

BD05383 號　無量壽宗要經　（7–7）

BD05383 號背　寺院題名　（1–1）

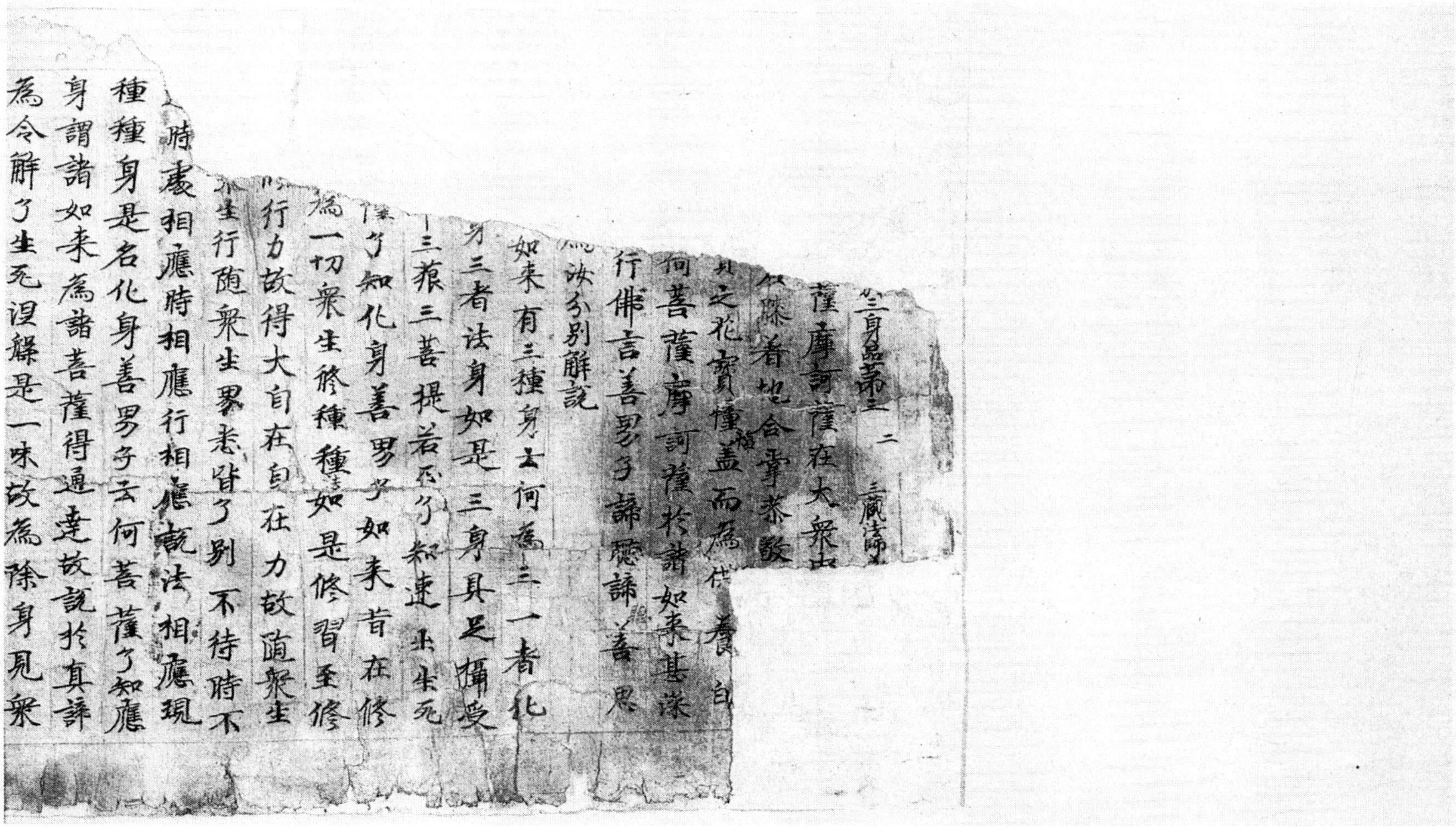
三身品第三　二　三藏法
薩摩訶薩在大衆中
右膝着地合掌恭敬
具之花寶幢幡蓋而爲供養白
何菩薩摩訶薩於諸如来甚深
行佛言善男子諦聽諦聽善思
汝分別解說
如来有三種身云何爲三一者化
身三者法身如是三身具足攝受
三藐三菩提若正了知速出生死
了知化身善男子如来昔在修
爲一切衆生修種種法如是修習至修
行力故得大自在自在力故隨衆生
生行隨衆生界悉皆了別不待時不
時處相應時相應行相應說法相應現
種種身是名化身善男子云何菩薩了知應
身謂諸如来爲諸菩薩得通達故說於真諦
爲令解了生死涅槃是一味故爲除身見衆

BD05384號　金光明最勝王經卷二　（3–1）

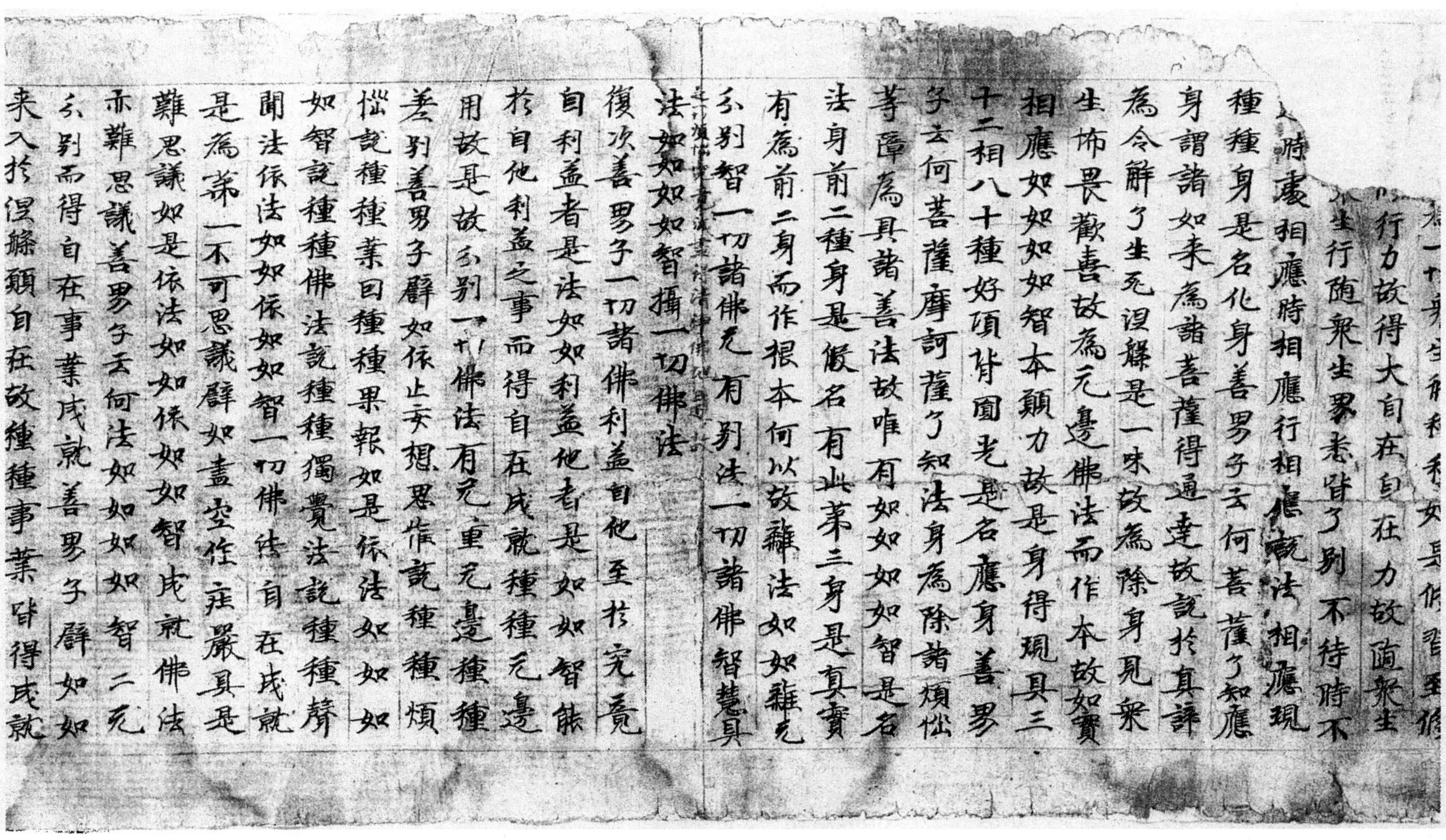
爲一切衆生修種種法如是修習至修
行力故得大自在自在力故隨衆生
生行隨衆生界悉皆了別不待時不
時處相應時相應行相應說法相應現
種種身是名化身善男子云何菩薩了知應
身謂諸如来爲諸菩薩得通達故說於真諦
爲令解了生死涅槃是一味故爲除身見衆
生怖畏歡喜故爲无邊佛法而作本故如實
相應如如如如智本願力故是身得現具三
十二相八十種好項背圓光是名應身善男
子云何菩薩摩訶薩了知法身爲除諸煩惱
等障爲具諸善法故唯有如如如如智是名
法身前二種身是假名有此第三身是真實
有爲前二身而作根本何以故離法如如離无
分別智一切諸佛无有別法一切諸佛智慧具
足一切煩惱究竟滅盡得清淨佛地是故
法如如如如智攝一切佛法
復次善男子一切諸佛利益自他至於究竟
自利益者是法如如利益他者是如如智能
於自他利益之事而得自在成就種種无邊
用故是故分別一切佛法有无量无邊種種
差別善男子譬如依止妄想思惟說種種煩
惱說種種業因種種果報如是依法如如
如智說種種佛法說種種獨覺法說種種聲
聞法依法如如依如如智一切佛法自在成就
是爲第一不可思議譬如畫空作莊嚴具是
難思議如是依法如如依如如智成就佛法
亦難思議善男子云何法如如如如智二无
分別而得自在事業成就善男子譬如如
来入於涅槃願自在故種種事業皆得成就

BD05384號　金光明最勝王經卷二　（3–2）

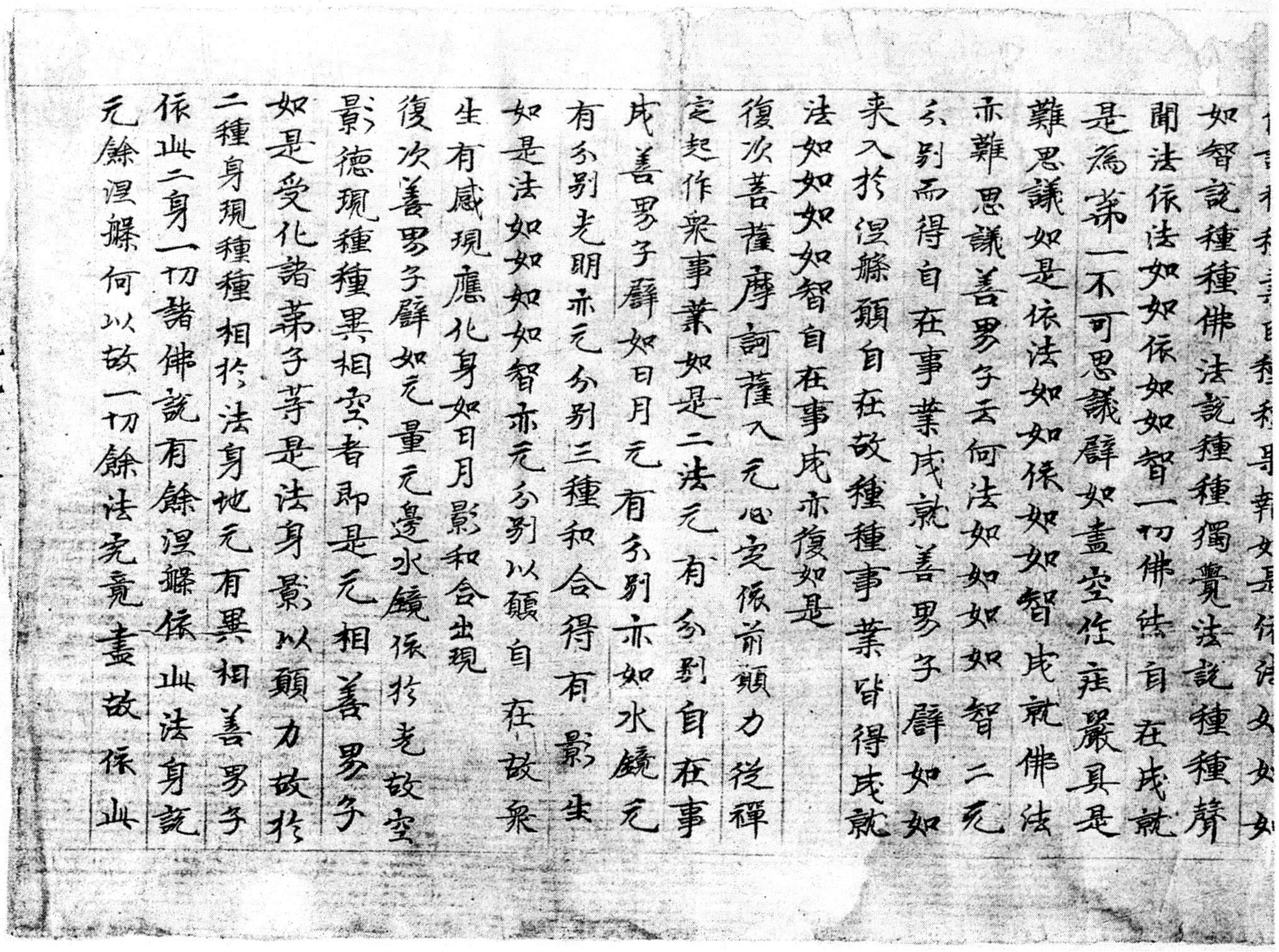

□□種種異種種雜如是依法如如如
如智說種種佛法說種種獨覺法說種種聲
聞法依法如如依如如智一切佛法自在成就
是為苐一不可思議譬如畫空作莊嚴具是
難思議如是依法如如依如如智成就佛法
亦難思議善男子云何法如如如如智二无
分別而得自在事業成就善男子譬如如
來入於涅槃願自在故種種事業皆得成就
法如如如如智自在事成亦復如是
復次菩薩摩訶薩入无心定依前願力從禪
定起作衆事業如是二法无有分別自在事
成善男子譬如日月无有分別亦如水鏡无
有分別光明亦无分別三種和合得有影生
如是法如如如如智亦无分別以願自在故衆
生有感現應化身如日月影和合出現
復次善男子譬如无量无邊水鏡依於光故空
影得現種種異相空者即是无相善男子
如是受化諸苐子等是法身影以願力故於
二種身現種種相於法身地无有異相善男子
依此二身一切諸佛說有餘涅槃依此法身說
无餘涅槃何以故一切餘法究竟盡故依此

BD05384 號　金光明最勝王經卷二

（3–3）

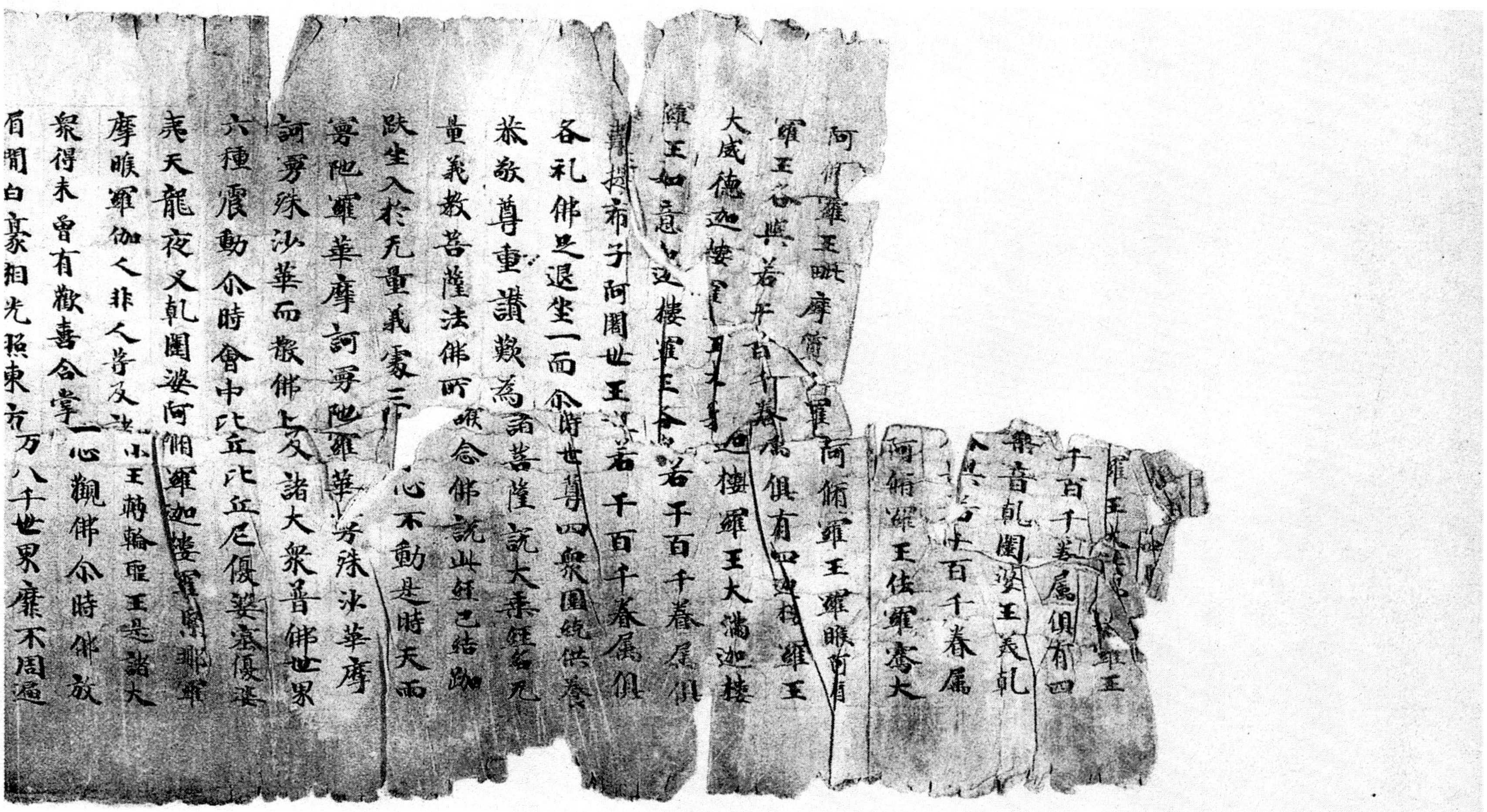

羅王……羅王
千百千眷屬俱有四
樂音乾闥婆王美乾
□□各與若干百千眷屬
阿脩羅王佉羅騫大
阿脩羅王毗摩質多羅阿脩羅王羅睺阿脩
羅王各與若干百千眷屬俱有四迦樓羅王
大威德迦樓羅王大身迦樓羅王大滿迦樓
羅王如意迦樓羅王各與若干百千眷屬俱
韋提希子阿闍世王與若干百千眷屬俱
各禮佛足退坐一面尒時世尊四衆圍遶供養
恭敬尊重讚歎為諸菩薩說大乘經名无
量義教菩薩法佛所護念佛說此經已結跏
趺坐入於无量義處三昧身心不動是時天雨
曼陀羅華摩訶曼陀羅華曼殊沙華摩
訶曼殊沙華而散佛上及諸大衆普佛世界
六種震動尒時會中比丘比丘尼優婆塞優婆
夷天龍夜叉乾闥婆阿脩羅迦樓羅緊那羅
摩睺羅伽人非人等及諸小王轉輪聖王是諸大
衆得未曾有歡喜合掌一心觀佛尒時佛放
眉間白毫相光照東方万八千世界靡不周遍

BD05385 號　妙法蓮華經卷一

（24–1）

曼陁羅華摩訶曼陁羅華曼殊
訶曼殊沙華而散佛上及諸大衆普佛世界
六種震動尒時會中比丘比丘尼優婆塞優婆
夷天龍夜叉乾闥婆阿脩羅迦樓羅緊那羅
摩睺羅伽人非人等及諸小王轉輪聖王是諸大
衆得未曾有歡喜合掌一心觀佛尒時佛放
眉間白毫相光照東方万八千世界靡不周遍
下至阿鼻地獄上至阿迦尼吒天於此世界盡
見彼土六趣衆生又見彼土現在諸佛及聞
諸佛所說經法并見彼諸比丘比丘尼優婆
塞優婆夷諸脩行得道者復見諸菩薩摩
訶薩種種因緣種種信解種種相貌行菩
薩道復見諸佛般涅槃者復見諸佛般涅槃
後以佛舍利起七寶塔尒時弥勒菩薩作是
念今者世尊現神變相以何因緣而有此瑞
今佛世尊入于三昧是不可思議現希有事
當以問誰誰能答者復作此念是文殊師利
法王之子已曾親近供養過去无量諸佛
必應見此希有之相我今當問尒時比丘比丘
尼優婆塞優婆夷及諸天龍鬼神等咸作此
念是佛光明神通之相今當問誰尒時弥勒
菩薩欲自決疑又觀四衆比丘比丘尼優婆塞
優婆夷及諸天龍鬼神等衆會之心而問文殊
師利言以何因緣而有此瑞神通之相放大光
明照于東方万八千土悉見彼佛國界莊嚴
於是弥勒菩薩欲重宣此義以偈問曰
文殊師利　導師何故　眉間白毫　大光普照

BD05385號　妙法蓮華經卷一　（24–2）

菩薩欲自決疑又觀四衆比丘比丘尼優婆塞
優婆夷及諸天龍鬼神等衆會之心而問文殊
師利言以何因緣而有此瑞神通之相放大光
明照于東方万八千土悉見彼佛國界莊嚴
於是弥勒菩薩欲重宣此義以偈問曰
文殊師利　導師何故　眉間白毫　大光普照
雨曼陁羅　曼殊沙華　栴檀香風　悅可衆心
以是因緣　地皆嚴淨　而此世界　六種震動
時四部衆　咸皆歡喜　身意快然　得未曾有
眉間光明　照于東方　万八千土　皆如金色
從阿鼻獄　上至有頂　諸世界中　六道衆生
生死所趣　善惡業緣　受報好醜　於此悉見
又覩諸佛　聖主師子　演說經典　微妙第一
其聲清淨　出柔軟音　教諸菩薩　无數億万
梵音深妙　令人樂聞　各於世界　講說正法
種種因緣　以无量喻　照明佛法　開悟衆生
若人遭苦　猒老病死　為說涅槃　盡諸苦際
若人有福　曾供養佛　志求勝法　為說緣覺
若有佛子　脩種種行　求无上慧　為說淨道
文殊師利　我住於此　見聞若斯　及千億事
如是衆多　今當略說　我見彼土　恒沙菩薩
種種因緣　而求佛道　或有行施　金銀珊瑚
真珠摩尼　車𤦲馬瑙　金剛諸珎　奴婢車乘
寶飾輦轝　歡喜布施　迴向佛道　願得是乘
三界第一　諸佛所歎　或有菩薩　駟馬寶車
欄楯華蓋　軒飾布施　復見菩薩　身肉手足

BD05385號　妙法蓮華經卷一　（24–3）

種種因緣　而求佛道　或有行施　金銀珊瑚
真珠摩尼　車𤥭馬瑙　金剛諸珎　奴婢車乘
寶飾輦轝　歡喜布施　迴向佛道　願得是乘
三界第一　諸佛所歎　或有菩薩　駟馬寶車
欄楯華蓋　軒飾布施　復見菩薩　身肉手足
及妻子施　求无上道　又見菩薩　頭目身體
欣樂施與　求佛智慧　文殊師利　我見諸王
往詣佛所　問无上道　便捨樂土　宮殿臣妾
剃除鬚髮　而被法服　或見菩薩　而作比丘
獨處閑靜　樂誦經典　又見菩薩　勇猛精進
入於深山　思惟佛道　又見離欲　常處空閑
深脩禪定　得五神通　又見菩薩　安禪合掌
以千万偈　讚諸法王　復見菩薩　智深志固
能問諸佛　聞悉受持　又見佛子　定慧具足
以无量喻　為眾講法　欣樂說法　化諸菩薩
破魔兵眾　而擊法鼓　又見菩薩　寂然宴默
天龍恭敬　不以為喜　又見菩薩　處林放光
濟地獄苦　令入佛道　又見佛子　未嘗睡眠
經行林中　懃求佛道　又見具戒　威儀无缺
淨如寶珠　以求佛道　又見佛子　住忍辱力
增上慢人　惡罵捶打　皆悉能忍　以求佛道
又見菩薩　離諸戲咲　及癡眷屬　親近智者
一心除亂　攝念山林　億千万歲　以求佛道
或見菩薩　餚饍飲食　百種湯藥　施佛及僧
名衣上服　價直千万　或无價衣　施佛及僧
千万億種　栴檀寶舍　眾妙卧具　施佛及僧

BD05385號　妙法蓮華經卷一　（24–4）

又見菩薩　離諸戲咲　及癡眷屬　親近智者
一心除亂　攝念山林　億千万歲　以求佛道
或見菩薩　餚饍飲食　百種湯藥　施佛及僧
名衣上服　價直千万　或无價衣　施佛及僧
千万億種　栴檀寶舍　眾妙卧具　施佛及僧
清淨園林　華菓茂盛　流泉浴池　施佛及僧
如是等施　種種微妙　歡喜无猒　求无上道
或有菩薩　說寂滅法　種種教詔　无數眾生
或見菩薩　觀諸法性　无有二相　猶如虛空
又見佛子　心无所著　以此妙慧　求无上道
文殊師利　又有菩薩　佛滅度後　供養舍利
又見佛子　造諸塔廟　无數恒沙　嚴飾國界
寶塔高妙　五千由旬　縱廣正等　二千由旬
一一塔廟　各千幢幡　珠交露幔　寶鈴和鳴
諸天龍神　人及非人　香華伎樂　常以供養
文殊師利　諸佛子等　為供舍利　嚴飾塔廟
國界自然　殊特妙好　如天樹王　其華開敷
佛放一光　我及眾會　見此國界　種種殊妙
諸佛神力　智慧希有　放一淨光　照无量國
我等見此　得未曾有　佛子文殊　願決眾疑
四眾欣仰　瞻仁及我　世尊何故　放斯光明
佛子時答　決疑令喜　何所饒益　演斯光明
佛坐道場　所得妙法　為欲說此　為當授記
示諸佛土　眾寶嚴淨　及見諸佛　此非小緣
文殊當知　四眾龍神　瞻察仁者　為說何等
尒時文殊師利語彌勒菩薩摩訶薩及諸

BD05385號　妙法蓮華經卷一　（24–5）

四衆欽仰　瞻仁及我　世尊何故　放斯光明
佛子時答　決疑令喜　何所饒益　演斯光明
佛坐道場　所得妙法　為欲說此　為當授記
示諸佛土　衆寶嚴淨　及見諸佛　此非小緣
文殊當知　四衆龍神　瞻察仁者　為說何等
尒時文殊師利語彌勒菩薩摩訶薩及諸
大士善男子等如我惟忖今佛世尊欲說大
法雨大法雨吹大法螺擊大法鼓演大法義
諸善男子我於過去諸佛曾見此瑞放斯
光已即說大法是故當知今佛現光亦復如是
欲令衆生咸得聞知一切世間難信之法故現
斯瑞諸善男子如過去无量无邊不可思議阿
僧祇劫尒時有佛号日月燈明如来應供正
遍知明行足善逝世間解无上士調御丈夫
天人師佛世尊演說正法初善中善後善其
義深遠其語巧妙純一无雜具足清白梵
行之相為求聲聞者說應四諦法度生老病死
究竟涅槃為求辟支佛者說應十二因緣法
為諸菩薩說應六波羅蜜令得阿耨多羅三
藐三菩提成一切種智次復有佛亦名日月
燈明次復有佛亦名日月燈明如是二万佛皆
同一字号日月燈明又同一姓姓頗羅墮彌
勒當知初佛後佛皆同一字名日月燈明十
号具足所可說法初中後善其最後佛未
出家時有八王子一名有意二名善意三名
无量意四名寶意五名增意六名除疑意七
名響意八名法意是八王子威德自在各領

BD05385號　妙法蓮華經卷一　（24–6）

同一字号日月燈明又同一姓姓頗羅墮彌
勒當知初佛後佛皆同一字名日月燈明十
号具足所可說法初中後善其最後佛未
出家時有八王子一名有意二名善意三名
无量意四名寶意五名增意六名除疑意七
名響意八名法意是八王子威德自在各領
四天下是諸王子聞父出家得阿耨多羅三
藐三菩提悉捨王位亦隨出家發大乘意常
脩梵行皆為法師已於千万佛所植諸善本是
時日月燈明佛說大乘經名无量義教菩
薩法佛所護念說是經已即於大衆中結跏
趺坐入於无量義處三昧身心不動是時天雨
曼陁羅華摩訶曼陁羅華曼殊沙華摩訶
曼殊沙華而散佛上及諸大衆普佛世界六
種震動尒時會中比丘比丘尼優婆塞優婆
夷天龍夜叉乾闥婆阿脩羅迦樓羅緊那羅
摩睺羅伽人非人及諸小王轉輪聖王等是
諸大衆得未曾有歡喜合掌一心觀佛尒時
如来放眉間白毫相光照東方万八千佛土
靡不周遍如今所見是諸佛土彌勒當知尒
時會中有二十億菩薩樂欲聽法是諸菩薩
見此光明普照佛土得未曾有欲知此光所
為因緣時有菩薩名曰妙光有八百弟子是
時日月燈明佛從三昧起因妙光菩薩說大乘
經名妙法蓮華教菩薩法佛所護念六十小
劫不起于座時會聽者亦坐一處六十小劫

BD05385號　妙法蓮華經卷一　（24–7）

見此光明普照佛土得未曾有欲知此光所
為因緣時有菩薩名曰妙光有八百弟子是
時日月燈明佛從三昧起因妙光菩薩說大乘
經名妙法蓮華教菩薩法佛所護念六十小
劫不起于座時會聽者亦坐一處六十小劫
身心不動聽佛所說謂如食頃是時衆中
无有一人若身若心而生懈惓日月燈明佛於
六十小劫說是經已即於梵魔沙門婆羅門
及天人阿脩羅衆中而宣此言如來於今日
中夜當入无餘涅槃時有菩薩名曰德藏日
月燈明佛即授其記告諸比丘是德藏菩薩
次當作佛号曰淨身多陁阿伽度阿羅訶三
藐三佛陁佛授記已便於中夜入无餘涅槃
佛滅度後妙光菩薩持妙法蓮華經滿八十
小劫為人演說日月燈明佛八子皆師妙
光妙光教化令其堅固阿耨多羅三藐三菩
提是諸王子供養无量百千万億佛已皆成
佛道其最後成佛者名燃燈八百弟子中有
一人号曰求名貪著利養雖復讀誦衆經
而不通利多所忘失故号求名是人亦以種
諸善根因緣故得值无量百千万億諸佛供
養恭敬尊重讚歎弥勒當知尒時妙光
菩薩豈異人乎我身是也求名菩薩汝身是
也今見此瑞與本无異是故惟忖今日如來當說
大乘經名妙法蓮華教菩薩法佛所護念尒
時文殊師利於大衆中欲重宣此義而說偈



養恭敬尊重讚歎弥勒當知尒時妙光
菩薩豈異人乎我身是也求名菩薩汝身是
也今見此瑞與本无異是故惟忖今日如來當說
大乘經名妙法蓮華教菩薩法佛所護念尒
時文殊師利於大衆中欲重宣此義而說偈
言

我念過去世　无量无數劫　有佛人中尊　号日月燈明
世尊演說法　度无量衆生　无數億菩薩　令入佛智慧
佛未出家時　所生八王子　見大聖出家　亦隨脩梵行
時佛說大乘　經名无量義　於諸大衆中　而為廣分別
佛說此經已　即於法座上　跏趺坐三昧　名无量義處
天雨曼陁華　天鼓自然鳴　諸天龍鬼神　供養人中尊
一切諸佛土　即時大震動　佛放眉間光　現諸希有事
此光照東方　万八千佛土　示一切衆生　生死業報處
有見諸佛土　以衆寶莊嚴　琉璃頗梨色　斯由佛光照
及見諸天人　龍神夜叉衆　乾闥緊那羅　各供養其佛
又見諸如來　自然成佛道　身色如金山　端嚴甚微妙
如淨瑠璃中　內現真金像　世尊在大衆　敷演深法義
一一諸佛土　聲聞衆无數　因佛光曜　悉見彼大衆
或有諸比丘　在於山林中　精進持淨戒　猶如護明珠
又見諸菩薩　行施忍辱等　其數如恒沙　斯由佛光照
又見諸菩薩　深入諸禪定　身心寂不動　以求无上道
又見諸菩薩　知法寂滅相　各於其國土　說法求佛道
尒時四部衆　見日月燈佛　現大神通力　其心皆歡喜
各各自相問　是事何因緣　天人所奉尊　適從三昧起
讚妙光菩薩　汝為世間眼　一切所歸信　能奉持法藏

又見諸菩薩 深入諸禪定 身心寂不動 以求无上道
又見諸菩薩 知法寂滅相 各於其國土 說法求佛道
尒時四部衆 見日月燈佛 現大神通力 其心皆歡喜
各各自相問 是事何因緣 天人所奉尊 適從三昧起
讚妙光菩薩 汝為世間眼 一切所歸信 能奉持法藏
如我所說法 唯汝能證知 世尊既讚歎 令妙光歡喜
說是法華經 滿六十小劫 不起於此座 所說上妙法
是妙光法師 悉皆能受持 佛說是法華 令衆歡喜已
尋即於是日 告於天人衆 諸法實相義 已為汝等說
我今於中夜 當入於涅槃 汝一心精進 當離於放逸
諸佛甚難值 億劫時一遇 世尊諸子等 聞佛入涅槃
各各懷悲惱 佛滅一何速 聖主法之王 安慰无量衆
我若滅度時 汝等勿憂怖 是德藏菩薩 於无漏實相
心已得通達 其次當作佛 號曰為淨身 亦度无量衆
佛此夜滅度 如薪盡火滅 分布諸舍利 而起无量塔
比丘比丘尼 其數如恒沙 倍復加精進 以求无上道
是妙光法師 奉持佛法藏 八十小劫中 廣宣法華經
是諸八王子 妙光所開化 堅固无上道 當見无數佛
供養諸佛已 隨順行大道 相繼得成佛 轉次而授記
最後天中天 號曰燃燈佛 諸仙之導師 度脫无量衆
是妙光法師 時有一弟子 心常懷懈怠 貪著於名利
求名利无猒 多遊族姓家 棄捨所習誦 廢忘不通利
以是因緣故 號之為求名 亦行衆善業 得見无數佛
供養於諸佛 隨順行大道 具六波羅蜜 今見釋師子
其後當作佛 號名曰弥勒 廣度諸衆生 其數无有量
彼佛滅度後 懈怠者汝是 妙光法師者 今則我身是



求名利无猒 多遊族姓家 棄捨所習誦 廢忘不通利
以是因緣故 號之為求名 亦行衆善業 得見无數佛
供養於諸佛 隨順行大道 具六波羅蜜 今見釋師子
其後當作佛 號名曰弥勒 廣度諸衆生 其數无有量
彼佛滅度後 懈怠者汝是 妙光法師者 今則我身是
我見燈明佛 本光瑞如此 以是知今佛 欲說法華經
今相如本瑞 是諸佛方便 今佛放光明 助發實相義
諸人今當知 合掌一心待 佛當雨法雨 充足求道者
諸求三乘人 若有疑悔者 佛當為除斷 令盡无有餘

## 妙法蓮華經方便品第二

尒時世尊從三昧安詳而起告舍利弗諸佛
智慧甚深无量其智慧門難解難入一切聲
聞辟支佛所不能知所以者何佛曾親近百
千万億无數諸佛盡行諸佛无量道法勇猛
精進名稱普聞成就甚深未曾有法隨宜所
說意趣難解舍利弗吾從成佛已來種種因
緣種種譬喻廣演言教无數方便引導衆生令
離諸著所以者何如來方便知見波羅蜜皆已
具足舍利弗如來見廣大深遠无鄣无礙
力无所畏禪定解脫三昧深入无際成就
一切未曾有法舍利弗如來能種種分別
巧說諸法言辭柔軟悅可衆心舍利弗取要
言之无量无邊未曾有法佛悉成就止舍利
弗不須復說所以者何佛所成就第一希有難
解之法唯佛與佛乃能究盡諸法實相所謂
諸法如是相如是性如是體如是力如是作

巧說諸法言辭柔軟悅可衆心舍利弗取要
言之无量无邊未曾有法佛悉成就止舍利
弗不須復說所以者何佛所成就第一希有難
解之法唯佛與佛乃能究盡諸法實相所謂
諸法如是相如是性如是體如是力如是作
如是因如是緣如是果如是報如是本末究
竟等尒時世尊欲重宣此義而說偈言
世雄不可量 諸天及世人 一切衆生類 无能知佛者
佛力无所畏 解脫諸三昧 及佛諸餘法 无能測量者
本從无數佛 具足行諸道 甚深微妙法 難見難可了
於无量億劫 行此諸道已 道場得成果 我已悉知見
如是大果報 種種性相義 我及十方佛 乃能知是事
是法不可示 言辭相寂滅 諸餘衆生類 无有能得解
除諸菩薩衆 信力堅固者 諸佛弟子衆 曾供養諸佛
一切漏已盡 住是最後身 如是諸人等 其力所不堪
假使滿世間 皆如舍利弗 盡思共度量 不能測佛智
正使滿十方 皆如舍利弗 及餘諸弟子 亦滿十方刹
盡思共度量 亦復不能知 辟支佛利智 无漏最後身
亦滿十方界 其數如竹林 斯等共一心 於億无量劫
欲思佛實智 莫能知少分 新發意菩薩 供養无數佛
了達諸義趣 又能善說法 如稻麻竹葦 充滿十方刹
一心以妙智 於恒河沙劫 咸皆共思量 不能知佛智
不退諸菩薩 其數如恒沙 一心共思求 亦復不能知
又告舍利弗 无漏不思議 甚深微妙法 我今已具得
唯我知是相 十方佛亦然 舍利弗當知 諸佛說无異
於佛所說法 當生大信力 世尊法久後 要當說真實



一心以妙智 於恒河沙劫 咸皆共思量 不能知佛智
不退諸菩薩 其數如恒沙 一心共思求 亦復不能知
又告舍利弗 无漏不思議 甚深微妙法 我今已具得
唯我知是相 十方佛亦然 舍利弗當知 諸佛說无異
於佛所說法 當生大信力 世尊法久後 要當說真實
告諸聲聞衆 及求緣覺乘 我令脫縛苦 逮得涅槃者
便以方便力 示以三乘教 衆生處處著 引之令得出
尒時大衆中有諸聲聞漏盡阿羅漢阿若憍陳
如等千二百人及發聲聞辟支佛心比丘比
丘尼優婆塞優婆夷各作是念今者世尊何
故慇懃稱歎方便而作是言佛所得法甚深
難解有所言說意趣難知一切聲聞辟支
佛所不能及佛說一解脫義我等亦得此法
到於涅槃而今不知是義所趣尒時舍利弗知
四衆心疑自亦未了而白佛言世尊何因何
緣慇懃稱歎諸佛第一方便甚深微妙難解
之法我自昔來未曾從佛聞如是說今者四
衆咸皆有疑唯願世尊敷演斯事世尊何故
慇懃稱歎甚深微妙難解之法尒時舍利弗欲
重宣此義而說偈言
慧日大聖尊 久乃說是法 自說得如是 力无畏三昧
禪定解脫等 不可思議法 道場所得法 无能發問者
我意難可測 亦无能問者 无問而自說 稱歎所行道
智慧甚微妙 諸佛之所得 无漏諸羅漢 及求涅槃者
今皆墮疑網 佛何故說是 其求緣覺者 比丘比丘尼
諸天龍鬼神 及乾闥婆等 相視懷猶豫 瞻仰兩足尊

禪定解脫等　不可思議法　道場所得法　无能發問者
我意難可測　亦无能問者　无問而自說　稱歎所行道
智慧甚微妙　諸佛之所得　无漏諸羅漢　及求涅槃者
今皆墮疑網　佛何故說是　其求緣覺者　比丘比丘尼
諸天龍鬼神　及乾闥婆等　相視懷猶豫　瞻仰兩足尊
是事為云何　願佛為解說　於諸聲聞眾　佛說我第一
我今自於智　疑惑不能了　為是究竟法　為是所行道
佛口所生子　合掌瞻仰待　願出微妙音　時為如實說
諸天龍神等　其數如恒沙　求佛諸菩薩　大數有八万
又諸万億國　轉輪聖王至　合掌以敬心　欲聞具足道
尒時佛告舍利弗止止不須復說若說是事
一切世間諸天及人皆當驚疑舍利弗重白佛
言世尊唯願說之唯願說之所以者何是會
无數百千万億阿僧祇眾生曾見諸佛諸根
猛利智慧明了聞佛所說則能敬信尒時舍
利弗欲重宣此義而說偈言
法王无上尊　唯說願勿慮　是會无量眾　有能敬信者
佛復止舍利弗若說是事一切世間天人阿脩
羅皆當驚疑增上慢比丘將墜於大坑尒時
世尊重說偈言
止止不須說　我法妙難思　諸增上慢者　聞必不敬信
尒時舍利弗重白佛言世尊唯願說之唯願說
之今此會中如我等比百千万億世世已曾從
佛受化如此人等必能敬信長夜安隱多
所饒益尒時舍利弗欲重宣此義而說偈言
无上兩足尊　願說第一法　我為佛長子　唯垂分別說

BD05385號　妙法蓮華經卷一　（24–14）

止止不須說　我法妙難思　諸增上慢者　聞必不敬信
尒時舍利弗重白佛言世尊唯願說之唯願說
之今此會中如我等比百千万億世世已曾從
佛受化如此人等必能敬信長夜安隱多
所饒益尒時舍利弗欲重宣此義而說偈言
无上兩足尊　願說第一法　我為佛長子　唯垂分別說
是會无量眾　能敬信此法　佛已曾世世　教化如是等
皆一心合掌　欲聽受佛語　我等千二百　及餘求佛者
願為此眾故　唯垂分別說　是等聞此法　則生大歡喜
尒時世尊告舍利弗汝已慇懃三請豈得不
說汝今諦聽善思念之吾當為汝分別解說
說此語時會中有比丘比丘尼優婆塞優婆
夷五千人等即從座起禮佛而退所以者何此
輩罪根深重及增上慢未得謂得未證謂
證有如此失是以不住世尊嘿然而不制止
尒時佛告舍利弗我今此眾无復枝葉純有
貞實舍利弗如是增上慢人退亦佳矣汝今
善聽當為汝說舍利弗言唯然世尊願樂欲
聞佛告舍利弗如是妙法諸佛如來時乃說
之如優曇鉢華時一現耳舍利弗汝等當信
佛之所說言不虛妄舍利弗諸佛隨宜說法
意趣難解所以者何我以无數方便種種因
緣譬喻言辭演說諸法是法非思量分別之
所能解唯有諸佛乃能知之所以者何諸佛世
尊唯以一大事因緣故出現於世舍利弗云何
名諸佛世尊唯以一大事因緣故出現於世
諸佛世尊欲令眾生開佛知見使得清淨

BD05385號　妙法蓮華經卷一　（24–15）

所能解唯有諸佛乃能知之所以者何諸佛世
尊唯以一大事因緣故出現於世舍利弗云何
名諸佛世尊唯以一大事因緣故出現於世
諸佛世尊欲令衆生開佛知見使得清淨
故出現於世欲示衆生佛知見故出現於世
欲令衆生悟佛知見故出現於世欲令衆生
入佛知見道故出現於世舍利弗是為諸
佛以一大事因緣故出現於世佛告舍利弗
諸佛如来但教化菩薩諸有所作常為一
事唯以佛之知見示悟衆生舍利弗如来但以
一佛乘故為衆生說法无有餘乘若二若三
舍利弗一切十方諸佛法亦如是舍利弗過
去諸佛以无量无數方便種種因緣譬
喻言辭而為衆生演說諸法是法皆為一
佛乘故是諸衆生從諸佛聞法究竟皆得一切
種智舍利弗未来諸佛當出於世亦以无量
无數方便種種因緣譬喻言辭而為衆生演
說諸法是法皆為一佛乘故是諸衆生從佛聞
法究竟皆得一切種智舍利弗現在十方无
量百千万億佛土中諸佛世尊多所饒益安
樂衆生是諸佛亦以无量无數方便種種因
緣譬喻言辭而為衆生演說諸法是法皆為
一佛乘故是諸衆生從佛聞法究竟皆得一
切佛種智舍利弗是諸佛但教化菩薩欲
以佛之知見示衆生故欲以佛之知見悟衆生故欲



樂衆生是諸佛亦以无量无數方便種種因
緣譬喻言辭而為衆生演說諸法是法皆為
一佛乘故是諸衆生從佛聞法究竟皆得一
切佛種智舍利弗是諸佛但教化菩薩欲
以佛之知見示衆生故欲以佛之知見悟衆生故欲
令衆生入佛之知見故舍利弗我今亦復如
是知諸衆生有種種欲深心所著隨其本
性以種種因緣譬喻言辭方便力故而為說法
舍利弗如此皆為得一佛乘一切種智故舍
利弗十方世界中尚无二乘何況有三舍利
弗諸佛出於五濁惡世所謂劫濁煩惱濁衆
生濁見濁命濁如是舍利弗劫濁亂時衆生
垢重慳貪嫉妬成就諸不善根故諸佛以
方便力於一佛乘分別說三舍利弗若我弟子
自謂阿羅漢辟支佛者不聞不知諸佛如来
但教化菩薩事此非佛弟子非阿羅漢非辟
支佛又舍利弗是諸比丘比丘尼自謂已得
阿羅漢是最後身究竟涅槃便不復志求阿
耨多羅三藐三菩提當知此輩皆是增上慢
人所以者何若有比丘實得阿羅漢若不信
此法无有是處除佛滅度後現前无佛所以
者何佛滅度後如是等經受持讀誦解義
者是人難得若遇餘佛於此法中便得決了
弗利汝等當一心信解受持佛語諸佛如来
言无虛忘无有餘乘唯一佛乘尒時世尊欲
重宣此義而說偈言

此法无有是處除佛滅度後現前无佛所以
者何佛滅度後如是等經受持讀誦解義
者是人難得若遇餘佛於此法中便得決了
非利汝等當一心信解受持佛語諸佛如來
言无虛忘无有餘乘唯一佛乘介時世尊欲
重宣此義而說偈言
比丘比丘尼　有懷增上慢　優婆塞我慢　優婆夷不信
如是四衆等　其數有五千　不自見其過　於戒有缺漏
護惜其瑕疵　是小智已出　衆中之糟糠　佛威德故去
斯人尠福德　不堪受是法　此衆无枝葉　唯有諸貞實
舍利弗善聽　諸佛所得法　无量方便力　而為衆生說
衆生心所念　種種所行道　若干諸欲性　先世善惡業
佛悉知是已　以諸緣譬喻　言辭方便力　令一切歡喜
或說修多羅　伽陁及本事　本生未曾有　亦說於因緣
譬喻并祇夜　優波提舍經　鈍根樂小法　貪着於生死
於諸无量佛　不行深妙道　衆苦所惱亂　為是說涅槃
我設是方便　令得入佛慧　未曾說汝等　當得成佛道
所以未曾說　說時未至故　今正是其時　決定說大乘
我此九部法　隨順衆生說　入大乘為本　以故說是經
有佛子心淨　柔軟亦利根　无量諸佛所　而行深妙道
為此諸佛子　說是大乘經　我記如是人　來世成佛道
以深心念佛　修持淨戒故　此等聞得佛　大喜充遍身
佛知彼心行　故為說大乘　聲聞若菩薩　聞我所說法
乃至於一偈　皆成佛无疑　十方佛土中　唯有一乘法
无二亦无三　除佛方便說　但以假名字　引導於衆生
說佛智慧故　諸佛出於世　唯此一事實　餘二則非真



以深心念佛　修持淨戒故　此等聞得佛　大喜充遍身
佛知彼心行　故為說大乘　聲聞若菩薩　聞我所說法
乃至於一偈　皆成佛无疑　十方佛土中　唯有一乘法
无二亦无三　除佛方便說　但以假名字　引導於衆生
說佛智慧故　諸佛出於世　唯此一事實　餘二則非真
終不以小乘　濟度於衆生　佛自住大乘　如其所得法
定慧力莊嚴　以此度衆生　自證无上道　大乘平等法
若以小乘化　乃至於一人　我則墮慳貪　此事為不可
若人信歸佛　如來不欺誑　亦无貪嫉意　斷諸法中惡
故佛於十方　而獨无所畏　我以相嚴身　光明照世間
无量衆所尊　為說實相印　舍利弗當知　我本立誓願
欲令一切衆　如我等无異　如我昔所願　今者已滿足
化一切衆生　皆令入佛道　若我遇衆生　盡教以佛道
无智者錯亂　迷惑不受教　我知此衆生　未曾修善本
堅着於五欲　癡愛故生惱　以諸欲因緣　墜墮三惡道
輪迴六趣中　備受諸苦毒　受胎之微形　世世常增長
薄德少福人　衆苦所逼迫　入邪見稠林　若有若无等
依止此諸見　具足六十二　深着虛妄法　堅受不可捨
我慢自矜高　諂曲心不實　於千万億劫　不聞佛名字
亦不聞正法　如是人難度　是故舍利弗　我為設方便
說諸盡苦道　示之以涅槃　我雖說涅槃　是亦非真滅
諸法從本來　常自寂滅相　佛子行道已　來世得作佛
我有方便力　開示三乘法　一切諸世尊　皆說一乘道
今此諸大衆　皆應除疑惑　諸佛語无異　唯一无二乘
過去无數劫　无量滅度佛　百千万億種　其數不可量
如是諸世尊　種種緣譬喻　无數方便力　演說諸法相

諸法從本來　常自寂滅相　佛子行道已　來世得作佛
我有方便力　開示三乘法　一切諸世尊　皆說一乘道
今此諸大衆　皆應除疑惑　諸佛語无異　唯一无二乘
過去无數劫　无量滅度佛　百千万億種　其數不可量
如是諸世尊　種種緣譬喻　无數方便力　演說諸法相
是諸世尊等　皆說一乘法　化无量衆生　令入於佛道
又諸大聖主　知一切世間　天人群生類　深心之所欲
更以異方便　助顯第一義　若有衆生類　值諸過去佛
若聞法布施　或持戒忍辱　精進禪智等　種種脩福德
如是諸人等　皆已成佛道　諸佛滅度已　若人善軟心
如是諸衆生　皆已成佛道　諸佛滅度已　供養舍利者
起万億種塔　金銀及頗梨　車𤦲與馬瑙　玫瑰琉璃珠
清淨廣嚴飾　莊校於諸塔　或有起石廟　栴檀及沉水
木櫁并餘材　塼瓦泥土等　若於曠野中　積土成佛廟
乃至童子戲　聚沙為佛塔　如是諸人等　皆已成佛道
若人為佛故　建立諸形像　刻雕成衆相　皆已成佛道
或以七寶成　鍮石赤白銅　白鑞及鈆錫　鐵木及與泥
或以膠漆布　嚴飾作佛像　如是諸人等　皆已成佛道
綵畫作佛像　百福莊嚴相　自作若使人　皆已成佛道
乃至童子戲　若草木及筆　或以指爪甲　而畫作佛像
如是諸人等　漸漸積功德　具足大悲心　皆已成佛道
但化諸菩薩　度脫无量衆　若人於塔廟　寶像及畫像
以華香幡蓋　敬心而供養　若使人作樂　擊鼓吹角貝
簫笛琴箜篌　琵琶鐃銅鈸　如是衆妙音　盡持以供養
或以歡喜心　歌唄頌佛德　乃至一小音　皆已成佛道
若人散亂心　乃至以一華　供養於畫像　漸見无數佛



但化諸菩薩　度脫无量衆　若人於塔廟　寶像及畫像
以華香幡蓋　敬心而供養　若使人作樂　擊鼓吹角貝
簫笛琴箜篌　琵琶鐃銅鈸　如是衆妙音　盡持以供養
或以歡喜心　歌唄頌佛德　乃至一小音　皆已成佛道
若人散亂心　乃至以一華　供養於畫像　漸見无數佛
或有人礼拜　或復但合掌　乃至舉一手　或復小低頭
以此供養像　漸見无量佛　自成无上道　廣度无數衆
入无餘涅槃　如薪盡火滅　若人散亂心　入於塔廟中
一稱南无佛　皆已成佛道　於諸過去佛　在世或滅後
若有聞是法　皆已成佛道　未來諸世尊　其數无有量
是諸如來等　亦方便說法　一切諸如來　以无量方便
度脫諸衆生　入佛无漏智　若有聞法者　无一不成佛
諸佛本誓願　我所行佛道　普欲令衆生　亦同得此道
未來世諸佛　雖說百千億　无數諸法門　其實為一乘
諸佛兩足尊　知法常无性　佛種從緣起　是故說一乘
是法住法位　世間相常住　於道場知已　導師方便說
天人所供養　現在十方佛　其數如恒沙　出現於世間
安隱衆生故　亦說如是法　知第一寂滅　以方便力故
雖示種種道　其實為佛乘　知衆生諸行　深心之所念
過去所習業　欲性精進力　及諸根利鈍　以種種因緣
譬喻亦言辭　隨應方便說　今我亦如是　安隱衆生故
以種種法門　宣示於佛道　我以智慧力　知衆生性欲
方便說諸法　皆令得歡喜　舍利弗當知　我以佛眼觀
見六道衆生　貧窮无福德　入生死險道　相續苦不斷
深著於五欲　如犛牛愛尾　以貪愛自蔽　盲瞑无所見
不求大勢佛　及與斷苦法　深入諸邪見　以苦欲捨苦

譬喻亦言辭　隨應方便說　今我亦如是　安隱衆生故
以種種法門　宣示於佛道　我以智慧力　知衆生性欲
方便說諸法　皆令得歡喜　舍利弗當知　我以佛眼觀
見六道衆生　貧窮无福慧　入生死險道　相續苦不斷
深著於五欲　如犛牛愛尾　以貪愛自蔽　盲瞑无所見
不求大勢佛　及與斷苦法　深入諸邪見　以苦欲捨苦
為是衆生故　而起大悲心　我始坐道場　觀樹亦經行
於三七日中　思惟如是事　我所得智慧　微妙最第一
衆生諸根鈍　著樂癡所盲　如斯之等類　云何而可度
尒時諸梵王　及諸天帝釋　護世四天王　及大自在天
并餘諸天衆　眷屬百千万　恭敬合掌禮　請我轉法輪
我即自思惟　若但讚佛乘　衆生沒在苦　不能信是法
破法不信故　墜於三惡道　我寧不說法　疾入於涅槃
尋念過去佛　所行方便力　我今所得道　亦應說三乘
作是思惟時　十方佛皆現　梵音慰喻我　善哉釋迦文
第一之導師　得是无上法　隨諸一切佛　而用方便力
我等亦皆得　最妙第一法　為諸衆生類　分別說三乘
少智樂小法　不自信作佛　是故以方便　分別說諸果
雖復說三乘　但為教菩薩　舍利弗當知　我聞聖師子
深淨微妙音　一稱南无佛　復作如是念　我出濁惡世
如諸佛所說　我亦隨順行　思惟是事已　即趣波羅柰
諸法寂滅相　不可以言宣　以方便力故　為五比丘說
是名轉法輪　便有涅槃音　及以阿羅漢　法僧差別名
從久遠劫來　讚示涅槃法　生死苦永盡　我常如是說
舍利弗當知　我見佛子等　志求佛道者　无量千万億
咸以恭敬心　皆來至佛所　曾從諸佛聞　方便所說法
我即作是念　如來所以出　為說佛慧故　今正是其時

BD05385號　妙法蓮華經卷一　（24–22）

如諸佛所說　我亦隨順行　思惟是事已　即趣波羅柰
諸法寂滅相　不可以言宣　以方便力故　為五比丘說
是名轉法輪　便有涅槃音　及以阿羅漢　法僧差別名
從久遠劫來　讚示涅槃法　生死苦永盡　我常如是說
舍利弗當知　我見佛子等　志求佛道者　无量千万億
咸以恭敬心　皆來至佛所　曾從諸佛聞　方便所說法
我即作是念　如來所以出　為說佛慧故　今正是其時
舍利弗當知　鈍根小智人　著相憍慢者　不能信是法
今我喜无畏　於諸菩薩中　正直捨方便　但說无上道
菩薩聞是法　疑網皆已除　千二百羅漢　悉亦當作佛
如三世諸佛　說法之儀式　我今亦如是　說无分別法
諸佛興出世　懸遠值遇難　正使出于世　說是法復難
无量无數劫　聞是法亦難　能聽是法者　斯人亦復難
譬如優曇華　一切皆愛樂　天人所希有　時時乃一出
聞法歡喜讚　乃至發一言　則為已供養　一切三世佛
是人甚希有　過於優曇華　汝等勿有疑　我為諸法王
普告諸大衆　但以一乘道　教化諸菩薩　无聲聞弟子
汝等舍利弗　聲聞及菩薩　當知是妙法　諸佛之秘要
以五濁惡世　但樂著諸法　如是等衆生　終不求佛道
當來世惡人　聞佛說一乘　迷惑不信受　破法墮惡道
有慚愧清淨　志求佛道者　當為如是等　廣讚一乘道
舍利弗當知　諸佛法如是　以万億方便　隨宜而說法
其不習學者　不能曉了此　汝等既已知　諸佛世之師
隨宜方便事　无復諸疑惑　心生大歡喜　自知當作佛

妙法蓮華經卷第一

BD05385號　妙法蓮華經卷一　（24–23）

无量无數劫 聞是法亦難 能聽是法者 斯人亦復難
譬如優曇華 一切皆愛樂 天人所希有 時時乃一出
聞法歡喜讚 乃至發一言 則為已供養 一切三世佛
是人甚希有 過於優曇華 汝等勿有疑 我為諸法王
普告諸大衆 但以一乘道 教化諸菩薩 无聲聞弟子
汝等舍利弗 聲聞及菩薩 當知是妙法 諸佛之秘要
以五濁惡世 但樂著諸法 如是等衆生 終不求佛道
當來世惡人 聞佛說一乘 迷惑不信受 破法墮惡道
有慚愧清淨 志求佛道者 當為如是等 廣讚一乘道
舍利弗當知 諸佛法如是 以万億方便 隨宜而說法
其不習學者 不能曉了此 汝等既已知 諸佛世之師
隨宜方便事 无復諸疑惑 心生大歡喜 自知當作佛

妙法蓮華經卷第一

BD05385號　妙法蓮華經卷一　（24–24）

愛无色愛復有
昔因緣愛出家之人有四種愛何等爲四
飲食臥具湯藥復有五種貪著五陰隨
所須一切愛著分別校計无量无邊善男子
愛有二種一者善愛二不善愛不善愛者唯
愚求之善法愛者諸菩薩求善法愛者復有
二種不善與善求二乘者名爲不善求大乘
者是名爲善男子凡夫愛者名之爲集不
名爲諦菩薩愛者名之實諦不名爲集何以
故爲度衆生所以受生不以愛故而受生也
迦葉菩薩白佛言世尊如佛世尊於餘經中
爲諸衆生說業爲因緣或說憍慢或說六觸
或說无明爲五盛陰而作因緣今以何義說
四聖諦獨以愛性爲五陰因佛讚迦葉善哉
善哉善男子如汝所說諸因緣者非爲非因
但是五陰要因於愛善男子譬如大王若出
遊巡大臣眷屬悉皆隨從愛亦如是隨愛行
處是諸結等亦復隨行譬如膩衣隨有塵著

BD05386號　大般涅槃經（北本）卷一三　（24–1）

四聖諦獨以愛性為五陰因佛讚迦葉善哉
善哉善男子如汝所說諸因緣者非為非因
但是五陰要因於愛善男子譬如大王若出
遊巡大臣眷屬悉皆隨從愛亦如是隨愛行
處是諸結等亦復隨行譬如膩衣隨有塵著
着則隨住愛亦如是隨所愛處業結亦住復
次善男子譬如濕地則能生牙愛亦如是能
生一切業煩惱牙善男子菩薩摩訶薩住是
大乘大般涅槃深觀此愛凡有九種一如債
有餘二如羅剎女婦三如妙華莖有毒蛇四
如惡食性所不便而強食之五如婬女六如
摩樓迦子七如瘡中息肉八如暴風九如彗
星云何名為如債有餘善男子譬如窮人負
他錢財雖償欲畢餘未畢故猶繫在獄而不
得脫聲聞緣覺亦復如是以有愛習之餘氣
故不能得成阿耨多羅三藐三菩提善男子
是名如債有餘善男子云何如羅剎女婦善
男子譬如有人以羅剎女而為婦妾是羅剎
女隨所生子生已便食子既盡已復食其夫
善男子愛羅剎女亦復如是隨諸眾生生善
根子隨生隨食善子既盡復食眾生令墮地
獄畜生餓鬼唯除菩薩是名如羅剎女婦善
男子云何如妙華莖毒蛇纏之譬如有人性
愛好華不見華莖毒蛇過患即便前捉捉已



根子隨生隨食善子既盡復食眾生令墮地
獄畜生餓鬼唯除菩薩是名如羅剎女婦善
男子云何如妙華莖毒蛇纏之譬如有人性
愛好華不見華莖毒蛇過患即便前捉捉已
蛇螫螫已命終一切凡夫亦復如是貪五欲
華不見是愛毒蛇過患而便受取即為愛毒
之所蚊螫命終即墮三惡道中唯除菩提是
名如妙華莖毒蛇纏之善男子云何所不便食
而強食之譬如有人所不便食而強食之食
已腹痛患下而死愛食如是五道眾生強
食貪著以是因緣墮三惡道唯除菩薩是名
所不能食而強食之善男子云何婬女譬如
愚人與婬女通而彼婬女巧作種種謟媚現
親惠奪是人所有錢財錢財既盡便復駈逐
愛之婬女亦復如是愚人无智與之交通而
是愛女奪其所有一切善法善法既盡駈逐
令墮三惡道中唯除菩薩是名婬女善男子
云何摩樓迦子譬如摩樓迦子若鳥食已隨
糞墮地或因風吹来在樹下即便生長纏繞
縛束尼拘陁樹令不增長遂至枯死愛摩樓
迦子亦復如是纏縛凡夫所有善法不令增
長遂至枯滅既枯滅已命終之後墮三惡道
唯除菩薩是名摩樓迦子善男子云何瘡中
息肉如人久瘡中生息肉其人要當勤心療
治莫生捨心若生捨心瘡息增長虫疽復生

迦子亦復如是纏縛凡夫所有善法不令增
長遂至枯滅既枯滅已命終之後墮三惡道
唯除菩薩是名摩樓迦子善男子云何瘡中
息肉如人久瘡中生息肉其人要當勤心療
治莫生捨心若生捨心瘡息增長蟲疽復生
以是因緣即便命終凡夫愚人五陰瘡痍亦
復如是愛於其中而為息肉應當懃心療治
愛息若不治者命終即墮三惡道中唯除菩
薩是名瘡中息肉善男子云何暴風譬如暴
風能偃山移岳拔深根栽愛暴大風亦復如
是於父母所而生惡心能拔大智舍利弗等
无上深固菩提根栽唯除菩薩是名暴風善
男子云何彗星譬如彗星出現天下一切人
民飢饉病瘦嬰諸苦惱愛之彗星亦復如是
能斷一切善根種子令凡夫人孤窮飢饉生
煩惱病流轉生死受種種苦唯除菩薩是名
彗星善男子菩薩摩訶薩住於大乘大般涅
槃觀察愛結如是九種善男子以是義故諸
凡夫人有苦无諦聲聞緣覺有苦有苦諦而
无真實諸菩薩等解苦无苦是故无苦而有
真諦諸凡夫人有集无諦聲聞緣覺有集有
集諦諸菩薩等解集无集是故无集而有真
諦聲聞緣覺有滅非真菩薩摩訶薩有滅有
真諦聲聞緣覺有道非真菩薩摩訶薩有
道有真諦

BD05386號　大般涅槃經（北本）卷一三　（24–4）

集諦諸菩薩等解集无集是故无集而有真
諦聲聞緣覺有滅非真菩薩摩訶薩有滅有
真諦聲聞緣覺有道非真菩薩摩訶薩有
道有真諦
善男子云何菩薩摩訶薩住於大乘大般涅
槃見滅見滅諦所謂斷除一切煩惱若煩惱
斷則名為常滅煩惱火則名寂滅煩惱滅故
則得受樂諸佛菩薩求因緣故故名為淨更
不復受廿五有故名出世以出世故名為我
常於彼色聲香味觸等若男若女若生住滅
若苦若樂不苦不樂不取相貌故名畢竟寂
滅真諦善男子菩薩如是住於大乘大般涅
槃觀滅聖諦
善男子云何菩薩摩訶薩住於大乘大般涅
槃觀道聖諦善男子譬如闇中因燈得見麁
細之物菩薩摩訶薩亦復如是住於大乘大
般涅槃因八聖道見一切法所謂常无常有
為无為有衆生非衆生物非物苦樂我无我
淨不淨煩惱非煩惱業非業實非實乘非乘
知无知陁羅驃非陁羅驃求那非求那見非
見色非色道非道解非解善男子菩薩如是
住於大乘大般涅槃觀道聖諦
迦葉菩薩白佛言世尊若八聖道是道聖諦
義不相應何以故如來或說信心為道能度
諸漏或時說道不放逸是諸佛世尊不放逸

BD05386號　大般涅槃經（北本）卷一三　（24–5）

見色非色道非道解非解善男子菩薩如是
住於大乘大般涅槃觀道聖諦
迦葉菩薩白佛言世尊若八聖道是道聖諦
義不相應何以故如來或說信心為道能度
諸漏或時說道不放逸是諸佛世尊不放逸
故得阿耨多羅三藐三菩提亦是菩薩助道
之法或時說言精進是道如告阿難若有人
能勤修精進則得成就阿耨多羅三藐三菩
提或時說言觀身念處若有繫心精勤修習
是身念處則得成就阿耨多羅三藐三菩提
或時說言正定為道如告大德摩訶迦葉夫
正定者真實是道非不正定而是道也若入
禪定乃能思惟五陰生滅非不入定能思惟
也或說一法若有修集能淨眾生滅除一切
憂愁苦惱逮得正法所謂念佛三昧或復說
言修無常想是名為道如告比丘有能多修
無常想者能得阿耨多羅三藐三菩提或說
空寂阿蘭若處獨坐思惟能得速成阿耨多
羅三藐三菩提或時說言為人演法是名為
道若聞法已疑網即斷疑網斷已則得阿耨
多羅三藐三菩提或時說言持戒是道如告
阿難若有精勤修持禁戒是人則度生死大
苦或時說言親近善友是名為道如告阿難
若有親近善知識者則具淨戒若有眾生能
親近我則得發於阿耨多羅三藐三菩提心

BD05386號　大般涅槃經（北本）卷一三　　（24–6）

道若聞法已疑網即斷疑網斷已則得阿耨
多羅三藐三菩提或時說言持戒是道如告
阿難若有精勤修持禁戒是人則度生死大
苦或時說言親近善友是名為道如告阿難
若有親近善知識者則具淨戒若有眾生能
親近我則得發於阿耨多羅三藐三菩提心
或時說言修慈是道修學慈者斷諸煩惱得
不動處或時說言智慧是道如佛昔為波闍
波提比丘尼說姊妹如諸聲聞以智慧刀能
斷諸流諸漏煩惱或時如來說施是道如佛
往昔告波斯匿王大王當知我於往昔多行
惠施以是因緣今日得成阿耨多羅三藐三
菩提世尊若八聖道是道諦者如是等經豈
非虛妄若彼諸經非虛妄者彼中何緣不說
八道為道聖諦若彼不說如來往昔何故錯
謬然我定知諸佛如來久離錯謬
尒時世尊讚迦葉菩薩善哉善哉善男子汝
今欲知菩薩大乘微妙經典所有祕密故作
是問善男子如是諸經悉入道諦善男子如
我先說若有信道如是信道是信根本是能
佐助菩提之道是故我說無有錯謬善男子
如來善知無量方便欲化眾生故作如是種
種說法善男子譬如良醫識諸眾生種種病
原隨其所患而為合藥并藥所禁唯水一種
不在禁例或服薑水或甘草水或細辛水或

BD05386號　大般涅槃經（北本）卷一三　　（24–7）

佐助菩提之道是故我說无有錯謬善男子
如來善知无量方便欲化衆生故作如是種
種說法善男子譬如良醫識諸衆生種種病
原隨其所患而爲合藥并藥所禁唯水一種
不在禁例或服薑水或甘草水或細辛水或
黑石蜜水或阿摩勒水或尼婆羅水或鉢晝
羅水或服冷水或服熱水或蒲桃水或安石
留水善男子如是良醫善知衆生所患種種
藥雖多禁水不在例如來亦尒善知方便於
一法相隨諸衆生分別廣說種種名相彼諸
衆生隨所說受受已脩集除斷煩惱如彼病
人隨良醫教所患得除復次善男子如有一
人善解雜語在大衆中是諸大衆熱渴所逼
咸發聲言我欲飲水我欲飲水是人即時以
清冷水隨其種類說言是水或言波尼或言
欝持或言娑利藍或言婆利或言波耶或言
甘露或言牛乳以如是等无量水名爲大衆
說善男子如來亦尒以一聖道爲諸聲聞種
種演說從信根等至八聖道復次善男子譬
如金師以一種金隨意造作種種瓔珞所謂
鉗鏁環釧釵鐺天冠臂印雖有如是差別不
同然不離金善男子如來亦尒以一佛道隨
諸衆生種種分別而爲說之或說一種所謂
諸佛一道无二復說二種所謂定慧復說三
種所謂見智慧復說四種所謂見道脩道无學
道佛道復說五種所謂信行道法行道信解

BD05386號　大般涅槃經（北本）卷一三　（24-8）

同然不離金善男子如來亦尒以一佛道隨
諸衆生種種分別而爲說之或說一種所謂
諸佛一道无二復說二種所謂定慧復說三
種所謂見智慧復說四種所謂見道脩道无學
道佛道復說五種所謂信行道法行道信解
脫道見到道身證道復說六種所謂須陁洹
道斯陁含道阿那含道阿羅漢道辟支佛道
佛道復說七種所謂念覺分擇法覺分精進
覺分喜覺分除覺分定覺分捨覺分復說八
種所謂正見正思惟正語正業正命正精進
正念正定復說九種所謂八道及信復說十
種所謂十力復說十一種所謂十力大慈復
說十二種所謂十力大慈大悲復說十三種
所謂十力大慈大悲念佛三昧復說十六種
所謂十力大慈大悲念佛三昧及佛所得三
正念處復說廿道所謂十力四无所畏大慈
大悲念佛三昧三正念處善男子是道一體
如來昔日爲衆生故種種分別復次善男子
譬如一火因可然故得種種名所謂木火草
火糠火麩火牛馬糞火善男子佛道亦尒一
而无二爲衆生故種種分別復次善男子譬
如一識分別說六若至於眼則名眼識乃至
意識亦復如是善男子道亦如是一而无二
如來爲化諸衆生故種種分別復次善男子
譬如一色眼所見者則名爲色耳所聞者

BD05386號　大般涅槃經（北本）卷一三　（24-9）

而无二爲衆生故種種分別復次善男子譬
如一識分別說六若至於眼則名眼識乃至
意識亦復如是善男子道亦如是一而无二
如來爲化諸衆生故種種分別復次善男子
譬如一色眼所見者則名爲色耳所聞者則
名爲聲鼻所嗅者則名爲香舌所甞者則名
爲味身所覺者則名爲觸善男子道亦如是
一而无二如來爲欲化衆生故種種分別善
男子以是義故八聖道分名道聖諦善男子
是四聖諦諸佛世尊次第說之以是因緣无
量衆生得度生死
迦葉菩薩白佛言世尊昔佛一時在恒河岸
尸首林中尒時如來取少樹葉告諸比丘我
今手中所捉葉多一切因地草木葉多諸比
丘言世尊一切因地草木葉多不可稱計如
來所捉少不足言諸比丘我所覺了一切諸
法如因大地生草木等爲諸衆生所宣說者
如手中葉世尊尒時說如是言如來所了无
量諸法若入四諦則爲已說若不入者應有
五諦佛讚迦葉善哉善哉善男子汝今所問
則能利益安隱快樂无量衆生善男子如是
諸法悉已攝在四聖諦中迦葉菩薩復作是
言如是等法若在四諦如來何故唱言不說
佛言善男子雖復入中猶不名說何以故善
男子知聖諦有二種智一者中二者上中者聲



則能利益安隱快樂无量衆生善男子如是
諸法悉已攝在四聖諦中迦葉菩薩復作是
言如是等法若在四諦如來何故唱言不說
佛言善男子雖復入中猶不名說何以故善
男子知聖諦有二種智一者中二者上中者聲
聞緣覺智上者諸佛菩薩智善男子知諸
陰苦名爲中智分別諸陰有无量相悉是諸
苦非是聲聞緣覺所知是名上智善男子如
是等義我於彼經竟不說之善男子知諸入
者名之爲門亦名爲苦是名中智分別種種
有无量相悉是諸苦非諸聲聞緣覺所知是
名上智如是等義我於彼經亦不說之善男
子知諸界者名之爲分亦名爲性亦名爲苦
是名中智分別諸界有无量相悉是諸苦非
諸聲聞緣覺所知是名上智善男子如是等
義我於彼經亦不說之善男子知色壞相是
名中智分別諸色有无量相悉是諸苦非諸
聲聞緣覺所知是名上智如是等義我於彼
經亦不說之善男子知受覺相是名中智分
別諸受有无量覺相非諸聲聞緣覺所知是
名上智善男子如是等義我於彼經亦不說
之善男子知想取相是名中智分別諸想有
无量取相非諸聲聞緣覺所知是名上智如
是等義我於彼經亦不說之善男子知行作

名上智善男子如是等義我於彼經亦不說
之善男子知想取相是名中智分別諸相有
无量取相非諸聲聞緣覺所知是名上智如
是等義我於彼經亦不說之善男子知行作
相是名中智分別是行无量作相非諸聲聞
緣覺所知是名上智善男子如是等義我於
彼經亦不說之善男子知識分別相是名中
智分別是識无量智相非諸聲聞緣覺所知
是名上智善男子如是等義我於彼經亦不
說之善男子知愛因緣能生五陰是名中智
一人起愛无量无邊聲聞緣覺所不能知能
知一切衆生所起如是等愛是名上智如是
等義我於彼經亦不說之善男子知滅煩惱
是名中智分別煩惱不可稱計滅亦如是不
可稱計非諸聲聞緣覺所知是名上智如是
等義我於彼經亦不說之善男子知是道相
能離煩惱是名中智分別道相无量无邊所
離煩惱亦无量无邊非諸聲聞緣覺所知是
名上智如是等義我於彼經亦不說之善男
子知世諦者是名中智分別世諦无量无邊
不可稱計非諸聲聞緣覺所知是名上智如
是等義我於彼經亦不說之善男子一切行
无常諸法无我涅槃寂滅是第一義是名中
智知第一義无量无邊不可稱計非諸聲聞
緣覺所知是名上智如是等義我於彼經亦



是等義我於彼經亦不說之善男子一切行
无常諸法无我涅槃寂滅是第一義是名中
智知第一義无量无邊不可稱計非諸聲聞
緣覺所知是名上智如是等義我於彼經亦
不說之
尒時文殊師利菩薩白佛言世尊所說世諦
第一義諦其義云何世尊第一義中有世諦
不世諦之中有第一義不如其有者即是一
諦如其无者將非如來虛妄說耶善男子世
諦者即第一義諦世尊若尒者則无二諦佛
言善男子有善方便隨順衆生說有二諦善
男子若隨言說則有二種一者世法二者出
世法善男子如出世人之所知者名第一義
諦世人知者名爲世諦善男子五陰和合稱
言某甲凡夫衆生隨其所稱是名世諦解陰
无有某甲名字離陰亦无某甲名字出世之
人如其性相而能知之名第一義諦復次善
男子或復有法有名有實或復有法有名无
實善男子有名无實者即是世諦有名有實
者是第一義諦善男子如我衆生壽命知見
養育士夫作者受者執時之炎乾闥婆城龜
毛兔角旋火之輪諸陰界入是名世諦苦集滅
道名第一義諦善男子世法有五種一者名
世二者句世三者縛世四者法世五者執
著世善男子云何名世男女瓶衣車乘屋舍

毛兔角旋火之輪諸陰界入是名世諦苦集滅
道名苐一義諦善男子世法有五種一者名
世二者句世三者縛世四者法世五者執
著世善男子云何名世男女瓶衣車乘屋舍
如是等物是爲名世云何句世四句一偈如
是等偈名爲句世云何縛世捲合繫結束縛
合掌是名縛世云何法世如鳴搥集僧嚴鼓
戒兵吹貝知時是名法世云何執著世如望
遠人有染衣者生想執著言是沙門非婆羅
門見有結繩横佩身上便生念言是婆羅門
非沙門也是名執著世善男子如是名爲五
種世法善男子若有衆生於如是等五種世
法心无顛倒如實而知是名苐一義諦復次
善男子若燒若割若死若壞是名世諦无燒
无割无死无壞是名苐一義諦復次善男子
有八苦相名爲世諦无生无老无病无死无
愛別離无怨憎會无求不得无五盛陰是名
苐一義諦復次善男子譬如一人多有所能
若其走時則名走者若收刈時復名刈者若
作飲食名作食者若治材木則名工匠鍛金
銀時言金銀師如是一人有多名字法亦如
是其實是一而有多名依因父母和合而生
名爲世諦十二因緣和合生者名苐一義諦
文殊師利菩薩摩訶薩白佛言世尊所言實
諦其義云何佛言善男子言實諦者名曰真

BD05386號　大般涅槃經（北本）卷一三　（24–14）

銀時言金銀師如是一人有多名字法亦如
是其實是一而有多名依因父母和合而生
名爲世諦十二因緣和合生者名苐一義諦
文殊師利菩薩摩訶薩白佛言世尊所言實
諦其義云何佛言善男子言實諦者名曰真
法善男子若法非真不名實諦善男子實諦
者无顛倒无顛倒者乃名實諦善男子實諦
者无有虚妄若有虚妄不名實諦善男子實
諦者名曰大乘非大乘者不名實諦善男子
實諦者是佛所説非魔所説若是魔説非佛
説者不名實諦善男子實諦者一道清淨无
有二也善男子有常有樂有我有淨是則名
爲實諦之義文殊師利白佛言世尊若以真
實爲實諦者真實之法即是如來虚空佛性
若如是者如來虚空及與佛性无有差別佛
告文殊師利有苦有諦有實有集有諦有實
有滅有諦有實有道有諦有實善男子如來
非苦非諦是實虚空非苦非諦是實佛性非
苦非諦是實文殊師利所言苦者爲无常相
是可斷相是爲實諦如來之性非苦非无常
非可斷相是故爲實虚空佛性亦復如是復
次善男子所言集者能令五陰和合而生亦
名爲苦亦名无常是可斷相是爲實諦善男
子如來非是集性非是陰因非可斷相是故
爲實虚空佛性亦復如是善男子所言滅者
名煩惱滅亦常无常二乘所得名曰无常諸

BD05386號　大般涅槃經（北本）卷一三　（24–15）

次善男子所言集者能令五陰和合而生亦
名為苦亦名无常是可斷相是為實諦善男
子如來非是集性非是陰因非可斷相是故
為實虛空佛性亦復如是善男子所言滅者
名煩惱滅亦常无常二乘所得名曰无常諸
佛所得是則名常亦名證法是則實諦善男
子如來之性不名為滅能滅煩惱非常无常
不名證知常住无變是故為實虛空佛性亦
復如是善男子道者能斷煩惱亦常无常是
可脩法是名實諦如來非道能斷煩惱非常
无常非可脩法常住不變是故為實虛空佛
性亦復如是復次善男子言真實者即是如
來如來者即是真實真實者即是虛空虛空
者即是真實真實者即是佛性佛性者即是
真實文殊師利有苦有苦因有苦盡有苦對
如來非苦乃至非對是故為實不名為諦虛
空佛性亦復如是苦者有為有漏无樂如來
非有為非有漏湛然安樂是實非諦文殊師
利白佛言世尊如佛所說不顛倒者名為實
諦若尒者四諦之中有四倒不如其有者云
何說言无有顛倒名為實諦一切顛倒不名
為實佛告文殊師利一切顛倒皆入苦諦如
諸衆生有顛倒心名為顛倒善男子辟如有
人不受父母尊長教勅雖受不能隨順脩行
如是人等名為顛倒如是顛倒非不是苦即

BD05386號　大般涅槃經（北本）卷一三　（24–16）

諦若尒者四諦之中有四倒不如其有者云
何說言无有顛倒名為實諦一切顛倒不名
為實佛告文殊師利一切顛倒皆入苦諦如
諸衆生有顛倒心名為顛倒善男子辟如有
人不受父母尊長教勅雖受不能隨順脩行
如是人等名為顛倒如是顛倒非不是苦即
是苦也文殊師利言如佛所說不虛妄者即
是實諦若尒者當知虛妄則非實諦佛言善
男子一切虛妄皆入苦諦如有衆生欺誑於
他以是因緣墮於地獄畜生餓鬼如是等法
名為虛妄如是虛妄非不是苦即是苦也聲
聞緣覺諸佛世尊遠離不行故名虛妄如是
虛妄諸佛二乘所斷除故故名實諦文殊師
利言如佛所說大乘是實諦者當知聲聞辟
支佛乘則為不實佛言文殊師利彼二乘者
亦實不實聲聞緣覺斷諸煩惱則名為實无
常不住是變易法名為不實文殊師利言如
佛所說若佛所說名為實者當知魔說則為
不實世尊如魔所說聖諦攝不佛言文殊師
利魔所說者二諦所攝所謂苦集凡是一切
非法非律不能令人而得利益終日宣說亦
无有人見苦斷集證滅脩道是名虛妄如是
虛妄名為魔說
文殊師利言如佛所說一道清淨无有二者
諸外道等亦復說言我有一道清淨无二若

BD05386號　大般涅槃經（北本）卷一三　（24–17）

无有人見苦断集證滅脩道是名虚妄如是
虚妄名為魔說
文殊師利言如佛所說一道清淨无有二者
諸外道等亦復說言我有一道清淨无二若
言一道是實諦者與彼外道有何差別若无
差別不應說言一道清淨佛言善男子諸外
道等有苦集諦无滅道諦於非滅中而生滅
相於非道中而生道想於非果中而生果想
於非因中而生因想以是義故彼无一道清
淨无二文殊師利言如佛所說有常有我有
樂有淨是實義者諸外道等應有實諦佛法
中无何以故諸外道輩亦復說言諸行是常
云何是常可意不可意諸業報等受不失故
可意者名十善報不可意者十不善報若言
諸行皆悉无常而作業者於此已滅誰復於
彼受果報乎以是義故諸行是常殺生因緣
故名為常世尊若言諸行悉无常者能殺可
殺二俱无常若无常者誰於地獄而受罪報
若言定有地獄受報當知諸行實非无常世
尊繫心專念亦名為常所謂十年所念乃至
百年亦不忘失是故為常若无常者本所見
事誰憶誰念以是因緣一切諸行非无常世
尊一切憶想亦名為常有人先見他人手
足頭項等相後時若見便還識之若无常者
本相應滅世尊諸所作業以久脩習若徒初
學或逕三年或逕五年然後善知故



事誰憶誰念以是因緣一切諸行非无常世
尊一切憶想亦名為常有人先見他人手
足頭項等相後時若見便還識之若无常者
本相應滅世尊諸所作業以久脩習若徒初
學或逕三年或逕五年然後善知故名為常
世尊筭數之法從一至二從二至三乃至百
千若无常者初一應滅初一若滅誰復至二
如是常一終无有二以一不滅故得至二乃
至百千是故為常世尊如讀誦法誦一阿含
至二阿含乃至三四阿含如其无常所可讀
誦終不至四以是讀誦增長因緣故名為常
世尊瓶衣車乘如人負債大地形相山河樹
林藥木草葉衆生治病皆悉是常亦復如是
世尊一切外道皆作是說諸行是常若是常
者即是實諦
世尊有諸外道復言有樂云何知耶受者定
得可意報故世尊凡受樂者必定得之所謂
大梵天王大自在天釋提桓因毗紐天及諸
人天以是義故名定有樂世尊有諸外道復
言有樂能令衆生生求望故飢者求食渴者
求飲寒者求温熱者求涼極者求息病者求
差欲者求色若无樂者彼何緣求以有求者
故知有樂世尊有諸外道復作是言施能得
樂世間之人好施沙門諸婆羅門貧窮困苦
衣服飲食卧具醫藥象馬車乘末香塗香衆
華屋宅衣上登明作如是等種種[illegible]

差欲者求色若无樂者彼何緣求以有求者
故知有樂世尊有諸外道復作是言施能得
樂世間之人好施沙門諸婆羅門貧窮困苦
衣服飲食卧具醫藥象馬車乘末香塗香衆
華屋宅依止燈明作如是等種種惠施爲我
後世受可意報是故當知决定有樂世尊有
諸外道復作是言以因緣故當知有樂所謂
受樂者有因緣故名爲樂觸若无樂者何得
因緣如兎角則无因緣有樂因緣則知有
樂世尊有諸外道復作是言上中下故當知
有樂下受樂者釋提桓因中受樂者大梵天
王上受樂者大自在天以有如是上中下故
當知有樂
世尊有諸外道復言有淨何以故若无淨者
不應起欲若起欲者當知有淨又復說言金
銀珎寶瑠璃頗梨車璖馬瑙珊瑚真珠璧玉
珂貝流泉浴池飲食衣服華香末香塗香
燈燭之明如是等物悉是淨法復次有淨謂五
陰者即是淨器盛諸淨物所謂人天諸仙阿
羅漢辟支佛菩薩諸佛以是義故名之爲淨
世尊有諸外道復言有我有所覩見能造作
故辟如有人入陶師家雖復不見陶師之身
以見輪繩定知其家必是陶師我亦如是眼
見色已必知有我若无我者誰能見色聞聲
乃至觸法亦復如是復次有我云何得知因

BD05386號　大般涅槃經（北本）卷一三　（24–20）

羅漢辟支佛菩薩諸佛以是義故名之爲淨
世尊有諸外道復言有我有所覩見能造作
故辟如有人入陶師家雖復不見陶師之身
以見輪繩定知其家必是陶師我亦如是眼
見色已必知有我若无我者誰能見色聞聲
乃至觸法亦復如是復次有我云何得知因
相故知何等爲相喘息視眴壽命役心受諸
苦樂貪求瞋恚如是等法悉是我相是故當
知必定有我復次有我能別味故有人食菓
見已知味是故當知必定有我復次有我云
何知耶執作業故執鎌能刈執斧能斫執瓶
盛水執車能御如是等事我執能作是故當
知必定有我復次有我云何知耶即於生時
欲得乳餔乘宿習故以是當知必定有我復
次有我云何知耶和合利益他衆生故辟如
瓶衣車乘田宅山林樹木象馬牛羊如是等
物若和合者則有利益此内五陰亦復如是
眼等諸根有和合故則利益我是故當知必
定有我復次有我云何知耶有遮法故如有
物故則有遮閡物若无者則无有遮若有遮
者則知有我是故當知必定有我復次有我
云何知耶伴非伴故親與非親非是伴侶正
法邪法亦非伴侶智與非智亦非伴侶沙門
非沙門婆羅門非婆羅門子非子晝非晝夜
非夜我非我如是等法爲伴非伴是故當知

BD05386號　大般涅槃經（北本）卷一三　（24–21）

云何知耶伴非非伴故親與非親非是伴侶正
法耶法亦非伴侶智與非智亦非伴侶沙門
非沙門婆羅門非婆羅門子非子晝非晝夜
非夜我非我如是等法爲伴非伴是故當知
必定有我世尊諸外道等種種說有常樂我
淨當知定有常樂我淨世尊以是義故諸外
道等亦得說言我有真諦
佛言善男子若有沙門婆羅門有常有樂
有淨有我者是非沙門非婆羅門何以故迷於
生死離一切智大導師故如是沙門婆羅門
等沉没諸欲善法羸損故是諸外道繫在
貪欲瞋恚癡獄堪忍愛樂故是諸外道雖知業
果自作自受而猶不能遠離惡法是諸外道
非是正法正命自活何以故无智慧火不能
消故是諸外道雖欲貪著上妙五欲貧於善
法不勤脩故是諸外道雖欲往至正解脫中
而持戒足不成就故是諸外道雖欲求樂而
不能求樂因緣故是諸外道雖復憎惡一切
諸苦然其所行未能遠離諸苦因緣是諸外
道雖爲四大毒蛇所纏猶行放逸不能謹慎
是諸外道无明所覆遠離善友樂在三界无
常熾然大火之中而不能出是諸外道遇諸
煩惱難愈之病而復不求大智良醫是諸外
道方於未來當涉无邊嶮遠之路而不知集
善法資粮而自莊嚴是諸外道常爲婬欲灾

BD05386號　大般涅槃經（北本）卷一三　（24–22）

是諸外道无明所覆遠離善友樂在三界无
常熾然大火之中而不能出是諸外道遇諸
煩惱難愈之病而復不求大智良醫是諸外
道方於未來當涉无邊嶮遠之路而不知集
善法資粮而自莊嚴是諸外道常爲婬欲灾
毒所害而反抱持五欲霜毒是諸外道瞋恚
熾盛而復反更親近惡友是諸外道常爲无
明之所覆蔽而反推求耶惡之法是諸外道常
爲耶見之所誑惑而反於中生親善想是諸
外道悕食甘菓而種苦子是諸外道已處煩
惱闇室之中而反遠離大智炬明是諸外
道患煩惱渴而復更飲諸欲鹹水是諸外道
溺没生死无邊大河而復遠離无上船師是
諸外道迷惑顛倒言諸行常諸行若常无
有是處

大般涅槃經卷第十三

BD05386號　大般涅槃經（北本）卷一三　（24–23）

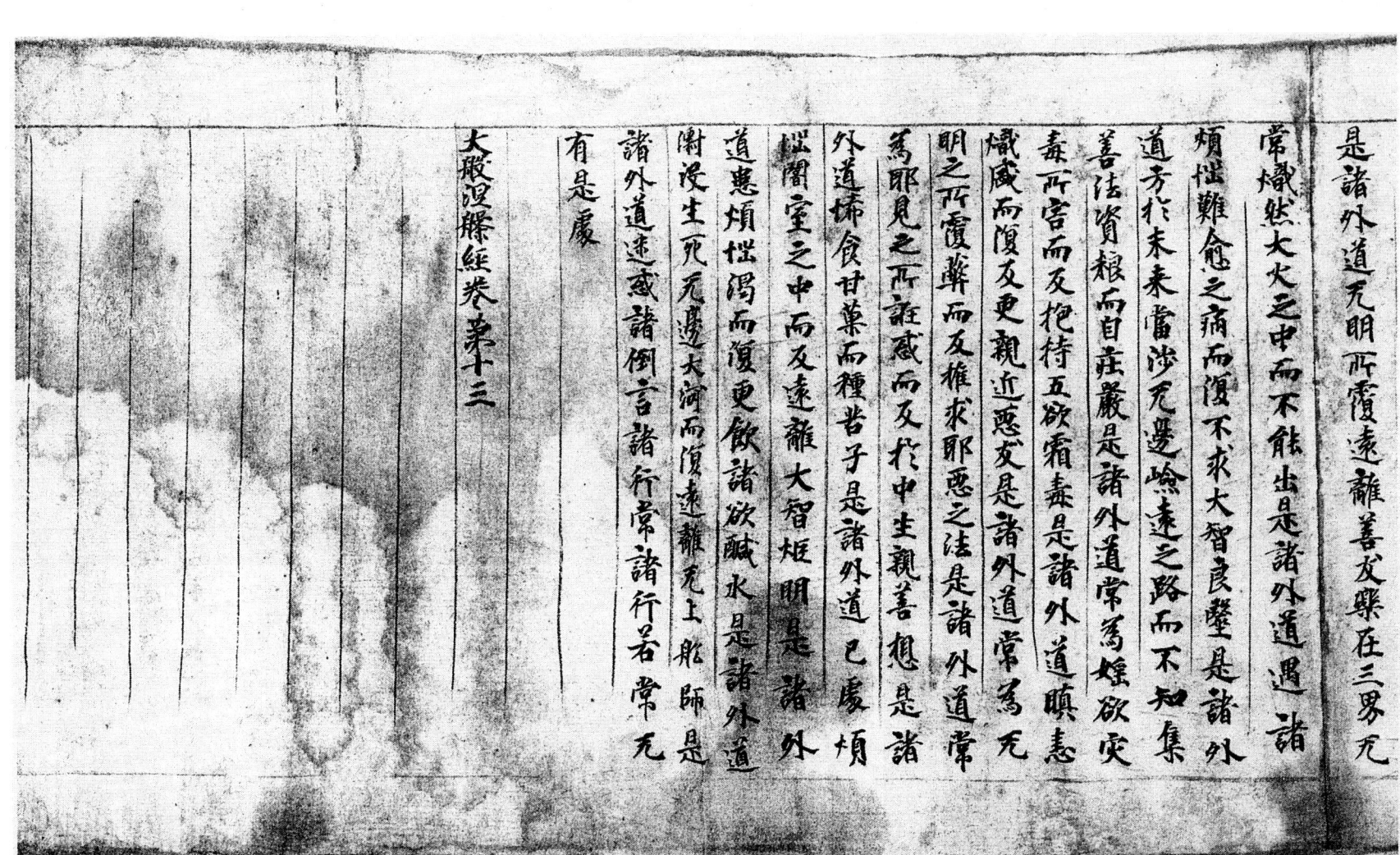

外道悕食甘菓而種苦子是諸外道已處煩
惱闇室之中而反遠離大智炬明是諸外
道患煩惱渴而復更飲諸欲醎水是諸外道
㴱沒生死无邊大河而復遠離无上船師是
諸外道迷惑諸倒言諸行常諸行若常无
有是處

大般涅槃經卷第十三

BD05386號　大般涅槃經（北本）卷一三　（24–24）

當從有壽有

當受汝長者女等白常啼言誠心屬尊當隨
尊教時常啼菩薩即令長者女及諸眷屬各
以種種妙莊嚴具而自嚴飾及持五百七寶
妙車并諸供具俱時奉上法涌菩薩白言大
師我以如是長者女等奉施大師唯願慈悲
為我納受時天帝釋讚常啼言善哉善哉大
士乃能如是捨施諸菩薩摩訶薩法應捨施
一切所有若菩薩摩訶薩能學如是捨施一
切疾證无上正等菩提若於法師能作如是
恭敬供養无所悋者决定得聞甚深般若波
羅蜜多方便善巧過去如來應正等覺精勤
脩學菩薩道時亦為請問甚深般若波羅
蜜多方便善巧捨諸所有由斯已證所求无上
正等菩提是時法涌菩薩欲令常啼菩薩所
種善根得圓滿故受長者女及諸眷屬五百
寶車并諸供具受已還施常啼菩薩法涌菩
薩說法既久日將欲沒知衆疲倦下師子座
還入宮中

BD05387號　大般若波羅蜜多經卷四〇〇　（15–1）

蜜多方便善巧捨諸所有由斯已證所求无上
正等菩提是時法涌菩薩欲令常啼菩薩所
種善根得圓滿故受長者女及諸眷屬五百
寶車并諸供具受已還施常啼菩薩法涌菩
薩說法既久日將欲沒知衆疲倦下師子座
還入宮中
尒時常啼菩薩摩訶薩既見法涌菩薩摩訶
薩還入宮中便作是念我爲法故而來至此
未聞正法不應坐卧我應唯住行立威儀以
待大師法涌菩薩當從宮出宣說法要法涌
菩薩既入宮已時經七年一心不亂遊戲菩
薩无量无數三摩地門安住菩薩无量无數
甚深般若波羅蜜多方便善巧常啼菩薩於
七歲中不坐不卧唯行唯立不念睡眠不想
晝夜不辭疲倦不思飲食不怖寒熱不緣内
外曽不發起欲恚害覺及餘一切煩惱纏垢
但作是念法涌菩薩何時當從三摩地起我等
眷屬應敷法座掃灑其地散諸香花法涌
菩薩當昇此座宣說般若波羅蜜多方便善
巧及餘法要時長者女及諸眷屬亦七歲中
唯行唯立所捨所念皆學常啼進止相隨曽
无暫捨
尒時常啼菩薩摩訶薩如是精勤過七歲已
欻然聞有空中聲言咄善男子却後七日法
涌菩薩當從定起於此城中宣說正法常啼
菩薩聞空聲已踊躍歡喜作是念言我今當



无暫捨
尒時常啼菩薩摩訶薩如是精勤過七歲已
欻然聞有空中聲言咄善男子却後七日法
涌菩薩當從定起於此城中宣說正法常啼
菩薩聞空聲已踊躍歡喜作是念言我今當
爲法涌菩薩敷設嚴飾師子之座掃灑其地
散妙香花令我大師當昇此座爲衆宣說甚
深般若波羅蜜多方便善巧及餘法要常啼
菩薩作是念已與長者女及諸眷屬敷設七
寶師子之座時長者女及諸眷屬各脫身上
一淨妙衣爲說法師重敷座上常啼菩薩既
敷座已求水灑地竟不能得所以者何惡魔
隱蔽城内外水皆令不現魔作是念常啼菩
薩求水不得愁憂苦惱疲倦羸劣心或變異
便於无上正等菩提善根不增智慧不照於
一切智而有稽留則不能空我之境界常啼
菩薩種種方便求水不得作是念言我應刺
身出血灑地勿令塵起坌我大師今我此身
必當敗壞何用如是虛僞身爲我无始來流
轉生死數爲五欲喪失身命而未曽爲正法
捨身是故今應刺身出血作是念已即執利
刀周遍刺身出血灑地時長者女及諸眷屬
亦學常啼刺血灑地常啼菩薩長者女等各
爲法故刺身出血乃至不起一念異心時諸
惡魔不能得便亦不能礙所脩善品以常啼
菩心勇决故時天帝釋見此事已作是念言

刀周遍刺身出血灑地時長者女及諸眷屬
亦學常啼刺血灑地常啼菩薩長者女等各
為法故刺身出血乃至不起一念異心時諸
惡魔不能得便亦不能礙所脩善品以常啼
等心勇決故時天帝釋見此事已作是念言
常啼菩薩長者女等甚為希有而由愛法重
法因緣乃至遍體皆刺出血為說法師周灑
其地曾不發起一念異心令諸惡魔求不得
便亦不能礙所脩善品奇哉大士乃能擐被
如是堅固弘誓鎧甲為欲利樂一切有情以
淳淨心不顧身命求於无上正等菩提恒發
誓言我為拔濟沉淪生死一切有情无量无
邊身心大苦而求无上正等菩提事若未成
終无懈廢時天帝釋作是念已變常啼等所
出身血一切皆成旃檀香水令所灑地繞座
四邊面各滿百踰繕那量皆有天上不可思
議最勝甚奇旃檀香氣時天帝釋作是事已
讚常啼曰善哉善哉大士志願堅固難動精
進勇猛不可思議愛重求法最為无上過去
如來應正等覺亦由如是堅固志願勇猛精
進愛重求法脩行菩薩清淨梵行已證无上
正等菩提大士今者志願精進愛重求法亦
定當證所求无上正等菩提尒時常啼復作
是念我今已為法涌菩薩數設七寶師子之
座掃灑其地令極香潔云何當得諸妙香花
繞座四邊莊嚴其地大師昇座將說法時我



正等菩提大士今者志願精進愛重求法亦
定當證所求无上正等菩提尒時常啼復作
是念我今已為法涌菩薩數設七寶師子之
座掃灑其地令極香潔云何當得諸妙香花
繞座四邊莊嚴其地大師昇座將說法時我
等亦應持散供養時天帝釋知其所念即便
化作微妙香花如摩揭陁千斛之量恭敬奉
施常啼菩薩令共眷屬持以供養於是常啼
受天帝釋所施花已分作二分先持一分共
諸眷屬繞座四邊嚴布其地留餘一分以擬
大師昇法座時當持奉散
尒時法涌菩薩摩訶薩過七日已從所遊戲
三摩地門安庠而起為說般若波羅蜜多无
量百千眷屬圍繞從內宮出昇師子座處大
眾中儼然而坐常啼菩薩重得瞻仰法涌菩
薩摩訶薩時踊躍歡喜身心悅樂譬如苾芻
繫念一境忽然得入第三靜慮便與眷屬持
先所留微妙香花奉散供養既供養已頂礼
雙足右繞三帀退坐一面尒時法涌菩薩摩
訶薩告常啼菩薩摩訶薩言善男子諦聽諦
聽善思念之吾當為汝宣說般若波羅蜜多
常啼白言唯然願說我等樂聞法涌菩薩告
常啼言善男子一切法平等故當知般若波
羅蜜多亦平等一切法遠離故當知般若波
羅蜜多亦遠離一切法不動故當知般若波
羅蜜多亦不動一切法无念故當知般若波

常啼白言唯然願說我等樂聞法涌菩薩告
常啼言善男子一切法平等故當知般若波
羅蜜多亦平等一切法遠離故當知般若波
羅蜜多亦遠離一切法不動故當知般若波
羅蜜多亦不動一切法无念故當知般若波
羅蜜多亦无念一切法无畏故當知般若波
羅蜜多亦无畏一切法无懼故當知般若波
羅蜜多亦无懼一切法一味故當知般若波
羅蜜多亦一味一切法无際故當知般若波
羅蜜多亦无際一切法无生故當知般若波
羅蜜多亦无生一切法无滅故當知般若波
羅蜜多亦无滅太虛空无邊故當知般若波
羅蜜多亦无邊大海水无邊故當知般若波
羅蜜多亦无邊妙高山无邊故當知般若波
羅蜜多亦无邊妙高山嚴妙故當知般若波
羅蜜多亦嚴好如大虛空無分別故當知般
若波羅蜜多亦无分別
善男子色无邊故當知般若波羅蜜多亦无
邊受想行識无邊故當知般若波羅蜜多亦
无邊眼處无邊故當知般若波羅蜜多亦无
邊耳鼻舌身意處无邊故當知般若波羅蜜
多亦无邊色處无邊故當知般若波羅蜜多
亦无邊聲香味觸法處无邊故當知般若波
羅蜜多亦无邊眼界无邊故當知般若波羅
蜜多亦无邊耳鼻舌身意界无邊故當知般
若波羅蜜多亦无邊色界无邊故當知般若

BD05387 號　大般若波羅蜜多經卷四〇〇　（15–6）

邊耳鼻舌身意處无邊故當知般若波羅蜜
多亦无邊色處无邊故當知般若波羅蜜多
亦无邊聲香味觸法處无邊故當知般若波
羅蜜多亦无邊眼界无邊故當知般若波羅
蜜多亦无邊耳鼻舌身意界无邊故當知般
若波羅蜜多亦无邊色界无邊故當知般若
波羅蜜多亦无邊聲香味觸法界无邊故當
知般若波羅蜜多亦无邊眼識界无邊故當
知般若波羅蜜多亦无邊耳鼻舌身意識界
无邊故當知般若波羅蜜多亦无邊眼觸无
邊故當知般若波羅蜜多亦无邊耳鼻舌身
意觸无邊故當知般若波羅蜜多亦无邊眼
觸為緣所生諸受无邊故當知般若波羅蜜
多亦无邊耳鼻舌身意觸為緣所生諸受无
邊故當知般若波羅蜜多亦无邊地界无邊
故當知般若波羅蜜多亦无邊水火風空識
界无邊故當知般若波羅蜜多亦无邊因緣
无邊故當知般若波羅蜜多亦无邊等无間
緣所緣緣增上緣无邊故當知般若波羅蜜
多亦无邊從緣所生諸法无邊故當知般若
波羅蜜多亦无邊无明无邊故當知般若波
羅蜜多亦无邊行識名色六處觸受愛取有
生老死愁歎苦憂惱无邊故當知般若波羅
蜜多亦无邊
善男子布施波羅蜜多无邊故當知般若波
羅蜜多亦无邊淨戒安忍精進靜慮方便善

BD05387 號　大般若波羅蜜多經卷四〇〇　（15–7）

生老死愁歎苦憂惱无邊故當知般若波羅
蜜多亦无邊
善男子布施波羅蜜多无邊故當知般若波
羅蜜多亦无邊淨戒安忍精進靜慮方便善
巧妙願力智波羅蜜多无邊故當知般若波羅
蜜多亦无邊內空无邊故當知般若波羅
蜜多亦无邊外空內外空空空大空勝義空
有為空无為空畢竟空无際空散空无變異
空本性空自相空共相空一切法空不可得
空无性空自性空无性自性空无邊故當知
般若波羅蜜多亦无邊真如无邊故當知般
若波羅蜜多亦无邊法界法性不虛妄性不
變異性平等性離生性法定法住實際虛空
界不思議界无邊故當知般若波羅蜜多亦
无邊四念住无邊故當知般若波羅蜜多亦
无邊四正斷四神足五根五力七等覺支八
聖道支无邊故當知般若波羅蜜多亦无邊
苦聖諦无邊故當知般若波羅蜜多亦无邊
集滅道聖諦无邊故當知般若波羅蜜多亦
无邊十善業道无邊故當知般若波羅蜜多
亦无邊施戒修无邊故當知般若波羅蜜多
亦无邊四靜慮无邊故當知般若波羅蜜多
亦无邊四无量四无色定无邊故當知般若
波羅蜜多亦无邊八解脫無邊故當知般若
波羅蜜多亦无邊八勝處九次第定十遍處无

BD05387 號　大般若波羅蜜多經卷四〇〇　（15–8）

亦无邊施戒修无邊故當知般若波羅蜜多
亦无邊四靜慮无邊故當知般若波羅蜜多
亦无邊四无量四无色定无邊故當知般若
波羅蜜多亦无邊八解脫無邊故當知般若
波羅蜜多亦无邊八勝處九次第定十遍處无
邊故當知般若波羅蜜多亦无邊空解脫門
无邊故當知般若波羅蜜多亦无邊无相无
願解脫門无邊故當知般若波羅蜜多亦无
邊陁羅尼門无邊故當知般若波羅蜜多亦
无邊三摩地門无邊故當知般若波羅蜜多
亦无邊菩薩十地无邊故當知般若波羅蜜
多亦无邊
善男子五眼无邊故當知般若波羅蜜多亦
无邊六神通无邊故當知般若波羅蜜多亦
无邊佛十力无邊故當知般若波羅蜜多亦
无邊四无所畏四无礙解大慈大悲大喜大
捨十八佛不共法无邊故當知般若波羅蜜
多亦无邊无忘失法无邊故當知般若波羅
蜜多亦无邊恒住捨性无邊故當知般若波
羅蜜多亦无邊一切智无邊故當知般若波
羅蜜多亦无邊道相智一切相智无邊故當
知般若波羅蜜多亦无邊三十二大士相无
邊故當知般若波羅蜜多亦无邊八十隨好
无邊故當知般若波羅蜜多亦无邊預流果
无邊故當知般若波羅蜜多亦无邊一來不
還阿羅漢果獨覺菩提无邊故當知般若波

BD05387 號　大般若波羅蜜多經卷四〇〇　（15–9）

知般若波羅蜜多亦无邊三十二大士相无
邊故當知般若波羅蜜多亦无邊八十隨好
无邊故當知般若波羅蜜多亦无邊預流果
无邊故當知般若波羅蜜多亦无邊一來不
還阿羅漢果獨覺菩提无邊故當知般若波
羅蜜多亦无邊一切菩薩摩訶薩行无邊故
當知般若波羅蜜多亦无邊諸佛无上正等
菩提无邊故當知般若波羅蜜多亦无邊一
切有漏法无邊故當知般若波羅蜜多亦无
邊一切无漏法无邊故當知般若波羅蜜多
亦无邊一切有為法无邊故當知般若波羅
蜜多亦无邊一切无為法无邊故當知般若
波羅蜜多亦无邊金剛喻平等故當知般若
波羅蜜多亦平等一切法无壞故當知般若
波羅蜜多亦无壞一切法无雜故當知般若
波羅蜜多亦无雜一切法无差別故當知般
若波羅蜜多亦无差別諸法自性不可得故
當知般若波羅蜜多自性亦不可得諸法无
所有平等故當知般若波羅蜜多无所有亦
平等諸法无所作故當知般若波羅蜜多亦
无所作諸法不可思議故當知般若波羅蜜
多亦不可思議
尒時常啼菩薩摩訶薩聞說般若波羅蜜多
差別句義即於座前得六十億三摩地門所
謂諸法平等三摩地諸法遠離三摩地諸法

BD05387號　大般若波羅蜜多經卷四〇〇　（15-10）

无所作諸法不可思議故當知般若波羅蜜
多亦不可思議
尒時常啼菩薩摩訶薩聞說般若波羅蜜多
差別句義即於座前得六十億三摩地門所
謂諸法平等三摩地諸法遠離三摩地諸法
不動三摩地諸法无念三摩地諸法无畏三
摩地諸法无懼三摩地諸法一味三摩地諸
法无際三摩地諸法无生三摩地諸法无滅
三摩地虛空无邊三摩地大海无邊三摩地
妙高山无邊三摩地妙高山嚴好三摩地如
虛空无分別三摩地色等諸蘊无邊三摩地
眼等諸處无邊三摩地色等諸處无邊三摩
地眼等諸界无邊三摩地色等諸界无邊三
摩地眼識等諸界无邊三摩地眼觸等无邊
三摩地眼觸為緣所生諸受等无邊三摩地
地界等无邊三摩地因緣等无邊三摩地從
緣所生諸法无邊三摩地諸緣起支无邊三
摩地諸波羅蜜多无邊三摩地一切空无邊
三摩地諸法真如等无邊三摩地菩提分法
无邊三摩地諸聖諦无邊三摩地諸善業道
无邊三摩地施戒脩无邊三摩地靜慮无量
无色无邊三摩地解脫勝處等至遍處无邊
三摩地空无相无願解脫門无邊三摩地捴
持等持門无邊三摩地菩薩諸地无邊三摩
地五眼六神通无邊三摩地諸力无畏无礙解
大慈悲喜捨佛不共法无邊三摩地无忘

BD05387號　大般若波羅蜜多經卷四〇〇　（15-11）

无邊三摩地静慮无量
无色无邊三摩地解脱勝處等至遍處无邊
三摩地空无相无願解脱門无邊三摩地摠
持等持門无邊三摩地菩薩諸地无邊三摩
地五眼六神通无邊三摩地諸力无畏无礙解
大慈悲喜捨佛不共法无邊三摩地无忘
失法恒住捨性无邊三摩地一切智道相智
一切相智无邊三摩地諸相隨好无邊三摩
地聲聞乘无邊三摩地獨覺乘无邊三摩地
无上乘无邊三摩地有漏无漏法无邊三摩
地有為无為法无邊三摩地金剛喻平等三
摩地諸法无壞三摩地諸法无雜三摩地諸
法无差別三摩地諸法自性不可得三摩地
諸法无所有平等三摩地諸法无所作三摩
地諸法不可思議三摩地得如是等六十百
千三摩地門
常啼菩薩既得如是六十百千三摩地門即
時現見東西南北四維上下各如殑伽沙數
三千大千世界現在如来應正等覺聲聞菩
薩大衆圍繞以如是名如是句如是字如是
理趣為諸菩薩摩訶薩衆宣說般若波羅蜜
多如我今者於此三千大千世界聲聞菩薩
大衆圍繞以如是名如是句如是字如是理
趣為諸菩薩摩訶薩衆宣說般若波羅蜜多
等无差別常啼菩薩從是已後多聞智慧不
可思議猶如大海隨所生處恒見諸佛常生



多如我今者於此三千大千世界聲聞菩薩
大衆圍繞以如是名如是句如是字如是理
趣為諸菩薩摩訶薩衆宣說般若波羅蜜多
等无差別常啼菩薩從是已後多聞智慧不
可思議猶如大海隨所生處恒見諸佛常生
諸佛淨妙國土乃至夢中亦常見佛為說般
若波羅蜜多親近供養曾无暫捨離无暇法
具足有暇
初分結勸品第七十九
善現當知由是理趣甚深般若波羅蜜多威
德殊勝令諸菩薩速能引得一切智智是故
善現若菩薩摩訶薩欲學六種波羅蜜多令
速圓滿欲具通達諸佛境界欲得諸佛自在
神通欲疾證得一切智智欲能畢竟利益安
樂一切有情應學如是甚深般若波羅蜜多
應於如是甚深般若波羅蜜多恭敬聽聞受
持讀誦究竟通利如說脩行如理思惟甚深
義趣書寫流布為他解說應以種種上妙花
鬘塗散等香衣服瓔珞寶幢幡蓋伎樂燈明
及餘種種珎奇雜物供養恭敬尊重讃嘆所
以者何由此所說甚深般若波羅蜜多是諸
如来應正等覺真生養母是諸菩薩摩訶薩
衆真軌範師一切如来應正等覺咸共尊重
恭敬讃嘆一切菩薩摩訶薩衆无不供養佛
精勤脩學是為如来真實教誡

以者何由此所說甚深般若波羅蜜多是諸
如來應正等覺真生養母是諸菩薩摩訶薩
衆真軌範師一切如來應正等覺滅共尊重
恭敬讚嘆一切菩薩摩訶薩衆无不供養佛
精勤脩學是為如來真實教誡
尒時佛告阿難陁言汝於如來有愛敬不阿
難陁曰如是世尊如是善逝我於佛所實有
愛敬如來自知佛告慶喜如是如是汝於我
所實有愛敬汝從昔來常以慈善身語意業
恭敬供養隨侍於我未曾違失慶喜汝應如
我現在以實愛敬供養我身我涅槃後汝亦
當用如是愛敬供養尊重甚深般若波羅蜜
多第二第三佛以如是甚深般若波羅蜜多
教誡慶喜令深愛敬供養尊重過如來身復
告慶喜我以如是甚深般若波羅蜜多對今
大衆付囑於汝汝應受持我涅槃後乃至一
字勿令忘失如是般若波羅蜜多隨尒所時
流布於世當知即有諸佛世尊現住世間為
衆說法慶喜當知若有於此甚深般若波羅
蜜多恭敬聽聞受持讀誦究竟通利如說脩
行如理思惟甚深義趣書寫流布為他解說
復以種種上妙花鬘塗散等香衣服瓔珞寶
幢幡蓋伎樂燈明及餘種種珎奇雜物供養
恭敬尊重讚嘆當知是人常見諸佛恒聞正
法脩諸梵行時薄伽梵說是經已无量菩薩
摩訶薩衆慈氏菩薩而為上首大迦葉波及

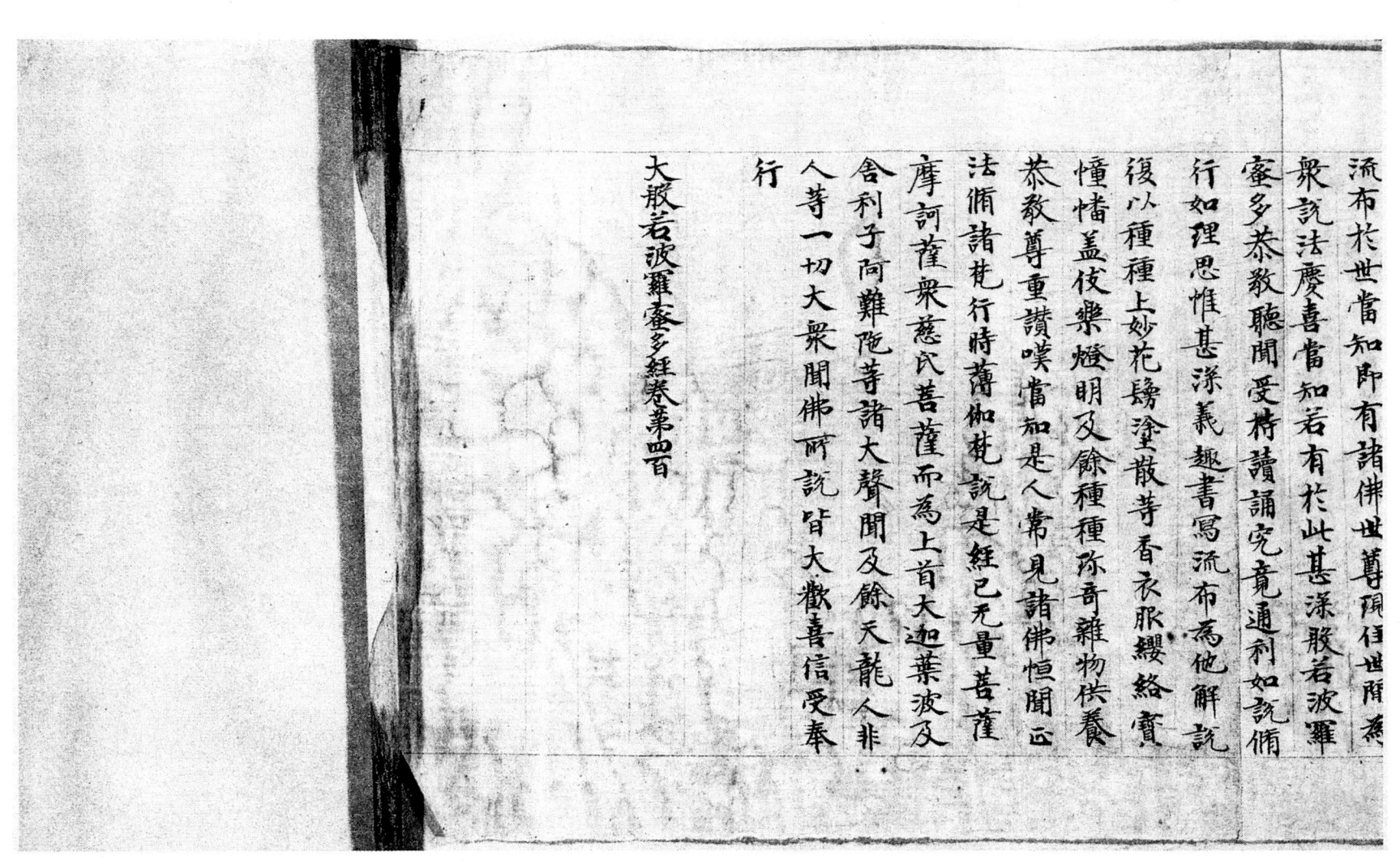

流布於世當知即有諸佛世尊現住世間為
衆說法慶喜當知若有於此甚深般若波羅
蜜多恭敬聽聞受持讀誦究竟通利如說脩
行如理思惟甚深義趣書寫流布為他解說
復以種種上妙花鬘塗散等香衣服瓔珞寶
幢幡蓋伎樂燈明及餘種種珎奇雜物供養
恭敬尊重讚嘆當知是人常見諸佛恒聞正
法脩諸梵行時薄伽梵說是經已无量菩薩
摩訶薩衆慈氏菩薩而為上首大迦葉波及
舍利子阿難陁等諸大聲聞及餘天龍人非
人等一切大衆聞佛所說皆大歡喜信受奉
行

大般若波羅蜜多經卷第四百

精以供養佛法僧寶及於
菩薩摩訶薩雖處居家而常脩梵行終不
受用諸妙欲境雖現攝受種種珍財而於其
中不起染著又於攝受諸欲樂具及珍財時
終不逼迫諸有情類令生憂苦菩薩摩訶
成就如是諸行狀相知是不退轉菩薩摩
切不退轉菩薩摩訶薩有
執金剛藥叉神王常隨左右密為守護恒
是念此菩薩摩訶薩不久當證無上菩提願
我常隨密為守護乃至無上正等菩提五執
金剛藥叉神族常隨守護無敢捨人非人等
不能損害諸天魔梵及餘世間亦無有能
法破壞所發無上正等覺心由此因緣是
正等菩提身意泰然常無
擾亂是菩薩摩訶薩世間五根常無缺減所
謂眼耳鼻舌身根出世五根亦無缺減謂信
精進念定慧根是菩薩摩訶薩身支圓滿相
好莊嚴心諸功德念念增進乃至無上正等
菩提若菩薩摩訶薩成就如是諸行狀相知
是不退轉菩薩摩訶薩復次善現一切不退轉
摩訶薩常為上士不為下士具壽善
現即白佛言是菩薩摩訶薩云何常得常為
上士不為下士佛告善現是菩薩摩訶薩一

BD05388號　大般若波羅蜜多經卷五一五　（18–1）

好莊嚴心諸功德念念增進乃至無上正等
菩提若菩薩摩訶薩成就如是諸行狀相知
是不退轉菩薩摩訶薩復次善現一切不退轉
摩訶薩常為上士不為下士具壽善
現即白佛言是菩薩摩訶薩云何常得常為
上士不為下士佛告善現是菩薩摩訶薩一
切煩惱不復現前剎那剎那善法增進乃至
無上正等菩提於一切時心無散亂是故我
說此菩薩摩訶薩常為上士不為下士若菩
薩摩訶薩成就如是諸行狀相知是不退轉
摩訶薩復次善現一切不退轉菩薩摩
成就無上菩提作意恒不遠離大菩提
心恒修淨命不行呪術醫藥占卜諸邪命事
不為名利呪諸鬼神令著男女問其吉凶亦
不呪禁男女大小傍生鬼等現希有事亦不
占相壽量長短財位男女諸善惡事亦不懸
寒熱豐儉吉凶好惡惑亂有情亦不呪禁
湯藥左道療疾結好貴人亦不為他通
致使命現親友相侚利求名尚不染心觀視
男女戲笑與語況有餘事亦不恭敬供養鬼
神是故我說常為上士不為下士所以者何
是菩薩摩訶薩知一切法性相皆空性相空
中不見有相不見相故遠離種種邪命呪術
藥占相唯求無上正等菩提與諸有情常
益若菩薩摩訶薩成就如是諸行狀相
知是不退轉菩薩摩訶薩復次善現一切不
退轉菩薩摩訶薩於諸世間文章伎藝雖得
善巧而不愛著所以者何是菩薩摩訶薩達
一切法皆畢竟空

BD05388號　大般若波羅蜜多經卷五一五　（18–2）

藥上相唯求無上正等菩提與諸有情常
益若菩薩摩訶薩成就如是諸行狀相
知是不退轉菩薩摩訶薩復次善現一切不
退轉菩薩摩訶薩於諸世間文章伎藝雖得
善巧而不受著所以者何是菩薩摩訶薩達
一切法皆畢竟空畢竟空中世間所有文章伏
藝皆不可得又諸世間文章伎藝皆雜穢語
□令所攝是故菩薩知而不為善現當知
薩摩訶薩於諸世俗外道書論雖亦善
知而不樂著所以者何是菩薩摩訶薩達一
切法性相皆空性相空中一切書論皆不可
得又諸世俗外道書論所說理事多有增減
於菩薩道非為隨順皆是戲論雜穢語攝故
諸菩薩知而不樂著菩薩摩訶薩成就如是
□行狀相知是不退轉菩薩摩訶薩
□善現一切不退轉菩薩摩訶薩復有所
餘諸行狀相知是不退轉菩薩摩訶薩吾
當為汝分別解說汝應諦聽極善思惟善現
請言唯然願說我等今者專樂聞佛告善現
所有不退轉菩薩摩訶薩行深般若波羅蜜
□通達諸法皆無所有恒不遠離大菩提心
□觀察論說諸蘊諸處諸界所以者何是
菩薩摩訶薩於蘊處界性相空理已善思惟
善通達故善現當知是菩薩摩訶薩不樂
觀察論說衆事所以者何是菩薩摩訶薩於一
切衆性相空理已善思惟善通達故善現當
知是菩薩摩訶薩不樂觀察論說王事所以
□何是菩薩摩訶薩住本性空不見少法有
勝有劣貴賤相故善現當知是菩薩摩訶



菩薩摩訶薩於蘊處界性相空理已善思惟
善通達故善現當知是菩薩摩訶薩不樂
觀察論說衆事所以者何是菩薩摩訶薩於一
切衆性相空理已善思惟善通達故善現當
知是菩薩摩訶薩不樂觀察論說王事所以
者何是菩薩摩訶薩住本性空不見少法有
勝有劣貴賤相故善現當知是菩薩摩訶
薩不樂觀察論說賊事所以者何是菩薩
摩訶薩住自相空不見少法有得有失與奪相故
善現當知是菩薩摩訶薩不樂觀察論說軍
事所以者何是菩薩摩訶薩住本性空不見諸
法有多有少聚散相故善現當知是菩薩摩
薩不樂觀察論說闘戰所以者何是菩薩
摩訶薩善住諸法真如空理不見少法有勝
有負愛恚相故善現當知是菩薩摩訶薩
不樂觀察論說男女所以者何是菩薩摩訶
薩住諸法空不見少法有好有醜愛憎相故
善現當知是菩薩摩訶薩不樂觀察論說聚
落所以者何是菩薩摩訶薩住諸法空不見
少法有增有減合離相故善現當知是菩薩
摩訶薩不樂觀察論說城邑所以者何是菩
薩摩訶薩住諸法空不見少法有攝不攝好
惡相故善現當知是菩薩摩訶薩不樂觀察
論說國主所以者何是菩薩摩訶薩安住實
際不見諸法有屬不屬此彼相故善現當知
是菩薩摩訶薩不樂觀察論說相好所以者
何是菩薩摩訶薩安住無相不見諸法有好
有醜差別相故善現當知是菩薩摩訶薩不
樂觀察論說是我是有情乃至是知者是見

諸佛國土所以者何是菩薩摩訶薩安住實
際不見諸法有屬不屬此彼相故善現當知
是菩薩摩訶薩不樂觀察論說相好所以者
何是菩薩摩訶薩安住無相不見諸法有好
有醜差別相故善現當知是菩薩摩訶薩不
樂觀察論說是我是有情乃至是知者是見
者所以者何是菩薩摩訶薩住畢竟空都不
見我乃至見者若有若無差別相故善現當
知是菩薩摩訶薩不樂觀察論說世間如是
等事但樂觀察論說般若波羅蜜多所以者
何甚深般若波羅蜜多遠離眾相能證無上
大菩提故善現當知是菩薩摩訶薩常不遠
離一切智智相應作意修行布施波羅蜜多
離慳貪事修行淨戒波羅蜜多離犯戒事修
行安忍波羅蜜多離忿諍事修行精進波羅
蜜多離懈怠事修行靜慮波羅蜜多離散亂
事修行般若波羅蜜多離惡慧事善現當知
是菩薩摩訶薩雖住一切法空而愛樂正法
不樂非法雖住不可得空而常稱讚三寶功
德善現當知是菩薩摩訶薩雖行諸法真如
法界一味之相而樂稱揚真如法界種種功
德善現當知是菩薩摩訶薩雖知諸法皆畢
竟空而愛善友不樂惡友言善友者謂諸如
來應正等覺及諸菩薩摩訶薩眾若諸聲
聞獨覺乘等善能教化安立有情令趣無上正
等菩提亦名善友善現當知是菩薩摩訶薩
常樂親覲一切如來應正等覺聽聞正法若
聞如來應正等覺在餘世界現說正法即以
願力往生彼界供養恭敬尊重讚歎聽受正



來應正等覺及諸菩薩摩訶薩眾若諸聲
聞獨覺乘等善能教化安立有情令趣無上正
等菩提亦名善友善現當知是菩薩摩訶薩
常樂親覲一切如來應正等覺聽聞正法若
聞如來應正等覺在餘世界現說正法即以
願力往生彼界供養恭敬尊重讚歎聽受正
法善現當知是菩薩摩訶薩若晝若夜恒不
遠離念佛作意亦不遠離聞法作意由此因
緣隨諸國土有佛世尊現說正法即乘願力
往彼受生或乘神通往彼聽法由是因緣此諸
菩薩生生之處常不離佛恒聞正法無聞無
斷善現當知是菩薩摩訶薩恒為利樂諸
有情故雖能現起靜慮無色諸甚深定而以
方便起欲界心教諸有情十善業道亦隨願
力現生欲界有佛國土供養恭敬尊重讚歎
諸佛世尊聽聞正法修諸勝行若菩薩摩訶
薩成就如是諸行狀相知是不退轉菩薩摩
訶薩復次善現一切不退轉菩薩摩訶薩常
行布施波羅蜜多乃至般若波羅蜜多常行
內空乃至無性自性空常行真如乃至不思
議界常行苦集滅道聖諦常行四念住乃至
八聖道支常行四靜慮四無量四無色定常
行空無相無願解脫門常行八解脫乃至十
遍處常行殊勝諸菩薩地常行一切陀羅尼
門三摩地門常行五眼六神通常行如來十
力乃至十八佛不共法常行大慈大悲大喜
大捨常行無忘失法恒住捨性常行一切智
道相智一切相智常行一切菩薩摩訶薩行

行空無相無願解脫門常行八解脫乃至十
遍處常行殊勝諸菩薩地常行一切陁羅尼
門三摩地門常行五眼六神通常行如來十
力乃至十八佛不共法常行大悲大喜
大捨常行無忘失法恒住捨性常行一切智
道相智一切相智常行一切菩薩摩訶薩行
常求諸佛無上正等菩提善現當知是菩薩
摩訶薩恒於自地不起疑惑不住是念我是
不退轉我非不退轉所以者何是菩薩摩訶
薩不見少法可於無上正等菩提說有退轉
說無退轉善現當知是菩薩摩訶薩於自地
法無惑無疑所以者何是菩薩摩訶薩於自
地法已善了知善通達故善現當知如預流
者住預流果於自果法無惑無疑一來不還阿
羅漢獨覺及諸如來應正等覺各住自果
於自果法無惑無疑是菩薩摩訶薩亦復如
是於自所住不退轉地所攝諸法現知現見
無惑無疑善現當知是菩薩摩訶薩住此地
中成熟有情嚴淨佛土脩諸功德有魔事起
即能覺知不隨魔事勢力而轉善能摧滅種
種魔事令不障礙所脩功德善現當知如有
造作無間業者彼無間心恒常隨逐乃至命
終亦不能捨所以者何彼能等起無間業纏
增上勢力恒常隨轉乃至命盡亦不能伏設
有餘心不能遮礙此菩薩摩訶薩亦復如是
安住自地其心不動無所分別世間天人阿素洛
等皆不能轉所以者何是菩薩摩訶薩其心
堅固超諸世間天人魔梵阿素洛等已



終亦不能捨所以者何彼能等起無間業纏
增上勢力恒常隨轉乃至命盡亦不能伏設
有餘心不能遮礙此菩薩摩訶薩亦復如是
安住自地其心不動無所分別世間天人阿素洛
等皆不能轉所以者何是菩薩摩訶薩其心
堅固超諸世間天人魔梵阿素洛等已
入菩薩正性離生住不退地已得菩薩殊勝
神通成熟有情嚴淨佛土從一佛國趣一佛
國供養恭敬尊重讚歎諸佛世尊及佛弟子
聽聞正法於諸佛所種諸善根諸聞菩薩所
學法義善現當知是菩薩摩訶薩安住自地
有魔事起即能覺知終不隨順魔事而轉方
便善巧集諸魔事置實際中方便除滅於自
地法無惑無疑所以者何是菩薩摩訶薩知
一切法皆入實際通達實際非一非多於實
際中無所分別以於實際無惑無疑於自地
法亦無猶豫善現當知是菩薩摩訶薩設轉
受生亦於實際無復退轉終不發起趣向聲
聞獨覺地意所以者何是菩薩摩訶薩知一
切法自相皆空於此空中不見有法若生若
滅若染若淨善現當知是菩薩摩訶薩乃至
轉身亦不疑我當得無上正等菩提為不當
得所以者何是菩薩摩訶薩通達諸法自相
皆空即是無上正等菩提善現當知是菩薩
摩訶薩安住自地不隨他緣於自地法無能
壞者所以者何是菩薩摩訶薩成就無動無
退轉智一切惡緣不能傾動若菩薩摩訶薩
成就如是諸行狀相知是不退轉菩薩摩訶
薩復次善現一切不退轉菩薩摩訶薩更有

皆空即是無上正等菩提善現當知是菩薩
摩訶薩安住自地不隨他緣於自地法無能
壞者所以者何是菩薩摩訶薩成就無動無
退轉智一切惡緣不能傾動若菩薩摩訶薩
成就如是諸行狀相知是不退轉菩薩摩訶
薩復次善現一切不退轉菩薩摩訶薩設有
惡魔作佛形像來對其所作如是言汝今應
求阿羅漢果永盡諸漏證般涅槃汝未堪受
大菩提記亦未證得無生法忍汝今未有不
退轉地諸行狀相如來不應授汝無上大菩
提記要有具足不退轉地諸行狀相乃可蒙
佛授與無上大菩提記是菩薩摩訶薩聞
彼語已心無變動不退不沒無驚無怖是菩薩
摩訶薩應自證知我於過去諸如來所必已
受得大菩提記所以者何菩薩成就如是勝
法定蒙諸佛授菩提記我已成就如是勝法
云何世尊不授我記故我過去於如來所定
已受得大菩提記若菩薩摩訶薩成就如是
諸行狀相知是不退轉菩薩摩訶薩復次善
現一切不退轉菩薩摩訶薩設有惡魔或魔
使者作佛形像來授菩薩聲聞地記或授菩
薩獨覺地記告菩薩言咄善男子何用此無上
正等菩提生死輪迴久受大苦宜自速證無
餘涅槃永離生死畢竟安樂是菩薩摩訶薩
聞彼語已作是念言此定惡魔或魔使者詐
現佛像擾亂我心授我聲聞獨覺地記令退
無上正等菩提所以者何定無諸佛教諸菩薩
趣向聲聞或獨覺地棄捨無上正等菩提
若菩薩摩訶薩成就如是諸行狀相知是不

BD05388號　大般若波羅蜜多經卷五一五　（18–9）

正等菩提生死輪迴久受大苦宜自速證無
餘涅槃永離生死畢竟安樂是菩薩摩訶薩
聞彼語已作是念言此定惡魔或魔使者詐
現佛像擾亂我心授我聲聞獨覺地記令退
無上正等菩提所以者何定無諸佛教諸菩薩
趣向聲聞或獨覺地棄捨無上正等菩提
若菩薩摩訶薩成就如是諸行狀相知是不
退轉菩薩摩訶薩復次善現一切退轉菩
薩摩訶薩設有惡魔或魔使者詐現佛像告
菩薩言汝所受持大乘經典非佛所說亦非
如來弟子所說是諸惡魔或諸外道爲誑惑
汝作如是說汝今不應受持讀誦是菩薩摩
訶薩聞彼語已作是念言此定惡魔或魔眷
屬令我厭捨無上菩提故說大乘甚深經典
非佛所說亦非如來弟子所說所以者何離此
經典能得無上正等菩提必無是處善現
當知是菩薩摩訶薩定已安住不退轉地過
去諸佛久已授彼大菩提記所以者何是菩
薩摩訶薩具足成就不退轉地諸行狀相若
諸菩薩成就如是諸行狀相當知已受大菩
提記必已安住不退轉地故能覺知惡魔事
業若菩薩摩訶薩成就如是諸行狀相知是
不退轉菩薩摩訶薩
復次善現一切不退轉菩薩摩訶薩行深般
若波羅蜜多時攝護正法不惜身命況餘珍
財朋友眷屬是菩薩摩訶薩性作是念我寧
棄捨親友珍財及自身命終不棄捨諸佛正
法所以者何親友珍財及自身命生生常有
甚爲易得諸佛正法百千俱胝那庾多劫乃

BD05388號　大般若波羅蜜多經卷五一五　（18–10）

若波羅蜜多時攝護正法不惜身命況餘珎
財朋友眷屬是菩薩摩訶薩性作是念我寧
棄捨親友珎財及自身命終不棄捨諸佛正
法所以者何親友珎財及自身命生生常有
甚為易得諸佛正法百千俱胝那庾多劫乃
得一遇遇以長夜獲大利樂故我定應精勤
攝護不顧身命親友珎財善現當知是菩薩
摩訶薩攝護法時應作是念我今不為攝護
一佛二佛三佛乃至百千諸佛正法普為攝護
十方三世諸佛正法令不斷絕具壽善現
便白佛言何等名為諸佛正法是菩薩摩訶
薩云何攝護不惜珎財親友身命佛告善現
一切如來應正等覺為諸菩薩說諸法空如
是名為諸佛正法有愚癡類誹謗毀呰言此
非法非毗柰耶非天人師所說聖教脩學此
法不得無上正等菩提不證涅槃永寂安樂
是菩薩摩訶薩攝護此法不惜珎財親友
身命常作是念如來所說一切法空是諸有情真
歸依處菩薩脩學疾證無上正等菩提拔諸
有情生老病死令得畢竟常樂涅槃故我今
應不惜身命珎財親友攝護此法又作是念
我亦墮在未來佛數佛已授我大菩提記
由此因緣諸佛正法即是我法我應攝護不
惜身命珎財親友我未來世得作佛時亦為
有情宣說如是諸法空故善現當知是菩薩
摩訶薩見斯義利攝護如來所說正法不惜
身命親友珎財乃至菩提常無懈倦若菩薩
摩訶薩成就如是諸行狀相知是不退轉菩
[illegible]

BD05388號　大般若波羅蜜多經卷五一五　（18–11）

惜身命珎財親友我未來世得作佛時亦為
有情宣說如是諸法空故善現當知是菩薩
摩訶薩見斯義利攝護如來所說正法不惜
身命親友珎財乃至菩提常無懈倦若菩薩
摩訶薩成就如是諸行狀相知是不退轉菩
薩摩訶薩復次善現一切不退轉菩薩摩訶
薩聞諸如來應正等覺所說正法無惑無疑
聞已受持能不忘失乃至無上正等菩提所
以者何是菩薩摩訶薩已得陀羅尼故
具壽善現便白佛言是菩薩摩訶薩已得何
等陀羅尼故聞諸如來應正等覺所說正法
無惑無疑聞已受持常不忘失佛告善現是
菩薩摩訶薩已得聞持陀羅尼等方便善巧
聞諸如來應正等覺所說正法無惑無疑聞
已受持能不忘失乃至無上正等菩提常如
現前聞佛所說尒時善現復白佛言是菩薩
摩訶薩但聞如來應正等覺所說正法無惑
無疑聞已受持常不忘失為聞菩薩獨覺聲
聞天龍藥叉人非人等所說正法亦能於彼無
惑無疑聞已受持常不忘失佛告善現是
菩薩摩訶薩普聞一切有情言音文字義理
皆能通達無惑無疑窮未來際常不忘失所
以者何是菩薩摩訶薩已得聞持陀羅尼等
方便善巧任持所說令不失故若菩薩摩訶
薩成就如是諸行狀相知是不退轉菩薩摩
訶薩

第三分變相品第廿一

尒時具壽善現復白佛言世尊如是不退轉
菩薩摩訶薩成就無量無邊不可思議

BD05388號　大般若波羅蜜多經卷五一五　（18–12）

方便善巧任持所說令不失故若菩薩摩訶
薩成就如是諸行狀相知是不退轉菩薩摩
訶薩

第三分空相品第廿一

尒時具壽善現復白佛言世尊如是不退轉
菩薩摩訶薩成就廣大無量無邊不可思議
希有功德佛告善現如是如是如汝所說所以
者何是菩薩摩訶薩已得殊勝無量無邊
不共聲聞及獨覺智住此智中引發殊勝四
無礙解由此殊勝四無礙解世間天人阿素
洛等無能問難令此菩薩智慧辯才有窮
盡者具壽善現復白佛言世尊能如殑伽沙劫
宣說不退轉菩薩摩訶薩所住諸行狀相由佛
所說諸行狀相顯示不退轉菩薩摩訶薩成就
無量殊勝功德唯願如來應正等覺復為宣
說甚深義處令諸菩薩安住其中能行布施
波羅蜜多乃至般若波羅蜜多令速圓滿能
行內空乃至無性自性空令速圓滿能行真
如乃至不思議界令速圓滿能行苦集滅道
聖諦令速圓滿能行四念住乃至八聖道支
令速圓滿能行四靜慮四無量四無色定令
速圓滿能行八解脫乃至十遍處令速圓滿
能行空無相無願解脫門令速圓滿能行菩
薩摩訶薩地令速圓滿能行一切陀羅尼門
三摩地門令速圓滿能行五眼六神通令速
圓滿能行如來十力乃至十八佛不共法令
速圓滿能行大慈大悲大喜大捨令速圓滿
能行三十二相八十隨好令速圓滿能行無

BD05388號　大般若波羅蜜多經卷五一五

（18–13）

薩摩訶薩地令速圓滿能行一切陀羅尼門
三摩地門令速圓滿能行五眼六神通令速
圓滿能行如來十力乃至十八佛不共法令
速圓滿能行大慈大悲大喜大捨令速圓滿
能行三十二相八十隨好令速圓滿能行無
忘失法恒住捨性令速圓滿能行一切智道
相智一切相智令速圓滿佛告善現善哉善
哉汝今乃能為諸菩薩摩訶薩衆請問如來
應正等覺甚深義處令諸菩薩安住其中行
諸功德令速圓滿善現當知甚深義處謂空
无相无願无作无生无滅離染涅槃真如法
界法性實際如是等名甚深義處善現當知
如是所說甚深義處種種增語皆顯涅槃為
甚深義具壽善現復白佛言為但涅槃名甚
深義為諸餘法亦名甚深佛告善現餘一切
法亦名甚深所謂色蘊乃至識蘊亦名甚深
眼處乃至意處亦名甚深色處乃至法處亦
名甚深眼界乃至意界亦名甚深色界乃至
法界亦名甚深眼識界乃至意識界亦名甚
深眼觸乃至意觸亦名甚深眼觸為緣所生
諸受乃至意觸為緣所生諸受亦名甚深地
界乃至識界亦名甚深因緣乃至增上緣亦
名甚深无明乃至老死亦名甚深布施波羅
蜜多乃至般若波羅蜜多亦名甚深內空乃
至无性自性空亦名甚深真如乃至不思議
界亦名甚深苦集滅道聖諦亦名甚深四念
住乃至八聖道支亦名甚深四靜慮四无量
四无色定亦名甚深八解脫乃至十遍處亦

BD05388號　大般若波羅蜜多經卷五一五

（18–14）

蜜多乃至般若波羅蜜多亦名甚深內空乃
至無性自性空亦名甚深真如乃至不思議
界亦名甚深苦集滅道聖諦亦名甚深四念
住乃至八聖道支亦名甚深四靜慮四無量
四無色定亦名甚深八解脫乃至十遍處亦
名甚深空無相無願解脫門亦名甚深淨觀
地乃至如來地亦名甚深極喜地乃至法雲
地亦名甚深陀羅尼門三摩地門亦名甚深
五眼六神通亦名甚深如來十力乃至十八
佛不共法亦名甚深大慈大悲大喜大捨亦
名甚深三十二相八十隨好亦名甚深無忘
失法恒住捨性亦名甚深一切智道相智一
切相智亦名甚深預流果乃至獨覺菩提亦
名甚深一切菩薩摩訶薩行諸佛無上正等
菩提亦名甚深爾時善現復白佛言云何色
蘊亦名甚深云何受想行識蘊亦名甚深廣
說乃至云何一切菩薩摩訶薩行亦名甚深
云何諸佛無上正等菩提亦名甚深佛告善
現色蘊真如甚深故色蘊亦名甚深受想行
識蘊真如甚深故受想行識蘊亦名甚深廣
說乃至一切菩薩摩訶薩行真如甚深故一
切菩薩摩訶薩行亦名甚深諸佛無上正等
菩提真如甚深故諸佛無上正等菩提亦名
甚深具壽善現復白佛言云何色蘊真如甚
深云何受想行識蘊真如甚深廣說乃至
云何一切菩薩摩訶薩行真如甚深云何諸佛
無上正等菩提真如甚深佛告善現色蘊真
如非即色蘊非離色蘊是故甚深受想行識

BD05388號　大般若波羅蜜多經卷五一五　（18–15）

深云何受想行識蘊真如甚深廣說乃至
云何一切菩薩摩訶薩行真如甚深云何諸佛
無上正等菩提真如甚深佛告善現色蘊真
如非即色蘊非離色蘊是故甚深受想行識
蘊真如非即受想行識蘊非離受想行識
蘊是故甚深廣說乃至一切菩薩摩訶薩行真
如非即一切菩薩摩訶薩行非離一切菩薩
摩訶薩行是故甚深諸佛無上正等菩提
真如非即諸佛無上正等菩提非離諸佛無上
正等菩提是故甚深爾時善現復白佛言世
尊甚奇微妙方便為不退轉地菩薩摩訶薩
遮遣色蘊顯示涅槃遮遣受想行識蘊顯示
涅槃廣說乃至遮遣一切菩薩摩訶薩行顯
示涅槃遮遣諸佛無上正等菩提顯示涅槃
世尊甚奇微妙方便為不退轉地菩薩摩訶
薩遮遣一切若世間法若出世間法若共法
若不共法若有漏法若無漏法若有淨法若
無淨法若有罪法若無罪法若有為法若無
為法顯示涅槃佛告善現如是如是如汝所
說世尊甚奇微妙方便為不退轉地菩薩摩
訶薩遮遣色蘊顯示涅槃遮遣受想行識蘊
顯示涅槃廣說乃至遮遣一切菩薩摩訶薩
行顯示涅槃遮遣諸佛無上正等菩提顯示
涅槃世尊甚奇微妙方便為不退轉地菩薩
摩訶薩遮遣一切若世間法若出世間法若
共法若不共法若有漏法若無漏法若有諍
法若無諍法若有罪法若無罪法若有為法
若無為法顯示涅槃復次善現諸菩薩摩訶

BD05388號　大般若波羅蜜多經卷五一五　（18–16）

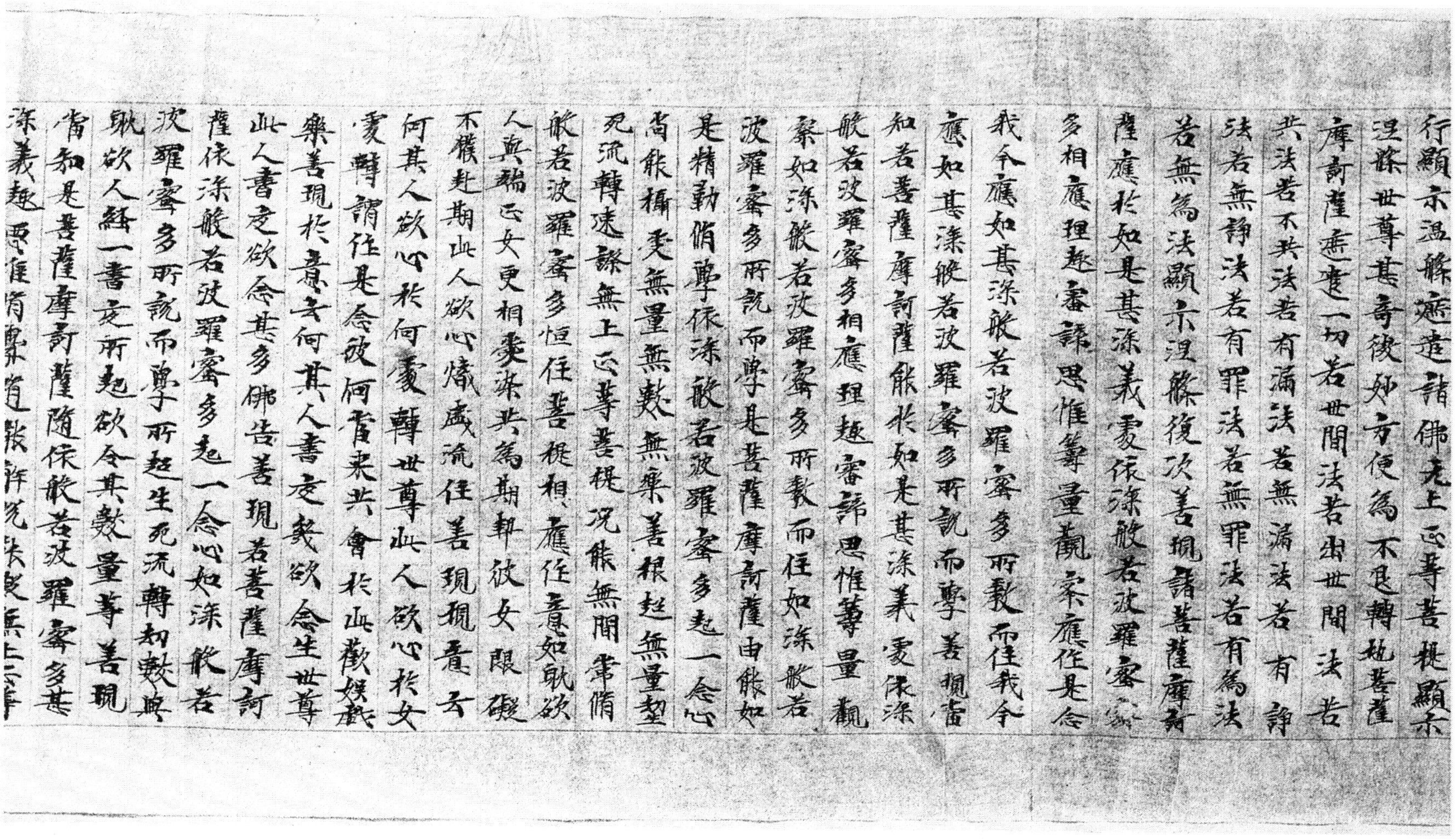

行顯示涅槃遮遣諸佛无上正等菩提顯示
涅槃世尊甚奇微妙方便為不退轉位菩薩
摩訶薩遮遣一切若世間法若出世間法若
共法若不共法若有漏法若無漏法若有諍
法若無諍法若有罪法若無罪法若有為法
若無為法顯示涅槃復次善現諸菩薩摩訶
薩應於如是甚深義處依深般若波羅蜜
多相應理趣審諦思惟籌量觀察應住是念
我今應如甚深般若波羅蜜多所教而住我今
應如甚深般若波羅蜜多所說而學善現當
知若菩薩摩訶薩能於如是甚深義處依深
般若波羅蜜多相應理趣審諦思惟籌量觀
察如深般若波羅蜜多所教而住如深般若
波羅蜜多所說而學是菩薩摩訶薩由能如
是精勤修學依深般若波羅蜜多起一念心
尚能攝受無量無數無邊善根超無量劫
死流轉速證無上正等菩提況能無間常脩
般若波羅蜜多恒住菩提相應作意如耽欲
人與端正女更相愛染共為期契彼女限礙
不獲赴期此人欲心熾盛流注善現於意云
何其人欲心於何處轉世尊此人欲心於女
處轉謂作是念彼何當來共會於此歡娛戲
樂善現於意云何其人晝夜經幾欲念世尊
此人晝夜欲念甚多佛告善現若菩薩摩訶
薩依深般若波羅蜜多起一念心如深般若
波羅蜜多所說而學所超生死流轉劫數與
耽欲人經一晝夜所起欲念其數量等善現
當知是菩薩摩訶薩隨依般若波羅蜜多甚
深義趣思惟脩學隨能解脫能礙無上正等

BD05388 號　大般若波羅蜜多經卷五一五

（18–17）

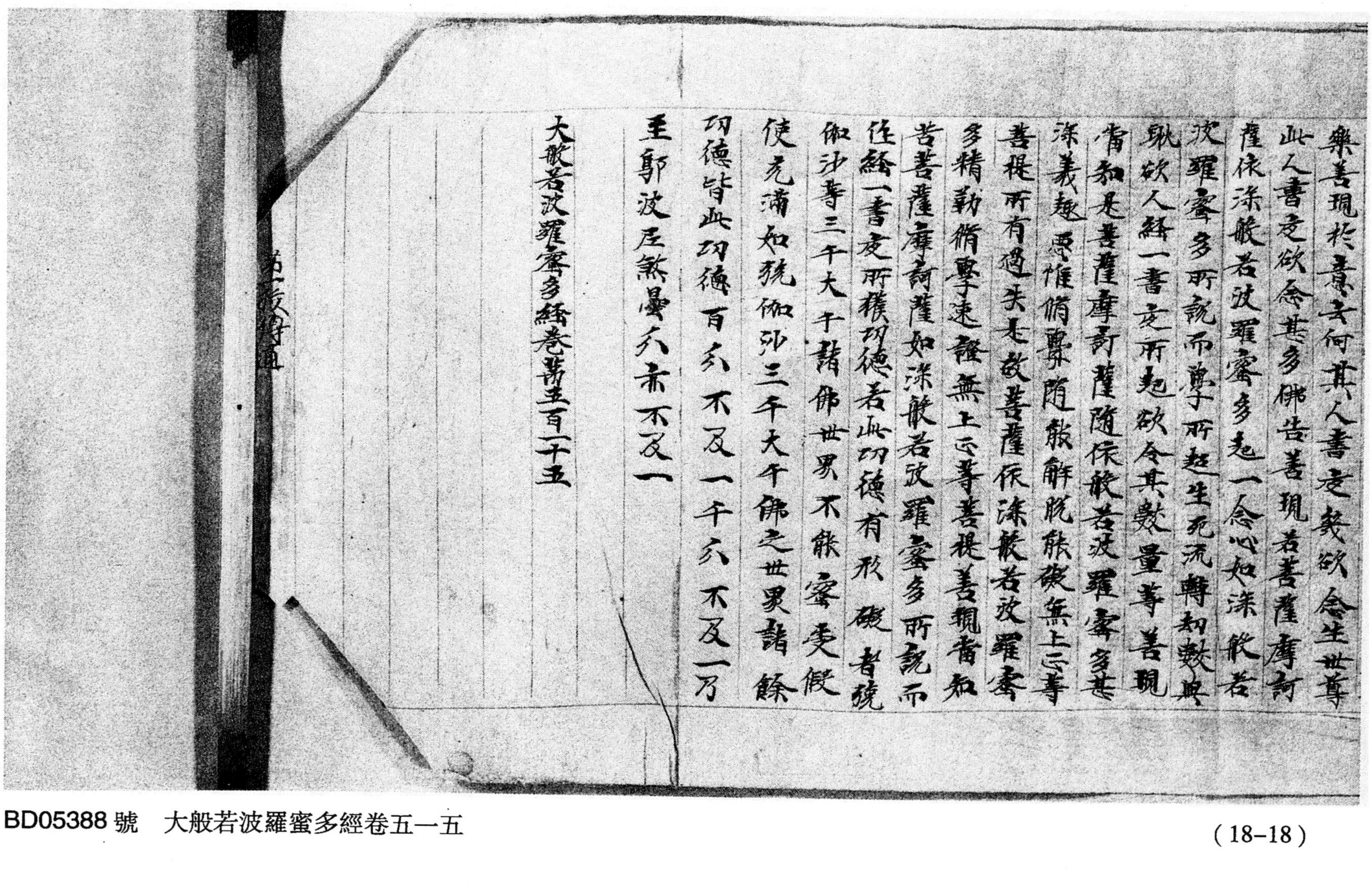

樂善現於意云何其人晝夜經幾欲念世尊
此人晝夜欲念甚多佛告善現若菩薩摩訶
薩依深般若波羅蜜多起一念心如深般若
波羅蜜多所說而學所超生死流轉劫數與
耽欲人經一晝夜所起欲念其數量等善現
當知是菩薩摩訶薩隨依般若波羅蜜多甚
深義趣思惟脩學隨能解脫能礙無上正等
菩提所有過失是故菩薩依深般若波羅蜜
多精勤脩學速證無上正等菩提善現當知
若菩薩摩訶薩如深般若波羅蜜多所說而
住經一晝夜所獲功德若此功德有形礙者
殑伽沙等三千大千諸佛世界不能容受假
使充滿如殑伽沙三千大千佛之世界諸餘
功德皆此功德百分不及一千分不及一万
至鄔波尼殺曇分亦不及一

大般若波羅蜜多經卷第五百一十五

BD05388 號　大般若波羅蜜多經卷五一五

（18–18）

慶喜由[illegible]故說[illegible]無二為方便
生為方便無所得為方便迴向一切智智安
住真如乃至不思議界世尊云何以獨覺菩
提無二為方[illegible]生為方便無所得為方便
迴向一切智[illegible]住苦集滅道聖諦慶喜獨
覺菩提獨覺菩提性空何以故以獨覺菩提
性空與彼苦集滅道聖諦無二無二分故慶
喜由此故說以獨覺菩提無二為方便無生
為方便無所得為方便迴向一切智智安住
苦集滅道聖諦世尊云何以獨覺菩提無二
為方便無生為方便無所得為方便迴向一
切智智脩習四靜慮四無量四無色定慶喜
獨覺菩提獨覺菩提性空何以故以獨覺菩
提性空與四靜慮四無量四無色定無二無
二分故慶喜由此說以獨覺菩提無二為
方便無生為方便無所得為方便迴向一切
智智脩習四靜慮四無量四無色定世尊云
何以獨覺菩提無二為方便無生為方便無
所得為方便迴向一切智智脩習八解脫八

BD05389 號　大般若波羅蜜多經卷一二五　（19–1）

提性空與四靜慮四無量四無色定無二無
二分故慶喜由此說以獨覺菩提無二為
方便無生為方便無所得為方便迴向一切
智智脩習四靜慮四無量四無色定世尊云
何以獨覺菩提無二為方便無生為方便無
所得為方便迴向一切智智脩習八解脫八
勝處九次第定十遍處慶喜獨覺菩提獨覺
菩提性空何以故以獨覺菩提性空與八解
脫八勝處九次第定十遍處無二無二分故
慶喜由此故說以獨覺菩提無二為方便無
生為方便無所得為方便迴向一切智智脩
習八解脫八勝處九次第定十遍處世尊云
何以獨覺菩提無二為方便無生為方便無
所得為方便迴向一切智智脩習四念　住四
正斷四神足五根五力七等覺支八聖道支
慶喜獨覺菩提獨覺菩提性空何以故以獨
覺菩提性空與四念住四正斷四神足五根
五力七等覺支八聖道支無二無二分故慶
喜由此故說以獨覺菩提無二為方便無生
為方便無所得為方便迴向一切智智脩習
四念住四正斷四神足五根五力七等覺支
八聖道支世尊云何以獨覺菩提無二為方
便無生為方便無所得為方便迴向一切智
智脩習空解脫門無相解脫門無願解脫門
慶喜獨覺菩提獨覺菩提性空何以故以獨
覺菩提性空與空解脫門無相解脫門無願
解脫門無二無二分故慶喜由此故說以獨

BD05389 號　大般若波羅蜜多經卷一二五　（19–2）

智脩習空解脫門無相解脫門無願解脫門
慶喜獨覺菩提獨覺菩提性空何以故以獨
覺菩提性空與空解脫門無相解脫門無願
解脫門無二無二分故慶喜由此故說以獨
覺菩提無二為方便無生為方便無所得為
方便迴向一切智智脩習空解脫門無相解
脫門無願解脫門世尊云何以獨覺菩提無
二為方便無生為方便無所得為方便迴向
一切智智脩習五眼六神通慶喜獨覺菩提
獨覺菩提性空何以故以獨覺菩提性空與
五眼六神通無二無二分故慶喜由此故說
以獨覺菩提無二為方便無生為方便無所
得為方便迴向一切智智脩習五眼六神 通
世尊云何以獨覺菩提無二為方便無生為
方便無所得為方便迴向一切智智脩習 佛
十力四無所畏四無礙解大慈大悲大喜大
捨十八佛不共法慶喜獨覺菩提獨覺菩提
性空何以故以獨覺菩提性空與佛十力四
無所畏四無礙解大慈大悲大喜大捨十八
佛不共法無二無二分故慶喜由此故說以
獨覺菩提無二為方便無生為方便無所得
為方便迴向一切智智脩習佛十力四 無所
畏四無礙解大慈大悲大喜大捨十八佛不
共法：
世尊云何以獨覺菩提無二為方便無生為
方便無所得為方便迴向一切智智脩習無
忘失法恒住捨性慶喜獨覺菩提獨覺菩提
性空何以故以獨覺菩提性空與無忘失法

BD05389號　大般若波羅蜜多經卷一二五　（19–3）

畏四無礙解大慈大悲大喜大捨十八佛不
共法：
世尊云何以獨覺菩提無二為方便無生為
方便無所得為方便迴向一切智智脩習無
忘失法恒住捨性慶喜獨覺菩提獨覺菩提
性空何以故以獨覺菩提性空與無忘失法
恒住捨性無二無二分故慶喜由此故說以
獨覺菩提無二為方便無生為方便無所得
為方便迴向一切智智脩習無忘失法恒住
捨性世尊云何以獨覺菩提無二為方便無
生為方便無所得為方便迴向一切智智脩
習一切智道相智一切相智慶喜獨覺菩提
獨覺菩提性空何以故以獨覺菩提性空與
一切智道相智一切相智無二無二分故慶
喜由此故說以獨覺菩提無二為方便無生
為方便無所得為方便迴向一切智智脩習
一切智道相智一切相智世尊云何以獨覺
菩提無二為方便無生為方便無所得為方
便迴向一切智智脩習一切陁羅尼門一切
三摩地門慶喜獨覺菩提獨覺菩提性空何
以故以獨覺菩提性空與一切陁羅尼門一
切三摩地門無二無二分故慶喜由此故說
以獨覺菩提無二為方便無生為方便無所
得為方便迴向一切智智脩習一切陁羅尼門
一切三摩地門世尊云何以獨覺菩提 無二
為方便無生為方便無所得為方便迴向一
切智智脩習菩薩摩訶薩行慶喜獨覺菩提
獨覺菩提性空何以故以獨覺菩提性空與

BD05389號　大般若波羅蜜多經卷一二五　（19–4）

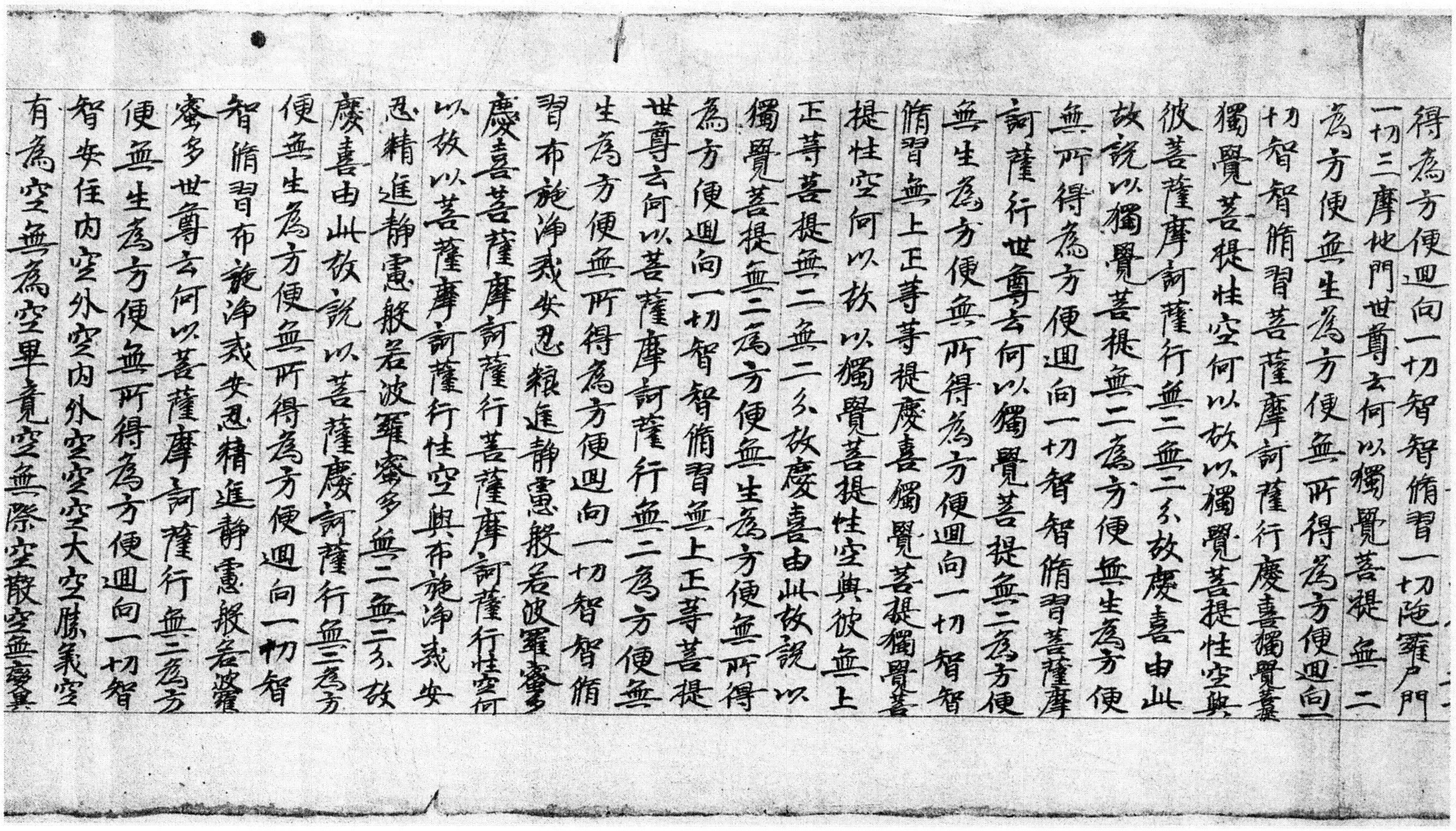
得為方便迴向一切智智脩習一切陁羅尼門
一切三摩地門世尊云何以獨覺菩提無二
為方便無生為方便無所得為方便迴向
一切智智脩習菩薩摩訶薩行慶喜獨覺菩提
獨覺菩提性空何以故以獨覺菩提性空與
彼菩薩摩訶薩行無二無二分故慶喜由此
故說以獨覺菩提無二為方便無生為方便
無所得為方便迴向一切智智脩習菩薩摩
訶薩行世尊云何以獨覺菩提無二為方便
無生為方便無所得為方便迴向一切智智
脩習無上正等菩提慶喜獨覺菩提獨覺菩
提性空何以故以獨覺菩提性空與彼無上
正等菩提無二無二分故慶喜由此故說以
獨覺菩提無二為方便無生為方便無所得
為方便迴向一切智智脩習無上正等菩提
世尊云何以菩薩摩訶薩行無二為方便無
生為方便無所得為方便迴向一切智智脩
習布施淨戒安忍精進靜慮般若波羅蜜多
慶喜菩薩摩訶薩行菩薩摩訶薩行性空何
以故以菩薩摩訶薩行性空與布施淨戒安
忍精進靜慮般若波羅蜜多無二無二分故
慶喜由此故說以菩薩摩訶薩行無二為方
便無生為方便無所得為方便迴向一切智
智脩習布施淨戒安忍精進靜慮般若波羅
蜜多世尊云何以菩薩摩訶薩行無二為方
便無生為方便無所得為方便迴向一切智
智安住內空外空內外空空空大空勝義空
有為空無為空畢竟空無際空散空無變異

BD05389號　大般若波羅蜜多經卷一二五　（19–5）

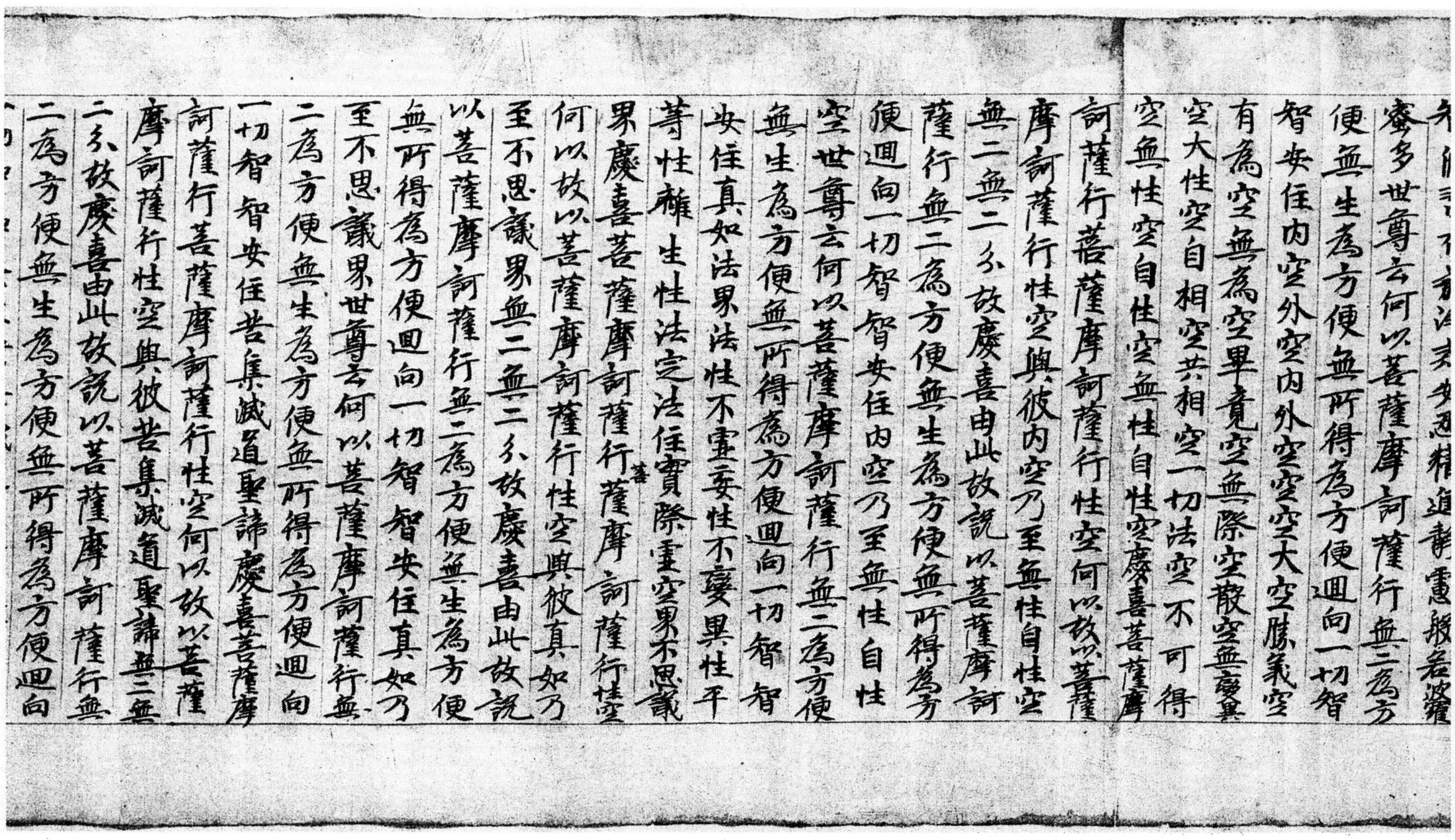
智脩習布施淨戒安忍精進靜慮般若波羅
蜜多世尊云何以菩薩摩訶薩行無二為方
便無生為方便無所得為方便迴向一切智
智安住內空外空內外空空空大空勝義空
有為空無為空畢竟空無際空散空無變異
空大性空自相空共相空一切法空不可得
空無性空自性空無性自性空慶喜菩薩摩
訶薩行菩薩摩訶薩行性空何以故以菩薩
摩訶薩行性空與彼內空乃至無性自性空
無二無二分故慶喜由此故說以菩薩摩訶
薩行無二為方便無生為方便無所得為方
便迴向一切智智安住內空乃至無性自性
空世尊云何以菩薩摩訶薩行無二為方便
無生為方便無所得為方便迴向一切智智
安住真如法界法性不虛妄性不變異性平
等性離生性法定法住實際虛空界不思議
界慶喜菩薩摩訶薩行菩薩摩訶薩行性空
何以故以菩薩摩訶薩行性空與彼真如乃
至不思議界無二無二分故慶喜由此故說
以菩薩摩訶薩行無二為方便無生為方便
無所得為方便迴向一切智智安住真如乃
至不思議界世尊云何以菩薩摩訶薩行無
二為方便無生為方便無所得為方便迴向
一切智智安住苦集滅道聖諦慶喜菩薩摩
訶薩行菩薩摩訶薩行性空何以故以菩薩
摩訶薩行性空與彼苦集滅道聖諦無二無
二分故慶喜由此故說以菩薩摩訶薩行無
二為方便無生為方便無所得為方便迴向

BD05389號　大般若波羅蜜多經卷一二五　（19–6）

一切智智安住苦集滅道聖諦慶喜菩薩摩
訶薩行菩薩摩訶薩行性空何以故以菩薩
摩訶薩行性空與彼苦集滅道聖諦無二無
二分故慶喜由此故說以菩薩摩訶薩行無
二為方便無生為方便無所得為方便迴向
一切智智安住苦集滅道聖諦世尊云何以
菩薩摩訶薩行無二為方便無生為方便無
所得為方便迴向一切智智脩習四靜慮四
無量四無色定慶喜菩薩摩訶薩行菩薩
摩訶薩行性空何以故菩薩摩訶薩行性空
與四靜慮四無量四無色定無二無二分故
慶喜由此故說以菩薩摩訶薩行無二為方
便無生為方便無所得為方便迴向一切智
智脩習四靜慮四無量四無色定世尊云何
以菩薩摩訶薩行無二為方便無生為方便
無所得為方便迴向一切智智脩習八解脫
八勝處九次第定十遍處慶喜菩薩摩訶薩
行菩薩摩訶薩行性空何以故以菩薩摩訶
薩行性空與八解脫八勝處九次第定十遍
處無二無二分故慶喜由此故說以菩薩摩
訶薩行無二為方便無生為方便無所得為
方便迴向一切智智脩習八解脫八勝處九
次第定十遍處世尊云何以菩薩摩訶薩行
無二為方便無生為方便無所得為方便迴
向一切智智脩習四念住四正斷四神足五
根五力七等覺支八聖道支慶喜菩薩摩訶
薩行菩薩摩訶薩行性空何以故以菩薩摩
訶薩行性空與四念住四正斷四神足五根

BD05389號　大般若波羅蜜多經卷一二五　（19–7）

無二為方便無生為方便無所得為方便迴
向一切智智脩習四念住四正斷四神足五
根五力七等覺支八聖道支慶喜菩薩摩訶
薩行菩薩摩訶薩行性空何以故以菩薩摩
訶薩行性空與四念住四正斷四神足五根
五力七等覺支八聖道支無二無二分故慶
喜由此故說以菩薩摩訶薩行無二為方便
無生為方便無所得為方便迴向一切智智
脩習四念住四正斷四神足五根五力七等
覺支八聖道支世尊云何以菩薩摩訶薩行
無二為方便無生為方便無所得為方便迴
向一切智智脩習空解脫門無相解脫門無
願解脫門慶喜菩薩摩訶薩行菩薩摩訶
薩行性空何以故以菩薩摩訶薩行性空與空
解脫門無相解脫門無願解脫門無二無二
分故慶喜由此故說以菩薩摩訶薩行無二
為方便無生為方便無所得為方便迴向一
切智智脩習空解脫門無相解脫門無願解
脫門世尊云何以菩薩摩訶薩行無二為方
便無生為方便無所得為方便迴向一切智
智脩習五眼六神通慶喜菩薩摩訶薩行
菩薩摩訶薩行性空何以故以菩薩摩訶薩行
性空與五眼六神通無二無二分故慶喜由
此故說以菩薩摩訶薩行無二為方便無生
為方便無所得為方便迴向一切智智脩習
五眼六神通世尊云何以菩薩摩訶薩行無
二為方便無生為方便無所得為方便迴向
一切智智脩習佛十力四無所畏四無礙解

BD05389號　大般若波羅蜜多經卷一二五　（19–8）

為方便無所得為方便迴向一切智智脩習
五眼六神通世尊云何以菩薩摩訶薩行無
二為方便無生為方便無所得為方便迴向
一切智智脩習佛十力四無所畏四無礙解
大慈大悲大喜大捨十八佛不共法慶喜菩
薩摩訶薩行菩薩摩訶薩行性空何以故以
菩薩摩訶薩行性空與佛十力四無所畏四
無礙解大慈大悲大喜大捨十八佛不共法
無二無二分故慶喜由此故說以菩薩摩訶
薩行無二為方便無生為方便無所得為方
便迴向一切智智脩習佛十力四無所畏四
無礙解大慈大悲大喜大捨十八佛不共法
世尊云何以菩薩摩訶薩行無二為方便無
生為方便無所得為方便迴向一切智智脩
習無忘失法恒住捨性慶喜菩薩摩訶薩行
菩薩摩訶薩行性空何以故以菩薩摩訶薩
行性空與無忘失法恒住捨性無二無二分
故慶喜由此故說以菩薩摩訶薩行無二為
方便無生為方便無所得為方便迴向一切
智智脩習無忘失法恒住捨性世尊云何以
菩薩摩訶薩行無二為方便無生為方便無
所得為方便迴向一切智智脩習一切智道
相智一切相智慶喜菩薩摩訶薩行菩薩摩
訶薩行性空何以故以菩薩摩訶薩行性空
與一切智道相智一切相智無二無二分故
慶喜由此故說以菩薩摩訶薩行無二為方
便無生為方便無所得為方便迴向一切智
智脩習一切智道相智一切相智世尊云何

BD05389號　大般若波羅蜜多經卷一二五　（19–9）

訶薩行性空何以故以菩薩摩訶薩行性空
與一切智道相智一切相智無二無二分故
慶喜由此故說以菩薩摩訶薩行無二為方
便無生為方便無所得為方便迴向一切智
智脩習一切智道相智一切相智世尊云何
以菩薩摩訶薩行無二為方便無生為方便
無所得為方便迴向一切智智脩習一切陁
羅尼門一切三摩地門慶喜菩薩摩訶薩行
菩薩摩訶薩行性空何以故以菩薩摩訶薩
行性空與一切陁羅尼門一切三摩地門無
二無二分故慶喜由此故說以菩薩摩訶薩
行無二為方便無生為方便無所得為方便
迴向一切智智脩習一切陁羅尼門一切三
摩地門世尊云何以菩薩摩訶薩行無二為
方便無生為方便無所得為方便迴向一切
智智脩習菩薩摩訶薩行慶喜菩薩摩訶薩
行菩薩摩訶薩行性空何以故以菩薩摩訶
薩行性空與彼菩薩摩訶薩行無二無二分
故慶喜由此故說以菩薩摩訶薩行無二為
方便無生為方便無所得為方便迴向一切
智智脩習菩薩摩訶薩行世尊云何以菩薩
摩訶薩行無二為方便無生為方便無所得
為方便迴向一切智智脩習無上正等菩提
慶喜菩薩摩訶薩行菩薩摩訶薩行性空何
以故以菩薩摩訶薩行性空與彼無上正等
菩提無二無二分故慶喜由此故說以菩薩
摩訶薩行無二為方便無生為方便無所得
為方便迴向一切智智脩習無上正等菩提

BD05389號　大般若波羅蜜多經卷一二五　（19–10）

慶喜菩薩摩訶薩行菩薩摩訶薩行性空何
以故以菩薩摩訶薩行性空與彼無上正等
菩提無二無二分故慶喜由此故說以菩薩
摩訶薩行無二為方便無生為方便無所得
為方便迴向一切智智脩習無上正等菩提
世尊云何以無上正等菩提無二為方便無生
為方便無所得為方便迴向一切智智脩習
布施淨戒安忍精進靜慮般若波羅蜜多慶
喜無上正等菩提無上正等菩提性空何
以故以無上正等菩提性空與布施淨戒安
忍精進靜慮般若波羅蜜多無二無二分故
慶喜由此故說以無上正等菩提無二為方
便無生為方便無所得為方便迴向一切智
智脩習布施淨戒安忍精進靜慮般若波羅
蜜多世尊云何以無上正等菩提無二為方
便無生為方便無所得為方便迴向一切智
智安住內空外空內外空空空大空勝義空
有為空無為空畢竟空無際空散空無變異
空本性空自相空共相空一切法空不可得空
無性空自性空無性自性空慶喜無上正
等菩提無上正等菩提性空何以故以無上
正等菩提性空與彼內空乃至無性自性空
無二無二分故慶喜由此故說以無上正等
菩提無二為方便無生為方便無所得為方
便迴向一切智智安住內空乃至無性自性
空世尊云何以無上正等菩提無二為方便
無生為方便無所得為方便迴向一切智智
安住真如法界法性不虛妄性不變異性平



無二無二分故慶喜由此故說以無上正等
菩提無二為方便無生為方便無所得為方
便迴向一切智智安住內空乃至無性自性
空世尊云何以無上正等菩提無二為方便
無生為方便無所得為方便迴向一切智智
安住真如法界法性不虛妄性不變異性平
等性離生性法定法住實際虛空界不思議
界慶喜無上正等菩提無上正等菩提性空
何以故以無上正等菩提性空與彼真如乃
至不思議界無二無二分故慶喜由此故說
以無上正等菩提無二為方便無生為方便
無所得為方便迴向一切智智安住真如乃
至不思議界世尊云何以無上正等菩提無
二為方便無生為方便無所得為方便迴向
一切智智安住苦集滅道聖諦慶喜無上正
等菩提無上正等菩提性空何以故以無上
正等菩提性空與彼苦集滅道聖諦無二無
二分故慶喜由此故說以無上正等菩提無二
為方便無生為方便無所得為方便迴向一
切智智安住苦集滅道聖諦世尊云何以
無上正等菩提無二為方便無生為方便無
所得為方便迴向一切智智脩習四靜慮四
無量四無色定慶喜無上正等菩提無上正
等菩提性空何以故以無上正等菩提性空
與四靜慮四無量四無色定無二無二分故
慶喜由此故說以無上正等菩提無二為方
便無生為方便無所得為方便迴向一切智
智脩習四靜慮四無量四無色定世尊云何

等菩提性空何以故以無上正等菩提性空
與四靜慮四無量四無色定無二無二分故
慶喜由此故說以無上正等菩提無二爲方
便無生爲方便無所得爲方便迴向一切智
智脩習四靜慮四無量四無色定世尊云何
以無上正等菩提無二爲方便無生爲方便
無所得爲方便迴向一切智智脩習八解脫
八勝處九次第定十遍處慶喜無上正等菩
提無上正等菩提性空何以故以無以上正等
菩提性空與八解脫八勝處九次第定十遍
處無二無二分故慶喜由此故說以無上正
等菩提無二爲方便無生爲方便無所得爲
方便迴向一切智智脩習八解脫八勝處九
次第定十遍處世尊云何以無上正等菩提
無二爲方便无生爲方便無所得爲方便迴
向一切智智脩習四念住四正斷四神足五
根五力七等覺支八聖道支慶喜無上正等
菩提無上正等菩提性空何以故以無上正
等菩提性空與四念住四正斷四神足五根
五力七等覺支八聖道支無二無二分故慶
喜由此故說以無上正等菩提無二爲方便
無生爲方便無所得爲方便迴向一切智智
脩習四念住四正斷四神足五根五力七等
覺支八聖道支世尊云何以無上正等菩提
無二爲方便無生爲方便無所得爲方便迴
向一切智智脩習空解脫門無相解脫門無
願解脫門慶喜無上正等菩提無上正等菩
提性空何以故以無上正等菩提性空與空

BD05389 號　大般若波羅蜜多經卷一二五　（19–13）

覺支八聖道支世尊云何以無上正等菩提
無二爲方便無生爲方便無所得爲方便迴
向一切智智脩習空解脫門無相解脫門無
願解脫門慶喜無上正等菩提無上正等菩
提性空何以故以無上正等菩提性空與空
解脫門無相解脫門無願解脫門無二無二
分故慶喜由此故說以無上正等菩提無二
爲方便無生爲方便無所得爲方便迴向一
切智智脩習空解脫門無相解脫門無願解
脫門世尊云何以無上正等菩提無二爲方
便無生爲方便無所得爲方便迴向一切智
智脩習五眼六神通慶喜無上正等菩提無
上正等菩提性空何以故以無上正等菩提
性空與五眼六神通無二無二分故慶喜由
此故說以無上正等菩提無二爲方便無生
爲方便無所得爲方便迴向一切智智脩習
五眼六神通世尊云何以無上正等菩提無
二爲方便無生爲方便無所得爲方便迴向
一切智智脩習佛十力四無所畏四無礙解
大慈大悲大喜大捨十八佛不共法慶喜無
上正等菩提無上正等菩提性空何以故以
無上正等菩提性空與佛十力四無所畏四
無礙解大慈大悲大喜大捨十八佛不共法
無二無二分故慶喜由此故說以無上正等
菩提無二爲方便無生爲方便無所得爲方
便迴向一切智智脩習佛十力四無所畏四
無礙解大慈大悲大喜大捨十八佛不共法
世尊云何以無上正等菩提無二爲方便無

BD05389 號　大般若波羅蜜多經卷一二五　（19–14）

無二無二分故慶喜由此故說以無上正等
菩提無二為方便無生為方便無所得為方
便迴向一切智智脩習佛十力四無所畏四
無礙解大慈大悲大喜大捨十八佛不共法
世尊云何以無上正等菩提無二為方便無
生為方便無所得為方便迴向一切智智脩
習無忘失法恒住捨性慶喜無上正等菩提
無上正等菩提性空何以故以無上正等菩
提性空與無忘失法恒住捨性無二無二分
故慶喜由此故說以無上正等菩提無二為
方便無生為方便無所得為方便迴向一切
智智脩習無忘失法恒住捨性世尊云何以
無上正等菩提無二為方便無生為方便無
所得為方便迴向一切智智脩習一切智道
相智一切相智慶喜無上正等菩提無上正
等菩提性空何以故以無上正等菩提性空
與一切智道相智一切相智無二無二分故
慶喜由此故說以無上正等菩提無二為方
便無生為方便無所得為方便迴向一切智
智脩習一切智道相智一切相智世尊云何
以無上正等菩提無二為方便無生為方便
無所得為方便迴向一切智智脩習一切陁
羅尼門一切三摩地門慶喜無上正等菩提
無上正等菩提性空何以故以無上正等菩
提性空與一切陁羅尼門一切三摩地門無
二無二分故慶喜由此故說以無上正等菩
提無二為方便無生為方便無所得為方便
迴向一切智智脩習一切陁羅尼門一切三



無上正等菩提性空何以故以無上正等菩
提性空與一切陁羅尼門一切三摩地門無
二無二分故慶喜由此故說以無上正等菩
提無二為方便無生為方便無所得為方便
迴向一切智智脩習一切陁羅尼門一切三
摩地門世尊云何以無上正等菩提無二為
方便無生為方便無所得為方便迴向一切
智智脩習菩薩摩訶薩行慶喜無上正等菩
提無上正等菩提性空何以故以無上正等
菩提性空與彼菩薩摩訶薩行無二無二分
故慶喜由此故說以無上正等菩提無二為
方便無生為方便無所得為方便迴向一切
智智脩習菩薩摩訶薩行世尊云何以無上
正等菩提無二為方便無生為方便無所得
為方便迴向一切智智脩習無上正等菩提
慶喜無上正等菩提無上正等菩提性空何
以故以無上正等菩提性空與彼無上正等
菩提無二無二分故慶喜由此故說以無上
正等菩提無二為方便無生為方便無所得
為方便迴向一切智智脩習無上正等菩提
慶喜當知由此般若波羅蜜多故能迴向一
切智智復由迴向一切智智能令脩習布施
淨戒安忍精進靜慮般若波羅蜜多得至究
竟故此般若波羅蜜多於彼布施淨戒安忍
精進靜慮波羅蜜多為尊為導慶喜當智
此般若波羅蜜多故能迴向一切智智復由
迴向一切智智能令安住內空外空內外空
空空大空勝義空有為空無為空畢竟空無

竟故此般若波羅蜜多於彼布施淨戒安忍
精進靜慮波羅蜜多為尊為導慶喜當知
由此般若波羅蜜多故能迴向一切智智復
迴向一切智智能令安住內空外空內外空
空空大空勝義空有為空無為空畢竟空無
際空散空無變異空本性空自相空共相空
一切法空不可得空無性空自性空無性自
性空得至究竟故此般若波羅蜜多於彼內
空乃至無性自性空為尊為導慶喜當知
由此般若波羅蜜多故能迴向一切智智復
由迴向一切智智能令安住真如法界法性
不虛妄性不變異性平等性離生性法定法
住實際虛空界不思議界得至究竟故此般
若波羅蜜多於彼真如乃至不思議界為尊
為導慶喜當知由此般若波羅蜜多故能迴
向一切智智復由迴向一切智智能令安住
苦聖諦集聖諦滅聖諦道聖諦得至究竟故
此般若波羅蜜多於彼苦集滅道聖諦為尊
為導慶喜當知由此般若波羅蜜多故能迴
向一切智智復由迴向一切智智能令脩習
四靜慮四無量四無色定得至究竟故此般
若波羅蜜多於四靜慮四無量四無色定為
尊為導慶喜當知由此般若波羅蜜多故能
迴向一切智智復由迴向一切智智能令脩
習八解脫八勝處九次第定十遍處得至究
竟故此般若波羅蜜多於八解脫八勝處九
次第定十遍處為尊為導慶喜當知由此般
若波羅蜜多故能迴向一切智智復由迴向

BD05389號　大般若波羅蜜多經卷一二五　（19–17）

若波羅蜜多於四靜慮四無量四無色定為
尊為導慶喜當知由此般若波羅蜜多故能
迴向一切智智復由迴向一切智智能令脩
習八解脫八勝處九次第定十遍處得至究
竟故此般若波羅蜜多於八解脫八勝處九
次第定十遍處為尊為導慶喜當知由此般
若波羅蜜多故能迴向一切智智復由迴向
一切智智能令脩習四念住四正斷四神足
五根五力七等覺支八聖道支得至究竟故
此般若波羅蜜多於四念住四正斷四神足
五根五力七等覺支八聖道支為尊為導慶
喜當知由此般若波羅蜜多故能迴向一切
智智復由迴向一切智智能令脩習空解脫
門無相解脫門無願解脫門得至究竟故此
般若波羅蜜多於空解脫門無相解脫門無
願解脫門為尊為導慶喜當知由此般若波
羅蜜多故能迴向一切智智復由迴向一切
智智能令脩習五眼六神通得至究竟故此
般若波羅蜜多於五眼六神通為尊為導慶
喜當知由此般若波羅蜜多故能迴向一切
智智復由迴向一切智智能令脩習佛十力
四無所畏四無礙解大慈大悲大喜大捨十
八佛不共法得至究竟故此般若波羅蜜多
於佛十力四無所畏四無礙解大慈大悲大
喜大捨十八佛不共法為尊為導慶喜當知
由此般若波羅蜜多故能迴向一切智智復
由迴向一切智智能令脩習無忘失法恒住
捨性得至究竟故此般若波羅蜜多於無忘

BD05389號　大般若波羅蜜多經卷一二五　（19–18）

於佛十力四無所畏四無礙解大慈大悲大
喜大捨十八佛不共法爲尊爲導慶喜當知
由此般若波羅蜜多故能迴向一切智智復
由迴向一切智智能令脩習無忘失法恒住
捨性得至究竟故此般若波羅蜜多於無忘
失法恒住捨性爲尊爲導慶喜當知由此般
若波羅蜜多故能迴向一切智智復由迴向
一切智智能令脩習一切智道相智一切相
智得至究竟故此般若波羅蜜多於一切智
道相智一切相智爲尊爲導慶喜當知由此
般若波羅蜜多故能迴向一切智智復由迴向
一切智智能令脩習一切陁羅尼門一切三
摩地門得至究竟故此般若波羅蜜多於彼
一切陁羅尼門一切三摩地門爲尊爲導慶
喜當知由此般若波羅蜜多故能迴向一切
智智復由迴向一切智智能令脩習菩薩摩
訶薩行得至究竟故此般若波羅蜜多於彼
菩薩摩訶薩行爲尊爲導慶喜當知由此般
若波羅蜜多故能迴向一切智智復由迴向
一切智智能令脩習無上正等菩提得至究
竟故此般若波羅蜜多於彼無上正等菩提
爲尊爲導

大般若波羅蜜多經卷第一百廿五

BD05389 號　大般若波羅蜜多經卷一二五

(19–19)

四大調適常爲諸天增加守護慈悲平等无
傷害心令諸衆生歸敬三寶皆願修習菩提
之行是爲四種利益之事世尊我等亦常
爲私經故隨逐如是持經之人所在住處爲
作利益佛言善哉善哉善男子如是如是汝
等應當勤心流布此妙經王則令正法久住
於世

金光明最勝王經夢見懺悔品第四

尒時妙幢菩薩親於佛前聞妙法已歡喜
踊躍一心思惟還至本處於夜夢中見大
金鼓光明晃耀猶如日輪於此光中得見十方
无量諸佛於寶樹下坐琉璃坐无量百千
大衆圍繞而爲說法見一婆羅門桴擊金鼓
出大音聲中演說微妙伽他明懺悔法妙幢
聞已皆悉憶持繫念而住至天曉已與无量
百千大衆圍繞持諸供具出王舍城詣鷲峯
山至世尊所礼佛足已布設香華右繞三帀

BD05390 號　金光明最勝王經卷二

(2–1)

金光明最勝王經夢見懺悔品第四
尒時妙幢菩薩親於佛前聞妙法已歡喜
踊躍一心思惟還至本處於夜夢中見大
金鼓光明晃耀猶如日輪於此光中得見十方
无量諸佛於寶樹下坐琉璃坐无量百千
大衆圍繞而為說法見一婆羅門桴擊金鼓
出大音聲聲中演說微妙伽他明懺悔法妙幢
聞已皆悉憶持繫念而住至天曉已與无量
百千大衆圍繞於諸供具出王舍城詣鷲峯
山至世尊所礼佛足已布設香華右繞三帀
退坐一面合掌恭敬瞻仰尊顏白佛言世尊
我於夢中見婆羅門以手執桴擊妙金鼓出
大音聲聲中演說微妙伽他明懺悔法我皆
憶持唯願世尊降大慈悲聽我所說即於佛
前而說頌曰
我於昨夜中　夢見大金鼓　其形甚姝妙　周遍有金光
猶如盛日輪　光明皆普耀　充遍十方界　咸見於諸佛
在於寶樹下　各處琉璃坐　无量百千衆　恭敬而圍繞
有一婆羅門　以杖擊金鼓　於其鼓聲內　說此妙伽他
金光明鼓出妙聲　遍至三千大千界
能滅三塗極重罪

BD05390號　金光明最勝王經卷二　（2–2）

…卷第十
三藏法師玄奘…
…五
…舍利子具壽大目連具
具壽善現等衆望所識諸大苾芻及苾芻
尼并諸菩薩摩訶薩衆鄔波索迦鄔波斯迦
從座起恭敬合掌俱白佛言世尊菩薩摩訶
薩所有般若波羅蜜多是大波羅蜜多世尊
菩薩摩訶薩所有般若波羅蜜多是廣波羅
蜜多世尊菩薩摩訶薩所有般若波羅蜜多
是第一波羅蜜多世尊菩薩摩訶薩所有般
若波羅蜜多是勝波羅蜜多世尊菩薩摩訶
薩所有般若波羅蜜多是妙波羅蜜多世尊
菩薩摩訶薩所有般若波羅蜜多是微妙波
羅蜜多世尊菩薩摩訶薩所有般若波羅蜜
多是尊波羅蜜多世尊菩薩摩訶薩所有般
若波羅蜜多是高波羅蜜多世尊菩薩摩訶
薩所有般若波羅蜜多是最波羅蜜多世尊
菩薩摩訶薩所有般若波羅蜜多是極波羅
蜜多世尊菩薩摩訶薩所有般若波羅蜜多
[illegible]

BD05391號　大般若波羅蜜多經卷一〇　（22–1）

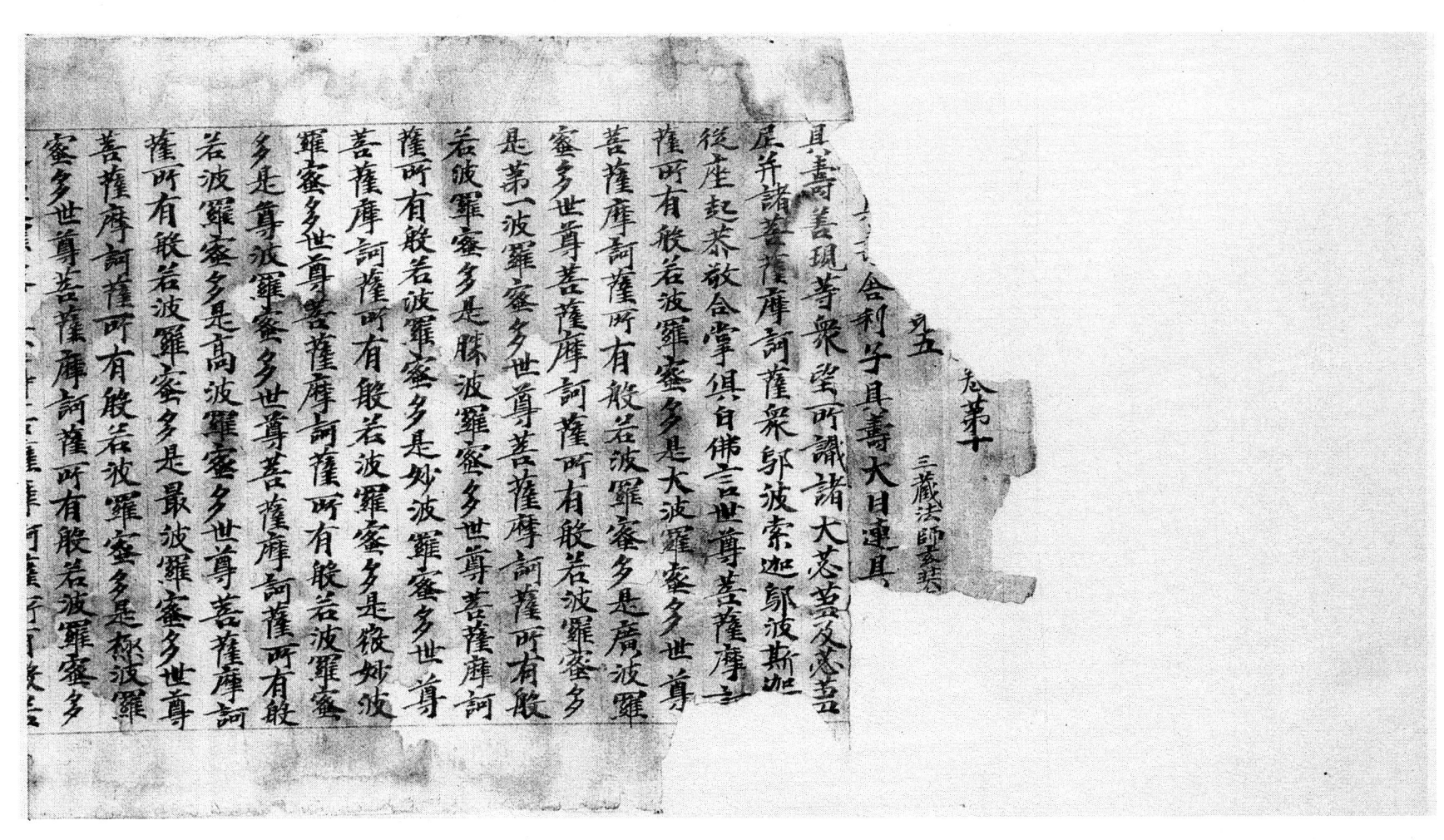

羅蜜多世尊菩薩摩訶薩所有般若波羅蜜
多是尊波羅蜜多世尊菩薩摩訶薩所有般
若波羅蜜多是高波羅蜜多世尊菩薩摩訶
薩所有般若波羅蜜多是最波羅蜜多世尊
菩薩摩訶薩所有般若波羅蜜多是極波羅
蜜多世尊菩薩摩訶薩所有般若波羅蜜多
是上波羅蜜多世尊菩薩摩訶薩所有般若
波羅蜜多是無上波羅蜜多世尊菩薩摩訶
薩所有般若波羅蜜多是無上上波羅蜜多
世尊菩薩摩訶薩所有般若波羅蜜多是等
波羅蜜多世尊菩薩摩訶薩所有般若波羅
蜜多是無等波羅蜜多世尊菩薩摩訶薩所
有般若波羅蜜多是無等等波羅蜜多世尊
菩薩摩訶薩所有般若波羅蜜多是無待對
波羅蜜多世尊菩薩摩訶薩所有般若波羅
蜜多是如虛空波羅蜜多世尊菩薩摩訶薩
所有般若波羅蜜多是自相空波羅蜜多世
尊菩薩摩訶薩所有般若波羅蜜多是共相
空波羅蜜多世尊菩薩摩訶薩所有般若波
羅蜜多是一切法空波羅蜜多世尊菩薩摩
訶薩所有般若波羅蜜多是不可得空波羅
蜜多世尊菩薩摩訶薩所有般若波羅蜜多
是無性空波羅蜜多世尊菩薩摩訶薩所有
般若波羅蜜多是自性空波羅蜜多世尊菩
薩摩訶薩所有般若波羅蜜多是無性自性
空波羅蜜多世尊菩薩摩訶薩所有般若波
羅蜜多是無變異空波羅蜜多世尊菩薩摩
訶薩所有般若波羅蜜多是無生波羅蜜多

BD05391號　大般若波羅蜜多經卷一〇　（22–2）

是無性空波羅蜜多世尊菩薩摩訶薩所有
般若波羅蜜多是自性空波羅蜜多世尊菩
薩摩訶薩所有般若波羅蜜多是無性自性
空波羅蜜多世尊菩薩摩訶薩所有般若波
羅蜜多是無變異空波羅蜜多世尊菩薩摩
訶薩所有般若波羅蜜多是無生波羅蜜多
世尊菩薩摩訶薩所有般若波羅蜜多是無
滅波羅蜜多世尊菩薩摩訶薩所有般若波
羅蜜多是無染波羅蜜多世尊菩薩摩訶薩
所有般若波羅蜜多是無淨波羅蜜多世尊
菩薩摩訶薩所有般若波羅蜜多是寂靜波
羅蜜多世尊菩薩摩訶薩所有般若波羅蜜
多是遠離波羅蜜多世尊菩薩摩訶薩所有
般若波羅蜜多是寂止波羅蜜多世尊菩薩
摩訶薩所有般若波羅蜜多是調伏波羅蜜
多世尊菩薩摩訶薩所有般若波羅蜜多是
明呪波羅蜜多世尊菩薩摩訶薩所有般若
波羅蜜多是誠諦波羅蜜多世尊菩薩摩訶
薩所有般若波羅蜜多是開發一切功德波
羅蜜多世尊菩薩摩訶薩所有般若波羅蜜
多是成就一切功德波羅蜜多世尊菩薩摩
訶薩所有般若波羅蜜多是能破一切波羅
蜜多世尊菩薩摩訶薩所有般若波羅蜜多
是不可屈伏波羅蜜多
世尊脩行般若波羅蜜多諸菩薩摩訶薩最
尊最勝最上最妙具大勢力能脩行無等等
布施能圓滿無等等布施能具足無等等布
[illegible]

BD05391號　大般若波羅蜜多經卷一〇　（22–3）

蜜多世尊菩薩摩訶薩所有般若波羅蜜多
是不可屈伏波羅蜜多
世尊修行般若波羅蜜多諸菩薩摩訶薩最
尊最勝最上最妙具大勢力能修行無等等
布施能圓滿無等等布施能具足無等等布
施波羅蜜多能得無等等自體所謂無邊殊
勝相好妙莊嚴身能證無等等妙法所謂無
上正等菩提世尊修行般若波羅蜜多諸菩
薩摩訶薩最尊最勝最上最妙具大勢力能
修行無等等戒能圓滿無等等淨戒能具
足無等等淨戒波羅蜜多能得無等等自體
所謂無邊殊勝相好妙莊嚴身能證無等等
妙法所謂無上正等菩提世尊修行般若波
羅蜜多諸菩薩摩訶薩最尊最勝最上最妙
具大勢力能修行無等等安忍能圓滿無等等
安忍能具足無等等安忍波羅蜜多能得
無等等自體所謂無邊殊勝相好妙莊嚴身
能證無等等妙法所謂無上正等菩提世尊
修行般若波羅蜜多諸菩薩摩訶薩最尊最
勝最上最妙具大勢力能修行無等等精進
能圓滿無等等精進能具足無等等精進波
羅蜜多能得無等等自體所謂無邊殊勝相
好妙莊嚴身能證無等等妙法所謂無上正
等菩提世尊修行般若波羅蜜多諸菩薩摩
訶薩最尊最勝最上最妙具大勢力能修行
無等等靜慮能圓滿無等等靜慮能具足
無等等靜慮波羅蜜多能得無等等自體所謂



好妙莊嚴身能證無等等妙法所謂無上正
等菩提世尊修行般若波羅蜜多諸菩薩摩
訶薩最尊最勝最上最妙具大勢力能修行
無等等靜慮能圓滿無等等靜慮能具足
無等等靜慮波羅蜜多能得無等等自體所謂
無邊殊勝相好妙莊嚴身能證無等等妙法
所謂無上正等菩提世尊修行般若波羅蜜多
諸菩薩摩訶薩最尊最勝最上最妙具大
勢力能修行無等等般若能圓滿無等等般
若能具足無等等般若波羅蜜多能得無等
等自體所謂無邊殊勝相好妙莊嚴身能證
無等等妙法所謂無上正等菩提
世尊修行般若波羅蜜多諸菩薩摩訶薩最
尊最勝最上最妙具大勢力能安住無等等
內空外空內外空空空大空勝義空有為空
無為空畢竟空無際空散空無變異空本性
空自相空共相空一切法空不可得空無性
空自性空無性自性空能圓滿無等等內空
乃至無性自性空能具足無等等內空乃至
無性自性空能得無等等自體所謂無邊殊
勝相好妙莊嚴身能證無等等妙法所謂無
上正等菩提世尊修行般若波羅蜜多諸菩
薩摩訶薩最尊最勝最上最妙具大勢力能
安住無等等真如法界法性不虛妄性不變
異性平等性離生性法定法住實際虛空界
不思議界能圓滿無等等真如乃至不思議
界能具足無等等真如乃至不思議界能得
無等等自體所謂無邊殊勝相好妙莊嚴身

薩摩訶薩
安住無等等真如法界法性不虛妄性不變
異性平等性離生性法定法住實際虛空界
不思議界能圓滿無等等真如乃至不思議
界能具足無等等真如乃至不思議界能得
無等等自體所謂無邊殊勝相好妙莊嚴身
能證無等等妙法所謂無上正等菩提世尊
脩行般若波羅蜜多諸菩薩摩訶薩最尊最
勝最上最妙具大勢力能脩行無等等四念
住四正斷四神足五根五力七等覺支八聖
道支能圓滿無等等四念住乃至八聖道支
能具足無等等四念住乃至八聖道支能得
無等等自體所謂無邊殊勝相好妙莊嚴身
能證無等等妙法所謂無上正等菩提世尊
脩行般若波羅蜜多諸菩薩摩訶薩最尊最
勝最上最妙具大勢力能安住無等等苦集
滅道聖諦能圓滿無等等苦集滅道聖諦能
具足無等等苦集滅道聖諦能得無等等自
體所謂無邊殊勝相好妙莊嚴身能證無等
等妙法所謂無上正等菩提世尊脩行般若
波羅蜜多諸菩薩摩訶薩最尊最勝最上最
妙具大勢力能脩行無等等四靜慮四無量
四無色定能圓滿無等等四靜慮四無量四
無色定能具足無等等四靜慮四無量四無
色定能得無等等自體所謂無邊殊勝相好
妙莊嚴身能證無等等妙法所謂無上正等
菩提世尊脩行般若波羅蜜多諸菩薩摩訶
薩最尊最勝最上最妙具大勢力能脩行無

BD05391 號　大般若波羅蜜多經卷一〇　　（22–6）

四無色定能
無色定能具足無等等四靜慮四無量四無
色定能得無等等自體所謂無邊殊勝相好
妙莊嚴身能證無等等妙法所謂無上正等
菩提世尊脩行般若波羅蜜多諸菩薩摩訶
薩最尊最勝最上最妙具大勢力能脩行無
等等八解脫八勝處九次第定十遍處能圓
滿無等等八解脫八勝處九次第定十遍處
能具足無等等八解脫八勝處九次第定十
遍處能得無等等自體所謂無邊殊勝相好
妙莊嚴身能證無等等妙法所謂無上正等
菩提世尊脩行般若波羅蜜多諸菩薩摩訶
薩最尊最勝最上最妙具大勢力能脩行無
等等空無相無願解脫門能圓滿無等等空
無相無願解脫門能具足無等等空無相無
願解脫門能得無等等自體所謂無邊殊勝
相好妙莊嚴身能證無等等妙法所謂無上
正等菩提世尊脩行般若波羅蜜多諸菩薩
摩訶薩最尊最勝最上最妙具大勢力能脩
行無等等陀羅尼門三摩地門能圓滿無等
等陀羅尼門三摩地門能具足無等等陀羅
尼門三摩地門能得無等等自體所謂無邊
殊勝相好妙莊嚴身能證無等等妙法所謂
無上正等菩提世尊脩行般若波羅蜜多諸
菩薩摩訶薩最尊最勝最上最妙具大勢力
能脩行無等等菩薩摩訶薩地能圓滿無等
等菩薩摩訶薩地能具足無等等菩薩摩訶
薩地能得無等等自體所謂無邊殊勝相好

BD05391 號　大般若波羅蜜多經卷一〇　　（22–7）

殊勝相好妙莊嚴身能證無等等妙法所謂
無上正等菩提世尊脩行般若波羅蜜多諸
菩薩摩訶薩最尊最勝最上最妙具大勢力
能脩行無等等菩薩摩訶薩地能圓滿無等
等菩薩摩訶薩地能具足無等等菩薩摩訶
薩地能得無等等自體所謂無邊殊勝相好
妙莊嚴身能證無等等妙法所謂無上正等
菩提世尊脩行般若波羅蜜多諸菩薩摩訶
薩最尊最勝最上最妙具大勢力能脩行無
等等五眼六神通能圓滿無等等五眼六神
通能具足無等等五眼六神通能得無等等
自體所謂無邊殊勝相好妙莊嚴身能證無
等等妙法所謂無上正等菩提世尊脩行般
若波羅蜜多諸菩薩摩訶薩最尊最勝最上
最妙具大勢力能脩行無等等佛十力四無
所畏四無礙解大慈大悲大喜大捨十八佛
不共法能圓滿無等等佛十力乃至十八佛
不共法能具足無等等佛十力乃至十八佛
不共法能得無等等自體所謂無邊殊勝相
好妙莊嚴身能證無等等妙法所謂無上正
等菩提世尊脩行般若波羅蜜多諸菩薩摩
訶薩最尊最勝最上最妙具大勢力能脩行
無等等無忘失法恒住捨性能圓滿無等等
無忘失法恒住捨性能具足無等等無忘失
法恒住捨性能得無等等自體所謂無邊殊
勝相好妙莊嚴身能證無等等妙法所謂無
上正等菩提世尊脩行般若波羅蜜多諸菩
薩摩訶薩最尊最勝最上最妙具大勢力能

BD05391號　大般若波羅蜜多經卷一〇　（22–8）

無等等無忘失法恒住捨性能圓滿無等等
無忘失法恒住捨性能具足無等等無忘失
法恒住捨性能得無等等自體所謂無邊殊
勝相好妙莊嚴身能證無等等妙法所謂無
上正等菩提世尊脩行般若波羅蜜多諸菩
薩摩訶薩最尊最勝最上最妙具大勢力能
脩行無等等一切智道相智一切相智能圓
滿無等等一切智道相智一切相智能具足
無等等一切智道相智一切相智能得無等
等自體所謂無邊殊勝相好妙莊嚴身能證
無等等妙法所謂無上正等菩提
世尊如來亦由脩行般若波羅蜜多能脩行
安住圓滿具足種種功德故得無等等色得
無等等受想行識證無等等菩提轉無等等
法輪度脫無量諸有情類令獲殊勝利益安
樂過去未來現在諸佛亦於般若波羅蜜多
精勤脩學種種功德皆悉圓滿已證無上正
等菩提當證無上正等菩提現證無上正等
菩提轉妙法輪度無量衆令獲殊勝利益安
樂是故世尊若菩薩摩訶薩欲於一切法度
至彼岸者當學般若波羅蜜多世尊脩行般
若波羅蜜多諸菩薩摩訶薩一切世間若天
若人阿素洛等皆應供養恭敬尊重讚歎守
護令於般若波羅蜜多精進脩行無障無礙
尒時世尊告諸聲聞及諸菩薩摩訶薩等言
如是如是如汝所說脩行般若波羅蜜多諸
菩薩摩訶薩一切世間若天若人阿素洛等

BD05391號　大般若波羅蜜多經卷一〇　（22–9）

護令於般若波羅蜜多精進脩行無障無礙
尒時世尊告諸聲聞及諸菩薩摩訶薩等言
如是如是如汝所說脩行般若波羅蜜多諸
菩薩摩訶薩一切世間若天若人阿素洛等
皆應供養恭敬尊重讚歎守護令於般若波
羅蜜多精進脩行無障無礙何以故由此菩薩
摩訶薩故世間得有人天出現所謂剎帝
利大族婆羅門大族長者大族居士大族若
轉輪王若四大王衆天三十三天夜摩天覩
史多天樂變化天他化自在天若梵衆天梵
輔天梵會天大梵天若光天少光天無量光
天極光淨天若淨天少淨天無量淨天遍淨
天若廣天少廣天無量廣天廣果天若無想
有情天若無繁天無熱天善現天善見天色
究竟天若空無邊處天識無邊處天無所有
處天非想非非想處天出現於世由此菩薩
摩訶薩故得有預流一來不還阿羅漢獨覺
菩薩摩訶薩及諸如來應正等覺出現於世
由此菩薩摩訶薩故世間得有三寶出現與
諸有情作大饒益由此菩薩摩訶薩故世間
得有種種資生樂具出現所謂飲食衣服臥
具房舍燈明末尼真珠瑠璃螺貝璧玉珊瑚
金銀等寶出現於世以要言之一切世間人
天等樂及涅槃樂無不皆由如是菩薩摩訶
薩有所以者何是菩薩摩訶薩自正脩行布
施淨戒安忍精進靜慮般若波羅蜜多亦教
他脩行自正安住內空外空內外空空空大

BD05391號　大般若波羅蜜多經卷一〇

（22–10）

金銀等寶出現於世以要言之一切世間人
天等樂及涅槃樂無不皆由如是菩薩摩訶
薩有所以者何是菩薩摩訶薩自正脩行布
施淨戒安忍精進靜慮般若波羅蜜多亦教
他脩行自正安住內空外空內外空空空大
空勝義空有為空無為空畢竟空無際空散
空無變異空本性空自相空共相空一切法
空不可得空無性空自性空無性自性空亦
教他安住自安住真如法界法性不虛妄性
不變異性平等性離生性法定法住實際虛
空界不思議界亦教他安住自正脩行四念
住四正斷四神足五根五力七等覺支八聖
道支亦教他脩行自正安住苦集滅道聖諦
亦教他安住自正脩行四靜慮四無量四無
色定亦教他脩行自正脩行八解脫八勝處
九次第定十遍處亦教他脩行自正脩行空
無相無願解脫門亦教他脩行自正脩行陀
羅尼門三摩地門亦教他脩行自正脩行諸
菩薩地亦教他脩行自正脩行五眼六神通
亦教他修行自正修行佛十力四無所畏四
無礙解大慈大悲大喜大捨十八佛不共法
亦教他脩行自正修行無忘失法恒住捨性
亦教他脩行自正修行一切智道相智一切
相智亦教他脩行是故由此修行般若波羅
蜜多諸菩薩摩訶薩一切有情皆得殊勝利
益安樂

初分現舌相品第六

BD05391號　大般若波羅蜜多經卷一〇

（22–11）

相智亦教他脩行是故由此修行般若波羅
蜜多諸菩薩摩訶薩一切有情皆得殊勝利
益安樂
初分現舌相品第六
尒時世尊現廣長舌相遍覆三千大千世界
復從舌相出無量無數種種色光普照十方
殑伽沙等諸佛世界是時東方殑伽沙等諸
佛土中各有無量無數菩薩摩訶薩覩斯光
已各詣其佛頂礼恭敬白言世尊是誰神力
復以何緣而有此瑞時彼諸佛各告菩薩摩
訶薩言善男子於此西方有佛世界名曰堪
忍佛号釋迦牟尼如來應正等覺明行圓滿
善逝世間解無上丈夫調御士天人師佛薄
伽梵今為菩薩摩訶薩衆說大般若波羅蜜
多現廣長舌相遍覆三千大千世界復從舌
相出無量無數種種色光普照十方殑伽沙
等諸佛世界今所見光即是彼佛舌相所現
時諸菩薩摩訶薩聞是事已歡喜踊躍各
白佛言我等欲往堪忍世界觀礼供養釋迦牟
尼佛及諸菩薩摩訶薩衆并聽般若波羅蜜
多唯願世尊哀愍聽許時彼諸佛各各告
言今正是時隨汝意往一一佛土無量無數菩
薩摩訶薩衆各礼佛足右繞七帀嚴持無量
寶幢幡蓋香鬘瓔珞金銀等華奏繫種種
上妙伎樂經須臾間至此佛所供養恭敬尊重
讚歎頂礼佛足却住一面
尒時南方殑伽沙等諸佛土中各有無量無

BD05391號　大般若波羅蜜多經卷一〇　(22–12)

薩摩訶薩衆各礼佛足右繞七帀嚴持無量
寶幢幡蓋香鬘瓔珞金銀等華奏繫種種
上妙伎樂經須臾間至此佛所供養恭敬尊重
讚歎頂礼佛足却住一面
尒時南方殑伽沙等諸佛土中各有無量無
數菩薩摩訶薩覩斯光已各詣其佛頂礼恭
敬白言世尊是誰神力復以何緣而有此瑞
時彼諸佛各告菩薩摩訶薩言善男子於此
北方有佛世界名曰堪忍佛号釋迦牟尼如
來應正等覺明行圓滿善逝世間解無上丈
夫調御士天人師佛薄伽梵今為菩薩摩訶
薩衆說大般若波羅蜜多現廣長舌相遍覆
三千大千世界復從舌相出無量無數種種
色光普照十方殑伽沙等諸佛世界今所見
光即是彼佛舌相所現時諸菩薩摩訶薩聞
是事已歡喜踊躍各白佛言我等欲往堪忍
世界觀礼供養釋迦牟尼佛及諸菩薩摩訶
薩衆并聽般若波羅蜜多唯願世尊哀愍聽
許時彼諸佛各各告言今正是時隨汝意往
一一佛土無量無數菩薩摩訶薩衆各礼佛
足右繞七帀嚴持無量寶幢幡蓋香鬘瓔
珞金銀等華奏繫種種上妙伎樂經須臾間至
此佛所供養恭敬尊重讚歎頂礼佛足却住
一面
尒時西方殑伽沙等諸佛土中各有無量無
數菩薩摩訶薩覩斯光已各詣其佛頂礼恭
敬白言世尊是誰神力復以何緣而有此瑞

BD05391號　大般若波羅蜜多經卷一〇　(22–13)

珞金銀等華奏繫種種上妙伎樂經須臾間至
此佛所供養恭敬尊重讚歎頂礼佛足却住
一面
尒時西方殑伽沙等諸佛土中各有無量無
數菩薩摩訶薩覩斯光已各詣其佛頂礼恭
敬白言世尊是誰神力復以何緣而有此瑞
時彼諸佛各告菩薩摩訶薩言善男子從此
東方有佛世界名曰堪忍佛号釋迦牟尼如
來應正等覺明行圓滿善逝世間解無上丈
夫調御士天人師佛薄伽梵今為菩薩摩訶
薩衆說大般若波羅蜜多現廣長舌相遍覆
三千大千世界復從舌相出無量無數種種
色光普照十方殑伽沙等諸佛世界今所見
光即是彼佛舌相所現時諸菩薩摩訶薩聞
是事已歡喜踴躍各白佛言我等欲往堪忍
世界觀礼供養釋迦牟尼佛及諸菩薩摩訶
薩衆并聽般若波羅蜜多唯願世尊哀愍聽
許時彼諸佛各各告言今正是時隨汝意往
一一佛土無量無數菩薩摩訶薩衆各礼佛
足右繞七帀嚴持無量寶幢幡蓋香鬘瓔珞
金銀等華奏繫種種上妙伎樂經須臾間至
此佛所供養恭敬尊重讚歎頂礼佛足却住
一面
尒時北方殑伽沙等諸佛土中各有無量無
數菩薩摩訶薩覩斯光已各詣其佛頂礼恭
敬白言世尊是誰神力復以何緣而有此瑞
時彼諸佛各告菩薩摩訶薩言善男子從此
南方有佛世界名曰堪忍佛号釋迦牟尼如

BD05391號　大般若波羅蜜多經卷一〇　（22–14）

一面
尒時北方殑伽沙等諸佛土中各有無量無
數菩薩摩訶薩覩斯光已各詣其佛頂礼恭
敬白言世尊是誰神力復以何緣而有此瑞
時彼諸佛各告菩薩摩訶薩言善男子從此
南方有佛世界名曰堪忍佛号釋迦牟尼如
來應正等覺明行圓滿善逝世間解無上丈
夫調御士天人師佛薄伽梵今為菩薩摩訶
薩衆說大般若波羅蜜多現廣長舌相遍覆
三千大千世界復從舌相出無量無數種種
色光普照十方殑伽沙等諸佛世界今所見
光即是彼佛舌相所現時諸菩薩摩訶薩聞
是事已歡喜踴躍各白佛言我等欲往堪忍
世界觀礼供養釋迦牟尼佛及諸菩薩摩訶
薩衆并聽般若波羅蜜多唯願世尊哀愍聽
許時彼諸佛各各告言今正是時隨汝意往
一一佛土無量無數菩薩摩訶薩衆各礼佛
足右繞七帀嚴持無量寶幢幡蓋香鬘瓔珞
金銀等華奏繫種種上妙伎樂經須臾間至
此佛所供養恭敬尊重讚歎頂礼佛足却住
一面
尒時東北方殑伽沙等諸佛土中各有無量
無數菩薩摩訶薩覩斯光已各詣其佛頂礼
恭敬白言世尊是誰神力復以何緣而有此
瑞時彼諸佛各告菩薩摩訶薩言善男子
此西南方有佛世界名曰堪忍佛号釋迦牟
尼如來應正等覺明行圓滿善逝世間解無
上丈夫調御士天人師佛薄伽梵今為菩薩

BD05391號　大般若波羅蜜多經卷一〇　（22–15）

無數菩薩摩訶薩觀斯光已各詣其佛頂礼
恭敬白言世尊是誰神力復以何緣而有此
瑞時彼諸佛各告菩薩摩訶薩言善男子
此西南方有佛世界名曰堪忍佛号釋迦牟
尼如来應正等覺明行圓滿善逝世間解無
上丈夫調御士天人師佛薄伽梵今為菩薩
摩訶薩衆說大般若波羅蜜多現廣長舌
相遍覆三千大千世界復從舌相出無量無數
種種色光普照十方殑伽沙等諸佛世界令
所見光即是彼佛舌相所現時諸菩薩摩訶
薩聞是事已歡喜踊躍各白佛言我等欲往
堪忍世界觀礼供養釋迦牟尼佛及諸菩薩
摩訶薩衆并聽般若波羅蜜多唯願世尊哀
愍聽許時彼諸佛各各告言今正是時隨汝
意往一一佛土無量無數菩薩摩訶薩衆各
礼佛足右繞七帀嚴持無量寶幢幡蓋香
鬘瓔珞金銀等華奏繫種種上妙伎樂經須臾
間至此佛所供養恭敬尊重讚歎頂礼佛足
却住一面
尒時東南方殑伽沙等諸佛土中各有無量
無數菩薩摩訶薩觀斯光已各詣其佛頂礼
恭敬白言世尊是誰神力復以何緣而有此
瑞時彼諸佛各告菩薩摩訶薩言善男子於
此西北方有佛世界名曰堪忍佛号釋迦牟
尼如来應正等覺明行圓滿善逝世間解無
上丈夫調御士天人師佛薄伽梵今為菩薩
摩訶薩衆說大般若波羅蜜多現廣長舌相
遍覆三千大千世界復從舌相出無量無數

BD05391號　大般若波羅蜜多經卷一〇　　（22–16）

瑞時彼諸佛各告菩薩摩訶薩言善男子於
此西北方有佛世界名曰堪忍佛号釋迦牟
尼如来應正等覺明行圓滿善逝世間解無
上丈夫調御士天人師佛薄伽梵今為菩薩
摩訶薩衆說大般若波羅蜜多現廣長舌相
遍覆三千大千世界復從舌相出無量無數
種種色光普照十方殑伽沙等諸佛世界令
所見光即是彼佛舌相所現時諸菩薩摩訶
薩聞是事已歡喜踊躍各白佛言我等欲往
堪忍世界觀礼供養釋迦牟尼佛及諸菩薩
摩訶薩衆并聽般若波羅蜜多唯願世尊哀
愍聽許時彼諸佛各各告言今正是時隨汝
意往一一佛土無量無數菩薩摩訶薩衆各
礼佛足右繞七帀嚴持無量寶幢幡蓋香鬘
瓔珞金銀等華奏繫種種上妙伎樂經須臾
間至此佛所供養恭敬尊重讚歎頂礼佛足
却住一面
尒時西南方殑伽沙等諸佛土中各有無量
無數菩薩摩訶薩觀斯光已各詣其佛頂礼
恭敬白言世尊是誰神力復以何緣而有此
瑞時彼諸佛各告菩薩摩訶薩言善男子於
此東北方有佛世界名曰堪忍佛号釋迦牟
尼如来應正等覺明行圓滿善逝世間解無
上丈夫調御士天人師佛薄伽梵今為菩薩
摩訶薩衆說大般若波羅蜜多現廣長舌相
遍覆三千大千世界復從舌相出無量無數
種種色光普照十方殑伽沙等諸佛世界令
所見光即是彼佛舌相所現時諸菩薩摩訶

BD05391號　大般若波羅蜜多經卷一〇　　（22–17）

尼如来應正等覺明行圓滿善逝世間解無
上丈夫調御士天人師佛薄伽梵今為菩薩
摩訶薩衆說大般若波羅蜜多現廣長舌相
遍覆三千大千世界復從舌相出無量無數
種種色光普照十方殑伽沙等諸佛世界今
所見光即是彼佛舌相所現時諸菩薩摩訶
薩聞是事已歡喜踊躍各白佛言我等欲往
堪忍世界觀礼供養釋迦牟尼佛及諸菩薩
摩訶薩衆并聽般若波羅蜜多唯願世尊哀
愍聽許時彼諸佛各各告言今正是時隨汝
意往一一佛土無量無數菩薩摩訶薩衆各
礼佛足右遶七帀嚴持無量寶幢幡蓋香鬘
瓔珞金銀等華奏繋種種上妙伎樂經須臾
間至此佛所供養恭敬尊重讚歎頂礼佛足
却住一面
尒時西北方殑伽沙等諸佛土中各有無量
無數菩薩摩訶薩覩斯光已各詣其佛頂礼
恭敬白言世尊是誰神力復以何緣而有此
瑞時彼諸佛各告善薩摩訶薩言善男子於
此東南方有佛世界名曰堪忍佛号釋迦牟
尼如来應正等覺明行圓滿善逝世間解無
上丈夫調御士天人師佛薄伽梵今為菩薩
摩訶薩衆說大般若波羅蜜多現廣長舌相
遍覆三千大千世界復從舌相出無量無數
種種色光普照十方殑伽沙等諸佛世界今
所見光即是彼佛舌相所現時諸菩薩摩訶
薩聞是事已歡喜踊躍各白佛言我等欲
往堪忍世界觀礼供養釋迦牟尼佛及諸菩薩



摩訶薩衆說大般若波羅蜜多現廣長舌相
遍覆三千大千世界復從舌相出無量無數
種種色光普照十方殑伽沙等諸佛世界今
所見光即是彼佛舌相所現時諸菩薩摩訶
薩聞是事已歡喜踊躍各白佛言我等欲
往堪忍世界觀礼供養釋迦牟尼佛及諸菩薩
摩訶薩衆并聽般若波羅蜜多唯願世尊
哀愍聽許時彼諸佛各各告言今正是時隨汝
意往一一佛土無量無數菩薩摩訶薩衆各
礼佛足右遶七帀嚴持無量寶幢幡蓋香鬘
瓔珞金銀等華奏繋種種上妙伎樂經須臾
間至此佛所供養恭敬尊重讚歎頂礼佛足
却住一面
尒時下方殑伽沙等諸佛土中各有無量無
數菩薩摩訶薩覩斯光已各詣其佛頂礼恭
敬白言世尊是誰神力復以何緣而有此瑞
時彼諸佛各告菩薩摩訶薩言善男子於此
上方有佛世界名曰堪忍佛号釋迦牟尼如
来應正等覺明行圓滿善逝世間解無上丈
夫調御士天人師佛薄伽梵今為菩薩摩訶
薩衆說大般若波羅蜜多現廣長舌相遍覆
三千大千世界復從舌相出無量無數種種
色光普照十方殑伽沙等諸佛世界今所見
光即是彼佛舌相所現時諸菩薩摩訶薩聞
是事已歡喜踊躍各白佛言我等欲往堪忍
世界觀礼供養釋迦牟尼佛及諸菩薩摩訶
薩衆并聽般若波羅蜜多唯願世尊哀愍聽
[illegible]

光即是彼佛舌相所現時諸菩薩摩訶薩聞
是事已歡喜踊躍各白佛言我等欲往堪忍
世界觀礼供養釋迦牟尼佛及諸菩薩摩訶
薩衆并聽般若波羅蜜多唯願世尊哀愍聽
許時彼諸佛各各告言今正是時隨汝意往
二佛土無量無數菩薩摩訶薩衆各礼佛
足右繞七帀嚴持無量寶幢幡蓋香鬘瓔
珞金銀等華奏鼛種種上妙伎樂經須臾間至
此佛所供養恭敬尊重讚歎頂礼佛足却住
一面
尒時上方殑伽沙等諸佛土中各有無量無
數菩薩摩訶薩覩斯光已各詣其佛頂礼恭
敬白言世尊是誰神力復以何緣而有此瑞
時彼諸佛各告菩薩摩訶薩言善男子於此
下方有佛世界名曰堪忍佛號釋迦牟尼如
來應正等覺明行圓滿善逝世間解無上丈
夫調御士天人師佛薄伽梵今為菩薩摩訶
薩衆說大般若波羅蜜多現廣長舌相遍
覆三千大千世界復從舌相出無量無數種種
色光普照十方殑伽沙等諸佛世界今所見
光即是彼佛舌相所現時諸菩薩摩訶薩聞
是事已歡喜踊躍各白佛言我等欲往堪忍
世界觀礼供養釋迦牟尼佛及諸菩薩摩訶
薩衆并聽般若波羅蜜多唯願世尊哀愍聽
許時彼諸佛各各告言今正是時隨汝意往
二佛土無量無數菩薩摩訶薩衆各礼佛
足右繞七帀嚴持無量寶幢幡蓋香鬘瓔珞



世界觀礼供養釋迦牟尼佛及諸菩薩摩訶
薩衆并聽般若波羅蜜多唯願世尊哀愍聽
許時彼諸佛各各告言今正是時隨汝意往
二佛土無量無數菩薩摩訶薩衆各礼佛
足右繞七帀嚴持無量寶幢幡蓋香鬘瓔珞
金銀等華奏鼛種種上妙伎樂經須臾間至
此佛所供養恭敬尊重讚歎頂礼佛足却住
一面
尒時四大王衆天乃至他化自在天梵衆天
乃至色究竟天各持無量種種香鬘所謂塗
香末香燒香樹香葉香諸雜和香悅意華
鬘生類華鬘龍錢華鬘并無量種衆雜華鬘
及持無量種種天華嗢鉢羅華鉢特摩華俱某
陁華奔荼利華微妙音華大微妙音華及
餘無量種種天華來至佛所供養恭敬尊重讚
歎頂礼佛足却住一面
尒時十方諸來菩薩摩訶薩衆及餘無量欲
色界天所獻種種寶幢幡蓋蓋珎妙瓔珞種種
香華以佛神力上踊雲中合成臺蓋遍覆三
千大千佛土臺頂四角各有寶幢臺蓋寶幢
皆垂瓔珞賸幡妙綵珎異華鬘種種莊嚴甚
可愛樂時此會中有百千俱胝那庾多有情
皆從座起合掌恭敬而白佛言世尊我等未
來願得作佛相好威德如今世尊國土莊嚴
聲聞菩薩天人衆會所轉法輪並如今佛尒
時世尊知其心願已於諸法悟無生忍了達
一切不生不滅無作無為即便微笑面門復

千大千佛土臺頂四角各有寶幢臺蓋寶幢
皆垂瓔珞寶幡妙綵珎異華鬘種種莊嚴甚
可愛樂時此會中有百千俱胝那庾多有情
皆從座起合掌恭敬而白佛言世尊我等未
來願得作佛相好威德如今世尊國土莊嚴
聲聞菩薩天人衆會所轉法輪並如今佛爾
時世尊知其心願已於諸法悟無生忍了達
一切不生不滅無作無爲即便微笑面門復
出種種色光尊者阿難即從座起合掌恭敬
白言世尊何因何緣現此微笑佛告阿難是
從座起百千俱胝那庾多衆已於諸法悟無
生忍於當來世經六十八俱胝大劫脩菩薩
行華積劫中當得作佛皆同一号謂覺分華
如來應正等覺明行圓滿善逝世間解無上
丈夫調御士天人師佛薄伽梵

大般若波羅蜜多經卷第十

BD05391號　大般若波羅蜜多經卷一〇　　(22–22)

不得大嚼飯食應當學
不得舌舐食應當學
不得振手食應當學
不得手把散飯食應當學
不得汙手捉飲器應當學
不得洗鉢水棄白衣舍內應當學
不得生草菜上大小便涕唾除病應當學
不得淨水中大小便涕唾除病應當學　卒
不得立大小便除病應當學
不得与反抄衣不恭敬說法除病應當學
不得爲衣纏頸者說法除病應當學
不得爲覆頭者說法除病應當學
不得爲裹頭者說法除病應當學
不得爲叉腰者說法除病應當學
不得爲著革屣者說法除病應當學
不得爲著木屐者說法除病應當學
不得爲騎乘者說法除病應當學
不得在佛塔中止宿除爲守護故應當學　卒

BD05392號　四分律比丘戒本　　(2–1)

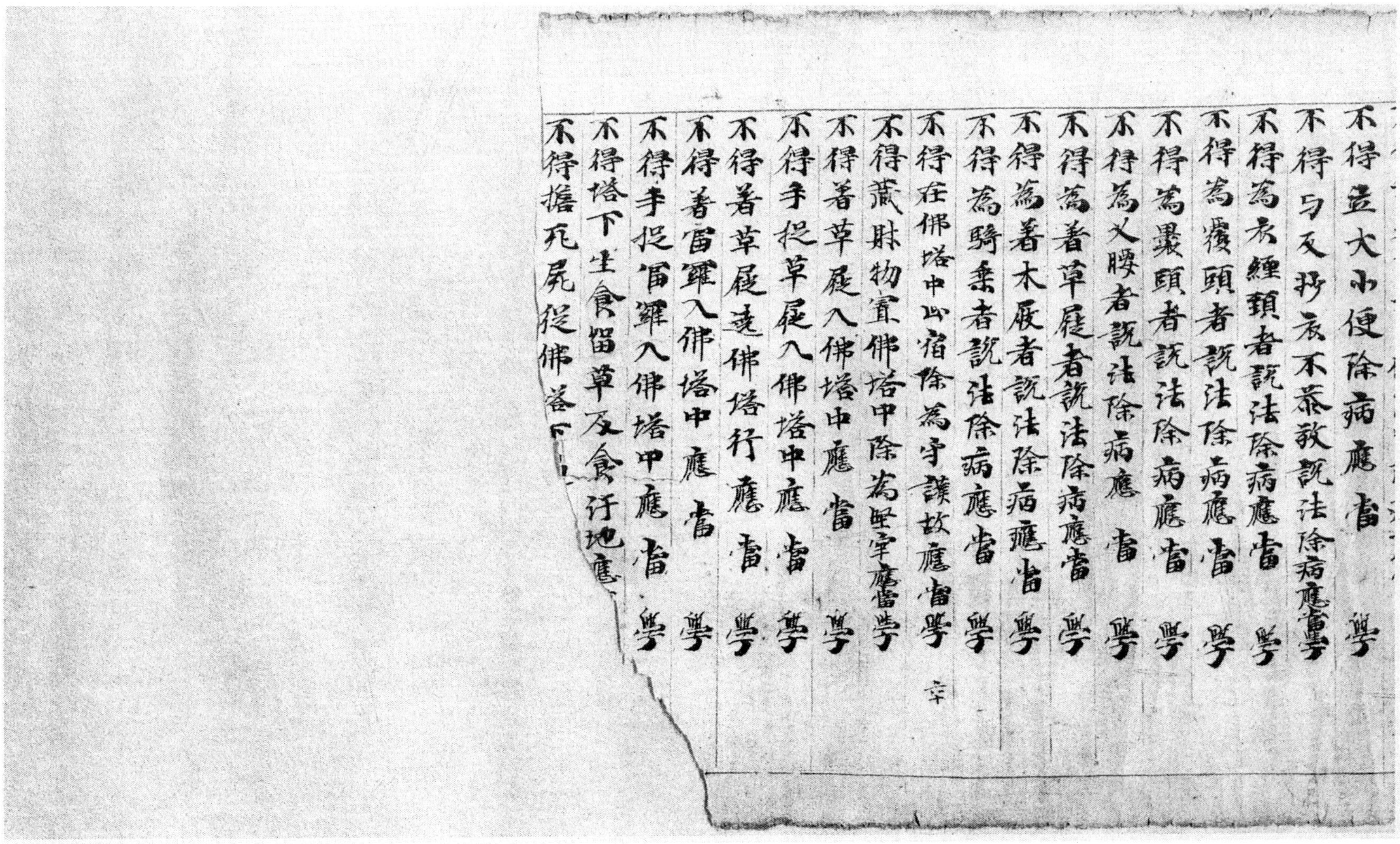
不得立大小便除病應當學
不得与反抄衣不恭敬説法除病應當學
不得為衣纏頸者説法除病應當學
不得為覆頭者説法除病應當學
不得為裹頭者説法除病應當學
不得為叉腰者説法除病應當學
不得為著革屣者説法除病應當學
不得為著木屐者説法除病應當學
不得為騎乘者説法除病應當學
不得在佛塔中止宿除為守護故應當學 卒
不得藏財物置佛塔中除為堅牢應當學
不得著革屣入佛塔中應當學
不得手捉革屣入佛塔中應當學
不得著革屣遶佛塔行應當學
不得著富羅入佛塔中應當學
不得手捉富羅入佛塔中應當學
不得塔下坐食留草及食汙地應
不得擔死屍從佛塔

BD05392 號　四分律比丘戒本　（2–2）

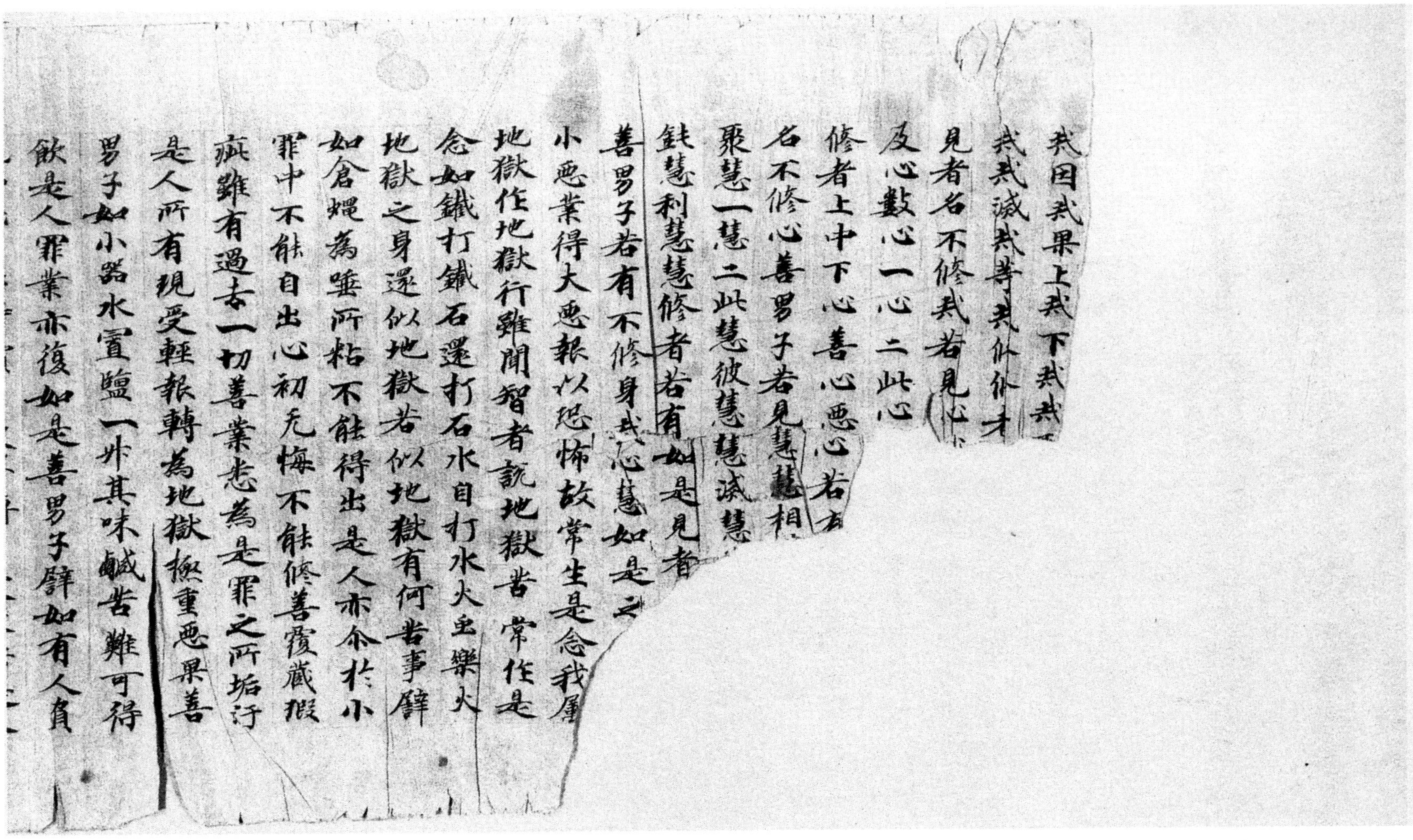
戒因戒果上戒下戒戒
戒戒滅戒等戒作作才
見者名不修戒若見心
及心數心一心二此心
修者上中下心善心惡心若在
名不修心善男子若見慧相
聚慧一慧二此慧彼慧慧滅慧
鈍慧利慧慧修者若有如是見者
善男子若有不修身戒心慧如是之
小惡業得大惡報以怨怖故常生是念我屬
地獄作地獄行雖聞智者説地獄苦常作是
念如鐵打鐵石還打石水自打水火自樂火
地獄之身還似地獄若似地獄有何苦事譬
如倉蠅為唾所粘不能得出是人亦爾於小
罪中不能自出心初无悔不能修善覆藏瑕
疵雖有過去一切善業悉為是罪之所垢汙
是人所有現受輕報轉為地獄極重惡果善
男子如小器水置鹽一升其味鹹苦難可得
飲是人罪業亦復如是善男子譬如有人負

BD05393 號　大般涅槃經（北本　宮本）卷三二　（18–1）

如倉蠅為唾所粘不能得出是人亦尓於小
罪中不能自出心初无悔不能修善覆藏瑕
疵雖有過去一切善業悉為是罪之所垢汙
是人所有現受輕報轉為地獄極重悪果善
男子如小器水置鹽一升其味鹹苦難可得
飲是人罪業亦復如是善男子辟如有人負
他一錢不能得償身被繫縛多受衆苦是人
罪業亦復如是師子吼菩薩言世尊是人何
故令現輕報轉地獄受佛言善男子一切衆
生若具五事令現輕報轉地獄受何等為五
一者愚癡故二者善根微少故三者悪業深
重故四者不懺悔故五者不修本善業故復
有五事一者修集悪業故二者无戒財故三
者遠離善根故四者不修身戒心慧故五者
親近悪知識故善男子是故能令現世輕報
地獄重受師子吼言世尊何等人能轉地獄
報現世輕受善男子若有修集身戒心慧如
先所說能觀諸法同如虗空不見智慧不見
智者不見愚癡不見愚者不見修集及修集者
是名智者如是之人則能修集身戒心慧是
人能令地獄果報現世輕受是人設作極重
悪業思惟觀察能令輕微作是念言我業
雖重不如善業辟如疊華雖復百斤終不能
敵真金一兩如恒河中投一升鹽水无鹹味飲
者不覺如具富者雖多負人千万寶物无能

BD05393號　大般涅槃經（北本　宮本）卷三二

（18–2）

是名智者如是之人則能修集身戒心慧是
人能令地獄果報現世輕受是人設作極重
悪業思惟觀察能令輕微作是念言我業
雖重不如善業辟如疊華雖復百斤終不能
敵真金一兩如恒河中投一升鹽水无鹹味飲
者不覺如具富者雖多負人千万寶物无能
繫縛令其受苦如大香象能壞鏁鑠自在而
去智慧之人亦復如是常思惟言我善力多
悪業羸弱我能發露懺悔除悪能修智慧
智慧力多无明力少如是念已親近善友修集
正見受持讀誦書寫解說十二部經見有受
持讀誦書寫解說之者心生恭敬兼以衣食
房舍卧具醫藥香華而供養之讚歎尊重所
至到處稱說其善不訟其短供養三寶敬信
方等大涅槃經如來常恒无有變易一切衆
生悉有佛性是人能令地獄重報現世輕受
善男子以是義故非一切業悉有定果亦非
一切衆生定受師子吼菩薩言世尊若一切
業不定得果一切衆生悉有佛性應當修集
八聖道者何因緣故一切衆生悉不得是大
般涅槃世尊若一切衆生有佛性者即當
定得阿耨多羅三藐三菩提何須修集八正
道耶世尊如此經中說有病人若得醫藥及
瞻病人隨病飲食若使不得皆悉除差一切衆
生亦復如是若遇聲聞及辟支佛諸佛菩薩

BD05393號　大般涅槃經（北本　宮本）卷三二

（18–3）

般涅槃世尊若一切衆生有佛性者即當
定得阿耨多羅三藐三菩提何須修集八正
道耶世尊如此經中說有病人若得醫藥及
瞻病人隨病飲食若使不得皆悉除差一切衆
生亦復如是若遇聲聞及辟支佛諸佛菩薩
諸善知識若聞說法修集聖道若不遇不聞
不修集道悉當得成阿耨多羅三藐三菩提
何以故以佛性故世尊譬如日月无有能遮
令不得至頻多山邊四大河水不至大海一
闡提等不至地獄一切衆生亦復如是无有
能遮令不得至阿耨多羅三藐三菩提何以
故以佛性故世尊以是義故一切衆生不須
修道以佛性力故應得阿耨多羅三藐三菩
提不以修集聖道力故世尊若一闡提犯四
重禁作五逆罪等不得阿耨多羅三藐三菩
提者應須修集以因佛性定當得故非因修
集然後得也世尊譬如慈石去鐵雖遠以其
力故鐵則隨著衆生佛性亦復如是是故不
須勤修集道佛言善哉善哉善男子如恒河
邊有七種人若為洗浴恐畏寇賊或為採華
則入河中第一人者入水則沉何以故羸无
勢力不習浮故第二人者雖復還出出已復
沒何以故身力大故則能還出不習浮故出
已還沒第三人者沒已即出出便不沒何以



則入河中第一人者入水則沉何以故羸无
勢力不習浮故第二人者雖復還出出已復
沒何以故身力大故則能還出不習浮故出
已還沒第三人者沒已即出出便不沒何以
故身重故沒力大故出先習浮故出已即住
第四人者入已便沒沒已還出出已即住遍
觀四方何以故重故則沒力大故還出習浮
故則住不知出處故觀四方第五人者入已
即沒沒已便出出已即住住已觀方觀已即
去何以故為怖畏故第六人者出已即去淺
處則住何以故觀賊近遠故第七人者既至
彼岸登上高山无復恐怖離諸怨賊受大快
樂善男子生死大河亦復如是有七種人畏
煩惱賊故發意欲度生死大河出家剃髮身
被法服既出家已親近惡友隨順其教聽受
耶法所謂衆生身者即是五陰五陰者即名
五大衆生若死永斷五大斷五大故何須
修集善惡諸業是故當知无有善惡及善
惡報如是則名一闡提也一闡提者名斷善根
斷善根故沒生死河不能得出何以故惡業重
故无信力故如恒河邊第一人也善男子一
闡提輩有六因緣沒三惡道不能得出何等
為六一者惡心熾盛故二者不見後世故三
者樂習煩惱故四者遠離善根故五者惡業

故无信力故如恒河邊第一人也善男子一
闡提輩有六因緣沒三惡道不能得出何等
爲六一者惡心熾盛故二者不見後世故三
者樂習煩惱故四者遠離善根故五者惡業
鄣隔故六者親近惡知識故復有五事沒三
惡道何等爲五一者於比丘邊作非法故二
者於比丘尼邊作非法故三者自在用僧鬘
物故四者母邊作非法故五者於五部僧互
生是非故復有五事沒三惡道何等爲五一
者常說无善惡果故二者煞發菩提心衆生
故三者喜說法師過失故四者法說非法非
法說法故五者爲求法過而聽受故復有三
事沒三惡道何等爲三一謂如來无常永滅
二謂正法无常遷變三謂僧寶可滅壞故是
故常沒三惡道中第二人者發意欲度生死
大河斷善根故沒不能出所言出者親近善
友則得信心是信心者信施施果信善善果
信惡惡果信生死苦无常敗壞是名爲信以
得信心修集淨戒受持讀誦書寫解說常樂
慧施善修智慧以鈍根故復遇惡友不能修
集身戒心慧聽受邪法或值惡時處惡國土
斷諸善根斷善根故常沒生死如恒河邊第
二人也第三人者發意欲度生死大河斷善
根故於中沉沒親近善友得名爲出信於如來
是一切智常恒无變爲衆生故說无上道



斷諸善根斷善根故常沒生死如恒河邊第
二人也第三人者發意欲度生死大河斷善
根故於中沉沒親近善友得名爲出信於如來
是一切智常恒无變爲衆生故說无上道
一切衆生悉有佛性如來非滅法僧亦尒无
有滅壞一闡提等不斷其法終不能得阿耨
多羅三藐三菩提要當遠離然後乃得以信
心故修集淨戒修集淨戒已受持讀誦書寫
解說十二部經爲諸衆生廣宣流布樂於惠
施修集智慧以利根故堅住信慧心无退轉
如恒河邊第三人也第四人者發意欲度生
死大河斷善根故於中沉沒親近善友故得
信心是名爲出得信心故受持讀誦書寫解
說十二部經爲衆生故廣宣流布樂於惠施
修集智慧以利根故堅住信慧心无退轉遍
觀四方觀四方者四沙門果如恒河邊第四
人也第五人者發意欲度生死大河斷善根
故於中沉沒親近善友故得信心是名爲出
以信心故受持讀誦書寫解說十二部經爲
衆生故廣宣流布樂於惠施修集智慧以利
根故堅住信慧心无退轉无退轉已即便前
進前進者謂辟支佛雖能自度不兼衆生是
名爲去如恒河邊第五人也第六人者發意
欲度生死大河斷善根故於中沉沒親近善

根故堅住信慧心无退轉无退轉已即便前
進前進者謂辟支佛雖能自度不兼衆生是
名爲去如恒河邊第五人也第六人者發意
欲度生死大河斷善根故於中沉沒親近善
友獲得信心得信心故名之爲出以信心故
受持讀誦書寫解說十二部經爲衆生故廣
宣流布樂於惠施修集智慧以利根故堅住
信慧心无退轉无退轉已即復前進遂到淺
處到淺處已即住不去住不去者所謂菩薩
爲欲度脫諸衆生故住觀煩惱如恒河邊第
六人也第七人者發意欲度生死大河斷善
根故於中沉沒親近善友獲得信心得信心
已是名爲出以信心故受持讀誦書寫解說
十二部經爲衆生故廣宣流布樂於惠施修
集智惠以根利故堅住信慧心无退轉无退
轉已即便前進既前進已得到彼岸登步高
山離諸恐怖多受安樂善男子彼岸山者喻
於如來受安樂者喻佛常住大高山者喻大
涅槃善男子是恒河邊如是諸人悉具手足
而不能度一切衆生亦復如是實有佛寶法
寶僧寶如來常說諸法要義有八聖道大般
涅槃而諸衆生悉不能得此非我咎亦非聖
道衆生等過當知悉是煩惱過惡以是義故
一切衆生不得涅槃善男子辟如良醫知病

BD05393號　大般涅槃經（北本　宮本）卷三二　（18–8）

寶僧寶如來常說諸法要義有八聖道大般
涅槃而諸衆生悉不能得此非我咎亦非聖
道衆生等過當知悉是煩惱過惡以是義故
一切衆生不得涅槃善男子辟如良醫知病
說藥病者不服非醫咎也善男子如有施主
以其所有施一切人有不受者非施主咎也
善男子辟如日出幽冥皆明盲瞽之人不見
道路非日過也善男子如恒河水能除渴之渴
者不飲非水過咎善男子辟如大地普生
菓實平等无二農夫不種非地過也善男子
如來普爲一切衆生廣開分別十二部經衆
生不受非如來咎善男子若修道者即得阿
耨多羅三藐三菩提善男子汝言衆生悉有
佛性得阿耨多羅三藐三菩提如慈石者善
哉善哉以有佛性因緣力故得阿耨多羅三
藐三菩提若言不須修聖道者是義不然善
男子辟如有人行於曠野渴乏遇井其井幽
深雖不見水當知必有是人方便求覓瓘綆
汲取則見佛性亦尒一切衆生雖復有之要
須修集无漏聖道然後得見善男子如有胡
麻則得見油離諸方便則不得見苷蔗亦尒
善男子如三十三天北鬱單曰雖是有法若
无善業神通道力則不能見地中草根及地
下水以地覆故衆生不見佛性亦尒不修聖
道故不得見善男子如汝所說世有病人若

BD05393號　大般涅槃經（北本　宮本）卷三二　（18–9）

善男子如三十三天北欝單日雖是有法若
无善業神通道力則不能見地中草根及地
下水以地覆故衆生不見佛性亦尒不修聖
道故不得見善男子如汝所說世有病人若
遇瞻病良醫好藥隨病飲食及以不遇悉得
善者善男子我為六住諸菩薩等說如是義
善男子譬如虛空於諸衆生非内非外非内
外故亦无罣閡衆生佛性亦復如是善男子
譬如有人財在異方雖不現前隨意受用有
人問之則言我許何以故以定有故衆生佛
性亦復如是非此非彼以定得故言一切有
善男子譬如衆生造作諸業若善若惡非内
非外如是業性非有非无亦復非是本无今
有非无因出非此作此受此作彼受彼作彼
受无作无受時節和合而得果報衆生佛性
亦復如是亦復非是本无今有非内非外非
有非无非此非彼非餘處来非无因緣亦非
一切衆生不見有諸菩薩時節因緣和合得
見時節者所謂十住菩薩摩訶薩修八聖道
於諸衆生得平等心尒時得見不名為作善
男子汝言如慈石者是義不然何以故石不
吸鐵所以者何无心業故善男子異法有故
異法出生異法无故異法滅壞无有作者无
有壞者善男子猶如猛火不能焚薪火出薪

BD05393 號　大般涅槃經（北本　宮本）卷三二

（18–10）

男子汝言如慈石者是義不然何以故石不
吸鐵所以者何无心業故善男子異法有故
異法出生異法无故異法滅壞无有作者无
有壞者善男子猶如猛火不能焚薪火出薪
壞名為焚薪善男子譬如葵藿隨日而轉而
是葵藿亦无敬心无識无業異法性故而自
迴轉善男子如芭蕉樹因雷增長是樹无耳
无心意識異法有故異法增長異法无故異
法滅壞善男子如阿那迦樹女人摩觸華為
之出是樹无心亦无覺觸異法有故異法出
生異法无故異法滅壞善男子如橘得死屍
菓則滋多而是橘樹无心无觸異法有故異
法滋多異法无故異法滅壞善男子如安石
榴塼骨糞故菓實繁茂安石榴樹亦无心觸
異法有故異法出生異法无故異法滅壞善
男子慈石吸鐵亦復如是異法有故異法出
生異法无故異法滅壞衆生佛性亦復如是
不能吸得阿耨多羅三藐三菩提善男子无
明不能吸取諸行行亦不能吸取識也亦得
名為无明緣行行緣於識有佛无佛法界常
住善男子若言佛性住衆生中者善男子常
法无住若有住處即是无常善男子如十二
因緣无定住處若有住處十二因緣不得名
常如来法身亦无住處法界法入法陰虛空

BD05393 號　大般涅槃經（北本　宮本）卷三二

（18–11）

名為无明緣行行緣於諸有佛无佛法界常
住善男子若言佛性住衆生中者善男子常
法无住若有住處即是无常善男子如十二
因緣无定住處若有住處十二因緣不得名
常如來法身亦无住處法界法入法陰虛空
悉无住處佛性亦尒都无住處善男子譬如
四大力雖均等有堅有熱有濕有動有輕有
重有赤有白有黃有黑而是四大亦无有業
異法界故各不相似佛性亦尒異法界故時
至則見善男子一切衆生不退佛性故名之
為有阿毗跋致以當有故决定得故定當
見故是故名為一切衆生悉有佛性善男子
譬如有王告一大臣汝牽一象以示盲者尒
時大臣受王勑已多集衆盲以象示之時彼
衆盲各以手觸大臣即還而白王言臣已示
竟尒時大王即喚衆盲各各問言汝見象不
衆盲各言我已得見王言象為何類其觸牙
者即言象形如萊茯根其觸耳者言象如箕
其觸頭者言象如石其觸鼻者言象如杵其
觸脚者言象如木臼其觸脊者言象如牀其
觸腹者言象如甕其觸尾者言象如繩善男
子如彼衆盲不說象體亦非不說若是衆相
悉非象者離是之外更无別象善男子王喻
如來正遍知也臣喻方等大涅槃經象喻佛
性盲喻一切无明衆生是諸衆生聞佛說已

BD05393 號　大般涅槃經（北本　宮本）卷三二　（18–12）

觸腹者言象如甕其觸尾者言象如繩善男
子如彼衆盲不說象體亦非不說若是衆相
悉非象者離是之外更无別象善男子王喻
如來正遍知也臣喻方等大涅槃經象喻佛
性盲喻一切无明衆生是諸衆生聞佛說已
或作是言色是佛性何以故是色雖滅次第
相續是故獲得无上如來三十二相如來色
常如來色者常不斷故是故說色名為佛性
譬如真金質雖遷變色常不異或時作釧作
虵作槃然其黃色初无改易衆生佛性亦復
如是質雖无常而色是常以是故說色為佛
性或有說言受是佛性何以故受因緣故獲
得如來真實之樂如來受者謂畢竟受第一
義受衆生受性雖復无常然其次第相續不
斷是故獲得如來常受譬如有人姓憍尸迦
人雖无常而姓是常逕千万世无有改易衆生
佛性亦復如是以是故說受為佛性又有說
言想是佛性何以故想因緣故獲得如來
真實之想如來想者名无想想无想想者非
衆生想非男女想亦非色受想行識想非想
斷想衆生之想雖復无常以想次第相續不斷
故得如來常恒之想善男子譬如衆生十
二因緣衆生雖滅而因緣常衆生佛性亦復
如是以是故說想為佛性又有說言行為佛

BD05393 號　大般涅槃經（北本　宮本）卷三二　（18–13）

衆生想非男女想亦非色受想行識想非想
斷想衆生之想雖復无常以想次第相續不斷
故得如来常恒之想善男子譬如衆生十
二因緣衆生雖滅而因緣常衆生佛性亦復
如是以是故說想為佛性又有說言行為佛
性何以故行名壽命壽命因緣故獲得如来
常住壽命衆生壽命雖復无常而壽次第相
續不斷故得如来真實常壽善男子譬如十
二部經聽者說者雖復无常而是經典常存
不變衆生佛性亦復如是以是故說行為佛
性又有說言識為佛性識因緣故獲得如来
平等之心衆生意識雖復无常而識次第相
續不斷故得如来真實常心如火熱性火雖
无常熱非无常衆生佛性亦復如是以是故
說識為佛性又有說言離陰有我我是佛性
何以故我因緣故獲得如来八自在我有諸
外道說言去来見聞悲喜語說為我如是我
相雖復无常而如来我真實是常善男子如
陰界入雖復无常而名是常衆生佛性亦復
如是
善男子如彼盲人各各說象雖不得實非不
說象說佛性者亦復如是非即六法不離六
法善男子是故我說衆生佛性非色不離色
乃至非我不離我善男子有諸外道雖說有



如是
善男子如彼盲人各各說象雖不得實非不
說象說佛性者亦復如是非即六法不離六
法善男子是故我說衆生佛性非色不離色
乃至非我不離我善男子有諸外道雖說有
我而實无我衆生我者即是五陰離陰之外
更无別我善男子譬如莖葉鬚臺合為蓮華
離是之外更无別華衆生我者亦復如是善
男子譬如墻壁草木和合名之為舍離是之
外更无別舍如佉陀羅樹波羅奢樹尼拘陀
樹欝曇鉢樹和合為林離是之外更无別林
譬如車兵象馬步兵和合為軍離是之外更
无別軍譬如五色雜綖和合名之為綺離是
之外更无別綺如四性和合名為大衆離是
之外更无別衆衆生我者亦復如是離五陰
外更无別我善男子如来常住則名為我如
来法身无邊无閡不生不滅得八自在是名
為我衆生真實无如是我及以我所但以畢
定當得畢竟第一義空故名佛性善男子大
慈大悲名為佛性何以故大慈大悲常隨菩
薩如影隨形一切衆生畢定當得大慈大悲
是故說言一切衆生悉有佛性大慈大悲者
名為佛性佛性者名為如来大喜大捨名為
佛性何以故菩薩摩訶薩若不能捨二十五

慈大悲名為佛性何以故大慈大悲常隨菩
薩如影隨形一切衆生畢定當得大慈大悲
是故說言一切衆生悉有佛性大慈大悲者
名為佛性佛性者名為如來大喜大捨名為
佛性何以故菩薩摩訶薩若不能捨二十五
有則不能得阿耨多羅三藐三菩提以諸衆
生畢當得故是故說言一切衆生悉有佛性
大喜大捨者即是佛性佛性者即是如來佛
性者名大信心何以故以信心故菩薩摩訶
薩則能具足檀波羅蜜乃至般若波羅蜜一
切衆生畢定當得大信心故是故說言一切
衆生悉有佛性大信心者即是佛性佛性者
即是如來佛性者名一子地何以故以一子
地因緣故菩薩則於一切衆生得平等心一
切衆生畢定當得一子地故是故說言一切
衆生悉有佛性一子地者即是佛性佛性者
即是如來佛性者名第四地力何以故以第
四地力因緣故菩薩則能教化衆生一切衆
生畢定當得第四力故是故說言一切衆生
悉有佛性第四力者即是佛性佛性者即是
如來佛性者名十二因緣何以故以因緣故
如來常住一切衆生定有如是十二因緣是
故說言一切衆生悉有佛性十二因緣即是
佛性佛性者即是如來佛性者名四无閡智

BD05393號　大般涅槃經（北本　宮本）卷三二　　（18–16）

如來佛性者名十二因緣何以故以因緣故
如來常住一切衆生定有如是十二因緣是
故說言一切衆生悉有佛性十二因緣即是
佛性佛性者即是如來佛性者名四无閡智
以四无閡因緣故說字義无閡字義无閡故
能化衆生四无閡者即是佛性佛性者即是
如來佛性者名頂三昧以修如是頂三昧故
則能揔攝一切佛法是故說言頂三昧者名
為佛性十住菩薩修是三昧未得具足雖見
佛性而不明了一切衆生畢定得故是故說
言一切衆生悉有佛性善男子如上所說種
種諸法一切衆生定當得故是故說言一切
衆生悉有佛性善男子我若說色是佛性者
衆生聞已則生耶倒以耶倒故命終則生阿
鼻地獄如來說法為斷地獄是故不說色是
佛性乃至說識亦復如是善男子若諸衆生
子佛性者則不須修道十住菩薩修八聖道
少見佛性況不修者而得見耶善男子如文
殊師利諸菩薩等已无量世修集聖道了知
佛性云何聲聞辟支佛等能知佛性若諸衆
生欲得了了知佛性者應當一心受持讀誦
書寫解說供養恭敬尊重讚歎是涅槃經見
有受持乃至讚歎如是經者應當以好房舍
衣服飲食卧具病瘦醫藥而供給之兼復讚

BD05393號　大般涅槃經（北本　宮本）卷三二　　（18–17）

佛性云何聲聞辟支佛等能知佛性若諸衆
生欲得了了知佛性者應當一心受持讀誦
書寫解說供養恭敬尊重讚歎是涅槃經見
有受持乃至讚歎如是經者應當以好房舍
衣服飲食卧具病瘦醫藥而供給之兼復讚
歎礼拜問訊善男子若有已於過去无量无
邊世中親近供養无量諸佛深種善根然後
乃得聞是經名善男子佛性不可思議佛法
僧寶亦不可思議一切衆生悉有佛性而不
能知是亦不可思議如來常樂我淨之法亦
不可思議一切衆生能信如是大涅槃經亦
不可思議師子吼菩薩言世尊如佛所說一
切衆生能信如是大涅槃經不可思議者世
尊是大衆中有八万五千億人於是經中不
生信心是故有能信是經者名不可思議善
男子如是諸人於未來世亦當定得信是經
典見於佛性得阿耨多羅三藐三菩提

大般涅槃經卷第卅二

BD05393號　大般涅槃經（北本　宮本）卷三二　（18–18）

持世菩薩第二
經云時魔波旬從万二千天女狀帝釋鼓樂弦歌來詣我所
是時也 波旬設計 多排婇女嬪妃 欲惱聖人 剎列奢化
艷質 希音魔女一万二千 家異珍珠 千般結果 出塵菩薩
不易惱他 持世上人 如何得退 莫不剩裝美貌 无非多着嬋娟
若見時文殊出言詞 猶調着袪生退敗 其魔女者一个ゝ如花
菡萏 一人ゝ似玉无殊 身柔軟兮新下巫山 貌娉婷兮才離仙洞
盡葉桃花之臉 皆分柳葉之眉 徐行時若風颭芙蓉 緩步
處似水搖蓮亞 朱脣旖旎 能赤能紅 雪齒齊平
能白能淨 輕羅拭體 吐異種之馨香 薄縠掛身 曳殊常之翠
彩ゝ 排於坐右 立在宮中 青天之五色雲舒 碧沼之千般花發
罕有ゝゝ 奇哉ゝゝ 空將魔女嬈他 必恐不能驚動 更請分
為數隊 各逞逶迤 擎鮮花者殷勤 獻上 焚異香者倍切虔
心ゝ 合玉指而禮拜重ゝ 出巧語而詐言切ゝ 或擎樂器 或即吟
哦 或施窈窕 或即唱歌 休誇越女 莫說曹娥 任伊持世堅心
見了也須退敗大好ゝゝ 希哉ゝゝ 如此麗質嬋娟 爭不妄生動
念 自家見了 尚自魂迷 他人覩之 定當亂意 任伊修行緊切
稅調着必見迴頭 任伊鐵作心肝 見了也須粉碎 魔王道我今往去
定是菩薩識我 不如作帝釋隊仗 問許伊時菩薩 於是魔王
大衆各自 [illegible] 之天降下 同回來伴 百匝千連

為變隊 各逞逶迤 擎[illegible]者[illegible] 魔[illegible]
心 合玉掌而礼拜重〻 出語而訴言切〻 或擎樂器 或即吟
哦 或施窈窕 或即唱歌 休誇越女 莫說曹娥 任伊持世堅心
見了也須退敗 大好〻〻 希哉〻〻 如此魔女婥娟 爭不惹生動
念 自家見了 尚自魂迷 他人觀之 定當亂意 任伊修行緊切
稅調着必見迴頭 任伊鐵作心肝 見了也須粉碎 魔王道我已後去
定是菩薩識我 不如作帝釋隊仗 問許伊時菩薩 於是魔王
大作奢花 欲出宮城 從天降下 周迴棒擁 百匝千連
樂〻囉絃歌 分為二十四隊 步〻出天門之界 遙〻別本住宮中
妝匂自乃前行 魔女一時從後 擎樂器者宣〻奏曲 響聒清霄
爇香火者澧〻煙飛 氤氳碧落 竟作奢花美貌 各申窈窕儀容
擎鮮花者共花色无殊 捧珠珎者共珠珎不異 琵琶弦上 韻合春鶯
簫笛管中 聲吟鳴鳳 杖敲揭鼓 如拋碎玉於盤中 手弄秦箏
似排鴈行於弦上 輕〻絲竹 太常之美韻莫偕 浩〻唱歌 胡部之豈能
比對 妖容轉盛 艷質更豐 一群〻若四色花敷 一隊〻似五雲秀麗 盤
旋碧落 宛轉清霄 遠看時意散心驚 近觀者魂飛目斷 從天降
下 若天花亂雨於乾坤 初出魔宮 似仙娥芬霏於宇宙 天女咸生
喜躍 魔王自己欣歡 此時計較得成 持世修行必退 容貌恰如帝釋
威儀一似梵王 聖人必定无疑 持世多〻應不怪 天女各施於六律 人〻調
弄五音 唱歌者詐作道心 供養者假為虔敬 莫遣聖人省悟 莫交
菩薩覺知 發言時直要停藤 稅調處直須穩審 各請擎鮮花於
掌內 為吾燒沉麝於爐中 呈珠顏而剎是妖容 展玉貌而更添艷
麗 浩〻簫韶前引 喧〻樂韻香聲 一時皆下於雲中 盡入修禪之
室內　　吟
魔王隊杖利天宮　欲惱聖人來下界　廣設香花申供養
更將音樂及弦歌　清冷空界韻嘈〻　影亂雲中聲響亮
胡亂莫能相比並　龜茲不易對量他　遙〻樂引出魔宮
隱〻排於霄漢內　香爇煙飛和瑞氣　花擎寮亂動祥雲
琵琶弦上弄春鶯　簫笛管中鳴錦鳳　楊鼓杖頭敲碎玉
秦箏絲上落珠珎　各裝美貌逞逶迤　盡出玉顏誇艷態
個〻盡如花亂發　人〻皆似月娥飛　從天降下悶乾坤
出彼宮中遮宇宙　乍見人〻魂膽碎　初觀個〻盡心驚

胡舌莫能相…
隱ゝ排於霄漢內　香爇煙飛和瑞氣　花肇撩亂動祥雲
琵琶弦上弄春鶯　簫笛管中鳴錦鳳　楊鼓杖頭敲砌玉
秦箏絲上落珠珎　各裝美貌逞逶迤　盡出玉顏誇豔態
個ゝ盡如花亂發　人ゝ皆似月娥飛　從天降下閃乾坤
出彼宮中遊宇宙　乍見人ゝ魂膽碎　初觀個ゝ盡心驚
韻波句是日出天來　樂亂清霄碧落排　玉女貌如花豔坼
仙娥體似月空開　妖桃殆趁魔井　羨美皆徒[illegible]惱聖懷
鼓樂弦歌千万隊　相隨捧擁競徘徊　誇艷質　逞身才
窈窕如花向日開　十指纖ゝ如削玉　霞眉隱ゝ似刀裁
箏樂器又吹嗺　莬轉雲頭漸下來　簫笛音中聲遠ゝ
琵琶弦上韻哀ゝ　歌遮ゝ笑咍ゝ　圍遶波句逸迊排
隊仗恰如帝釋下　威儀直似梵王來　須隱審　莫教猜
詐作虔誠礼法臺　問訊莫教生驚覺　懇懇勿遣有遺乖
沆与爵手中臺　供養權時盡意懷　直待聖人心錯亂
隨伊動處燒將來　須記當須心懷　莫遣修行法眼開
持世若教成道後　魔家眷屬定須摧　伏稅調好女排
[illegible]纏著言詞說意懷　著相見時心墮落　隨情順處誘將迴
歌與樂競吹嗺　合雜喧譁遙路排　魔女魔王入室也
作生嬈惱處唱將來
經云與其眷屬啓首我足合掌恭敬及至所修堅法
時波旬有偈
詩
爲重修禪向此居　我今時因下雲衢　欽依戒行如鏡淨
憶想清高似嶽孤　入定不知劫行久　坐禪未委法何如
今將眷屬來瞻禮　不審師兄萬福無
白　尒時波旬語持世曰　上人修行日久　禪定時多　勞法德以栖持
継心神如守志　茅堂閒靜　石室幽靈　想知辰夜寂寥
伏計日常勞倦　禪門深遠　空法難明　不知所證淺深
未委有何功行　我辭空界　來下天宮　爲思德行無殊
爲憶孤高有異　今朝欲遂伏望　大聖慈悲　與我小談法味
平詩
魔王又偈
暫拋五欲下天來　要礼師兄禪坐臺　鼓樂弦歌申供養
香花添菓表心懷　欲膽奉敬千ゝ度　喜礼高人喜百迴

伏計日常勞倦 禪門淨遠 空法身明 不知所謂決消
末委有何切行 我雖空界 来下天宫 爲思德行 无殊
爲憶孤高有異 今朝欣逢伏望 大聖慈悲 与我小談法味

平詩 魔王又偈

暫拋五欲下天来 要礼師兄禪坐臺 鼓樂弦歌申供養
香花浙莫表心懷 欣騰奔欲千度 喜礼高人喜百迴
伏望慈悲宣妙法 我今拋望投入塵埃 介時持世 不識魔王
將爲嬌尸迦 錯忍作帝釋 所以發言 我言爲是帝釋 而說之言
善来嬌尸迦 乃至爲脩堅法 當日持世 告言帝釋曰 天宫
壽福有期 莫將富貴奢花 便作長時久遠 起坐有自然音樂
暢意笙歌 所以多異種香花 隨心自在 天男天女 捧擁无休
寶樹寶林 巡遊未歇 隨心到處 便是樓臺 逐意行時
自戌寶香 花開便爲白日 花合即是黄昏 思衣即羅綺千重
要飯即珎羞百味 如斯富貴 實即奢花 皆爲未久之因緣 盡是
不堅之福力 帝釋帝釋要知要知 休於五欲留心 莫向天宫恣意 雖即壽年
長遠 還無究竟之多 雖然富貴嬌奢 豈有堅牢之處 壽天力盡
終歸地獄三途 福德纔無 却入輪迴之路 如大然威 木盡与燮作
塵埃 似煎射空 勢盡爲終歸墮地 未逃生死 不出无常
速指内外之珎財 盜取无爲之妙果 惠於仏法 悟取真如 少慮梵宗
華了知是處 深勞帝釋 將謝道從 与君略出甚深 悟取超
於生死

古吟下

天宫未免得死常 福德纔微却隨墮落 富貴嬌奢終不久
笙歌恣意未爲堅 任誇玉女白嬋娟 任逞月娥多艷態
任你奢花多自在 終歸不免却无常 任誇錦繡幾千重
任你珎羞食百味 任是所須皆勿劉 終歸難免却无常
任教福德相嚴身 任你眷屬長圍遶 任你隨情多快樂
終歸難免却无常 任教清樂奏絃歌 任使樓臺隨處有
任貴嬪妃隨後擁 終歸難免也无常 任伊美貌宮希奇
任使天宫多富貴 任有花開香滿路 終歸難免却无常
莫於上界恣身心 莫向天中五欲深 莫把嬌奢爲究竟
莫耽富貴不脩行 還知彼處有傾權 如箭射空隨志地
多命財中能之了 脩行他不出无常 索將勞帝釋下天来

任遺嬪妃隨後擁　終歸難免也無常　任伊美貌宮希奇
任使天宮多富貴　任有花開香滿路　終歸難免却無常
莫於上界恣身心　莫向天中五欲深　莫把嬌奢爲究竟
莫耽富貴不修行　還知彼處有傾權　如前射空隨志地
多多命財中能之了　修行他不出無常　素將勞帝釋下來
深謝絃歌鼓樂排　天女盡皆齊悟取　嬋娟各要出塵埃
天宮富貴何時了　地獄煎熬幾万迴　身命財中能悟解
使能久遠出三突　須記取領心懷　上界天宮却請迴
五欲善山隨日滅　就迷障獄逐時推　身終使得堅牢藏
心上還除染患胎　帝釋敢師兄說法方　著何酬答唱將來
經　即語我言　正士　受是万二千天女　可備掃灑
白　尒時魔王　告持世因曰　我暫别欲界　来下天宮　喜謄
菩薩威儀　得到修禪室内　幸蒙慈念　迴賜宣揚　深
知五欲不堅　稍會天中未久　多鳥障染　從今應是去除
心上塵埃　自此多應屏跡　薪沾法雨　洗湯塵勞　得
飲醍醐　頓消熱惱　以感千生之便　得遇万善之恩　我
今無異寶珠珎　報答用酬尊德　唯將天女　一万二千
奉上師兄　可酬說法　幸望慈悲　監納　上元大士　容留　且
令逐日　祗供　可備辰昏驅使　禪堂幽靜　空室寂寥　令
伊旦夕添香　日炙禪堂暖熱　莫生憂慮　我清蹤積
師兄便望收留　弟子今朝布施
假帝釋有一偈　告持世菩薩
爲欽德行刹天宮　得礼慈悲大聖容　喜飲醍醐消熱惱
頓沾法雨蕩塵蒙　来特不諸奉珎寶　報答何酬說法功
一万二千天上女　師兄留取且祗恭　持世告假帝釋曰
我是修行菩薩　我是出世高人　一身尚自有餘
何要你許多天女　我以離於染欲　不住世情　知諂講
爲生死之因　悟艷質是迴之本　況此之天女　盡是嬌奢
恣意　染欲之身　就迷者定入死生　趣向者必沉地獄
我以修於仏果　證取真如　不居塵世之中
不尋世情之内　修禪觀行　宜合寂靜省緣　緣意證
心何要尒多衆人　帝釋之了　要知了了　何時將艷麗之人

爲生死之因　悟艷質是洄之本　況此之天女　盡是嬌奢
恣意　染欲之身　執迷者定入死生　趣向者必沉地獄
我以修於仏果　證取真乘　不居塵世之中
不專世情之内　修禪觀行　宜合寂靜有緣　練意澄
心　何要尔多眾人　帝釋之了　要知ミミ　何特將艷麗之人
便向吾前布施　但望自家收耳　却請迴歸　速還本位天宮
早別修禪室内　莫使凡情惑擾　莫教淺促疑猜　道吾
禪定不堅　道我修行退敗　林間寂靜　早清迴還　室
内幽閑　不宜久住　我要修於仏果　汝須速上天宮　莫將
諸女嚴陳　我家當知不受　持世有偈
染勞帝釋下天涯　侍從親來問我耶　室内簫疎談法久
天宮遲滯路歧賖　山間欲晚請林闇　峯上光移紅月斜
帝釋此時莫久住　領諸天女早歸家
魔鬼王道云了
我聞修行之者　不逆人情　菩薩之人　隨根器　欲發萌芽
之種　須澆春雨膏　欲開蟄户之門　應時雷震　我今
發意　全室迴心　貪酬說法之功　布施何當不要　況此
天女一个ミミ形如白玉　一个ミ白似舜花　妖桃而乃鬪婵娟
艷質而休誇妲妃　能歌律呂　行雲而不覔任鳥　解
奏宮商　織女而忽然辭羅　繡成盤鳳　對芙蓉而弟
求嚬蹙　刻出鴛鴦　並菖藥而豈無慚耻　顧叙斜
陵須踏[illegible]如花　倚藥欄　玉巧頻飾素娥眉而　似風吹
連葉　亦能侍奉　偏解祗承　任眉而便會人情　動
目而早知心事　四時湯藥　亦解調和　承日茶飡　深
知冷暖　禪堂掃洒　清風而本起埃塵　爲室鋪陳
瀟灑而旋　茂掃臯葉　前件天女　粗知佛法　深有道心
他家競鄰殷勤　愿望慈悲驅使　菩了師兄ヶ如今
勿更遲疑　此際望師收取　問郎交伊合曲　閑來即遣
唱歌　禪堂裏莫使寂寥　爲家内莫交冷落　争居
上界來下天宮　深更變大德無人　口念師兄寂寞　一万二
千天女　人ミ盡有道心　我今室以捨之　天上爭能將去
收取ミミ　莫疑ミミ　哲誓爲菩薩之門人　能作師兄之弟子

他家自交厭懃心　無□意□□□　□□□□□　如今
勿更遲疑　此際望君收取　悶邦交伊合曲　閑來聽遣
唱歌　禪室裏莫使寂寞　總家內莫交冷落　令君
上界來下天宮　深憂大德無人　只恐師兄寂寞　一万二
千天女　人人盡有道心　我今空以捨之　天上尊能將去
收取收取　莫疑莫疑　誓爲菩薩之門人　願作師兄之弟子
帝釋告曰　側　菩薩慈悲慈悲莫疑慮　禪堂寂靜無依怙
修行直感動天宮　入定伏得龍藏虎　我今今來　菩議
塵勞已滅心開悟　報答何酬說法恩　師兄收取天宮女
出天門　下雲路　來特不捧法珍寶　得礼慈悲大法
王　師兄收取天宮女　能歌音　能律呂　簫韶直得
隨雲布　日夜交伊暖法堂　師兄收取天宮女　皆裁縫
能繡補　判成般鳳須甘雨　个个能裝百納衣　師兄收
取天宮女　會人心　巧言語　爭忍空交却迴去　禪堂
監使好在奉　師兄收取天宮女　白如花　鮮如素　似雪
如花々之語　堪作禪堂交承法人　師兄收取天宮女　我今
特困下天來　爲見師兄禪室閑　得礼高人惭百度　盡
瞻菩薩于迴　蒙宣法味令奉解　又休談揚決疑懷
酬答並无法異物　唯將天女作貢排　與菓受　莫疑猜
上界從今不負迴　誓与師兄爲弟子　永充菩薩花臺
柔道力　与慈哀　赴柔情啟察柔懷　有願施特須与受
无乖見喜家　定无乖　禪堂內　没交排　寂寞應知辛易
俗　日夜交伊歌浩浩　晨昏須遣樂喈喈　有斜袖　巧難裁
供養只在孝順意懷　不禪補坊并刺繡　更能遥辯香菓
陳百種　獻千迴　爲感師兄說法開　一万二千天上女　莫
辭收取唱將來　經云　我言憍尸迦　無以此非法之物　要
我沙門釋子　此非我宜　白語
个持持世菩薩語帝釋曰　我室聞當月闍　爲有浮雲
寶鏡无光　皆因塵坌　未成佛道　爲有貪嗔　不出
輪迴　盡因染欲　況此天女　盡是貪嗔之本　地獄余殃
未合菩薩之儀　不是沙門見解　夫修行者　專心若行
志意澄神　念浮華爲石火之光　想人世似風中燭
持世菩薩告帝釋曰　我修行身　吾去八間　下可求不貪青

今持世菩薩語帝釋曰　我空聞當月闇　為有浮雲
寶鏡无光　皆因塵坌　未及佛道　為有貪嗔　不出
輪迴　盡因染欲　況此天女　盡是貪嗔之本　地獄余殃
未合菩薩之儀　不是沙門見解　夫修行者　專心苦行
志意澄神　念浮華為石火之光　想人世似風中燭
持世告假帝釋曰　我修行日久　悟法弘明　不可取你倩
交我再沉惡道　況此之女等　三從倫體　五障纏身
他把身為究竟　便把體為究竟　體我前次亦如
天女　自力修行　如今看即讒菩薩　不可交却墮落
持世不肯受天女有偈　斷　三從五障在身邊　十惡縈
仍被纏經　佛性皆迷於此退　直饒塞鐵為他牽
修行菩薩心能捨　出世高僧意不看　多少往來沉
溺者　皆因染欲失根源　白
今持持世　語釋帝曰　我三途不出　皆因貪愛所迷
佛果未成　盡是欲之顛墜　我以修於禪觀　不染塵
心　貪出世間　希求利樂　帝釋勿言感我　嬌姿不
用惱人　莫將天女施沙門　休把嬌姿与菩薩　不是我
之所愛　非當持世意之　我今若愛特与　必是曹
人毀謗　帝釋々々　要知々々　眷屬便望却收　天女我
當不要　禪堂迮隘　實即難留　幽家非寬　天門愛納
況文修行之路　不假人多　出世之門　宜須齋靜　我以
超於生死　不住愛河　向出塵勞　拋居障海　垢染之
穢纏瓔不得塵藻之小許難沾　智圓与看澄菩薩　漏
盡何欲明法眼　山時看笑　如紅鶴再入於網羅　今日
若收　似白蔗重遭於絆絆　不敢々々　何當々々　交吾夫
却雨程　今我從持退敢　謝來於小室　勞君別却天宮
山林中无可安恭　幽室內慙愧看侍　天門懸遠　上界
程遙　白雲嶺上漸生　紅日看將欲沒　不情室中久住
速望迴歸　莫於此處留心　虛勞氣力　千万々々　速歸
々々　帝釋莫發狂言　天女我今不受　吟上下
莫將天女与沙門　休把眷屬惱菩薩　我以修行求出世
不於染欲掛身心　天宮去此路程賒　上界却迴歸又遠

山林中充可𡚱恭　幽室内慚愧看侍　天門懸遠上界
程遥　白雲嶺上漸生　紅日看將欲沒　不ぐ情室中久住
速望迴歸　莫於此處留心　盡勞氣力　千万ぐぐ速歸
ぐぐ帝釋莫發狂言　天女我今不受　吟上下
莫將天女与沙門　休把眷屬惱菩薩　我以修行求出世
不於染慾掛身心　天宮去此路程賒　上界却迴歸又遠
紅日看將山上沒　白雲又向嶺頭生　汝今帝釋早須歸
領取眷屬却迴去　莫向室中爲久住　休於林内發狂言
修行之者不合疑　菩薩之人惣不要　幽室豈堪留眷屬
禪臺不假衆人多　我今聞貪愛走輪迴　欲染眷屬
沒生死　我以修行成道果　此諸天女却將伽　平　[redacted]
[redacted]屬　[redacted]　室中不清更遲疑　上界程遥去是
時　天女奢華不是事　笙歌音樂ぐぐ非宜　白雲嶺上
嶺ぐ出　紅日山頭漸ぐ盡　不要山中爲久住　領諸天
女早須歸　我不要却將迴　不貪笙歌亂意懷　安
坐只宜寂默　修禪須是沒人來　謝布施　感心懷
幽室天人不易排　掃灑盡應人空佐　在學必惣衆宜精
立室内遠禪臺　爲汝宣揚法義開　莫把嬌姿染污我
保將天女訟人來　修行久出塵埃　已見真如道路開
取受人情應墮落　奴君天女空輪迴　莫久住速須迴
千万今朝察我懷　天女當時不肯去　阿誰与我解
寫將來

持世菩薩第二卷

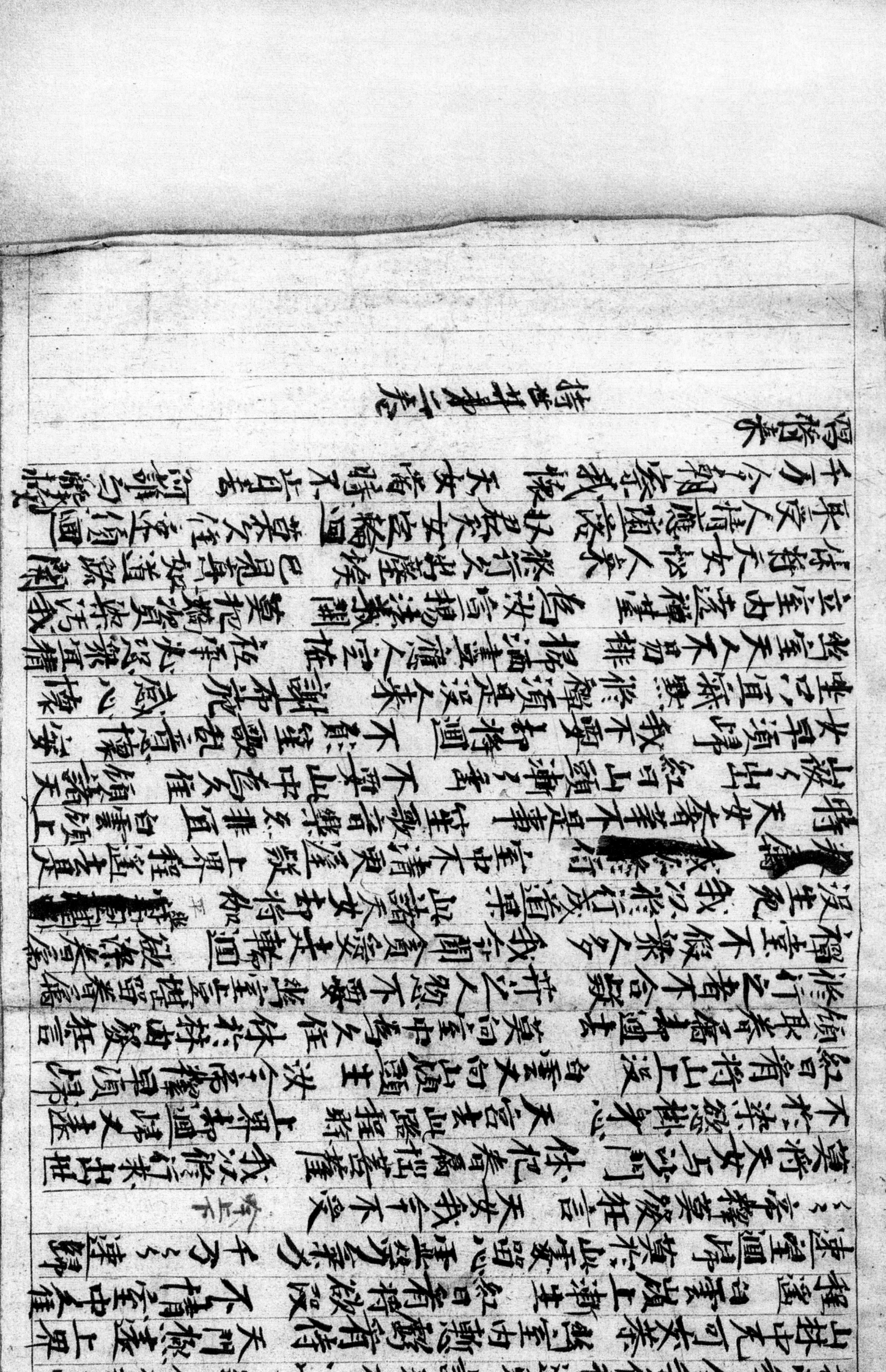

佛說大佛頂如來放光悉怛他般多羅大神力都攝一切呪王帝殊羅
[illegible]剛大道場三昧陀羅尼
南无一切三世佛　南无一切諸菩薩　南无聲聞緣覺聖僧　南无一切諸天神
㑹各明聽我所勅　今當宣說大神呪　一切聞者當歡喜
南謨薩嚩怛他伽跢耶　𭄂揭路夜　阿囉訶帝　三藐三勃陀耶
南謨薩嚩勃馱部地薩埵吠弊　南无颯跢喃　三藐三勃馱句胝喃
娑施囉縛迦僧伽喃　南无盧鷄阿囉罕跢喃　南无娑唎跢半娜喃
南无塞迦唎二合哆刃伽弭喃　南无阿那伽弭喃　南无盧鷄三藐伽跢喃
三藐伽波囉二合底半娜喃　南无帝嚩喫史喃　南无悉馱肥地夜二合馱囉史
喃　南无悉馱尾地夜二合馱囉喫史喃　奢刃波刃努伽囉訶娑咊他喃
南无婆囉二合訶摩抳尼計反　南无印陀囉二合夜　南无薄伽嚩帝嚕陀囉
二合夜嗚摩跢底娑醯夜耶　南无薄伽縛帝　那囉夜拏耶　半遮摩
訶慕陀囉　南无塞訖哩二合哆夜　南无薄伽嚩帝摩訶迦攞夜　底
哩補囉娜揭囉　肥陀囉二合波拏迦囉夜　阿地目哆迦二合施摩嗜娜二合
你嚩嗟娜乜　嚌怛哩二合誐拏　南无塞訖馱肥地夜二合馱囉史　帝
怛他揭路俱攞寫　南无跛怛摩二合俱攞夜　[illegible]

BD05395號　大佛頂如來放光悉怛他般多羅大神力都攝一切呪王帝殊羅尸金剛大道場三昧陀羅尼　（9–1）

南无婆囉二合訶摩摭尼訶反 南无印陀囉二合夜 南无薄伽[illegible]
二合夜嗚摩跢底婆醯夜耶 南无薄伽嚩帝 那囉夜拏耶 半遮摩
訶慕陀囉 南无塞訖哩二合哆夜 南无薄伽嚩帝 摩訶迦攞夜 底
哩補囉娜揭囉 肥陀囉二合 波拏迦囉夜 阿地目哆迦二合 施摩舍娜二合
伱嚩悉娜乇 麼怛哩二合 誐拏 南无塞訖嘌哆夜 南无薄伽嚩帝
怛他揭跢俱攞寫 南无跛怛摩二合 俱攞寫 南无嚩折囉俱攞寫
南无麼尼俱攞寫 南无伽闍俱攞寫 南无俱麼俱攞寫 南无薄伽嚩
帝 地嘌荼輸囉洗那跛囉二合 訶囉拏 囉社夜 怛他揭跢 阿囉訶
羝 縒藐縒部馱耶 南无薄伽嚩帝 阿弭跢引婆引夜 怛他揭跢耶
阿囉訶羝 縒藐縒部馱引耶 南无薄伽嚩帝 阿佉數鞞 怛他揭跢
耶 阿囉訶羝 縒藐縒部馱引耶 南无薄伽嚩帝 裴吵社 俱嚕二合
吠瑠璃夜 波囉頗囉引社夜 怛他揭哆耶 阿囉訶羝 縒藐縒部馱耶
南无薄伽嚩帝 縒補澀比哆婆引 揳陀囉二合 囉社夜 怛他揭跢耶
縒藐縒部馱耶 南无薄伽嚩帝 奢雞夜二合 謨娜乇 怛他揭跢耶
阿囉訶羝 縒藐縒部馱耶 南无薄伽嚩帝 囉怛那俱蘇摩計都
囉社夜 怛他揭跢耶 阿囉訶羝 縒藐縒部馱耶 南无薄伽帝
婆湯跢跃怛囉耶 怛他揭跢阿囉訶羝 縒藐縒部馱耶 南无薄
伽嚩帝 吠嚧者娜耶 怛他揭跢耶 阿囉訶羝 縒藐縒部馱耶
南无薄伽嚩帝 尾迦徙哆 那演拏嗢跢二合 鉢囉捷馱計都
囉社夜 怛他揭跢耶 阿囉訶羝 縒藐縒部馱耶 南无薄伽嚩帝
達摩娑慕怛囉二合 吠伽施哩囉者夜 怛他揭跢耶 阿囉訶羝 縒藐
縒部馱耶 南无薄伽嚩帝 薩底夜 跛地跛囉社夜 怛他揭跢耶
阿囉訶羝 縒藐縒部馱耶 南无薄伽嚩帝 扇底丁以反 跛囉婆施哩
囉社夜 怛他揭跢耶 阿囉訶羝 縒藐縒部馱耶 南无薄伽嚩帝
計都 跛囉婆施哩囉社耶 怛他揭跢耶 阿囉訶羝 縒藐縒部馱耶
南无薄伽帝 迷嚕跛囉頗 施哩囉社乇 怛他揭跢耶 南无薄伽嚩
帝 唉嚕二合 摩跛囉頗施哩 囉社夜 怛他揭跢耶 南无薩嚩婆怛嚩
[illegible]多 嚩訶囉耶 施哩囉[illegible] 怛他揭多耶 南[illegible]

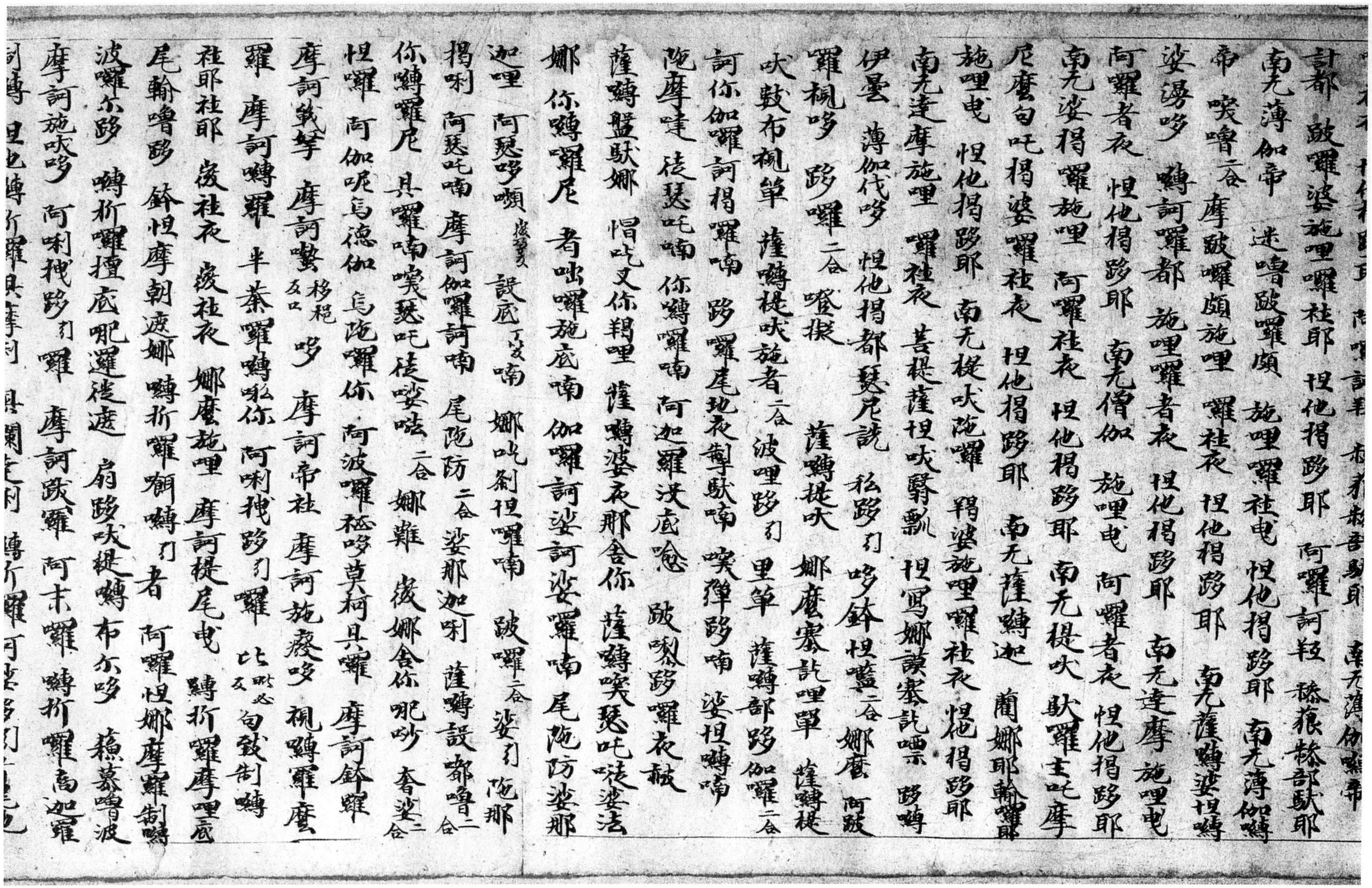

BD05395號　大佛頂如來放光悉怛他般多羅大神力都攝一切咒王帝殊羅尸金剛大道場三昧陀羅尼　（9–3）

社耶社耶 嵗社夜 嵗社夜 娜麼施哩 摩訶提尾电 縛折囉摩哩底
尾輸嚕哆 鉢怛摩朝遮娜 嚩折囉彌嚩刃 者 阿囉怛娜摩羅鉤嚩
波囉尔跢 嚩折囉撞底吧邏徙遮 肩跢吠提嚩布尔哆 穢蔡嚕波
摩訶施吠哆 阿唎拽跢刃 羅 摩訶跋羅 阿末囉 嚩折囉高迦囉
鉤嚩 怛他嚩折囉俱摩唎 俱爛達唎 嚩折囉訶娑跢刃 者尾地
夜二合 斡遮那伽摩哩迦 俱嘛摩 囉怛娜吠嚧折娜 俱剃羅嗟烏瑟
膩二合沙 尾覩嚕多 尾覩嚂啵摩難遮 嚩折囉迦娜迦 波囉顛
盧折娜 嚩折囉珥底遮 施吠跢刃 遮 唵摩攞刃 叱叉 設施波囉二合
顛ゆ底二合帝謨跪羅二合 迦拏 糅娑羅嚩吒史夜 銘薩吠囉叱檝
俱囉墽覩 麼麼𣸪丘 受持 但怛他 唵 哩映二合 伽拏
波囉二合 奢刃 娑哆 怛他揭都烏瑟膩沙 唵吽咄嚕瞻 娑娜揭
囉 唵咄都嚕 娑穰娑那揭囉 唵吽咄嚕吽 唱訶娜揭囉
唵吽咄嚕吽 摩呑娜揭囉 唵吽咄嚕吽 娑囉尾地夜二合 三薄
叱叉那揭囉 唵吽咄嚕吽 薩嚩囉寀瑟吒喃 娑穰娑那揭囉
唵吽咄嚕吽 薩蘂叱叉阿囉剎娑迦囉二合 訶喃二合 尾陁防二合 娑娜
揭囉 唵吽咄嚕吽 者咄囉施底南 伽囉訶 娑訶娑囉喃
尾陁防娑娜揭囉 唵吽咄嚕吽 阿瑟吒頻設底喃 娜吒叉怛囉喃
波囉娑馱那揭囉 唵吽咄嚕吽 阿瑟吒喃 摩訶伽囉訶喃 尾陁防
娑娜揭囉 唵吽咄嚕吽 嘞吒沙 摩摩 寫 薄伽梵 怛他伽都
烏瑟膩沙 摩訶私跢鉢怛囉 摩訶嚩折嚧烏瑟膩沙 摩訶波羅嗟
擬唎 摩訶娑訶娑囉二合 嘟遮 摩訶娑訶娑囉施哩𪆝 白知設跢
娑訶娑囉二合 寧移𨓂二合 阿弊移电覩嚩二合 哩哆刃 跢吒 摩訶嚩
折嚕馱囉 嗁哩二合 嘟嚩肥 旻吒羅 唵 娑嚩遮底 娑嚩都
麼麼 寫 阿囉社婆夜 注囉婆夜 阿伽你婆夜 烏陁伽婆夜
奢婆怛囉婆夜婆囉斫羯婆夜 嘆喲𢫫叉婆夜 阿奢你婆夜
阿迦羅沒哩底愈婆夜 達羅呢部麼劒部勒迦跛跢婆夜 囉社彈
柰婆夜 娜伽婆夜 尾地愈婆夜 蘇波囉呢蔔師婆夜 藥訖

BD05395號　大佛頂如來放光悉怛他般多羅大神力都攝一切呪王帝殊羅尸金剛大道場三昧陀羅尼　（9–4）

析嚕馱囉 姉哩二合 嗒嚩肥 㬵吒羅 唵 娑嚩悉底 娑嚩都
麼麼 寫 阿囉社婆夜 注囉婆夜 阿伽你婆夜 烏陀伽婆夜
奢婆怛羅婆夜婆羅斫羯婆夜 喫嘞擗叉婆夜 阿奢你婆夜
阿迦羅沒哩底愈婆夜 達羅呢部麼劒部勒迦跛跢婆夜 羅社彈
荼婆夜 娜伽婆夜 尾地愈婆夜 蘇波囉呢蔔師婆夜 藥訖
叉伽囉訶 阿囉剎娑伽囉訶 跛嗦跢伽囉訶 部跢伽囉訶
毗舍遮伽囉訶 句伴荼伽囉訶 布單娜伽囉訶 羯吒布單娜
伽囉訶 塞建陀伽囉訶 阿波娑摩羅伽囉訶 溫摩陀伽囉訶
唓耶伽囉訶 嗏羯嗏潚你伽囉訶 唎嚩底伽囉訶 嗚社訶囉
惹 羯婆訶囉惹 闍跢訶囉惹 視吠跢訶囉惹 嚧陀囉訶
囉惹 伐娑訶囉惹 恭娑訶囉若 謎陀訶囉惹 麼社訶囉惹
梵跢訶囉惹 阿輸遮訶囉惹 質跢訶囉惹 帝山薩吠山 薩嚩
伽囉訶南 尾地夜 嗔陀夜寘 奇礼夜寘 波哩跋羅社迦 訖哩單 尾
地夜 嗔陀夜寘 奇礼夜寘 荼迦荼引 祁尼 訖哩單 尾地夜二合 嗔陀
夜寘 奇礼夜寘 摩訶波輸跋跢耶 嚕陀羅 訖哩單 尾地夜 嗔陀
夜寘 奇礼夜寘 娜羅耶拏 訖哩單 尾地夜二合 嗔陀夜寘 奇礼夜寘
跢引 哆嚩 伽嚕荼 索醯耶 訖哩單 尾地夜二合 嗔陀夜寘 奇礼夜寘
摩訶迦羅 摩怛哩伽拏 訖哩單 尾地夜二合 嗔陀夜寘 奇礼夜寘
迦波里迦 訖哩單 尾地夜二合 嗔陀夜寘 奇礼夜寘 闍耶迦羅 摩度迦
羅 薩婆娑他耶 婆彈娜 訖哩單 尾地夜二合 嗔陀夜寘 奇礼夜寘
遮咄羅蔔礼你 訖哩單 尾地夜二合 嗔陀夜寘 奇礼夜寘 苾嗪嘁哩二合
跋羅知迦 難地鷄 施嚩羅 揵娜跛底 娑醯耶 訖哩單 尾地夜二合
嗔陀夜寘 奇礼夜寘 娜屹娜二合 施囉嚩拏 訖哩單 尾地夜二合 嗔陀夜寘
奇礼夜寘 阿囉罕跢 訖哩單 尾地夜二合 嗔陀夜寘 奇礼夜寘 尾跢囉迦
訖哩單 尾地夜 嗔陀夜寘 奇礼夜寘 嚩析囉跛你 俱奚夜二合 毗波底
訖哩單 尾地夜二合 嗔陀夜寘 奇礼夜寘 嘞訖沙 嘞訖沙 薄伽梵 麼

BD05395號 大佛頂如來放光悉怛他般多羅大神力都攝一切呪王帝殊羅尸金剛大道場三昧陀羅尼 （9–5）

嗔陁夜寘 奇礼夜寘 娜龇娜 祂囉缚拏 訖哩單 尾地夜 嗔陁夜寘
奇礼夜寘 阿囉穿跢 訖哩單 尾地夜 嗔陁夜寘 奇礼夜寘 尾跢囉迦
訖哩單 尾地夜 嗔陁夜寘 奇礼夜寘 缚祈囉跛你 俱奚夜 祂波底
訖哩單 尾地夜 嗔陁夜寘 奇礼夜寘 吻訖沙 吻訖沙 薄伽梵 麼
麼 寫 悉怛跢波囉曳 娜謨蒱都鞋阿柭跢 馱畬娜 什缚里多
耶攞 吻迦 波囉煩 嚴婆普吒 尾迦柭跢 吵鉢怛囉 什缚囉 什缚囉
伽邏 馱迦馱迦 阿囉陁囉 尾馱囉 尾馱囉 嚩馱嚩馱 馱馱馱
唅吽唅吽 泮吒泮吒 娑娑訶 醢醢泮吒 呼呼泮吒 阿謨伽曳泮吒 阿波囉底
訶跢曳泮吒 缚囉跛囉馱曳泮吒 素囉尾陁囉本拏迦囉曳泮吒 薩缚
提吠娟你弊泮吒 薩缚娜啷弊泮吒 薩缚藥訖沙弊泮吒
薩缚阿囉去剎細弊泮吒 薩缚軋闥吠弊泮吒 薩缚阿素囉弊泮吒
薩缚緊捺囉弊泮吒 薩缚迦嚕囉曳弊泮吒 薩缚布單你弊泮吒
薩缚迦吒布單弊泮吒 薩缚麼護囉伽弊泮吒 薩缚麼努臕弊泮吒
薩缚阿麼努臕弊泮吒 薩缚不絜底弊泮吒 薩缚突浪啷帝弊泮吒
薩缚突瑟 跛鞣去吠鞋弊泮吒 薩缚餌缚絜弊泮吒 薩缚塩摩提弊泮
吒 薩缚阿娑婆摩絜弊泮吒 薩缚賀又你弊泮吒 薩缚娑你室質勒鷄
弊泮吒 薩缚竭囉醢弊泮吒 薩缚室 揭鷄弊泮吒 薩缚尾地夜
遮絜弊泮吒 制夜迦囉摩度迦囉 薩缚遏他娑陁耶弊泮吒 薩缚尾地
夜遮絜弊泮吒 祈唵喃薄啉祢弊泮吒 缚祈囉俱摩哩尾地夜遮絜弊泮
吒 摩訶跛囉嚧咧哮弊泮吒 缚祈囉商迦攞夜 摩訶跛囉 竪祁哩
囉社夜泮吒 摩訶迦囉耶泮吒 摩訶摩怛哩伽拏娜謨娑訖哩跢曳泮吒
缚囉毒曳泮吒 嚴瑟拏尾曳泮吒 跋囉呵門呢曳泮吒 阿祁呢曳泮吒
阿伽里曳泮吒 摩訶伽里曳泮吒 摩訶伽波利泮吒 迦邏擅馳喴泮吒 騎
泥哩 曳泮吒 阿唬底梨泮吒 米跢梨曳泮吒 遮悶馳曳泮吒 羅怛哩曳泮
吒 迦羅 囉怛哩曳泮吒 迦波里曳泮吒 阿地目底 迦旋摩畬娜
你缚悉祢曳泮吒 曳鷄質跢娑怛缚 麼麼 寫 嘆瑟吒質跢
波波質多 勞瑟囉質多 尾地吠沙質多 阿姝跢囉質多 嗚跛跢陁演

BD05395號　大佛頂如來放光悉怛他般多羅大神力都攝一切咒王帝殊羅尸金剛大道場三昧陀羅尼　（9–6）

阿伽里电泮吒 摩訶迦里电泮吒 摩訶伽波利泮吒 迦邏擅馳吔泮吒 翳引
泥哩二合 电泮吒 阿嘵㡳棃泮吒 米跢棃电泮吒 遮悶馳电泮吒 囉怛哩电泮
吒 迦囉引 囉怛哩电泮吒 迦波里电泮吒 阿地目㡳丁以反 迦施摩奢娜二合
你嚩悉祢电泮吒 吔鷄質跢婆怛嚩 麼麼 冩 嘆瑟吒質跢
跛波質哆 嘮駄囉質哆 嘱地吠沙質哆 阿蘇跢囉質哆 嗚跛跢陁演
㡳 枳羅演㡳 喝怛囉演㡳 社咩㡳 樹罕㡳 嗚社訶囉 揭婆訶
囉 社陁訶囉 視尾跢訶囉 嚧地囉訶囉 嚩娑訶囉 摩娑訶囉
謎陁訶囉 麼社訶囉 沒嘹訶囉 徒陁訶囉 布濫波訶囉 破羅訶囉
薩冩訶囉 阿怛跢訶囉 欝訖叉伽囉訶 阿囉剎娑伽囉訶 哩囇跢
囉訶 句伴嗏伽囉訶 賽乾陁伽囉訶 嗢麼陁伽囉訶 阿跛娑摩囉伽
伽囉訶 尾舍遮伽囉訶 部跢伽囉訶 布嚲那伽囉訶 迦吒布嚲那伽
囉訶 嘽耶伽囉訶 荼迦荼祁呢伽囉訶 孋嚩㡳伽囉訶 嗽須迦
伽囉訶 嗜倶你伽囉訶 摩怛哩二合 地鷄伽囉訶 阿濫婆伽囉訶
達吒迦引 須你伽囉訶 嚩嚩囉翳迦四迦陁吠㡳夜迦 達哩㡳夜迦 者嗜迦
啾㡳耶 餉嚩囉 尾叅摩餉囉 嚩㡳迦 薛㡳迦 施礼叅須迦 娑你波引
㡳迦 薩嚩餉嚩囉 薩嚩嚕伽 施哩嚕訖㡳 遏駄嚩膣得 沒嚧者迦
阿吃叉嚧鉗 目佉嚧鉗 頡唎突嚧鉗 伽羅揭囉二合 唅 羯孥輸嚂
彈駄輸嚂 嘲哩駄耶輸嚂 末摩輸嚂 鉢施二合 嚩輸嚂 波哩瑟吒輸嚂
嗚陁囉嘛輸嚂 迦跛輸嚂 嚩婆㡳二合 嚂 嗚嚧輸嚂 讓伽輸嚂 賀娑
哆輸嚂 嘯引 陁輸嚂 薩防伽鉢囉嗜都敦反 伽輸嚂 部跢吠跛引吒
餉嚩囉 荼迦荼嘛你 餉嚩囉 駄突嚧 嗟孥反 隙誅 枳智婆 魯跢尾
薩波 魯嘘伽嘛沙 達邏婆 那揭囉 尾沙喻勒伽 阿嚩你 嗚駄迦
摩羅吠囉 嗟跢囉 阿迦羅沒哩二合 㡳喻怛孋補迦 吔哩邏吒迦 吼哩
施吉迦 薩跋娜句羅 僧思孕反 伽吠夜伽囉二合 哩吃叉 跢洛吃沙 嘘末囉
嘱敵 帝山 薩吠山 㕽跢引 哆鉢怛嚟 摩訶嚩視 嚕瑟膩沙 摩訶
波囉嶝嘟哩 夜引 嚩陁嚩二合 駄嗜喻社耶 便跢孋孥 㕽摩睞嚼迦
嚕嘛 你奢盤嚼迦嚕嘛 跛囉尾地夜二合 盤嚼迦嚕嘛 帝殊盤嚼迦嚕

BD05395號 大佛頂如來放光悉怛他般多羅大神力都攝一切咒王帝殊羅尸金剛大道場三昧陀羅尼 （9–7）

摩羅吠羅 喹跢羅 阿迦羅浸哩二合 底瓈怛瓈補迦 呭哩遲吒迦 毗哩
旃盲迦 薩跛娜句羅 僧思多反 伽吠夜伽囉二合 哩叱叉 跢洛叱沙 嘘末囉
翎𠳐 帝山 薩吠山 㕧跢引 吵鉢怛㗚 摩訶鳴視 嚕瑟膩沙 摩訶
波囉蹬鄰哩 夜引 鳴陁鳴二合 馱嚕喻社耶 便跢瓈竽 耘摩䐑鄰迦
嚕㗚 你奢盤鄰迦嚕㗚 跛囉尾地夜二合 盤鄰迦嚕㗚 帝殊盤鄰迦嚕
㗚 訶娑跢盤鄰迦嚕㗚 娑陁盤鄰迦嚕㗚 薩防伽波羅蹬迦盤鄰迦嚕
㗚 怛地他 唵 阿㮈𭩛 阿㮈𭩛 尾設弟 尾設弟 尾囉 尾囉
鳴視囉 達囉 盤馱盤馱 盤馱你 盤馱你 鳴折囉跛呢 泮吒 吽唅
咄嚕吽泮吒 吽吽吽 泮吒 泮吒 泮吒 泮吒 娑鳴訶 唵 尾嚕㨖 娑鳴訶
娜謨薩鳴跢他揭哆耶 蘓伽跢耶 阿囉訶帝 糝藐糝部馱耶 悉殿都漫
哆囉 波馱你 娑鳴訶 怛地他 唵 阿䑐𭩛 阿䑐𭩛 珂娑明 珂娑明
毗羅毗羅 蘓明 蘓明 薩鳴部馱 阿地瑟吒耶 阿地瑟祑底丁重反 薩婆
怛他 蘗都烏瑟你沙 悉怛多鉢怛㗚 吽吽泮吒 娑婆訶 呼吽摩摩
呼吽摩寧 娑婆訶
大佛頂陁羅尼一卷

怛他　薩都烏瑟伲沙　悉怛多鉢怛囉　呼吽泮吒　娑婆訶　呼吽麼麼

呼吽麼寧　娑婆訶

大佛頂陀羅尼一卷

二分无別无斷故善現我清淨故一切菩薩
摩訶薩行清淨一切菩薩摩訶薩行清淨故
一切智智清淨何以故若我清淨若一切菩
薩摩訶薩行清淨若一切智智清淨无二无
二分无別无斷故善現我清淨故諸佛无上
正等菩提清淨諸佛无上正等菩提清淨故
一切智智清淨何以故若我清淨若諸佛无
上正等菩提清淨若一切智智清淨无二无
二分无別无斷故
復次善現有情清淨故色清淨色清淨故一
切智智清淨何以故若有情清淨若色清
淨若一切智智清淨无二无二分无別无斷
故有情清淨故受想行識清淨受想行識清
淨故一切智智清淨何以故若有情清淨若受
想行識清淨若一切智智清淨无二无二分
无別无斷故善現有情清淨故眼處清淨眼
處清淨故一切智智清淨何以故若有情清
淨若眼處清淨若一切智智清淨无二无二
分无別无斷故有情清淨故耳鼻舌身意處

BD05396號　大般若波羅蜜多經（兌廢稿）卷一九五　（2–1）

兌

二分无別无斷故
復次善現有情清淨故色清淨色清淨故一
切智智清淨何以故若有情清淨若色清
淨若一切智智清淨无二无二分无別无斷
故有情清淨故受想行識清淨受想行識清
淨故一切智智清淨何以故若有情清淨若受
想行識清淨若一切智智清淨无二无二分
无別无斷故善現有情清淨故眼處清淨眼
處清淨故一切智智清淨何以故若有情清
淨若眼處清淨若一切智智清淨无二无二
分无別无斷故有情清淨故耳鼻舌身意處
清淨耳鼻舌身意處清淨故一切智智清
淨何以故若有情清淨若耳鼻舌身意處清
淨若一切智智清淨无二无二分无別无斷故
善現有情清淨故色處清淨色處清淨故
一切智智清淨何以故若有情清淨若色處
清淨若一切智智清淨无二无二分无別无
斷故有情清淨故聲香味觸法處清淨聲
香味觸法處清淨故一切智智清淨何以故若
有情清淨若聲香味觸法處清淨若一切智

BD05396號　大般若波羅蜜多經（兌廢稿）卷一九五　（2–2）

[illegible]是普賢菩薩威神之力若
[illegible]衰云之後水火焚澍馬鳴百恠野虫入
家如是諸怯不問耶師一心精進受持讀誦
此經典者衆惡雲除万善普備藥病不如身
針灸不近皆是普賢菩薩威神之力若有善
男子善女人若出家在家若白衣若道俗多
有患夜夢顛倒出入恐怖迫迮叫喚忘前失
後心中憶念普賢菩薩讀誦此經典者无有
諸患令身安隱不見諸苦皆是普賢菩薩威
神之力若有善男子善有願心憶念普賢菩
薩受持讀誦行來出入无有諸苦世世值法
遇善知識不遭横苦皆是普賢菩薩威神之
力何以意故普賢菩薩閻浮履病之良藥此
閻浮履地厄難橋梁何以意故此經是病之
良師如是受持皆是普賢菩薩威神之力尒
時普賢菩薩白佛言世尊欲為衆生説呪三
稱南无佛復稱九佛名東方王明諸佛南方
離垢紫金沙佛西方无量華佛北方曰轉光明
王佛上方香積如来佛下方師子億像佛金
剛師子億像佛普光功德山王佛善住功德
寶王佛若有善男子善女人受持讀誦此九



時普賢菩薩白佛言世尊欲為衆生説呪三
稱南无佛復稱九佛名東方王明諸佛南方
離垢紫金沙佛西方无量華佛北方曰轉光明
王佛上方香積如来佛下方師子億像佛金
剛師子億像佛普光功德山王佛善住功德
寶王佛若有善男子善女人受持讀誦此九
佛名字不墮横死不遭八難憐愍一切衆生
即稱七佛名字第一維衛佛第二維式佛第三
隨葉佛第四拘樓秦佛第五句那含牟尼
佛第六迦葉佛第七釋迦牟尼佛一切衆生
若在病困中若在困厄中若在大火中若在
大水中若在耶行悪鬼中若在蠱道中若在
山谷虎狼中若在險路賊盜中若在河厄難
中常當誦七佛名字悉皆消滅何以意故此
經多饒神力往昔過去七十七億諸佛所説
陁羅尼神呪
南无佛陁　南无達摩　南无僧伽　南无阿弥陁
佛薩陁婆羅　婆菩提　薩婆摩訶　薩婆阿利
耶那婆樓　薩婆波羅提木叉佛婆豆叉帝利
沙訶迦轍而説呪曰
憐愍一切病困衆生故復稱四天下王名守南
无東方提頭羅吒天王南方毗樓勒叉天王
西方毗樓博叉天王北方毗沙門天王南无
達迦摩桂羅王上方釋梵天王下方轉輪聖
王海龍王須弥山頭阿脩輪王此諸鬼神王
等収縛諸鬼枷鏁諸鬼収録諸鬼神不得妄
近善男子善女人汝誦此呪時善持五戒不食

西方鞞樓愽叉天王北方毗沙門天王南无
達迦摩桂羅王上方釋梵天王下方轉輪聖
王海龍王須弥山頭阿脩輪王此諸鬼神王
等杈縛諸鬼枷鏁諸鬼杈録諸鬼神不得妄
近善男子善女人欲誦此呪時善持五戒不食
酒肉不食五辛一月六齋年三長齋六時行
道一心皆行可得誦此呪若不行是行諸不
善行不得誦此呪不脩十善行此呪還自傷
脩持十善行来四出諸天善神四天大王天
龍八部常来善護受持此呪者皆得阿耨三
三菩提道為諸衆生故說諸鬼神名字若
有優樓比羅鬼若有比迦鬼若有鳩槃荼鬼
若有比沙迦鬼若有問請鬼我為衆生解說
鬼神名字土地者狐狸是山神者他虫蟒虵
是宅神者老鼠蝙蝠是天神者魔耶是若有
東来鬼若有東南来鬼若有南来鬼若有西
南来鬼若有西来鬼若有西北来鬼若有北
来鬼若有東北来鬼若有上方蜚尸鬼若有
下方遺淫鬼若有天神地神鬼若有山神樹
神鬼若有五道之神鬼若有南斗北辰鬼若
有奪人精氣鬼若有取人精氣鬼若有棄
人魂魄鬼若有喚人魂神鬼若有破家鬼若
有遺亡失火鬼若有青色鬼若有白色鬼若
有黃色鬼若有赤色鬼若有惡毒精鬼若有
乍瞋乍欣鬼若有索酒索肉鬼若有嗜酒嗜
肉鬼若有入人頭中鬼若有入人耳中鬼若



有奪人精氣鬼若有取人精氣鬼若有棄
人魂魄鬼若有喚人魂神鬼若有破家鬼若
有遺亡失火鬼若有青色鬼若有白色鬼若
有黃色鬼若有赤色鬼若有惡毒精鬼若有
乍瞋乍欣鬼若有索酒索肉鬼若有嗜酒嗜
肉鬼若有入人頭中鬼若有入人耳中鬼若
有入人口中鬼若有入人十指中鬼若有入
人手脚中鬼若有入人肝心五藏中鬼若有
入人百節中鬼若有千詐鬼若有詐稱鬼若
有假名字鬼若有七道鬼若有四七日百怪
鬼若有百日伏尸鬼若有病痛此鬼神名字
若有小猶難養誦此鬼神名字若有兒啼驚
驚亦誦此鬼神名字此諸鬼神若不隨此呪
頭破作七分如阿梨樹枝剎煞父母重罪使
諸鬼神如壓油殃頭破作七分碎如微塵善
男子善女人受持三歸五戒者善持十善行
者此諸鬼神不能中害何以意故此大陁羅
尼神呪威神之力不可思議此諸惡氣不
得嬈近衆耶惡鬼亦不得中害普賢菩薩言
若有善男子善女人若能善持守護此呪者
我尒時乘六牙白象雨寶蓮華從空而下并
餘諸天善神四大天王龍神八部皆来集會
胡跪合掌整理衣服說此大陁羅尼呪時三
千世界六種震動外道天魔盡来歸伏呪山能
崩呪河能竭日月崩落三千大千世界六種
震動衆魔摧碎猶如微塵衆魔驚怖无不伏
善男子善女人受持陁羅尼呪者我尒時遣

飲訖天王龍神八部□来集會
胡跪合掌勲理衣服說此大陁羅尼呪時三
千世界六種震動外道天魔盡来歸伏呪山能
崩呪河能竭日月崩落三千大千世界六種
震動衆魔摧碎猶如微塵衆魔驚怖无不伏
善男子善女人受持陁羅尼呪者我尒時遣
諸天善神常来營護不墮横死自欲命終之
時普賢菩薩迎其精神不墮八難得生東方
阿閦佛國尒時普賢菩薩白佛言世尊有何
等人不得見弥勒佛言善哉善哉諦聽今為
汝略說一者出家沙門剃除鬚鬂假染法服
不持身行不離恩愛背法墮俗如是之人不
得見弥勒二者出家沙門剃除鬚鬂避官役
使假披法服飲酒食肉青黄赤白喜好莊嚴
乘騎驢馬袈裟絞腰治生販賣巧詐柞斗捻
秤前後大斗重秤謂之劫輕秤小斗謂之盜
如是沙門亦不見弥勒三者出家沙門剃除
鬚鬂假披法服飲酒食肉破齋夜食偷盜三
寶破滅三寶不持具相作諸不軌如是惡行
如是之人等亦不見弥勒四者善根衆生受
持五戒不肯習誦損毀正法信耶倒見作諸
不軌毀損五戒六根顛倒如是之人不得見
弥勒五者受持五戒假佛威神諸方教化毀
破形像破大作小破小作大毀破成像斷壞
形像破滅三寶如是之人亦不見弥勒六者
受持淨戒毀損十善破此諸戒飲酒食肉作
諸不善破此三惡如是之人等亦不得見弥

BD05397 號 1　普賢菩薩說證明經　　(19–5)

弥勒五者受持五戒假佛威神諸方教化毀
破形像破大作小破小作大毀破成像斷壞
形像破滅三寶如是之人亦不見弥勒六者
受持淨戒毀損十善破此諸戒飲酒食肉作
諸不善破此三惡如是之人等亦不得見弥
勒七者若有愚癡衆生不信三寶者謗毀正
法謗毀比丘僧謗毀優婆塞謗毀優婆夷謗
毀三寶四聖鄣如来正道斷絶三寶如是之
人等亦不得見弥勒八者若有衆生斷官王
路破家劫棄焚燒山澤殺害衆生无慈愍心
如是之人等亦不得見弥勒九者若有衆生
高遷富貴輔國大臣假官力勢斷事不平以
直則曲破小作大枉煞良善侵取万民如是
之人等亦不得見弥勒十者如是而為說
若有白衣道俗作是諸惡无愧猶如□
牛馬畜生如是之人入阿鼻地獄從閻王
閻輪轉五道无有出期
佛說證香火本因經第二
香火之本七佛所說尒時七佛在白淨天中
佛之頭領空王如来上道空王佛第二雲雷
音宿王華智佛第四白淨王如来佛第五
寶住蓮華佛第六无根王佛第七受記弥勒
尊佛七佛云會初首結鬚在白淨天中又會結
鬚靈鷲山中又結鬚紫微山又會結鬚耆闍
水尒時空王發染濡制令名諸方菩薩北方
有十恒河沙菩薩各乘六牙白象手賚珍寶

BD05397 號 1　普賢菩薩說證明經
BD05397 號 2　證香火本因經　　(19–6)

寶住蓮華佛第六无根王佛第七受記彌勒
尊佛七佛云會初首結願在白淨天中又會結
願靈鷲山中又結願紫微山又會結願香闍
水尒時空王發菜濡制令名諸方菩薩北方
有十恒河沙菩薩各乘六牙白象手齎珎寶
金華盡詣佛所尒時東方亦有十恒河沙菩
薩亦乘六牙白象而寶蓮華來詣佛所尒時
南方復有十恒河沙菩薩亦乘六牙白象齎
寶冠瓔珞來詣佛所尒時西方復有十恒河
沙菩薩亦乘六牙白象各賫菩提雜華來詣
佛所尒時上方有十恒河沙菩薩乘空之國師
子兩寶天衣懸重之心來詣佛所尒時從地
踊出頭戴珎寶各作是言聞佛結願歡喜集
會六万菩薩集會之時山河大海六種震動
尒時衆魔心情不寧以佛神力善哉正法尒
時白淨王如來歡喜受教白空王如來各作
是言无有閻浮履地衆生无有緣為六方
菩薩上首皆行西方无量壽佛弟子大慈觀
世音與大菩薩興閻浮履地拯濟有緣尒時
東方王有明諸佛弟子摩訶波闍波提普賢
菩薩香火證明功德利益有緣此二菩薩希
有拯濟扶諸生若希有利益善說如來將疾
往詣白淨天中結願之時寶柱幢蓋八万四千
人俱皆如兄弟天中有蓋絕大无拯縱廣三
十由旬東西上下亦復如是結願神幡縱廣
三十由旬尒時觀世音託生凡夫尒時普賢
菩薩優婆塞身是此二菩薩分身百意難解

BD05397 號 2　證香火本因經　（19–7）

有拯濟扶諸生若希有利益善說如來將疾
往詣白淨天中結願之時寶柱幢蓋八万四千
人俱皆如兄弟天中有蓋絕大无拯縱廣三
十由旬東西上下亦復如是結願神幡縱廣
三十由旬尒時觀世音託生凡夫尒時普賢
菩薩優婆塞身是此二菩薩分身百億難解
難了亦不可思議尒時如童菩薩月光童子
是尒時摩訶迦葉尊者是尒時憂波利棠公
是初果羅漢離諸生死泰山僧朗是清淨柱
度是解空羅漢号為隱公三賢四聖皆同一
字欲說此本衆惡人中慎莫為說若興此法
善因若人无善根不得聞此法亦不得說此
法未度所度未聞所聞未見所見未解所解
未知所知如是之人皆從一願如來所說莫
不歡喜一心受持必獲果願莫安進退成實
結果解脫三昧尒時觀世音并共普賢菩薩
來詣佛所胡跪受勅唯願如來為我演說為
我解說諦聽諦受執取受持不敢違犯不敢
缺落不敢毀損尒時佛言閻浮履地振旦國
中神州東西却有南北一佛境界百億須弥
山百億日月百億水三千大千世界有一大
國名為振旦不識正法不識如來不解正法
不識好人此等衆生喻興如盲人不見日月
興法无緣亦復如是假使有緣比丘僧比丘
尼優婆塞優婆夷善男子善女人若受持若
讀誦若書寫若受持若讀誦護慎香火稍護

BD05397 號 2　證香火本因經　（19–8）

山百億日月百億水三千大千世界有一大
國名爲振旦不識正法不識如来不解正法
不識好人此等衆生喻與如盲人不見日月
興法无緣亦復如是假使有緣比丘僧比丘
尼優婆塞優婆夷善男子善女人若受持若
讀誦若書寫若受持若讃誦護慎香火稍護
明珠善男子善女人諸法子好人四方衆生
一越流轉集會一處皆如一苐子假使有人
善持守護香火正法行坐憶念歲三月六時
行道轉讀尒時空王如来并告普賢菩薩將
八万億童子四時上下護念法子若在空野
田若在五濁惡世若在病困中若在困厄中
若在耶行惡鬼毒道中長當讀誦此經典者
不見八難不墮橫死不遭橫官我尒時諸天
童子守護此人不見衆惡夫欲說法講義若
有魔人不使可說皆同一心乃可爲說夫欲
平章福德時清淨洗手三遍燒香各礼佛足
慇重之心領必至地却坐說法說法之時慎
莫當户普賢菩薩言善男子善女人善持守護
我法者不見八難若有退落毀法衆无利益
須有發露懺悔之者還捉此法我乘六牙白
象乘空而下手摩其頭現其人前愚癡肉眼
而不覩見謂呼輕言說法之時我遣諸天童
子紫行此人道慢此法毀壞此法輕慢此法
手把金杖刑害此人若有毀損獲罪如是莫
不奉行一心諦聽尊者白弥勒香火何從来
此法何從起根由在何處弥勒菩尊者此法

BD05397號2　證香火本因經　（19–9）

而不覩見謂呼輕言說法之時我遣諸天童
子紫行此人道慢此法毀壞此法輕慢此法
手把金杖刑害此人若有毀損獲罪如是莫
不奉行一心諦聽尊者白弥勒香火何從来
此法何從起根由在何處弥勒菩尊者此法
從空王来度脫何種人空王佛言度脫八種
人尊者問空王何爲八種人閻浮八種人一
者諸長老二者老母人三者善女人四者善
男子五者諸貧窮六者諸下賤七者諸弱小
八者諸比丘四千諸胡漢合爲八万四千人
尊者白弥勒五胡治化時必有不信正法破
毀此正法實難可执拔此法非常行偷竊似
婢奴尊者白弥勒世尊出世時撩除諸穢惡
分別五種人有緣在水東无緣在水西水東
值聖主得見明法王尊者問弥勒願爲演說
之弥勒言尊者汝欲求何等尊者願弥勒爲
我造化城尊者問如来化城在何處佛言化
城在釋迦得道處尊者問空王釋迦得道在
何處空王語尊者汝當善聽尒時尊者整理
威儀胡跪合掌一心善聽乃有爲說釋迦從
起普行无由瞿夷在脇底生時舉手舉貝多
脚躡雙蓮華在脇生釋迦老子作相師白疊
承釋迦老子重賂相此人非常聖難解難思
讖号爲釋迦文九龍興吐水治化弥勒前无
初普行時居在迦黄山乃久不得道来至崑
崙山乃久不得道来在白鹿山乃久不得道

BD05397號2　證香火本因經　（19–10）

釆釋迦老子重賠相此人非常聖難解難思
議号為釋迦文九龍興吐水治化弥勒前无
初啚行時居在迦黄山乃久不得道来至崑
崙山乃久不得道来在白鹿山乃久不得道
更至檀特山乃久不得道来至蒲城山辰轉
至五馬道從海中心入即為造化城化城何
物作瑠璃作外郭舉高七百尺白銀作中郭
舉高七百尺紫金作中城尊者問空王縱廣
幾由旬空王語尊者縱廣四百里東西南北
各四百里四角白銀臺舉高七百尺東廂有
九門南廂有九門西廂有九門北廂有九門
門南白銀樓上有金柱舉高百丈九下有鳳
凰巾柱上懸金鼓天人侍兩邊一震八種聲
門北白銀樓舉高七百尺上有白銀柱下有
万世銘天女着天衣柱上懸金鈴一動六種
聲名我諸法子一時入化城如来威神之力
實事名不輕善哉諸法子善持見大明如是
今啚説實事不虚言如是好受持
尒時尊者問空王何人為聖主何人作明王
空王佛言釋迦涅槃後七百年天地大震動
天呼地呼一月三佐啚困百姓療除穢惡分
簡五種専行疫病平治罪人有法盡生无法
盡滅劫後九十九年七百年以過三千大千
世界六種震動七日日闇却後數日天出明
王地出聖主二聖並治并在神州善哉治化
廣興佛法慈愍一切救度生死得出火宅得

BD05397 號 2　證香火本因經　　（19–11）

簡五種専行疫病平治罪人有法盡生无法
盡滅劫後九十九年七百年以過三千大千
世界六種震動七日日闇却後數日天出明
王地出聖主二聖並治并在神州善哉治化
廣興佛法慈愍一切救度生死得出火宅得
見大乘引導衆生死来詣諸化城明王聖主
俱在化城樓上打金鼓達告諸法子此法有
因緣尋解万里通此法无因緣打鼓隔壁聲
根公白尊者遠名有緣人振公白尊者分別
五種人尊者語振公云何可分別振公白尊
者隨我分別之隨我造弱水我遣力士羅刹王
頭戴崑崙山從地出踊泉来至化城西辰轉
婆娑中往詣加黄山水上七寸橋有緣在橋
東无緣在橋西名我諸法子一時在化城尒時娑
婆中无諸五種人療除諸穢惡賜皆是菩薩
名尊者菩薩王廣宗羅漢王菩薩羅漢治閻
浮无罪人國作佛國州作佛州群作佛群縣
作佛縣黨作佛黨里作佛里隣作佛隣四
海知識一如兄弟集會化城中東宮西宮
南宮北宮東階西階南階北階東有傳山殿
西有縣龍臺巷巷相當門門相次得見此明
王一心好受持若有疑者不得見此法若
有退落者不得見此樂若有癩瘶者若有通
懵者不得見此樂飲酒食肉人貪財五欲人
虚謟見耶人如是不善行終不見此樂若有
退落者復能好懺悔寫却此諸惡寫却煩惱

BD05397 號 2　證香火本因經　　（19–12）

王一心好受持若有狐疑者不得見此法若
有退落者不得見此樂若有癩毀者若有通
慯者不得見此樂飲酒食肉人貪財五欲人
虛謟見耶人如是不善行終不見此樂若有
退落者復能好懺悔寫劫此諸惡寫劫煩惱心
寫劫通慯心寫劫衆耶心復能一懺悔還得
入此法遷過好明師一心好受持若有不毀
損自責過咎罪瞋罵六根賊一心好守護亦得
見此樂如是為汝說終不有虛言一心好受
持與汝无上道
尒時普賢菩薩前白佛言世尊世尊出世時
我遣力士羅剎王平除罪惡人尒時遣加羅
菩薩頭戴地軸三千大千世界六種震動天
地振烈南北解烈七日日闇三名有緣衆生
无法入地獄有法生天皆有日闇復欲平除
罪人我遣羅剎王分別罪人將領鬼軍尒時
羅剎王一分別佛境界百億日月百億須弥山百
億鐵圍地獄城一鐵圍地獄百億鬼軍百億鐵
圍地獄此諸鬼神恒河沙數黑衣服赤絕赤棒
擽除罪人劫後數日我遣阿脩輪王手把七日
劫燒終盡日出之時閻浮履地草木燋壯山
谿剎烈山谷堤塘地平融盡我尒時天上遣
金翅鳥下右取有緣此鳥身長三十里縱廣
三十里口銜七千人背負八万人得上兜率
天弥勒俱時下餘有受罪人飲酒食肉者不
不信有佛出世不信有弥勒下如是之人等

BD05397 號 2　證香火本因經

（19–13）

谿剎烈山谷堤塘地平融盡我尒時天上遣
金翅鳥下右取有緣此鳥身長三十里縱廣
三十里口銜七千人背負八万人得上兜率
天弥勒俱時下餘有受罪人飲酒食肉者不
不信有佛出世不信有弥勒下如是之人等
九孔圓流耳中血出鼻中血出眼中血出口
中血出如是之人未劫終盡盡入地獄无有
出期復遣加羅菩薩手把地軸天地平正西
方起逆風捐擅香七日七夜吹劫穢惡劫後
數日我遣龍樹菩薩平除天地上地與銅地
銅地上與水銀地水銀地上與水精地水精地
上與瑠璃地瑠璃地上與白銀地白銀地上與
鬱金地鬱金地上與黃金地山作金山作銀
山樹作銀樹閻浮履地宮殿樓閣樓櫓劫敵
神珠明月挂着城傍无晝夜不須火光若有
衆生脩持十善出家在家白衣道俗一心
皆行脩持万善得見微妙上類作礼奉行
尒時普賢菩薩白佛言世尊出世時四
天來奉鉢東方提頭賴吒天王獻佛白石鉢
受成万斛北方毗沙門天王獻佛瑠璃鉢受
成万斛南方婆樓勒叉天王獻佛白銀鉢受
成万斛西方鞞樓愽叉天王獻佛紫金鉢受
成万斛佛言汝等鬼神王我伍一人下汝等
鬼神王獻我四種鉢尒時世尊提鉢拍合成
一尒時釋梵天王獻佛微妙上供粳米長七
寸粇長七尺梨如五斗瓮盧粟如二升橦瑠
璃碟白銀椀瑠璃匙白銀筯慇重之心奉獻

BD05397 號 2　證香火本因經

（19–14）

成万斛西方鞞樹博叉天王厲佛將金鋺受
成万斛佛言汝等鬼神王我從一人下汝等
鬼神王獻我四種鉢尒時世尊捉鉢拍合成
一尒時釋梵天王獻佛微妙上供粳米長七
寸菰長七尺梨如五升瓮盧菜如二卄欓瑠
璃縢白銀椀瑠璃匙白銀筯慇重之心奉獻
上供
尒時下方轉輪聖王獻佛千支燈一支有万燈
千支有万万燈上有轉輪座轉輪座上有諸
天伎樂長鳴呼吹簫笛箜篌琵琶鐃銅鈸師
子及白鳥鳳凰及騏驎如是諸人等各来詣
佛前海龍王獻佛十二部尊經尒時海龍王
經青卷黃字薄襜一部来奉佛一部十二路
𨂂負不賜況復十二部尊經尒時色究天王
獻佛寶冠瓔珞蓮華上衣尒時无色界天王
獻佛菩提妙華珎寶雜香尒時閻浮天王獻
佛八功德浴池尒時忉利天王獻佛蓮華寶冠
珠珎瓔珞如是等天王慇重供養皆得天上
道尒時兜率天王獻佛七十二應瑞尒時復
有阿陁菩薩獻佛八万九色六牙白象各備
縢陁鞦勒金案轡釆腳走蓮華對負宮殿而
華動地来詣佛所尒時藥王菩薩獻佛八万
千定國師子佛言善男子善女人脩持十善
一心奉行作礼而去无不獲得即發无上果
願皆於阿耨多羅三藐三菩提心
尒時彌勒告普賢菩薩言吾下之時或兜率
天上雀梨浮啚或從空而下或閻浮履地從



千定國師子佛言善男子善女人脩持十善
一心奉行作礼而去无不獲得即發无上果
願皆於阿耨多羅三藐三菩提心
尒時彌勒告普賢菩薩言吾下之時或兜率
天上雀梨浮啚或從空而下或閻浮履地從
地踊出或北方来或東方来或南方来或西
方四維上下不可思議十方恒河沙菩薩六
趣衆生无能测佛智佛言唯有普賢菩薩
乃能测佛智尒時雀梨浮啚從空而下安置
閻浮履地尒時寶勝菩薩問普賢菩薩雀
梨浮啚何物作普賢菩薩言地瑠璃作塔水
精蹭作地瑠璃作八辟水精作梁柱瑠璃作
屋椽白玉作櫨栱黃金作四角紫金以結椎
青瑠璃作上級青水精珠作中級白玉珠作
上級頗梨珠作上級白銀作中級黃金作上
級紫金作中級上有瑠璃七寶臺舉高三
十里四角有瑠璃七寶殿下有瑠璃縢龍道
中有白珠摩尼寶雀梨浮啚高九十九級上
有白銀樓樓上有神諸寶尒時雀梨浮啚周
迊有八角級廣八由旬尒時彌勒從空而下
諸方菩薩盡来集會之時三千大千世界六
種震動衆魔外道盡来歸伏時有魔王競起
尒時魔手羅王多將兵衆嚴器鎧仗刀劍在前
共佛諍力尒時復有魔王校刀𨨏劍共佛諍
力尒時復有素天大魔王三面六手頭戴山谷
共佛諍力尒時復有博叉天魔頭戴地軸共

種震動衆魔外道盡来歸伏時有魔王競起
尒時魔手羅王多將兵衆嚴器鎧仗刀劍在前
共佛諍力尒時復有魔王扶刀𨱥劍共佛諍
力尒時復有素天大魔王三面六手頭戴山谷
共佛諍力尒時復有愽叉天魔頭戴地軸共
佛諍力尒時復有婆脩隣天魔身上出水身下
出火身上出火身下出水現大復現小現小復現
大下側塞滿虛空共佛諍力尒時復有水身
天魔水火并起電風疾雨共佛諍力尒時復
有惡叉加天魔夜叉加天魔頭復戴山谷堤
塝共佛諍力尒時復有牛頭天魔復有虎頭
天魔復有鳥頭天魔復有虵身天魔此諸魔
神各將十方力士走地挽弩前𨱥叫喚大興
兵馬矛戟在前火車霹靂共佛戰鬪弥勒遣
大力菩薩并共无量力菩薩手捲地理頭戴
地柱尒時天地八種聲衆魔惱怖心情不寧
時弥勒左手指地右手指天召諸方菩薩尒
時東方有十恒河沙无邊身菩薩各乘六牙
白象而賫蓮華来詣佛所尒時南方復有千
恒河沙力士菩薩各乘定國師子手把金剛
楯從空而下尒時下方復有十恒河沙力士
菩薩亦乘定國師子手把金杖從地踊出尒
時普賢菩薩手把金剛三昧杵一擬定三昧
尒時如童菩薩手把金剛棒尒時復有金剛
力士手把金捧走地叫喚日月崩落尒時諸
方菩薩盡来集會三千大千世界六種震動

BD05397 號 2　證香火本因經 （19–17）

菩薩亦乘定國師子手把金杖從地踊出尒
時普賢菩薩手把金剛三昧杵一擬定三昧
尒時如童菩薩手把金剛棒尒時復有金剛
力士手把金捧走地叫喚日月崩落尒時諸
方菩薩盡来集會三千大千世界六種震動
衆魔羅捨刀仗各發慈心五體投地莫不歸
伏尒時普賢菩薩白佛言世尊大聖丈夫八十種
好七十妙姿善哉善哉有如是等大威神力
莊嚴相好威神之力巍巍如是尒時普賢菩
薩白佛言世尊世尊出世時一放光明三
名有緣衆生諸尊普賢菩薩摩訶薩復有
天龍夜叉乾闥婆阿脩羅迦樓羅緊那羅摩
睺羅伽人非人等復有比丘比丘尼優婆塞
優婆夷八部大衆皆来聽法尒時普賢菩薩
白佛言世尊世尊出世時菩薩受記作佛人
非人等受記捨却鬼神形盡復得人身復有
比丘比丘尼優婆塞優婆夷捨形更受命普
賢菩薩言七佛在世時人受四万歲定光佛
在世時人受七万歲比婆施佛在世時人受三
万歲定王佛在世時人受九万歲迦葉佛在
世時人受五万歲句樓秦佛在世時人受六
万歲釋迦文佛在世時人民恒苦厄三人共百
歲人民顛到惡三牙斷鼻聾縱眼堅不敬
師長不孝父母北方欝單曰人受七百歲東
弗于逮人受四百歲南閻浮提人三人共受
百歲西居耶尼人受二百歲弥勒治化時人

BD05397 號 2　證香火本因經 （19–18）

在世時人受七万歲比婆施佛在世時人受三
万歲定王佛在世時人受九万歲迦葉佛在
世時人受五万歲句樓秦佛在世時人受六
万歲釋迦文佛在世時人民恒苦厄三人共百
歲人民顛到惡三牙斷鼻鼻縱眼堅不敬
師長不孝父母比方欝單曰人受七百歲東
弗于逮人受四百歲南閻浮提人三人共受
百歲西居耶尼人受二百歲弥勒治化時人
受八万七千歲自欲受終時不色自然生湏
欲受終時訖生无量壽自然蓮華生普賢
菩薩言天龍夜叉乾闥婆阿脩羅摩睺羅伽
人非人等比丘比丘尼優婆塞優婆夷善男
子善女人長脩十善歲三月六一心奉行至
湯佛道尒時四天王如来威度後鬼神暴宐
世尊出世時我等眷屬胡跪合掌諦聽諦受
執取正法奉行受持不敢違犯受持守護尒
時我等眷屬在須弥頂上四天下若有善男
子善女人一心脩行慎莫染着見皆莫避見
樂莫貪為法喪身尒時普賢菩薩東方来
將諸天伎樂雨華動地此人臨欲受終時迎

BD05397 號 2　證香火本因經　　　　(19–19)

薩
及
證果
證明經

BD05397 號背　雜寫　　　　(1–1)

女一切所有施於彼者是爲菩薩維摩詰言
我已捨矣汝便將去令一切衆生得法願具足
於是諸女問維摩詰我等云何止於魔宮維
摩詰言諸姊有法門名无盡燈汝等當學
无盡燈者譬如一燈然百千燈冥者皆明明
終不盡如是諸姊夫一菩薩開導百千衆生
令發阿耨多羅三藐三菩提心於其道意亦
不滅盡隨所說法而自增益一切善法是名
无盡燈也汝等雖住魔宮以是无盡燈令无
數天子天女皆發阿耨多羅三藐三菩提心者
爲報佛恩亦大饒益一切衆生尒時天女頭
面礼維摩詰足隨魔還宮忽然不現世尊
維摩詰有如是自在神力智慧辯才故我不
任詣彼問疾
佛告長者子善得汝行詣維摩詰問疾善得
白佛言世尊我不堪任詣彼問疾所以者何
憶念我昔自於父舍設大施會供養一切沙
門婆羅門及諸外道貧窮下賤孤獨乞人期
滿七日時維摩詰來入會中謂我言長者子

**BD05398 號　維摩詰所說經卷上**　　（4–1）

佛告長者子善得汝行詣維摩詰問疾善得
白佛言世尊我不堪任詣彼問疾所以者何
憶念我昔自於父舍設大施會供養一切沙
門婆羅門及諸外道貧窮下賤孤獨乞人期
滿七日時維摩詰來入會中謂我言長者子
夫大施會不當如汝所設當爲法施之會何
用是財施會爲我言居士何謂法施之會法
施會者无前无後一時供養一切衆生是名
法施之會何謂也謂以菩提起於慈心以救
衆生起大悲心以持正法起於喜心以攝智
慧行於捨心以攝慳貪起檀波羅蜜以化犯
戒起尸波羅蜜以无我法起羼提波羅蜜以
離身心相起毗梨耶波羅蜜以菩提相起禪
波羅蜜以一切智起般若波羅蜜教化衆生
而起於空不捨有爲法而起无相示現受生
而起无作護持正法起方便力以度衆生起
四攝法以敬事一切起除慢法於身命財起
三堅法於六念中起思念法於六和敬起質
直心正行善法起於淨命心淨歡喜起近賢
聖不憎惡人起調伏心以出家法起於深心
以如說行起於多聞以无諍法起空閑處趣
向佛慧起於宴坐解衆生縛起脩行地以具
相好及淨佛土起福德業知一切衆生心念
如應說法起於智業知一切法不取不捨入
一相門起於慧業斷一切煩惱一切鄣礙一

**BD05398 號　維摩詰所說經卷上**　　（4–2）

以如說行起於多聞以无諍法起空閑處趣
向佛慧起於宴坐解衆生縛起脩行地以具
相好及淨佛土起福德業知一切衆生心念
如應說法起於智業知一切法不取不捨入
一相門起於慧業斷一切煩惱一切鄣礙一
切不善法起一切善業以得一切智慧一切
善法起於一切助佛道法如是善男子是爲
法施之會若菩薩住是法施會者爲大施主
亦爲一切世間福田世尊維摩詰說時法時
婆羅門衆中二百人皆發阿耨多羅三藐三
菩提心我時心得清淨歎未曾有稽首禮維
摩詰足即解瓔珞價直百千以上之不肯取
我言居士願必納受隨意所與維摩詰乃受
瓔珞分作二分持一分施此會中一最下乞
人持一分奉彼難勝如來一切衆會皆見光
明國土難勝如來又見珠瓔在彼佛上變成
四柱寶臺四面嚴飾不相鄣蔽時維摩詰現
神變已作是言若施主等心施一最下乞人
猶如如來福田之相无所分別等乎大悲不
求果報是則名曰具足法施城中一最下乞
人見是神力聞其所說即發阿耨多羅三藐
三菩提心故我不任詣彼問疾如是諸菩薩
各各向佛說其本緣稱述維摩詰所言皆曰
不任詣彼問疾

BD05398 號　維摩詰所說經卷上　（4–3）

四柱寶臺四面嚴飾不相鄣蔽時維摩詰現
神變已作是言若施主等心施一最下乞人
猶如如來福田之相无所分別等乎大悲不
求果報是則名曰具足法施城中一最下乞
人見是神力聞其所說即發阿耨多羅三藐
三菩提心故我不任詣彼問疾如是諸菩薩
各各向佛說其本緣稱述維摩詰所言皆曰
不任詣彼問疾

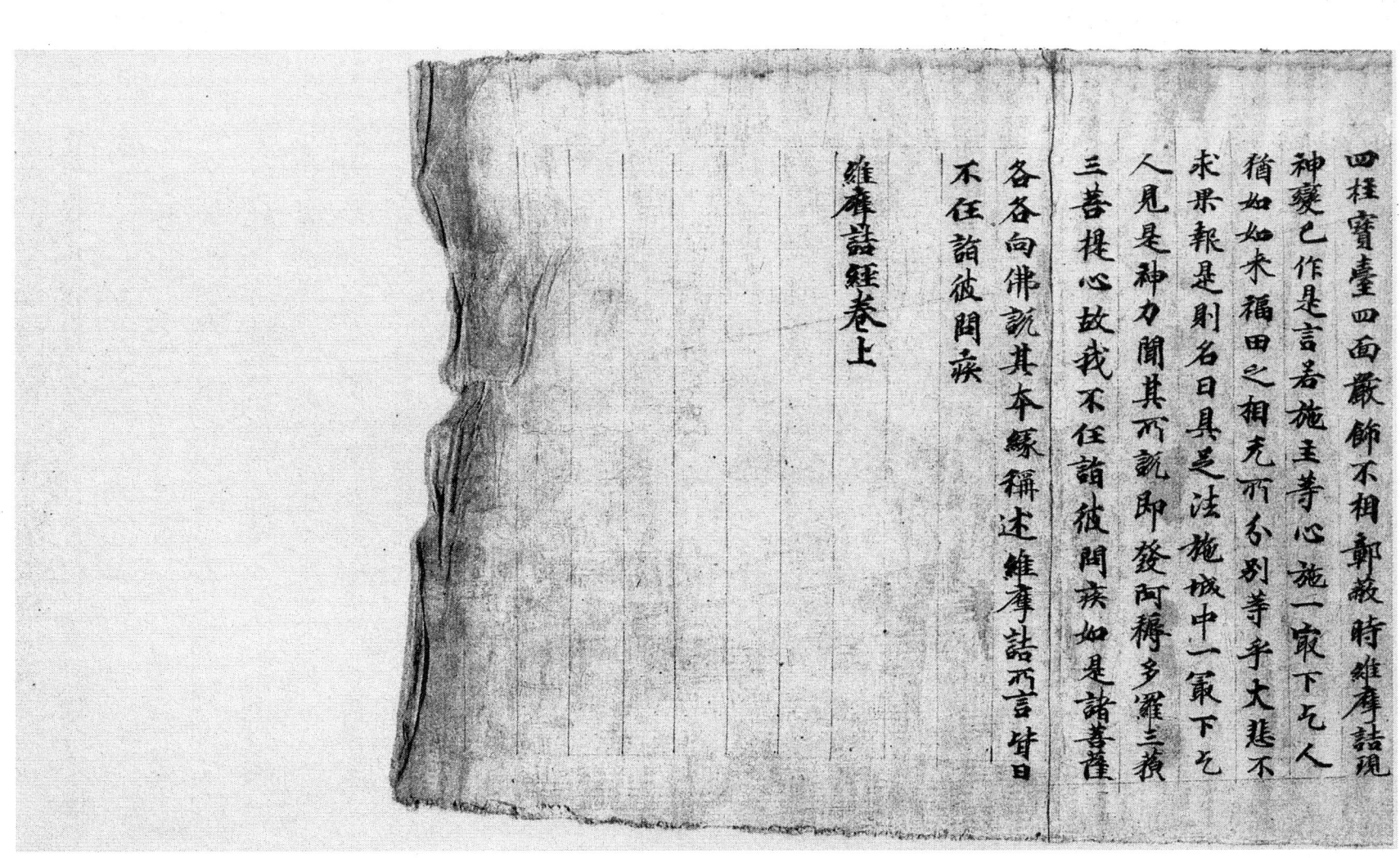

維摩詰經卷上

BD05398 號　維摩詰所說經卷上　（4–4）

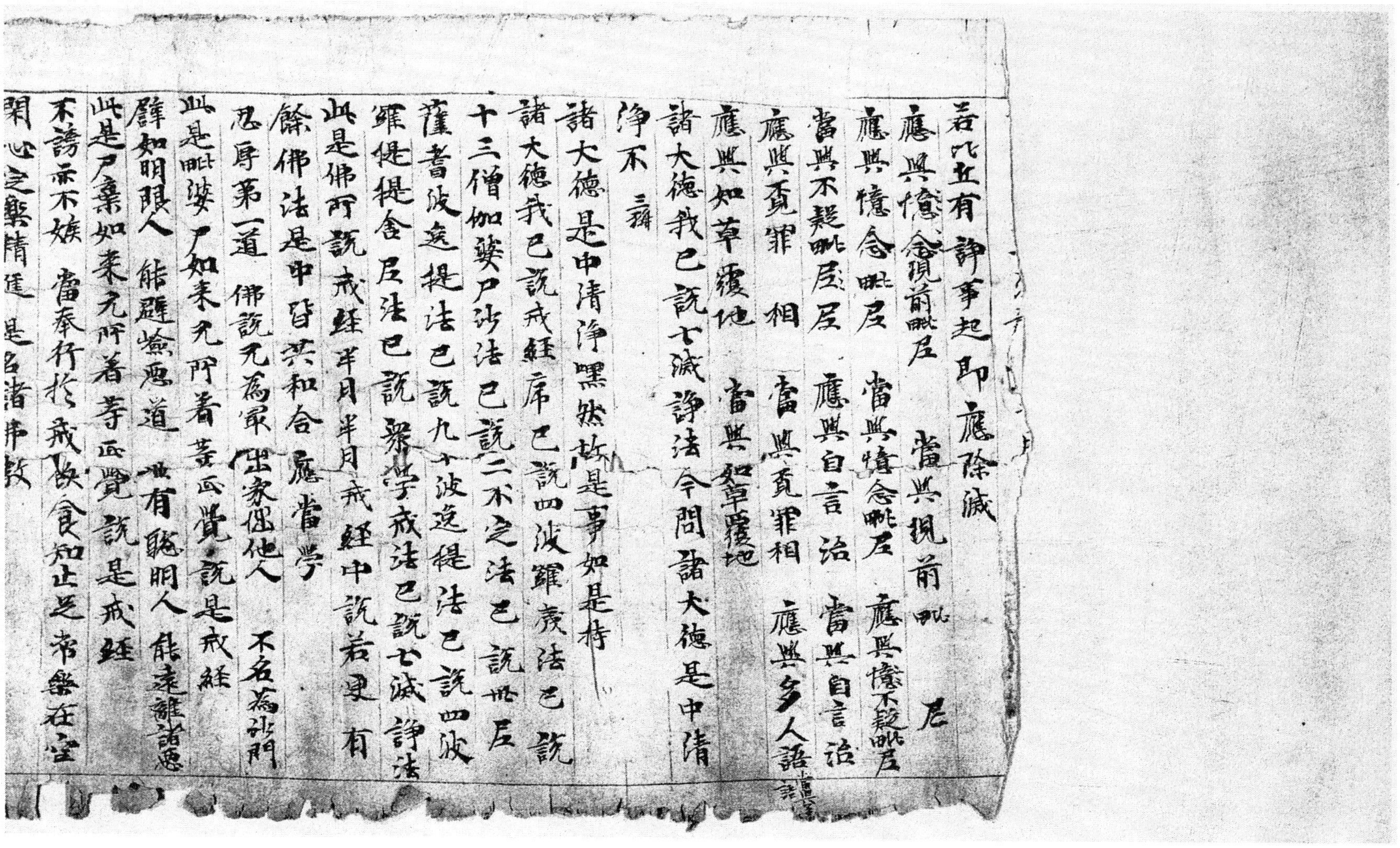

若比丘有諍事起即應除滅
應與憶念現前毗尼　當與現前毗尼
應與憶念毗尼　當與憶念毗尼　應與憶不癡毗尼
當與不癡毗尼　應與自言治　當與自言治
應與覓罪相　當與覓罪相　應與多人語 當與多人語
應與如草覆地　當與如草覆地
諸大德我已說七滅諍法今問諸大德是中清
淨不　三說
諸大德是中清淨嘿然故是事如是持
諸大德我已說戒經序已說四波羅夷法已說
十三僧伽婆尸沙法已說二不定法已說卅尼
薩耆波逸提法已說九十波逸提法已說四波
羅提提舍尼法已說眾學戒法已說七滅諍法
此是佛所說戒經半月半月戒經中說若更有
餘佛法是中皆共和合應當学
忍辱第一道　佛說無為最　出家惱他人　不名為沙門
此是毗婆尸如來無所著等正覺說是戒經
譬如明眼人　能避嶮惡道　世有聰明人　能遠離諸惡
此是尸棄如來無所著等正覺說是戒經
不謗亦不嫉　當奉行於戒　飲食知止足　常樂在空
閑　心定樂精進　是名諸佛教

BD05399 號　四分律比丘戒本

（3–1）

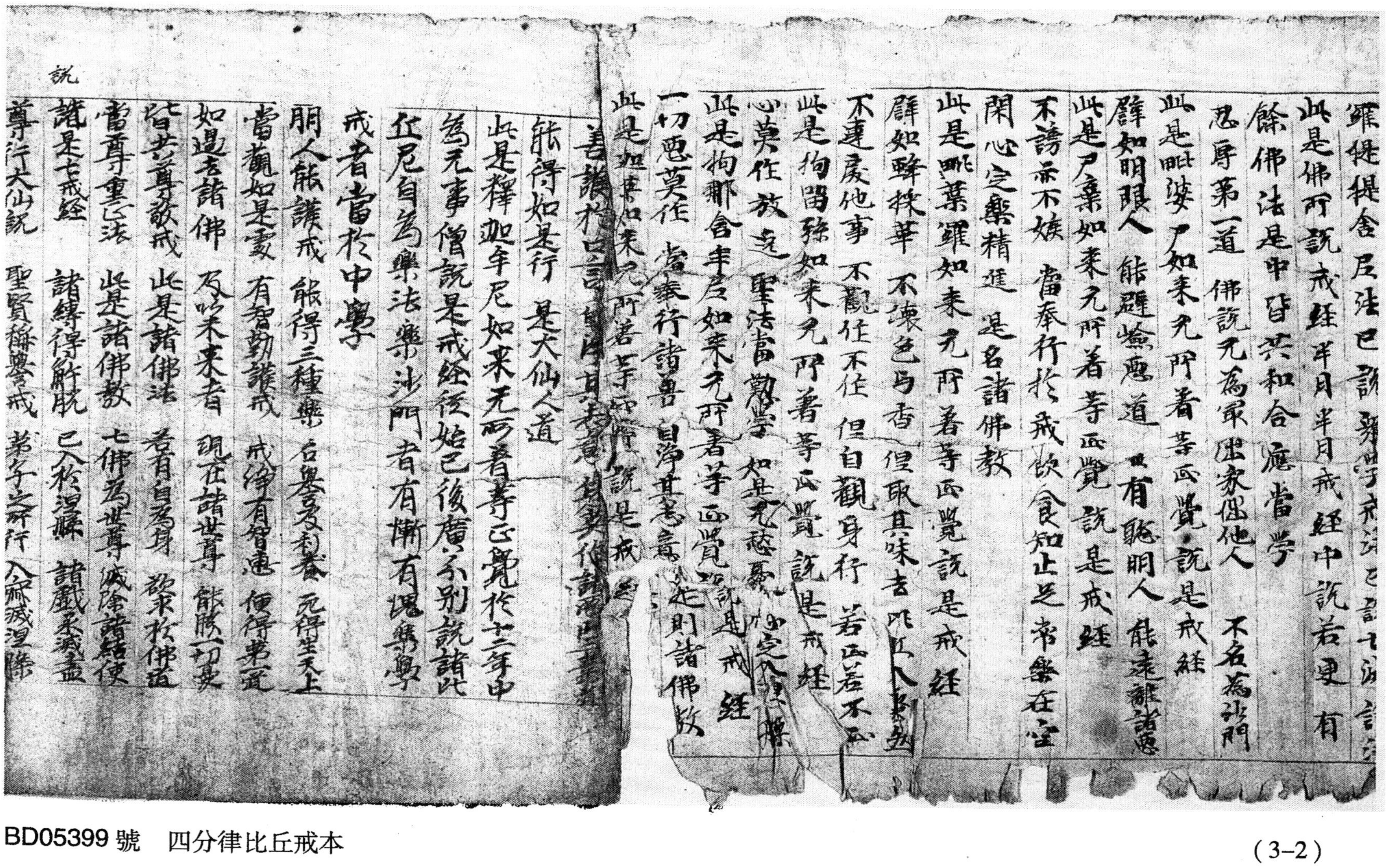

羅提提舍尼法已說眾學戒法已說七滅諍法
此是佛所說戒經半月半月戒經中說若更有
餘佛法是中皆共和合應當学
忍辱第一道　佛說無為最　出家惱他人　不名為沙門
此是毗婆尸如來無所著等正覺說是戒經
譬如明眼人　能避嶮惡道　世有聰明人　能遠離諸惡
此是尸棄如來無所著等正覺說是戒經
不謗亦不嫉　當奉行於戒　飲食知止足　常樂在空
閑　心定樂精進　是名諸佛教
此是毗葉羅如來無所著等正覺說是戒經
譬如蜂採華　不壞色與香　但取其味去　比丘入聚然
不違戾他事　不觀作不作　但自觀身行　若正若不正
此是拘留孫如來無所著等正覺說是戒經
心莫作放逸　聖法當勤學　如是無憂愁　心定入涅槃
此是拘那含牟尼如來無所著等正覺說是戒經
一切惡莫作　當奉行諸善　自淨其志意　是則諸佛教
此是迦葉如來無所著等正覺說是戒經
善護於口言　自淨其志意　身莫作諸惡　此三業道淨
能得如是行　是大仙人道
此是釋迦牟尼如來無所著等正覺於十二年中
為無事僧說是戒經從是已後廣分別說諸比
丘尼自為樂法樂沙門者有慚有愧樂學
戒者當於中學
明人能護戒　能得三種樂　名譽及利養　死得生天上
當觀如是處　有智勤護戒　戒淨有智慧　便得第一道
如過去諸佛　及以未來者　現在諸世尊　能勝一切憂
皆共尊敬戒　此是諸佛法　若有自為身　欲求於佛道
當尊重正法　此是諸佛教　七佛為世尊　滅除諸結使
說
說是七戒經　諸縛得解脫　已入於涅槃　諸戲永滅盡
尊行大仙說　聖賢稱譽戒　弟子之所行　入寂滅涅槃

BD05399 號　四分律比丘戒本

（3–2）

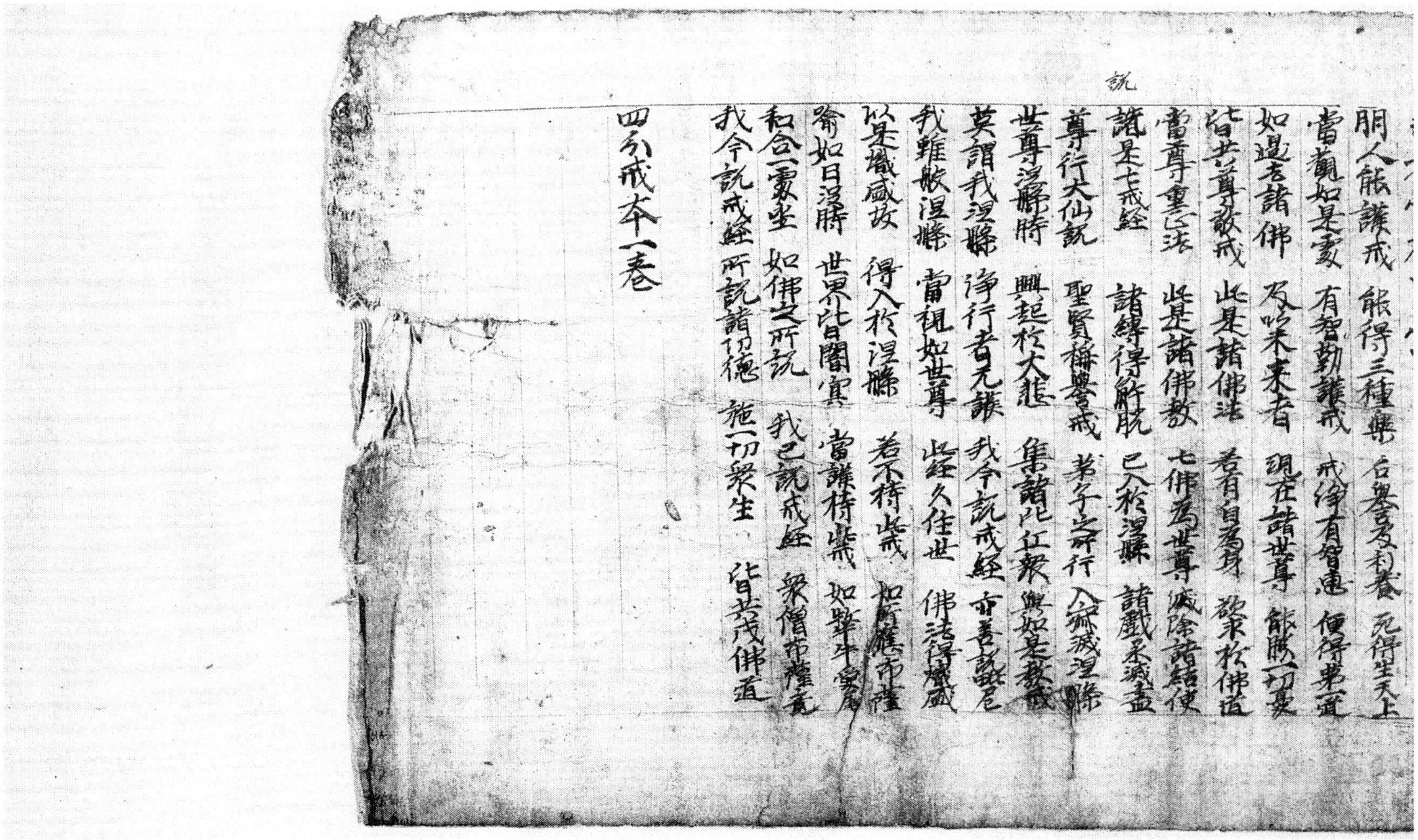

明人能護戒　能得三種樂　名譽及利養　死得生天上
當觀如是處　有智勤護戒　戒淨有智慧　便得第一道
如過去諸佛　及以未來者　現在諸世尊　能勝一切憂
皆共尊敬戒　此是諸佛法　若有自為身　欲求於佛道
當尊重正法　此是諸佛教　七佛為世尊　滅除諸結使
說是七戒經　諸縛得解脫　已入於涅槃　諸戲永滅盡
尊行大仙說　聖賢稱譽戒　弟子之所行　入寂滅涅槃
世尊涅槃時　興起於大悲　集諸比丘眾　與如是教誡
莫謂我涅槃　淨行者無護　我今說戒經　亦善說毗尼
我雖般涅槃　當視如世尊　此經久住世　佛法得熾盛
以是熾盛故　得入於涅槃　若不持此戒　如所應布薩
喻如日沒時　世界皆闇冥　當護持是戒　如犛牛愛尾
和合一處坐　如佛之所說　我已說戒經　眾僧布薩竟
我今說戒經　所說諸功德　施一切眾生　皆共成佛道
四分戒本一卷

BD05399 號　四分律比丘戒本　（3–3）

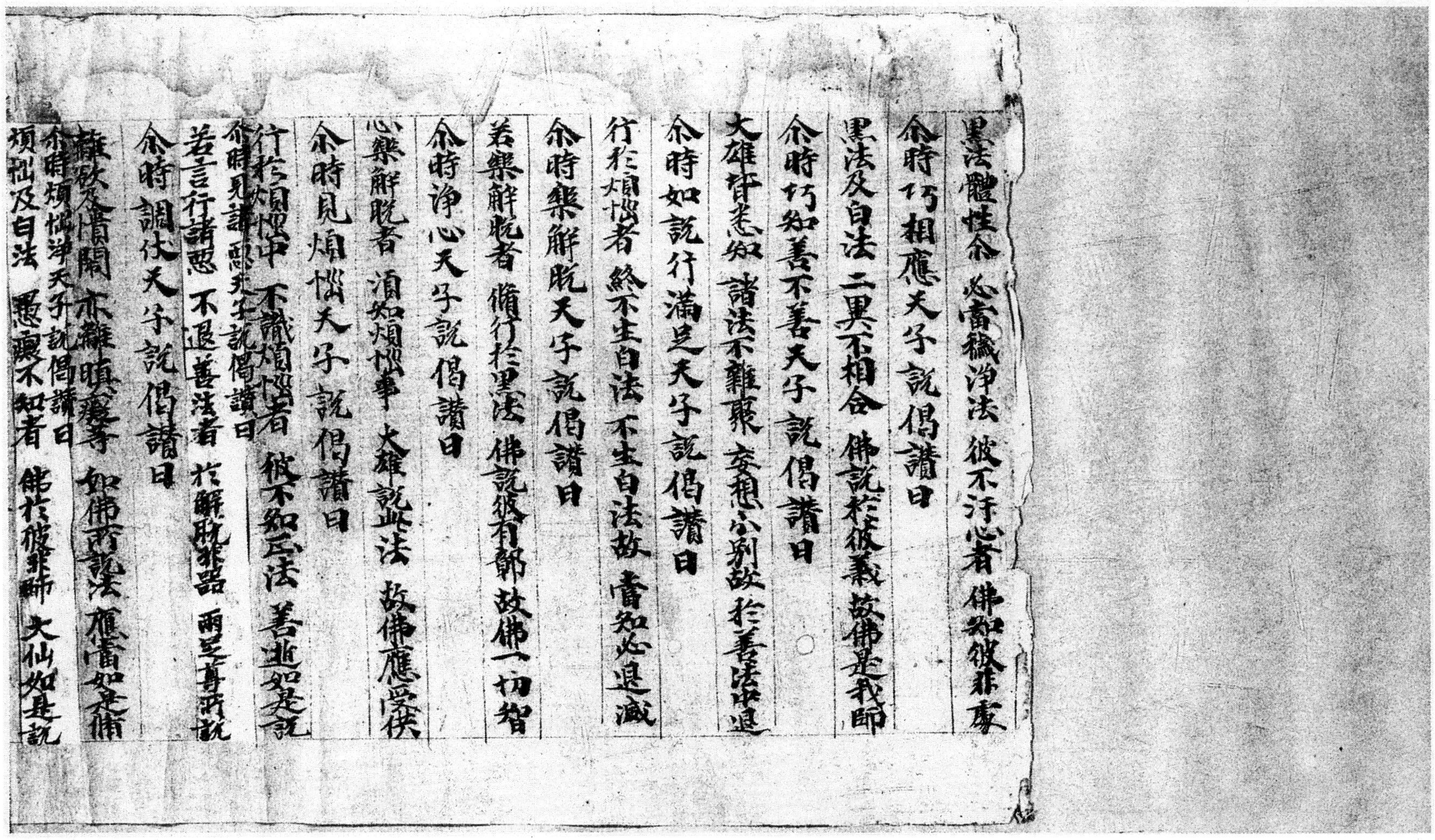

黑法體性尒　必當識淨法　彼不汙心者　佛知彼非處
尒時巧相應天子說偈讚曰
黑法及白法　二果不相合　佛說於彼義　故佛是我師
尒時巧知善不善天子說偈讚曰
大雄皆悉知　諸法不雜聚　妄想分別故　於善法中退
尒時如說行滿足天子說偈讚曰
行於煩惱者　終不生白法　不生白法故　當知必退滅
尒時樂解脫天子說偈讚曰
若樂解脫者　循行於黑法　佛說彼有節　故佛一切智
尒時淨心天子說偈讚曰
心樂解脫者　須知煩惱事　大雄說此法　故佛應受供
尒時見煩惱天子說偈讚曰
行於煩惱中　不識煩惱者　彼不知正法　善逝如是說
尒時見諸惡天子說偈讚曰
若言行諸惡　不退善法者　於解脫非器　兩足尊所說
尒時調伏天子說偈讚曰
離欲及憒鬧　亦離瞋癡等　如佛所說法　應當如是脩
尒時煩惱淨天子說偈讚曰
煩惱及白法　愚癡不知者　佛於彼非師　大仙如是說

BD05400 號　大寶積經卷七一　（2–1）

尒時巧知善不善天子說偈讚曰
大雄皆悉知　諸法不雜聚　妄想分別故　於善法中退
尒時如說行滿足天子說偈讚曰
行於煩惱者　終不生白法　不生白法故　當知必退滅
尒時樂解脫天子說偈讚曰
若樂解脫者　脩行於異法　佛說彼有鄣　故佛一切智
尒時淨心天子說偈讚曰
心樂解脫者　須知煩惱事　大雄說此法　故佛應受供
尒時見煩惱天子說偈讚曰
行於煩惱中　不識煩惱者　彼不知正法　善逝如是說
尒時見諸惡天子說偈讚曰
若言行諸惡　不退善法者　於解脫非器　兩足尊所說
尒時調伏天子說偈讚曰
雜欲及憒閙　亦雜瞋癡等　如佛所說法　應當如是脩
尒時煩惱淨天子說偈讚曰
煩惱及白法　愚癡不知者　佛於彼非師　大仙如是說
尒時勤脩解脫天子說偈讚曰
佛說對治法　為除煩惱故　行彼不盡惑　无能擊難者
尒時向解脫天子說偈讚曰
佛說如是法　為斷煩惱故　若脩不滅惑　无能擊難者
尒時方便相應天子說偈讚曰
佛說諸法者　為諸聲聞等　若脩不證者　无能多難佛

BD05400 號　大寶積經卷七一

（2–2）

# 著　錄　凡　例

本目錄採用條目式著錄法。諸條目意義如下：

1.1　著錄編號。用漢語拼音首字“BD”表示，意為“北京圖書館藏敦煌遺書”，簡稱“北敦號”。文獻寫在背面者，標註為“背”。一件遺書上抄有多個文獻者，用數字1、2、3等標示小號。一號中包括幾件遺書，且遺書形態各自獨立者，用字母A、B、C等區別。

1.2　著錄分類號。本條記目錄暫不分類，該項空缺。

1.3　著錄文獻的名稱、卷本、卷次。

1.4　著錄千字文編號。

1.5　著錄縮微膠卷號。

2.1　著錄遺書的總體數據。包括長度、寬度、紙數、正面抄寫總行數與每行字數、背面抄寫總行數與每行字數。如該遺書首尾有殘破，則對殘破部分單獨度量，用加號加在總長度上。凡屬這種情況，長度用括弧標註。

2.2　著錄每紙數據。包括每紙長度及抄寫行數或界欄數。

2.3　著錄遺書的外觀。包括：（1）裝幀形式。（2）首尾存況。（3）護首、軸、軸頭、天竿、縹帶，經名是書寫還是貼簽，有無經名號，扉頁、扉畫。（4）卷面殘破情況及其位置。（5）尾部情況。（6）有無附加物（蟲繭、油污、線繩及其他）。（7）有無裱補及其年代。（8）界欄。（9）修整。（10）其他需要交待的問題。

2.4　著錄一件遺書抄寫多個文獻的情況。

3.1　著錄文獻首部文字與對照本核對的結果。

3.2　著錄文獻尾部文字與對照本核對的結果。

3.3　著錄錄文。

3.4　著錄對文獻的說明。

4.1　著錄文獻首題。

4.2　著錄文獻尾題。

5　著錄本文獻與對照本的不同之處。

6.1　著錄本遺書首部可與另一遺書綴接的編號。

6.2　著錄本遺書尾部可與另一遺書綴接的編號。

7.1　著錄題記、題名、勘記等。

7.2　著錄印章。

7.3　著錄雜寫。

7.4　著錄護首及扉頁的內容。

8　著錄年代。

9.1　著錄字體。如有武周新字、合體字、避諱字等，予以說明。

9.2　著錄卷面二次加工的情況。包括句讀、點標、科分、間隔號、行間加行、行間加字、硃筆、墨塗、倒乙、刪除、兌廢等。

10　著錄敦煌遺書發現後，近現代人所加內容，裝裱、題記、印章等。

11　備註。著錄揭裱互見、圖版本出處及其他需要說明的問題。

上述諸條，有則著錄，無則空缺。

為避文繁，上述著錄中出現的各種參考、對照文獻，暫且不列版本說明。全目結束時，將統一編制本條記目錄出現的各種參考書目。

本條記目錄為農曆年份標註其公曆紀年時，未進行歲頭年末之換算，請讀者使用時注意自行換算。

# 條 記 目 錄

## BD05336—BD05400

1.1 BD05336 號
1.3 正法念處經（兑廢稿）卷四九
1.4 光 036
1.5 198:7157
2.1 46.5×26.8 厘米；1 紙；28 行，行 20 字。
2.3 卷軸裝。首尾均脱。有烏絲欄。
3.1 首殘→大正 721，17/292C13。
3.2 尾殘→17/293A29。
7.1 行間加行上邊有“兑”字。
8 8～9 世紀。吐蕃統治時期寫本。
9.1 楷書。
9.2 有行間加行。
11 圖版：《敦煌寶藏》，104/346A～B。

1.1 BD05337 號
1.3 佛頂尊勝陀羅尼經（佛陀波利本）
1.4 光 037
1.5 229:7339
2.1 324.7×26 厘米；7 紙；178 行，行 17 字。
2.2 01：50.2，28； 02：50.2，28； 03：50.3，28；
04：50.4，28； 05：50.4，28； 06：50.2，28；
07：23.0，10。
2.3 卷軸裝。首脱尾全。經黄紙。第 1 紙下邊殘破，第 6、7 紙接縫上開裂，卷尾殘破，有水漬及蟲繭。有烏絲欄。
3.1 首殘→大正 967，19/350A6。
3.2 尾全→19/352A26。
4.2 佛頂尊勝陀羅尼經一卷（尾）。
5 與《大正藏》本對照，咒語與《大正藏》本不同，略相當於所附的宋本，參見 19/352A27～B23。
7.3 背有雜寫“貧賤”。
8 7～8 世紀。唐寫本。
9.1 楷書。
11 圖版：《敦煌寶藏》，105/527B～531B。

1.1 BD05338 號
1.3 妙法蓮華經卷四
1.4 光 038
1.5 105:5268
2.1 （176.5+4.8）×24 厘米；5 紙；111 行，行 17 字。
2.2 01：20.0，12； 02：47.0，28； 03：47.0，28；
04：47.3，28； 05：15.2+4.8，15。
2.3 卷軸裝。首斷尾殘。經黄紙。第 2、3 紙接縫處脱開。有烏絲欄。
3.1 首殘→大正 262，9/28A2。
3.2 尾 3 行中上殘→9/29C13～16。
8 7～8 世紀。唐寫本。
9.1 楷書。
11 圖版：《敦煌寶藏》，90/437A～439B。

1.1 BD05339 號
1.3 金光明經卷一
1.4 光 039
1.5 081:1371
2.1 （28+166+64.5）×25 厘米；6 紙；160 行，行 17 字。
2.2 01：28+13，26； 02：46.2，29； 03：47.2，29；
04：46.8，29； 05：12.8+34，29；06：30.5，18。
2.3 卷軸裝。首尾均殘。通卷上下有鼠嚙殘破，上邊有火灼殘痕。有烏絲欄。
3.1 首 18 行上下殘→大正 663，16/337B19～C12。
3.2 尾 33 行中下殘→16/339B14～C26。
8 8～9 世紀。吐蕃統治時期寫本。
9.1 楷書。
11 圖版：《敦煌寶藏》，67/231A～234A。

1.1 BD05340 號
1.3 阿彌陀經

1.4　光 040
1.5　014:0121
2.1　(5.7 +183.3) ×29 厘米；6 紙；102 行，行 17 字。
2.2　01：5.7 +11.8，9；　02：31.0，23；　03：10.5，05；
　　04：43.5，22；　05：43.5，23；　06：43.0，20。
2.3　卷軸裝。首尾均全。卷面殘破，第 1 紙上下邊欄為刻劃欄，第 2、3 紙上下邊欄為烏絲欄，竪欄以折疊欄爲主，有少量烏絲欄。自第 3 紙起與前 2 紙紙質、字體不同。已修整。
3.1　首 1 行下殘→大正 366，12/346B25 ~29。
3.2　尾全→12/348A29。
4.1　佛說阿彌陀經（首）。
4.2　佛說阿彌阿（陀）經一卷（尾）。
8　9 ~10 世紀。歸義軍時期寫本。
9.1　楷書。
9.2　有行間校加字。
11　圖版：《敦煌寳藏》，56/580B ~582B。

1.1　BD05341 號
1.3　金光明最勝王經卷二
1.4　光 041
1.5　083:1556
2.1　(2 +46) ×26.5 厘米；1 紙；29 行，行 14 或 20 字（偈頌）。
2.3　卷軸裝。首殘尾脱。有烏絲欄。
3.1　首行上殘→大正 665，16/411B13。
3.2　尾殘→16/411C20。
8　8 ~9 世紀。吐蕃統治時期寫本。
9.1　楷書。
9.2　有硃筆校改。
11　圖版：《敦煌寳藏》，68/383。

1.1　BD05342 號
1.3　金光明最勝王經卷六
1.4　光 042
1.5　083:1796
2.1　329.9 ×26.3 厘米；8 紙；179 行，行 17 字。
2.2　01：02.0，01；　02：47.0，28；　03：46.8，28；
　　04：46.8，28；　05：47.0，28；　06：46.8，28；
　　07：46.7，28；　08：46.8，10。
2.3　卷軸裝。首殘尾全。卷尾有蟲蛀殘洞。有烏絲欄。
3.1　首殘→大正 665，16/430B23。
3.2　尾全→16/432C10。
4.2　金光明經卷第六（尾）。
5　尾附音義。
6.2　尾→BD05591 號。
8　8 ~9 世紀。吐蕃統治時期寫本。
9.1　楷書。
11　圖版：《敦煌寳藏》，70/113A ~117A。

1.1　BD05343 號
1.3　四分律比丘戒本
1.4　光 043
1.5　156:6876
2.1　(42 +6.5) ×27 厘米；1 紙；31 行，行 17 字。
2.3　卷軸裝。首脱尾殘。有烏絲欄。
3.1　首殘→大正 1429，22/1019B17。
3.2　尾 5 行下殘→22/1019C16 ~19。
8　9 ~10 世紀。歸義軍時期寫本。
9.1　楷書。
11　圖版：《敦煌寳藏》，102/355A ~B。

1.1　BD05344 號
1.3　妙法蓮華經（兑廢稿）卷二
1.4　光 044
1.5　105:4947
2.1　46.8 ×27.1 厘米；1 紙；28 行，行 16 ~18 字。
2.3　卷軸裝。首尾均脱。有烏絲欄。
3.1　首殘→大正 262，9/16C3。
3.2　尾殘→9/17A6。
7.1　行間加行上邊有“兑”字。
8　7 ~8 世紀。唐寫本。
9.1　楷書。
9.2　有行間加行。
11　圖版：《敦煌寳藏》，87/293A ~B。

1.1　BD05345 號
1.3　藥師琉璃光如來本願功德經
1.4　光 045
1.5　030:0306
2.1　(2.5 +109.7 +2.5) ×25.6 厘米；4 紙；73 行，行 17 字。
2.2　01：2.5 +26.7，18；　02：40.5，26；　03：40.5，26；
　　04：2 +2.5，03。
2.3　卷軸裝。首尾均殘。卷面黴爛，有碎裂破損，脱落 2 塊殘片，已綴接。有烏絲欄。已修整。
3.1　首行中殘→大正 450，14/407A17。
3.2　尾 2 行上下殘→14/408A4 ~5。
8　7 ~8 世紀。唐寫本。
9.1　楷書。
11　圖版：《敦煌寳藏》，58/10B ~12A。

1.1　BD05346 號
1.3　妙法蓮華經（八卷本）卷六
1.4　光 046
1.5　105:5627
2.1　(6.5 +606.8) ×26.8 厘米；9 紙；337 行，行 17 字。
2.2　01：6.5 +46.8，28；　02：76.6，43；　03：77.2，41；

04：77.1，43；　05：77.1，43；　06：77.1，45；
07：77.0，42；　08：76.9，42；　09：21.0，10。
2.3　卷軸裝。首殘尾全。卷面有水漬，第1紙上邊有破裂。背有古代裱補。有烏絲欄。
3.1　首4行上中殘→大正262，9/44C18～20。
3.2　尾全→9/50B22。
4.2　妙法蓮華經卷第六（尾）。
5　與《大正藏》本對照，分卷不同，相當於《大正藏》本卷五分別功德品第十七中部開始至卷六法師功德品第十九全文。屬於八卷本。
8　7～8世紀。唐寫本。
9.1　楷書。
11　圖版：《敦煌寶藏》，93/410A～418B。

1.1　BD05347號
1.3　觀無量壽佛經
1.4　光047
1.5　016:0207
2.1　(10+599.5)×26.5厘米；14紙；357行，行約17字。
2.2　01：10+5.5，9；　02：46.0，28；　03：46.0，28；
04：46.0，28；　05：46.0，28；　06：45.6，28；
07：46.0，28；　08：45.6，28；　09：45.5，28；
10：45.3，28；　11：45.5，28；　12：45.5，28；
13：45.5，28；　14：45.5，12。
2.3　卷軸裝。首殘尾全。首紙下邊有破裂殘缺，卷前部接縫處有開裂。卷尾有蟲繭。有烏絲欄。
3.1　首6行上下殘→大正365，12/341C15～20。
3.2　尾全→12/346B21。
4.2　佛說無量壽觀經一卷（尾）。
8　9～10世紀。歸義軍時期寫本。
9.1　楷書。
11　圖版：《敦煌寶藏》，57/175B～183B。

1.1　BD05348號
1.3　妙法蓮華經卷一
1.4　光048
1.5　105:4657
2.1　243.6×25.9厘米；5紙；140行，行17字。
2.2　01：48.7，28；　02：48.7，28；　03：48.8，28；
04：48.7，28；　05：48.7，28。
2.3　卷軸裝。首尾均脫。首紙有破裂，接縫處上方多有開裂，卷面油污，有火灼小殘洞。背有古代裱補。有烏絲欄。
3.1　首殘→大正262，9/5C1。
3.2　尾殘→9/7C14。
8　9～10世紀。歸義軍時期寫本。
9.1　楷書。
9.2　有刮改。

11　圖版：《敦煌寶藏》，85/181A～184A。

1.1　BD05349號
1.3　大般若波羅蜜多經卷一九五
1.4　光049
1.5　084:2486
2.1　45.5×25.6厘米；1紙；28行，行17字。
2.3　卷軸裝。首尾均脫。卷面有殘洞、破裂及下邊殘缺，脫落2塊殘片，已綴接。有烏絲欄。已修整。
3.1　首殘→大正220，5/1043C2。
3.2　尾殘→5/1044A1。
8　8～9世紀。吐蕃統治時期寫本。
9.1　楷書。
11　圖版：《敦煌寶藏》，73/469B。

1.1　BD05350號
1.3　大般若波羅蜜多經卷三三八
1.4　光050
1.5　084:2912
2.1　192×26.1厘米；4紙；112行，行17字。
2.2　01：48.0，28；　02：48.0，28；　03：47.8，28；
04：48.2，28。
2.3　卷軸裝。首尾均脫。有烏絲欄。
3.1　首殘→大正220，6/735A22。
3.2　尾殘→6/736B17。
6.1　首→BD05661號。
6.2　尾→BD05537號。
8　8～9世紀。吐蕃統治時期寫本。
9.1　楷書。
9.2　有刮改。
11　圖版：《敦煌寶藏》，75/444B～447A。

1.1　BD05351號
1.3　大般若波羅蜜多經卷一〇九
1.4　光051
1.5　084:2291
2.1　338.2×25.9厘米；7紙；196行，行17字。
2.2　01：48.5，28；　02：48.2，28；　03：48.5，28；
04：48.2，28；　05：48.3，28；　06：48.3，28；
07：48.2，28。
2.3　卷軸裝。首尾均脫。首紙有殘洞，下邊殘缺。接縫處多有開裂。有烏絲欄。
3.1　首殘→大正220，5/600C8。
3.2　尾殘→5/602C27。
8　8～9世紀。吐蕃統治時期寫本。
9.1　楷書。有武周新字“正”。
11　圖版：《敦煌寶藏》，72/556B～560B。

1.1 BD05352 號
1.3 大般若波羅蜜多經卷二〇二
1.4 光052
1.5 084:2509
2.1 (8.5+641.5)×26 厘米;14 紙;392 行,行17 字。
2.2 01:8.5+37.4,28; 02:46.1,28; 03:46.0,28;
04:46.1,28; 05:46.0,28; 06:45.9,28;
07:46.0,28; 08:46.2,28; 09:45.9,28;
10:46.4,28; 11:47.5,28; 12:47.5,28;
13:47.5,28; 14:47.0,28。
2.3 卷軸裝。首殘尾脫。首紙有破裂,下邊殘缺,第1、2 紙接縫處上開裂。卷首背有鳥糞。有烏絲欄。
3.1 首5 行上殘→大正220,6/6B18~22。
3.2 尾殘→6/10C24。
8 8~9 世紀。吐蕃統治時期寫本。
9.1 楷書。
11 圖版:《敦煌寶藏》,73/554B~563A。

1.1 BD05353 號
1.3 妙法蓮華經卷三
1.4 光053
1.5 105:5104
2.1 (3.5+179.4)×25.5 厘米;4 紙;112 行,行17 字。
2.2 01:3.5+42.5,28; 02:45.7,28; 03:45.7,28;
04:45.5,28。
2.3 卷軸裝。首尾均脫。有烏絲欄。
3.1 首2 行上殘→大正262,9/21C20~21。
3.2 尾殘→9/23B19。
8 7~8 世紀。唐寫本。
9.1 楷書。
11 圖版:《敦煌寶藏》,89/5B~8A。

1.1 BD05354 號
1.3 金光明最勝王經卷六
1.4 光054
1.5 083:1811
2.1 139.9×26.4 厘米;3 紙;67 行,行17 字。
2.2 01:47.7,28; 02:47.2,28; 03:45.0,11。
2.3 卷軸裝。首脫尾全。尾有原軸,鑲蓮蓬形軸頭,軸頭有螺鈿嵌花,上軸頭嵌花已壞。有烏絲欄。
3.1 首殘→大正665,16/432A2。
3.2 尾全→16/432C10。
4.2 金光明經卷第六(尾)。
5 尾附音義。
8 8~9 世紀。吐蕃統治時期寫本。
9.1 楷書。
11 圖版:《敦煌寶藏》,70/152A~153B。

1.1 BD05355 號
1.3 佛名經(十六卷本)卷二
1.4 光055
1.5 063:0613
2.1 (4+1247.8)×29.6 厘米;26 紙;576 行,行18 字。
2.2 01:4+42.5,22; 02:49.0,23; 03:49.0,23;
04:49.0,23; 05:49.0,23; 06:49.0,23;
07:49.0,23; 08:49.0,23; 09:49.0,23;
10:49.0,23; 11:49.0,23; 12:49.0,23;
13:48.0,22; 14:49.5,23; 15:49.5,23;
16:49.7,23; 17:50.0,23; 18:49.7,23;
19:49.7,23; 20:49.7,23; 21:49.7,23;
22:49.7,23; 23:49.7,23; 24:49.7,23;
25:49.7,23; 26:22.0,03。
2.3 卷軸裝。首殘尾全。卷首有紅色水漬,上下有殘破;第15、16 紙接縫下部開裂,卷後部下邊有破裂殘缺,卷尾下角殘缺。有烏絲欄。
3.1 首2 行中下殘→《七寺古逸經典研究叢書》,3/69 頁第74~75 行。
3.2 尾全→《七寺古逸經典研究叢書》,3/113 頁第648 行。
4.2 佛名經卷第二(尾)。
6.1 首→BD05424 號。
8 9~10 世紀。歸義軍時期寫本。
9.1 楷書。
11 圖版:《敦煌寶藏》,60/355B~370A。

1.1 BD05356 號
1.3 妙法蓮華經卷二
1.4 光056
1.5 105:4850
2.1 48.1×24.7 厘米;1 紙;28 行,行17 字。
2.3 卷軸裝。首尾均脫。卷面有等距離殘洞。有烏絲欄。
3.1 首行殘→大正262,9/11B21~22。
3.2 尾行殘→9/11C28。
8 7~8 世紀。唐寫本。
9.1 楷書。
11 圖版:《敦煌寶藏》,87/89A~B。

1.1 BD05357 號
1.3 四分律比丘戒本
1.4 光057
1.5 156:6874
2.1 49×27 厘米;1 紙;31 行,行17 字。
2.3 卷軸裝。首尾均脫。有烏絲欄。
3.1 首殘→大正1429,22/1019A12。
3.2 尾殘→22/1019B16。
8 9~10 世紀。歸義軍時期寫本。

9.1　楷書。
11　圖版:《敦煌寶藏》，102/353B～354B。

1.1　BD05358號
1.3　大方等大集經菩薩念佛三昧分卷一〇
1.4　光058
1.5　022:0233
2.1　550.2×27.2厘米；12紙；327行，行17字。
2.2　01：46.3，26；　02：46.0，28；　03：46.0，28；
04：46.2，28；　05：46.0，28；　06：46.0，28；
07：46.2，28；　08：46.0，28；　09：46.0，28；
10：46.0，28；　11：46.0，28；　12：43.5，21。
2.3　卷軸裝。首尾均全。卷首有殘缺破裂。有烏絲欄。已修整。
3.1　首全→大正415，13/868A2。
3.2　尾全→13/871C16。
4.1　大方等大集經菩薩念佛三昧分說修習三昧品之餘，卷十（首）。
4.2　佛說菩薩念佛三昧經卷第十（尾）。
8　8世紀。唐寫本。
9.1　楷書。有武周新字“人”、“臣”、“授”、“証”、“正”、“地”，使用周遍。
11　圖版:《敦煌寶藏》，57/336A～343B。

1.1　BD05359號
1.3　無量壽宗要經
1.4　光059
1.5　275:8037
2.1　(21.5+147.5)×31.5厘米；4紙；112行，行30餘字。
2.2　01：21.5+16，25；　02：46.0，31；　03：46.5，31；
04：39.0，25。
2.3　卷軸裝。首殘尾全。前2紙上下邊破裂。卷面油污變色、變脆。有烏絲欄。
3.1　首全→大正936，19/82A12～B10。
3.2　尾全→19/84C29。
4.2　佛說無量壽宗要經（尾）。
8　8～9世紀。吐蕃統治時期寫本。
9.1　楷書。
11　圖版:《敦煌寶藏》，108/576A～578A。

1.1　BD05360號
1.3　維摩詰所說經卷中
1.4　光060
1.5　070:1172
2.1　(1.5+566)×25.5厘米；12紙；321行，行17字。
2.2　01：1.5+31，18；　02：47.5，27；　03：49.0，28；
04：48.0，27；　05：48.5，28；　06：49.0，28；
07：49.0，28；　08：49.0，19；　09：49.0，28；
10：49.0，28；　11：48.5，28；　12：48.5，24。
2.3　卷軸裝。首殘尾全。卷前部及卷尾有破裂殘缺。接縫處多有開裂。卷尾背面有蟲繭。有烏絲欄。
3.1　首行上下殘→大正475，14/547B10～11。
3.2　尾全→14/551C27。
4.2　維摩詰經卷中（尾）。
8　9～10世紀。歸義軍時期寫本。
9.1　楷書。
11　圖版:《敦煌寶藏》，65/582B～589B。

1.1　BD05361號
1.3　金光明最勝王經卷四
1.4　光061
1.5　083:1646
2.1　(124+1.5)×25厘米；4紙；74行，行17字。
2.2　01：07.0，護首；　02：42.0，26；　03：44.0，28；
04：31+1.5，20。
2.3　卷軸裝。首全尾殘。有殘存護首。卷面多水漬，通卷碎損。背有古代裱補。有烏絲欄。已修整。
3.1　首全→大正665，16/417C19。
3.2　尾行下殘→16/418C12～13。
4.1　金光明最勝王經最淨地陀羅尼品第六，四，三藏法師義淨奉制譯（首）。
8　8世紀。吐蕃統治時期寫本。
9.1　楷書。
11　圖版:《敦煌寶藏》，69/77B～79A。
從該件背揭下殘片1塊，現編為BD16073號。

1.1　BD05362號
1.3　四分比丘尼戒本
1.4　光062
1.5　157:6961
2.1　(12+907.5)×27厘米；22紙；615行，行25字。
2.2　01：12+23，24；　02：42.0，29；　03：42.0，29；
04：41.5，29；　05：42.0，29；　06：42.0，29；
07：42.0，29；　08：42.0，29；　09：42.0，29；
10：42.0，29；　11：42.0，29；　12：42.0，29；
13：42.0，29；　14：42.0，29；　15：42.5，29；
16：42.5，29；　17：42.5，29；　18：42.5，29；
19：42.5，29；　20：42.5，29；　21：42.5，29；
22：41.5，11。
2.3　卷軸裝。首殘尾全。有烏絲欄。
3.1　首8行下殘→大正1431，22/1031B26～C7。
3.2　尾全→22/1041A18。
4.2　四分尼戒本（尾）。
8　8～9世紀。吐蕃統治時期寫本。
9.1　楷書。

11　圖版:《敦煌寶藏》,103/142A～153A。

1.1　BD05363 號 1
1.3　阿彌陀經
1.4　光 063
1.5　014:0192
2.1　(3.5+85.5)×25.5 厘米;2 紙;40 行,行 17 字。
2.2　01:3.5+37.5,24;　02:48.0,16。
2.3　卷軸裝。首殘尾全。第 1 紙上邊有殘缺,通卷油污,紙張變脆變硬,多處破裂。有烏絲欄。已修整。
2.4　本遺書包括 2 個文獻:(一)《阿彌陀經》,30 行,今編為 BD05363 號 1。(二)《阿彌陀佛說咒》,10 行,今編為 BD05363 號 2。
3.1　首 2 行中下殘→大正 366,12/347C14～15。
3.2　尾全→12/348A29。
4.2　佛說阿彌陀經(尾)。
8　8～9 世紀。吐蕃統治時期寫本。
9.1　楷書。
11　圖版:《敦煌寶藏》,57/85B～86B。

1.1　BD05363 號 2
1.3　阿彌陀佛說咒
1.4　光 063
1.5　014:0192
2.4　本遺書由 2 個文獻組成,本號為第 2 個,10 行。餘參見 BD05363 號 1 之第 2 項、第 11 項。
3.1　首全→大正 369,12/352A23。
3.2　尾全→12/352B3。
4.1　阿彌陀佛說咒曰(首)。
8　8～9 世紀。吐蕃統治時期寫本。
9.1　楷書。

1.1　BD05364 號 1
1.3　佛頂尊勝陀羅尼經序(佛陀波利本)
1.4　光 064
1.5　229:7330
2.1　(11.1+360.2)×25.6 厘米;9 紙;230 行,行 17 字。
2.2　01:11.1+25.8,23;　02:45.3,28;　03:45.2,29;
04:45.3,28;　05:45.3,28;　06:45.2,28;
07:45.1,28;　08:45.2,28;　09:17.8,10。
2.3　卷軸裝。首殘尾全。第 1 紙下殘。第 1 紙背面有古代裱補。有烏絲欄。
2.4　本遺書包括 2 個文獻:(一)《佛頂尊勝陀羅尼經序》,42 行,今編為 BD05364 號 1。(二)《佛頂尊勝陀羅尼經》,188 行,今編為 BD05364 號 2。
3.1　首 7 行上下殘→大正 967,19/349B6～13。
3.2　尾全→19/349C19。
8　8～9 世紀。吐蕃統治時期寫本。
9.1　楷書。
11　圖版:《敦煌寶藏》,105/497A～502A。

1.1　BD05364 號 2
1.3　佛頂尊勝陀羅尼經(佛陀波利本)
1.4　光 064
1.5　229:7330
2.4　本遺書由 2 個文獻組成,本號為第 2 個,188 行。餘參見 BD05364 號 1 之第 2 項、第 11 項。
3.1　首全→大正 967,19/349C23。
3.2　尾全→19/352A26。
4.1　佛頂尊勝陀羅尼經,罽賓沙門佛陀波利奉詔譯(首)。
4.2　佛頂尊勝陀羅尼經一卷(尾)。
5　咒語與《大正藏》本不同,略相當於所附的宋本。參見 19/352A27～B23。
8　8～9 世紀。吐蕃統治時期寫本。
9.1　楷書。
9.2　有刮改。有校改。

1.1　BD05365 號
1.3　大般若波羅蜜多經卷四八八
1.4　光 065
1.5　084:3212
2.1　(3.3+42.9)×25.6 厘米;1 紙;27 行,行 17 字。
2.3　卷軸裝。首尾均殘。有烏絲欄。已修整。
3.1　首 2 行下殘→大正 220,7/478C13～15。
3.2　尾殘→7/479A11。
8　8～9 世紀。吐蕃統治時期寫本。
9.1　楷書。
11　圖版:《敦煌寶藏》,76/638A。

1.1　BD05366 號
1.3　維摩詰所說經卷中
1.4　光 066
1.5　070:1189
2.1　(4+35+6)×26 厘米;2 紙;28 行,行 17 字。
2.2　01:04.0,02;　02:35+06,26。
2.3　卷軸裝。首尾均殘。第 2 紙上下邊有破裂,中間有殘洞,卷尾有破裂。背有古代裱補。有烏絲欄。
3.1　首 2 行上殘→大正 475,14/548B5～6。
3.2　尾 6 行下殘→14/548B28～C3。
8　9～10 世紀。歸義軍時期寫本。
9.1　楷書。
11　圖版:《敦煌寶藏》,65/625B～626A。

1.1　BD05367 號

1.3　金剛般若波羅蜜經
1.4　光 067
1.5　094:4127
2.1　(9+267.7)×25 厘米；7 紙；168 行，行 17 字。
2.2　01：9+17，16；　02：48.2，31；　03：48.5，31；
　　04：48.5，31；　05：48.7，31；　06：45.8，28；
　　07：11.0，拖尾。
2.3　卷軸裝。首殘尾全。經黃紙。拖尾上殘。卷尾有鳥糞。背有古代裱補。有烏絲欄。
3.1　首 5 行下殘→大正 235，8/750B22－27。
3.2　尾全→8/752C3。
4.2　金剛般若波羅蜜經（尾）。
5　與《大正藏》本相比，本卷經文無冥司偈，參見《大正藏》，8/751C16～19。
8　7～8 世紀。唐寫本。
9.1　楷書。
11　圖版：《敦煌寶藏》，82/178A～181B。

1.1　BD05368 號
1.3　金剛般若波羅蜜經
1.4　光 068
1.5　094:3539
2.1　(3.5+94.5)×25.5 厘米；2 紙；55 行，行 17 字。
2.2　01：3.5+45，27；　02：49.5，28。
2.3　卷軸裝。首全尾脫。經黃紙。卷首上下殘缺，卷面多處破損。有烏絲欄。已修整。
3.1　首 2 行上殘→大正 235，8/748C17～20。
3.2　尾殘→8/749B20。
4.1　□...□經（首）。
8　7～8 世紀。唐寫本。
9.1　楷書。
11　圖版：《敦煌寶藏》，78/463B～464B。

1.1　BD05369 號
1.3　妙法蓮華經卷二
1.4　光 069
1.5　105:4867
2.1　(5.6+407+4)×25 厘米；9 紙；237 行，行 17 字。
2.2　01：5.6+43.7，28；　02：48.6，28；　03：49.1，28；
　　04：48.6，28；　05：49.1，28；　06：49.1，28；
　　07：49.1，28；　08：49.0，28；　09：20.7+4，13。
2.3　卷軸裝。首尾均殘。經黃紙。卷面有水漬，有等距離黴爛殘破，接縫處多開裂。卷上邊有蟲繭。背面有古代裱補。有烏絲欄。
3.1　首 3 行下殘→大正 262，9/12A2～5。
3.2　尾行下殘→9/15A23。
8　7～8 世紀。唐寫本。
9.1　楷書。
11　圖版：《敦煌寶藏》，87/124A～129B。

1.1　BD05370 號
1.3　妙法蓮華經卷六
1.4　光 070
1.5　105:5700
2.1　(138.7+4.8)×26 厘米；4 紙；87 行，行 17 字。
2.2　01：46.0，28；　02：46.3，28；　03：46.4，28；
　　04：04.8，03。
2.3　卷軸裝。首脫尾殘。第 1 紙有破裂，用麻線縫合。背有古代裱補。有烏絲欄。
3.1　首殘→大正 262，9/46C19。
3.2　尾 3 行上中殘→9/48A15～20。
8　7～8 世紀。唐寫本。
9.1　楷書。
11　圖版：《敦煌寶藏》，94/340A～342A。

1.1　BD05371 號
1.3　金剛般若波羅蜜經
1.4　光 071
1.5　094:4264
2.1　191.4×24.6 厘米；3 紙；110 行，行 17 字。
2.2　01：74.1，46；　02：73.7，45；　03：43.6，19。
2.3　卷軸裝。首脫尾全。有燕尾。有烏絲欄。
3.1　首殘→大正 235，8/751A27。
3.2　尾全→8/752C3。
4.2　金剛般若波羅蜜經（尾）。
5　與《大正藏》本相比，本卷經文無冥司偈，參見《大正藏》，8/751C16～19。
8　7～8 世紀。唐寫本。
9.1　楷書。
9.2　有刮改。
11　圖版：《敦煌寶藏》，82/541B～543B。

1.1　BD05372 號
1.3　大般涅槃經（北本　宮本）卷二五
1.4　光 072
1.5　115:6453
2.1　(35+731.6)×26.5 厘米；18 紙；432 行，行 17 字。
2.2　01：3.5+8.5，13；　02：44.5，26；　03：44.5，26；
　　04：44.0，26；　05：44.0，26；　06：44.3，26；
　　07：44.3，26；　08：44.5，26；　09：44.0，26；
　　10：44.0，26；　11：44.0，26；　12：44.0，26；
　　13：44.0，26；　14：44.0，26；　15：44.0，26；
　　16：44.0，26；　17：44.0，26；　18：17.0，03。
2.3　卷軸裝。首殘尾全。首紙上部殘缺，第 4 紙下部有破裂。

背有古代褙補。有烏絲欄。
3.1　首2行上殘→大正374，12/510C22～24。
3.2　尾全→12/516A6。
4.2　大般涅槃經卷第廿五（尾）。
5　與《大正藏》本對照，分卷不同。與日本宮内寮本及《思溪藏》、《普寧藏》、《嘉興藏》本分卷相同。
7.3　尾題後有雜寫“廿”。
8　5～6世紀。南北朝寫本。
9.1　楷書。
9.2　有行間校加字。有刮改及重文號。有倒乙。
11　圖版：《敦煌寶藏》，99/281B～291A。

1.1　BD05373號
1.3　妙法蓮華經卷六
1.4　光073
1.5　105:5767
2.1　(7+151.6)×25.5，4紙；95行，行17字。
2.2　01：7+11.5，11；　02：46.8，28；　03：46.8，28；
04：46.5，28。
2.3　卷軸裝。首殘尾脱。經黄紙。卷面多黴斑，紙張變色。上下邊多有破裂，第3、4紙接縫處上部開裂，第1紙上邊有古代褙補。有烏絲欄。
3.1　首4行下殘→大正262，9/48B18～22。
3.2　尾殘→9/50A15。
8　7～8世紀。唐寫本。
9.1　楷書。
11　圖版：《敦煌寶藏》，94/649A～651A。

1.1　BD05374號
1.3　大般若波羅蜜多經卷四四四
1.4　光074
1.5　084:3135
2.1　683.9×25.8厘米；15紙；413行，行17字。
2.2　01：42.7，26；　02：45.8，28；　03：45.6，28；
04：45.7，28；　05：45.8，28；　06：46.0，28；
07：45.7，28；　08：45.8，28；　09：45.9，28；
10：46.0，28；　11：45.9，28；　12：46.0，28；
13：45.9，28；　14：45.8，28；　15：45.3，23。
2.3　卷軸裝。首殘尾全。首紙有破裂，有1個殘洞。有烏絲欄。
3.1　首殘→大正220，7/238A2。
3.2　尾全→7/242C7。
4.2　大般若波羅蜜多經卷第四百卌四（尾）。
8　8～9世紀。吐蕃統治時期寫本。
9.1　楷書。
9.2　有刮改。
11　圖版：《敦煌寶藏》，76/458B～467A。

1.1　BD05375號
1.3　妙法蓮華經卷五
1.4　光075
1.5　105:5652
2.1　96.4×26.4厘米；2紙；57行，行17字。
2.2　01：48.2，29；　02：48.2，28。
2.3　卷軸裝。首殘尾脱。有烏絲欄。
3.1　首殘→大正262，9/45B15。
3.2　尾殘→9/46B2。
8　8～9世紀。吐蕃統治時期寫本。
9.1　楷書。
11　圖版：《敦煌寶藏》，93/501A～502A。

1.1　BD05376號
1.3　大般若波羅蜜多經卷二九二
1.4　光076
1.5　084:2793
2.1　(5.1+592.6)×25.8厘米；14紙；355行，行17字。
2.2　01：05.1，03；　02：46.3，28；　03：47.0，28；
04：46.8，28；　05：47.1，28；　06：47.2，28；
07：47.0，28；　08：46.9，28；　09：47.0，28；
10：47.2，28；　11：46.9，28；　12：46.8，28；
13：47.0，28；　14：29.4，16。
2.3　卷軸裝。首殘尾全。第2、3紙有破裂。尾有原軸，兩端塗硃漆，軸頭已壞。背面有古代褙補。有烏絲欄。
3.1　首3行上下殘→大正220，6/484A8～10。
3.2　尾全→6/487C24。
4.2　大般若波羅蜜多經卷第二百九十二（尾）。
8　8～9世紀。吐蕃統治時期寫本。
9.1　楷書。
11　圖版：《敦煌寶藏》，75/117A～124B。

1.1　BD05377號
1.3　金光明最勝王經卷四
1.4　光077
1.5　083:1645
2.1　(3+634.6)×26厘米；9紙；370行，行17字。
2.2　01：3+69，43；　02：73.7，44；　03：73.5，44；
04：73.5，44；　05：73.5，44；　06：73.4，44；
07：73.3，44；　08：72.5，44；　09：52.2，19。
2.3　卷軸裝。首尾均全。卷首右下殘缺。有燕尾。背有古代褙補。有烏絲欄。已修整。
3.1　首行中下殘→大正665，16/417C19～22。
3.2　尾全→16/422B21。
4.1　金光明最勝□…□淨地□羅尼□…□（首）。
4.2　金光明經卷第四（尾）。
5　尾附音義。

8　8 世紀。唐寫本。
9.1　楷書。
11　圖版：《敦煌寶藏》，69/69A～77A。

1.1　BD05378 號
1.3　金光明最勝王經卷五
1.4　光 078
1.5　083:1719
2.1　(55+662.5)×26.5 厘米；17 紙；403 行，行 17 字。
2.2　01：41.0，23；　02：14+29.8，25；　03：43.7，25；
04：43.4，25；　05：43.6，25；　06：44.0，25；
07：44.0，25；　08：44.0，25；　09：43.4，25；
10：43.2，25；　11：44.0，25；　12：43.7，25；
13：43.4，25；　14：43.3，25；　15：44.3，25；
16：43.7，25；　17：21.0，05。
2.3　卷軸裝。首尾均全。經黄紙。卷首右下殘缺，卷面有油污及污漬。背有古代裱補，中間接縫處脱開，裱補紙上有字，朝内粘貼，難以辨認。第 5 紙下部脱落一塊殘片，文可綴接。有烏絲欄。
3.1　首 31 行中下殘→大正 665，16/422B24～C29。
3.2　尾全→16/427B13。
4.1　金光明最勝王經蓮花喻讚品□...□/（首）。
4.2　金光明經卷第五（尾）。
5　尾附音義。
8　8 世紀。唐寫本。
9.1　楷書。
11　圖版：《敦煌寶藏》，69/423A～432A。

1.1　BD05379 號
1.3　金剛般若波羅蜜經
1.4　光 079
1.5　094:4424
2.1　129×26.3 厘米；3 紙；71 行，行 17 字。
2.2　01：49.8，28；　02：50.0，27；　03：29.2，16。
2.3　卷軸裝。首尾均殘。經黄紙。卷首上部殘缺，卷面有等距離火燒殘洞。有烏絲欄。
3.1　首 49 行上殘→大正 235，8/749A18～C11。
3.2　尾殘→8/750A8。
8　7～8 世紀。唐寫本。
9.1　楷書。
11　圖版：《敦煌寶藏》，83/154A～155B。

1.1　BD05380 號
1.3　妙法蓮華經卷二
1.4　光 080
1.5　105:4946
2.1　83.3×27.4 厘米；2 紙；44 行，行 17 字。
2.2　01：41.7，22；　02：41.6，22。
2.3　卷軸裝。首尾均脱。有烏絲欄。
3.1　首殘→大正 262，9/16C1。
3.2　尾殘→9/17A20。
8　7～8 世紀。唐寫本。
9.1　楷書。
11　圖版：《敦煌寶藏》，87/291B～292B。

1.1　BD05381 號
1.3　大般若波羅蜜多經卷一八一
1.4　光 081
1.5　084:2448
2.1　(1.9+76.5+1.4)×25.7 厘米；3 紙；46 行，行 17 字。
2.2　01：1.9+7.2，05；　02：45.5，28；　03：23.8+1.4，13。
2.3　卷軸裝。首尾均殘。各紙皆有黴爛殘洞。有烏絲欄。
3.1　首行下殘→大正 220，5/978B22～23。
3.2　尾全→5/979A9。
4.2　大般若波羅蜜多經卷第一百八十一（尾）。
8　8 世紀。唐寫本。
9.1　楷書。有武周新字“正”、“聖”、“人”，使用周遍。
9.2　有行間校加字。
11　圖版：《敦煌寶藏》，73/348A～349A。

1.1　BD05382 號
1.3　大般涅槃經（北本　思溪本）卷二七
1.4　光 082
1.5　115:6464
2.1　(5+764)×29 厘米；18 紙；469 行，行 17 字。
2.2　01：5+1.5，11；　02：45.5，26；　03：46.5，26；
04：46.5，29；　05：46.5，26；　06：46.5，30；
07：46.5，30；　08：46.5，29；　09：46.5，29；
10：46.5，28；　11：46.5，29；　12：46.5，28；
13：45.5，28；　14：47.0，29；　15：46.5，30；
16：46.5，28；　17：47.0，28；　18：19.5，05。
2.3　卷軸裝。首殘尾全。首紙殘缺，第 6、7 紙接縫下部開裂，第 9 紙上方破裂，尾紙中部破裂。背有古代裱補。
3.1　首 3 行上殘→大正 374，12/522B11～13。
3.2　尾全→12/528A04。
4.2　大般涅槃經卷第廿七（尾）。
5　與《大正藏》本對照分卷不同，與《思溪藏》本、《普寧藏》本分卷相同。
7.1　卷尾有題記：“若有善男子、善女人於此經中，若常住二自力，著耳根。卻後七劫，不墮地獄。”卷背有勘記“一張破忠”。
8　7～8 世紀。唐寫本。
9.1　楷書。
9.2　有行間校加字。有硃點圈刪。有刮改。
11　圖版：《敦煌寶藏》，99/337A～346B。

1.1　BD05383 號
1.3　無量壽宗要經
1.4　光 083
1.5　275:7834
2.1　218×30.5 厘米；5 紙；142 行，行 30 餘字。
2.2　01：43.5，28；　02：43.5，29；　03：43.5，29；
　　04：43.5，29；　05：44.0，27。
2.3　卷軸裝。首尾均全。首紙上下邊殘破，中間有破裂。有烏絲欄。經文有抄錯，刮破後漏抄半行。
3.1　首全→大正 936，19/82A3。
3.2　尾全→19/84C29。
4.1　大乘無量壽經（首）。
4.2　佛説無量壽宗要經（尾）。
7.1　首紙背面有敦煌寺院題名“圖”，説明本遺書原屬靈圖寺。
7.3　有雜寫“李”。
8　8~9 世紀。吐蕃統治時期寫本。
9.1　行楷。
9.2　有刮改。
11　圖版：《敦煌寶藏》，108/76B~79A。

1.1　BD05384 號
1.3　金光明最勝王經卷二
1.4　光 084
1.5　083:1539
2.1　(23.5+63)×26 厘米；2 紙；53 行，行 17 字。
2.2　01：23.5+19，26；　02：44.0，27。
2.3　卷軸裝。首全尾脱。卷首上下殘缺，全卷殘破嚴重。背有古代裱補。有烏絲欄。已修整。
3.1　首 14 行上殘→大正 665，16/408B2~19。
3.2　尾殘→16/409A4。
4.1　□…□三身品第三，二，三藏法師義□...□（首）。
8　8~9 世紀。吐蕃統治時期寫本。
9.1　楷書。
9.2　有行間加行。有行間校加字。
11　圖版：《敦煌寶藏》，68/356A~357A。

1.1　BD05385 號
1.3　妙法蓮華經卷一
1.4　光 085
1.5　105:4526
2.1　(11.2+816.3)×25.7 厘米；18 紙；477 行，行 17 字。
2.2　01：11.2，06；　02：46.6，28；　03：48.1，28；
　　04：48.0，28；　05：48.2，28；　06：48.1，28；
　　07：48.1，28；　08：48.1，28；　09：48.0，28；
　　10：48.1，28；　11：48.1，28；　12：48.2，28；
　　13：48.2，28；　14：48.2，28；　15：48.3，28；
　　16：48.2，28；　17：48.1，28；　18：47.7，23。
2.3　卷軸裝。首殘尾全。經黄紙。卷首殘破嚴重，卷面多水漬，第 1、2 紙接縫處中間碎裂。卷尾有蟲繭。有燕尾。有烏絲欄。
3.1　首 6 行上殘→大正 262，9/2A24~29。
3.2　尾全→9/10B21。
4.2　妙法蓮華經卷第一（尾）。
8　7~8 世紀。唐寫本。
9.1　楷書。
9.2　有倒乙。
11　圖版：《敦煌寶藏》，84/91A~103B。

1.1　BD05386 號
1.3　大般涅槃經（北本）卷一三
1.4　光 086
1.5　115:6360
2.1　(5+834.3)×26.3 厘米；17 紙；455 行，行 17 字。
2.2　01：5+31，20；　02：50.5，28；　03：50.7，28；
　　04：50.7，28；　05：50.7，28；　06：50.5，28；
　　07：50.5，28；　08：50.5，28；　09：50.0，28；
　　10：50.0，28；　11：50.0，28；　12：50.3，28；
　　13：50.2，28；　14：50.3，28；　15：50.2，28；
　　16：50.2，28；　17：48.0，15。
2.3　卷軸裝。首殘尾全。前 2 紙上方有破裂，卷面有水漬。尾有原軸，兩端塗棕紅色漆。背有古代裱補。有烏絲欄。
3.1　首 3 行下殘→大正 374，12/440A25~28。
3.2　尾全→12/445B20。
4.2　大般涅槃經卷第十三（尾）。
8　9~10 世紀。歸義軍時期寫本。
9.1　楷書。
9.2　有行間校加字。
11　圖版：《敦煌寶藏》，98/386A~396B。

1.1　BD05387 號
1.3　大般若波羅蜜多經卷四〇〇
1.4　光 087
1.5　084:3062
2.1　(1.5+508.5)×26.1 厘米；12 紙；291 行，行 17 字。
2.2　01：01.5，01；　02：48.8，28；　03：48.8，28；
　　04：48.8，28；　05：49.0，28；　06：49.0，28；
　　07：49.0，28；　08：49.2，28；　09：49.1，28；
　　10：49.0，28；　11：48.8，28；　12：19.0，10。
2.3　卷軸裝。首殘尾全。第 8 紙下邊殘破。尾有原軸，兩端塗硃漆。有烏絲欄。
3.1　首行上下殘→大正 220，6/1070A25。
3.2　尾全→6/1073B20。
4.2　大般若波羅蜜多經卷第四百（尾）。
6.1　首→BD05301 號。
8　8~9 世紀。吐蕃統治時期寫本。

9.1 楷書。有武周新字“日”。
9.2 有校改。
11 圖版:《敦煌寶藏》,76/272B~279A。

1.1 BD05388號
1.3 大般若波羅蜜多經卷五一五
1.4 光088
1.5 084:3272
2.1 (2.4+640.8)×25.8厘米;16紙;398行,行17字。
2.2 01:2.4+3.7,03; 02:44.7,28; 03:44.5,28;
04:44.4,28; 05:44.5,28; 06:44.5,28;
07:44.5,28; 08:44.4,28; 09:44.7,28;
10:44.5,28; 11:44.2,28; 12:44.4,28;
13:44.3,28; 14:44.2,28; 15:44.4,28;
16:14.9,03。
2.3 卷軸裝。首殘尾全。第2~4紙上邊有等距離缺損,10紙下邊有殘損。尾有原軸,兩端塗棕紅色漆。有烏絲欄。
3.1 首行上下殘→大正220,7/631C4~5。
3.2 尾全→7/636A22。
4.2 大般若波羅蜜多經卷第五百一十五(尾)。
6.1 首→BD05456號。
7.1 卷尾有題記:“第一校,傅通。”
8 8~9世紀。吐蕃統治時期寫本。
9.1 楷書。
9.2 有刮改。有行間校加字。
11 圖版:《敦煌寶藏》,77/90A~98A。

1.1 BD05389號
1.3 大般若波羅蜜多經卷一二五
1.4 光089
1.5 084:2338
2.1 (0.9+683.9)×25.6厘米;16紙;424行,行17字。
2.2 01:0.9+41.7,27; 02:45.0,28; 03:45.0,28;
04:45.0,28; 05:45.0,28; 06:45.0,28;
07:45.0,28; 08:45.0,28; 09:45.0,28;
10:44.8,28; 11:45.0,28; 12:45.0,28;
13:45.2,28; 14:45.2,28; 15:45.2,28;
16:11.8,05。
2.3 卷軸裝。首殘尾全。第1紙有殘洞,上下邊有殘缺。第1紙背有古代裱補。有烏絲欄。
3.1 首行殘→大正220,5/683A20。
3.2 尾全→5/688A13。
4.2 大般若波羅蜜多經卷第一百廿五(尾)。
8 7~8世紀。唐寫本。
9.1 楷書。
9.2 有行間校加字。
11 圖版:《敦煌寶藏》,73/18B~27A。

1.1 BD05390號
1.3 金光明最勝王經卷二
1.4 光090
1.5 083:1532
2.1 (44+2)×26.5厘米;1紙;28行,行17字。
2.3 卷軸裝。首脫尾殘。有烏絲欄。
3.1 首殘→大正665,16/411A10。
3.2 尾行下殘→16/411B13。
8 8~9世紀。吐蕃統治時期寫本。
9.1 楷書。
11 圖版:《敦煌寶藏》,68/345A。

1.1 BD05391號
1.3 大般若波羅蜜多經卷一〇
1.4 光091
1.5 084:2033
2.1 (6+771.7)×25.9厘米;17紙;468行,行17字。
2.2 01:6+37.1,26; 02:46.3,28; 03:46.1,28;
04:46.1,28; 05:46.2,28; 06:46.2,28;
07:46.2,28; 08:46.1,28; 09:46.0,28;
10:46.2,28; 11:46.1,28; 12:46.1,28;
13:46.0,28; 14:46.0,28; 15:46.0,28;
16:46.0,28; 17:43.0,22。
2.3 卷軸裝。首尾均全。卷首上下殘缺,卷面多水漬,接縫處多有開裂。有烏絲欄。已修整。
3.1 首3行中殘→大正220,5/50C16~20。
3.2 尾全→5/56A22。
4.1 □…□卷第十,/□...□五,三藏法師玄奘□…□/(首)。
4.2 大般若波羅蜜多經卷第十(尾)。
8 8~9世紀。吐蕃統治時期寫本。
9.1 楷書。
11 圖版:《敦煌寶藏》,71/421B~431B。

1.1 BD05392號
1.3 四分律比丘戒本
1.4 光092
1.5 156:6889
2.1 (1+36.8+2)×26.9厘米;1紙;27行,行字不等;
2.3 卷軸裝。首尾均殘。有烏絲欄。
3.1 首1行上殘→大正1429,22/1021B9。
3.2 尾2行下殘→22/1021C7~8。
6.1 首→BD05649號。
8 9~10世紀。歸義軍時期寫本。
9.1 楷書。
11 圖版:《敦煌寶藏》,102/383A~B。

1.1 BD05393號

1.3　大般涅槃經（北本　宮本）卷三二
1.4　光093
1.5　116:6564
2.1　(16+621)×26.5厘米；15紙；347行，行17字。
2.2　01：16+18.5，19；　02：44.0，24；　03：44.0，24；
04：44.0，24；　05：44.0，24；　06：44.0，24；
07：44.0，24；　08：44.0，24；　09：44.0，24；
10：44.0，24；　11：44.0，24；　12：44.0，24；
13：44.0，24；　14：44.0，24；　15：30.5，16。
2.3　卷軸裝。首殘尾全。首紙下部殘缺。背有古代裱補。有烏絲欄。
3.1　首9行下殘→大正374，12/553B4～13。
3.2　尾全→12/557B12
4.2　大般涅槃經卷第卌二（尾）。
5　與《大正藏》本對照，分卷不同，經文相當於《大正藏》卷第二十九師子吼菩薩品之五至卷第三十師子吼菩薩品之六。分卷與日本宮內寮本相同。
8　7～8世紀。唐寫本。
9.1　楷書。
11　圖版：《敦煌寶藏》，100/354A～362B。
大正375，12/799A22～803B21，亦有相同內容。

1.1　BD05394號
1.3　維摩詰講經文持世菩薩卷二
1.4　光094
1.5　359:8435
2.1　314×30厘米；8紙；221行，行20字左右；
2.2　01：31.0，20；　02：43.0，31；　03：43.0，31；
04：43.0，31；　05：43.0，31；　06：43.0，31；
07：43.0，31；　08：25.0，15。
2.3　卷軸裝。首尾均全。第1紙上邊有破裂。有烏絲欄。
3.1　首全→《敦煌變文集》，第620頁第2行。
3.2　尾全→《敦煌變文集》，第633頁第6行。
4.1　持世菩薩第二（首）。
4.2　持世菩薩第二卷（尾）。
8　9～10世紀。歸義軍時期寫本。
9.1　行楷。有合體字“菩薩”。
9.2　有硃筆點標、校改。有墨筆重文號及刪除號。
11　圖版：《敦煌寶藏》，110/309A～312B。

1.1　BD05395號
1.3　大佛頂如來放光悉怛他般多羅大神力都攝一切咒王帝殊羅尸金剛大道場三昧陀羅尼
1.4　光095
1.5　258:7665
2.1　301×27.7厘米；7紙；159行，行字不等；
2.2　01：42.5，24；　02：43.0，26；　03：43.2，26；
04：43.1，26；　05：43.0，27；　06：43.2，26；
07：43.0，04。
2.3　卷軸裝。首尾均全。首紙有破裂，卷面有油污。有烏絲欄。
3.4　說明：
本文獻首尾均全。未為歷代大藏經所收。
4.1　佛說大佛頂如來放光悉怛他般多羅大神力都攝一切咒王帝殊羅尸金剛大道場三昧陀羅尼（首）。
4.2　大佛頂陀羅尼一卷（尾）。
8　7～8世紀。唐寫本。
9.1　楷書。
11　圖版：《敦煌寶藏》，107/240B～244A。

1.1　BD05396號
1.3　大般若波羅蜜多經（兌廢稿）卷一九五
1.4　光096
1.5　084:2489
2.1　47×25.9厘米；1紙；27行，行17字。
2.3　卷軸裝。首尾均脫。有烏絲欄。尾有餘空。
3.1　首殘→大正220，5/1048A20。
3.2　尾缺→5/1048B19。
7.1　行間加行上邊有一“兌”字。
8　8～9世紀。吐蕃統治時期寫本。
9.1　楷書。
9.2　有行間加行。
11　圖版：《敦煌寶藏》，73/472A。

1.1　BD05397號1
1.3　普賢菩薩說證明經
1.4　光097
1.5　298:8293
2.1　(3.6+667.3)×25.6厘米；14紙；392行，行17字。
2.2　01：3.6+44，28；　02：47.8，28；　03：48.0，28；
04：47.7，28；　05：48.0，28；　06：48.0，28；
07：48.0，28；　08：48.0，28；　09：48.0，28；
10：48.0，28；　11：48.0，28；　12：47.8，28；
13：48.0，28；　14：48.0，28。
2.3　卷軸裝。首尾均脫。經黃紙。卷首右上殘缺。有烏絲欄。
2.4　本遺書包括2個文獻：（一）《普賢菩薩說證明經》，117行，今編為BD05397號1。（二）《證香火本因經》，275行，今編為BD05397號2。
3.1　首2行上殘→大正2879，85/1363B14～15。
3.2　尾全→85/1364C18。
7.3　第1紙背有雜寫“證明經、証果、薩、及”7字。
8　7～8世紀。唐寫本。
9.1　楷書。
11　圖版：《敦煌寶藏》，109/554A～563A。

# 新舊編號對照表

## 一、千字文號與北敦號、縮微膠卷號對照表

| 千字文號 | 北敦號 | 縮微膠卷號 |
|---|---|---|
| 光 036 | BD05336 號 | 198: 7157 |
| 光 037 | BD05337 號 | 229: 7339 |
| 光 038 | BD05338 號 | 105: 5268 |
| 光 039 | BD05339 號 | 081: 1371 |
| 光 040 | BD05340 號 | 014: 0121 |
| 光 041 | BD05341 號 | 083: 1556 |
| 光 042 | BD05342 號 | 083: 1796 |
| 光 043 | BD05343 號 | 156: 6876 |
| 光 044 | BD05344 號 | 105: 4947 |
| 光 045 | BD05345 號 | 030: 0306 |
| 光 046 | BD05346 號 | 105: 5627 |
| 光 047 | BD05347 號 | 016: 0207 |
| 光 048 | BD05348 號 | 105: 4657 |
| 光 049 | BD05349 號 | 084: 2486 |
| 光 050 | BD05350 號 | 084: 2912 |
| 光 051 | BD05351 號 | 084: 2291 |
| 光 052 | BD05352 號 | 084: 2509 |
| 光 053 | BD05353 號 | 105: 5104 |
| 光 054 | BD05354 號 | 083: 1811 |
| 光 055 | BD05355 號 | 063: 0613 |
| 光 056 | BD05356 號 | 105: 4850 |
| 光 057 | BD05357 號 | 156: 6874 |
| 光 058 | BD05358 號 | 022: 0233 |
| 光 059 | BD05359 號 | 275: 8037 |
| 光 060 | BD05360 號 | 070: 1172 |
| 光 061 | BD05361 號 | 083: 1646 |
| 光 062 | BD05362 號 | 157: 6961 |
| 光 063 | BD05363 號 1 | 014: 0192 |
| 光 063 | BD05363 號 2 | 014: 0192 |
| 光 064 | BD05364 號 1 | 229: 7330 |
| 光 064 | BD05364 號 2 | 229: 7330 |
| 光 065 | BD05365 號 | 084: 3212 |
| 光 066 | BD05366 號 | 070: 1189 |
| 光 067 | BD05367 號 | 094: 4127 |

| 千字文號 | 北敦號 | 縮微膠卷號 |
|---|---|---|
| 光 068 | BD05368 號 | 094: 3539 |
| 光 069 | BD05369 號 | 105: 4867 |
| 光 070 | BD05370 號 | 105: 5700 |
| 光 071 | BD05371 號 | 094: 4264 |
| 光 072 | BD05372 號 | 115: 6453 |
| 光 073 | BD05373 號 | 105: 5767 |
| 光 074 | BD05374 號 | 084: 3135 |
| 光 075 | BD05375 號 | 105: 5652 |
| 光 076 | BD05376 號 | 084: 2793 |
| 光 077 | BD05377 號 | 083: 1645 |
| 光 078 | BD05378 號 | 083: 1719 |
| 光 079 | BD05379 號 | 094: 4424 |
| 光 080 | BD05380 號 | 105: 4946 |
| 光 081 | BD05381 號 | 084: 2448 |
| 光 082 | BD05382 號 | 115: 6464 |
| 光 083 | BD05383 號 | 275: 7834 |
| 光 084 | BD05384 號 | 083: 1539 |
| 光 085 | BD05385 號 | 105: 4526 |
| 光 086 | BD05386 號 | 115: 6360 |
| 光 087 | BD05387 號 | 084: 3062 |
| 光 088 | BD05388 號 | 084: 3272 |
| 光 089 | BD05389 號 | 084: 2338 |
| 光 090 | BD05390 號 | 083: 1532 |
| 光 091 | BD05391 號 | 084: 2033 |
| 光 092 | BD05392 號 | 156: 6889 |
| 光 093 | BD05393 號 | 116: 6564 |
| 光 094 | BD05394 號 | 359: 8435 |
| 光 095 | BD05395 號 | 258: 7665 |
| 光 096 | BD05396 號 | 084: 2489 |
| 光 097 | BD05397 號 1 | 298: 8293 |
| 光 097 | BD05397 號 2 | 298: 8293 |
| 光 098 | BD05398 號 | 070: 1047 |
| 光 099 | BD05399 號 | 156: 4890 |
| 光 100 | BD05400 號 | 377: 8491 |

# 二、縮微膠卷號與北敦號、千字文號對照表

| 縮微膠卷號 | 北敦號 | 千字文號 | 縮微膠卷號 | 北敦號 | 千字文號 |
|---|---|---|---|---|---|
| 014：0121 | BD05340 號 | 光 040 | 094：4264 | BD05371 號 | 光 071 |
| 014：0192 | BD05363 號 1 | 光 063 | 094：4424 | BD05379 號 | 光 079 |
| 014：0192 | BD05363 號 2 | 光 063 | 105：4526 | BD05385 號 | 光 085 |
| 016：0207 | BD05347 號 | 光 047 | 105：4657 | BD05348 號 | 光 048 |
| 022：0233 | BD05358 號 | 光 058 | 105：4850 | BD05356 號 | 光 056 |
| 030：0306 | BD05345 號 | 光 045 | 105：4867 | BD05369 號 | 光 069 |
| 063：0613 | BD05355 號 | 光 055 | 105：4946 | BD05380 號 | 光 080 |
| 070：1047 | BD05398 號 | 光 098 | 105：4947 | BD05344 號 | 光 044 |
| 070：1172 | BD05360 號 | 光 060 | 105：5104 | BD05353 號 | 光 053 |
| 070：1189 | BD05366 號 | 光 066 | 105：5268 | BD05338 號 | 光 038 |
| 081：1371 | BD05339 號 | 光 039 | 105：5627 | BD05346 號 | 光 046 |
| 083：1532 | BD05390 號 | 光 090 | 105：5652 | BD05375 號 | 光 075 |
| 083：1539 | BD05384 號 | 光 084 | 105：5700 | BD05370 號 | 光 070 |
| 083：1556 | BD05341 號 | 光 041 | 105：5767 | BD05373 號 | 光 073 |
| 083：1645 | BD05377 號 | 光 077 | 115：6360 | BD05386 號 | 光 086 |
| 083：1646 | BD05361 號 | 光 061 | 115：6453 | BD05372 號 | 光 072 |
| 083：1719 | BD05378 號 | 光 078 | 115：6464 | BD05382 號 | 光 082 |
| 083：1796 | BD05342 號 | 光 042 | 116：6564 | BD05393 號 | 光 093 |
| 083：1811 | BD05354 號 | 光 054 | 156：4890 | BD05399 號 | 光 099 |
| 084：2033 | BD05391 號 | 光 091 | 156：6874 | BD05357 號 | 光 057 |
| 084：2291 | BD05351 號 | 光 051 | 156：6876 | BD05343 號 | 光 043 |
| 084：2338 | BD05389 號 | 光 089 | 156：6889 | BD05392 號 | 光 092 |
| 084：2448 | BD05381 號 | 光 081 | 157：6961 | BD05362 號 | 光 062 |
| 084：2486 | BD05349 號 | 光 049 | 198：7157 | BD05336 號 | 光 036 |
| 084：2489 | BD05396 號 | 光 096 | 229：7330 | BD05364 號 1 | 光 064 |
| 084：2509 | BD05352 號 | 光 052 | 229：7330 | BD05364 號 2 | 光 064 |
| 084：2793 | BD05376 號 | 光 076 | 229：7339 | BD05337 號 | 光 037 |
| 084：2912 | BD05350 號 | 光 050 | 258：7665 | BD05395 號 | 光 095 |
| 084：3062 | BD05387 號 | 光 087 | 275：7834 | BD05383 號 | 光 083 |
| 084：3135 | BD05374 號 | 光 074 | 275：8037 | BD05359 號 | 光 059 |
| 084：3212 | BD05365 號 | 光 065 | 298：8293 | BD05397 號 1 | 光 097 |
| 084：3272 | BD05388 號 | 光 088 | 298：8293 | BD05397 號 2 | 光 097 |
| 094：3539 | BD05368 號 | 光 068 | 359：8435 | BD05394 號 | 光 094 |
| 094：4127 | BD05367 號 | 光 067 | 377：8491 | BD05400 號 | 光 100 |